Wallerstein, Lewis, Blakeslee · Scheidungsfolgen – Die Kinder tragen die Last

Judith S. Wallerstein
Julia M. Lewis
Sandra Blakeslee

Scheidungsfolgen – Die Kinder tragen die Last

Eine Langzeitstudie über 25 Jahre

Aus dem Amerikanischen übersetzt
von Ulrike Stopfel

VOTUM

Votum Verlag GmbH
Grevener Straße 89-91, 48159 Münster
www.votum-verlag.de

Titel der amerikanischen Originalausgabe:
The Unexpected Legacy of Divorce
The 25 Year Landmark Study
(Hyperion, New York)
Umschlaggestaltung: KJM Werbeagentur, Münster
Umschlagfoto: Klaus Altevogt, Münster
Druck und Bindung: Fuldaer Verlagsagentur, Fulda
ISBN 3-935984-03-0

Die Deutsche Bibliothek – CIP-Einheitsaufnahme
Ein Titeldatensatz für diese Publikation ist bei
Der Deutschen Bibliothek erhältlich.

In Dankbarkeit, Bewunderung und Zuneigung widmen wir dieses Buch den hier zu Wort kommenden Frauen und Männern, der Vorhut einer ganzen Generation junger Amerikaner, die in geschiedenen Familien aufgewachsen sind. Wir danken ihnen dafür, dass sie uns über fünfundzwanzig Jahre hinweg an ihrem Leben teilhaben ließen und damit Millionen von Kindern und jungen Erwachsenen zu verstehen geben, dass sie nicht alleine sind.

Dank

Es ist uns ein Anliegen, unsere große Dankbarkeit gegenüber dem Zellerbach Family Fund zum Ausdruck zu bringen, der zu Beginn der 1970er-Jahre unsere erste Studie über Scheidungskinder finanzierte und dieses Unternehmen seither über fünfundzwanzig Jahre hinweg kontinuierlich gefördert hat. In einer Zeit, in der Stiftungen den zeitlich limitierten Projekten und entsprechend rasch vorliegenden Ergebnissen den Vorzug geben, hat der Zellerbach Family Fund die Umsicht und den Mut besessen, auf die anders nicht zu gewinnenden Erkenntnisse eines langfristigen Nachkontaktprogramms zu setzen. Über den größten Teil dieser Jahre hinweg hat der geschäftsführende Direktor der Stiftung, Edward Nathan, jene professionelle Führung und Vision eingebracht, die das, was wir erreicht haben, erst ermöglichten. Ebenfalls zu großem Dank verpflichtet sind wir der San Francisco Foundation, die unter ihrem ehemaligen Direktor Martin Paley im Jahre 1980 das Judith Wallerstein Center for the Family in Transition ins Leben rief – eine unabhängige, nicht gewinnorientierte Einrichtung, die einen Fächer von Aufklärungs- und Beratungsdiensten anbietet, Forschungsarbeit leistet und sozialpolitische Zielsetzungen entwickelt, um geschiedenen und wiederverheirateten Familien zu Hilfe zu kommen. Das Zentrum, das mehr als sechstausend Kindern und ihren Eltern geholfen hat, ist ein Tribut an Martin Paleys weise Führung und übrigens die einzige derartige Einrichtung in der ganzen Welt.

Im gesamten Verlauf der Arbeit an diesem Buch haben uns namhafte Soziologen und Demographen in großzügiger Weise an ihrem Wissen teilhaben lassen.

Unser besonderer Dank geht in diesem Zusammenhang an Norval Glenn, an Ashbel Smith, Professor für Soziologie an der University of Texas in Austin an Larry Bumpass, Professor für Soziologie am Center for Demography and Ecology der University of Wisconsin in Madison sowie an Nicholas Wolfinger, Assistenzprofessor für Soziologie an der University of Utah.

Kollegen und Freunde aus verschiedenen Disziplinen haben das Manuskript gelesen und uns ihre Erfahrungen und Empfehlungen mitgeteilt. Besonders dankbar sind wir Jan Blakeslee für ihre sehr hilfreichen und instruktiven Kommentare während der letzten Stadien der Arbeit, ferner Janet Johnston, Executive Director des Judith Wallerstein Center und Assistenzprofessorin für Soziologie am Administration of Justice Department der San José State University, sowie Mary Ann Mason, Professor of Social Welfare an der University of California in Berkeley. Sie alle haben uns im Zusammenhang mit den verschiedenen Abschnitten dieses Buches hervorragend beraten. Nützlich waren auch die Gespräche mit Mary Halbert, die als Rechtsanwälting auf dem Gebiet des Familienrechts in Marin County tätig ist und uns über Sorgerechtsvereinbarungen und Besuchsregelungen informierte. Wir danken Amy Freidman, die uns half, unsere Vergleichsgruppe zusammenzustellen, und Marci Hansen, Professorin für Sonderpädagogik an der San Francisco State University, die uns mit ihrer fundierten Sicht der Problematik von Scheidung und Stress in Familien mit verwundbaren Kindern vertraut gemacht hat.

Den Rat des Experten bezüglich der Frage, wie sich die Beobachtung häuslichen Gewalthandelns auf Kinder auswirkt, und Aufklärung über die von den Gerichten vermittelten Hilfsprogramme für Familien und Kinder erhielten wir von Professor Jeffrey I. Edleson, dem Leiter des Minnesota Center Against Violence and Abuse (MINCAVA) an der University of Minnesota School of Social Work in St. Paul, und von Susan Hanks, der Koordinatorin für Sonderprogramme beim Office of Family Court Services of the Judicial Council of California.

Aus Gründen der stilistischen Einheitlichkeit ist das Buch so abgefasst, als hätte die Hauptautorin alle Personen persönlich befragt. In Wahrheit hat sich diese gigantische Aufgabe über fünf Jahre hinweg auf mehrere Schultern verteilt. Wir möchten uns bei Christina Rodriguez, unserer Projektkoordinatorin, für ihre freundliche, taktvolle und ausdauernde Mitarbeit und für ihr Organisationstalent bedanken. Unserer aufrichtiger Dank geht an viele Studentinnen und Studenten in den Graduiertenkursen für Psychologie an der San Francisco State University für ihren zeitlichen und sachlichen Einsatz: Christina Rodriguez, Karen Flynn, Mary McGrath, Carmelina Borg, Kate Donchi, Kristen Reinsberg, Hector Menendez, Rachel Lentz und Sophia Nahavandi.

Ein besonderer Dank gebührt unserer Agentin, Carol Mann, die immer mit ihrer Hilfe zur Stelle war, wenn es Not tat. Dank schulden wir auch Irene Williams, die ihr großes publizistisches Geschick eingebracht hat und uns auch als Freundin zur Seite stand. Und schließlich sei den vielen Mitarbeitern bei Hyperion gedankt, die dieses Projekt ermöglicht haben, insbesondere Bob Miller, Martha Levin und Jennifer Landers, die unser Buch schließlich ans Licht gehoben haben, und unserer Herausgeberin, Peternelle van Arsdale, für ihre immer währende Bereitschaft, uns mit unserem Anliegen zu Wort kommen zu lassen.

Und letztendlich möchten wir unseren Ehepartnern und Familien danken: Judy dankt Bob Wallerstein für seine über die gesamte Dauer dieser Studie hinweg gern gegebenen hilfreichen und klugen Ratschläge zur Forschungsmethodik und für seine Liebe, seine Unterstützung und sein langjähriges Vertrauen in ihre Arbeit. Julie dankt Eric, Michael und Marina Multhaup, die sich so großzügig mit ihr bezüglich dieses Unternehmens zusammengetan haben. Sandy dankt ihrem Partner Carl Moore für seine anhaltende Liebe und Unterstützung.

Inhalt

Vorwort zur deutschsprachigen Ausgabe

Kaum ein anderes Buch hat in den USA – seit seiner Publikation vor zwei Jahren – so lebhafte Diskussionen über Scheidungsfolgen für Kinder und den Umgang damit ausgelöst wie dieses. Warum?

Zunächst und vor allem liegt das sicherlich an den überraschenden Ergebnissen der Untersuchung, die weithin gängigen Vorstellungen widersprechen. Zum anderen jedoch an dem in der Scheidungsforschung selten gelingenden Forschungsansatz, der es ermöglicht, den persönlichen Erfahrungen und Einschätzungen von Scheidungskindern über Jahre hinweg bis ins Erwachsenenalter nachzugehen.

Und schließlich trägt die ungewöhnliche Form der um Einzelfälle bzw. menschliche Schicksale zentrierten Darstellung dazu bei, dass die hier präsentierten Forschungsergebnisse nicht blasse Abstraktionen bleiben. Als Folgen ergeben sich neue Anforderungen an gesellschaftliche Institutionen, die sich mit Scheidungen befassen: Gesetzgebung und Rechtsprechung, Familienpolitik und Beratung. Aus Anlass der deutschen Publikation drängt sich eine Reihe von Fragen auf: Ist das Buch relevant für die hiesige Situation? Ist der Untersuchungsansatz auch für die Scheidungsforschung in Deutschland interessant? Werden auch bei uns gängige Vorstellungen von Scheidungsfolgen durch die hier präsentierten Ergebnisse in Frage gestellt – sind also die in diesem Buch formulierten Konsequenzen auch für die deutsche Familien(rechts)politik von Bedeutung?

Von großem Interesse ist zweifellos der hier verfolgte Untersuchungsansatz, da Forschung zu Scheidungsfolgen für Kinder – erst recht zu den langfristigen Folgen – in Deutschland rar ist. Scheidungsforschung überhaupt hat in den USA eine längere Tradition. Dies ist auch und gerade dadurch bedingt, dass die dort viel früher schnell angestiegenen Scheidungsziffern bereits seit langem eine gesellschaftliche Auseinandersetzung mit den Folgen erzwungen haben, einschließlich gesetzgeberischer Experimente mit unterschiedlichen Sorgerechtsmodellen. Der Forschungsansatz von Judith Wallerstein und ihren Ko-Autorinnen war jedoch in diesem Rahmen ungewöhnlich und zwar in mehrfacher Hinsicht.

Zum einen beschränkt sich die Forschung hier wie dort überwiegend auf die Erhebung von Daten, die mit Methoden quantitativer Sozialforschung (Auswertung von Statistiken, Fragebögen, Telefon-Interviews) erfassbar sind, wie z. B. Einkommen und Erwerbstätigkeit der Eltern vor und nach der Scheidung, Leistung von Unterhalt sowie Häufigkeit und Kontinuität von Besuchskontakten im Zusammenhang mit unterschiedlichen Sorgerechtsregelungen, Wiederverheiratung der Eltern. Fragen nach Zufriedenheit oder Unzufriedenheit mit der Situation u.ä. versucht man mittels Skalierungsvorgaben zu objektivieren, um die Antworten vergleichbar zu machen.

Zum anderen werden solche Daten fast durchgehend nur bei den Erwachsenen (den geschiedenen Eltern) erhoben. Die Kindheitsforschung im In- und Ausland beginnt ja erst seit einiger Zeit, Kinder selbst systematisch in Untersuchungen einzubeziehen – und sieht sich dabei mit besonderen methodologischen wie ethischen Anforderungen an »kindgerechte Verfahren« konfrontiert.

Und schließlich bezieht sich die bisherige Forschung, soweit es um Kinder geht, meist auf kurz- bis mittelfristige Zeiträume, d.h. einige wenige Jahre nach Trennung oder Scheidung. Dies mag an den Ressourcen, aber auch an den Forschungshypothesen liegen, die bislang zumeist davon ausgingen, dass sich scheidungsbedingte Beeinträchtigungen der Kinder nach kurzer Zeit, spätestens in ein bis zwei Jahren erledigen. Solche Untersuchungen arbeiten üblicherweise mit Querschnittstudien, d.h. es werden verschiedene Gruppen von Familien einbezogen, bei denen die Scheidung unterschiedlich lange zurückliegt. Spätfolgen für Scheidungskinder werden allenfalls in der Retrospektive untersucht, d.h. ausgehend von psychischen Erkrankungen, sozialer Auffälligkeit oder Kriminalität Heranwachsender wird nach der familialen Vorgeschichte gefragt. Mit solchen Forschungsansätzen wird nach repräsentativen, d.h. für die Gesamtheit von Scheidungsbetroffenen in unterschiedlicher Weise relevanten Daten, gesucht. Diese Forschung ist aufwendig vor allem in Bezug auf die Zusammensetzung korrekter und hinreichend großer Stichproben und auf die formalisierte Eindeutigkeit der Fragen für die Auswertung, die – wegen der großen Datenmenge – weitgehend vom Computer zu erledigen sein muss.

So wichtig solche Forschung ist, die Basisdaten und Rahmenbedingungen erhellt (wir wissen längst nicht genug darüber), so wenig kann sie doch aussagen über die Innenwelt der Betroffenen, also die offenkundigen oder verdeckten Gefühle der Eltern, insbesondere aber die Gefühle, Phantasien und unbewussten Bewältigungsmechanismen der Kinder. Unbeantwortet bleiben auch Fragen wie die nach der Entwicklungsgeschichte von Scheidungsfamilien und den sie beeinflussenden Faktoren: Wie verändern sich Familienkonstellationen und ihre förderlichen oder belastenden Einflüsse auf die Kinder vom Zeitpunkt der Scheidung an über längere Zeiträume, d.h. auch in Abhängigkeit von der jeweiligen Entwicklungsphase der Kinder? Welchen Einfluss haben rechtliche Regelungen, Beratungs- und Unterstützungsangebote? Macht es aus der Perspektive des Kindes einen Unterschied, ob die Sorge- und Umgangsregelung gerichtlich angeordnet werden oder sie das Ergebnis von Vereinbarungen zwischen den Eltern sind? Welche Bedeutung kam dem jeweils gewählten und praktiziertem Sorgerechtsmodell zu? Welche Anpassungsmechanismen ergaben sich angesichts sich verändernder Bedürfnisse der Kinder? Offen bleibt schließlich die gesellschaftlich hoch relevante Frage nach den langfristigen Konsequenzen für die individuelle Lebensgestaltung: Welche Auswirkungen haben Trennung und Scheidung insbesondere auf Partner- und Eltern-Kind-Beziehungen von erwachsenen »Scheidungskindern«?

Diesen Fragen gilt die hier vorgelegte Langzeituntersuchung, die Eltern und Kinder über viele Jahre immer wieder nach ihren persönlichen Erfahrungen befragt hat. Sie ist der »qualitativen Sozialforschung« zuzurechnen, d.h. sie ist aufwendig vor allem im Hinblick auf die Gewährleistung einer Situation, die es den Kindern (und den ihnen zugehörigen Erwachsenen) ermöglicht, sich zu öffnen, Einblick in eine meist sorgsam abgeschirmte Innenwelt verletzlicher und verletzter Gefühle zu geben. Und diese vertrauensvolle Situation muss – über lange Jahre – immer wieder zu beleben sein, d.h. die Erfahrung mit den Gesprächen muss die Bereitschaft fördern, sich immer von neuem auf die Konfrontation mit dieser Problematik einzulassen. Anspruchsvolle Voraussetzungen dafür sind eine spezifische Qualifikation, eine intensive Kooperation und weitgehende Kontinuität im Forschungsteam. Hinzu kommt die aus der Therapieforschung gut bekannte schwierige Anforderung, aus individuell geführten Gesprächen über hoch komplexe, z.T. schwer verbalisierbare Themen Aussagen, forschungsrelevante »Daten«, zu gewinnen, die im Hinblick auf bestimmte Fragestellungen vergleichbar sind – hier eben, was den Einfluss der so oder so verlaufenen Scheidung und Nachscheidungssituation auf die Gefühlswelt und die Lebensgestaltung der Kinder betrifft, den Einfluss des elterlichen und/ oder stiefelterlichen Verhaltens, oder den Einfluss rechtlicher Regelungen.

Angesichts dieses Aufwandes an Zeit, Intensität und spezifischen Qualifikationsvoraussetzungen versteht sich von selbst, dass solche Untersuchungen nicht mit großen Zahlen, im »repräsentativen« Maßstab durchführbar sind. Zu erwarten ist aber, dass ihre Verortung, d.h. die Auswahl der in die Untersuchung einbezogenen Personen erklärt und im Hinblick auf die Untersuchungsziele plausibel begründet wird. Das geschieht hier in der Weise, dass sichergestellt wurde, den Faktor »Scheidung/ Trennung« möglichst isoliert von sonstigen Belastungen beobachten zu können. Das heißt, es wurden Familien aus einer »gut situierten« sozialen Mittelschicht-Nachbarschaft untersucht, die auf Anregung von Gerichten oder Anwälten bereitwillig zur Beratung kamen, und in denen zuvor weder Eltern noch Kinder wegen irgendwelcher behandlungs- oder beratungsbedürftiger Probleme aufgefallen waren.

Dies ist also eine im Vergleich zur großen Zahl von Scheidungsfamilien eher günstige Ausgangssituation, die die Vermutung nahe legt, dass Probleme, mit denen diese Kinder zu kämpfen haben, von anderen – mit weniger günstigen Ausgangsbedingungen – keinesfalls leichter bewältigt werden. Nach den gleichen Kriterien wurde dann bei der letzten Befragung – nach 25 Jahren – eine Vergleichsgruppe von jungen Erwachsenen aus nicht geschiedenen Familien ausgesucht.

Zur Vergleichbarkeit der Untersuchungssituation und der Ergebnisse lässt sich soviel sagen: Statistische Daten über steigende Scheidungsziffern, Wiederverheiratung und erneute Scheidung, sinkende Kinder- und Eheschließungszahlen, die zunehmende Zahl nicht verheirateter Eltern und gewollt kinderloser Paare kennzeichnen globale gesellschaftliche Trends, auch wenn sie im einzelnen in den USA schneller, stärker oder partiell auch schwächer auftreten mögen als derzeit in Deutschland. Die gesellschaftliche Reaktion darauf, hier insbesondere die institutionellen Reaktionen von Gesetzgebung, Gerichten und sozialen Diensten weisen zentrale Gemeinsamkeiten, aber auch Unterschiede auf, die für die Ergebnisse der Untersuchung von Bedeutung sind.

Die »gemeinsame elterliche Sorge«, die in Deutschland erst durch die Kindschaftsrechtsreform 1998 das Regelungsmodell für die Mehrzahl der Scheidungsfälle geworden ist, wurde in den USA bereits in den siebziger Jahren eingeführt und bis heute in allen denkbaren Variationen »durchgespielt« – zuerst und am gründlichsten in Kalifornien, wo die hier vorgelegte Studie begonnen wurde. Der zeitliche Vorsprung im Hinblick auf das jüngst in Deutschland eingeführte »Modell« macht also die hier vorgelegten Erfahrungs- und Untersuchungsergebnisse besonders interessant. Ebenso wie derzeit in Deutschland führte die neue Aufmerksamkeit für Scheidungsfolgen, insbesondere für die Kinder, auch in den USA zu einer starken Förderung von Beratungs-, Schlichtungs- und Mediationsmöglichkeiten, die gerichtliche Verfahren ergänzen (oder ersetzen) sollten in der Hoffnung, dadurch zu einer schnelleren und günstigeren Konfliktregelung auch und vor allem im Interesse der Kinder beizutragen. Und schließlich hatte in den USA ebenso wie in Deutschland das Prinzip des »Kindeswohls« (the best interests of the child) gesetzliche Priorität für alle Sorge- und Umgangsrechtsstreitigkeiten.

Unterschiede, die manche Ergebnisse der Studie prägen und deshalb nicht pauschal auf die deutsche Situation übertragbar erscheinen lassen, liegen vor allem im amerikanischen

Unterhaltsrecht: In der Regel endet die elterliche Unterhaltspflicht mit der Volljährigkeit; dies gilt völlig unabhängig von der Leistungsfähigkeit und Lebensstellung der Eltern sowie von Begabungsreserven und ausbildungsbedingtem Bedarf auf Seiten des Kindes. Im Verfahrensrecht der Einzelstaaten in den USA, die auch für das materielle Recht jeweils zuständig sind, besteht keineswegs überall eine der deutschen Rechtslage vergleichbare obligatorische Kindesanhörung. Eine eigenständige und unabhängige Interessenvertretung der Kinder, selbst in hochstreitigen Umgangs- und Sorgerechtsverfahren ist keineswegs mit der gleichen Verbindlichkeit sichergestellt, wie dies dort in Verfahren wegen Misshandlung und Vernachlässigung der Fall ist.

Ob und inwieweit die unerwarteten Ergebnisse der Untersuchung auch auf die Situation von Scheidungskindern in Deutschland zutreffen könnten, wird aufgrund der Lektüre des Buches und der Diskussion unter Betroffenen wie Fachleuten in Familiengerichten, Jugendämtern, Beratungsstellen und therapeutischen Praxen zu entscheiden sein.

Das zentrale Ergebnis wird bereits im (amerikanischen ähnlich wie im deutschen) Titel des Buches angedeutet: Scheidungskinder tragen an der Last der Scheidungsfolgen länger, schwerer und anders als bislang weithin angenommen. Sie haben als Heranwachsende und junge Erwachsene spezifische Probleme mit eigenen Partnerbeziehungen, die sich von den – menschlichen Beziehungen schlechthin eigenen – Problemen junger Leute aus nicht-geschiedenen Familien deutlich unterscheiden. Den Grund dafür, dass dies bislang so wenig wahrgenommen wird, sehen die Autorinnen letztlich in den Ängsten und Schuldgefühlen einer Gesellschaft, die durch die Scheidungsfreiheit auch viel gewonnen hat und sehnlichst hofft, dass der Preis für die Kinder nicht zu hoch sein möge.

Ihre Konsequenz zielt keinesfalls auf ein Zurück in eine »Vorscheidungskultur«, wohl aber sehen sie einen dringenden Bedarf an »entmythologisierter« Konfrontation mit den Folgen der neuen »Scheidungskultur«, um einen besseren Umgang damit zu ermöglichen, d.h. Eltern und Kinder wirkungsvoller zu unterstützen bei der Begründung und Aufrechterhaltung familialer Beziehungen wie auch bei notwendiger Trennung und Scheidung und bei der langfristigen Bewältigung ihrer Folgen. Dies impliziert die Notwendigkeit weiterer Forschung ebenso wie die realistische Überprüfung rechts- und sozialpolitischer Ambitionen.

So zielt etwa eine der zentralen Botschaften der Autorinnen auf eine altersgemäße Einbeziehung der betroffenen Kinder und Jugendlichen in die Zukunftsplanung bereits durch ihre Eltern, aber auch durch die Gerichte und andere im Einzelfall zuständige Institutionen. Dies gilt nicht nur für die Festlegung des Lebensmittelpunktes der Kinder, sondern auch für die Umgangsregelung (immerhin gab es im Jahre 2000 in Deutschland 30.547 gerichtliche Umgangsregelungen). Diese muss den sich verändernden Bedürfnissen des Kindes ständig angepasst werden, damit sie sich nicht zu einem Zwangsritual mit negativen Folgen für alle Beteiligten entwickelt. Besondere Aufmerksamkeit gebührt nach Ansicht der Autorinnen auch Fällen mit innerfamilialer Gewalt, ganz gleich, ob sich diese unmittelbar oder »nur« mittelbar gegen die Kinder richtete. Insbesondere bei der Umgangsregelung müssen ihrer Ansicht nach entsprechende Vorerfahrungen Berücksichtigung finden. Bedenkenswert unter den zahlreichen Vorschlägen zur Verbesserung der Praxis sind konkrete Forderungen an das Aus- und Fortbildungssystem: Wenig überraschen die auch hierzulande (nicht zuletzt vom Bundesverfassungsgericht) erhobenen Forderungen an die Fortbildung der mit diesen Fällen befassten Juristen an Gerichten wie in der Anwaltschaft. Judith Wallerstein und ihre Mitautorinnen möchten aber die Scheidung und ihre Folgen als curricularen Unterrichtsgegenstand an allen Bildungseinrichtungen von der Erzieherausbildung, den Schulen bis hin zu den Universitäten sichergestellt wissen; und dies nicht nur, um den betroffenen Kindern Hilfen zu geben, sondern auch um den Professionellen den Umgang mit den ihnen anvertrauten Kindern und deren Problemen zu erleichtern.

»Die Rechte der Kinder sollen verbessert werden und das Kindeswohl auf bestmögliche Art und Weise gefördert werden«. Ob die Bundesrepublikanische Praxis diesen hoch gesteckten Zielen gerecht wird, wie sie der Deutsche Bundestag bei der Verabschiedung der Kindschaftsrechtsreform 1998 formuliert hat, wird auch unter Berücksichtigung der in diesem Werk zugänglich gemachten Erfahrungen in den Vereinigten Staaten zu überdenken sein.

Steht das Kind wirklich im Mittelpunkt aller Bemühungen? Gewährleistet das deutsche Regelungsmodell die Einbeziehung der betroffenen Kinder – auch in den Fällen, wo die Familiengerichte (bei Fehlen entsprechender Anträge) nicht mit Sorge- und Umgangsregelungen befasst sind? Hilft »forcierter« Umgang den Kindern? Genügen die Beratungs- und Unterstützungsangebote für Familien in Krisen und für Kinder in Not den Anforderungen, die an wirksame Hilfen zu stellen sind? Angesichts wachsender Unsicherheit bei der Beantwortung dieser Fragen in Jugendhilfe- und Familienrechtspraxis kann es an der Relevanz dieses Buches auch für die hiesige Diskussion wohl kaum einen Zweifel geben. Mit der anschaulichen Vermittlung von Verlaufsbeobachtungen und facettenreichen »Innenansichten« dürfte es neue Nachdenklichkeit erzeugen und sicher auch lebhafte Diskussionen auslösen. Nicht zuletzt werden interessierte Eltern hier manche Hilfestellung finden, gleichgültig, ob es um den »kindgerechten« Umgang mit einer Trennung oder um die Vermeidung einer Trennung geht.

Ludwig Salgo und Gisela Zenz

Vorwort

Im Herbst 1994 erreichte mich ein Telefonanruf, der meine Vorstellungen von Scheidung und davon, wie dieses Phänomen die amerikanische Gesellschaft verändert hat, von Grund auf revidieren sollte. Am anderen Ende der Leitung war Karen James, eines der Kinder aus einer Langzeitstudie zum Thema Scheidung, mit der ich 1971 begonnen und über die ich zuletzt in den späten 1980er-Jahren geschrieben hatte. Ich erinnerte mich gut an dieses liebenswerte und lebhafte Kind, das zehn Jahre alt war, als seine Eltern sich trennten. Ich hatte Interviews mit Karen sowohl zum damaligen Zeitpunkt als auch später durchgeführt, als sie fünfzehn, zwanzig und fünfundzwanzig Jahre alt war. Bei unserem letzten Zusammentreffen war sie sehr unglücklich gewesen, weil sie mit einem Mann zusammenlebte, den sie nicht liebte. Mir fiel wieder ein, wie sehr mich ihre Verzweiflung damals beschäftigt hatte.

Aber die Stimme, die ich jetzt am Telefon hörte, klang kraftvoll und energisch. »Hier ist Karen James«, sagte sie. »Ich rufe aus North Carolina an. Wie geht es Ihnen?« Nachdem wir ein paar routinemäßige Freundlichkeiten ausgetauscht hatten, sagte sie: »Ich bin nächste Woche in der Bay Area. Hätten Sie Zeit für mich?«

»Selbstverständlich«, antwortete ich. »Ich habe oft an Sie gedacht.«

»Meine Situation ist sehr anders als bei unserem letzten Treffen«, sagte Karen. »Sie ist wirklich ganz und gar neu. Ich komme nach San Francisco, weil ich am nächsten Samstag heirate; aber am Donnerstag Nachmittag könnte ich in Marin County vorbeischauen. Ginge das?«

Ich sagte, ich fühle mich geehrt, dass sie mich in einer so ereignisreichen Woche noch unterbringen könne, und wir machten eine Uhrzeit aus. Der Anruf freute mich riesig. Karen war eines der vielen Kinder, die nach der Scheidung in das Vakuum gerieten, das ihre Eltern, überwältigt von den Veränderungen in ihrem Leben und unfähig, so weiterzumachen wie bisher, selbst herbeigeführt hatten. Scheidung hat in vielen Fällen zur Folge, dass die einstigen Partner noch Monate, manchmal sogar Jahre nach dem einschneidenden Ereignis nur begrenzt oder überhaupt nicht fähig sind, sich um ihre Kinder zu kümmern. Absorbiert von der Aufgabe, ihr eigenes Leben neu zu ordnen, sind diese Mütter und Väter mit tausendundeinem Anliegen beschäftigt, und das kann sie blind machen für die Nöte und Bedürfnisse ihrer Kinder. Sehr häufig lädt dann ein Kind – oft das älteste Mädchen – Pflichten auf sich, die weit über alles hinausgehen, was es bisher getan hat. Diese jungen Versorgerpersonen übernehmen ohne großes Aufhebens die Betreuung und moralische Führung ihrer jüngeren Geschwister und dienen darüber hinaus noch jahrelang als Vertraute, Ratgeber, Betreuer, ja sogar als Mutter bzw. Vater der eigenen Eltern.

Karen hielt sich buchstabengenau an dieses Drehbuch. Aus der fröhlichen, zugewandten Zehnjährigen wurde rasch eine ernste junge Frau. Ich erinnere mich, dass sie mir, erst elf Jahre alt, von ihren Sorgen um Bruder und Schwester berichtete: »Ich muss ihnen ein gutes Beispiel geben, damit sie sich gut benehmen. Das heißt, ich muss mich auch gut benehmen. Sie streiten sich immerzu, seit meine Eltern sich getrennt haben. Ich versuche, das zu bremsen und ihnen beizubringen, dass sie miteinander reden, statt sich zu schlagen. Ich mache mir auch Gedanken wegen der Mama. Seit der Papa weg, weint sie immer, wenn sie von der

Arbeit nach Hause kommt. Ich versuche sie zu trösten, und ich sage ihr auch, dass sie aufpassen soll mit ihrem neuen Freund, weil ich glaube, dass er ihre Gefühle erst recht verletzen wird.« Karen schüttelte traurig den Kopf. Die neue Verantwortung war eine zu große Last für sie, aber sie hatte das Gefühl, nicht anders zu können als ihre eigenen Bedürfnisse denjenigen ihrer Familie unterzuordnen. Der Schulunterricht, so erklärte sie mir einige Jahre später, ging mehr oder weniger an ihr vorbei, denn an ihrer häuslichen Situation hatte sich kaum etwas verändert.

Bei unserem letzten Zusammentreffen – Karen war damals fünfundzwanzig – war ich sehr bekümmert zu sehen, dass sie es nicht fertig brachte, sich aus der Beziehung zu einem jungen Mann zu befreien, mit dem sie zusammenlebte, den sie aber nicht liebte. Sie versuchte das zu erklären: »Sie erinnern sich doch, dass ich damals am College zwar auch Verabredungen hatte, dass ich aber auch immer Angst hatte, dass ein Junge, den ich vielleicht wirklich gern hatte, mich stehen lassen oder mir untreu sein könnte und dass ich dann genau so leiden würde wie meine Mutter oder mein Vater. Mit Nick, das war eine sichere Sache, denn er hat nichts gelernt und hat keine Pläne, und das bedeutet, dass er immer schlechtere Karten haben wird als ich. Ich wusste, dass ich mir, wenn wir zusammen leben und vielleicht eines Tages heiraten würden, zu keinem Zeitpunkt Gedanken machen müsste, dass er mich vielleicht verlässt ...« Und mit Tränen in den Augen fügte sie hinzu: »Nick ist sehr lieb und fürsorglich. Das bin ich nicht gewöhnt.«

Ich konnte zwar verstehen, dass Karen sich danach sehnte, dass jemand »lieb« zu ihr war, aber es war mir ein Rätsel, wie eine so kluge und attraktive Frau der Meinung sein konnte, es bliebe ihr kaum eine andere Wahl als eine solche Beziehung, in der es keine Liebe gab. Sie weinte, als sie mir die Einsamkeit dieses Lebens mit Nick schilderte, der ihr mit seiner passiven Abhängigkeit zusetzte. »Schon einen Tag, nachdem wir zusammengezogen waren, wusste ich, dass es ein Fehler war«, sagte sie. »Aber ich kann ihn nicht verlassen. Es ist unmöglich, dass ich ihm das antue.« Das war der Stand der Dinge am Ende unseres letzten Zusammentreffens – sie befand sich an einem Kreuzweg und kämpfte mit sich selbst um die Entscheidung, ob sie ihn verlassen oder bei ihm bleiben sollte.

Und so erwartete ich sie nun an dem auf ihren Anruf folgenden Donnerstag, zwei Tage vor ihrer Hochzeit, gleichermaßen mit Hoffnung und mit Sorge – Hoffnung, dass sie ihrem Leben eine Wende gegeben hatte, und Sorge, dass sie das nicht getan hatte. Was hatte sie zwischen ihrem fünfundzwanzigsten und ihrem vierunddreißigsten Jahr getan? Hatte sie sich befreit von ihren Befürchtungen, von ihrem Unglück? Sorgte sie noch immer für ihre Familie, und hatte sie noch immer das Gefühl, niemals genug zu tun? Hatte sie eine gute Wahl getroffen mit dem Mann, den sie heiraten wollte? Fürchtete sie sich nicht mehr davor, zu lieben und geliebt zu werden?

Karen strahlte, als sie zum Gartentor hereinkam, und mir wurde plötzlich bewusst, dass ich sie in all den Jahren unserer Bekanntschaft kaum jemals glücklich gesehen hatte. Sie war sehr schlicht gekleidet – schwarze Wollhose, weißer Pullover, Blazer im Fischgrätmuster –, und sie war schön wie immer. Die letzten Jahre hatten sie irgendwie weicher gemacht, gelassener in ihren Bewegungen. In ihren schönen blauen Augen blitzte etwas auf, das mir neu war, als wir einander herzlich begrüßten.

Ich machte ihr ein Kompliment über ihr Aussehen und gratulierte ihr zur bevorstehenden Heirat. »Wer ist der Glückliche?«

»Glücklich sind wir beide«, sagte sie und machte es sich auf dem Sofa bequem. »Verglichen mit meinem bisherigen Leben haben Gavin und ich alles anders gemacht.« Und dann tauchte sie in ihre Geschichte ein. Wenige Monate nach unserem letzten Zusammentreffen war sie aus der gemeinsamen Wohnung ausgezogen und hatte Nick aus ihrem Leben verabschiedet. Wie sie erwartet hatte, war er vollkommen zerschmettert, flehte sie an zurükkzukommen, jammerte und sorgte dafür, dass sie sich so schuldig fühlte wie nie zuvor.

»Wie haben Sie es fertig gebracht, ihn zu verlassen?«, fragte ich in dem Wissen, dass es ihr doch immer schwer gefallen war, sich von Menschen abzuwenden, die ihre Zuwendung brauchten.

Sie schwieg zunächst, wobei mir auffiel, dass sie ganz blass aussah, und sagte dann langsam: »Ich dachte, ich sterbe. Es war das Schwierigste, was ich je getan habe, und ich musste allen Mut zusammennehmen.« Dann erzählte sie, wie es gewesen war, wenn sie von der Arbeit nach Hause kam, wo ihr Partner, auf der Couch liegend, darauf wartete, dass sie sich schon um alles kümmern würde. Es war genau wie damals, als sie sich um ihre Mutter gekümmert hatte. An diesem Punkt wurde ihr klar, dass sie heraus musste aus diesem Leben. Ihr Fluchtweg führte sie an die Ostküste, in ein Graduiertenstudium und schließlich in einen Traumjob – sie leitete ein Programm der öffentlichen Gesundheitsfürsorge für behinderte Kinder in fünf Südstaaten.

In diesem Umfeld hatte sie Gavin kennen gelernt, ihren zukünftigen Mann. Sie fing an, mir von ihm zu erzählen, und ich musste lächeln und sagte: »Ich kann mich erinnern, dass Sie meinten, für Sie gäbe es nicht viel zu entscheiden oder zu wählen im Leben. Es sieht so aus, als hätten Sie letzthin eine ganze Reihe von Entscheidungen getroffen.«

»Sie meinen die Entscheidung, Gavin zu heiraten?« Jetzt kam wieder etwas Farbe in ihr Gesicht. »Das ist eine lange Geschichte. Wir haben uns auf einer Party kennen gelernt, kurz nachdem ich nach Chapel Hill gezogen war, und dann rief er an und sagte, er würde sich gerne wieder mit mir treffen. Er ist Assistent an der Fakultät für Wirtschaftswissenschaften an der Duke University, und obwohl ich absolut nichts von seinem Fach wusste, verstanden wir uns sofort. Ich hätte ihn am liebsten gleich wiedergesehen, aber ich habe mich zurükkgehalten und erst nach einer Woche wieder angerufen. Ja, und von da an waren wir jeden Tag zusammen, und nach etwa sechs Monaten bin ich mit ihm zusammengezogen. Er sagt, dass dieser Tag für ihn unser Hochzeitstag war, aber ich habe das damals nicht so gesehen. Ich war noch nicht so weit. Ich hatte Angst.«

»Sie haben also noch gezögert. Galt das Zögern eher Gavin oder eher der Heirat?«

»Es galt der Heirat. Der Frage, ob wir glücklich werden würden. Wissen Sie, ich habe noch nicht alles abgeworfen. Ein Teil von mir wartet immer darauf, dass etwas Schreckliches geschehen wird. Ich sage mir zwar immer wieder, dass ich mir damit selbst schade, aber die Wahrheit ist nun mal, dass ich in großer Angst davor lebe, dass mir etwas Schlimmes passieren könnte – dass irgendein furchtbarer Verlust mein Leben verändern wird. Und je besser es mir geht, desto schlimmer wird dieser Gedanke. Das ist vielleicht die Dauerfolge der Scheidung meiner Eltern. Gavin sagt, dass ich immer auf das nächste Unheil warte. Ich habe gelernt, dieses Gefühl in Schach zu halten. Ich wache nicht mehr mit einer Riesenangst auf, nachdem ich glücklich und zufrieden schlafen gegangen bin – aber es geht und geht einfach nicht weg.«

»Ja, und wie kam es dann, dass Sie doch beschlossen haben, ihn zu heiraten?« fragte ich.

»Ach, das ist merkwürdig, aber es war eine Beinahe-Katastrophe, die mich zum Umdenken gebracht hat. Gavin hatte in Nashville einen Vortrag gehalten und geriet auf der Heimfahrt in einen Eissturm. Er wurde irgendwo abseits der Straße von einer Streife gefunden und kam acht Stunden lang an kein Telefon. Ich saß zu Hause, wartete auf ihn und hörte von allen möglichen tödlichen Unfällen auf den Straßen. Ich war vollkommen außer mir. Alles hätte ihm passieren können.«

»Sie müssen halbverrückt gewesen sein vor Angst.«

»O ja«, sagte Karen. »Es war entsetzlich. Ich wusste: Es war das Desaster, das ich schon immer erwartet hatte, und es würde mein Leben zerstören. Aber gleichzeitig passierte etwas wirklich sehr Wichtiges. Ich sagte mir: Ob wir nun heiraten oder nicht, das Leben ist immer voller Gefahren. Wenn ich ihn heirate, kann es sein, dass ich ihn verliere. Wenn ich ihn nicht heirate, kann es ebenfalls sein, dass ich ihn verliere. Ich könnte ihn also so oder so verlieren. Und an diesem Punkt sagte ich mir, dass ich für den Rest meines Lebens bei ihm bleiben will, was auch immer geschieht. Ich sagte, ja, lass uns heiraten.«

Ihre Kalkulation amüsierte mich, und ich sagte: »Sie haben also beschlossen, die Chance zu ergreifen, sich das zu holen, was Sie wirklich wollten?«

»Ja, genau, obwohl ich noch immer Schwierigkeiten damit habe, mich zu fragen, was ich wirklich will. Aber ich weiß inzwischen, was ich nicht will. Ich will keine Neuauflage meiner Beziehung zu Nick oder zu meiner Mutter oder meinem Vater.«

»Und was wollen Sie stattdessen?«

»Ich will einen Liebhaber und einen Ehemann. Ich bin nicht länger wild darauf aus, irgendjemanden zu finden. Ich habe auch keine Angst mehr vor dem Alleinsein. Ich kann auf meinen eigenen Füßen stehen.«

Ihre letzten Worte waren unvergesslich. Sie schien sie mehr an sich selbst und nur noch nebenher an mich zu richten. »Meine Mitarbeiterinnen sagen, dass ich eine alte Seele habe. Ich hatte immer das Gefühl, dass ich jung sterben würde, dass so viel Unglück in die Frühzeit meines Lebens gepresst war, dass das nur sinnvoll wäre. Aber vielleicht ist die zweite Hälfte meines Lebens derjenige Teil, den ich sehr viel mehr genießen werde. Ich habe nie eine Kindheit gehabt. Ich habe mich immer um alles gekümmert.« Ein Lächeln lief über ihr Gesicht. »Also, ich mag die Art von Frau, die ich sein werde. Ich liebe den Mann, den ich heirate. Ich liebe meine Freundlichkeit und meine Einfühlsamkeit. Ich liebe meine Arbeit. Ich bin auf einem guten Weg. Ich kann endlich die sein, die ich bin.«

Unser Zusammensein hatte drei Stunden gedauert, und wir waren beide emotional ausgepumpt. Es war eine traurige, bewegende, großartige Geschichte, und Karen hatte sie sehr lebendig erzählt. Wir weinten beide, während sie sprach, und am Ende lächelten wir beide und waren dankbar, dass Karen doch jedenfalls mit einem optimistischen und hoffnungsvollen Ton geendet hatte. Sie war auf dem Weg zu ihrem Hochzeitstag. Für mich war es ein großes Privileg, dass ich diese Lebensgeschichte hatte hören dürfen. Wie so oft wünschte ich mir, Romane schreiben zu können, um die große Bandbreite ihrer Gefühle und die erstaunlichen Veränderungen schildern zu können, die sie in ihrem Leben vorgenommen hatte.

Zum Abschied umarmten wir uns, und ich dankte Karen für ihre Großzügigkeit und Offenheit. Ich sagte, ich sei sehr beeindruckt von ihr und sehr stolz auf alles, was sie getan hatte, und ich hoffe sehr, die kommenden Jahre würden sie für alles entschädigen, was sie in ihrem Leben erlitten hatte. Sie meinte, wir sollten auf jeden Fall in Kontakt miteinander bleiben, und versprach, mir Fotos von ihrem neuen Heim zu schicken.

Die Tür hatte sich schon fast hinter ihr geschlossen, als Karen sich noch einmal umwandte und sie wieder aufstieß. Lächelnd sagte sie: »Vielleicht sollte es in Ihrem nächsten Buch um das gehen, was wir alle als Erwachsene erlebt haben.« In diesem Augenblick war mir noch kaum klar, als wie prophetisch ihre Worte sich erweisen sollten.

Nachdem Karen gegangen war, dachte ich noch lange Zeit über die unerwarteten Wendungen in ihrem Leben nach. Hatten ihre Eltern eine Vorstellung davon, was sie fünfundzwanzig Jahre zuvor mit ihrem Antrag auf Scheidung in Gang gesetzt hatten? Wenn ihnen die langfristigen Konsequenzen für ihre Kinder bekannt gewesen wären, hätten sie die Dinge dann anders gehandhabt? Hätten sie sich scheiden lassen? Wahrscheinlich dachten sie, was die meisten Menschen damals dachten – dass die Scheidung eine eher geringfügige Störung im Leben der Kinder bedeuten würde. Zweifellos rechneten sie damit, dass das Familienleben rasch wieder seinen normalen Gang gehen und dass Eltern und Kinder gleichermaßen davon profitieren würden, dass es mit den ehelichen Konflikten nun ein Ende hatte. Mit Sicherheit konnten sie nicht voraussehen, dass die Folgen sich bis in Karens viertes Lebensjahrzehnt hinein bemerkbar machen würden.

Ich dachte zurück an das liebenswerte und zugleich bedrückte Kind, das sich so rührend um seine verstörte Mutter, um seine jüngeren Geschwister und um den Vater – einen zunehmend »hoffnungslosen Fall« – kümmerte und das damit Jahre seiner Jugend verspielte. Ich konnte Karens von Kummer gezeichnetes Gesicht sehen, als sie mir, wenig über zwanzig Jahre alt, erzählte, was es ihr für Qualen bereitete zu überlegen, ob sie den jungen Mann verlassen sollte, mit dem sie sich eingelassen hatte, nur weil er lieb und nett zu ihr war. Gepeinigt von der Angst, etwas zu verlieren, hintergangen oder im Stich gelassen zu werden, war sie noch immer gefangen in der Rolle der sich aufopfernden Versorgerin, einer Rolle, die sie schon als Kind gespielt und als inzwischen Erwachsene in ihren Beziehungen zu Männern von neuem installiert hatte.

Aber dann hatte Karen ihrem Leben eine Wende gegeben. Ich war höchst verblüfft zu sehen, wie sehr sie sich seit unserem letzten Zusammentreffen verändert hatte. Sie brachte die Dinge in der Tat auf den Punkt, als sie sagte, ihre Situation sei »wirklich ganz und gar neu«. Mit vierunddreißig Jahren hatte sie mich aufgesucht, stolz und triumphierend, nachdem sie sich aus ihrer langjährigen Rolle als Retterin der Familie befreit hatte. Ihre Geschichte war quälend, denn sie warf Fragen auf, die ich einfach nicht beiseite schieben konnte. Ich hatte angenommen, dass ich, wenn die Kinder aus meiner Studie zehn oder fünfzehn Jahre nach der elterlichen Scheidung selbst erwachsen sein würden, präzise über die langfristigen Folgen dieses Geschehens für ihr eigenes Leben würde berichten können. In einem Buch, das zum Bestseller wurde (*Second Chances: Men, Women, and Children a Decade after Divorce*, deutsch: *Gewinner und Verlierer. Frauen, Männer, Kinder nach der Scheidung*) schilderte ich, was diese Kinder dachten, sagten und taten, als sie ältere Teenager bzw. als sie wenig über zwanzig Jahre alt waren, zu einer Zeit, zu der sie auf der Suche nach intimen Beziehungen waren, ihren beruflichen Weg beschritten und anfingen, nach den Auswirkungen der elterlichen Scheidung auf ihr eigenes Leben zu fragen. Ich erkannte, dass viele Scheidungskinder in einem heftigen inneren Konflikt befangen waren – sie fürchteten sich davor, die Fehler ihrer Eltern zu wiederholen, und waren doch auf der Suche nach der dauerhaften Liebesbeziehung. Viele von ihnen gingen entweder einer engen Bindung aus dem Weg oder ließen sich impulsiv auf Beziehungen mit Menschen ein, die sie kaum kannten und die auch ihrerseits Schwierigkeiten hatten. Nach den Gesprächen, die ich zu diesem Zeitpunkt mit ihnen geführt hatte, machte ich mir zwar Sorgen um ihre Zukunft, hoffte aber auch, dass sie irgendwie mit ihren Ängsten fertig werden würden.

Die Veränderungen, die ich an Karen beobachtete, verwiesen auf eine außergewöhnliche und noch nicht erzählte Geschichte dieser Generation. Wenn Karen es geschafft hatte, ihrem Leben eine Wende zu geben, was war dann mit den anderen geschehen? Enthüllte ihre Geschichte ein generelles Muster, das ich nicht erkannt hatte, weil ich meine Beobachtungen zu früh beendet hatte? Ich sagte mir, dass es noch andere Karens geben musste, und ich fragte mich, wann – wenn überhaupt – die Scheidungsgeschichte denn eigentlich abgeschlossen sein mochte.

Und dann fiel es mir wie Schuppen von den Augen. Wir haben uns bisher noch nicht wirklich klar gemacht, dass und wie die elterliche Scheidung das Leben junger Menschen auch dann noch prägt, wenn sie längst erwachsen sind. Wir wissen beispielsweise aus einschlägigen Studien, dass Scheidungskinder auch ihrerseits eine höhere Scheidungsrate aufweisen, aber das sagt uns nichts über ihre Gefühle, es sagt nichts über die Wendepunkte in ihrem Leben, es sagt uns nichts darüber, wie und warum sie sich so und nicht anders entschieden haben und wie sie über die Liebe, über die Ehe und über eine eigene Elternschaft denken. Die einzige Möglichkeit, wirklich an das heranzukommen, was sie denken und was ihnen Sorgen bereitet, besteht darin, sie über ihren gesamten Lebensgang hinweg von der frühen Kindheit bis ins mittlere Erwachsenenleben zu begleiten. Warum hatte Karen es so schwer? Warum dauerte es so lange, bis sie sich darauf einließ, es mit der Liebe zu versuchen? Den aktuellen demographischen Daten zufolge handelt es sich bei einem Viertel der Erwachsenen, die jünger als vierundvierzig Jahre sind, um Scheidungskinder. Wir sprechen hier von Millionen von Menschen, die sich mit den Nachwehen einer Erfahrung herumschlagen, die ihre Eltern vermutlich recht gerne vergessen würden.

Eines war sonnenklar. Ich hatte meine Studie über Kinder aus geschiedenen Familien in der Tat zu früh beendet. Karens Besuch hatte eine Reihe von Überlegungen und offenen Fragen aufgeworfen, denen ich mich nicht entziehen konnte. Binnen weniger Wochen beschloss ich, der Frage nach den »Second Chances« noch weiter nachzugehen und so vielleicht in Erfahrung zu bringen, wie andere Betroffene an diesem Punkt, fünfundzwanzig Jahre später, mit ihrem Leben zurechtkamen. Das ist die längste sozusagen als Nahaufnahme gehandhabte Studie zum Thema Scheidung, die jemals durchgeführt worden ist. Die jüngsten „Kinder“ sind inzwischen Endzwanziger, die ältesten haben die Vierzig überschritten. In diesem Buch geht es um das, was ihnen in ihrem Erwachsenendasein begegnet ist. Wie kommen sie mit ihrem Leben zurecht? Wie viele von ihnen sind glücklich verheiratet? Haben sie Kinder? Sind viele von ihnen schon wieder geschieden, oder haben viele eine Heirat für sich überhaupt abgelehnt? Betrachten sie die Scheidung ihrer Eltern noch immer als das gewichtigste und bestimmende Geschehen ihrer jungen Jahre? Sind sie wütend auf ihre Eltern? Können sie deren Entscheidung inzwischen billigen? Sind sie einfühlsam? Sind sie zynisch? Machen sie sich Sorgen, und wenn ja, worum? Welche Wertvorstellungen verbinden sie mit Liebe, Sexualität, Ehe und Ehescheidung? Wie enttäuscht bzw. wie zufrieden sind sie mit ihrem Leben? Mit meinem Blick in die Köpfe und in die Herzen dieser Generation hoffe ich tiefreichende Veränderungen im Denken der amerikanischen Bevölkerung aufzeigen zu können, die ihrerseits einen noch nicht voraussehbaren Einfluss auf die zukünftige Entwicklung nehmen werden.

Zugleich wollte ich etwas über das Leben derer in Erfahrung bringen, die sozusagen Tür an Tür mit den Scheidungskindern großgeworden waren, deren Eltern sich aber nicht hatten scheiden lassen. Was hatten sie von ihren Eltern gelernt? Sind Kinder aus sehr unglücklichen, aber intakt gebliebenen Familien irgendwie anders als Kinder, die in sehr unglücklichen geschiedenen Familien aufgewachsen sind? Sind Kinder aus glücklichen und intakten Familien gegen Scheidung immunisiert, oder sind sie genauso „versagens"anfällig wie ihre hier vorgestellten Altersgenossen? Wie wirkt sich unsere Scheidungskultur auf ihre Einstellung zur Ehe, zur Bindung an einen anderen Menschen und zur Scheidung aus? Was geschieht, wenn sie einen Partner heiraten, der aus einer geschiedenen Familie kommt? Wird das zu einem Thema in der eigenen Ehe? Machen sie sich Sorgen, dass ihre eigene Ehe fragiler sein könnte, weil die Ehe heute insgesamt fragiler ist? Mir wurde klar, dass ich eine Vergleichsgruppe brauchte, um Antwort auf diese Fragen zu finden.

In Vorbereitung dieser neuen Runde meiner Studien über junge Erwachsene, deren Eltern sich fünfundzwanzig Jahre zuvor hatten scheiden lassen, bat ich zwei Kolleginnen um ihre Mitarbeit. Beide haben schon bei früheren Projekten mit mir zusammengearbeitet. Julia Lewis, Professorin für Psychologie an der San Francisco State University, war *Associate Director of Research* am Judith Wallerstein Center for the Family in Transition, als dieses im Jahre 1980 gegründet wurde, und Forschungsleiterin bei der nach zehn Jahren durchgeführten Folgestudie; sie ist auch bei den nach insgesamt fünfundzwanzig Jahren durchgeführten Folge-Interviews meine wichtigste Mitarbeiterin gewesen. Sandra Blakeslee ist preisgekrönte Wissenschaftsredakteurin bei der New York Times und war schon an zwei meiner früheren Veröffentlichungen beteiligt. Sie hat mir geholfen, unsere Geschichten und Erkenntnisse klar und verständlich zu formulieren, und dabei auch eigene Erfahrungen und ihre einfühlsame Sicht einer Vielzahl von Aspekten unserer Gesellschaft eingebracht. Beide waren mir sehr geschätzte Partnerinnen.

Dieses Buch ist letzten Endes ein Bericht unserer Kinder in deren eigenen Worten, ein Erfahrungsbericht, auf den alle – und nicht zuletzt Eltern, Großeltern und politische Entscheidungsträger – gewartet haben und den alle hören wollen. Nach fünfundzwanzig Jahren gilt das auch für die Justizorgane. Das Phänomen der Scheidung hat sich im Leben einer ganzen Generation ausgebreitet und dafür gesorgt, dass wir alle anders über die Ehe und über die menschlichen Bindungen denken. Die Scheidungskinder, die von unserem Rechtssystem mundtot gemacht wurden, sind zurückgekehrt, um ihr Verdikt über uns zu sprechen, und wir haben die Pflicht, ihnen zuzuhören.

Judith Wallerstein
Belvedere, California, 2000

Einführung

Im Juli 1999 zeigte die Sesamstraße eine Szene, in der Kermit der Frosch, als Reporter kostümiert, einen kleinen Vogel nach seinem Zuhause fragt. Die glückliche kleine Vogeldame gibt zwitschernd zur Antwort, sie lebe zeitweise auf dem einen Baum im Nest ihrer Mutter und zeitweise auf dem anderen Baum, wo sie mit ihrem Vater herumtobe. »Sie lieben mich beide«, sagt sie am Ende fröhlich und hüpft davon, um zu spielen. Das ist offensichtlich eine neue Formulierung des trügerischen Mythos der Scheidung. Wir als Zuschauer sollen daraus entnehmen, dass Scheidung eine eher geringfügige Störung und ein ganz übliches Geschehen im Leben von Kindern und Erwachsenen darstellt. Nichts, worum man sich große Gedanken machen müsste – das soll die Szene dem Kind vermitteln. Deine Eltern werden weiterhin liebevoll mit dir spielen, so wie sie es immer schon getan haben. Dein Leben wird ganz genau so weitergehen wie bisher, außer dass es von nun an eben an zwei Schauplätzen stattfinden wird. Die Geschichte mag dem einen oder anderen aufgestörten Kind einen kleinen Trost bieten. Ich vermute allerdings, dass die meisten Kinder es besser wissen. Die Geschichte der kleinen Vogeldame deckt sich in keiner Weise mit der realen Erfahrung des Aufwachsens in einer geschiedenen Familie, sei es an einem einzigen und immer gleichen Ort, sei es in zwei verschiedenen Haushalten oder in einer über die Jahre hinweg wechselnden Kombination residentieller Arrangements.

Und dennoch ist die Geschichte bedeutsam, denn sie ist tief in der Kultur unserer Zeit verwurzelt. Sie steht für eine Reihe fortdauernder Mythen, die seit nunmehr drei Jahrzehnten unsere Ansichten und unser Vorgehen lenken. Noch vor dreißig Jahren war die Ehe ein Engagement fürs Leben, aus dem es nur wenige legale Auslässe etwa in der Form des vor Gericht nachgewiesenen Ehebruchs oder jahrelangen Verlassenseins gab. Für die amerikanische Gesellschaft wie für das amerikanische Rechtssystem waren Ehepartner aneinander gebunden, wie unglücklich sie auch miteinander sein mochten. Unzählige Menschen waren in Ehen gefangen, in denen Liebe nicht existierte, die sie verzweifelt zu beenden wünschten, aus denen es aber in den allermeisten Fällen keinen Ausweg gab. Und dann änderte sich, ähnlich einem grundstürzenden Erdbeben, das Familienrecht im Staat Kalifornien sozusagen über Nacht. Scheidungswillige Frauen und Männer, so lautete die Forderung vieler Gremien und Initiativen im ganzen Land, sollten nicht länger den Beweis erbringen müssen, dass ihr Partner untreu, ungeeignet oder grausam sei bzw. nicht zu ihnen passe. Es sei Zeit, so lautete das Argument, der gesetzlich verankerten Heuchelei ein Ende zu machen, die so strenge Schranken gegenüber der Scheidung errichtet hatte. Die Menschen sollten eine unglückliche Ehe beenden können, ohne eine Schuld des Partners nachweisen oder den Partner bloßstellen zu müssen.

Die vorherrschende Meinung lautete, dass die Scheidung es den Erwachsenen ermöglichen würde, eine bessere Wahl zu treffen und eine glücklichere Ehe einzugehen, also einen früheren Fehler sozusagen ungeschehen zu machen. Sie würden zu dem ehrlichen gemeinsamen Entschluss kommen, sich zu trennen, denn wenn einer von ihnen tatsächlich aussteigen wollte, dann konnte von Ehe ja wohl kaum die Rede sein.

Diese Ansicht wurde von Männern und Frauen ganz unterschiedlicher politischer Zugehörigkeit sowie von Anwälten, Richtern und Therapeuten gleichermaßen vertreten. Seine endgültige Formulierung fand das vom Schuldprinzip abrückende neue Scheidungsrecht unter der Leitung von Herma Kay, einer Rechtsprofessorin weithin bekannten Frauenrechtlerin. Im Jahre 1969 unterzeichnete der damalige Gouverneur Ronald Reagan das neue Gesetz, und die Bevölkerung jubelte. Es war eine Zeit der Hoffnung und der Zuversicht, dass die neuen Möglichkeiten Männer und Frauen befreien und auch ihren Kindern zugute kommen würden. Binnen weniger Jahre breitete sich das neue Scheidungsrecht wie ein Buschfeuer über alle fünfzig amerikanischen Bundesstaaten aus. Quer durch das Land begrüßten die Menschen die damit einhergehenden Veränderungen.

Aber was war mit den Kindern? In unserem Bestreben, die Lebenssituation der Erwachsenen zu verbessern, nahmen wir an, dass auch die Situation der Kinder sich verbessern würde. Wir ließen radikale Veränderungen im Familienleben zu, ohne uns Gedanken darüber zu machen, dass sich damit auch die Erfahrung des Heranwachsens in der Familie verändern würde. Wir ließen uns auf ein gigantisches gesellschaftliches Experiment ein, ohne einen Gedanken daran zu verschwenden, wie dieses Experiment sich auf die kommende Generation auswirken würde. Wenn wir ehrlich sein und der Wahrheit ins Gesicht sehen wollen, dann müssen wir sagen, dass die Geschichte der Scheidung in unserer Gesellschaft überreich ist an nichtbegründeten Annahmen der Erwachsenen bezüglich der Kinder, schlicht weil diese Annahmen den Anliegen und Wünschen der Erwachsenen entsprechen. Die Mythen, die weiterhin unsere Scheidungspolitik und unser Scheidungsgebaren lenken, entstammen unmittelbar diesen Annahmen.

Gehätschelte Mythen

Unserer gegenwärtigen Einstellung gegenüber der Scheidung liegen zwei irrige Überzeugungen zugrunde. Die erste besagt, dass, wenn die Eltern glücklicher sind, auch die Kinder glücklicher sein werden. Auch wenn die Scheidung der Eltern den Kindern zu schaffen macht – die Krise wird vorübergehen, weil Kinder ja flexibel und wendig sind und sich rasch erholen. Die Kinder werden nicht losgelöst von ihren Eltern betrachtet; ihre Bedürfnisse und selbst ihre Gedanken werden unter der Agenda der Erwachsenen subsumiert. Dieser Mythos (»Das wird sich schon wieder geben.«) beruht auf dem anhaltenden Faktum, dass die meisten Erwachsenen sich einfach nicht vorstellen können, wie Kinder die Welt sehen und wie Kinder denken. Unglücklicherweise glauben sie aber, sie könnten es. In der Tat wären viele Erwachsene, die sich in einer sehr unglücklichen Ehe gefangen sehen, überrascht zu erfahren, dass ihre Kinder vergleichsweise zufrieden sind: Den Kindern ist es egal, ob Mama und Papa in getrennten Betten schlafen, solange die Familie beisammen ist.

Glücklicherweise ist dieser Mythos in den letzten Jahren unter scharfen Beschuss geraten, nachdem Eltern, Lehrer und Forscher wie ich in ihren Berichten zu dem Schluss gekommen sind, dass die Kinder leiden. Die Euphorie der frühen 1970er Jahre wich rasch einer ansteigenden Flut der Besorgnis angesichts der Verarmung geschiedener Frauen und ihrer Kinder, angesichts der Verzweiflung vieler Eltern, die nicht der Ansicht des Partners waren, dass ihre Ehe gestrandet sei, und angesichts der Tatsache, dass die Kinder sich eben doch nicht so rasch wieder fingen. Kinder in Nachscheidungsfamilien sehen generell nicht glücklicher, gesünder oder besser angepasst aus, selbst wenn ein Elternteil oder beide Eltern glücklicher sind. Bundesweit durchgeführte Untersuchungen[1] belegen, dass Kinder aus geschiedenen und wiederverheirateten Familien sich ihren Eltern und Lehrern gegenüber aggressiver verhalten. Sie selbst leiden vermehrt unter Depressionen, haben vergleichsweise mehr Lernschwierigkeiten und treffen im Umgang mit ihren Altersgenossen auf mehr Schwierigkeiten als Kinder aus intakten Familien. Kinder aus geschiedenen oder wiederverheirateten Familien werden doppelt oder dreimal so oft zur psychologischen Beratung in der Schule überwiesen als ihre Peers aus intakten Familien. Diese Population ist in Krankenhäusern und psychiatrischen Einrichtungen zahlenmäßig stärker vertreten, sie wird früher sexuell aktiv, produziert mehr außereheliche Kinder und zeichnet sich durch eine niedrigere Heirats- und eine höhere Scheidungsrate aus. Zahlreiche Studien[2] zeigen, dass erwachsene Scheidungskinder mehr psychische Probleme haben als erwachsene Kinder aus intakten Ehen.

Auch wenn viele Leute inzwischen gar nicht mehr glauben, dass Kinder immer von einer Scheidung profitieren, die ihre Eltern glücklicher macht, übt dieser Mythos, ohne dass wir uns dessen bewusst sind, doch weiterhin einen subtilen Einfluss auf unsere Einstellung zur Scheidung und unsere Reaktionen darauf aus. Unter diesem Einfluss gehen Eltern davon aus, dass ihre Kinder ihre Entscheidung gutheißen werden – was, wie die folgenden Kapitel deutlich machen werden, für Kinder unter dreizehn Jahren kaum jemals zutrifft. Eltern tun sich unter dem Einfluss dieses Mythos schwerer mit der Erkenntnis, dass ihre Kinder sich nach dem Bruch mit Ängsten und traurigen Gefühlen herumschlagen, und sie tun sich auch schwerer mit der Aufgabe, die Kinder in der richtigen Weise auf die bevorstehende Scheidung vorzubereiten und ihnen den Trost zu geben, den sie brauchen. Der Umstand, dass viele Männer und Frauen nach der Scheidung voll und ganz mit der Suche nach einem neuen Liebespartner oder nach einem neuen Job beschäftigt sind – was beides zur Folge hat, dass sie für ihre Kinder noch weniger ansprechbar sind –, kann sie in ihrem Wunsch, an diesem Mythos festzuhalten, nur bestärken.

Ein zweiter Mythos geht von der Vorstellung aus, bei der Ehescheidung handele es sich um eine vorübergehende Krise, die Eltern und Kindern im Wesentlichen im aktuellen Zeitpunkt schwer zu schaffen macht. Von dieser Vorstellung ist es kein weiter Weg zu dem Schluss, dass das Kind sich mit der neuen Situation schon arrangieren wird, wenn die Eltern ihren Konflikt so lösen, dass kein Groll zurückbleibt. Folgerichtig haben sich die Bemühungen um Hilfe und Intervention bisher im Wesentlichen auf den Augenblick des Zusammenbruchs der Ehe konzentriert: Wenn die beiden Eltern nicht miteinander streiten – jedenfalls nicht in Gegenwart ihrer Kinder –, und wenn sie ihre finanziellen, rechtlichen und elterlichen Angelegenheiten und Meinungsverschiedenheiten vernünftig und fair regeln, dann sollte die Krise sich doch rasch beilegen lassen. Die beiden glücklich davongekommenen Erwachsenen haben sich aus einer problembelasteten Ehe befreit und können nun mit ihren Kindern daran gehen, sich beide ein glücklicheres Leben aufzubauen. Die Kinder werden sich wieder ihrem Spiel und ihren schulischen Aktivitäten zuwenden, sie werden sich unschwer daran gewöhnen, nun eben Eltern an zwei verschiedenen Adressen zu haben und ihre Tage und Nächte auf zwei getrennte Wohnungen in zwei verschiedenen Nachbarschaften zu verteilen. Ihr Leben wird weitergehen wie bisher, nur dass ihre Situation sich gegenüber der Zeit vor der elterlichen Scheidung erheblich verbessert hat. Das alles, so die Annahme, wird geschehen – ungeachtet aller Episoden von Betrug, schlechter Behandlung oder Vernachlässigung, die zur Scheidung und dazu führten, dass zumindest einer der Ex-Partner zutiefst unglücklich ist und dieser eine oder auch beide Beteiligten kaum in der Lage sind, vernünftig über ihre Kinder nachzudenken. Der Glaube an die temporäre Natur der Krise nährt seinerseits die Überzeugung, dass es dem Kind schon bald wieder gut gehen wird, wenn von Anfang an eine akzeptable Regelung gefunden wird, was das Sorgerecht, das Besuchsrecht und die Unterhaltsleistung angeht, und die Eltern darüber hinaus vielleicht noch gewisse Instruktionen erhalten. Das ist eine Sicht der Dinge, die wir vehement verteidigt haben und auch weiterhin vertreten.

Aber diese Sicht geht in die Irre. Unsere Entschlossenheit, an eben diese Zusammenhänge zu glauben, hat uns daran gehindert, Kindern und Erwachsenen mit dem Verständnis zu begegnen, das sie brauchen, um auf Dauer mit der Erfahrung der Scheidung fertigzuwerden. Sie hat uns davon abgehalten, längerfristig für unsere Kinder zu planen und in diesem Zusammenhang zur Kenntnis zu nehmen, dass die Bedürfnisse der Kinder sich in den Jahren des Heranwachsens wandeln. Sie hat uns daran gehindert, auf die berechtigten Klagen unserer Kinder zu hören und ihnen in ihrer schwierigen Situation zu Hilfe zu kommen. Glücklicherweise fällt auch dieser zweite Mythos allmählich in sich zusammen, denn inzwischen ist eine neue Stimme dabei, sich auf der nationalen Bühne Gehör zu verschaffen. Sie gehört den Scheidungskindern, die mittlerweile erwachsen sind. In diesem Buch fordern sie die Mythen sozusagen aus erster Hand und hörbar heraus. Jetzt, als Erwachsene, die selbst verheiratet oder geschieden sind und eigene Kinder haben, sprechen sie mit einer Autorität, die wir nicht mehr ignorieren können.

Scheidungskinder sagen uns als Erwachsene laut und deutlich, dass das, was am stärksten zählt, nicht die Wut der Eltern im Augenblick des Zusammenbruchs ihrer Ehe ist. Sofern es damals nicht zu Gewalttätigkeiten, zu Misshandlung oder zu ständigen schweren Konflikten kam, haben sie nur vage Erinnerungen an das, was sich in dieser – wie sie immer hören: kritischen – Periode ereignete. In der Tat wären sie alle, damals als Kinder, heute als Erwachsene, höchst erstaunt gewesen zu hören, dass ein Richter, ein Anwalt, ein Vermittlungsexperte – ja überhaupt irgendjemand – sich damals oder zu irgendeinem späteren Zeitpunkt ernsthaft Gedanken über ihr Wohlergehen oder ihre Wünsche gemacht hätte. Nein, was nach den Aussagen dieser ersten inzwischen erwachsenen Generation von Scheidungskindern zählt, sind vielmehr die vielen Jahre des Lebens in einer Nachscheidungs- bzw. in einer wiederverheirateten Familie; es sind Traurigkeit, Einsamkeit und Wut, die sie in der Zeit ihrer Kindheit empfanden; es sind die Flugreisen, die ein siebenjähriges Kind allein absolvieren musste, um den Vater oder die Mutter zu besuchen; und es ist der Umstand, dass man nicht über seine Zeit verfügen konnte, dass man sich vorkam wie ein Mensch zweiter Klasse, verglichen mit den Freunden und Freundinnen, die in intakten Familien lebten und ein Wort mitreden durften, wenn es darum ging, was am Wochenende und in den Ferien unternommen werden sollte. Es ist die Überlegung, ob der Vater, der selbst das College besucht hat, dir etwas dazugibt, wenn du ans College gehen willst, obwohl er doch gesetzlich nicht dazu verpflichtet ist. Es sind die jahrelangen Überlegungen, die Mutter und Vater gelten – wird Mutters neuer Freund parat stehen, wenn sie ihn braucht; wird Vaters neue Frau mich freundlich bei sich willkommen heißen? Was zählt, ist die Angst des erwachsen werdenden Scheidungskindes: Werde ich je eine Frau finden, die mich liebt und mir treu ist? Werde ich einem Mann begegnen, dem ich vertrauen kann? Oder werden meine Beziehungen genau so wenig funktionieren wie die Beziehungen meiner Eltern? Und, besonders aufschlussreich: Kann ich mein eigenes Kind vor den Erfahrungen bewahren, mit denen ich aufwachsen musste?

Von den Männern und Frauen aus geschiedenen Familien, über deren Leben ich in diesem Buch berichte, wollte niemand, dass die eigenen Kinder diese Erfahrungen etwa wiederholen müssten. Keine dieser Personen sagte: »Ich möchte, dass meine Kinder in zwei Nestern (oder auch: in zwei Villen) leben.« Alle beneideten die Freunde, die in intakten Familien hatten aufwachsen können. Die ganze Lebensgeschichte dieser einstigen Scheidungskinder bezeugt die Falschheit der Mythen, an die wir so gerne geglaubt haben.

Die Längsschnittstudie

Die mittlerweile erwachsenen Scheidungskinder, auf deren Befragung das vorliegende Buch sich stützt, gehören zur Vorhut einer stetig wachsenden Armee von Menschen, die ebenfalls in geschiedenen Familien aufgewachsen sind. Seit 1970 haben jährlich mindestens eine Million Kinder in unserem Land die Scheidung ihrer Eltern erlebt – eine Generation von Amerikanern, die inzwischen erwachsen sind.[3] Es sei hier noch einmal wiederholt, dass es sich um ein Viertel der erwachsenen Einwohner dieses Landes handelt, die ihren vierundvierzigsten Geburtstag hinter sich haben.[4] Und vierzig Prozent der Erwachsenen, die in den 1990er-Jahren verheiratet waren, sind nach Aussage einschlägiger Berichte inzwischen schon wieder geschieden.[5] Das Leben »meiner« mittlerweile erwachsenen Scheidungskinder und die wichtige Lektion, die sie mir vermittelt haben, sind der eigentliche Gegenstand dieses Buches. Es handelt sich um die weltweit einzige Studie, die dem Lebenslauf von Menschen, deren Eltern sich trennten, als die Probanden noch kleine Kinder waren, bis weit ins Erwachsenenalter folgt. Von Anfang an galt mein Interesse dem Innenleben dieser Scheidungskinder in den Jahren des Heranwachsens. Ich habe versucht, die Welt mit ihren Augen zu sehen und die Qualität ihrer Beziehungen zu Eltern, Stiefeltern, Liebes- und Ehepartnern und schließlich zu den eigenen Kindern über viele Jahre hinweg zu erkunden. Im Fortgang der Untersuchung faszinierten mich insbesondere die Wendepunkte am jeweiligen Lebensweg und die Frage, auf welche Weise die Probanden es schließlich schafften, mit der überraschenden Hypothek der elterlichen Scheidung fertigzuwerden.

Die Kerngruppe von 131 Kindern und ihren Familien kam 1971 zustande, als meine Kollegin Joan Berlin Kelly und ich mit der offen endenden Befragung von Familien der Mittelschicht begannen, die sich soeben in Scheidung befanden. Die Kinder waren überdies sorgfältig im Blick auf akzeptable schulische Leistungen und den ihrem Alter angemessenen Entwicklungsstand ausgewählt. Natürlich wollte ich sichergehen, dass die Probleme, auf die wir etwa stoßen würden, nicht schon aus der Zeit vor der Scheidung stammten. Weder die Kinder noch ihre Eltern waren jemals meine Patienten gewesen. Ich habe ihren Lebensgang bis ins Detail verfolgt, indem ich sowohl die Kinder selbst als auch jeweils beide Eltern viele Male, seit 1971 mindestens alle fünf Jahre, empfing und befragte. Über meine Erkenntnisse nach achtzehn Monaten, nach fünf, zehn und fünfzehn Jahren geben zwei bereits erschienene Bücher Auskunft.[6] Bei der hier verarbeiteten Folgeuntersuchung nach insgesamt fünfundzwanzig Jahren konnte ich fast 80 Prozent der heute achtundzwanzig- bis dreiundvierzigjährigen »Kinder« erreichen und zum direkten Gespräch empfangen, das jeweils mehrere Stunden dauerte.

In das vorliegende Buch sind auch Erkenntnisse aus meiner Arbeit mit den mehr als 6000 Kindern und ihren Eltern eingegangen, die das »Judith Wallerstein Center for the Family in

Transition« aufsuchten, eine nicht gewinnorientierte Einrichtung, die den in Scheidung begriffenen Familien im Verwaltungsbezirk Marin seit 1980 Mediation, Beratung und Schulung anbietet.[7] Im Verlauf der 1980er- und 1990er-Jahre haben meine Mitarbeiterinnen und ich mit unseren Untersuchungen zu einem breiten Fächer von Themen – ich nenne hier das gemeinsame Sorgerecht, die hochgradig konfliktbelastete Familie, die Frage der Übernacht-Besuche von Kleinstkindern, die gerichtlich angeordnete Besuchsregelung – Pionierarbeit geleistet, und diese Forschungstätigkeit hat Auswirkungen auf die Sozialpolitik und das Vorgehen der Gerichte gehabt und Zeichen auch in der Arbeit von Kinderärzten, Lehrern und Geistlichen gesetzt. Das Wallerstein Center, das sich national wie international einen Namen gemacht hat, bietet auch Trainingskurse für Juristen und Therapeuten, die es mit Familien in der Phase von Trennung, Scheidung und Wiederverheiratung zu tun haben.

Und schließlich mache ich in diesem Buch auch Gebrauch von den ausgedehnten Interviews mit einer Vergleichsgruppe von »Kindern« aus intakten Familien, die aus den gleichen Nachbarschaften stammen, die gleichen Schulen besuchten und im gleichen Alter stehen wie die Probanden meiner Langzeitstudie über geschiedene Familien. Diese Gespräche sollten mir dazu dienen, die gegensätzliche Erfahrung des Kindseins und Heranwachsens der beiden Populationen und das unterschiedliche Lebensgefühl der nunmehr erwachsenen Mitglieder beider Gruppen deutlich herauszuarbeiten. Ich stellte rasch fest, dass »intakte«, also nichtgeschiedene Familien in allen Gestaltungen und Größen existieren und die Qualität des Familienlebens von »harmonisch« bis »miserabel« reicht. Besonders interessierte mich der Vergleich im Lebensgang von Kindern aus nichtgeschiedenen Problemfamilien einerseits und »meinen« Scheidungskindern andererseits, ein Vergleich, der sich als Ausgangsbasis für eine häufig angestellte Überlegung anbietet: Ist dem Wohlergehen der Kinder eher mit der Scheidung oder eher damit gedient, dass die Eltern in einer unglücklichen Ehe ausharren?

Was ich gelernt habe

Als ich in den frühen 1970er-Jahren begann, mich mit den Auswirkungen der Scheidung auf die Betroffenen zu befassen, erwartete ich wie alle Welt, dass Kinder wie Eltern sich rasch wieder »fangen« würden. Mit der Zeit wurde mir aber immer schmerzlicher bewusst, dass Scheidung eine langwährende Krise darstellt, die soeben dabei war, das psychische Profil einer ganzen Generation zu affizieren. Immer wieder bot sich mir, während ich den Kindern in die Spätadoleszenz und das frühe Erwachsenenalter folgte, ein kurzer Blick auf diesen Langzeiteffekt, aber erst jetzt, da die Kinder längst erwachsen sind, kann ich endlich das ganze Bild erkennen. Scheidung ist ein lebensveränderndes Geschehen. Nach der Scheidung der Eltern ist die Kindheit anders als zuvor, die Zeit des Heranwachsens ist anders, und auch das Erwachsenenleben – mit der Entscheidung für oder gegen eine Heirat, für oder gegen die Elternschaft – ist anders. Ob die Dinge letzten Endes gut oder schlecht ausgehen – das Erlebnis der elterlichen Scheidung hat in jedem Fall eine gravierende Veränderung der individuellen Lebensbahn zur Folge.

Die schiere Menge der betroffenen Menschen und das Tempo, mit dem unsere Gesellschaft sich verändert, haben uns den Blick für diesen Umstand verstellt. Heute halten viele Menschen die Ehescheidung für ein vollkommen normales Geschehen: Eine Scheidung ist etwas so Übliches, dass die Kinder sie kaum zur Kenntnis nehmen. Kein Stigma. Keine große

Sache. Wenn doch die Hälfte der Schulkameraden aus geschiedenen Familien stammt, wie kann das Erlebnis der elterlichen Scheidung denn dann so traumatisch sein? Und – so heißt es weiter – trifft es denn nicht zu, dass die Kinder nichtgeschiedener, aber »schlimmer« Familien auch nicht besser dran sind? Alle Kinder, die heute in Amerika aufwachsen, sind doch direkt oder indirekt vom Phänomen der Scheidung betroffen, alle haben also die gleichen Sorgen. Mit anderen Worten, das Argument lautet, dass eine Ehescheidung (wir erinnern uns: ein »ganz normales« Geschehen) für den Einzelnen keine besondere Belastung bedeutet. Und in der Tat: Sollte jemand auf die Idee kommen, Gruppen Achtzehnjähriger, Gruppen Zweiundzwanzigjähriger und so weiter aus geschiedenen und nichtgeschiedenen Familien miteinander zu vergleichen, dann würde er wahrscheinlich feststellen, dass Scheidungskinder und Kinder aus intakten Familien weitgehend die gleichen Ansichten vertreten. Es stimmt, dass die meisten jungen Menschen wegen der gleichen Dinge beunruhigt oder besorgt sind.

Ich habe allerdings die Erfahrung gemacht, dass hinter diesem oberflächlichen Eindruck tiefere Wahrheiten liegen. Zunächst einmal erlebt jedes Kind die elterliche Scheidung als etwas, das in allererster Linie ihm selbst geschieht. Dass andere Menschen leiden, macht sein eigenes Leid nicht geringer. Würde es die Trauer einer Witwe erleichtern, dass in der gleichen Straße noch fünf weitere Witwen leben? Wäre ihr Schmerz deshalb geringer? Zahlen können weder Kinder noch Erwachsene über die Verletzungen hinwegtrösten, die das Leben ihnen zufügt. Wer der Ansicht ist, dass Zahlen das Leid des einzelnen Kindes verringern können, hat ganz einfach nicht mit Scheidungskindern gesprochen. Jedes betroffene Kind in einer Klasse, die zur Hälfte aus Scheidungskindern besteht, schreit es heraus: »Warum gerade ich?« Und nachdem ich das Leben so vieler Scheidungskinder in jedem einzelnen Fall von der frühen Kindheit über die Adoleszenz und bis in die Verantwortlichkeiten des Erwachsenenlebens hinein verfolgt habe, kann ich ohne allen Zweifel sagen, dass diese Kinder sich mit Ängsten und Besorgnissen herumschlagen, die ihre in intakten Familien aufgewachsenen Altersgenossen nicht teilen. Diese Ängste und Besorgnisse verändern unsere Gesellschaft in einer Weise, wie wir uns dies nie haben träumen lassen. Das ist das Thema dieses Buches, und es ist zugleich eine Herausforderung, der wir alle uns in den kommenden Jahren stellen müssen.

Auf den folgenden Seiten erscheint eine Vielzahl von Themen, an die wir im Zusammenhang mit den langfristigen Wirkungen der Ehescheidung bisher noch nicht gedacht haben. Karen zum Beispiel war unter den erwachsenen Scheidungskindern die Erste, die mir sagte, sie lebe mit der Furcht vor einem Unheil, das sie ohne Vorwarnung in jedem Augenblick treffen könnte, vor allem dann, wenn sie glücklich sei. Wie ich bald feststellte, waren diese Ängste unter den jungen Leuten, die in geschiedenen Familien aufgewachsen waren, sehr verbreitet. Wenn das momentane Lebensglück die Aussichten eines Menschen vergrößert, einen Verlust zu erleiden – wie gefährlich muss es dann sein, sich ganz einfach glücklich zu fühlen!

Im Gegensatz zu dem, was wir lange Zeit glaubten, macht sich das eigentliche Gewicht der elterlichen Scheidung für die Kinder nicht in den Jahren der Kindheit oder des Heranwachsens bemerkbar. Vielmehr kulminieren die Dinge im Erwachsenenleben, dann, wenn ernsthafte Liebesbeziehungen ins Zentrum der Interessen rücken. In dem Augenblick, in dem es darum geht, einen Lebenspartner zu wählen und eine eigene Familie zu gründen, erfährt die Erfahrung der elterlichen Scheidung ein Crescendo. Ein zentrales Ergebnis meiner Studien lautet, dass Kinder sich nicht nur mit Mutter und Vater als zwei separaten Individuen identifizieren, sondern auch mit der Beziehung ihrer Eltern zueinander. Sie nehmen das Musterbild dieser Beziehung mit in ihr Erwachsenenleben und verwenden es als Vorlage für ihre eigene Familie. Das Fehlen einer guten Vorlage wirkt sich negativ auf ihre Suche nach Liebe, Intimität und persönlicher Bindung aus. Angst veranlasst viele Scheidungskinder, den falschen Partner zu wählen, zu rasch aufzugeben, wenn Probleme auftauchen, oder sich überhaupt nicht auf eine Partnerbeziehung einzulassen.

Wie wir noch sehen werden, ist die geschiedene Familie nicht etwa eine zusammengestutzte Version der Zweielternfamilie. Es ist eine andere Art von Familie, in der die Kinder sich weniger sicher fühlen und mit weniger Vertrauen in ihre Zukunft blicken als Kinder, die in einigermaßen glücklichen nichtgeschiedenen Familien aufwachsen. Mutter und Vater, die beide ihr Bett mit anderen Partnern teilen, sind nicht das Gleiche wie Mutter und Vater, die unter dem gleichen Dach zusammenleben. Die geschiedene Familie hat sozusagen eine völlig neue personale und beziehungsmäßige Besetzung, an der Stiefeltern und Stiefgeschwister, Zweitehen und Zweitscheidungen sowie häufig eine ganze Reihe von auch räumlich hier etablierten Liebespartnern teilhaben. Kinder, die in einer Nachscheidungsfamilie aufwachsen, erleben häufig nicht nur den einen Verlust – den Verlust der intakten Familie –, sondern eine ganze Folge von Verlusten, weil die Personen des Stücks kommen und gehen. Diese neue Art von Familie stellt sehr verschiedene Anforderungen an jede der Elternpersonen, an jedes Kind und an die vielen neuen Erwachsenen, die den Familienkreis betreten.

Darüber hinaus zieht die Scheidung radikale Veränderungen in den Eltern-Kind-Beziehungen nach sich, die unserem gängigen Verständnis der Dinge zuwiderlaufen. Elternschaft, die sich aus ihrer Vertäuung im ehelichen Vertrag gelöst hat, ist häufig weniger stabil, weniger verlässlich und weniger protektiv für die Kinder. Wenn der eheliche Kontrakt sich auflöst, ändern sich die zwischen Eltern und Kindern bestehenden wechselseitigen Wahrnehmungen, Gefühle und Bedürfnisse. Das heißt nicht, dass die Eltern ihre Kinder jetzt weniger lieben oder sich weniger Gedanken oder Sorgen um sie machen. Vielmehr bedeutet es, dass sie beide vollauf damit beschäftigt sind, sich ein neues Leben aufzubauen – in finanzieller, gesellschaftlicher und sexueller Hinsicht. Die Bedürfnisse von Eltern und Kindern stimmen häufig noch viele Jahre nach dem Scheitern der Ehe nicht mehr zusammen. Die geängstigten Kinder suchen gewissermaßen mit Adleraugen nach Anzeichen von Stress bei Mutter oder Vater, der deren elterliche Präsenz und Erreichbarkeit beeinträchtigen könnte.

Wie die auf den folgenden Seiten ausgebreiteten Lebensgeschichten erkennen lassen, sind Kinder nicht etwa passive Gefäße, sondern durchaus aktive Mitgestalter ihres eigenen Schicksals und des Schicksals ihrer Familie. Sie bemühen sich nach Kräften, sich den neuen Gegebenheiten der Nachscheidungsfamilie anzupassen, auch wenn sie noch jahrelang hoffen, dass ihre Eltern sich wieder versöhnen werden. Da sie sich in den so genannten formativen Jahren befinden, werden die neuen Rollen, die sie in der Familie einnehmen, zu Merkmalen ihres Wesens. Manche begeben sich in das auf die Scheidung folgende Vakuum hinein und entwickeln sich zur wichtigsten Versorgerperson in der Familie. Andere lernen ihre wahren Gefühle zu verbergen. Manche bringen sich selbst in Schwierigkeiten in der Hoffnung, ihre Eltern auf diese Weise, nämlich zu ihrer eigenen Rettung, wieder zusammenzubringen. Die Rollen, die sie übernehmen, um sich den neuen Lebensumständen in der geschiedenen Familie anzupassen, bleiben ihnen nur zu oft bis in ihr Erwachsenenleben hinein erhalten und werden in den Beziehungen, die sie dann eingehen, häufig von neuem installiert.

Und schließlich können wir beobachten, dass viele Scheidungskinder gestärkt aus ihren Kämpfen hervorgehen. Sie sehen sich als Überlebende, die gelernt haben, sich auf ihre eigene Einschätzung der Dinge zu verlassen und schon in jungen Jahren Verantwortung für sich selbst und für andere zu übernehmen. Sie mussten ihre Moral- und Wertvorstellungen selbst entwickeln. Sie kennen den Stellenwert finanzieller Unabhängigkeit und harter Arbeit. Sie nehmen Beziehungen nicht auf die leichte Schulter. Die meisten bewahren sich ihre Wertschätzung eines gelungenen Familienlebens.

Die Lebensgeschichten

Dieses Buch kreist in seinem Aufbau um die Lebensgeschichten von fünf Frauen und Männern, die alle in geschiedenen Familien aufwuchsen, und einiger weiterer Personen, deren Herkunftsfamilien intakt blieben. Sie alle sind zugleich Prototypen, die ich mit Bedacht ausgewählt und zu Repräsentanten der Erfahrungen ihrer zahlreichen Schicksalsgenossen bestimmt habe. Ihre Geschichten werden hier mit Ausführungen verwoben, die das Ergebnis jüngster Forschungen und der am Center for the Family in Transition durchgeführten Studien sind und damit zugleich die Probleme spiegeln, mit denen wir es gegenwärtig im Familienrecht und in der Familienpolitik der Vereinigten Staaten zu tun haben. In anderen Abschnitten des Buches stelle ich eigene Überlegungen an. Sie gelten der Frage, wie Kinder in geschiedenen bzw. wie sie in intakten Familien aufwachsen, wie weit die Erfahrungen beider Gruppen einander gleichen bzw. voneinander abweichen und wie die schließlich erwachsene Person ihre Erwartungen in den Schmelztiegel des eigenen Familienlebens einbringt.

Dass ich es vorgezogen habe, hier wenige, dafür aber repräsentative und sehr detaillierte Lebensgeschichten zu präsentieren und nicht eine Vielzahl kurzer Vignetten oder etwa irgendwelche Gruppendaten, geschah in der Hoffnung, damit wirklich in die Tiefe hinein zeigen zu können, wie die elterliche Scheidung den Lebensweg der Kinder bis in ihr Erwachsenendasein prägte und veränderte. Es gibt eine ganze Reihe groß angelegter Studien, die auf einem entsprechenden Zahlenmaterial über Scheidungsfamilien basieren und interessante Informationen über die hohe Scheidungsrate unter den erwachsenen Scheidungskindern, über die große Anzahl der Schulaussteiger und Studienabbrecher in dieser Population sowie über die Beziehungsprobleme von Scheidungsopfern liefern. Aber alle diese Studien stützen sich auf strukturierte Telefoninterviews oder auf Fragebogen, die oberflächliche Daten, wenn nicht überhaupt mechanische Antworten zum Thema der Gefühle und Gedanken der Menschen abfragen. Nur das vielstündige Gespräch unter vier Augen und im Kontext einer vertrauensvollen Beziehung, in der es dem Gesprächsleiter frei steht, auch unerwartet auftauchenden Themen nachzugehen, wie sie in einer ungezwungenen Situation nun einmal zur Sprache kommen, führt uns in das eigentliche Erleben jenseits der Statistik. Diese Art der intensiven Befragung muss, da sie so zeitraubend ist, zwangsläufig auf eine kleine Anzahl von Probanden beschränkt bleiben. Sie ist zugleich aber die einzige Möglichkeit, sich Zugang zu den Herzen und Hirnen der betroffenen Menschen zu verschaffen und zu verstehen, wer sie sind, wie sie sich selbst und andere sehen und wie sie dahin gelangten, wo sie heute stehen.

Das vorliegende Buch gliedert sich in fünf Teile, die jeweils um die Lebensgeschichte einer erwachsenen Person kreisen, die in einer geschiedenen Familie aufgewachsen ist. Jeder dieser Teile rekapituliert den Lebensgang der betreffenden Person von dem Zeitpunkt an, zu dem ihre Eltern auseinander gingen, bis in die Gegenwart, fünfundzwanzig Jahre danach. Eingestreut in diese Hauptgeschichten finden sich immer wieder Gegengeschichten oder kürzere Vignetten aus dem Leben von Menschen, die in »intakten«, das heißt nichtgeschiedenen Familien aufwuchsen.

Im *Teil 1* geht es um Karen, ein Kind, das vom Augenblick des Zerbrechens der elterlichen Ehe an die Pflichten und Verantwortlichkeiten einer Erwachsenen auf sich nahm und diese Rolle über die Jahre des Heranwachsens hinweg beibehielt. Diese Erfahrung prägte alle Beziehungen, die Karen als Erwachsene einging, und schlug sich in nicht vorhersehbarer Weise auch in ihrer Sicht der Mutterschaft nieder. Ich vergleiche Karens Entwicklung mit derjenigen von Gary, einem jungen Mann, dessen Eltern beschlossen hatten, nicht auseinander zu gehen, obwohl sie beide in dieser Ehe nicht glücklich waren. Garys Geschichte gibt Anlass zu der Frage, ob und unter welchen Umständen zwei unglückliche Ehepartner um ihrer Kinder willen zusammenbleiben können oder sollten.

Teil 2 handelt von Larry, der als Kind immer wieder Zeuge häuslichen Gewalthandelns wurde. Als seine Mutter aus ihrer Ehe ausstieg, geriet der damals Siebenjährige in Wut und suchte die Verbindung der Eltern mit der heimlichen Unterstützung seines Vaters zu kitten. Als Vergleichsgeschichte zu Larrys Leben schildere ich die Erfahrungen von Carol, einer jungen Frau, deren Eltern einander ihr ganzes Leben lang gewalttätig begegneten und dabei niemals die Absicht hatten, sich zu trennen. Beide Lebensgeschichten werfen Licht auf die Wahrnehmungen von Kindern und Jugendlichen, die in gewalttätigen Familien aufwachsen, und zeigen, dass diese Erfahrungen noch bis in das Erwachsenenleben hinein fortwirken.

Teil 3 erzählt die Geschichte von Paula, die noch sehr klein war, als ihre Eltern geschieden wurden, und sehr unter ihrer Einsamkeit litt, weil die Mutter den ganzen Tag lang mit ihrem Studium und einer Erwerbstätigkeit beschäftigt war. Paula ist heute ebenfalls eine allein erziehende Mutter, die nach einer wilden Jugend und einer impulsiv eingegangenen Frühehe einen neuen Anfang versucht. Anhand ihrer Geschichte kann ich die langfristigen Folgen gewisser gerichtlicher Festlegungen – sei es die Besuchsregelung, die gemeinsame elterliche Sorge oder anderes – aufzeigen, die das Leben der Kinder bestimmen und deren Einstellung ihren Eltern gegenüber prägen. Keine der Personen aus unserer Vergleichsgruppe machte ähnlich leidvolle Erfahrungen wie Paula, die unversehens ein liebevolles und schützendes Umfeld verlor; deshalb wird in dem betreffenden Abschnitt auch von keiner Vergleichsperson berichtet.

Teil 4 enthält die Geschichte von Billy, der einen angeborenen Herzfehler hatte und sich infolge dieser seiner besonderen Bedürfnislage nicht an das neue Leben seiner beiden Eltern anpassen konnte. Solchen »verwundbaren« Kindern, die nicht sehr gut mit Veränderungen in ihrem Leben umgehen können, setzt die Scheidung der Eltern ganz besonders zu. In diesem Teil des Buches gehe ich auch der Frage nach, wer für den College-Besuch zahlt, wenn die obligatorische Unterhaltszahlung für das Kind mit Vollendung des achtzehnten Lebensjahres wegfällt.

Teil 5 behandelt die Lebensgeschichte von Lisa, die in komfortablen Verhältnissen und in einer Familie aufwuchs, die alles tat, um den Frieden zu wahren. Lisa hatte die Unterstützung zweier liebevoller Eltern und einer zärtlichen Stiefmutter. Und dennoch hatte sie als junge Frau große Schwierigkeiten damit, Männern zu vertrauen, weil sie sich mit Gefühlen herumschlug, die mit der lange zurückliegenden Scheidung ihrer Eltern zusammenhingen.

Anders als Betty, die aus einer intakten und harmonischen Familie kommt, ist Lisa sich nicht sicher, ob es ihr gelingen wird, einen Lebenspartner zu finden, Kinder zu haben und Vertrauen in die Institution der Ehe zu entwickeln.

Über der Niederschrift dieser Geschichten wurde mir klar, dass Menschen, die in geschiedenen Familien aufgewachsen sind, eine ganz besondere Lebensgeschichte mit sich tragen. Sie sind das Produkt zweier separater Familien und des Übergangs von der einen zur anderen. Ihr Leben beginnt in einer intakten Familie, die eines Tages als solche nicht mehr existiert. Es folgen eine Reihe von Umbrüchen, aus denen die Kinder verwirrt und erschreckt hervorgehen. Die nächsten Kapitel ihres Lebens spielen sich innerhalb der Nachscheidungsfamilie ab, die vielerlei Formen annehmen kann. Die Familie kann sich ausdehnen, weil eine neue Besetzung dazustößt – andere Erwachsene oder Kinder, die nun vorübergehend oder für immer ein Teil des Familienlebens sein werden –, sie kann sich zu einer verkleinerten Version der Vorscheidungsfamilie zusammenziehen, und sie kann alle möglichen Zwischenformen annehmen. Diese disparaten Teile ihrer Lebensgeschichte setzen sich in den Köpfen der heranwachsenden Scheidungskinder fest. An jedem neuen Punkt ihrer Entwicklung sagen diese Kinder sich einmal mehr, was sie durch die Scheidung verloren oder gewonnen haben. Häufig verändert sich diese Bilanz, wenn die Umstände und die Beziehungen sich verändern. An jedem Punkt gelangen die Kinder zu neuen Schlüssen, was sie selbst, ihre Eltern und Stiefeltern angeht, und entwickeln daraus eine Perspektive, die sie am Ende in ihre erwachsenen Beziehungen hineintragen.

Die Lebensgeschichten von Kindern aus nichtgeschiedenen Familien machen deutlich, dass Scheidungskinder in einem separaten, aber parallelen Universum leben. Wir entdeckten Gemeinsamkeiten und Unterschiede zwischen den beiden Gruppen, und dies über ihren gesamten bisherigen Lebensweg hinweg. Ich hatte nicht erwartet, die Gegensätze zwischen jungen Leuten, die im gleichen Quartier aufgewachsen sind und die gleichen Schulen besucht haben, so deutlich ausgeprägt zu finden.

Alle Personen in dieser Studie tragen neue Namen und andere Verkleidungen, damit ihre Anonymität gewahrt bleibt. Manchmal arbeiteten wir mit einem Kompositum aus mehreren Lebensgeschichten, um die Verkleidung noch undurchsichtiger zu machen. Aber von diesen äußerlichen Veränderungen abgesehen, bleiben ihre Worte und die wichtigen Ereignisse in ihrem Leben unbearbeitet. Im Laufe meiner langjährigen Arbeit mit Kindern und Erwachsenen habe ich festgestellt, dass Menschen sich geradezu in lyrische Höhen aufschwingen, wenn sie das Gefühl haben, dass ihnen endlich jemand zuhört.

Und noch eine letzte Bemerkung. Ich bin nicht gegen die Scheidung. Wie könnte ich es auch sein? Ich habe vermutlich mehr unglückliche, entwürdigende und gewalttätige Ehen gesehen als die meisten meiner Kolleginnen. Ich bin mir völlig im Klaren darüber, dass viele Menschen in ihrer Ehe sehr leiden und nach der Scheidung viel Zeit darauf verwenden, sich ein besseres Leben aufzubauen. Ich weiß andererseits, dass die Überlegung, sich scheiden zu lassen, für viele Menschen der schwerste Entschluss ihres Lebens ist und dass sie manche Nacht verweinen, bevor sie sich zu diesem drastischen Schritt durchringen. Und selbstverständlich bin ich mir der vielen Stimmen in Rundfunk und Fernsehen und in gewissen politischen und kirchlichen Kreisen bewusst, die in der Scheidung eine Sünde sehen und darauf hinweisen, dass Scheidung sich immer zum Schaden der Kinder auswirkt und dass Menschen, die sich scheiden lassen, egoistisch und nur an ihren eigenen Anliegen interessiert sind. Ich kenne aber keine Studie, meine eigenen eingeschlossen, die besagt, dass Scheidung grundsätzlich schädlich für die Kinder ist. Menschen, die diese Ansicht vertreten, meinen es ernst und sprechen vor dem Hintergrund ihrer eigenen hohen Wertvorstellungen; ich vermute allerdings, dass sie noch nie mit Familien zusammengesessen haben, deren gewaltige Schwierigkeiten in der Tat zur Scheidung führen können.

Tatsächlich geht es in vielen Fällen von Scheidung nicht darum, einer unglücklichen oder erschreckenden Ehe zu entkommen. Treibende Kraft bei den Tausenden von Scheidungen, die ich sozusagen in Nahaufnahme gesehen habe, war vielmehr der Wunsch, die Einsamkeit und Enttäuschung einer Ehe hinter sich zu lassen, in der es keine Liebe gab. Es ist verständlich, dass Menschen sich nach einer zweiten Chance umsehen, Glück und Gefährtschaft zu finden. Ihr Unglück und ihre Ängste verdienen in der Tat unseren Respekt und unser Verständnis. Aber das Anliegen der Mutter/des Vaters steht unter Umständen demjenigen der Kinder entgegen, die in den Jahren des Heranwachsens einen stabilen Hort brauchen. Kurz gesagt, bei der Scheidung liegen die Dinge anders als in Fällen, in denen Eltern und Kinder gleichermaßen irgendwelchen sozialen Missständen – etwa der Armut oder einem gewalttätigen Umfeld – entkommen wollen: Eine Scheidung kann den Erwachsenen gut tun, während sie den Kindern schadet, weil sie ihren Bedürfnissen zuwiderläuft. Unsere moralischen Vorstellungen und unser Familienrecht bauen auf dem Gedanken auf, dass die Mitglieder einer Familie, die großen wie die kleinen, die gleichen Interessen haben. Die Scheidung bedeutet sozusagen einen Frontalangriff auf diesen Grundsatz. Wir haben bisher gezögert, uns diesem schwierigen Problem in seinem ganzen Ausmaß zu stellen; immerhin werde ich mich aber an anderer Stelle in diesem Buch zur Frage nach dem Wann und Ob der Scheidung bzw. nach dem Zusammenbleiben um der Kinder willen äußern. In diesem Zusammenhang lassen sich nach meiner Überzeugung gewisse Richtlinien aus den hier folgenden Lebensgeschichten ableiten. Ich werde ferner danach fragen, ob andere Vorgehensweisen und Praktiken sowohl der Gerichte als auch der Eltern vielleicht eher geeignet sind, sowohl den Wünschen der Eltern als auch den Bedürfnissen der Kinder gerecht zu werden. Können wir es besser machen – das ist die eigentliche Frage, die in diesem Buch gestellt wird.

An wen wendet sich dieses Buch?

Dieses Buch wurde für euch geschrieben, die ihr in geschiedenen Familien aufgewachsen seid und wissen möchtet, warum ihr in der euch eigenen Weise fühlt und handelt. Ihr alle seid überzeugt, dass das, was ihr erlitten habt, einmalig ist. Ihr habt euch mit inneren Konflikten und mit Befürchtungen herumgeschlagen, deren Ursprünge ihr nicht versteht. Ihr habt jahrelang mit Verlustängsten und mit der Sorge gelebt, dass ein zeitweiliges Glück nur das Vorspiel eines Desasters sein könne. Ihr fürchtet Veränderungen, denn in eurem tiefsten Innern glaubt ihr, dass Veränderungen nur zum Schlechten möglich sind. Ihr habt euch euer Leben lang Sorgen um einen oder beide Eltern gemacht, und der Gedanke, die Eltern zu verlassen, erschien euch als ein Albtraum. Die allermeisten von euch haben niemals irgendeinem anderen Menschen gegenüber zugegeben, wie sehr ihr euch vor Konflikten fürchtet, weil ihr gelernt habt, dass man mit Konflikten nur in der Weise umgehen kann, dass man explodiert oder wegläuft. Ihr habt nächtelang wach gelegen und euch mit eurer Angst vor Liebe und mitmenschlichem Engagement auseinandergesetzt. Ihr wisst allzu viel über Einsamkeit und allzu wenig über dauerhafte Freundschaft. Aber es war euch auch zu unangenehm, über eure Gefühle zu sprechen, weil ihr keine Vorstellung davon hattet, dass ihr Teil einer nach Millionen zählenden Gruppe von jungen Erwachsenen seid, die in geschiedenen Familien aufgewachsen und alle genau so verwirrt und beunruhigt sind wie ihr. Die Gefühle, die euch verwirren und ängstigen, haben ihre Wurzeln in eurer Lebensgeschichte. Wenn ihr erkennt, dass euer Leben anders verlaufen ist als das von Menschen, die in intakten und glücklichen Familien aufwuchsen, dann werdet ihr beginnen, diese Wurzeln zu verstehen. Auch dann werden eure Befürchtungen vielleicht nicht ganz verschwinden, sie lassen sich aber mit Sicherheit dämpfen. Das ist der erste Zweck, den ich verfolge.

Dieses Buch wurde auch für euch geschrieben, die ihr mit einem Scheidungskind verheiratet seid. Warum habt ihr in eurem Zusammenleben so oft das Gefühl, wie auf Eiern zu gehen? Warum müsst ihr selbst bei belanglosen Meinungsverschiedenheiten so vorsichtig sein, und warum ist es schwierig, von einem Plan auch einmal abzuweichen? Mit eurem Wunsch nach Kindern habt ihr möglicherweise eine emotionale Blockade ausgelöst, und was den Umgang mit der Schwiegerfamilie angeht, hören die Komplikationen überhaupt nicht auf. Der Ehepartner hat tiefsitzende Ängste, die zu dieser ansonsten so lebenstüchtigen Person überhaupt nicht zu passen scheinen. Aber wenn ihr den Partner verstehen und auf seine besonderen Bedürfnisse eingehen könnt, wird er/wird sie euch zutiefst dankbar sein. Scheidungskinder haben in ihrem Leben nicht allzu viele Menschen getroffen, die es verstehen, dass sie gelegentlich so verschreckt auf eine Situation reagieren, die andere für ganz normal halten.

Und natürlich ist dieses Buch auch für diejenigen Eltern geschrieben, die am Scheideweg stehen. Wenn sie die Scheidung wählen – was wird dann aus ihren Kindern, und wie können sie den Kindern helfen? Wenn sie beschließen zusammenzubleiben – wie hoch ist der Preis für sie und für ihre Kinder, die im Anblick einer unglücklichen Ehe aufwachsen? Ich spreche vor dem Hintergrund jahrzehntelanger Studien, um Eltern im Augenblick ihrer Trennung und in den folgenden Jahren zu beraten. Ich habe darüber geschrieben, wie Eltern ihrem Kind den Entschluss, sich scheiden zu lassen, verständlich machen können. Das ist sehr wichtig als Vorbereitung auf das Leben in der Nachscheidungsfamilie. Die Kinder werden niemals vergessen, was ihre Eltern ihnen gesagt (oder nicht gesagt) haben, und sie werden auch die emotionale Atmosphäre dieses Zusammenseins nicht vergessen. Ich gehe ferner im Einzelnen auf die Frage ein, welche Sorgerechtsregelung sich für die Eltern und das Kind empfiehlt, und wie sich diese Regelung modifizieren lässt, wenn das Kind älter wird und seine Bedürfnisse und Interessen sich ändern. Ich zeige unter anderem, wie man einem Kind helfen kann, wenn es zu einem Akt häuslicher Gewalt gekommen ist; viele Kinder erleben solche Episoden, wenn die Ehe der Eltern sich ihrem stürmischen Ende nähert und zwei Menschen, die normalerweise nicht aufeinander einschlagen, eben dies ohne Hemmungen tun. Seit Jahren treibt es mich um zu sehen, dass Scheidungskinder das Gefühl haben, weniger Rechte und weniger Einfluss auf das eigene Leben zu haben als ihre Freunde aus intakten Familien; ich zeige daher eine Reihe von Möglichkeiten auf, wie Eltern ihrem Kind zu verstehen geben können, dass es geliebt und geachtet ist. Und schließlich habe ich auch Ratschläge, wenn es um Zweitehen und um die Beziehung zwischen einem Kind und seiner Stiefmutter/seinem Stiefvater geht. Alle diese Themen sind wichtig für das Wohlergehen des Kindes in der geschiedenen Familie, und für alle diese Themen fehlt es den Eltern in der Regel an Vorbereitung oder Anleitung.

Und schließlich denke ich noch an ein weiteres und wichtiges Publikum: Dieses Buch wurde auch für Richter, Anwälte, Mediationsfachleute und Therapeuten geschrieben, die mit den Gerichten und den Familien zusammenarbeiten. Sie alle sehen sich in einem Dilemma gefangen, das unser Rechtssystem dadurch hervorgebracht hat, dass es die Priorität bei den Elternrechten setzt, während es für den Kinderschutz verantwortlich ist. Dieses Lesepublikum bitte ich, auf die Stimmen der jungen Menschen zu hören, die unter den Vorgaben unseres Rechtssystems aufgewachsen sind. Nur wenige Vertreter dieses Personenkreises hatten jemals Gelegenheit zu fragen, was aus den Kindern wird, nachdem die jeweilige Vereinbarung – bei der die Kinder keine Stimme hatten – unterschrieben, gesiegelt und auf den Beförderungsweg gebracht worden ist. Jetzt haben sie eine Chance, von diesen Kindern zu hören, die hier ihr Herz ausschütten.

Ich beginne mit dem Rest von Karens Lebensgeschichte.

1 J. Guidubaldi, H. K. Cleminshaw, J. D. Perry und C. S. McLoughlin, »The Impact of Parental Divorce on Children: Report of the Nationwide NASP Study«, *School Psychology Review* 12 (1983): 300-23; N. Zill und C. Schoenborn, *Developmental, Learning and Emotional Problems: Health of Our Nations's Children, United States, 1988. Advance Data*, Vital and Health Statistics of the National Center for Health Statistics (Washington, D.C.: National Center for Health Statistics, Nr. 190, 16. Nov. 1990); S. McLanahan, Growing Up with a Single Parent: What Hurts, What Helps (Cambridge, Mass.: Harvard University Press 1994).

2 A. J. Cherlin, P. L. Chase-Lansdale, und C. McRae, »Effects of Parental Divorce on Mental Health Throughout the Life Course«, *American Sociological Review*, 63 (April 1988): 239-49; J. S. Wallerstein und J. B. Kelly, *Surviving the Breakup: How Children and Parents Cope with Divorce* (New York: Basic Books, 1980); N. Zill, D. R. Morrison, und M. J. Coiro, »Long-Term Effects of Parental Divorce on Parent-Child Relationships, Adjustment and Achievement in Young Adulthood«, *Journal of Family Psychology* 7, Nr. 1 (1993): 91-103.

3 National Center for Health Statistics, Births, Marriages and Deaths for 1996. Monthly Vital Statistics Report, vol. 45, Nr. 12 (Hyattsville, Md.: National Center for Health Statistics, 1997).

4 Nach Ausweis der geschätzten Zahlen aus dem »National Survey of Families and Households« von 1995 und aus dem »Statistical Abstract of the U.S. Bureau of the Census« von 1997.

5 General Social Survey, 1996 (National Sample).

6 Wallerstein und Kelly, *Surviving the Breakup*; J.S. Wallerstein und S. Blakeslee, *Second Chances: Men, Women, and Children a Decade after Divorce* (Boston: Houghton Mifflin, 1989). Dt.: *Gewinner und Verlierer. Frauen, Männer, Kinder nach der Scheidung. Eine Langzeitstudie*. München (Droemer Knaur) 1989.

7 Das Judith Wallerstein Center for the Family in Transition wurde in Reaktion auf die in »Surviving the Breakup« veröffentlichten Erkenntnisse und auf das zunehmende Interesse der Öffentlichkeit an diesem Thema im Jahre 1980 im Verwaltungsbezirk Marin gegründet und von der San Francisco Foundation für einen Zeitraum von fünf Jahren mit einem Anfangskapital von 3,5 Millionen Dollar ausgestattet. Auf der nationalen und der internationalen Ebene bekannt als Forschungsinstitut und als Trainingszentrum für medizinische Fachkräfte, Lehrer, Kinderärzte, Geistliche und Anwälte, hat es Vorbildfunktion für alle, die sich in Forschung, Intervention und Sozialpolitik mit den Veränderungen in der amerikanischen Familie befassen.

Teil 1
Parallele Welten: Karen und Gary

1.

Wenn ein Kind zur Versorgerperson wird

Es war der Besuch von Karen James, der mich veranlasste, den langfristigen Folgen der elterlichen Scheidung für die Kinder noch weiter nachzugehen. Sie hatte mich kaum verlassen, als ich in mein Arbeitszimmer ging und mir den Ordner der Familie James griff, um meine Erinnerung aufzufrischen. In unserem Büro habe ich ausführliches Aktenmaterial über alle Familienmitglieder – wörtliche Mitschriften der damaligen Interviews, Briefe von Lehrerinnen, Schilderungen vom Spiel mit dem Puppenhaus, Kinderzeichnungen, Aussagen der Eltern über ihr eigenes Leben und über ihre Kinder, Kommentare der Kinder, die auf erstaunliche Unterschiede in der Wahrnehmung der gleichen Situation deuten, und schließlich meine eigenen Randbemerkungen zu dem, was die jeweilige Familie repräsentiert. Das Erste, was mir in die Augen fiel, war eine Zeichnung, die Karen zu Beginn unserer Bekanntschaft angefertigt hatte. (Solche Zeichnungen sagen dem Betrachter häufig, was das betreffende Kind fühlt, und enthüllen sehr viel mehr als das gesprochene Wort.) Sie hatte alle Mitglieder ihrer Familie mit großer Sorgfalt wiedergegeben – die Mutter, den Vater, ihren achtjährigen Bruder Kevin und die sechsjährige Schwester Sharon. In freundliche Farben gekleidet und ausnahmslos breit lächelnd, standen sie sehr eng beieinander. Selbst die Katze lächelte. Am oberen Rand des Blattes stand in großen Blockbuchstaben »My Family«. Ich war beeindruckt zu sehen, dass Karen es fertig gebracht hatte, ihrer Zeichnung noch einen Anflug von Heiterkeit zu geben, denn zu diesem Zeitpunkt war ich mir über die schreiende Desorganisation dieses Familienlebens bereits im Klaren. Es war überdeutlich, dass Karen sich nach einem friedlichen und intakten Zuhause sehnte. Wie ich später erkannte, war das überhaupt das zentrale Anliegen ihres Lebens.

Dass die Eltern James sich scheiden ließen, stürzte die Kinder in die größte Verwirrung. Auch wenn sie sich seit einigen Jahren auf einer eher holprigen Strecke bewegt hatte – die Ehe der Eltern funktionierte (jedenfalls in den Augen der Kinder), und das Familienleben schien einigermaßen stabil. Der Vater hatte als Dermatologe in freier Praxisgemeinschaft mit vier weiteren Ärzten ein komfortables Einkommen und einen langen Arbeitstag. Die Mutter war wütend auf ihn und beklagte sich darüber, dass er nie erreichbar war, sich keinen Augenblick lang um die Kinder kümmerte, sich als Ehemann kalt und distanziert verhielt und als Liebhaber nichts taugte. Er ging auf ihr »Gejammer«, wie er es nannte, so gut wie überhaupt nicht ein. Sie war eine auffallend schöne Frau, die stundenweise in einem feinen Blumengeschäft mit der Zusammenstellung eleganter und teurer floristischer Gebinde beschäftigt war. Diese Tätigkeit befriedigte sie in ihren künstlerischen Ambitionen und ermöglichte es ihr, am Nachmittag, wenn die Kinder aus der Schule kamen, zu Hause zu sein. Sie war eine strenge und fordernde Mutter, und er war ein emotional distanzierter Vater – wenn er überhaupt anwesend war. Die beiden schrien sich gegenseitig an und warfen sich Dinge vor, auf die ihre Kinder sich keinen Vers machen konnten, aber von Scheidung war niemals die Rede. Wie die drei Geschwister mir berichteten, gehörten solche Stürme ganz selbstverständlich zum Familienleben.

Der eigentliche Sturm begann, als die Mutter von Mrs. James bei einem Autounfall ums Leben kam und Mrs. James in Trauer zusammenbrach. Sie hatte sich immer auf den Rat, die Zuneigung und die Hilfe ihrer Mutter verlassen, wenn es darum ging, die äußere Fassade einer glücklichen Ehe aufrechtzuerhalten. Der Tod der Mutter löste eine agitierte Depression bei ihr aus. Sie empfand einen zunehmenden Zorn auf die Welt, kritisierte ihre ganze Umgebung und suchte Trost, Liebe, Mitgefühl und Intimität bei ihrem Mann. Da er ihr nicht gab, was sie brauchte, wurde er zur Hauptzielscheibe ihrer Wut. Die Streitigkeiten, die bisher schon Teil des ehelichen Lebens gewesen waren, nahmen an Umfang und Heftigkeit zu, und gleichzeitig geriet die Wut zum Selbstläufer. Binnen kurzer Zeit bestand das gemeinsame Leben nur noch aus einer Folge von Auseinandersetzungen, eine lautstärker als die andere. Karens Vater war zutiefst erschrocken angesichts der Intensität der Forderungen seiner Frau und zog sich nun erst recht zurück. Gepeinigt von diesem doppelten Verlust, attackierte sie ihn immer heftiger, bis er unter dem Druck ihrer lauten Beschuldigungen und der Aufzählung seiner Unzulänglichkeiten zum Gegenangriff überging und ihr nun seinerseits Untreue, langjährige Frigidität und mütterliches Versagen vorwarf. Soweit ich es eruieren konnte, war das, was das Fass schließlich zum Überlaufen brachte, seine durch die Teilnahme an einem auswärtigen Dermatologie-Kongress bedingte zweitägige Abwesenheit. Von Wut zerfressen, suchte Mrs. James Hals über Kopf juristischen Rat und reichte die Scheidung ein.

Während ich so in den Akten blätterte und in meiner Erinnerung grub, wurde mir deutlicher denn je bewusst, dass die Auseinandersetzungen dieser beiden Partner sich eher durch Leidenschaftlichkeit als durch einen eigentlichen Inhalt ausgezeichnet hatten. Es ging nicht so sehr um Untreue – offensichtlich ein alter Hut – als vielmehr darum, einander wechselseitig zu verletzen. Beide wiesen die Beschuldigungen des jeweils anderen vehement zurück. Und wie so viele in Scheidung begriffene Paare spielten sie einander übel mit, während die Kinder hilflos dabeistanden oder wegliefen und sich versteckten. Wie in vielen Familien waren auch hier die Fragen des Sorgerechts und der Besuchsregelung nicht strittig. Mrs. James hätte alles getan, um ihren Mann zu irritieren – sie hätte sogar dafür gesorgt, dass er die Kinder hätte nehmen müssen – vorausgesetzt, dass das etwas gewesen wäre, was er nicht wollte.

Die Wut verraucht nicht mit dem Augenblick der Scheidung

Die Ehe der James' wurde geschieden, während das Chaos in der Familie noch zunahm. Die Wut der Eltern auf den jeweils anderen verrauchte nicht in den Jahren, die auf die Scheidung folgten, obwohl sie vor Gericht gar nicht zum Ausbruch gekommen war. Das ist eine Konstellation, die denjenigen, die mit Scheidungspaaren arbeiten, durchaus vertraut ist. Entgegen dem, was die meisten Menschen (Anwälte und Richter eingeschlossen) glauben, bringt die überwiegende Mehrheit der Scheidungspaare ihre Konflikte nicht mit in den Gerichtssaal. Die zehn bis fünfzehn Prozent solcher Paare, die ihre Auseinandersetzungen tatsächlich vor Gericht austragen, beanspruchen zwar den Löwenanteil unserer Aufmerksamkeit, repräsentieren aber nicht die Norm.[1] Die meisten Eltern handeln eine Scheidungsvereinbarung aus, einigen sich über die Frage des Sorgerechts und gehen anschließend ihrer getrennten Wege. Bedauerlicherweise hegen viele von ihnen aber weiterhin einen heftigen Zorn aufeinander. Bei einem Drittel der von unserer Studie erfassten Paare fielen die Auseinandersetzungen noch zehn Jahre nach der Scheidung so lautstark aus wie eh und je. Ihr anhaltender Zorn entsprang dem langjährigen Gefühl der Verletzung und Demütigung, das durch aktuelle Klagen (bei denen es zumeist um die vom Zahlenden als zu hoch und von der Empfängerin als zu niedrig angesehenen Unterhaltsleistungen ging) oder infolge der Eifersucht auf neue, häufig jüngere Partner immer neue Nahrung erhielt. Dass mit der Scheidung die intensive Liebes- und Hassbeziehung aus den Tagen der Ehe ein Ende hätte, ist ein weiterer Mythos unserer Zeit. Wie viele geschiedene Ehepartner rief auch Karens Mutter ihren Ex-Ehemann häufig an und steigerte sich dabei in ein Wortgefecht mit ihm hinein. Damit waren die Kinder den Kränkungen und Zornesäußerungen, die zum Zusammenbruch der Ehe geführt hatten, auch in den Jahren des Heranwachsens ausgesetzt. Heute erleben Millionen von Kindern das gleiche unerbittliche Drama von Trauer um das Verlorene und Zorn, der sich absolut nicht beruhigen will.

Es ist natürlich schwer zu sagen, wie oft eine Scheidung durch Geschehnisse ins Rollen kommt, die ihren Ort außerhalb der Ehe haben. Ich habe eine erhebliche Anzahl solcher Fälle erlebt. Tatsächlich ist ein äußerer Faktor sehr häufig die Ursache – oder, genauer gesagt, der endgültige Auslöser – der Scheidung, wobei die entscheidende Rolle dieses äußeren Geschehens nur selten von den Beteiligten erkannt wird. Wann immer ein Mensch von einem schweren Verlust in seinem Leben erschüttert wird – sei es der Verlust der Arbeitsstelle, der Tod eines der Eltern, eine schwere Krankheit des eigenen Kindes oder ein anderes trauriges Geschehen, das starke und ungezügelte Gefühle wecken kann –, wird dieser Mensch sich an den Partner wenden und bei ihm Trost suchen. Wenn der Partner verständnis- und liebevoll reagiert, kann dies die Ehe auf Dauer bereichern. Aber das Unglück kann das Paar auch auseinander treiben, wenn die beraubte Person von der Reaktion des Partners zutiefst enttäuscht ist und sich in der Stunde größter innerer Not zurückgewiesen fühlt. Trauer verwandelt sich in Wut, wenn die beiden Beteiligten einander nun mit irrationalen Vorwürfen überhäufen – die eine den anderen, weil er kein Einfühlungsvermögen zeigt, der andere die eine, weil sie in ihren Forderungen unersättlich ist. Die anfängliche Verlusterfahrung lädt sich rasch auf, wobei nun Zorn und wütende Beschuldigungen im Vordergrund stehen, und mit der Ehe geht es sturzbachartig bergab. Mrs. James hielt sich buchstabengenau an dieses Drehbuch.

Es ist besonders tragisch, wenn eine Scheidung sich im Gefolge einer schweren Lebenskrise ereignet. Die leidgeprüfte Person verliert, was sie in ihrer Ehe an Unterstützung hatte, und muss den Wechsel von der Ehe ins Dasein der allein stehenden Person in einem Zustand der Erschöpfung angehen. Die Kinder sind zutiefst erschrocken und fürchten sich vor dem, was vor ihnen liegt. Es ist, als müsste die ganze Familie am Punkt ihrer größten Schwäche mit einem Erdbeben und seinen Nachwirkungen fertigwerden.

Was der Familie James passierte, ist lehrreich. Viele Menschen, unter ihnen auch Anwälte, Richter und Mediationsfachleute, wissen und sehen nicht, dass sich hinter scheinbar rationalen Klagen oft starke irrationale Gefühle verbergen. Oder sie gehen davon aus, dass die Klagen ja immer den Ärger auf den Partner spiegeln und nicht irgendeine sehr viel tiefer reichende Traurigkeit. So vertraut Mrs. James' Eheprobleme ihrem Anwalt auch klangen, ihre Wut war nicht das Produkt der Ehe per se, sondern entstammte einem sekundären Verlust, der dieses Gefühl befeuerte. Im Grunde hätte man sich ihrem Kummer über den plötzlichen Tod ihrer Mutter und ihrer Unfähigkeit zu trauern zuwenden müssen, bevor sie die Initiative ergreifen und die auch für ihre Kinder so folgenschwere Entscheidung treffen konnte, sich von ihrem Mann zu trennen.

Das ist die Art von Wut, die noch Jahrzehnte nach der Scheidung am Leben sein kann und bleibende Spuren auch in der Persönlichkeit des Kindes hinterlässt. Als erwachsene Frau hat Karen große Angst vor Konflikten, eben weil sie so gefährlich sind. Aber wir greifen unserer Geschichte vor.

So wird ein Kind zur Versorgerperson

Ein halbes Jahr nach seiner Scheidung heiratete Dr. James eine erheblich jüngere Frau, die seine Kinder sehr gern hatte. Sie war lebhaft, hatte Witz und versuchte nicht, sich als strenge Stiefmutter in ihr Leben einzumischen, sondern suchte ihre Freundschaft und begegnete ihnen mit Zuneigung. Unseligerweise brachte Dr. James aber doch einiges Gepäck in seine zweite Ehe mit, und auch diese Verbindung erwies sich als stürmisch, wobei die zweite Ehefrau häufig ohne Erklärung über das Wochenende verschwand. Drei Jahre später küsste sie die Kinder zum Abschied und verließ die Familie, um einen anderen Mann zu heiraten. »Ich war ein Totalamputierter«, sagte Dr. James während eines unserer Folgeinterviews. Die Kinder waren wie gelähmt und hatten keine Erklärung für diesen zweiten Verlust in ihrem Familienleben.

Auch Mrs. James war in den Jahren, die auf die Scheidung folgten, nicht allzu glücklich. Sie hatte mehrere Affären und ging schließlich eine zweite Ehe ein. Der neue Ehemann, der einen Betrieb für Garten- und Landschaftsbau führte, ertrug die Kinder nicht und langweilte sich schon bald mit seiner hübschen Frau. Die Ehe dauerte keine fünf Jahre und stürzte Karens Mutter in einen Zustand ständiger Unruhe.

Karens Erbteil an der Scheidung ihrer Eltern bestand darin, dass sie in die Rolle der Ersatzmutter für ihre jüngeren Geschwister und der Ratgeberin und Vertrauten für ihre verstörten Eltern hinüberwechselte. Es war eine ganz neue Rolle für dieses Kind, das bisher – wie viele andere Kinder vor der Scheidung ihrer Eltern – ein durchaus beschütztes Leben geführt hatte. Immerhin übernahm sie die klassische Rolle der Versorgerin oder des »parentifizierten Kindes« selbstsicher und ohne zu zögern. Tatsächlich war sie eine musterhafte Mutter. »Mein Bruder fürchtet sich vor vielen Dingen«, sagte sie einmal vorsorglich zu mir.

»Wovor fürchtet er sich?«

»Vor der Dunkelheit. Vor dem Alleinsein. Davor, ins obere Stockwerk zu gehen. Ich versuche, auf ihn aufzupassen. Ich gehe jeden Abend noch mal in sein Zimmer, damit er nicht weint.« Viele junge Mädchen füllen freiwillig das Vakuum, das Eltern hinterlassen, die nach der Scheidung einen emotionalen und manchmal auch physischen Zusammenbruch erleiden. Ein solches Versorgerkind sieht seine Aufgabe darin, die Mutter bzw. den Vater sozusagen am Laufen zu halten, indem es die gerade gewünschte Funktion erfüllt – die des Mentors, des Beraters, der Pflegeperson, der Vertrauten. Der Fächer der Möglichkeiten ist breit, je nach den Bedürfnissen der Elternperson und dem Wahrnehmungsvermögen des Kindes. Eine Zehnjährige aus meiner Gruppe stand regelmäßig gegen Mitternacht auf, um mit ihrer an Schlaflosigkeit leidenden Mutter fernzusehen und Bier zu trinken. Statt in die Schule zu gehen, blieb sie häufig zuhause, um sicher zu sein, dass ihre Mutter nicht in die Depression fallen und sich etwas antun oder das Auto nehmen würde, wenn sie getrunken hatte. Ein Vater erzählte mir, seine zwölfjährige Tochter habe seine Anzüge für ihn gepackt, ihm bei der Suche nach einer Wohnung geholfen und für ihn eingekauft. Sie rief ihn jeden Abend an, um zu hören, ob er gut nach Hause gekommen war, und ihm zuzureden, er solle das Rauchen aufgeben. Die meisten »Elternkinder« sind Mädchen, wir haben aber auch dramatische Fälle gehabt, in denen Jungen eine solche Rolle übernahmen. Ein Vierzehnjähriger, dessen Mutter die Familie verlassen hatte, ging morgens nicht mehr zur Schule, sondern erledigte alles, was bis dahin Aufgabe der Mutter gewesen war – er kaufte ein, kochte, putzte und kümmerte sich um seinen Vater, der einem Zusammenbruch nahe war. Solche Kinder büßen rasch ihre Freunde ein, sie lassen in der Schule nach, und, was das Gravierendste ist, sie verlieren ihr kindliches Selbstverständnis – sie opfern in der Tat ihre Kindheit. Dafür empfinden sie einen gewissen Stolz und das Gefühl, dass sie der Mutter/dem Vater das Leben gerettet haben. Wenn Geschwister da sind, zieht sich das Versorgerkind ohne weiteres auch die elterliche bzw. mütterliche Rolle an, kümmert sich um den Haushalt und um die Mahlzeiten, sorgt dafür, dass die Schulaufgaben gemacht werden, bringt die Kleinen zu Bett, putzt noch spätabends das Bad. Karen war die geeignete Person für alle diese Aufgaben und lernte rasch, die eigenen Gefühle unter Verschluss zu halten. Dabei kam ihr sehr zugute, dass sie tiefes Mitleid mit beiden Eltern empfand und vor allem ihrer Mutter eine große Hilfe war, die ihrerseits durchaus zugab, dass sie sich sehr stark auf ihre zehnjährige Tochter verließ.

Ohne ein Anzeichen von Verlegenheit sagte Mrs. James zu mir: »Karen kümmert sich um mich. Sie versteht mich ohne Worte.« Wie die meisten Mütter, die sich stark auf ihre Kinder verlassen, war ihr kaum oder überhaupt nicht bewusst, dass das Kind ihr mit dem Verzicht auf Freizeit und Freundschaften ein großes Opfer brachte. Sie war sich nicht im Klaren darüber, dass Karen die Schule vernachlässigte und im Unterricht nicht aufpasste. Vielmehr sprach sie so, als wäre Karen bereits erwachsen oder sogar erheblich älter als sie selbst. »Wenn sie mich abends so allein dasitzen sieht, dann weiß sie, dass ich traurig bin, und legt den Arm um mich. Sie ist auch sehr klug. Sie hat mir geraten, mich von meinem Freund zu trennen. 'Der wird dir doch nur wehtun', hat sie gesagt. Ich habe gelernt, auf sie zu hören.«

Und an wen, so überlegte ich, kann Karen sich wenden, wenn sie Trost braucht? Wen hat sie denn, der ihr in den Jahren nach der Scheidung ihrer Eltern beisteht? Oder ist sie auf dem Weg, ihre Wünsche und Gefühle überhaupt abzublocken, weil sie zu schmerzlich sind?

Karen erzählte mir, dass sie gern allein im Garten ihrer Großmutter saß, wo es still war und sie sich geborgen fühlte. Es tat mir Leid, dass sie nicht sehr viele Freundinnen hatte, aber immerhin hatte sie diese eine Oase. Ich erinnere mich, dass sie Jahre später einmal sagte: »Meine Großmutter war meine Rettung.«

Ein sensibles Kind kann nicht zusehen, wie seine Mutter weint oder sein Vater in die Depression gerät, ohne sich bestürzt zu sagen, dass es vielleicht schuld an dieser Situation ist – und damit übernimmt es die Verantwortung für die Tränen der Mutter und das Stimmungstief des Vaters. Ich beobachtete Karen mit einem Gefühl großer Hilflosigkeit, eben weil ich nichts tun konnte, um ihren Kummer zu lindern oder ihr Schutzbedürfnis zu erfüllen. Ich erinnere mich, dass ich sie einmal fragte: »Was willst du eigentlich machen, wenn du erwachsen bist, Karen?«

Sie wurde rot. »Ich möchte mit Kindern arbeiten, die blind oder zurückgeblieben sind oder die nicht sprechen können.« Ich dachte an Karens Mutter, die allein dasaß und weinte, an ihren Bruder, der sich vor der Dunkelheit fürchtete, an all die bedrückten Menschen in dieser Familie, die dieses bemerkenswerte und auch seinerseits bedrückte Kind retten wollte – und mir kamen fast die Tränen.

Wenn ein Kind seine Kindheit und Jugend darangibt, um die Verantwortung für Mutter oder Vater zu übernehmen, dann verzichtet es darauf, sein eigenes junges Leben zu genießen, enge Freundschaften zu schließen, seine Interessen in der Gemeinschaft mit anderen zu pflegen. Über diesen Verzicht hinaus besteht hier noch eine weitere Gefahr, wenn diese verkehrte Abhängigkeit allzu lange andauert: Das Kind verrennt sich unter Umständen in das Gefühl, dass die Rettung der unglücklichen Mutter allein seine Aufgabe ist. Wenn es einmal eigenen Wünschen und Bedürfnissen nachgibt, fühlt es sich schuldig und nichtsnutzig. Das ist der Gang der Dinge, wenn das Unglück der jeweiligen Elternperson über Jahre anhält und diese sich, was ihr Wohlbefinden angeht, ganz auf das Kind verlässt, oder wenn das Kind selbst diese Rolle übernimmt und nicht wieder aufgeben will. Wie auch immer dieses Gefühl zustande kommt, das Kind fühlt sich verpflichtet, in jeder Hinsicht für die Mutter (den Vater) zu sorgen – als Pflegeperson, als Gefährtin, als Mentorin oder als die Person, die sich der Depression entgegenstellt. Karen sagte: »Meine Mutter hat niemanden. Nur mich.«

So merkwürdig es klingt: Viele dieser jungen Kinder sehen es als ihre Pflicht an, die Mutter (den Vater) am Leben zu halten. Ohne sie würde die Mutter sterben. Das ist eine erschreckende Verantwortung, zumal für ein Kind, das niemanden hat, dem es sich anvertrauen könnte. Sie reicht weit über die Art von Beistand hinaus, die ein gutwilliges Kind seiner Mutter oder seinem Vater in einer momentanen Krise leistet, sei es die Scheidung oder ein anderes Ereignis. Es ist eine übermäßige Belastung, die das Kind ernsthaft daran hindert, seine normale Ablösung zu betreiben und das übliche Leben eines Heranwachsenden zu führen. Durch Liebe, Mitleid, Schuldgefühle und Opferbereitschaft fest an die unglückliche Mutter gekettet, kann das Kind sich emotional nicht von seinem Zuhause lösen oder seinem Herzen folgen und sich einem Liebes- oder Ehepartner zuwenden. Eltern und Geschwister haben möglicherweise das Gefühl, ohne dieses Elternkind gar nicht zurechtzukommen. Sie hängen an ihm und hindern es an seinem Weggang. Wie mir später klar wurde, bauten viele dieser kindlichen Versorgerpersonen die rettende Beziehung, die sie zur Mutter bzw. zum Vater unterhielten, als Erwachsene auch in ihre Beziehungen zum anderen Geschlecht ein. Das ist eine gewichtige Langzeitfolge der elterlichen Scheidung für diejenigen Kinder, die sich in der Versorgerrolle fangen.

Die reduzierte Elternperson

Als Karen fünfzehn Jahre alt war, hatte ihre häusliche Situation sich kaum verändert. In der Schule fiel sie nicht weiter auf und kam über ein »Befriedigend« nicht hinaus. Ihre Lehrerinnen beschrieben sie als still, zurückhaltend und wohlerzogen. Sie stellten keine Fragen wegen ihrer häufigen Abwesenheit, vielleicht in der bequemen Überlegung, dass jemand in der Familie krank sein könnte und Karen deshalb zu Hause gebraucht wurde. Karens Leistungen blieben ganz eindeutig hinter ihren Fähigkeiten zurück. Wie hätte es auch anders sein können?

Auch diesmal fragte ich Karen nach ihren Zukunftsplänen, und sie antwortete in ihrer üblichen ernsthaften und nachdenklichen Weise: »Ich würde gern heiraten, und vielleicht möchte ich auch Kinder. Aber man weiß ja nie – vielleicht gibt es dann eine Scheidung. Das will ich auf keinen Fall.«

Um zu verstehen, dass und wie die elterliche Scheidung das Kind auf Dauer trifft, müssen wir uns klar machen, dass die geschiedene Familie nicht einfach eine gestutzte Version der

Zweielternfamilie ist. Die Nachscheidungsfamilie ist eine neue und andere Form der Familie, die an beide Eltern, an alle Kinder und an jede der vielen neuen erwachsenen Personen, die in den Kreis der Familie treten, sehr unterschiedliche Anforderungen stellt. Für Millionen amerikanischer Kinder hat sich die Erfahrung des Heran-Wachsens – also des Kind-Seins – irgendwann verändert. Für Millionen von Erwachsenen hat sich die Erfahrung des Vater- bzw. Mutter-Seins radikal gewandelt.

Wichtig ist vor allem, dass wir uns klar machen, welcher enge Zusammenhang zwischen der ehelichen Bindung und der Eltern-Kind-Beziehung besteht. Alle Eltern und alle Kinder kennen diesen engen Zusammenhang. Wenn die Ehe funktioniert und das Paar zufrieden ist, dann kommt das der Eltern-Kind-Beziehung zugute. Diese Beziehung gewinnt durch die Liebe und Wertschätzung, die die Eltern einander entgegenbringen, und durch ihre Kooperation. Wenn das Band aber zerreißt, dann teilt dieser Bruch sich dem ganzen System mit und erreicht rasch auch die Kinder, und zwar zuerst in der Form des reduzierten Elternverhaltens. Die beiden Erwachsenen sind jetzt jeweils auf sich selbst zurückgeworfen und damit beschäftigt, sich ein separates Leben aufzubauen: Wie werde ich zurechtkommen, wohin geht mein Weg, wie kann ich mein Leben wieder auf die Reihe bringen?

Wie äußert sich dieses reduzierte Elternverhalten? Jedes Scheidungskind kann dazu etwas sagen. Um welche Sphäre des kindlichen Lebens es auch geht, die Eltern sind weniger ansprechbar und weniger gut »beieinander«, die gemeinsamen Mahlzeiten werden seltener, die frische Wäsche oder gereinigte Kleidung liegt nicht mehr so regelmäßig bereit, der Haushalt funktioniert manchmal nicht so reibungslos, die Hilfe bei den Schulaufgaben ist nicht mehr selbstverständlich, die tröstlichen Gute-Nacht-Rituale bleiben gelegentlich aus. Aber das Bild insgesamt ist problematischer als die Details. Wenn die Ehe zerbricht, werden die Kinder von den Eltern anders gesehen als zuvor. Unter Umständen bedeuten sie jetzt eine größere Last für die Eltern. Oder sie erscheinen als die unselige Hinterlassenschaft eines Traums, der nicht gut ausging. Oder aber sie verleihen dem Leben der Mutter/des Vaters überhaupt erst wieder Hoffnung und Sinn.

Überraschend viele ansonsten durchaus lebenstüchtige Leute setzen nach der Scheidung auf ihre Kinder, die ihnen bei der Lösung ihrer »erwachsenen« Probleme helfen sollen. In Karens Fall wurde dieses mütterliche Verhalten zur Norm und trug damit der Tochter die Rolle der Versorgerperson ein. In vielen anderen Familien ist diese Umkehr der Rollen von Elternperson und Kind allerdings mehr oder weniger temporärer Natur, wenn auch alarmierend: Ein Vater erzählte mir, dass er alle seine geschäftlichen und persönlichen Vorhaben (offensichtlich in stundenlangen Ausführungen) seinem siebenjährigen Sohn unterbreite, der »alles versteht«. Eben dieses Kind ließ in unserem Spielzimmer einen schweren Lastwagen ein Kleinstauto überrollen. Eltern, die als im Allgemeinen reife und verantwortungsbewusste Menschen ihre sozialen und beruflichen Verpflichtungen erfüllen, zeigen den Kindern jetzt ihre verletzliche Seite. Plötzlich liegt ihnen unendlich viel an der Meinung des Kindes, selbst wenn das Kind absolut nichts von dem in Rede stehenden Sachverhalt versteht. So bittet eine Mutter möglicherweise um den Rat des Kindes, wenn es um einen neuen Partner, eine neue Wohnung, eine neue Heirat geht. Oder ein Vater erzählt dem noch sehr jungen Kind von einer Liebesenttäuschung. Ich war bestürzt, als ich mitanhören musste, wie Sammy, vier Jahre alt, seine geknickte Mutter tröstete, nachdem ihr Freund sie soeben verlassen hatte: »So mittendrin darf der nicht weggehen. Das ist nicht richtig.«

Die Motive der Eltern sind nicht schwer zu verstehen. Selbst Frauen, die beruflich erfolgreich sind und von sich aus beschließen, aus ihrer Ehe auszusteigen, fühlen sich angesichts der neuen Verantwortlichkeiten und der Notwendigkeit, Entscheidungen ohne den Rat eines Partners zu treffen, allein und irgendwie blockiert. Und auch Männer sind zu diesem Zeitpunkt deprimiert und einsam. Sie brauchen Hilfe, um sich wieder ein Zuhause zu schaffen, und sie brauchen die Gewissheit, dass ihre Kinder sie sehen möchten. Beide, Männer wie Frauen, haben gegenüber früheren Freunden das Gefühl der Isolation und der Entfremdung, und die Freunde wiederum zögern vielleicht, Partei zu ergreifen, und halten sich deshalb von beiden Ex-Partnern fern. Andere Freunde haben schon genug mit den Kleinkrisen in ihrer eigenen Ehe zu schaffen und wahren deshalb lieber eine sichere Distanz. Die Verwandtschaft missbilligt in vielen Fällen die Scheidung und hat keine Hemmungen, das auch auszusprechen. Verletzt und geschlagen, wenden beide gewesenen Partner sich verständlicherweise den Kindern zu, ihren loyalsten Vertrauten, auf deren Anteilnahme und Gefährtschaft sie nun stark zählen. Und in der Tat halten diese Kinder ihre Eltern »am Laufen«. Sie sind erstaunlich hellhörig für die Stimmungstiefs der Eltern und schützen sie vor Belastungen – im Binnenraum der Familie ebenso wie außerhalb. Noch fünfundzwanzig Jahre nach der Scheidung sagen mir viele Männer und Frauen: »Ohne dieses Kind hätte ich es nicht geschafft.«

Angesichts dieser häufig sehr großen emotionalen Abhängigkeit geschiedener Eltern von ihren Kindern überrascht es nicht, dass sie sich oft so böse Gefechte um das Sorgerecht und die Frage der Besuchsregelung liefern, also darum, wer von ihnen die erste Stelle im Leben des Kindes einnehmen soll. Viele Eltern gelangen zu der Überzeugung, dass sie außer diesem Kind ja überhaupt niemanden haben: Die Beziehung zu dem Kind ist die einzige wichtige Beziehung, die ihnen geblieben ist, und von diesem Kind erwarten sie sich Loyalität und Unterstützung. Das heißt also, hinter den rechtlichen Auseinandersetzungen steht in vielen Fällen die Verzweiflung der Mutter bzw. des Vaters und nicht, wie weithin angenommen wird, einfach der Wunsch, das Kind häufiger um sich zu haben. Männer wie Frauen haben mir erzählt, dass sie, wenn das Kind mit dem anderen Elternteil zusammen ist, schwer deprimiert sind und ruhelos von einem Zimmer ins andere wandern, weil sie die Einsamkeit nicht ertragen. In manchen Fällen trifft das nur für die ersten Monate nach der Scheidung zu, in anderen kann dieses Muster aber auch fortbestehen, und das bedeutet, dass endlos um die Fragen des Sorgerechts und der Besuchsregelung gestritten wird. Solche Auseinandersetzungen mögen die Eltern von ihrem persönlichen Unglück ablenken, lösen werden sie es aber kaum.

Wenn die Beziehungen zwischen Eltern und Kindern sich in dieser Weise entwickeln, verwischen sich vielfach die Grenzen zwischen den Generationen, was wiederum bedeuten kann, dass die Kinder unabhängiger und verantwortungsbewusster werden. Sie sind mit Recht stolz auf das, was sie bewirken. Bei unseren Versuchen, uns über die Folgen der elterlichen Scheidung für die Kinder klar zu werden, sind wir oft zu Unrecht davon ausgegangen, dass das Kind ein passives Gefäß sei, das von den Veränderungen geformt wird, wie sie mit einer Scheidung einhergehen. *Aber das Kind ist ein aktiv handelnder Mensch.* (Das ist ein Thema, mit dem ich mich in einem der folgenden Kapitel näher befassen werde.) Niemand forderte Karen auf, die Initiative zu ergreifen. Sie tat es aus eigenem Antrieb. Ihre Rolle in der Nachscheidungsfamilie war eine gänzlich andere als zuvor. Es gibt Familien, in denen alle von dieser neuen Rolle eines Kindes profitieren: Die Erwachsenen bekommen die Unterstützung, die sie brauchen, und die Kinder nehmen an Reife und Selbstvertrauen zu. Überdies entwickeln sie eine weit über ihr Alter hinausweisende moralische Sensibilität und Mitmenschlichkeit, die ihnen in ihren späteren Beziehungen zugute kommt und häufig auch ihre Berufswahl leitet. Karens Entscheidung, sich mit dem Feld der öffentlichen Gesundheitspflege vertraut zu machen und Programme für behinderte Kinder zu entwickeln, ging nach ihren eigenen Worten darauf zurück, dass sie schon als Kind Verantwortung übernommen hatte. Dass ein Kind parat steht, um der Mutter/dem Vater durch die ausgedehnte Krise in der Folge einer Scheidung hindurchzuhelfen, ist ein Glück und kann ausschlaggebend dafür sein, dass die erwachsene Person nicht in die chronische Dysfunktionalität abrutscht, sondern sich von dem Geschehen erholt.

Natürlich kommt es auch in intakten Familien vor, dass ein Kind eine solche Helfer- oder Versorgerfunktion innehat, wenn die Mutter krank oder anderweitig in Schwierigkeiten ist. In diesem Zusammenhang denke ich an Martha, die als ältestes von drei Geschwistern ein Jahr lang den Haushalt besorgte, während die Mutter sich von einem schweren Autounfall erholte. Martha und ihr Vater teilten sich in die Versorgung der jüngeren Kinder und kümmerten sich gemeinsam um die Mutter. Hier lagen die Dinge insofern anders, als die Mutter zwar viele Monate lang an den Rollstuhl gefesselt war, aber doch an allem teilhatte, was in der Familie vorging, und beide Eltern die volle Verantwortung für die Kinder und die Familie insgesamt behielten. Martha reifte an dieser Erfahrung und erntete dafür Lob und Anerkennung vonseiten ihrer Eltern. In vielen Einwandererfamilien ist es eines der älteren Kinder, das den Erwachsenen helfen muss, sich in der neuen Sprache und der fremden Kultur zurechtzufinden. Es übernimmt also ebenfalls eine für das weitere Leben der Familie wichtige Aufgabe, aber auch in diesem Fall behalten die Erwachsenen die Verantwortung und den Platz am oberen Ende.

Dagegen ist es in der Nachscheidungsfamilie häufig so, dass das Kind die Verantwortung für eine der Elternpersonen oder auch für beide Eltern übernimmt, die momentan oder auch längerfristig von der Krise überwältigt sind. Diese Situation kann sich noch verschärfen, wenn die erwachsene Person weitere Enttäuschungen auf der Ebene der Beziehungen erlebt und dann einfach nicht mehr die frühere Kompetenz als Mutter bzw. Vater an den Tag legt. Das Wiederauftauchen im Leben gestaltet sich weit schwieriger und dauert erheblich länger als wir bisher angenommen haben. So fällt die Last dem Kind zu, das den Schritt nach vorn tut und die Dinge in die Hand nimmt – aus Mitgefühl und oft auch aus einem unrealistischen Schuldgefühl heraus. Damit verändert die elterliche Scheidung nicht nur das Erleben des Kindes sehr nachhaltig, sondern sie prägt seine ganze Persönlichkeit bis ins Erwachsenenalter hinein. Eine Versorgerfunktion, die in der Befriedigung der Bedürfnisse einer anderen Person so weit geht, dass ihr die eigenen Wünsche zum Opfer fallen, ist eine schlechte Vorbereitung auf die Aufgabe, in der Sphäre der späteren »erwachsenen« Beziehungen einmal eine glückliche Wahl zu treffen. Das wird in den folgenden Kapiteln deutlich werden.

1 J. Johnston, »High-Conflict Divorce«, *The Future of Children* 4 (1994): 165-82.

2.

Sonnenüberglänzte Erinnerungen

Je länger ich über Karen nachdachte, desto mehr interessierte es mich, was junge Erwachsene mir erzählen würden, die in unglücklichen, wenn auch fortdauernden Ehen aufgewachsen waren – deren Eltern sich also in einer ähnlichen Situation befunden hatten wie Karens Eltern vor ihrer Scheidung. Waren diese Kinder als »Versorger« in die Bresche gesprungen, oder waren sie irgendwie geschützt dadurch, dass ihre Eltern beschlossen hatten zusammenzubleiben? War es ihnen gelungen, sich vom Unglück ihrer Eltern zu distanzieren, oder waren sie – wie so viele Scheidungskinder – in den Strudel der ständigen Konflikte hineingezogen worden?

Ich war also sehr begierig, mit den jungen Leuten zusammenzutreffen, die uns als Vergleichsgruppe zur Gruppe der erwachsenen Scheidungskinder dienen sollten. Als wir anfingen, wusste ich tatsächlich nicht, was wir finden würden. Wenn wir sie dazu bewegen konnten mitzumachen – wie freimütig würden sie sich äußern? Würden sie, die mit ihrem Beruf und ihrer Familie genug zu tun hatten, überhaupt bereit sein, sich jeweils stundenlang mit mir und meinen Kolleginnen zu unterhalten? Würden wir es schließlich, wie das in der Forschung so häufig der Fall ist, nur mit Frauen zu tun haben, die sich ja leichter damit tun, über Beziehungen zu sprechen?

Sicher war ich mir am Anfang nur über eines – dass wir Männer und Frauen brauchten, die unserer aus Scheidungskindern bestehenden Stichprobe im Übrigen entsprachen. Das heißt, sie mussten das gleiche Alter und einen vergleichbaren Hintergrund haben und in der gleichen Nachbarschaft aufgewachsen sein wie die Kinder aus unserer Scheidungsstudie. Wir fanden eine große Zahl möglicher Kandidaten, indem wir unsere Probanden baten, uns in Kontakt mit Freunden aus Kindertagen zu bringen, deren Eltern sich nicht hatten scheiden lassen und die buchstäblich neben ihnen, den Teilnehmern unserer fünfundzwanzigjährigen Studie, aufgewachsen waren. Sie hatten die gleichen Schulen besucht, die gleichen Sportarten betrieben, die gleichen Partys gefeiert und den gleichen Jargon benutzt. Die jeweiligen Eltern gehörten der gleichen sozioökonomischen Schicht an und waren sich bildungsmäßig ähnlich. Schließlich hatten wir eine Gruppe von dreiundvierzig Leuten beisammen. Ich wollte diese Gruppe zunächst klein halten, weil ich in der Tat keine Vorstellung hatte, auf welches Terrain wir uns hier begeben würden. Mir ging es nicht so sehr um die Frage, wo die einzelnen Gruppenmitglieder heute standen, als vielmehr darum, wie sie ihr Leben als Kinder und junge Erwachsene insgesamt erlebt hatten. Was diese jungen Männer und Frauen mir an Erinnerungen lieferten, und was sie mir über ihr Leben in der Gegenwart berichteten, ergab eine Fülle von Material, das sich weiter erkunden und, was das Wichtigste war, mit den Erinnerungen und dem gegenwärtigen Leben der Scheidungskinder vergleichen ließ, die ich mittlerweile so gut kenne.

Ich stellte den jungen Leuten viele Fragen, die sich auf ihr Erleben seit der Kindheit und bis heute bezogen. Ich fragte nach ihren Erinnerungen an Schulzeit und Studium und nach ihrer Herkunftsfamilie; ich fragte sie, wann sie sich zum ersten Mal verliebt hatten, und ich fragte, *wann* und *wie* sie *wen* zu heiraten beschlossen hatten. Und im Zusammenhang ihres heutigen Lebens fragte ich sie nach ihrer Einstellung zu Ehe und Elternschaft, ferner danach, wie sie mit den eigenen Eltern zurechtkommen, wie sie über Ehe und Scheidung, Betrug und Vertrauen denken. Anhand der Antworten erhoffte ich mir ein besseres Verständnis der statistischen Unterschiede zwischen Scheidungskindern und Kindern aus intakt gebliebenen Ehen, wie sie uns von den Soziologen präsentiert werden. Den meisten groß angelegten Scheidungsstudien liegen Fragebogen oder andere Untersuchungstechniken zugrunde, und die Auswertung erfolgt durch Mitarbeiter, die den befragten Personen niemals persönlich begegnen. Die Untersuchungsleiter tragen die Daten einer großen Anzahl von Familien zusammen und teilen die Kinder anschließend in zwei große Kategorien ein – Kinder aus geschiedenen und Kinder aus intakten Familien. Solche »kontrollierten« Studien zeigen in der Tat, dass Kinder aus geschiedenen Familien und Kinder, die in Zweitehen heranwachsen, sehr viel mehr Schwierigkeiten haben als Kinder aus intakten Ehen. Zwischen den beiden Gruppen bestehen signifikante Unterschiede, was Lernschwierigkeiten, die Zahl der Schulabbrüche, das frühe Sexualverhalten, die Scheidungshäufigkeit, den physischen Gesundheitszustand, die Wut auf die Eltern und eine Fülle weiterer und wichtiger sozialer Messgrößen angeht.[1]

Aber solche durchaus beunruhigenden Großstudien beantworten gewöhnlich nicht die Fragen, die Eltern gerne beantwortet sähen. Das liegt unter anderem daran, dass die Untergruppen innerhalb der beiden größeren Stichproben geschiedener bzw. nichtgeschiedener Familien nicht jeweils für sich betrachtet und verglichen werden. Wenn wir wirklich die langfristigen Auswirkungen der Scheidung auf Kinder freilegen wollen – verglichen mit den Auswirkungen des Aufwachsens in einer Kultur, in der die Scheidung überhand nimmt –, dann müssen wir quer durch die beiden Gruppierungen nach Familien suchen, die einander im Übrigen ähnlich sind. Manche intakten Familien zeichnen sich zum Beispiel durch dauerhafte Liebe und Freundschaft *und* ein primäres Engagement für die elterlichen Aufgaben aus. Und manche Scheidungsfamilien sind trotz des erlittenen Bruchs durch starke Bindungen *und* ein ähnliches Engagement für die elterlichen Aufgaben gekennzeichnet. Diese Familien wären also in einem groben Sinne vergleichbar. Und andererseits: Manche intakten Familien zeichnen sich durch ein wechselseitig zerstörerisches Verhalten der Partner aus, die sich alkoholischen Exzessen hingeben, ohne dass die Kinder irgend geschützt wären. Und manche geschiedenen Familien leiden unter der gleichen Art von Chaos, wobei die Kinder weder vor noch nach der Scheidung vor dieser Art von Familienleben bewahrt waren und sind. Auch diese Untergruppen sind den Vergleich wert. Die mittlere Gruppe – Eltern, die in ihrer Ehe sehr unglücklich sind, ihre Kinder aber vor Schaden bewahren wollen – ist die größte von allen, und hier ist die Frage in der Tat am schwersten zu beantworten. Viele Eltern in unserer Scheidungsgruppe führten ebenfalls Ehen, die von »mittlerer« Qualität waren, beschlossen aber dann nach Abwägung aller Umstände, in Zukunft getrennte Wege zu gehen. Und die meisten der jungen Erwachsenen aus den nichtgeschiedenen Familien unserer Vergleichsgruppe beschrieben die Ehe ihrer Eltern ähnlich – nicht sehr glücklich, aber immerhin blieben sie zusammen.

Bis zu dem hier beschriebenen Unternehmen hat meines Wissens noch niemand einen direkten Vergleich der Erfahrungen von Kindern aus geschiedenen bzw. wiederverheirateten Familien einerseits und Kindern aus intakten Familien andererseits angestellt – aber eben diese unterschiedlichen Erfahrungen sind es, über die wir als Gesellschaft Bescheid wissen sollten. Eltern wollen wissen, was ihre Entscheidung – Bleiben wir zusammen, oder trennen wir uns? – jeweils für das Leben ihrer Kinder bedeutet.

In der Tat schälten sich aus den Schilderungen dieser jungen Erwachsenen drei Arten »intakter« Familien heraus. Am einen Ende des Spektrums liegen die hochgradig dysfunktionalen, schon fast grausam zu nennenden Familien, wie sie sich uns im Kapitel 7 mit Carols Lebensgeschichte enthüllen. Es sind Familien, in denen die Kinder sich nicht sicher fühlen und die Eltern häufig ausrasten, aber aus Gründen, die ich später erläutern werde, dennoch zusammenbleiben.

Am anderen Ende des Spektrums liegen die Familien, von denen jemand wie ich, die ich ja so an Familienstreitigkeiten gewöhnt bin, nur denken kann: Das ist zu gut, um wahr zu sein. In solchen Familien kommen die Eltern nicht nur miteinander aus, sondern lieben sich wirklich und zeigen einander auf Dauer ihre Achtung und ihre Zuneigung. Die Kinder spüren, dass sie im Mittelpunkt des Interesses ihrer Eltern stehen und dass die Familie für beide Eltern an erster Stelle kommt. Dabei müssen wir uns darüber im Klaren sein, dass solche glücklichen Familien im Übrigen die gleichen Schicksalsschläge erleiden wie andere Familien auch – Autounfälle, Verlust des Arbeitsplatzes, Krebserkrankungen, Todesfälle. Sie sind nicht immun gegen Tragödien und nicht auf immer währendes Glück abonniert. Es ist einfach so, dass sie mit diesen Dingen so umgehen, dass die Ehe sozusagen bruchsicher erhalten bleibt. Wenn meine Gesprächspartner mir mit spürbarer Sympathie von solchen Eltern und deren Ehen berichteten, hatte ich manchmal das Gefühl, ein anderes Land betreten zu haben, dessen Bewohner mir zwar vertraut erscheinen, dessen Sprache und Sitten aber anders sind. Ich bin so daran gewöhnt, mit Scheidungskindern zu sprechen, dass ich nicht lange darüber nachgedacht hatte, was es ***vom Standpunkt des Kindes aus*** bedeuten könnte, in unserer scheidungsgeplagten Gesellschaft in einer wirklich glücklichen Familie aufzuwachsen. Wie würden sich die Lebenserfahrung und das Weltbild solcher Kinder von den Erfahrungen und dem Weltbild der Nachbarskinder aus den geschiedenen Familien unterscheiden?

Und schließlich ist da noch die größte Gruppe, die alle Familien zwischen den beiden Extremen umfasst. Es sind Familien, in denen es unter Umständen gewichtige Probleme gibt – Einsamkeit, Untreue, chronische Krankheit, Depression, sexuelle Deprivation, um nur einige zu nennen –, in denen die Eltern aber dennoch zusammen bleiben, weil sie nämlich auch Befriedigungen kennen, vor allem der Art, dass ihnen beiden an den Kindern und deren Wohlergehen gelegen ist. Häufig liegt eine Geschichte von Liebe und Freundschaft hinter ihnen, die sie noch immer verbindet, obwohl das Unbehagen und der Ärger auf den jeweils anderen zunehmen. Mit anderen Worten, dies sind Familien, die angesichts von Widrigkeiten zusammenbleiben, die viele andere Paare vor den Scheidungsrichter treiben. Nachdem ich mehr über diese Familien in Erfahrung gebracht hatte, erkannte ich die auffälligen Gemeinsamkeiten mit jenen anderen Familien, die sich 1971 scheiden ließen, als meine Studie ihren Anfang nahm, und Gemeinsamkeiten auch mit den Tausenden von Scheidungsfamilien, mit denen wir es in den 1980er- und 1990er-Jahren am Center for the Family in Transition zu tun hatten. Solche Familien können – in Abhängigkeit von einer großen Zahl von Faktoren – den einen oder den anderen der beiden Wege einschlagen. Im Grunde gleichen sie sich in ihren Interaktionen und in ihrer familialen Atmosphäre. Es sind diese Eltern, die am ehesten fragen werden: Sollen wir uns scheiden lassen, oder ist es besser für die Kinder, wenn wir zusammenbleiben? Für sie zählt, was mit ihren Kindern geschehen wird. Ihre Entscheidung prägt das gesamte weitere Erleben ihrer Kinder in der einen oder der anderen Weise, wobei die Unterschiede gewaltig sind, wie Garys Lebensgeschichte zeigt.

Gary, der Festungsbauer

»Ich habe einen Termin für Sie gefunden!«

Gary Bates und ich hatten uns noch nicht persönlich kennengelernt, aber schon fast drei Wochen lang telefonisch versucht, einen Gesprächstermin zu vereinbaren. Als Besitzer eines gut gehenden Haushalts- und Metallwarengeschäftes, begeisterter Jogger und Vater von drei Kindern hatte Gary eines am allerwenigsten: Zeit. Garys Frau, Sara, wollte gerade mit den beiden zehn und sieben Jahre alten Kindern zu einer Geburtstagsparty fahren; das Baby schlief.

»Ich bin wirklich neugierig, was Sie herausfinden werden«, sagte sie, bereits am Steuer sitzend. »Meine Schwester hat sich gerade scheiden lassen und ihr Haus verkauft. Ich habe es ihr nicht gesagt, aber ich glaube, sie hat einen schrecklichen Fehler gemacht. Die Kinder sind noch so klein. Ich meine, sie hätte es doch wenigstens noch eine Weile in ihrer Ehe aushalten können.«

Während Gary und ich ins Haus gingen, sagte er: »Sara und Janine kommen aus einer sehr traditionsbewussten Familie, in der eine Scheidung etwas ganz Unerhörtes ist. Deshalb waren die alle am Boden zerstört, als sie von Janines Scheidung erfuhren. Sie können einfach nicht begreifen, warum sie das getan hat.«

Nachdem wir es uns mit einem doppelten Milchkaffee, seinem mittvormittäglichen Aufputschmittel, wie Gary sagte, gemütlich gemacht hatten, bat ich ihn, mir etwas über seine Herkunftsfamilie zu erzählen. Wie hatte er seine Kindheit und Jugend in einer bürgerlichen Wohngegend in Marin County erlebt, damals in den 1970er- und 1980er-Jahren?

Gary versuchte sich in einer Grimasse. »Wollen Sie die Außen- oder die Innenversion?«

»Beide natürlich.«

»Also gut, die Außenversion ist das, was mir zu meiner Kindheit einfällt. Wir wohnten in einem großen noch viktorianischen Haus nur ein paar Blocks vom Zentrum entfernt. Meine Eltern leben noch heute dort. Alle meine Freunde wohnten in nächster Nähe, und mit sieben oder acht Jahren konnte ich mit dem Fahrrad zu ihnen fahren, und dann gingen wir alle zusammen über die Brücke in die Stadt. Ich erinnere mich, dass ich mich so viel wie möglich im Freien aufhielt. In unserem Hof stand eine riesige alte Eiche, und wir verbrachten Stunden in diesem Baum und spielten Forscher oder Astronauten. Mein bester Freund, Eric, hatte in seinem Hof ein Baumhaus, und wir bauten die wunderbarsten Festungen und spielten die wildesten Kriegsspiele, was unsere Mütter zur Verzweiflung trieb. Das war es natürlich, was wir damit bezweckten. Ein anderer Freund wohnte unmittelbar am Wasser. Als wir dann etwas älter waren, machten wir lange Wanderungen im Cañon. Wir waren eben immer draußen und so viel wie möglich in Bewegung. Ich weiß noch, wie grässlich es war, wenn man zum Abendessen ins Haus musste, gar nicht zu reden davon, dass man ja auch die Hausaufgaben drinnen machen musste.« Er lachte, offensichtlich weil es ihn freute, mir diese alten Geschichten zu erzählen.

Während ich seinem Bericht vom Spiel in den Höfen zuhörte, kam mir plötzlich der Gedanke, dass Kinder aus geschiedenen Familien nicht in dieser Weise reden. Während der stundenlangen Gespräche, die ich in all den Jahren mit Karen geführt hatte, war sie niemals von sich aus auf das Thema Spielen gekommen. Tatsächlich berichten auch Kinder aus intakten, aber sehr unglücklichen Familien nicht vom Spiel mit ihren Freunden, aber das soll uns erst im Kapitel 7 beschäftigen. Während Gary von den Festungen sprach, die er und seine

Freunde gebaut hatten, und erzählte, dass sie einander angeheult hatten wie Todesfeen und dass sie Meister im Indianergeschrei gewesen waren, dachte ich mir, dass dies doch wirklich glückliche und sozusagen sonnenüberglänzte Erinnerungen waren. Sie galten »jenen frühen amorphen Jahren«, um einen Romancier zu zitieren, »in denen die Erinnerung gerade erst begonnen hat, in denen das Leben voller Anfänge und ohne Ende ist und alles für immer so sein wird.«[2] Gary und seine Freunde spielten die Spiele, die Kinder sich von Anbeginn der Zeiten an ausgedacht haben. Natürlich birgt das wilde Kinderleben in der Schule und auf dem Spielplatz seine Enttäuschungen und schlägt physische und emotionale Wunden. Kinder können grausam sein. Wer aus dem inneren Kreis ausgeschlossen ist, hat viel zu erleiden. Aber jetzt, als erwachsener Mann, erinnerte Gary sich amüsiert daran, dass er bei seinen ersten Radfahrversuchen hingefallen und beim ersten Soccer-Spiel in der falschen Richtung über das Spielfeld gelaufen und dafür von allen Seiten ausgelacht worden war.

Wenn Scheidungskinder sich wirklich an das Spiel mit Freunden als wichtiges Kindheitserlebnis erinnerten, dann bezog sich diese Erinnerung immer auf die Zeit vor der Scheidung. Zweifellos fuhren viele von ihnen mit dem Fahrrad herum, kletterten auf Bäume und spielten in den Höfen, aber sie ***erwähnten all das nicht***. Sorgloses Spielen war nicht das, was ihnen in den Sinn kam, wenn ich mit ihnen sprach – weder damals noch später, wenn sie sich an ihre Kinderjahre und ihre frühe Schulzeit erinnerten. Scheidungskinder sind nicht so sehr daran interessiert, wer wen beim Versteckspiel findet oder wer beim heimischen Softball-Spiel gerade dran ist, weil sie andere und drängendere Anliegen haben: Geht es der Mama gut? Wird der Papa mich heute Abend abholen? Kann ich meine neue Freundin zum Spielen mitbringen, obwohl bei uns niemand zu Hause ist?

Dass die Erinnerung an das Spielen in den Jahren der Kindheit sich verflüchtigt, ist nicht auf Scheidungskinder beschränkt. In aller Welt gibt es Kinder, die unter Krieg oder Hungersnot leiden, zur Arbeit gezwungen werden oder allen möglichen Traumata ausgesetzt sind und sich folglich später kaum als Erstes an ihr kindliches Spiel erinnern werden. Nichtsdestoweniger war der Unterschied zwischen Kindern aus intakten und beschützenden Familien und den als Nachbarn unter ihnen lebenden Scheidungskindern, was das Spiel in der Kindheit betraf, ein von mir nicht erwarteter Befund, auf den ich im Rahmen meiner Studien schon frühzeitig stieß. Es ist ein bedeutsamer Unterschied, denn das Spiel ist ein sehr wichtiger Aspekt der sozialen und moralischen Entwicklung: Im Spiel lernt das Kind, wo es seinen Platz unter seinesgleichen hat, wie es sich zu beteiligen hat und wann es sich nicht beteiligen sollte, wann es die Fäuste recken und wann es besser weglaufen sollte. All das sind Dinge, die ein Erwachsener dem Kind nicht beibringen kann. Das Kind muss sie von sich aus lernen. Unstrukturiertes Spiel – ein Spiel, bei dem Kinder zum Beispiel Festungen oder Baumhäuser bauen, um die Erwachsenen fern zu halten – ist besonders wichtig. Es ermöglicht dem Kind einen Schritt in Richtung seiner Unabhängigkeit und in die Welt seiner Peers. Hier werden Führungsqualitäten eingeübt, hier lernt man, nicht zu weinen, nicht zur Mama nach Hause zu rennen, sondern auf sich selbst zu vertrauen. Es ist, als ob man allein auf einen Baum stiege und probierte, ob der Ast wohl trägt, bevor man den Fuß darauf setzt. Imaginatives Spiel ist die Basis der Kreativität und des Fantasielebens.

Studien aus jüngster Zeit verweisen auf die zentrale Bedeutung der Peerbeziehungen für die Entwicklung des jüngeren und des heranwachsenden Kindes.[3] Für mich steht die Signifikanz solcher Freundschaften außer Frage. Wie schädlich ist es auf lange Sicht, vom Spiel ausgeschlossen zu sein? Viele sehr schöpferische Menschen hatten eine schwierige Kindheit, was uns beweist, dass das Errichten von Festungen keine Vorbedingung dafür ist, dass ein Mensch in seinem Erwachsenenleben erfolgreich sein wird. Aber es ist klar, dass die elterliche Scheidung einen Teil jenes besonderen Glücks und gewisse Aspekte früher Freundschaften, wie die Kindheit sie bietet, von vornherein ausschließt. Der Weg der Scheidungskinder ist einsamer, was unter anderem zur Folge haben kann, dass es ihnen an sozialen Fertigkeiten fehlt. Ein Vater, der selbst in einer intakten Familie heranwuchs und heute ein Juniorteam trainiert, erzählte mir: »Die Jungen aus geschiedenen Familien kann ich immer erkennen. Sie haben mehr Ärger als die anderen und sind schlechte Verlierer. Nicht alle, aber immerhin so viele, dass sie jedem Trainer Kopfschmerzen bereiten.« Eine weitere Folge dieses einsameren Aufwachsens ist vielleicht das Gefühl, das ich bei Karen erkannte, als sie sagte: »Mein Verlobter meint, ich bin zu ernst, weil ich nie gelernt habe zu spielen. Jetzt will er es mir beibringen. Und er hat Recht. Ich habe ja nie eine Chance gehabt, etwas für mich zu tun. Es fällt mir noch immer schwer, mir zu überlegen, was ich eigentlich selbst will.« Sie hatte ganz klar erkannt, dass Spielen etwas ist, was man zum Spaß und für sich selbst tut. Und das ist es, was sie nach eigener Einschätzung damals aufgegeben hat, als sie so früh im Leben lernte, zuerst an andere Menschen und nicht an sich selbst zu denken.

Allmählich dämmerte mir, dass Scheidungskinder und Kinder aus intakten und glücklichen Familien in separaten, wenn auch parallelen Welten leben. Ich hätte das nicht erkannt, wenn sie mir nicht erzählt hätten, wie sie nach der Schule in ihren Höfen spielten – oder eben auch nicht spielten. Diese Erkenntnis ist von großem Belang für unsere Sozialpolitik. Wenn über Besuchsregelungen und das Sorgerecht gesprochen wird, denken die Eltern nur selten daran, dass ihr Kind seine Freunde sehen und mit ihnen spielen will. Die Gerichte nehmen darauf überhaupt keine Rücksicht. Das übliche Szenario sieht so aus, dass die Eltern die eigentlichen Protagonisten sind. Ihre Terminkalender, ihre Wünsche und ihre Rechte stehen im Mittelpunkt. In den Hunderten von Gerichtsgutachten und Gerichtsentscheidungen, die ich gelesen habe, und in Tausenden von Gesprächen mit Eltern habe ich kaum jemals ein Wort darüber gefunden oder gehört, dass es wichtig sei, dem Kind auch weiterhin seine Freundschaften und sein Spiel zu ermöglichen – es sei denn, es handelte sich um einen begnadeten Sportler oder um ein Kind, das auf irgendeinem Spezialgebiet große Leistungen erwarten ließ. Von der offiziellen Warte aus betrachtet, zählt allein die Zeit, die das Kind mit jedem seiner Eltern verbringt. Für Eltern und andere, die über die Zeit des Kindes bestimmen, dürfte es eine ernüchternde Lektion sein, sich die Erinnerungen dieser Generation vor Augen zu halten. Das Spiel mit ihresgleichen nimmt darin als freundliches Thema sehr viel mehr Raum ein als die Nachmittage in der Gesellschaft entweder des Vaters oder der Mutter.

Gary fuhr mit seinen nostalgischen Kindheitsbetrachtungen fort. »Etwas anderes, an das ich mich erinnere, ist das Knirschen der Autoreifen, wenn mein Vater abends um sieben von der Arbeit nach Hause kam. Es ist komisch, aber dieses Geräusch höre ich noch heute. Das Abendessen war bei uns eine Familienangelegenheit. Wir hatten da ein besonderes Ritual: Wir gingen um den Tisch herum, und jeder sagte, was er an diesem Tag getan hatte. Ich weiß noch, dass ich das mit drei Jahren auch schon durfte und dass ich mir wer weiß wie groß dabei vorkam.«

Viele meiner Probanden aus den intakt gebliebenen Familien erinnerten sich an das Abendessen als ein wichtiges Familienereignis. Wie heute versuchten auch damals viele berufstätige Mütter, die Dinge so einzurichten, dass sie bei Schulschluss zu Hause waren, jedenfalls solange die Kinder noch kleiner waren. Sie legten Wert darauf, dass man sich abends zum Essen hinsetzte. Die Väter hatten zumeist einen langen Arbeitstag, manchmal arbeiteten sie sogar am Wochenende. Aber in den meisten Familien wartete man mit dem Essen, bis die ganze Familie versammelt war, und wenn schon nicht täglich, dann doch jedenfalls an mehreren Tagen der Woche. Am Sonntag war das Abendessen bei vielen dann noch einmal etwas ganz Besonderes. Die Erinnerung daran war in aller Regel schön – es wurde gespielt, es gab gewisse Rituale, und die Unterhaltung bezog Kinder und Erwachsene gleichermaßen ein.

Es war wiederum interessant für mich, dass Karen und ihre Schicksalsgenossen aus den geschiedenen Familien niemals von sich aus von irgendwelchen gemeinsamen Mahlzeiten oder anderen regelmäßigen Anlässen *nach* dem Zusammenbruch der Familie sprachen. Zweifellos nahm man das Abendessen gemeinsam ein, solange die Familie noch beisammen war, und ich nehme an, dass es auch nach der Scheidung viele erfreuliche Abendmahlzeiten entweder mit dem Vater oder mit der Mutter in deren jeweiligen vier Wänden gab, zu denen man sich gemeinsam an den Tisch setzte. Aber als Kinder erwähnten sie solche Anlässe nicht, und als Erwachsene lieferten sie keine entsprechende Erinnerung. Selbst die Kinder aus den wiederverheirateten Familien sprachen nicht über die gemeinsamen Abendmahlzeiten der Familie, es sei denn ganz zu Anfang der neuen Ehe, wenn es noch spannend war, wo der neue Stiefvater sitzen würde – ob er tatsächlich den leeren Platz des Vaters einnehmen würde. Irgendwie fehlte diesen Gelegenheiten der Symbolgehalt der Zusammengehörigkeit, den die Kinder in den intakten Familien so deutlich empfanden.

Das Wissen um die Familiengeschichte

Mit der Vorstellung von Mutter und Vater, die an den beiden Enden des Esstisches sitzen, sagte ich zu Gary: »Erzählen Sie mir von Ihren Eltern.«

Gary lehnte sich zurück und streckte seine langen Beine aus. Gleich darauf sprang er wieder auf, ging hinüber zum Klavier und kam mit einem gerahmten Foto wieder zurück. »Das dürfte eine ganz gute Hilfe sein«, sagte er und gab mir das Bild in die Hand. »Es ist mein Lieblingsfoto von den Eltern.« Das Bild war aufgenommen worden, als Garys Eltern noch keine dreißig Jahre alt waren. Der Vater lehnte lässig an einem Baum, hatte den Kopf zurückgeworfen und lachte. Er war groß und ansehnlich, hatte dichtgelocktes blondes Haar und trug Koteletten, wie sie damals groß in Mode waren. Garys Mutter war sehr viel kleiner als ihr Mann, dunkel und von sehr exotischem Aussehen – sie erinnerte mich an Barbra Streisand. Sie stand im Profil und sah gespannt zu ihm auf.

»Das gibt sie ziemlich gut wieder«, sagte Gary, während wir beide das Foto betrachteten. »Sie sind sehr verschieden, aber das war es wohl auch, was sie zusammengebracht hat, diese große Verschiedenheit. Später hat das allerdings für erhebliche Reibereien gesorgt.« Er stellte das Bild vor uns auf den Teetisch.

»Ich würde gerne etwas über sie hören.«

Auf dieses Stichwort hin fing Gary an, mir ausführlich von der jungen Liebe seiner Eltern zu erzählen – wer von ihnen *wann wo was* gesagt hatte –, ganz so, als hätte er ihnen heimlich zugehört. Während er sprach, reihte ich ihn im Geist in die wachsende Gruppe jener Kinder aus intakten Familien ein, die mir ähnliche Geschichten aus der Zeit erzählt hatten, zu der ihre Eltern noch jung gewesen waren – zum Beispiel, dass die Eltern beschlossen hatten, Kinder zu haben – ein Umstand (oder ein Mythos), der wichtig war, weil er die Kinder in ihrer Überzeugung bestärkte, von Anfang an gewollt gewesen zu sein. Immer wenn ich solche Geschichten hörte, wurde mir von neuem klar, wie sehr diese jungen Erwachsenen sich in die eigene Familiengeschichte eingebunden sahen – und dass die Scheidungskinder dieses Gefühl nicht teilten. Wenn meine Scheidungskinder etwas von der frühen Lebensgeschichte ihrer Eltern wussten, dann erwähnten sie es jedenfalls nicht von sich aus. Vielleicht wäre es ihnen zu schmerzlich gewesen, darüber nachzudenken. Manche von ihnen baten mich zu wiederholen, was sie bei früheren Sitzungen gesagt hatten, so als ob man in einem imaginären Fotoalbum der Familie noch einmal zurückblättern und ihnen damit den Anschluss an die Vergangenheit ermöglichen könnte. Dass für die Kinder auch die Kontinuität der Familiengeschichte verloren geht, ist eine Folge der elterlichen Scheidung, die wir bisher übersehen haben.

Gary hatte noch sehr viel mehr über die Ehe seiner Eltern zu sagen. Das war ein Thema, das ganz offensichtlich vordringlich und ihm wichtig war, obwohl er ja nun schon länger als fünfzehn Jahre nicht mehr mit den Eltern zusammenlebte. »Ich glaube, in den Anfangsjahren waren sie wirklich glücklich«, sagte er. »Mein Vater hatte das Geschäft von seinem Vater geerbt und blieb immer sehr lange im Laden. Mama erzog uns Kinder und erledigte die Buchhaltung. Es war nicht einfach für sie, mal wegzukommen und Ferien zu machen, aber immerhin hat es zu ein paar Campingreisen gelangt. Dann machten sie das Geschäft für zwei Sommerwochen dicht, und wir besuchten die Nationalparks. Mama war immer sehr froh, wenn sie wieder nach Hause konnte und ihre eigene Dusche und ihre Küche hatte. Aber jedenfalls scheinen sie es anfangs gut miteinander gehabt zu haben, und Spannungen gab es noch kaum.«

So wie sie sich an ihr Spiel erinnerten, so erinnerten sich die meisten der in gutfunktionierenden Familien aufgewachsenen jungen Leute auch an Feiertage, an Ferien mit der Familie und an andere Anlässe, die alle Familienmitglieder zusammenbrachten. Sie erzählten, wie gut und üppig man gegessen hatte, was sie, die Kinder, für einen Lärm veranstaltet hatten, wie sie zum Spaß auf ihre Cousins und Cousinen losgegangen waren und wie liebevoll die Großeltern sich ihnen zugewandt hatten. Sie erinnerten sich auch an Spannungen und natürlich auch an offene Gegnerschaft zwischen Verwandten. Aber das war nebensächlich verglichen mit der Wärme, die über all diesen Zusammenkünften gelegen hatte. Der Urlaub mit der Familie war besonders erinnernswert. Die Campingausflüge waren für sie die schönste Form des Ferienmachens, und in diesem Zusammenhang fielen ihnen auch ihre kleinen Streiche und Unglücksfälle ein. Die Kinder spürten es, wenn einer der Erwachsenen, so wie Garys Mutter, ihren Enthusiasmus nicht teilte. Ein junger Mann lachte schallend, während er erzählte, dass seine Mutter versucht hatte, noch über dem Lagerfeuer so etwas wie »feine Küche« zu bieten. Zu den schönsten Erinnerungen zählten die von mehreren Familien gemeinsam unternommenen Camping-, Wander-, Angel- und Bootsausflüge. Das waren wichtige Gemeinschaftserlebnisse, und die Kinder waren stolz darauf, dass sie mithelfen und mitplanen durften. Eine junge Frau erzählte mir, sie sei so glücklich darüber gewesen, dass ihre Eltern ihre beste Freundin, deren Eltern sich gerade in Scheidung befanden, aufgefordert hatten mitzukommen.

Ich hatte große Mühe, mich an Scheidungskinder zu erinnern, die nach dem Bruch, der ihre Familie getroffen hatte, noch von glücklichen Urlaubstagen oder Familienferien gesprochen hatten. Der Erntedanktag und das Weihnachtsfest waren schlimme Zeiten im Jahr. Mit den Süßigkeiten stellten sich auch die Fragen ein – wer wird welche Art von Ferien wo verbringen? Für viele Scheidungskinder waren diese Gelegenheiten eine zweischneidige Sache. Manche erzählten, dass sie die Großeltern besucht hatten, und zwar ohne ihre Eltern, was ihnen das Gefühl vermittelte, einer erweiterten Familie anzugehören – etwas, was Kinder in intakten Familien für selbstverständlich halten. Die meisten liebten ihre Großeltern sehr und erinnerten sich noch lange an die glücklichen Zeiten, die sie bei ihnen verbracht hatten. Manche Kinder hatten Spaß daran, »eigene« Ferien mit ihrem Vater und dessen neuer Familie zu machen; andere mochten die Sommerferien überhaupt nicht, weil sie durch eine gerichtliche Anordnung gezwungen waren, in dieser Zeit den Vater bzw. die Mutter zu besuchen. Familienfeiern – Schulabschlüsse, religiöse Anlässe, Hochzeiten und Geburtstage – konnten sehr glückliche Tage sein. Sie konnten aber auch verdorben sein durch ständige Spannungen zwischen den Eltern, den neuen Partnern und den gewesenen Partnern. Würde einer der Erwachsenen ausrasten und damit den Tag verderben? Die Kinder hielten gewissermaßen den Atem an, bis das Fest glücklich überstanden war. Der Glanz eines Familientreffens, bei dem die älteren Generationen sich entspannen, das Essen genießen und über die Späße der Kinder lachen konnten, während die Kinder sich in der Bewunderung der Erwachsenen sonnten – dieser Glanz gehörte nicht mit der gleichen Selbstverständlichkeit ins Lagerhaus der Erinnerungen der Scheidungskinder wie in dasjenige der Erinnerungen von Kindern aus intakten Familien.

Das unsichtbare Wirksystem der Elternschaft

Während Gary mir von seiner Kindheit erzählte, dämmerte mir allmählich, dass Mutter und Vater in einer gut funktionierenden Familie im Hintergrund präsent sind, während ihre Kinder heranwachsen. Ihre Aufgabe besteht darin, einen geschützten und stützenden Ort für die Kinder zu schaffen, die ihrerseits damit beschäftigt sind, zu lernen, zu spielen, Freunde zu finden und ganz einfach groß zu werden. Aus der kindlichen Perspektive betrachtet, sind die Kinder die eigentlichen Akteure. Die Eltern haben als Regisseure in den Kulissen zu bleiben und dafür zu sorgen, dass das Spiel weitergeht. Natürlich sollten sie die Spieler anfeuern, ihnen applaudieren, sie einkleiden und versorgen. Wenn die Kinder stolpern, sollten die Eltern hinter den Kulissen hervorkommen, ihnen auf die Füße helfen, ihnen den Staub von den Kleidern abklopfen und dann rasch wieder von der Bühne verschwinden.

In Familien wie derjenigen von Gary haben die Eltern in jedem Augenblick ein wachsames Auge auf das, was ihre Kinder »auf der Bühne« tun. Wenn es beim Spielen zu hart hergeht oder wenn es Schwierigkeiten in der Schule gibt, sind sie »voll da« und bereit zu handeln. Zuhause halten sie ihren elterlichen Dialog in ständigem Fluss – ein Gespräch, das mit der Geburt des Kindes einsetzt und niemals endet: Wie macht er sich insgesamt? Hat die Lehrerin seine besondere mathematische Begabung erkannt? Sollte ich mal mit ihr sprechen? Was sollten wir angesichts seiner Aggressivität auf dem Schulhof unternehmen? Wie reagieren wir am besten auf die Klagen der Lehrerin? Und so weiter – der Austausch ist endlos. Aus diesem Dauerdialog, der stattfindet, nachdem die Kinder eingeschlafen oder – so die Annahme – außer Hörweite sind, entwickeln die Eltern eine Innenpolitik für den Binnenraum der Familie und eine Außenpolitik für die extrafamiliale Welt. Später, am gemeinsamen Esstisch, präsentieren die beiden Erwachsenen sich den Kindern als eine Einheitsfront.

Dieses unsichtbare Wirksystem der Elternschaft, das die heranwachsenden Kinder hält und trägt und schützend begleitet, wird durch den Zusammenbruch der Ehe geschwächt oder geht überhaupt verloren. Karen und ihre Geschwister fühlten sich urplötzlich verlassen, ja beinahe verwaist. Die Mutter war zwar anwesend, aber so abgelenkt, dass sie sich ihr kaum bemerkbar machen konnten. Und der Vater war mürrisch und reizbar. Zum Zeitpunkt der Scheidung verständigen sich selbst Eltern, die später gut miteinander auskommen, nur in seltenen Fällen auf eine gemeinsame Strategie zur Erziehung ihrer Kinder, auch wenn sie sich in einer momentanen Krise durchaus zusammensetzen können. Das so genannte ***parallel parenting*** (ein Begriff, der in der Mediation gebraucht wird und besagen soll, dass zwei Eltern, die ihr Kind jeder für sich erziehen, durchaus mit zwei Eltern vergleichbar sind, die ihr Kind gemeinsam erziehen) ist ebenso wie die ***quality time*** ein sehr beliebtes Schlagwort, aber es kann die Kooperation in der Erziehung nicht ersetzen, die Kinder und Eltern gleichermaßen brauchen. In einer gut funktionierenden Familie entwickelt sich ein ständiger elterlicher Dialog rund um die Ereignisse des Tages und die Interaktionen in der Familie. Der tägliche Austausch und das anschließende Kopfkissengespräch prägen in der Tat das Umfeld des Kindes und kommen seinen sich wandelnden Bedürfnissen entgegen. Dieser elterliche Dialog wird, wenn er denn existiert hat, durch die Scheidung abrupt unterbrochen, und damit erfährt auch die Rolle der Eltern als Sachwalter ihres Kindes eine Schwächung. Das ist ein schwerwiegender Verlust in unserer in rascher Bewegung befindlichen Massengesellschaft, zumal für ein Kind, das spezielle Bedürfnisse hat oder ein Spät- bzw. ein Frühentwickler ist. Natürlich können auch allein erziehende Eltern diese Sachwalterfunktion so weit übernehmen, wie ihr volles Tagesprogramm dies zulässt, aber sie sagen mir oft, dass sie sich erdrückt fühlen von ihrer Zeitnot und von der Verantwortung, alle Entscheidungen allein treffen zu müssen. Wiederverheiratete Eltern können das unsichtbare Wirksystem der Elternschaft von neuem installieren und tun dies auch; allerdings können darüber einige Jahre vergehen. In jedem Fall wird das System dann von einem anderen Zuschnitt sein, wie wir später noch sehen werden.

1 Siehe dazu J. S. Wallerstein, »Children of Divorce«, in *All Our Families: New Policies for a New Century. A Report of the Berkeley Family Forum*, hg. M. A. Mason, A. Skolnick und S. D. Sugarman (New York: Oxford University Press, 1998).

2 Arundhati Roy, *The God of Small Things* (New York: Random House, 1997), S. 1.

3 J. R. Harris, *The Nurture Assumption* (New York: The Free Press, 1998).

3.
Das Erwachsenwerden ist schwieriger

Einer der vielen Mythen unserer Scheidungsgesellschaft besagt, dass die Scheidung der Eltern die Kinder automatisch von einer unglücklichen Ehe erlöst. Viele Eltern klammern sich in der Tat an diese Überzeugung, denn damit fühlen sie sich weniger schuldig. Niemand will seinem Kind wehtun, und dass die Scheidung den Schmerz aller Beteiligten heilen wird, ist ein hilfreicher Gedanke. Überdies trifft es im Fall einer gewalttätigen oder grausamen Ehe natürlich zu, dass die Scheidung das Kind befreit (wir werden das in Kapitel 7 sehen). Aber wenn man sich die Tausende von Kindern ansieht, die meine Kolleginnen und ich seit 1980 an unserem Zentrum befragt haben – in der Mehrzahl Kinder aus mäßig unglücklichen Ehen, die mit einer Scheidung endeten –, dann ist eines ganz deutlich: Die Kinder sagen nicht, dass sie nun glücklicher sind. Eher sagen sie lakonisch: »Der Tag, an dem meine Eltern geschieden wurden, war auch der Tag, an dem meine Kindheit endete.«

Was meinen sie damit? In der Regel ändern sich die Eltern-Kind-Beziehungen nach der Scheidung radikal – entweder vorübergehend oder, wie in Karens Familie, für immer. Zehn Jahre nach dem Ende ihrer Ehe vermochten nur noch die Hälfte der Mütter und ein Viertel der Väter aus unserer Studie jene Art der liebevollen Zuwendung zu leisten, die ihr elterliches Verhalten in der Zeit vor der Scheidung bestimmt hatte. Um auf das zurückzukommen, was Gary über seine Eltern sagte – dass sie nämlich »hinter den Kulissen« waren, während er heranwuchs: Nach einer Scheidung nehmen oft eine oder beide Elternpersonen den Platz auf der Bühne ein und weigern sich, ihn wieder zu räumen. Dann wird das Kind zum Requisitenbeschaffer, der hinter der Bühne dafür sorgt, dass das Spiel weitergeht.

Die meisten Eltern machen sich nicht klar, dass ihre Kinder oft ganz zufrieden sind, und dies ungeachtet ihrer nicht mehr funktionierenden Ehe. Kinder sind nicht zwangsläufig todunglücklich, weil Mama und Papa streiten. Tatsächlich können Kinder und Eltern ganz gut mit den Dingen zurechtkommen, wenn sie einander in den Stürmen einer zerbrechenden oder zwar fortbestehenden, aber unglücklichen Ehe gegenseitig beschützen. Mütter und Väter tun häufig alles, um ihre ehelichen Schwierigkeiten von den Kindern fern zu halten. Erst nachdem einer von ihnen oder nachdem beide beschlossen haben, sich scheiden zu lassen, findet der Kampf vor aller Augen statt. Kinder, die häusliche Spannungen wahrnehmen, richten ihre Aufmerksamkeit nach draußen, verbringen mehr Zeit mit ihren Freunden, beteiligen sich an schulischen Programmen und Arbeitsgemeinschaften. (Gary, dessen Eltern in ihrer Ehe oft unglücklich waren, tat genau das.) Sie lernen schon frühzeitig, sich gegenüber den Auseinandersetzungen ihrer Eltern taub zu stellen. Die Vorstellung, dass alle oder doch die meisten scheidungswilligen Eltern in einem schreiend ausgetragenen Konflikt miteinander gefangen sind, den die Kinder als Zeugen mitansehen, ist schlicht falsch. In vielen unglücklichen Ehen leidet einer der Partner oder leiden beide jahrelang still vor sich hin – sie fühlen sich einsam, sexuell vernachlässigt und zutiefst enttäuscht. Die meisten Scheidungskinder sagen, dass sie nie gedacht hätten, dass die Ehe ihrer Eltern am Abgrund entlangschlitterte. Einige hatten zwar insgeheim schon einmal über eine Scheidung nachgedacht oder mit den Geschwistern darüber gesprochen, aber sie ahnten nicht, dass die Eltern bereits planten auseinander zu gehen. Überdies hatten sie keine Vorstellung davon, was dieser Schritt für sie bedeuten würde.

Für Kinder ist die Scheidung der Eltern eine Trennlinie, die ihr Leben auf Dauer verändert. Die Welt wird jetzt neu und anders gesehen, als ein sehr viel weniger verlässlicher und sehr viel gefährlicherer Ort, weil man selbst von den engsten Beziehungen im eigenen Umkreis nicht länger erwarten kann, dass sie halten werden. Mehr als alles andere repräsentiert diese neue ängstliche Unruhe das Ende der Kindheit.

Karen bestätigte diese Veränderung in mehreren unserer Folgeinterviews. Zehn Jahre nach der Scheidung ihrer Eltern erfuhr ich, dass sie an der University of California in Santa Cruz studierte, sodass sie an den Wochenenden nach Hause hasten konnte und im Notfall erreichbar war. Und Notfälle – die zumeist ihre jüngeren Geschwister betrafen – gab es zur Genüge. Karen war zwanzig, als sie mir ärgerlich erzählte: »Seit ihrer Scheidung bin ich für meine beiden Eltern verantwortlich. Mein Vater ist ein schon beklagenswert 'armer' Mann geworden, der immer eine Frau braucht, die sich um ihn kümmert. Ich bin die Rettung, wenn seine Freundinnen ihn verlassen. Und meine Mutter hat sich auch noch nicht wieder gefangen und ist immer mit dem falschen Mann liiert. Ich musste mich die ganze Zeit um sie beide und zugleich auch um meinen Bruder und meine Schwester kümmern.«

Ein Verlust nach dem anderen

Wenn sie das Wort »Scheidung« hören, denken die Menschen zumeist an eine verfehlte Ehe. Und vom Scheidungskind glauben sie, dass es den einen großen Verlust – den Verlust der intakten Familie – erleidet, dass anschließend aber wieder Stabilität einkehrt und irgendwann eine zweite und glücklichere Ehe zustandekommt. Das ist allerdings nicht das, was den meisten Scheidungskindern widerfährt. Sie erleben nicht einen und auch nicht zwei, sondern viele weitere Verluste, wenn ihre Eltern nach immer neuen Partnern suchen. Jeder neue Partnerwechsel stürzt das Kind in einen Tumult und ruft schmerzliche Erinnerungen an den ersten Verlust wach. Bundesweite Studien zeigen, dass das Kind umso stärker geschädigt wird, je mehr solche Situationen es erlebt, weil die Wirkung der aufeinander folgenden Verluste kumulativer Art ist.[1] Diese vielfach zu beobachtende Instabilität im Leben von Scheidungskindern wird von den meisten Menschen nicht gesehen, geschweige denn in ihrer ganzen Tragweite erkannt. Wir besitzen zwar Akten über zweite, dritte und vierte Eheschließungen und Scheidungen, aber keine zuverlässigen Angaben darüber, wie vielen mitwohnenden bzw. langfristigen Liebespartnern der Mutter/des Vaters ein Scheidungskind in der Regel in seinem Leben begegnet. Kinder beobachten jede neue Liebe ihrer Eltern mit einer Mischung aus Erregung und Angst. Für Heranwachsende kann es schwierig sein, die erotische Stimulierung auszuhalten, wenn sie sehen, dass die Eltern sich mit wechselnden Partnern umgeben. Mehrere ganz junge Mädchen aus unserer Studie wurden selbst sexuell aktiv, nachdem die Mutter eine leidenschaftliche Affäre begonnen hatte. Kinder und Heranwachsende beobachten die neuen Partner ihrer Eltern mit Liebe, mit Ärger und allen möglichen anderen Gefühlen und hoffen auf den einen oder anderen Hinweis, wie es weitergehen wird. Sie nehmen aktiven Anteil als Helfer, als Kritiker und als Zuhörer, und sie scheuen sich nicht zu intervenieren. Eine Mutter, die von einem Zusammensein mit ihrem Freund nach Hause kam, fand ihre – schon schulpflichtigen – Kinder in ihrem eigenen Bett vor. Da die Kinder ihr bereits gesagt hatten, dass sie den neuen Mann nicht mochten, verstand sie den Hinweis. Neue Liebespartner sind vielfach aufmerksam gegenüber den Kindern und bringen ihnen regelmäßig ein kleines Geschenk mit. Aber selbst der charmanteste Liebhaber kann über Nacht wieder verschwinden. Zweitehen von Partnern mit Kindern enden sehr viel häufiger mit einer Scheidung als erste Ehen. Die typische Erfahrung eines Scheidungskindes ist also nicht die, dass auf eine Ehe eine Scheidung folgt, sondern dass auf mehrere oder manchmal viele Beziehungen beider Eltern jedes Mal wieder ein Verlust folgt – oder dass endlich Stabilität einkehrt.[2]

Karens Erfahrung ist typisch für viele Fälle, mit denen ich zu tun hatte. Die zweite Frau ihres Vaters, die sehr nett zu den Kindern war, verließ die Familie ohne Vorwarnung drei Jahre nach der Heirat. Danach hatte Karens Vater vier weitere Freundinnen, die ihn ebenfalls wieder verließen, was ihm jedes Mal sehr zu schaffen machte. Karens Mutter hatte drei unglückliche Liebesbeziehungen, bevor sie ein zweites Mal heiratete; diese Ehe endete nach fünf Jahren. Mit anderen Worten, Karen und ihre Geschwister erlebten keineswegs nur eine Scheidung. Ihre Kinderjahre waren angefüllt mit einer ganzen Reihe neuer Bindungen, gefolgt von Verlusten und der entsprechend gequälten Reaktion beider Eltern. Karens Bruder sagte mir als Dreißigjähriger: »Was ist eine Ehe? Nichts als ein Stück Papier und ein Stück Metall. Wenn man jemanden liebt, dann bricht einem das Herz.«

Von den ursprünglich 131 Kindern unserer Studie erlebten nur sieben eine stabile Zweitehe beider Eltern, unter der sie gelungene Beziehungen mit der Stiefmutter und dem Stiefvater sowie den Stiefgeschwistern auf beiden Seiten der geschiedenen Familie eingingen. Zwei Drittel der Kinder wuchsen in Familien auf, in denen sie mehrere Scheidungen und Wiederverheiratungen eines oder beider Eltern erlebten. Nicht enthalten sind in diesen Zahlen die vielen Kohabitationen und kurzen Liebesaffären, die nie zu legalen Beziehungen wurden. Kann es uns vor diesem Hintergrund überraschen, dass so viele Scheidungskinder zu dem Schluss kommen, dass Liebe flüchtig ist?

Die Geister der Kindheit

Als ich mich den Notizen zuwandte, die ich von einem Gespräch mit Karen fünfzehn Jahre nach der Scheidung ihrer Eltern angefertigt hatte, kam mir das Bild einer verzweifelt weinenden jungen Frau wieder in den Sinn: Karen saß auf dem Sofa in meinem alten Sprechzimmer, das Kinn in den Händen, die Ellbogen auf den Knien, und erzählte mir von der Wohngemeinschaft mit ihrem Freund Nick.

»Ich habe einen furchtbaren Fehler gemacht«, sagte sie und drehte ihr nasses Taschentuch zum Seil. »Ich kann überhaupt nicht glauben, dass ich mich da hineingeritten habe. Ich hätte es nie tun sollen. Es ist, als ob mein schlimmster Albtraum wahr geworden wäre. Es ist genau das, wovor mir als Kind am allermeisten graute – genau das ist passiert!« Sie presste die Finger zusammen, sodass die Knöchel ganz weiß hervortraten.

»Und was ist so schlimm?«, fragte ich so vorsichtig wie möglich.

»Alles«, stieß sie hervor. »Er trinkt Bier. Er hat keinen Ehrgeiz, kein Ziel im Leben, keine Ausbildung, keine regelmäßige Arbeit. Er wird nie etwas werden. Wenn ich von der Arbeit nachhause komme, sitzt er vor dem Fernseher, und dort hat er schon den ganzen Tag gesessen.« Hier fing ihre Stimme sich wieder. »Aber er liebt mich«, sagte sie gequält. »Er wäre zerschmettert, wenn ich ihn je verlassen würde.« Noch in ihrem eigenen Schmerz und Ärger war sie sich der eventuellen Qualen ihres Freundes ganz deutlich bewusst. Und ich sagte mir, dass dies Karen war, wie sie leibte und lebte – immer dachte sie daran, dass andere verletzt und gequält sein könnten.

»Ja, aber warum sind Sie dann mit ihm zusammengezogen?«

»Das weiß ich selbst nicht genau. Ich wusste, dass ich ihn nicht liebte. Aber ich hatte Angst vor der Ehe, ich hatte Angst vor der Scheidung, und ich fürchte mich davor, allein zu sein. Man kann auf Liebe hoffen, aber man kann nicht erwarten, dass die Liebe kommt. Als Nick vom Zusammenleben sprach, hatte ich Angst, dass ich älter werden und keine Chance mehr haben würde. Ich dachte immer, dann würde ich genau so einsam dasitzen wie mein Vater. Und meine Mutter.«

Ich betrachtete diese schöne junge Frau und schüttelte ungläubig den Kopf. Glaubte sie wirklich, dass die gemeinsame Adresse mit einem Mann, den sie nicht liebte, alles war, worauf sie hoffen konnte? Karen hatte meine Gedanken offensichtlich erraten, denn sie sagte rasch: »Ich weiß. Seit ich ein Kind war, hat man mir immer wieder gesagt, dass ich hübsch bin. Aber ich glaube es nicht, und es ist mir auch egal. Meiner Mutter war ihr Aussehen immer sehr wichtig. Sie trägt tonnenweise Make-up und zieht sich an wie ein Model. Ich habe das immer albern gefunden. Ich möchte gar nicht aussehen wie sie oder mein Leben so führen wie sie.«

»Wie haben Sie Nick kennen gelernt?«

Sie seufzte und sagte dann: »Als Schüler haben wir uns noch kaum gekannt. Wir waren niemals ein Paar oder auch nur befreundet. Ich glaube, er war von weitem in mich verliebt. Dann, in meinem dritten Studienjahr, habe ich mir den Knöchel gebrochen, und in den sechs Wochen, in denen ich herumhumpelte, war er sehr nett zu mir, trug mir immer meine Sachen und besuchte mich manchmal. Er war der Einzige, der sich irgendwie um mich kümmerte. Er stammt auch aus einer geschiedenen Familie, die alle möglichen Schwierigkeiten hat. Als er das Studium abbrach, tat mir das sehr leid für ihn.«

»Und wie kam es, dass er dann wieder in Ihrem Leben auftauchte?«

»Das war eine wirklich schlimme Zeit für mich. Mein Bruder hatte etwas ziemlich Kriminelles angestellt, und mein Vater war nicht bereit, ihm irgendwie zu Hilfe zu kommen. Ich habe ihn bekniet, aber er war absolut nicht interessiert. Ich war verzweifelt, und allmählich wurde mir klar, dass alle meine Bemühungen, die Familie zusammenzuhalten, umsonst waren. Als Nick dann meinte, ich sollte doch mit ihm zusammenziehen, sagte ich ja. Irgendwas, nur ja weg von dort – obwohl ich von Anfang an wusste, dass er keine Zukunftspläne hat, keine Ausbildung, keinen Abschluss. Es dauerte keine zwei Tage, und ich dachte: 'Oh Gott, warum habe ich das getan?' Aber wenigstens weiß ich, dass er mein Vertrauen nicht enttäuschen wird. Wenigstens davor bin ich sicher.«

»Karen, diese Angst, hintergangen zu werden, ist ja wohl Ihre Hauptsorge. Sie sprechen immer wieder davon.«

»Sie hat eine zentrale Rolle in meinem Leben gespielt«, sagte Karen bestätigend. »Meine Eltern haben beide herumgespielt. Ich habe es überall um mich herum gesehen. Sie dachten wohl, wenn man nicht bekommt, was man will, dann sieht man sich eben mal woanders um.« (Ich habe nie gehört, dass jemand die alternative Moral unserer Scheidungsgesellschaft so lakonisch wiedergegeben hätte.)

Karen nahm die Hände vom Gesicht. »Es gibt noch einen anderen Grund, weshalb ich mit ihm zusammengezogen bin«, sagte sie leise. »Und der wird Ihnen wahrscheinlich Kummer machen.« Sie zögerte, presste die Hände in ihrem Schoß zusammen und sagte dann ganz langsam, so als müsste sie die Worte eins ums andere mühsam hervorholen: »Ich dachte mir, das ist ein Mann, der mich niemals verlassen wird.« Schweigen. »Weil er keinerlei Ehrgeiz hat, wird er immer weniger Möglichkeiten haben als ich. Das heißt also, wenn ich bei ihm bleibe und ihn eines Tages sogar heirate, dann brauche ich jedenfalls keine Angst zu haben, dass er mich verlassen könnte.«

Karen hatte ganz richtig vorausgesehen, dass mir das, was sie sagen wollte, nicht gefallen würde. Tatsächlich schauderte es mir bei ihren Worten. Wie unendlich traurig war es, dass diese liebenswerte Person dabei war, ihre Lebensreise als erwachsene Frau so angstgeplagt anzutreten! Welche Art von Leben würde sie auf einem derart fragilen Fundament aufbauen können?

Wie ein gutes Versorgerkind brachte Karen das problematische Muster ihrer Beziehungen zu Mutter und Vater auch in ihre frühen Partnerbeziehungen ein. In ihrer Rolle als Retterinnen sind junge Frauen wie Karen zumeist gewohnt, den Bedürfnissen der anderen den Vorrang einzuräumen. Tatsächlich sind sie sich in der Regel ihrer eigenen Bedürfnisse und Wünsche gar nicht bewusst. Karen gab zu, dass sie nie in ihrem Leben darüber nachgedacht hatte, was sie denn glücklich machen würde. »Das wäre etwa so gewesen, wie nach den Sternen zu greifen«, sagte sie. »Ich war immer allzu sehr mit der Sorge um meine Familie beschäftigt, als dass ich nach mir selbst gefragt hätte.« Die Folge ist, dass diese jungen Frauen oft insofern in die Falle geraten, als sie einen problembelasteten Mann »retten« wollen. Wie könnten sie so jemanden zurückweisen, wenn er sich doch an sie hängt? Die Schuldgefühle wären unerträglich. Andere finden unglückliche Männer allerdings ohnehin aufregender. Eine junge Frau, die als Heranwachsende in häufigem Kontakt mit beiden Eltern gestanden hatte, erklärte mir: »Ich glaube, ich suche mir unbewusst Männer aus, mit denen nicht viel los ist. Männer, die nett und rücksichtsvoll sind, langweilen mich. Mein jetziger hat kein Verantwortungsbewusstsein. Ich traue ihm nicht. Ich bin sicher, dass er nicht ehrlich ist. Aber es ist halt der, den ich will.«

Was veranlasst so viele Scheidungskinder, sexuelle Kontakte oder eine frühe Ehe mit etwa so viel Überlegung einzugehen, als wenn es sich darum handelte, ein Paar Schuhe zu kaufen?[3] Die Antwort liefern die Geister, die wieder aufleben und sie verfolgen, wenn sie die Schwelle zum Erwachsenenleben überschreiten: Diese Männer und Frauen aus geschiedenen Familien leben in der Furcht, sie könnten die Geschichte ihrer Eltern wiederholen, und wagen kaum zu hoffen, dass sie es besser machen können. Diese Befürchtungen, die in den Jahren des Heranwachsens zwar auch vorhanden, aber nicht so beherrschend waren, nehmen jetzt, im jungen Erwachsenenalter, ein überwältigendes Ausmaß an, und dies erst recht dann, wenn die geschiedenen Eltern – oder einer von ihnen – nach der ersten oder einer zweiten Scheidung noch immer keine dauerhafte Beziehung einzugehen vermochten. Die ersten Episoden eigener Verliebtheit lassen die Hoffnungen der Scheidungskinder, geliebt zu werden, bis in den Himmel wachsen – zugleich aber auch ihre Furcht, verletzt und zurückgewiesen zu werden. Das Alleinsein wiederum weckt Erinnerungen an einsame Jahre in der Nachscheidungsfamilie und kommt ihnen vor wie das gefürchtete Im-Stich-Gelassen-Werden. Sie sind gefangen zwischen dem Wunsch nach Liebe und der Angst vor einem Verlust.

Dieses Amalgam aus Angst und Einsamkeit kann zu einer Häufung von Affären, zu vorschneller Heirat, früher Scheidung und – wenn aus all dem keine bleibende Lehre gezogen wird – zu einer zweiten und dritten Runde dieser Art führen. Oder diese Scheidungskinder bleiben viele Jahre lang in unguten Beziehungen gefangen. Das funktioniert so: An der Schwelle des Erwachsenenalters rücken die Beziehungen ins Rampenlicht. Bei vielen Scheidungskindern ist die Bühne aber wie leergefegt von guten Erinnerungen daran, dass und wie zwei erwachsene Menschen in einer liebevollen Beziehung miteinander leben können. Das ist das zentrale Hindernis, das die weitere Entwicklung von Scheidungskindern blockiert. Das psychologische Gerüst, das sie brauchen, um eine glückliche Ehe zu errichten, ist von eben den beiden Menschen schwer beschädigt worden, von denen sie in den Jahren des Heranwachsens abhängig waren.

Sehen wir uns den Prozess des Heranwachsens etwas näher an. Kinder lernen alle Arten von Lektionen von ihren Eltern, und dies von Geburt an und bis zu dem Zeitpunkt, zu dem sie aus dem Haus gehen. Für das kleine Kind gibt es keine faszinierendere Landschaft als das Gesicht der Mutter und kein spannenderes Bild als dasjenige, das Mutter und Vater zeigt, wie sie einander küssen, miteinander streiten, sich miteinander beraten, einander finstere Blicke zuwerfen, weinen, sich anschreien oder sich im Nebenzimmer umarmen. Diese tausenderlei Bilder werden internalisiert und ergeben miteinander das Muster, nach dem das Kind sich seine Vorstellung davon formt, wie Männer und Frauen einander begegnen, wie Eltern und Kinder miteinander kommunizieren und wie Geschwister miteinander auskommen. Vom ersten Tag an beobachten Kinder ihre Eltern und verinnerlichen die kleinsten Einzelheiten der menschlichen Interaktion. Sie beobachten die Eltern als Privatpersonen (in Augenblicken, in denen die Eltern meinen, dass niemand seine Aufmerksamkeit auf sie richtet) und als öffentliche Personen, nämlich draußen auf der außerfamilialen Bühne. Sie hören aufmerksam auf das, was die Eltern sagen (auch wenn sie häufig vorgeben, nichts zu hören), und sie denken demnach, was die Eltern zu sagen versäumen. Kein Naturwissenschaftler hat jemals gesammelter durch sein Mikroskop geblickt, als das normale kleine Kind ununterbrochen seine Umgebung beobachtet. Und sie geben von Anfang an ihr Urteil ab. Schon Vierjährige haben mir gesagt: »Ich möchte ein Papa sein wie mein Papa« oder »Ich will nicht eine Mami sein wie meine Mami«. Sie haben starke Liebes- und Hassgefühle, sie empfinden Neid, Bewunderung, Mitleid, Respekt und Geringschätzung. Das ist das Theater unseres Lebens – die erste und wichtigste Schule, in der wir etwas über uns selbst und alle anderen erfahren, und von hier aus extrapolieren wir auf die menschlichen Interaktionen insgesamt. Das Bild der Familie prägt sich dem Kind in Herz und Hirn, als das innere Theater, das Erwartungen, Hoffnungen und Befürchtungen entstehen lässt.

Aber was noch über das Bild des Kindes von Mutter und Vater als Individuen hinausreicht, das ist sein Bild der Beziehung zwischen ihnen – sein Bild von ihrer Beziehung als Paar. Unsere Fachliteratur ist voll von Mutter-Kind- und neuerdings auch von Vater-Kind-Experimenten, aber – was jedes Kind den Professoren sagen könnte – ein Kind sieht seine Eltern als ein Zweigespann. Es hat ein waches und vitales Gespür für ihre Interaktionen. Was könnte wichtiger oder spannender sein? Diese komplexen Bilder der elterlichen Interaktion stehen im Mittelpunkt des Familientheaters und sind von bleibender Bedeutung für Scheidungskinder wie für Kinder aus intakten Familien.

Die jungen Leute aus den intakt gebliebenen Familien beschrieben die Beziehung ihrer Eltern zueinander so, als wären sie den Eltern bei Tag und bei Nacht gefolgt. Sie erzählten, wie die Eltern gelacht hatten, wie sie einander geneckt und getröstet hatten und dass sie genau gewusst hatten, welche Saite sie beim jeweils anderen jeweils anzuschlagen hatten. Sie stellten sogar detaillierte Spekulationen über das sexuelle Leben der Eltern an. Sie erzählten mir, ob der Vater die Mutter beim Nachhausekommen geküsst oder ins Hinterteil gekniffen hatte oder ob die Eltern sich eher reserviert verhalten hatten. Andere überlegten, was ihre Eltern eigentlich gemeinsam gehabt hatten oder warum sie zusammengeblieben waren. Parallel dazu gaben sie moralische Urteile ab und kamen zu Schlussfolgerungen, die einen unmittelbaren Bezug zu ihrem eigenen Leben hatten.

Wie unterscheidet sich das Bild des Scheidungskindes von der Beziehung seiner Eltern zueinander von dem Bild, das die Kinder aus intakt gebliebenen Familien von dieser Beziehung in sich tragen – zumal wenn das Scheidungskind entsprechend den Empfehlungen, wie sie heute von Mediationsfachleuten und Gerichtsmitarbeitern ausgesprochen werden, Zugang zu beiden Eltern hat und die Eltern einander in den Jahren nach der Scheidung nicht feindlich begegnen?

Wie die Scheidungskinder mir ausnahmslos erzählten, ist das Bild ihrer Eltern als eines sich liebenden Paares für sie für immer verloren, egal wie oft sie die Eltern sehen. Der Vater in dem einen, die Mutter in dem anderen Haushalt – das steht nicht für eine Ehe, wie gut auch immer sie miteinander kommunizieren. Separat bedeutet vielleicht »gleich«, es bedeutet aber nicht »zusammen«. Wenn die Kinder heranwachsen und sich ihrerseits Partner erwählen, dann fehlt ihnen dieses zentrale Bild einer intakten Ehe. An seiner Stelle ist da ein Vakuum, das sie zu verschlingen droht. Anders als die Kinder aus intakt gebliebenen Familien sprachen die Scheidungskinder aus unserer Studie sehr selten über die Interaktion ihrer Eltern und so gut wie nie über das elterliche Verhalten zum Zeitpunkt des Zusammenbruchs der Ehe. Ihre zentrale Klage galt im Allgemeinen dem Umstand, dass niemand ihnen damals das Geschehen erklärte und die Gründe der Scheidung wie hinter einem Schleier verborgen waren. Wenn ihnen doch irgendwelche Gründe genannt wurden, dann klangen sie platt und so, als hätten die Eltern sie erfunden, um nicht erzählen zu müssen, was wirklich geschehen war. Sie sagten etwa: »Wir waren zu verschieden« oder »Wir hatten nichts gemeinsam.« Die Scheidungskinder erwähnten selten beide Eltern zusammen, es sei denn, um ihre Missbilligung anzuzeigen, weil die Eltern, wenn sie einander bei den Geburtstagen der Enkel und bei ähnlichen Anlässen begegneten, auch jetzt noch miteinander stritten oder sich einer gegenüber dem anderen schlecht benahmen. Tatsächlich war die Interaktion der Eltern ein schwarzes Loch – so als wäre das Paar den Kindern aus dem Gedächtnis und aus dem bewussten Innenleben entschwunden.

Ein gutes inneres Bild der Eltern als Paar ist für ein Kind immer wichtig, aber in der Adoleszenz gewinnt dieses innere Modell der Beziehung zwischen Mann und Frau noch einmal an Signifikanz. Erinnerungen und Bilder aus Vergangenheit und Gegenwart vereinigen und steigern sich am Beginn des Erwachsenenlebens, wenn der junge Mensch nun ganz real gefordert ist, sich in Liebes- und Bindungsfragen zu entscheiden, zu einem gewaltigen und vielstimmigen Chor. In dem alten jiddischen Volkslied fragt der Heiratsvermittler das Mädchen: Wen willst du heiraten?, und ihre ersten Worte sind wie ein Echo auf das, was Karen und ihre Millionen Schwestern und Brüder bewegt. Das Mädchen antwortet: Wer wird mir treu sein? Wird er für mich sorgen? Wird er mich verlassen in der Morgendämmerung, wenn wir uns zum ersten Mal streiten? Wird er mich lieben?

Scheidungskinder haben es auch in diesem Punkt schwerer: Anders als Kinder, denen der

Vater oder die Mutter durch Krankheit, durch einen Unfall oder durch Kriegseinwirkung genommen werden, verlieren Scheidungskinder das Vorbild, das sie brauchen, *infolge des elterlichen Versagens*. Eltern, die sich scheiden lassen, mögen ihren Entschluss für klug und mutig halten, für das Beste, was sie gegen ihr Unglück unternehmen können – und das ist es vielleicht wirklich –, aber für das Kind bedeutet die elterliche Scheidung nur eines: Die Eltern haben in einer der zentralen Aufgaben des Erwachsenenlebens versagt. Zusammen und jeder für sein Teil haben sie es nicht vermocht, die Ehe am Leben zu halten. Selbst wenn der junge Mensch als Erwachsener zu dem Schluss kommt, dass die Scheidung notwendig war, dass die Eltern in der Tat kaum etwas gemein hatten, stellt die Scheidung eben doch ein Versagen dar: Es ist nicht gelungen, den Mann bzw. die Frau zu halten; es ist nicht gelungen, die Beziehung lebendig zu halten; es ist nicht gelungen, treu zu sein; es ist nicht gelungen, präsent und zur Stelle zu sein. Dieses Misslingen wiederum prägt das innere Bild des Kindes von sich selbst und von der Familie: Wenn es ihnen misslungen ist, dann kann es auch mir misslingen. Und wenn – wie dies so häufig geschieht – das Kind in den Jahren nach der Scheidung der Eltern weitere Beziehungen scheitern sieht, dann ist der Schluss sehr einfach: *Ich habe noch nie gesehen, dass ein Mann und eine Frau miteinander auf dem gleichen Kurs waren. Der Fehlschlag ist unvermeidlich.*

Das Werben um einen Partner ist immer befrachtet mit Aufregung, mit sehnsüchtigen Wünschen, mit Ängsten. Jeder erwachsene Mensch weiß, dass es sich um die wichtigste Entscheidung seines Lebens handelt. Die Furcht, vielleicht eine falsche Wahl zu treffen, zurückgewiesen und hintergangen zu werden, ist sicherlich nicht auf Scheidungskinder beschränkt. Aber auch insoweit waren die Unterschiede zwischen Scheidungskindern und Kindern aus intakt gebliebenen Ehen auffälliger als ich erwartet hatte. Die jungen Männer und Frauen aus den intakten Familien ließen neben ihren Ängsten auch ein Gefühl der Sicherheit erkennen, denn sie hatten ja gesehen, dass »es funktioniert«, sie hatten sehr klare Vorstellungen davon, wie sie es angehen wollten, und sie brachten das auf sehr überzeugende Weise zum Ausdruck.

Von den erwachsenen Scheidungskindern äußerte sich niemand in dieser Weise. Die Erinnerungen und inneren Bilder dieser Gruppe waren ganz im Gegenteil armselig oder erschreckend, denn sie lieferten nichts, was geeignet gewesen wäre, die Ängste der Betroffenen zum Schweigen zu bringen. Vielmehr waren diese einstigen Scheidungskinder ihren Ängsten wehrlos ausgesetzt.

Gina, vierzig Jahre alt und in leitender Stellung bei einer internationalen Firma tätig, sagte mir: »Ich bin mit dem Gefühl aufgewachsen, dass Männer unzuverlässig sind, dass sie Spinner sind, dass sie – wie mein Vater – letzten Endes nur spielen wollen. Ja, es stimmt, ich war auch mit Männern befreundet, die mir verlässlich erschienen und die wunderbar waren, und doch ist es mir ein wirklich erschreckender Gedanke, in punkto Männer alles auf eine Karte zu setzen. Besser verlasse ich mich auf mich selbst.«

Das Erwachsenwerden dauert länger

Als Karen mich 1994 unmittelbar vor ihrer Hochzeit aufsuchte, konnte sie es kaum erwarten, mir alles zu erzählen, was seit unserem letzten Zusammensein passiert war. Ich erinnerte mich daran, dass sie sich wegen Nick fast die Augen ausgeweint hatte, und jetzt saß sie da, strahlend vor Glück und Optimismus. Was war in den dazwischenliegenden neun Jahren geschehen?

Zunächst erzählte sie mir, dass sie damals doch beschlossen hatte, Nick zu verlassen und ein neues Leben anzufangen. Sie ging nach Washington, wo sie sich eine Zeit lang bei einer ehemaligen Schulfreundin aufhielt und ihre Aussichten überdachte. »Mir war klar, dass ich mit Kindern arbeiten wollte, aber um das wirklich gut tun zu können, brauchte ich die entsprechenden Kenntnisse und einen Titel«, sagte sie. Sie hörte sich überall um und erfuhr unter anderem von einem Graduiertenprogramm für öffentliche Gesundheitspflege an der John Hopkins University, das es ihr ermöglichen würde, ihre Interessen – Kinder und Gemeinwesenarbeit – miteinander zu verbinden. Mit Studienbeihilfen und dem Rest dessen, was sie von ihrer Großmutter geerbt hatte, bewarb sie sich, wurde in das Dreijahresprogramm aufgenommen und ging nach Baltimore, wo sie in Teilzeit bei einem Betreuungsprogramm mitarbeitete und zugleich ihr Studium betrieb. Endlich mit ihren eigenen Anliegen und Interessen befasst, zog sie als fleißige Studentin rasch die Aufmerksamkeit ihrer Professoren auf sich, die ihr bei der Stellenbewerbung behilflich waren. »Es ist das Beste überhaupt«, sagte Karen zu mir. »Ich arbeite mit schwer behinderten Kindern in fünf Südstaaten, wo ich ein entsprechendes Programm für die ländliche Bevölkerung leite. Unser Sitz ist in Chapel Hill. Ich liebe diese Arbeit. Ich sehe darauf, dass ich viel Zeit für die praktische Arbeit mit den Kindern habe. Die Leute fragen mich, wie ich das aushalte, aber ich finde es nicht deprimierend, denn ich bekomme viel zurück von den Kindern. Sie öffnen sich, sie erzählen mir, was sie bewegt, sie erzählen von ihren Hoffnungen, von ihren Träumen, von dem, was sie tun möchten, und von den vielen Dingen, vor denen sie sich fürchten. Gerade im Zusammensein mit diesen Kindern erkenne ich, wie kostbar das Leben ist und dass man nur dieses eine Leben hat.«

»Karen, Sie haben anderen Menschen geholfen, seit ich Sie kenne – und damals waren Sie zehn Jahre alt. Aber jetzt sieht es so aus, als hätten Sie beschlossen, auch mal an Ihre eigenen Wünsche zu denken. Vielleicht würfeln Sie richtig.«

»Ja, das stimmt. Ich habe beschlossen, es mal zu versuchen, und ich weiß jetzt, was ich will. Ich habe auch endlich herausgefunden, was ich nicht will: Ich will keine zweite Auflage des Verhältnisses zu meiner Mutter oder zu meinem Vater. Ich will keinen Mann, der von mir abhängig ist.«

»Und was wollen Sie aktiv?«

»Ich will einen Geliebten und einen Ehemann. Ich bin nicht länger wild darauf aus, irgendjemanden zu finden – ich kann nämlich allein leben, wenn es sein muss. Ich kann auf meinen eigenen Füßen stehen. Ich habe keine Angst mehr.« Jetzt wurde ihr Blick wieder traurig. »Aber es ist eben doch nicht alles hinter mir. Ich habe es Ihnen ja schon gesagt – etwas in mir wartet immer darauf, dass das Unheil zuschlägt. Ich sage mir immer wieder, dass ich mir damit selbst etwas antue, aber es ist wahr – ich lebe in der schrecklichen Furcht, dass mir etwas Schlimmes begegnen wird. Ein schrecklicher Verlust, der mein Leben verändern wird. Und diese Furcht nimmt zu, je besser die Dinge sich für mich anlassen. Das ist vielleicht die bleibende Folge ihrer Scheidung.« Sie beugte sich nach vorn, und einen Augenblick lang sah es so aus, als wollte sie sich an sich selbst festhalten. »Gavin zieht mich die ganze Zeit damit auf, dass ich Angst vor Veränderungen habe. Aber ich glaube, ich habe gelernt, diese Angst in Schach zu halten. Ich wache nicht mehr mit einer Riesenangst auf, nachdem ich glücklich und zufrieden schlafen gegangen bin.« Sie schwieg eine Weile, um über die eigenen Worte nachzudenken. »Aber es geht nie wirklich weg – nie.«

Während ich ihr zuhörte, wurde mir klar, dass Karen noch ein paar weitere Schritte hatte tun müssen, um wirklich erwachsen zu werden. Der Ausstieg aus ihrer ersten ernsthaften Beziehung war nur eine Ouvertüre gewesen. Die Karen, die eine Graduiertenausbildung in öffentlicher Gesundheitsfürsorge absolviert und am Aufbau eines erfolgreichen Programms zugunsten behinderter Kinder mitgearbeitet hatte, war in der Tat eine sehr andere Person. Als kompetente und selbstbewusste junge Frau, die notfalls allein zurechtkommen konnte, hatte sie eine neue Identität erworben. Über ihre beruflichen Erfolge hinaus war es ihr schließlich gelungen, auf die Rolle der für ihre Eltern und Geschwister verantwortlichen Person zu verzichten. Dieser Verzicht war allerdings ein langsamer und schmerzlicher Prozess. Der Wendepunkt war gekommen, als sie erkannte, dass ihre inzwischen erwachsenen Geschwister ihre Großzügigkeit noch immer ausnutzten. »Ich musste da raus«, sagte sie. »Ich hatte genug getan.« Und damit machte sie die Tür hinter sich zu – eine Frau, die nun frei war. Sie war intellektuell und emotional erwachsen und nun bereit, die Partnerin eines erwachsenen Mannes zu werden, der eine Geliebte und eine Ehefrau wollte, nicht eine Pflegerin oder Versorgerin. In der Liebe zu einem Mann, der sie liebte und sie als seinesgleichen behandelte, fühlte sie sich zum ersten Mal in ihrem Leben sicher und konnte ihre Ängste gehen lassen. Auch wenn diese alten Ängste sich nicht restlos auflösten, so verzogen sie sich doch in den Hintergrund. In dieser Partnerschaft schaffte Karen den Durchbruch ins Erwachsenenleben.

Während ich von den Scheidungskindern eine derartige Geschichte nach der anderen hörte – Geschichten, in denen es darum ging, wie schwierig das Leben zwischen Zwanzig und Dreißig gewesen war –, kam mir zum Bewusstsein, dass diese Kinder, verglichen mit den Kindern aus intakt gebliebenen Familien, sozusagen einer anderen Flugbahn folgen, um erwachsen zu werden: Bei ihnen dauert es länger. Ihre Adoleszenz zieht sich länger hin, und ihr Eintritt ins Erwachsenenleben erfolgt verzögert.

Scheidungskinder brauchen mehr Zeit, um erwachsen zu werden, weil sie mehr leisten müssen: Sie müssen die Vergangenheit von sich gleiten lassen und sich gleichzeitig ein mentales Modell ihres zukünftigen Weges erschaffen, den sie selbst anzulegen haben. Diejenigen, denen das gelingt, verdienen Goldmedaillen für ihre Integrität und Ausdauer. Sie haben ihre Eltern als Rollenvorbilder verworfen und müssen daher selbst bestimmen, wer sie in Zukunft sein und was sie in ihrem Erwachsenenleben erreichen wollen. Das übersteigt bei weitem das, was von der Mehrheit der Heranwachsenden erwartet wird. Wenn man dann noch an die normalen Herausforderungen denkt, denen Heranwachsende sich gegenüber sehen und mit denen sie, die Scheidungskinder, ja ebenfalls selbst fertig werden müssen, dann kann es nicht überraschen, wenn sie in die Falle unglücklicher Liebesaffären und ähnlicher Irrwege geraten. Die meisten sind bereits Ende zwanzig oder haben sogar die Dreißig überschritten, wenn sie endlich erwachsen werden.

Meine Analyse stimmt auf den ersten Blick vielleicht nicht mit jener Pseudoreife zusammen, wie sie von vielen Scheidungskindern an den Tag gelegt wird, die häufig den Eindruck machen, als würden sie sogar besonders rasch erwachsen. Verglichen mit Kindern, die »behüteter« aufwachsen, machen sie frühzeitig Bekanntschaft mit den Erscheinungsformen der Jugendkultur. Sex, Drogen, Alkoholkonsum – das sind rituelle Übungen, die ihnen dazu dienen, von der älteren Gruppe akzeptiert zu werden. Zugleich sind sie unabhängig und mit Recht stolz darauf, eigene Entscheidungen treffen und ihren Eltern Ratschläge geben zu können.

Aber wir sollten uns vom großspurigen Auftreten nicht blenden lassen. Der Weg von der Adoleszenz in das Erwachsenenleben gerät nach der elterlichen Scheidung aus dem Geleise. Viele Scheidungskinder kommen über die Adoleszenz nicht hinaus, weil sie den normalen Prozess der Ablösung von den Eltern nicht zu Ende bringen können. Wenn die Dinge ihren normalen Gang nehmen, befinden die Kinder sich einige Jahre lang in einer Art von schiebendem und ziehendem *Pas de deux* mit ihren Eltern, einer allmählichen Entwöhnung von ihrem Zuhause. Karen spürte diesen Prozess der Ablösung allerdings so gut wie gar nicht. Als sie mit achtzehn Jahren ans College ging, war sie durch die wechselseitig bestehenden Bedürfnisse noch immer an ihre Eltern gebunden.

Und damit stand sie keineswegs allein. In der späten Adoleszenz sind die meisten Scheidungskinder stärker an ihre Eltern gebunden und paradoxerweise eher als ihre Altersgenossen aus den intakten Familien darauf aus, nun loszulassen. Es ist wie in der Geschichte von Brer Rabbit und Tar Baby – die elterliche Scheidung ist »klebrig« wie das Teer, das den Hasen festhält: Die jungen Leute wollen heraus, aber sie kommen damit nicht voran, weil sie zuhause noch etwas zu erledigen haben.

Scheidungskinder werden vom Erwachsenwerden zurückgehalten, weil diese Aussicht so erschreckend ist. Von Anfang an sind sie gegenüber dem anderen Geschlecht ängstlicher und angespannter und tun sich schwerer damit, eine Beziehung zu begründen und dieser Beziehung Zeit zu ihrer Entwicklung zu geben. Verletzlich, unsicher und schrecklich allein, dazu unter biologischem ebenso wie unter sozialem Druck, stürzen diese jungen Männer und Frauen sich in ein Schattenspiel des eigentlichen Lebens – in Sex ohne Liebe, Leidenschaft ohne Engagement, Zusammensein ohne Zukunft. (Wir werden der Frage, wie es den impulsiv in die Ehe gehenden Scheidungskindern ergeht und was aus den früh geschlossenen Ehen wird, im Kapitel 14 nachgehen.)

Dass Karen und andere Scheidungskinder imstande waren, ihrem Leben eine andere Richtung zu geben, ist eine sehr erfreuliche Feststellung für alle, denen die langfristigen Auswirkungen der elterlichen Scheidung auf die Kinder Sorge bereiten. Auch wenn es in manchen Fällen viele Jahre dauerte und mehrere fehlgeschlagene Beziehungen »kostete«, waren doch fast die Hälfte der Frauen und immerhin mehr als ein Drittel der Männer aus unserer Studie schließlich imstande, sich ein neues Muster zu erschaffen, innerhalb dessen sie die Hauptrolle innehatten. Sie taten das auf die schwierigere Weise – indem sie aus ihrer eigenen Erfahrung lernten. Sie erlitten Verletzungen, gingen dennoch weiter und versuchten es von neuem. Manche hatten Angehörige, insbesondere Großeltern, die sie liebten und ihnen sozusagen in Nahaufnahme als Rollenvorbilder für das dienten, was möglich war. Andere hatten Kindheitserinnerungen aus der Zeit vor der elterlichen Scheidung, die ihnen Hoffnung und Selbstvertrauen gaben, wenn ihnen nach Aufgeben zumute war. Nur wenige hatten Mentoren, aber soweit solche Gestalten überhaupt auftauchten, genossen sie größte Wertschätzung. Ein junger Mann berichtete: »Mein Chef ist wie ein Vater zu mir gewesen, der Vater, den ich mir immer gewünscht habe und nie hatte.« Alle, Männer wie Frauen, waren besonders dankbar, wenn der jeweilige Partner zu ihnen stand und seinerseits auf ein dauerhaftes Zusammenleben drängte. Karens Ehemann spielte zweifellos eine sehr wesentliche Rolle bei ihrer Wiederherstellung. Und schließlich bemühten sich ein Drittel der Männer und Frauen aus unserer Studie um professionelle Hilfe und stellten in den therapeutischen Einzelsitzungen fest, dass sie sehr wohl eine vertrauensvolle Beziehung zu einer anderen Person herstellen und diese Beziehung dazu nutzen konnten, an die Wurzeln ihrer Schwierigkeiten zu gelangen. Dabei kam ihnen zugute, dass sie jung waren, denn das bedeutete, dass sie die notwendige Energie und Entschlossenheit besaßen, um ihr Leben wirklich zu verändern. Menschen gelangen nun einmal »unfertig« in den Stand des Erwachsenenlebens, was bedeutet, dass sich zumal das Jahrzehnt zwischen Zwanzig und Dreißig für die individuelle Entwicklung und Veränderung anbietet.

1 F. F. Furstenberg und J. A. Seltzer, »Divorce and Child Development«, in *Sociological Studies of Child Development*, vol. 21, hg. P. A. Adler und P. Adler (Greenwich, Conn.: JAI Press Inc., 1986), S. 127-160; P. R. Amato und A. Booth, »Consequences of Parental Divorce and Marital Unhappiness for Adult Well-Being«, *Social Forces* 69 (1991): 905-14.

2 D. M. Capaldi und G. R. Patterson, »Relation of Parental Transition to Boys' Adjustment Problems: I. A. Linear Hypothesis. II. Mothers at Risk for Transitions and Unskilled Parenting«, *Developmental Psychology* 27 (1991): 489-504. Nach Angaben des U.S. National Center for Health Statistics waren 50 Prozent der in den 1990er-Jahren geschlossenen Ehen für einen der Partner bereits die zweite Ehe, und jede siebente dieser Verbindungen war für einen oder für beide Partner der dritte derartige Schritt.

3 Diese Frage ist Gegenstand der Diskussion bei N. G. Glenn und K. Kramer, »The Marriages and Divorces of the Children of Divorce«, *Journal of Marriage and the Family* 49 (1987): 811-25.
Die General Social Surveys (National Samples) der Jahre 1990-96 zeigen in der Altersgruppe der 28- bis 43-Jährigen signifikant höhere Scheidungsraten für Kinder aus geschiedenen Familien im Vergleich zu Kindern aus nichtgeschiedenen Familien. Die nachstehenden Zahlen geben den Prozentsatz der Eheschließungen und Ehescheidungen unter unseren erwachsenen Scheidungskindern sowie den Prozentsatz derjenigen Eheschließungen in dieser Gruppe an, die unterhalb eines bestimmten Alters erfolgten. Diesen Zahlen stellen wir die entsprechenden Zahlen (soweit vorhanden) a) für unsere Vergleichsgruppe, b) für die Bevölkerung der Nation insgesamt gegenüber.

a Die Angaben entstammen den General Social Surveys (National Samples) der Jahre 1990-96 und beziehen sich auf die Altersgruppe der 28- bis 43-Jährigen, wobei eine Differenzierung nach dem Geschlecht nicht vorgenommen wurde.

b Entnommen aus N. Glenn, »Courtship and Marital Choice: Why They Are Important and What We Need to Learn about Them«, Thesenpapier Nr. 70, Council on Families, Institute for American Values, 1999.

c Durchschnittswert für Männer und Frauen. (Eine getrennte Erhebung für Scheidungskinder und für Erwachsene aus intakten Familien liegt nicht vor.)

Erwachsene Scheidungskinder

Unsere Stichprobe	*Nationale Stichprobe*[a]
60% Eheschließungen	76% Eheschließungen
40% der Ehen enden durch Scheidung	43% der Ehen enden durch Scheidung

Erwachsene aus intakten Familien

Unsere Stichprobe	*Nationale Stichprobe*
80% Eheschließungen	84% Eheschließungen
9% der Ehen enden durch Scheidung	35% der Ehen enden durch Scheidung

Erwachsene Scheidungskinder *(Unsere Stichprobe)*	**Erwachsene aus intakten Familien** *(Unsere Stichprobe)*	**Nationale Studie**[b]
50% Eheschließungen vor dem vollendeten 25. Lebensjahr	11% Eheschließungen vor dem vollendeten 25. Lebensjahr	34% Eheschließungen vor dem vollendeten 25. Lebensjahr[c]
17% dieser frühen Ehen enden durch Scheidung	25% dieser frühen Ehen enden durch Scheidung	Keine Angaben zur Scheidungsrate

4.

Was wäre, wenn sie zusammengeblieben wären – und was ist, wenn sie nicht zusammenbleiben können?

Die meisten Menschen neigen zu der Ansicht, dass, wenn Mann und Frau in ihrer Ehe unglücklich sind, ihre Kinder ebenfalls unglücklich sein müssen. Dahinter steht die Vorstellung, dass unglückliche Eltern ihre Konflikte unweigerlich offen austragen und die Kinder dies als sehr belastend und erschreckend empfinden werden. Was bei dieser Gleichung unberücksichtigt bleibt, sind die vielen Fälle, in denen die Eltern – so wie Garys Eltern – von solchen Auseinandersetzungen absehen, um den häuslichen Frieden und die Integrität ihres Erziehungsverhaltens zu wahren. Gary nimmt uns mit seiner Geschichte mitten hinein in das Erleben eines Kindes, das in einer solchen Familie aufwächst. Wie sieht dieses Aufwachsen aus? Wie prägt eine unglückliche Ehe der Eltern, die um der Kinder willen zusammenbleiben, das Leben dieser heranwachsenden und schließlich erwachsenen Kinder? Wie wirkt sich die Entschlossenheit der Eltern, ihre Ehe intakt zu halten, auf das Leben dieser Kinder aus?

Gary hatte sich mit Freude daran erinnert, wie glücklich er als Kind gespielt hatte, er hatte aber nicht zu erkennen gegeben, was er mit der Innenversion seiner Familie meinte. Offensichtlich zog er die guten Erinnerungen vor. Ich überlegte mir, ob es sich bei der »Innenversion«, die er erwähnt hatte, um Schwierigkeiten handeln könnte, wie ich sie zwischen Karens Eltern und auch bei anderen Paaren beobachtet hatte, die beschlossen hatten, sich scheiden zu lassen. Gary hatte deutlich darauf angespielt, dass die Ehe seiner Eltern zwar intakt geblieben, aber jedenfalls nicht besonders glücklich verlaufen war.

»Bis zur Innenversion sind Sie noch nicht gekommen«, erinnerte ich ihn. »Was war damit«?

Gary seufzte, verschränkte die Hände hinter dem Kopf und blickte in Richtung der großen Fensterwand. »Meine Familie – das ist ein kompliziertes Thema. Damals dachte ich immer, Mutter wäre schuld an den Problemen. Aber je älter ich werde, desto klarer wird mir, dass eine Ehe aus zwei Leuten besteht und dass beide Verantwortung für das tragen, was in einer solchen Beziehung passiert.«

»Wie sah es denn aus, als Sie jünger waren?« Ich wollte verstehen, was er damals empfunden und gedacht hatte, als er heranwuchs, zu einer Zeit, da seine Wahrnehmung noch nicht durch den Filter seiner Erfahrungen als erwachsener Mann gegangen war.

»Mutter war eine wirklich heftige Person«, begann er langsam. »Sie konnte sich aufregen und die Beherrschung verlieren bei Dingen, die uns als ein Klacks erschienen. Alles hatte perfekt zu sein, und zwar perfekt nach ihrem Verständnis. Ich erinnere mich, dass sie einmal mit einem Brecheisen die Treppe heruntergerast kam und uns drohte, sie würde den Fernseher zerschlagen, wenn wir nicht täten, was sie wollte. Sie war pedantisch, was unsere Hausaufgaben anging, und verlangte immer gute Noten – etwas, was wir damals überhaupt nicht mochten, was sich später aber ausgezahlt hat. Und wenn Gäste kamen, hat sie sich fast umgebracht: Das kleinste Ding musste an seinem Platz sein, und was das Essen anging, da musste jedes Detail bedacht werden. Es war, als ob irgendwelche Majestäten ins Haus stünden. Was für ein Krampf!«

Gary betrachtete das Foto seiner Eltern. »Vater hat mir immer Leid getan, eben weil Mutter so absolut unerbittlich war. Sie sind so verschieden. Mein Vater mag Menschen. Dass sein Geschäft immer so gut gegangen ist, lag auch daran, dass die Leute gern zu ihm hereinkamen und ein bisschen mit ihm schwatzten. Er war zwar ein zu guter Geschäftsmann, um seine Sachen herzuschenken, aber mit seiner Zeit war er wirklich großzügig. Ich sehe ihn noch, wie er einmal geschlagene fünfzehn Minuten opferte – für einen alten Kunden, der nichts anderes wollte als einen Lichtschalter.«

»Da sind Sie Ihrem Vater aber doch sehr ähnlich«, sagte ich im Gedanken daran, wie eifrig Gary versucht hatte, einen Termin für unser Treffen zu finden.

»Danke! Heute weiß ich, dass Vater auch seinen Anteil an den ehelichen Schwierigkeiten hatte, aber damals, als ich noch zuhause lebte, habe ich mich im Stillen auf seine Seite geschlagen. Tatsächlich gab es Zeiten, da hätte ich gewünscht, er würde sie verlassen. Natürlich hatte ich keine Vorstellung davon, was das real für uns oder für die Eltern bedeutet hätte. Ich sollte Ihnen wohl auch sagen, dass uns Kindern nie der Gedanke gekommen ist, sie würden vielleicht nur unseretwegen zusammenbleiben. Das ist so ein Erwachsenendenken, wie es uns erst später kam.«

»Könnten Sie mir noch etwas mehr darüber sagen, wie es für die Kinder in solchen Familien ist, in denen die Eltern zwar ihre Schwierigkeiten miteinander haben, aber dann eben doch zusammenbleiben? Das ist genau die Information, die sich die Leute dringend wünschen und die wir noch nicht haben.«

Gary schluckte hart. »Es ist nicht leicht, in der Zeit zurückzugehen«, sagte er und schüttelte den Kopf.

»Soll ich meine Frage zurückziehen?« Ich war etwas gespalten – einerseits wollte ich ihn nicht unter Druck setzen, andererseits war mir sehr an seiner Antwort gelegen.

Er lächelte mir zu. »Danke. Ich weiß Ihr Angebot zu schätzen. Aber ich werde es versuchen.« Wie sich zeigte, war er mehr als freimütig. Er öffnete die Tür weit und ließ mich eintreten.

»Mutter war immer wegen irgendeiner Sache an ihm dran. Sie war sehr kritisch, gerade was seine besten Eigenschaften anging. Er liebte es, mit Freunden zusammen essen zu gehen, und hatte auch gern Gäste an seinem eigenen Tisch. Sie machte sich Sorgen ums Geld und darum, wer dann auf die Kinder aufpassen würde. Wenn tatsächlich Leute eingeladen waren, verspannte sie sich so sehr, dass sie oft eine Migräne hatte, wenn die Gäste schließlich vor der Tür standen. Es würde mich wundern, wenn sie ein gutes Liebesleben gehabt hätten.« Gary machte eine Pause und dachte nach. »Lassen Sie mich das noch mal anders sagen. Ich möchte fast wetten, dass sie sehr wenig Sex hatten, wenn überhaupt. Ich erinnere mich – da war ich noch klein –, dass Vater ihr einen Kuss geben wollte, wenn er abends nach Hause kam, aber sie war immer sehr beschäftigt mit dem Essenauftragen und hielt sich nicht weiter mit seiner Begrüßung auf. Nach einer Weile versuchte er es dann nicht mehr.«

»Gab es Auseinandersetzungen oder Streit zwischen Ihren Eltern?« Ich versuchte, mir die Innenseite dieser Ehe vorzustellen, wie Gary sie erlebt hatte.

»Nein, so richtig gestritten haben sie nicht oft. Oder wir haben nicht viel davon gesehen. Sie waren ziemlich zurückhaltend mit dem, was sie vor uns Kindern taten oder sagten.«

»Und wie hat diese Zurückhaltung auf Sie und Ihre Geschwister gewirkt?«

»Ja, da war so eine Spannung, die man mit dem Messer hätte zerschneiden können«, antwortete Gary. »Als die Dinge zwischen ihnen sich verschlechterten, gab es weniger Worte und dafür mehr und mehr Spannungen. Meine Geschwister und ich hielten uns so viel wie möglich außerhalb des Hauses auf.« Wieder fiel mir auf, dass es in Garys Familie sehr ähnlich zugegangen war wie in Familien – etwa derjenigen von Karen –, in denen die Eltern irgendwann beschlossen hatten, sich scheiden zu lassen.

»Ziemlich schlimm wurde es, als ich so zwölf oder dreizehn war«, sagte Gary. »Das war damals, als ich mich fragte, ob Vater vielleicht doch gehen würde. Mutter war ihm gegenüber immer sehr besitzergreifend gewesen – sie passte immer auf, wo er gerade war und womit er seine Zeit verbrachte. Aber dann wurde sie so richtig eifersüchtig. Sie gab sich regelrecht Mühe, alles, was er tat, in einem möglichst schlechten Licht darzustellen. Und anschließend machte sie ihm Vorwürfe.«

Auf meine Bitte, mir einen solchen Fall zu schildern, erzählte Gary ausführlich von einer Geburtstagsfeier, an der die ganze Familie teilgenommen hatte. Auf der Heimfahrt warf die Mutter dem Vater vor, er habe mit anderen Frauen geflirtet, er habe nichts anderes im Sinn als sich zu amüsieren und sich bei allen Leuten beliebt zu machen. Das Auto war kaum vor dem Haus zum Stehen gekommen, als sie hastig ausstieg und gleich in ihr Schlafzimmer rannte. Der Vater ließ die Kinder aussteigen und sagte ihnen, sie sollten schlafen gehen. Dann setzte er sich wieder ins Auto, fuhr weg und kam erst am nächsten Morgen wieder nach Hause. Die Eltern sprachen tagelang kein Wort miteinander.

»War das das einzige Mal, dass so etwas passierte?« fragte ich.

»Nein, solche Dinge passierten immer wieder, aber es war das einzige Mal, dass Mutter vor unseren Augen wirklich die Beherrschung verlor. Aber nach diesem Vorfall bemerkte ich allmählich mehr Dinge als zuvor, und es passierte häufig, dass Vater spät nach Hause kam oder von Kunden sprach, vor allem weiblichen Kunden, und dann konnte ich sehen, wie Mutter sich verspannte. Später hörte ich sie auch streiten, und manchmal war Vater morgens nicht da, und Mutter hatte Kopfschmerzen und blieb in ihrem Schlafzimmer. Einmal fragte ich sie, warum sie weinte, und sie sagte etwas von Kopfschmerzen und dass sie noch nicht gefrühstückt habe. Damals fing ich an, ihr an den Wochenenden ihren Tee ans Bett zu bringen. Ich verstand zwar nicht, warum sie so wütend auf Vater war und so misstrauisch, aber ich konnte es auch nicht ertragen, sie so unglücklich zu sehen.«

Kinder ertragen es nicht, ihre Eltern weinen zu sehen. Wenn es in der Ehe der Eltern kriselt, wollen sie den unglücklichen Partner unbedingt retten, auch wenn sie sich die Schwierigkeiten der Erwachsenen nicht erklären können. Gary konnte keinen Zusammenhang zwischen den Kopfschmerzen seiner Mutter und ihrem Unglück bzw. ihrer Depression herstellen. Dass sie versuchte, ihren Zustand damit zu erklären, dass sie »ihren Tee noch nicht gehabt hatte«, verwirrte ihn, aber immerhin konnte er auf diese Weise etwas für sie tun. Interessant an dieser Geschichte ist Garys präzise Erinnerung. Ob er die Gefühle der erwachsenen Person verstand, ist in unserem Zusammenhang nicht wichtig. Aber alles, was er sah, senkte sich unauslöschlich in sein Gedächtnis und gerann hier zum Muster seiner Vorstellung vom Familienleben.

»Ja, jetzt sehe ich, was Sie mit der Innenversion der Familie meinen. Glauben Sie, dass es irgendeinen realen Grund für das Misstrauen Ihrer Mutter gab?«

Gary nickte, so als hätte er diese Frage erwartet. »Eines Morgens – ich wusste, dass Vater am Abend zuvor nicht nach Hause gekommen war – fühlte ich mich so richtig niedergeschlagen. Ich hatte wohl wirklich Sorge, er würde nicht wiederkommen. Mutter sah ganz verweint aus und sagte beim Frühstück kein Wort. Ich holte mein Fahrrad, um in die Schule zu fahren, aber irgendwie konnte ich mir das heute nicht vorstellen. Stattdessen fuhr ich zu Vaters Ladengeschäft. Eigentlich wollte ich nur einen Blick hineinwerfen, um zu sehen, ob er da war. Er sah mich von drinnen und dachte wohl, irgendetwas wäre nicht in Ordnung, denn er ließ seinen Kunden einfach stehen und kam zu mir heraus. Ich weiß noch, dass er müde aussah, aber auch irgendwie alarmiert. Er fragte mich, was los sei, und sah erleichtert aus, als ich sagte, es sei nichts. Wir gingen dann in sein Büro und redeten. Er sagte, er wisse nicht, warum Mutter so wütend und so misstrauisch sei, aber manchmal müsse er einfach gehen, weil ihm das so zusetze und ihn so zornig mache. Er zeigte auf das alte Ledersofa in seinem Büro und sagte, das sei sein Schlafplatz, wenn er es zu Hause nicht mehr aushalten könne. Das war der Augenblick, als ich ihn fragte, ob sie sich vielleicht scheiden lassen wollten. Und diese Episode wird mir immer im Gedächtnis bleiben. Er machte ein Gesicht, als wollte er gleich losheulen, und dann legte er die Arme um mich und drückte mich heftig. 'Ich will dir etwas sagen, Junge. Eine Ehe ist wie eine Achterbahn. Sie hat wirkliche Höhen und wirkliche Tiefen. Die Tiefen sind schlimmer als ich dachte, und die Höhen sind besser als ich dachte. Das gute Bild sieht so aus, dass ich deine Mutter liebe und dass ihr Kinder das Glück unserer Ehe seid. Das augenblickliche Bild sieht so aus, dass deine Mutter und ich an einem Tiefpunkt sind, aber wir werden da auch wieder herausfinden. Ich weiß es, denn wir lieben euch Kinder doch sehr. Unsere Ehe ist anstrengend gewesen, aber es war doch eine gute Fahrt, und ich mache sie bis zum Ende mit.'«

Gary schluckte schwer in Erinnerung an die Worte seines Vaters und konnte die Tränen gerade noch zurückhalten. Wir lächelten einander an.

»Ihr Vater hat Ihnen ein großes Geschenk gemacht. Sehr wenige Väter reden so mit ihren jungen Söhnen.«

Er nickte schweigend, unfähig zu sprechen. Schließlich sagte er: »Das war eines der wichtigsten Gespräche meines ganzen Lebens.«

Wenn die Ehe unglücklich ist – was sollten die Eltern tun?

Das Gespräch, das Gary mir in so anrührender Ausführlichkeit schilderte, ist eines der kostbarsten Geschenke, die ein Vater seinem Kind machen kann. Es verdient näher betrachtet zu werden, weil es so absolut richtig war und weil man von diesem bemerkenswert ehrlichen, liebevollen und offensichtlich unglücklichen Mann so viel lernen kann. Der oberste Grundsatz, den Eltern beachten müssen, lautet, dass sie die Beunruhigung ihres Kindes ernst nehmen und dass sie ihm gegenüber einräumen müssen, dass seine Beobachtungen zutreffen. »Ja, wir haben Probleme miteinander, und ich bin froh, dass du das zur Sprache bringst« – das wäre die beste Antwort. Die Versuchung ist immerhin gegeben, die Sorgen des Kindes beiseitezufegen, ihm zu sagen, dass man zu tun hat, die Dinge aufzuschieben oder – das Schlimmste überhaupt – zu bestreiten, dass hier etwas nicht in Ordnung ist. Alle diese Reaktionen wären aber ganz falsch und könnten schlimme Folgen für das Kind haben. Den meisten Kindern wird früher oder später bewusst, dass der Vater/ die Mutter sich damit als feige oder unehrlich oder beides erwiesen hat. Sie ziehen daraus die Lehre, dass sie mit einer klaren Antwort oder etwa mit der Unterstützung durch diese Elternperson nicht rechnen können. Wenn die zutreffende

Erkenntnis des Kindes, dass es Spannungen zwischen den Eltern gibt, einfach beiseite geschoben wird, dann wird das seine Verwirrung und sein Unglück nur noch vergrößern, und es wird erst recht enttäuscht sein, weil es in dieser Person – sei es der Vater, sei es die Mutter – gerne jemanden gesehen hätte, an den es sich in der Not wenden könnte.

Was genauso gravierend ist: Elternperson und Kind haben damit eine Gelegenheit verpasst, einander auf der gefühls- wie auf der verstandesmäßigen Ebene zu begegnen – eine Gelegenheit, die sich vielleicht kein zweites Mal mehr bietet. Wenn ein Kind erkennen lässt, dass es sich Gedanken oder Sorgen um die Ehe seiner Eltern macht, dann gebührt ihm die Priorität, und alle anderen Anliegen des Tages müssen zurückstehen. In diesem Augenblick ist das Kind ganz und gar offen für das, was die Eltern ihm zu sagen haben, und eine solche Chance haben sie möglicherweise nie wieder. Das Gespräch, das sich daraus entwickelt, kann, wenn es klug und respektvoll geführt wird, zu einem der wichtigsten Gespräche im Leben sowohl der erwachsenen Person als auch des Kindes werden. Eltern müssen dabei ehrlich sein, und ihre Rede muss ihnen von Herzen kommen. Dies ist der Augenblick – ihr Augenblick –, um dem Kind die moralischen Grundsätze nahe zu bringen, an die sie glauben, nicht abstrakt oder in einer erkünstelten Sprache, sondern so einfach und verständlich wie möglich. Sie sollten sagen, was ihnen wichtig ist, und dem Kind zeigen, dass sie in Übereinstimmung mit diesen Grundsätzen handeln. Zunächst müssen sie dem Kind ehrlich sagen, dass seine Beobachtungen zutreffen, dass sie beide in der Tat Schwierigkeiten miteinander haben, dass diese Situation sie beide beunruhigt und bekümmert und dass sie ihre Aufmerksamkeit beide voll und ganz auf diese Dinge richten. Sie müssen dem Kind erklären, dass eine Ehe wie alle menschlichen Beziehungen ihre guten und ihre schwierigen Zeiten hat, dass Lachen ebenso dazugehört wie Tränen. Sie sollten in aller Klarheit sagen (vorausgesetzt, es trifft zu, und das tut es in den meisten Fällen), dass Kinder zu den Freuden der Ehe gehören. Und sie können dem Kind sagen, dass, was immer die Negativpunkte in diesem Augenblick sind, die Bilanz zählt. Beide hoffen darauf und rechnen damit, dass sie da hindurchkommen. Das war das Fazit der bedeutsamen und unvergessenen Botschaft, die Garys Vater seinem Sohn zukommen ließ.

Gute Eltern – nota bene – werden einander in diesem Zusammenhang nicht wechselseitig kritisieren. Ganz im Gegenteil: Sie werden sich ganz besondere Mühe geben, das Kind vor dem Eindruck zu bewahren, dass es sich etwa auf eine der beiden Seiten schlagen müsste oder dass es überhaupt »Seiten« gäbe. Gute Eltern sagen bei diesem Gespräch auch nicht, dass sie zum Schutz des Kindes zusammenbleiben. Märtyrertum dieser Art ist kein Geschenk. Sie würden ihrem Kind damit eine schmerzliche und schwere Last aufbürden. Stellen Sie sich vor, Sie müssten sich dafür verantwortlich fühlen, dass Ihre Eltern jahrelang unglücklich miteinander waren, nur weil Sie zur Welt gekommen sind!

Nebenbei sollte ich hier erwähnen, dass die Empfehlung »Keine Kritik«, wie sie Eltern nach der Scheidung gegeben wird – also etwa: Wenn Sie Streit im Beisein der Kinder vermeiden, dann bleibt den Kindern ein weitergehender Schaden erspart –, zwar ein guter, aber zugleich auch ein ergänzungsbedürftiger Ratschlag ist. Mit Sicherheit kann diese Empfehlung dazu beitragen, dass Kinder nicht mitansehen müssen, dass ihre Eltern sich wie Marionetten in einer Punch and Judy-Inszenierung aufführen. Aber Auseinandersetzungen und Parteinahme nach einer Scheidung haben eine gänzlich andere Qualität als Auseinandersetzungen und Parteinahme in einer noch bestehenden Ehe. Nach der Scheidung sind offene Meinungsverschiedenheiten normal, und man rechnet damit. Die Ehe ist beendet, und vermutlich wurde sie ja eben deshalb geschieden, weil zwischen den Partnern schwerwiegende Differenzen bestanden. Sie müssen versuchen, irgendwie zurechtzukommen, aber Spannungen sind dabei unvermeidlich, und das Kind hat ein Recht darauf zu erfahren, warum seine Eltern sich haben scheiden lassen. In einer intakten Ehe sind Meinungsverschiedenheiten ebenfalls normal, aber die Struktur der Ehe selbst hält sie aus und macht sie ungefährlich. Die Auseinandersetzungen der Partner haben einen Anfang, eine Mitte und ein Ende – weil das Ziel ja lautet, die Ehe zu bewahren. Es ist ein entscheidend wichtiger Teil der Erziehung, dass das Kind aus erster Hand lernt, wie sich Auseinandersetzungen beilegen lassen, ohne dass die Integrität der Familie in Gefahr gerät.

Mit seiner Ehrlichkeit gegenüber seinem Sohn präsentiert Garys Vater das Bild eines sehr integren Menschen, der sich in einer unglücklichen Beziehung abgemüht und den Entschluss gefasst hat, in dieser Ehe auszuhalten, weil er einen Rest von Liebe für seine Frau empfindet und an seinen Kindern hängt. Er vermittelt ein Weltverständnis, in dem Ehrlichkeit, Geduld, Liebe, Loyalität und die Arbeit an den Problemen des Lebens wie Leuchtzeichen sichtbar werden. Gary hat doppeltes Glück: Ihm wird ein ehrliches Bild einer Ehe vorgehalten, die sich in der Krise befindet, in der sich insgesamt aber Freuden und Leiden miteinander mischen. Und er hat das Vorbild eines Vaters, der es auf sich nimmt, seine Kinder und seine Frau ungeachtet der schweren Enttäuschungen, die er hinnehmen musste, vor Schaden zu bewahren. Das ist mutig. Die Probleme werden nicht geleugnet, die wiederkehrenden Krisen nicht bemäntelt. Die Ehrlichkeit, mit der dieser Vater sich seinem jungen Sohn gegenüber äußert, ist unvergesslich.

Wenn einer der Eltern – oder gelegentlich auch beide – der Erwachsenenrolle nicht länger gerecht werden kann und sich von seiner Verantwortung, das Kind vor Schaden zu bewahren, sozusagen verabschiedet, dann ist das Kind in mehr als einer Hinsicht ernsthaft gefährdet. Das kann in intakt gebliebenen ebenso wie in geschiedenen Familien der Fall sein. Das Klima in vielen intakt gebliebenen Ehen unterscheidet sich in nichts vom Klima in vielen kaputten Nachscheidungsfamilien, die ich kennen gelernt habe – einer der Erwachsenen zieht die Kinder in eine Allianz gegen den anderen hinein. In den Scheidungsfamilien, in denen dies geschieht, werden die Kinder in der Regel hellhörig für die Ungerechtigkeit der damit verbundenen Beschuldigungen und wenden sich gegen den Beschuldiger. Grundlose Beschuldigungen korrigieren sich sozusagen aus sich selbst heraus, während das Kind heranwächst. Die größte Gefahr besteht darin, dass den Kindern kein moralischer Kompass an die Hand gegeben wird, mit dessen Hilfe sie durch die Probleme in ihren eigenen Ehen hindurchsteuern könnten. Sie werden ernsthaft fehlgeleitet, was die Natur der Beziehungen zwischen Mann und Frau und die Verantwortung der Eltern für ihre Kinder angeht. Wir kennen diese Situation aus Nachscheidungsfamilien, sie ist aber auch in intakt gebliebenen Familien häufig anzutreffen. Ich bin ihr im Rahmen meiner klinischen Tätigkeit sehr oft begegnet. Wann immer Spannungen entstehen, ist der Drang, einen Sündenbock zu finden, sehr stark.

Wenn die Scheidung beschlossen ist – wie sagen wir's den Kindern?

Hier wollen wir eine kritische Frage stellen. Nehmen wir an, Sie haben beschlossen, Ihrer Ehe ein Ende zu machen. Wenn Sie Garys Vater als gutes Rollenvorbild nehmen, als einen Vater, der es versteht, mit seinen Kindern auch über sehr schmerzliche Themen zu sprechen

– wie sollten Sie sich dann Ihrerseits verhalten? Auch hier gibt es ganz klar Dinge, die man tun, und Dinge, die man nicht tun sollte, aber die entsprechenden Regeln werden nur selten befolgt, weil die Eltern nichts davon wissen, bloß herumzetern oder zu diesem für sie kritischen Zeitpunkt von den Anforderungen des Lebens überrollt werden. In der Regel sind sie in einer für sie unerträglich gewordenen Ehe an einem Punkt angekommen, von dem kein Weg mehr zurück führt. Es sieht nicht so aus, als ob die Situation sich jemals wieder bessern würde. Dabei unterscheiden sich die einzelnen Fälle voneinander. Eine Scheidung, bei der Mann und Frau noch jung sind, ist etwas anderes als eine Scheidung, nachdem das Paar ein halbes Leben oder sogar die gesamte Lebenszeit miteinander verbracht hat. Aber hinter den meisten Scheidungen steht ein Traum, der zerstoben ist, weil ein oder beide Partner zutiefst enttäuscht sind, in ihrer Beziehung zueinander leiden und nicht mehr auf eine bessere Zukunft hoffen. Paare mit Kindern tun diesen Schritt zumeist zögernd; viele tun ihn erst, nachdem sie schwere Konflikte mit sich selbst ausgetragen haben. Es ist eine erschreckende Entscheidung, denn wenn der Rubikon einmal überschritten ist, dann führt kein Weg zurück.

Aber so sehr geschiedene Paare auch wünschen mögen, als Eltern reinen Tisch zu machen – sie können es nicht. Die Kinder sind ein bleibendes Vermächtnis ihrer Ehe, und die Verantwortung für sie ist jetzt allenfalls größer als zuvor. Die Kinder haben ein Recht darauf zu erfahren, warum ihre Eltern sich zur Scheidung entschlossen haben und welche Veränderungen dieser Schritt ins Rollen bringen wird. Dieses Wissen ist es, das sie in den Jahren des Heranwachsens mit sich führen werden, in denen sie immer wieder über jede Nuance aller Ihrer Botschaften nachdenken. Scheidungskinder nehmen in jedem Entwicklungsstadium eine neue Bewertung der elterlichen Scheidung vor und wiederholen sie in Gedanken, wenn sie erwachsen sind, selbst Kinder haben und sich mit ihren eigenen Krisen abplagen. Ein Gespräch, das gut geführt wird und die Dinge auslotet, wird Ihr Kind vor Schaden bewahren, so wie Garys Vater seinen Sohn durch sein Gespräch mit ihm vor Schaden bewahrte. Wenn das Gespräch dagegen ungeschickt geführt wird oder überhaupt nicht zustande kommt, dann muss das Kind alles von sich aus in Erfahrung bringen, und wenn es sich mit einem Problem, das sein Verständnis übersteigt, im Dunkeln gelassen sieht, dann wird das seine Angst ganz erheblich vergrößern.

Ich habe viele Jahre lang mit Scheidungsfamilien gearbeitet und muss leider feststellen, dass nur wenige Eltern solche Gespräche mit ihren Kindern führen. Die meisten Kinder hören von ihren Eltern so gut wie nichts über deren Nöte und nichts über die Gründe, die hinter ihrer Scheidungsabsicht stehen – kein Wort über die inneren Kämpfe, kein Wort darüber, dass sie gezögert haben, dass es ihnen Leid tut, dass sie es aber einfach nicht mehr aushalten können. Es ist, als ob die Scheidung aus dem heiteren Himmel käme. Niemand sagt ein Wort. Das bedeutet, dass das Kind, insbesondere das noch sehr kleine Kind, häufig in der allerschmerzlichsten Weise von der Scheidung erfährt – etwa wenn es eines Morgens aufwacht und entdeckt, dass der Vater mit allen seinen Siebensachen ganz einfach verschwunden ist.

Die Dinge müssen sich nicht notwendig so abspielen, aber wenn Eltern, die sich scheiden lassen, ihren Kindern helfen wollen, dann brauchen sie Zeit und müssen gut überlegen. Nehmen wir einmal an, dass Sie es sind, die sich scheiden lassen wollen. Was sollten Sie tun? Sagen Sie den Kindern als Erstes, dass Sie beschlossen haben, sich zu trennen, was das bedeutet und wann es geschehen wird. Wählen Sie einfache Worte, sprechen Sie langsam, und denken Sie daran, dass die Kinder sich lebenslang merken werden, was Sie ihnen sagen. Sie werden sich auch an das erinnern, was Sie nicht gesagt haben. Wählen Sie eine ruhige Stunde, wenn Sie und die Kinder wirklich Zeit haben, wenn also nicht gerade Hausaufgaben gemacht werden müssten oder Sie am nächsten Morgen frühzeitig zu einer Geschäftsreise aufbrechen müssen. Schalten Sie den Fernseher und den PC aus, und machen Sie deutlich, dass Sie heute zu Hause bleiben werden und für den Rest des Tages und des Abends ansprechbar sind. Sagen Sie den Kindern, warum das alles geschieht, und wie leid es Ihnen beiden für die Kinder und auch für Sie selbst tut. Erklären Sie, dass Sie einander liebten, als Sie heirateten, und dass Sie hofften, fürs Leben zusammenzubleiben. Geben Sie sich ganz besondere Mühe, sprechen Sie über den Traum, den Sie hatten, als Sie heirateten, und sagen Sie, wie glücklich Sie waren, als die Kinder geboren wurden. Warum das? Weil Sie möchten, dass die Kinder spüren, dass sie in eine liebevolle Familie hineingeboren wurden und dass sie Wunschkinder waren. Sie wollen ja einem Eindruck entgegentreten, der Ihren Kindern irgendwann zu schaffen machen könnte – dem Eindruck, dass sie schon »in Ärger« geboren wurden und dass sie Überbleibsel einer Ehe sind, die niemand wollte. Sprechen Sie das Selbstwertgefühl der Kinder an und denken Sie daran, dass Sie von der Beziehung zwischen einem Mann und einer Frau sprechen, die das Leben dieser Kinder prägen wird. Sagen Sie ihnen ehrlich, wie ungern Sie das alles hinter sich lassen und wie sehr Sie sich bemüht haben. Wenn Sie sich um Hilfe an einen Therapeuten, einen Geistlichen oder einen Rabbi gewandt haben, dann sagen Sie das. Machen Sie einander nicht gegenseitig schlecht oder zum Sündenbock. Da Sie und Ihr Partner nun einmal nicht mehr miteinander zurechtkommen und die Dinge zwischen Ihnen beiden nur schlimmer werden können, sagen Sie, dass Sie Ihren Entschluss im Interesse aller Beteiligten getroffen haben. Sie wollen nicht, dass Ihre Kinder mit einer falschen Vorstellung davon heranwachsen, was eine Ehe ist. Sie wollen nicht mit einer Lüge leben und Ihren Kindern nicht weismachen, dass Ihre nichtfunktionierende Ehe das Beste sei, was diese Institution überhaupt zu bieten hat. Das ist nicht wahr.

Fragen Sie die Kinder dann, was sie von Scheidungen wissen. Fragen Sie nach den Erfahrungen der Freunde Ihrer Kinder. Lassen Sie sie reden. Lassen Sie sie von ihren Befürchtungen sprechen, Sie zu verlieren, von ihren seltsamen Ideen, dass man sie vielleicht in eine Pflegefamilie geben wird, von Kindern, die nicht das Geld haben, um ein Studium aufzunehmen. Vielleicht haben Ihre Kinder schon eine Menge falscher Informationen gesammelt, die Sie behutsam korrigieren können. Manche Kinder werden wie erstarrt sein und gar nichts sagen. Helfen Sie ihnen auszusprechen, wovor sie sich fürchten oder worüber sie erleichtert sind. Schließlich kennen Sie sie ja gut. Denken Sie daran – ob die Kinder reden oder nicht, jedes Kind wird die Dinge im Geist rasch weiterspinnen. Alle werden bekümmert und besorgt sein, die einen in einem realistischen Umfang, die anderen übertrieben. Bedenken Sie, dass es in den Köpfen der Kinder keine Leerräume gibt. Selbst wenn ein Kind sagt: »Ich weiß nicht«, kann es irgendwelche Vorstellungen haben, die zu erschreckend sind, um ausgesprochen zu werden. Machen Sie sich auch klar, dass die Kinder mit aller Kraft versuchen werden, Sie zu schützen, dass die Kinder sich genau so um Sie sorgen wie Sie, die Eltern, sich um die Kinder sorgen, und dass sie Ihnen vielleicht bedenkenlos etwas vorlügen, was sie angeblich empfinden, wenn sie der Meinung sind, das könnte Sie trösten.

Sagen Sie dann, was Sie für Pläne haben, und fragen sie, was die Kinder dazu sagen und was sie etwa ihrerseits vorschlagen wollen. Halten Sie das Thema offen und behandeln Sie es sozusagen als einen Versuch. Sorgen Sie dafür, dass die Kinder über manche Dinge selbst entscheiden können. Der schlimmste Fall sieht so aus, dass sie sich wie unbelebte Objekte vorkommen, die einfach auf zwei Adressen verteilt werden. Dieses Gefühl, überhaupt nichts selbst bestimmen zu können, kann eine Mischung aus Zorn und Hilflosigkeit entstehen lassen, die sich langfristig auf die Initiative der Kinder in ihrem späteren Leben auswirkt. Sagen Sie ihnen ganz sachlich, dass Eltern, die sich scheiden lassen, ihre Kinder weiterhin lieben und sich weiterhin um sie kümmern werden, bis sie erwachsen sind. Sprechen Sie über erfreuliche Vorhaben und darüber, was Sie alle miteinander tun werden. Aber lassen Sie sich nicht zu irgendetwas hinreißen. Legen Sie gleich ein weiteres Zusammentreffen fest, bei dem die Zukunftspläne besprochen werden sollen, nachdem alle Beteiligten ja Gelegenheit hatten, über die Dinge nachzudenken; so können alle miteinander der Frage nachgehen, was überhaupt möglich ist.

Am allerwichtigsten ist, dass Sie Ihren Kindern sagen, dass die Scheidung für Sie beide sehr traurig ist und dass Ihnen alles sehr Leid tut. Machen Sie sich klar, dass dies einer der traurigsten Tage im Leben aller Scheidungskinder ist und dass nichts Sie davor bewahren wird, sich diesem Umstand zu stellen. Sagen Sie ehrlich, dass die Dinge sich eine Zeit lang sehr chaotisch anlassen werden, dass Sie aber versprechen, die Kinder über alles zu unterrichten. Schließen Sie das Gespräch mit der Versicherung, dass Sie alle ja ganz dringend darauf angewiesen sind, sich gegenseitig zu helfen. Sprechen Sie vom Mutfassen, sagen Sie, dass Sie alle versuchen müssen, jetzt nicht etwa aus dem Tritt zu geraten, dass es aber verständlich ist, wenn jemand weint oder wütend ist. Sie alle miteinander können ins Schleudern geraten, wichtig ist aber, dass man versucht, das Gleichgewicht zu halten.

Beim nächsten derartigen Gespräch sagen Sie den Kindern, was gerade im Gang ist und wann die Dinge abgeschlossen sein werden. Sprechen Sie über Zukunftspläne und darüber, wie Sie sie auf den Weg bringen wollen. Sagen Sie ihnen bei dieser Gelegenheit auch, dass manche Kinder in dieser Situation die Schuld an dem Geschehen bei sich suchen: Sie glauben, dass sie das Zerbrechen der elterlichen Ehe zu verantworten haben und dass Mama und Papa gut miteinander auskommen könnten, wenn sie, die Kinder, nicht existierten. Dazu ist zu sagen, dass die Probleme zwischen Ihnen beiden, den Eltern, bestehen, dass die Kinder nichts getan haben und sich deshalb auch nicht die Schuld zuschieben können. Versichern Sie den Kindern erneut, dass sie noch immer ein sehr guter Teil dieser Ehe sind. Sagen Sie ihnen auch ein weiteres Mal, was für Pläne Sie haben – sowohl für sich selbst als auch für die Kinder –, wo Sie und wo die Kinder leben werden, welche Veränderungen es im Tageslauf der Eltern und im »Stundenplan« der Kinder geben wird. Sprechen Sie unbedingt davon, dass es Ihnen wichtig ist, dass die Interessen der Kinder keine Unterbrechung oder Beeinträchtigung erfahren, dass sie weiter ihren sportlichen und außerschulischen Aktivitäten nachgehen und weiterhin mit ihren Freunden zusammen sein sollen. Seien Sie aber auch ehrlich, was Veränderungen und einen etwaigen Wohnungswechsel angeht. Legen Sie fest, wann Sie ihnen zeigen werden, wo wer von Ihnen in Zukunft leben wird, und planen Sie einen ersten gemeinsamen Besuch. Es liegt auf der Hand, dass man viel Zeit braucht, um in dieser Weise mit den Kindern zu sprechen. Vieles, was dabei gesagt wird, muss wiederholt werden, weil die Kinder beim ersten oder zweiten Mal nicht alles aufnehmen können. Und natürlich sollte man alle diese Mitteilungen, was die Art ihrer Präsentation, die Sprache und den Zeitpunkt angeht, dem Alter des Kindes und seinem Auffassungsvermögen anpassen.

Was werden Sie mit all dem erreichen? Sie werden, wie Garys Vater, ein Beispiel einer moralischen Haltung liefern, die allen Familienmitgliedern uneingeschränkte Aufmerksamkeit zuwendet. Wenn Sie und Ihr Partner zum Ausdruck bringen, dass Sie sehr traurig sind, werden die Kinder sich nicht genötigt fühlen, ihre Wut und ihr Erschrecken zu verbergen. Sie werden die Gewissheit mitnehmen, dass die Eltern auch in der Krise nicht einfach verschwinden, sondern so zuverlässig und ansprechbar sind wie zuvor, vielleicht sogar noch eher ansprechbar. Sie werden spüren, dass ihre Interessen und ihre Anliegen nicht in Vergessenheit geraten sind und dass Sie beide ihnen das Recht zugestehen, Sie, die Eltern, zu lieben, einen Zorn auf Sie, die Eltern, zu empfinden – und zu weinen.

Wird diese oder wird irgendeine Intervention den Folgen der Scheidung entgegenwirken oder den Umstand wettmachen, dass die Kinder jahrelang mit Eltern lebten, die eine unglückliche Ehe führten? Natürlich nicht. Aber sie wird viel dazu beitragen, die Ängste der Kinder, ihr Leid und ihre Einsamkeit in dieser kritischen Zeit zu verringern. Sie wird den Boden für eine neue Beziehung bereiten, in der die Eltern ihre Kinder wissen lassen, dass sie die Dinge in der Hand behalten, dass die Kinder weiterhin ihren Schutz genießen, dass sie, die Eltern, eine schwierige Entscheidung getroffen haben, zu der sie stehen, und dass niemand in dieser Familie das hilflose Opfer widriger Umstände oder des böswilligen Verhaltens eines der Ehepartner ist.

Sowohl Eltern, die sich entschließen, in einer konfliktbeladenen Ehe zusammenzubleiben, als auch Eltern, die übereinkommen, sich scheiden zu lassen, geben dem aufmerksamen Kind zu verstehen, welchen hohen Stellenwert sie der Ehe und der Familie beimessen. In beiden Konstellationen werden sie gezeigt haben, dass sie imstande sind, sich ehrlich und tapfer mit den Problemen des Lebens auseinander zu setzen, und sie werden dabei auch die mühsam gewonnene Erkenntnis weitergegeben haben, dass die Beziehungen der Menschen untereinander sowohl bitter als auch süß sein können. Am allerwichtigsten ist, dass sie dem Kind und damit dem zukünftigen Erwachsenen klargemacht haben, was Familie bedeutet. Wir alle brauchen Mut und den Willen, es immer wieder zu versuchen.

Sind alle Eltern, die sich scheiden lassen, dazu fähig? Natürlich nicht. Niemand weiß besser als ich, wie schwierig es für wütende, unglückliche und gequälte Eltern ist, diese pädagogische Aufgabe zu erfüllen. Dennoch bin ich immer wieder erstaunt zu sehen, was Eltern bereit sind zu tun, wenn sie davon überzeugt sind, dass es zum Besten ihrer Kinder ist. Ich zweifle nicht daran, dass viele Eltern ehrliche Gespräche mit ihren Kindern führen können, ob sie sich nun zur Trennung entschlossen haben oder in einer konfliktbeladenen Ehe ausharren wollen.

Bleiben oder Gehen

Ich blickte Gary an. »Wie ist das – glauben Sie, dass Ihre Eltern gut daran getan haben, zusammenzubleiben, oder hätten sie sich besser scheiden lassen? Was wäre dann für Sie anders gewesen?«

»Das ist eine ziemlich gewaltige Frage.«

»Sie meinen, Sie haben noch gar nicht darüber nachgedacht?«

»Oh doch, das habe ich. Für mich war es eindeutig besser, dass sie zusammengeblieben sind. Aber das liegt daran, dass sie prima Eltern waren. Meine Geschwister und ich hatten ein gutes Zuhause. Wir haben keinen Augenblick lang daran gezweifelt, dass sie uns liebten. Ich werde wohl nie erfahren, ob Vater wirklich untreu war. Meine Mutter war einsam und, wenn ich so zurückdenke, wahrscheinlich depressiv, aber sie war immer sehr interessiert an uns und unseren schulischen Erfolgen und sonstigen Unternehmungen. Es war völlig klar, dass wir mit erheblichem finanziellem Einsatz das College besuchen oder, falls wir uns dafür entscheiden sollten, sogar ein Graduiertenstudium absolvieren würden. Mit anderen Worten, wir lebten in Sicherheit. Aber wenn sie sich tatsächlich getrennt hätten, würde ich mit Ihnen wetten, dass mein Vater in Nullkommanichts wieder geheiratet hätte. Und vielleicht auch noch weitere Kinder gehabt hätte. Und dann hätten wir mit Sicherheit in die Röhre geguckt.«

»Nämlich?«

»Ich kann mir vorstellen, dass mein Vater, wenn er eine neue Frau und weitere Kinder gehabt hätte, für mich nicht mehr so präsent gewesen wäre. Ich bezweifle, dass meine Mutter nochmal geheiratet hätte, obwohl – wer weiß das schon? Vielleicht wäre sie mit einem anderen Typ glücklicher gewesen. Ja, das denke ich schon. Aber um Ihre Frage zu beantworten: Natürlich war es besser für uns Kinder, ein stabiles Zuhause und gute Eltern zu haben, auch wenn die beiden von manchen Wohltaten des Lebens nichts abbekommen haben. Ich weiß, das klingt selbstsüchtig.«

»Warum sagen Sie das?«

»Weil ich nicht weiß, wie unglücklich meine Eltern waren oder ob sie es bereuten. Schließlich gibt es im Leben außer Kindern noch eine Menge anderer Dinge. Ich hätte sie gerne beide glücklicher gesehen in ihrem Leben. Jetzt, da ich erwachsen bin, tun sie mir beide schrecklich leid.«

Gary trifft eine sehr wichtige Unterscheidung zwischen den konkurrierenden Interessen von Eltern und Kindern in unglücklichen Verbindungen. Wenn die Eltern zusammenbleiben oder beschließen, sich scheiden zu lassen – was gewinnen oder verlieren die Kinder, und was gewinnt oder verliert jeder der Partner? Das sind keine abstrakten Fragen. Die Antwort darauf fällt von Familie zu Familie in Reaktion auf eine Vielzahl von Umständen immer wieder anders aus. Wenn es mit Erziehung und Versorgung der Kinder hapert, wenn der Haushalt verkommt und die Ehe hoffnungslos unglücklich ist, dann scheint es für niemanden besonders vorteilhaft zu sein, den Status quo zu erhalten. Den Kindern ist in diesem Fall nur geholfen, wenn einer der Eltern irgendwann die Scheidung zum Anlass nimmt, noch einmal neu anzufangen, nämlich ein gutes Zuhause zu schaffen und ihnen das Rollenvorbild dessen zu liefern, der mutig daran geht, ein besseres Leben zu leben. Wenn die Eltern aber, wie in Garys Fall, gute Eltern waren, dann werden die Kinder durch die Scheidung mit Sicherheit unendlich viel verlieren. Sie kommen eindeutig besser weg, wenn die Eltern in ihrer unglücklichen Ehe ausharren und beide lernen, mit ihrer Enttäuschung fertigzuwerden: Im Idealfall finden sie einen Weg, um ihre Beziehung so weit zu kitten, dass sie ihren elterlichen Aufgaben weiterhin gut nachkommen können. Wenn die Kinder wählen könnten, würden sie fast alle für die Aufrechterhaltung der elterlichen Ehe stimmen.

Was gewinnen oder verlieren die Eltern im einen und im anderen Fall? Es leuchtet ein, dass Außenstehende ihnen in keinem Fall sagen können, was sie tun sollen. Es geht um eine der bedeutsamsten Entscheidungen, die ein Mensch überhaupt treffen kann. Niemand hat das Recht, einer unglücklichen Frau zu sagen, sie solle auf Liebe und sexuelle Erfüllung verzichten, weil ihre Mutterschaft schließlich wichtiger sei, so wie niemand von einem Mann, dessen Frau ihn erniedrigt und ihm das Herz bricht, verlangen kann, dass er bleibt, weil seine Kinder ihn in ihrem täglichen Leben brauchen. Aber wir können Männern und Frauen sagen, wie anstrengend es ist, ihren elterlichen Aufgaben in der Nachscheidungsfamilie nachzukommen. Wir können belegen, dass die Jahre nach der Scheidung für die meisten

Eltern sehr viel schwieriger sind als sie je vermutet haben. Eine neue Ehe, in die Kinder mitgebracht werden, birgt Vorteile, aber auch ungeahnte neue Probleme. Und das Wichtigste: Wir können den Akteuren sagen, dass ihre elterlichen Aufgaben in der Nachscheidungsfamilie sehr viel mehr Zeit, Energie und Engagement kosten und dass sie sich darauf einstellen sollten, dass diese Aufgaben parallel zur Wiederherstellung ihres eigenen Lebens wahrgenommen werden müssen.

Die wichtigste Lektion, die Gary und andere »Kinder« aus konfliktbelasteten, aber intakt gebliebenen Ehen uns vermitteln, lautet, dass die Kinder sich sicher fühlen und vergleichsweise zufrieden sind, wenn die Eltern es schaffen, ihnen weiterhin gute Eltern zu sein, also eine gute Erziehung und Versorgung zu bieten. Diese Erkenntnis ist von unmittelbarem Belang für Paare, die über eine Scheidung nachdenken: Machen Ihre Kinder sich gut, obwohl Sie in dieser Ehe nicht glücklich sind?

5.
Wenn niemand da ist, der ein Beispiel geben könnte …

Mit der Zeit erreichte ich immer mehr von den einstigen kindlichen Teilnehmern an meiner Studie und fand auch Gelegenheit, mit ihnen zu sprechen. Parallel dazu gingen meine Gedanken immer wieder zurück zu Karen. Schließlich hatte sie mit ihrem Besuch so kurz vor ihrer Hochzeit das ganze Projekt in Gang gebracht. Als ich dann die Einladung erhielt, im Herbst 1998 die Jahrestagung eines bundesweit bekannten Kinderzentrums in Chapel Hill im Staat North Carolina zu eröffnen, nahm ich die Chance wahr. Das würde mir eine wunderbare Gelegenheit verschaffen, bei Karen hereinzusehen, die sich mit ihrem Ehemann dort angesiedelt hatte. Ihre Weihnachtskarten hatten mich auf dem Laufenden gehalten. Hochzeit und Flitterwochen waren fabelhaft gewesen. Sechs Monate nach der Hochzeit sandte sie mir eine etwas kryptische Nachricht – »Liebe Judy, so weit, so gut! Herzliche Grüße, Karen«. Zunächst rätselte ich an diesem Text herum, aber dann fiel mir ein, dass er sehr typisch für Karen war, die ja nicht so ohne weiteres davon ausging, dass gute Entwicklungen von Dauer sein würden. In ihrem Beruf lief es gut, ihr Mann, Gavin, war inzwischen befördert worden, und sie hatten ein Haus gekauft. Im Jahr darauf schrieb sie mir, dass sie schwanger war. Und auf ihrer letzten Karte mit dem Foto ihrer kleinen Tochter Maya, die jetzt etwa zwei Jahre alt sein musste, hatte Karen mitgeteilt, dass sie inzwischen nicht mehr ganztags arbeitete und dass ihr die Umstellung nicht leicht gefallen war.

Auf der Fahrt zu Karen gingen mir Fragen durch den Kopf, wie man sie nur stellen kann, wenn man ein Vierteljahrhundert lang beobachtet hat, wie dieses Leben sich entfaltete. Was passiert, wenn ein solches Versorgerkind als Erwachsene eine gelungene Beziehung aufbaut? Gibt es da Überreste ihrer frühen Erfahrungen? Kann sie sich jemals wirklich aus dieser Rolle befreien? Haben Karens alte Ängste, hintergangen zu werden, sich irgendwie auf ihre Ehe ausgewirkt? Hat sie gelernt, weniger ernsthaft zu sein, die Dinge leichter zu nehmen, oder ist diese Ernsthaftigkeit ein Wesenszug, der ihr geblieben ist? Vor allem interessierte es mich, Karen als Mutter zu erleben. Um die Wahrheit zu sagen, ich war überrascht über ihren Entschluss, so bald nach der Heirat ein Kind zu haben. Schließlich hatte sie so viele Jahre ihres Lebens damit verbracht, die Kinder ihrer Mutter großzuziehen. Sie hätte auch sagen können: »Kenne ich alles schon, habe ich alles schon gemacht.«

Als ich mit meinem Mietwagen in die Auffahrt einbog, lief Karen, ein kleines Mädchen mit aschblonden Haaren auf dem Arm, mir schon entgegen. Sie trug Jeans und einen weiten grünen Pullover und sah anders aus als früher – irgendwie gefestigter, ein klein wenig voller und dabei immer noch fabelhaft. Wir begrüßten uns, und Karen beschrieb mit dem freien Arm einen großen Bogen: »Sehen Sie sich all das an. Können Sie es überhaupt glauben?« »All das« war ein flach hingelagertes Haus im ländlichen Stil mit drei Schlafzimmern, einem großen Vorplatz mit Schatten spendenden Bäumen, einer Hollywoodschaukel, einer Doppelgarage, in der Fahrräder, Campingzubehör und andere Gerätschaften einer Familie untergebracht waren, die sich offensichtlich gern im Freien umtat, sowie einem auffallend schönen Garten.

Ich brachte meine Bewunderung für die Blumenpracht zum Ausdruck, und Karen lächelte. »Das ist die eine Sache, von der ich froh bin, dass ich sie von meiner Mutter geerbt habe. Sie hat mir den grünen Daumen vermacht.« Später, nachdem sie Maya hingelegt hatte, die schläfrig geworden war, sagte Karen: »Wissen Sie, ich hoffe – nein, tatsächlich bete ich jeden Tag, dass das die einzige Ähnlichkeit mit meiner Mutter ist. In all den Jahren damals habe ich mir immer gesagt: 'Ich will nicht wie meine Mutter aussehen, ich will nicht wie meine Mutter denken, ich will nicht so wütend sein wie meine Mutter.'« Sie lächelte. »Wahrscheinlich könnte man sagen, das gilt für meinen Vater gleich mit. Er hat immer irgendeine Frau gefunden, die für ihn sorgte.«

»Das klingt, als hätten Sie ziemlich viel über Ihre Eltern nachgedacht.«

»Es ist merkwürdig, Judy. Ich hätte es nicht gedacht, aber seit meiner Heirat denke ich immerzu über sie nach. Es hat zwar nicht genau an meinem Hochzeitstag angefangen, aber fast sofort danach und selbst in den Flitterwochen war es so, als ob etwas von ihnen in meinem Hinterkopf herumschwirrte.«

»Was haben Sie gedacht?«

»Ach, es treibt mich um, dass sie sich ja schließlich liebten, als sie heirateten. Sie passten ziemlich gut zusammen. Und dann ging die Ehe doch kaputt, aus Gründen, die ich nie begreifen werde.« Karens Gesicht zeigte ganz deutlich ihre Enttäuschung. »Ich habe nie verstanden, warum sie sich scheiden ließen. Es ist ihnen überhaupt nicht eingefallen, mit einem von uns über das zu sprechen, was da eigentlich los war. Manchmal denke ich, sie wollten etwas, was es gar nicht gibt. Das Ganze war vollkommen sinnlos. Ich bin jetzt achtunddreißig, und es ist mir noch immer unverständlich. Wem nützte diese Scheidung? Ich habe Freundinnen, deren Eltern sich auch scheiden ließen, und keine von uns versteht, warum. Alle haben dafür nur ein Achselzucken übrig und sagen: 'Wahrscheinlich hätten sie gar nicht erst heiraten sollen.' Karens Stimme nahm einen ärgerlichen Ton an. »Aber das ist wie Abhauen. Tatsache ist, dass sie heirateten, und vermutlich liebten sie sich damals, und dann haben die Dinge sich eben geändert.«

Karens Reaktion darauf, dass ihre Eltern keine Erklärung für ihre Scheidung abgaben, ist verständlich. Wenn die Eltern sich liebten, wenn sie gut zueinander passten und ihre Ehe dann doch kaputt ging – was sollte Karen dann davon abhalten, in ihre Fußstapfen zu treten? Sie kann nicht umhin, Angst zu empfinden. Scheidungskinder wachsen auf, ohne aus der Erfahrung ihrer Eltern irgendetwas gelernt zu haben, was ihnen in einer eigenen Ehe nützlich sein könnte – außer dass die Ehe ein sehr glattes Terrain ist, auf dem man fallen kann. Ihre eigenen Ehen beginnen ohne irgendwelche Führung, ohne Familiengeschichte und ohne einen inneren Kompass, der ihnen sagen könnte, welchen Weg sie einschlagen sollen, wenn Schwierigkeiten auftauchen. Es fehlt ihnen an dem Modell, von dem ich weiter oben sprach, dem Modell, das zeigt, wie Mann und Frau miteinander leben und ihre Differenzen beilegen.

Karen erklärte es so: »Ich habe nicht die leiseste Vorstellung, wie ich eine Auseinandersetzung beenden kann, ohne in Panik zu geraten. Zunächst einmal habe ich nie gesehen, wie man das macht. Meine Eltern hatten immer Streit miteinander. Mama schrie, und Papa verließ dann einfach das Zimmer. Auf diese Weise lösten sie die Dinge – oder lösten sie eben nicht, wie man auch sagen könnte. Und jetzt, wenn Gavin und ich verschiedener Meinung sind, ob es nun um Maya geht oder darum, dass er meiner Ansicht nach zu viel arbeitet, oder auch um wirklich wichtige Entscheidungen, zum Beispiel darum, wie ich das in Zukunft mit meiner Arbeit regeln soll – die eine und einzige Lösung, die mir einfällt, ist, dass er abhauen wird oder dass ich meinerseits gehen muss. Und dann gerate ich in Panik. Anschließend reiße ich mich dann zusammen und handele wie ein erwachsener Mensch.«

Ich fragte, ob sie mir ein Beispiel nennen könne.

»Aber ja. Erst letzte Woche ist so etwas passiert. Gavin war sehr angespannt, weil eine Abteilungssitzung bevorstand und weil ihm der Beschluss, um den es dabei ging, sehr wichtig war. Ich hätte es besser wissen sollen – aber genau in dem Augenblick, in dem er aus dem Haus wollte, habe ich angefangen ihm vorzuwerfen, dass er Maya nicht genug Zeit widmet. Judy, er ist regelrecht hochgegangen. Er war schon im Gehen, drehte sich kurz um, sagte: 'Ja verdammt noch mal, Karen, bist du eigentlich nie zufrieden?', und schmiss die Tür hinter sich zu.« Karen biss sich auf die Unterlippe, als ihr der Stress der Situation wieder bewusst wurde. »Und ich saß da, Judy, in einem Zustand des absoluten Entsetzens. Tatsächlich dachte ich: Das ist es. Das ist das Ende. Genau das ist meinen Eltern passiert. Es war sogar noch schlimmer, muss ich zu meiner Pein gestehen. Ich dachte: Muss ich jetzt einen Anwalt anrufen? Und was muss ich wegen unseres gemeinsamen Bankkontos unternehmen? Ich habe mir sogar schon ausgemalt, dass Gavin wohl für Maya sorgen würde, dass er mir aber wahrscheinlich keinen Zehner geben würde, wenn wir uns scheiden ließen. Ich habe mich in eine absolute Panik hineingesteigert und stundenlang wie erstarrt dagesessen. Und dann segelte Gavin herein und gab mir einen Kuss! Er hatte ganz vergessen, dass wir gestritten hatten – das war auf seinem Radarschirm überhaupt nicht aufgetaucht. Er muss gemerkt haben, dass ich ganz durcheinander war, denn er nahm mich in die Arme, drückte mich, küsste mich und sagte, dass er mich mehr liebt als er je gemeint hat, jemanden lieben zu können. Und dann war es vorbei.«

»Wie oft haben Sie solche Panikattacken?«

»Meinen Sie, wie oft wir streiten? Wir streiten sehr selten. Aber wenn wir es tun, dann bringt mich das zurück an einen Punkt in meinem Leben, an dem ich nicht sein will, und dann drehe ich durch. Und das hasse ich an mir, denn dann werde ich wie meine Mutter oder mein Vater. Und das jagt mir einen Schrecken ein.«

Der Terror des Konflikts

Eine konfliktfreie Ehe ist ein Ding der Unmöglichkeit. Alle verheirateten Paare müssen lernen, ihre Differenzen so auszutragen, wie es ihrem Stil, ihren Wertvorstellungen und ihrer individuellen Beziehung entspricht. Das ist eine der großen Aufgaben, wie sie sich heute in der Ehe stellen. Dispute werden heute nicht mehr durch den Vater beendet, der es sowieso am besten weiß, und auch nicht durch einen Ältestenrat oder eben gemäß der Tradition. Die Frauen sind gleichberechtigt, und nicht alle Differenzen lassen sich beilegen, indem man einen Kompromiss schließt, einen Vermittler dazubittet oder beschließt, dass man sich abwechselt. Wenn er keine Kinder will, sie sich aber ein Kind wünscht, dann kann man sich nicht auf ein halbes Kind einigen. Man kann auch nicht vor dem Konflikt davonlaufen. Eine der beteiligten Personen muss sich durchsetzen, oder man muss eine Möglichkeit finden zuzustimmen. Man kann nicht in seiner Heimatstadt in Kalifornien und in ihrer Heimatstadt Boston und dabei im gleichen Haushalt leben, und dass man halbwegs dazwischen, zum Beispiel in Chicago, lebt, ist auch keine Lösung. Man muss das Problem klar ins Auge fassen, den Ärger und die Enttäuschung, die sich einstellen, in Schach halten und die Sache friedfertig lösen, um die Ehe zu erhalten. Und man muss sich der Tatsache stellen, dass dieser oder ein anderer Konflikt von neuem auftauchen wird. Es ist ein schwieriger Prozess, der da im Gang ist, und er kann der Schlüssel zu einer guten Ehe oder auch der Weg in Richtung der Scheidung sein.

Unsere wichtigsten Lektionen zum Thema Konflikt lernen wir in der Familie in den Jahren, in denen wir heranwachsen. Kinder erleben von Tag zu Tag, wie Differenzen und ärgerliche Episoden in ihrer Familie beigelegt oder auch nicht beigelegt werden. Diese Lektionen sind ein ständiges, ein eingebautes und permanentes Phänomen. Alle Erwachsenen lassen sich von den Erfahrungen aus ihrer Kindheit und den Jahren des Heranwachsens leiten, wenn es darum geht, mit Konflikten fertig zu werden – sei es in ihren engen familialen Beziehungen, am Arbeitsplatz und überall dort, wo sie mit anderen zu tun haben. Es ist ein niemals endendes Bemühen, denn alle engen Beziehungen – zwischen Freunden, Kollegen, Freizeitpartnern, Eltern und Kindern und auch zwischen Liebenden – tragen den Keim wiederholter Konflikte in sich. Alle Konflikte müssen beigelegt werden, oder die Beziehung geht in die Brüche.

Scheidungskinder tun sich schwer mit Konflikten, weil sie in Familien aufgewachsen sind, in denen größere Auseinandersetzungen nicht beigelegt wurden, sondern mit einer Kapitulation endeten. Konflikte wecken in ihnen große Ängste und schmerzliche Erinnerungen an eine lang zurückliegende Zeit. Bei den Auseinandersetzungen, an die sie sich erinnern, handelt es sich nicht um solche, die gütlich ausgetragen wurden, sondern diese Auseinandersetzungen gerieten außer Kontrolle, eskalierten und führten zur Explosion. Dass Karen auf den eher moderaten Vorhalt ihres Mannes hin in Panik geriet, ist typisch für die Reaktion mancher erwachsener Scheidungskinder auf belanglose Meinungsverschiedenheiten: Für sie ist jeder Konflikt eine Gefahr – ein Teufel, der droht, das Gewebe des Familienlebens zu zerreißen, ihre Ehe zu zerstören und ihnen das Herz zu brechen.

Da Scheidungskinder nicht wissen, wie man Konflikte erfolgreich aushandelt, greifen viele von ihnen nach der schlechtesten »Lösung«, sobald es Ärger gibt. Manche sitzen regelrecht auf ihren Gefühlen, sie sagen nie, was sie stört oder wo sie anderer Meinung sind, bis der unterdrückte Zorn wie eine Stichflamme hochschießt. Andere brechen in Tränen aus und sind wie gelähmt, oder sie ziehen sich in sich selbst oder ins Nebenzimmer zurück und schließen die Tür hinter sich. Die häufigste Reaktion sieht allerdings so aus, dass sie bei der ersten ernsthaften Meinungsverschiedenheit, bedrängt von unbewussten Dämonen, einfach weglaufen. Das erklärt sich damit, dass aus der Sicht des Scheidungskindes jede Auseinandersetzung der erste Schritt in eine unausweichliche Kette von Konflikten sein kann, die schließlich die Ehe zerstören. Weglaufen ist einfacher. Eine zweiunddreißigjährige Frau verließ ihren Mann, nachdem sie erkannt hatte, dass er den Wünschen seiner Tochter aus einer früheren Ehe den ersten Platz einräumte. Sie versuchte gar nicht erst, über die Situation zu diskutieren, anstatt davonzulaufen. Und obwohl sie im Übrigen mit dieser Ehe zufrieden war und den Mann mochte, machte sie sich einfach nicht klar, dass das Stiefkind ja eine Heranwachsende war und ohnehin bald aus dem Haus gehen würde. Als ich nachfragte, zuckte sie mit den Schultern. »Ich bin es gewohnt, herumgestoßen zu werden. Es lohnt sich nicht zu kämpfen. Ich werde schon zurechtkommen.« Und dann gestand sie mir: »Als ich meine Sachen packte, wurde mir klar, dass es keinen Ort gab, an den ich gehen konnte.«

Ein solches Verhalten ist Ehepartnern wie Gavin, die in intakten Familien aufgewachsen sind, ein absolutes Rätsel. Die größeren und kleineren Auseinandersetzungen zwischen ihren

Eltern waren zwar unerfreulich, aber nicht erschreckend. In den Augen solcher Kinder aus intakten Familien sind Streitigkeiten keine Gefahr für die Ehe. Es sind Stürme, aber keine Hurricans. Die Gavins dieser Welt haben keine Freude am Konflikt, aber ihre Beunruhigung wird durch die Erkenntnis gemildert, dass Ehen nun einmal nicht reibungslos verlaufen können. Es gehört einfach dazu, dass Meinungsverschiedenheiten gelöst werden und man sich von seiner Verärgerung oder Gekränktheit wieder erholt. Sie haben Familienkrisen miterlebt und gesehen, daß ihre Eltern sich mit ernsthaften Problemen herumgeschlagen – und überlebt haben. Sie begreifen, dass eine Ehe Engagement und harte Arbeit erfordert. Sie rechnen damit, dass es Höhen und Tiefen geben wird. Und sie erwarten, dass zwei Menschen, die sich lieben, auf rationale Weise mit Konflikten umgehen und sie lösen werden. Wenn ihr Partner, ein Scheidungskind, nach einem eher belanglosen Zwist, wie Karen ihn beschrieb, in Panik gerät oder androht, sie zu verlassen, dann löst das bei ihnen größte Verwirrung aus.

Was sollten Menschen in dieser Situation tun? Zunächst müssen Paare lernen, einen sich zusammenbrauenden Sturm zu erkennen und sich zu sagen, dass der Partner darüber in die größte Angst geraten kann. Das Ziel besteht darin, die Beziehung zu bewahren – nicht den Kampf zu gewinnen. Gavin hat die Situation ganz richtig erspürt: Er kam nach Hause, sah Karen in ihrer Panik, nahm sie in die Arme und sagte ihr, er liebe sie sehr. Es ist ratsam, in solchen Augenblicken vom eigentlichen Problem abzurücken und einfach wegzudenken. Wie ich aus meiner Beschäftigung mit gelungenen Ehen weiß, ist es auch ratsam, sich Regeln für die Beilegung von Meinungsverschiedenheiten zurechtzulegen. Eine sehr nützliche Regel lautet, dass man niemals wütend auf den Partner zu Bett gehen sollte. Das bedeutet nicht, dass das Problem gelöst wäre. Es bedeutet vielmehr, dass die Wogen sich glätten können und nicht in die nächsten Tage hinüberschwappen. Es gibt noch mehr nützliche Regeln. Zum Beispiel: Groll muss immer innerhalb von vierundzwanzig Stunden ventiliert werden, andernfalls gehört er schon der Vergangenheit an. Streiten Sie sich niemals vor Ihren Kindern. Bringen Sie niemals alten Ärger wieder aufs Tapet; legen Sie Ihren Ärger jetzt bei. Das gilt besonders für Scheidungskinder. Schmollen Sie, oder werfen Sie mit Gegenständen, wenn es unbedingt sein muss. Aber verlassen Sie den Schauplatz nicht. Eheliche Probleme sind dazu da, gelöst zu werden, nicht aber zugedeckt oder umgangen zu werden. Wegrennen gilt nicht. Regeln sind in jeder Ehe nützlich, aber sie sind essenziell wichtig in Ehen, in denen einer der Partner ein Scheidungskind ist, denn Regeln bedeuten, dass man gefahrlos einmal in Wut geraten oder anderer Meinung sein kann. Und so merkwürdig es klingt: Wenn man gefahrlos in Wut geraten kann, dann kann man auch gefahrlos ehrlich sein und gefahrlos lieben.

Glückliche Ehen von Anfang an

Während Karen uns frischen Tee eingoss, sagte ich: »Erzählen Sie mir etwas von Gavin. Was ist er für ein Mensch?« Ich wollte mehr über die Art von Männern in Erfahrung bringen, die gute Ehemänner für die Frauen aus meiner Scheidungsstudie abgeben.

»Ja, da muss ich als Erstes sagen, dass ich ihn sehr liebe. Er ist ein großzügiger Mensch. Und nach allem glaube ich, dass er wirklich mein Glück will und dass sein eigenes Glück davon abhängt, dass er weiß, dass ich glücklich bin und wir gut zueinander passen. Wenn ich über unsere Ehe nachdenke, dann wird mir klar, dass er mir Sicherheit gibt. Das ist für mich vielleicht noch wertvoller als für andere, weil ich es nicht erwartet hatte.«

Dann erzählte Karen von Gavins Familie. Seine Eltern führen eine glückliche Ehe, leben noch immer in dem Haus, in dem Gavin aufwuchs, und sind bei guter Gesundheit. Ihr Enkelkind beten sie an. Bei den Familientreffen um die Weihnachtszeit wird viel gelacht, und alle haben ihren Spaß miteinander. Für Karen schien es wichtig, einer solchen Familie anzugehören, so als ob deren magische Kraft auf sie und ihre Tochter abfärben könnte.

Etwas Besseres hätte Karen mir nicht sagen können. Ihre stabile Ehe ist ein Triumph und dürfte dazu beitragen, die Furcht vor den langfristigen Auswirkungen der elterlichen Scheidung auf die Kinder in einem gewissen Umfang zu reduzieren. Karen hat es nach einem Zickzackkurs durch ihr drittes Lebensjahrzehnt schließlich doch »geschafft«. Sie und Gavin unterhalten eine stabile und liebevolle Beziehung zueinander, sie haben ein reizendes Kind, und ihre Zukunft ist vielversprechend. Welchen Maßstab man auch anlegt, sie sind eine Erfolgsstory unserer Zeit.

Von den einstigen Scheidungskindern, die wir nach insgesamt fünfundzwanzig Jahren ein weiteres Mal befragten, hatten sechzig Prozent es mit der Ehe versucht. Etwa die Hälfte von diesen hatten mit Anfang zwanzig, einige sogar schon als späte Teenager vor dem Altar gestanden.[1] Wie wir in Kapitel 14 sehen werden, war eine große Zahl dieser Ehen von Anfang an zum Scheitern verurteilt. Viele endeten mit der Scheidung, während einige noch heute weiterbestehen – höchst unglücklich und ohne die Aussicht, dass sich daran noch etwas ändern könnte. Mehr dazu später.

Hier möchte ich mich zunächst jenen ehemaligen Scheidungskindern zuwenden, die wie Karen erst zu einem späteren Zeitpunkt in ihrem Leben eine augenscheinlich gut funktionierende Ehe eingegangen sind. Viele von diesen mittlerweile über Dreißigjährigen haben die harte Schule der Beziehungen in der Tat durchlaufen. Hinter manchen liegt eine kurze erste Ehe, die in die Brüche ging, oder sie lebten als Zwanzig- bis Dreißigjährige mit einem bzw. mit wechselnden Partnern zusammen. Andere versuchten es mit einer langen Reihe flüchtiger sexueller Abenteuer. Wieder andere waren untröstlich, weil der geliebte Mensch nichts von ihnen wissen wollte, und brachten jahrelang nicht den Mut auf, es erneut zu versuchen. Aber schließlich fanden alle diese Scheidungskinder dank ihrer tastenden, aber mutigen Schritte einen Menschen, den sie lieben, dem sie vertrauen und an dem sie festhalten konnten.

Es ist natürlich noch zu früh für eine Aussage darüber, wie viele dieser guten späteren Ehen in der Tat halten werden. Die meisten bestehen erst seit einigen Jahren, und sie sind – wie alle Ehen – nicht immun gegen Streit. Einige waren wacklig, als ich jetzt mit den Partnern sprach, und mehrere waren zu diesem Zeitpunkt schon wieder auseinander gegangen. Insgesamt traf ich bei diesen Gesprächen fünfundzwanzig Jahre nach Beginn meiner Studie aber auf viele glückliche Ehen, in denen die Partner sehr aneinander hingen und die Ängste, von denen sie in der Frühzeit dieser Beziehung geplagt wurden, inzwischen eindeutig überwunden hatten. Dass ich Karen zu einer Hauptfigur dieses Buches gemacht habe, hat seinen Grund unter anderem darin, dass an ihrer Geschichte der schwierige Weg deutlich wird, den viele gehen, bevor sie es zu einer strahlenden Ehe bringen. Karens gemischte Gefühle – Triumph und Zweifel – sind typisch für viele Vertreter ihrer Generation.

Was zeichnete diese glücklich verheirateten Partner aus? Nach Jahren der Versuche und Fehlschläge hatten sie die Voraussetzungen dafür geschaffen, dass sie nun mit Sorgfalt und Überlegung an die Partnerwahl herangehen konnten. Und so nahmen sie ihren Mut zusammen und näherten sich der betreffenden Person im Gedanken an eine langfristige Bindung. Das war eine erhebliche Leistung, die von größerer Reife und einem gewachsenen Selbstwertgefühl zeugte. Die gleichen Leute hatten damals, als sie kaum die Zwanzig überschritten hatten, große Angst vor dem Alleinsein gehabt – was wiederum ganz unmittelbar damit zusammenhing, dass sie sich im Tumult von Trennung und Scheidung ihrer Eltern davor gefürchtet hatten, verlassen zu werden oder verloren zu gehen. Aber was jeder junge Erwachsene lernen muss – einen ungeeigneten Partner kann man nur zurückweisen, wenn man den Gedanken akzeptieren kann, dann eben allein zu bleiben. Das ist eine harte Lektion für jeden Menschen, aber den Scheidungskindern erscheint sie besonders schwierig. Mehrere Frauen aus der Gruppe meiner ehemaligen Scheidungskinder berichteten mir freimütig von ihrem ersten therapeutischen Erfolgserlebnis: Sie hatten es endlich geschafft, allein auf eine Party und allein auch wieder nach Hause zu gehen, ohne in Panik zu geraten. Ein weiterer Meilenstein des Erfolgs war erreicht, als sie es fertig brachten, die Bindung an ihre Eltern zu lockern. Anstatt »nach Hause zu rennen«, um Mama oder Papa bei der Bewältigung jeder kleinen Krise im Leben behilflich zu sein, konnten sie sich endlich emotional von den Eltern trennen. Und erst dann konnten sie sich auch von dem Gedanken befreien, sie seien dazu verurteilt, das Schicksal ihrer Eltern zu teilen. Nur durch die Trennung gewannen sie überhaupt die Freiheit, auf eine bessere Ehe – verglichen mit der Ehe, zu der ihre Eltern es gebracht hatten – zu hoffen. Natürlich kam vielen dieser jungen Erwachsenen der Umstand zu Hilfe, dass sie in ihrem Beruf und in anderen Bereichen ihres Lebens erfolgreich waren. Sie konnten mittlerweile mit guten Gründen darauf bauen, dass sie das, was sie wollten, auch erreichen konnten.

An Karens Lebensgeschichte werden diese vielen Schritte geradezu überdeutlich. Während des größten Teils ihrer Kindheit und ihres Lebens als junge Erwachsene verschwendete sie keinen Gedanken an die eigenen Wünsche und Bedürfnisse. Sie kümmerte sich um ihre Eltern, um ihre Geschwister und um einen Partner, der sie jeden Tag von neuem enttäuschte. Dann, in einer gewaltigen Mutprobe, sagte sie sich von allen diesen Menschen los und trat die Reise in Richtung ihrer Unabhängigkeit und eines gewachsenen Selbstwertgefühls an. Von diesem neuen Fundament aus brachte Karen es fertig, einen jungen Mann, der sie interessierte, wenige Tage nach dem ersten Zusammentreffen von sich aus anzurufen und damit die Tür zu einer Beziehung zu öffnen. Glücklich lächelnd berichtete sie mir: »Ich war mir endlich darüber klar geworden, was ich wollte.« Und wie die anderen Scheidungskinder sagte auch sie: »Ich entschied mich dafür, es zu versuchen.« Dieser Triumph über ihre Ängste war der Schlüssel zum Erfolg einer Frau, die inzwischen die mittdreißiger Jahre erreicht hatte. Sie konnte sich jetzt auf das Glücksspiel einlassen, weil sie ganz deutlich erkannte, dass ihre Chancen zumindest erfreulich standen. Da sie nicht länger ängstlich war, konnte sie es auf dem Feld von Liebe und Bindung auf einen Versuch ankommen lassen.

Auch Kinder, die in intakten Familien heranwachsen, verwenden Zeit darauf, Beziehungen zu erproben und als ungeeignet wieder aufzugeben, um ihr Urteil im Blick auf die Wahl eines Lebenspartners zu schärfen. Aber sie lassen sich auf diese frühen Beziehungen ein, ohne dass ihnen die Furcht vor dem Misslingen im Nacken sitzt. Auch wenn das Verhalten beider Gruppen also nach außen hin das Gleiche ist – eine große Zahl junger Paare von Anfang zwanzig leben zusammen, um die Gewässer des Ehelebens zu erproben –, so stehen dahinter doch unterschiedliche Erwartungen. Solange sie sich nicht wirklich von der Vergangenheit befreien können, rechnen die Karens dieser Welt mit der Gefahr eines Fehlschlags. Die Kinder aus intakt gebliebenen und gut funktionierenden Familien gehen dagegen vom Gelingen auch der eigenen Ehe aus.

Ich war überrascht, als ich entdeckte, dass Scheidungskinder, wenn sie erst einmal imstande sind, ihre Befürchtungen beiseite zu schieben und einen Lebenskameraden zu wählen, sich in vielen Fällen auf die Suche nach einem Partner machen, der aus einer stabilen Familie kommt. Dieser Punkt rangierte im Werbungsverhalten meiner Probanden an vorderster Stelle. Offensichtlich vermittelt ein stabiler Familienhintergrund ein Gefühl von Sicherheit, und Sicherheit ist das, was das Scheidungskind neben Liebe und bewusster Zuwendung sucht. Scheidungskinder sagen stolz: »Er kommt ohne alles Gepäck. Seit Generationen hat es in seiner Familie keine Scheidung gegeben.« Oder: »Sie ist ein Fels. Sie gibt mir all das, was ich von meinen Eltern nie bekommen habe. Ich habe nach einer Frau aus einer stabilen Familie gesucht, und ich habe sie gefunden.« Diese erwachsenen Scheidungskinder pflegen zumeist enge Bindungen an die Herkunftsfamilie ihres Partners und distanzieren sich von den eigenen Eltern, sodass auch ihre Kinder an jener Stabilität und Sicherheit teilhaben, die sie als so beruhigend empfinden.

Ich war beeindruckt zu sehen, wie viele junge Frauen aus meiner Studie schließlich freundliche und um sie besorgte Ehemänner fanden, die ihre Partnerin wirklich liebten und bereit waren, es mit ihrem anstrengenden Verhalten aufzunehmen. Mehrfach hörte ich von den Frauen, ihre Männer fühlten sich von ihrer launenhaften und ruhelosen Art gerade herausgefordert und schätzten es, in der Ehe mal »Grenzen zu setzen«. Marie, die zwischen Anfang und Mitte zwanzig ein wildes Leben geführt hatte, beschrieb eine solche Interaktion sehr anschaulich. »Der hat sich von meinen Faxen nicht beeindrucken lassen«, sagte sie. »Ich konnte ihn nicht manipulieren. Er hat es toleriert, aber er ist er selbst geblieben. Für mich war er der Mittelpunkt. Ich bin immer um ihn herumgetanzt, aber er hat meine Tricks durchschaut. Ich habe alles versucht, was ich normalerweise mit Männern so mache, aber es hat nicht funktioniert. Er sagte nur: 'Vergiss es, Lady. Ich bin hier, und ich habe auch vor, hier zu bleiben.' Das ist jetzt zehn Jahre her, und wir sind noch immer verheiratet.«

Auch die Männer unter den ehemaligen Scheidungskindern suchten eher Gelassenheit und Freundlichkeit bei ihren Frauen als Leidenschaft. Sie wussten es zu schätzen, wenn die Frau es verstand, ein angenehmes Zuhause zu schaffen. Sie sprachen davon, dass sie eine Frau für sich wollten, auf die sie sich verlassen konnten. Da sie älter waren, verstanden sie sich sehr viel besser darauf, die Stimmungen einer Frau richtig einzuschätzen und die Beziehung zu flicken, wenn dies notwendig war. Einige sprachen in sehr romantischen Tönen von ihrer Frau und davon, wie schön und wie fürsorglich sie doch sei. Aber auch ihr langer Arbeitstag und die Überlegung, dass die Frau sich einsam fühlen könnte, kamen zur Sprache. Dahinter stand die Sorge, sie könnten die Liebe und Treue der Partnerin verlieren. Diese unterschwellig immer vorhandene Angespanntheit – die eher ein Überbleibsel aus der Zeit der Scheidung ihrer Eltern war, als dass sie einen aktuellen Hintergrund gehabt hätte – sorgte dafür, dass diese Männer gute Ehemänner sein wollten. Sie bemühten sich nach Kräften, ihren Frauen ein angenehmes Leben zu bereiten, und waren, wenn sie sich geliebt fühlten, der Ansicht, das Schicksal habe es doch ungewöhnlich gut mit ihnen gemeint.

Das Warten auf den nächsten »Hammer«

Selbst in glücklichen Ehen von Scheidungskindern, so zum Beispiel in Karens Ehe, sind noch Spuren der elterlichen Scheidung am Werk. Wir hatten darüber gesprochen, dass Karen

Schwierigkeiten hatte, mit Konflikten umzugehen, aber jetzt präsentierte sie noch ein anderes Problem: »Immer wenn Gavin zu spät nach Hause kommt, wenn er eine Fakultätssitzung hat, wenn er zu einem Beratungsgespräch auswärts war, ist mein erster Gedanke – und da kann ich mich selbst nicht ausstehen –, dass er mich verlassen will. Dass er mich nicht wirklich liebt.«

»Ist es das, was Sie meinen, wenn Sie vom Warten auf den nächsten 'Hammer' sprechen?«

Sie lächelte gequält. »Wenn Sie mich fragen, ob ich noch immer Angst habe, dann antworte ich mit Ja, obwohl ich mit einem Mann verheiratet bin, der mich wirklich liebt. Ich habe es inzwischen akzeptiert, dass meine Ängste sich nie legen werden. Es ist, als hätte man sie mir ins Hirn gedruckt. Sie sind nicht mehr so stark wie früher, und Gavin versucht mir beizubringen, wie ich sie weglachen kann.« Ihre Miene war so ernst wie vorher. »Manchmal klappt es.«

Karens Geschichte ist faszinierend, weil sie zeigt, dass selbst eine glückliche Ehe eines Scheidungskindes einen Bodensatz der Vergangenheit birgt, der jederzeit in der Gegenwart nachwirken kann. Ausgelöst werden kann dieser Nachhall etwa durch eine nicht zu erwartende Abwesenheit, durch eine moderate Meinungsverschiedenheit oder einen ärgerlichen Ausbruch. Das Scheidungskind denkt dann: »Das ist das nächste Unheil. Es ist so weit. Ich wusste immer, dass es nicht von Dauer sein würde. Er ist gegangen. Die Ehe ist zu Ende. Ich bin allein und verlassen – genau das, was ich schon immer erwartet habe.«

Karens Logik ist perfekt: Wenn du den Verlust fürchtest, kannst du nur sicher sein, wenn du nichts zu verlieren hast. Aber wenn du eine glückliche Ehe, einen liebevollen Mann, ein schönes Kind hast, dann bist du in Gefahr. Eine der jungen Frauen drückte es so aus: »Egal wie sehr ich den Menschen liebe, egal wie sehr ich ihm vertraue, egal wie gut und vertrauenswürdig er ist – in einem Winkel meines Innern glaube ich nicht, dass er bleiben wird. Ich werde es niemals glauben.«

Viele erwachsene Scheidungskinder fragen mich: Warum empfinde ich so und nicht anders? Warum ist es so schwierig für mich, jemanden zu finden, der mich liebt und dem ich vertrauen kann? Was stimmt eigentlich nicht mit mir? Warum habe ich solche Angst vor Veränderungen? Warum habe ich solche Angst vor Verlusten? Wenn meine Frau sich um eine halbe Stunde verspätet, frage ich mich, mit wem sie zusammen ist. Wenn mein Mann nicht pünktlich kommt, gerate ich in Panik und denke, dass ich ihn nie wiedersehen werde. Warum? Und warum erschreckt mich der Gedanke an Nähe und körperliche Intimität mit einem Menschen, den ich liebe?

Jede Woche erreichen mich ängstliche Briefe von überall her, in denen man mir die gleichen Fragen stellt und mich um meinen Rat bittet. Ein Brief, der gestern kam, ist typisch: »Liebe Frau Wallerstein, ich bin ein Scheidungskind. Ich bin neununddreißig Jahre alt, ich habe einen lieben Mann und zwei prächtige Söhne. Und doch schlafe ich jeden Abend mit der Sorge ein, dass sie weg sein könnten, wenn ich aufwache. Können Sie mir helfen?«

Ja, ich glaube, dass ich helfen kann. Der Schlüsselsatz, den alle verwenden, lautet: »Ich bin ein Scheidungskind«. Ich höre ihn immer wieder, egal ob mein Gegenüber die Dreißig, die Vierzig oder sogar die Sechzig überschritten hat. Was genau bedeutet dieser Satz? Die Scheidung seiner Eltern verleiht dem Kind eine bleibende Identität. Da sie in der Regel dann erfolgt, wenn das Kind noch jung und beeinflussbar ist, und da ihre Auswirkungen in die Jahre der Adoleszenz hineinreichen, drückt sie ihm sozusagen einen dauerhaften Stempel auf. Es sind die Kindheitsängste, die zu dieser Identität zusammentreten und sich trotz aller im Erwachsenenleben erzielten Erfolge und Leistungsbeweise nicht abschütteln lassen.

Das sind die Konsequenzen aus dem Zusammenbruch des Modells, von dem ich weiter oben sprach: Sie waren ein kleines Kind, als Ihre Eltern auseinander gingen, und dieses Geschehen erschreckte Sie sehr – mehr als Sie sich je eingestanden haben. Als die Familie zerbrach, hatten Sie das Gefühl, in zwei Teile zu zerfallen. Ihr Vater oder Ihre Mutter ging fort, und Sie dachten, dass Sie sich nie mehr auf irgendetwas würden verlassen können. Folglich würden Sie sich niemals einer solchen Gefahr aussetzen. Sie würden sich von der Liebe fern halten oder sich nur mit solchen Menschen einlassen, die Ihnen gleichgültig wären und Sie daher nicht verletzen könnten. Im einen wie im anderen Fall liebt man nicht und bindet man sich nicht. Sie würden niemandem vertrauen, denn die eigenen Eltern waren Ihnen ja nicht treu geblieben. Sie würden sich nicht in ein emotionales Engagement verstricken. Ihre Ängste und die Art Ihrer Reaktion auf diese Ängste – eine zu diesem Zeitpunkt sehr wache und logische Reaktion – wurden ein Teil Ihres Wesens und sind Ihnen bis heute geblieben.

Das ist noch nicht alles. Manche von Ihnen schlugen einen anderen Weg ein. Sie wandten sich Ihren eigenen Gefühlen zu. Da die Gefühle so schmerzlich waren, dämpften Sie sie. Sie waren ein Kind und konnten sich sagen, dass Sie nichts fühlen. Gefühle tun weh, sagten Sie sich. Also will ich sie gar nicht haben. Das funktionierte viele Jahre lang. Ob schlechte oder gute Neuigkeiten – Sie fühlten sich unverletzbar.

Und damit immer noch nicht genug. Die Scheidung schlug in Ihr Leben ein. Sie kam plötzlich, unerwartet, aber Sie erkannten, dass sie willentlich von den Menschen herbeigeführt worden war, die Sie am meisten liebten und denen Sie am meisten vertrauten. Wiederum schlossen Sie, logisch und zu Recht, dass nichts stabil ist. Alles kann geschehen, und wenn sich etwas verändert, dann wahrscheinlich zum Schlechten. Da Ihre Eltern Ihnen versicherten, die Dinge würden sich bessern, was dann eben doch nicht geschah, verbannten Sie Ihre Gefühle erst recht in den Untergrund – wo sie umso stärker wurden. Wie die meisten Kinder behielten Sie all diese erschreckenden Folgerungen für sich, denn Sie liebten Ihre Eltern und wollten sie nicht in Unruhe stürzen – sie waren ja schon in größter Unruhe. Und schließlich gaben Sie sich selbst die Schuld an dem Unheil: Sie hatten offensichtlich etwas Böses getan, das die Eltern auseinander gebracht hatte. In Ihren eigenen Augen waren Sie der schlimmste Bösewicht und verantwortlich für das Familiendesaster. Ihre Eltern stritten sich Ihretwegen – wenn Sie also gar nicht geboren worden wären, dann hätten sie nicht gestritten. Sie verdienen es nicht, dass gute Dinge geschehen. Und ganz sicher verdienen Sie es nicht, zu lieben oder geliebt zu werden.

Es gibt ein Heilmittel gegen diese Gefühle. Möglicherweise eliminiert es die Befürchtungen nicht, weil sie zu fest in Ihrem Innern verwurzelt sind, aber es kann sie mit Sicherheit verringern. Machen Sie sich klar, dass es sehr verständlich ist, dass Sie damals als kleines Kind so fühlten. Sie waren ein intelligentes Kind, das seine Eltern liebte und das versuchte, die Eltern und sich selbst zu schützen. Sie wollten die Eltern nicht mit Ihrer Wut oder Ihren Ängsten belasten, und deshalb behielten Sie diese Gefühle für sich. Aber was damals »sinnvoll« war, ist es heute nicht mehr. Sie sind ein erwachsener Mensch und können all das bewältigen, was Sie als kleines Kind erschreckte. Sie sind nachts nicht länger hilflos. Natürlich ist Liebe immer riskant. Aber nicht zu lieben, ist schlimmer. Einem Menschen zu vertrauen, ist immer riskant. Aber nicht jeder Mensch wird Ihr Vertrauen enttäuschen. Manche Veränderung birgt ein Desaster, aber es gibt auch Stürme, die weiter ziehen oder gar nicht hier ankommen. Ein erwachsener Mensch kann mit Gefühlen fertig werden, von denen ein Kind vielleicht überwältigt wird.

Es gibt noch andere Heilmittel. Schon das Wissen, dass Sie nicht allein sind, macht die Dinge erträglicher. Sie sind einer oder eine von Millionen. Es kann hilfreich sein, in einer Gruppe mit anderen Scheidungskindern zusammenzutreffen oder sich um eine Einzeltherapie zu bemühen. Nichts gegen diese Hemmungen und Befürchtungen zu unternehmen, ist sehr bedenklich. Es bedeutet einen tiefen Einschnitt in Ihr Leben. Aber das muss nicht sein. Wenn Sie sich selbst verstehen, können Sie diese Tür fast ganz hinter sich zuziehen.

Scheidungskinder als Eltern eigener Kinder

Durch das Fenster konnte ich Maya in ihrem leuchtend roten Pullover sehen, die draußen einträchtig mit einem anderen Kind spielte. Karen folgte meinem Blick und lächelte. »Wir wollten möglichst gleich ein Kind, weil ich ja nicht jünger werde. Ich war vierunddreißig, als wir heirateten, und ein Jahr später schwanger. Sie war von Anfang an eine große Freude, und Gavin ist ein wunderbarer Vater, der sehr viel mehr tut als die meisten Männer, die ich so sehe. Mehrmals in der Woche spielt er mit ihr, wenn er abends nach Hause kommt. Dann kann ich mal Pause machen, und er macht das sehr gern. Für mich ist es sehr wichtig, ein Kind zu haben.«

»Sie meinen, dass es in einer ganz bestimmten Hinsicht wichtig ist?«

»Ja, genau. Insofern als ich mit einem Kind noch eine weitere Chance habe – für mich und für Maya. Ich erwarte mir vieles für sie, und man könnte sagen, diese Erwartungen haben mit dem zu tun, was ich nicht hatte. Ich möchte unbedingt, dass ihre Kindheit anders verläuft als meine.«

»Nämlich wie?«

»Was ich mir für sie wünsche, ist, dass sie sich nicht in der Weise um ihre Mama sorgt, wie ich mich mein ganzes Leben lang um meine Mutter gesorgt habe. Ich möchte nicht, dass sie sich um mich kümmert. Ich will mich um sie kümmern. Ich möchte ihr all die Liebe und Sicherheit geben, die ich niemals hatte. Ich möchte, dass sie alles hat, was ich nie hatte. Ich möchte, dass sie spielt. Ich möchte, dass sie Zeit für ihre Schulfreundinnen hat und sich nicht Gedanken darüber machen muss, was inzwischen zu Hause passiert. Ich möchte, dass sie, anders als ich, an die Dinge denkt, die ihr selbst Freude machen. Und wenn sie älter wird, möchte ich, dass sie an ihre Kindheit zurückdenkt und weiß, wie ein glückliches Kind sich fühlt.«

Ich hörte Karen zu, und mir kamen die Tränen beim Anblick dieses Versorgerkindes, das so einfühlsam über die eigene Tochter sprach.

»Das Muttersein ist Ihnen ja wirklich eine Herzensangelegenheit.«

»Ja, und tatsächlich hat das auch mit einer der wichtigsten Entscheidungen meines Lebens zu tun. Nachdem sie geboren war, habe ich beschlossen, meine Stellung aufzugeben und in Teilzeit zu arbeiten. Ich will mich selbst um sie kümmern. Ich will zu Hause sein, bei meiner Tochter. Ich weiß noch nicht, wie lange, aber bestimmt bis sie eingeschult wird. Mein Beruf bedeutet mir viel, aber ich wusste – ich muss mich entscheiden. Die Wahrheit ist, und das musste ich mir klar machen, dass ich, wenn ich bleiben und Karriere machen wollte, nur sechs Wochen Mutterschutz gehabt hätte; danach hätte ich wieder ganztags arbeiten müssen. Also habe ich die Kröte geschluckt und bin von der Karriereleiter heruntergestiegen. Jetzt arbeite ich in Teilzeit.«

»Werden Sie wieder da anfangen können, wo Sie aufgehört haben? Ich weiß, wie wichtig dieses Programm war, und dass Sie es ja selbst konzipiert haben.«

»Nein. Da gibt es für mich kein Zurück mehr, Judy. Es ist eine Lebensentscheidung, und ich habe sie wegen all der Dinge getroffen, die ich für Maya und für ein weiteres Kind will. Ich möchte unbedingt noch einmal schwanger werden.«

»Es war sehr mutig, sich so zu entscheiden.«

»O ja, das schon. Es war schwer, und es hat mich auch traurig gemacht, aber es war richtig. Viele von meinen Freundinnen sind an ihrem Arbeitsplatz geblieben, und ich respektiere das. Aber das hier ist etwas, was ich für mich will. Man könnte sagen, dass ich mich damit auch ein weiteres Mal für meine Ehe entschieden habe. Halbtags zu arbeiten bedeutet, dass ich vollkommen abhängig bin von meinem Mann, und das ist nicht leicht für mich, wie Sie wissen.«

»Und was hat Gavin dazu gemeint?«

»Ich habe Glück gehabt, Judy. Er sagte, tu das, was dich glücklich macht.«

Die meisten Scheidungskinder denken lange und ernsthaft über die Elternschaft nach, bevor sie sich dazu entschließen. Nach fünfundzwanzig Jahren hatte nur ein Drittel der von unserer Studie erfassten Probanden eigene Kinder.[2] Einige wenige sagten, sie planten sehr wohl, in Zukunft Kinder zu haben, sobald sie sich in ihrer beruflichen Laufbahn etwas besser etabliert hätten und sich das leisten könnten. Männer wie Frauen waren außerordentlich stolz auf ihre Söhne und Töchter und dankbar dafür, dass sie endlich doch Glück in ihrem Leben gehabt hatten. Sie sprachen in anrührenden Worten davon, dass ein Kind das erlösende Potenzial besitze, das Unglück ihrer frühen Jahre wieder gut zu machen. Wenn sie erst ein Kind hätten, könnten sie sozusagen die alten Tonbänder löschen und neue Episoden aufnehmen, in denen das neue Kind vor Schaden bewahrt ist. Übereinstimmend sagten sie: »Von meinen Kindern wird bestimmt keines die Erfahrungen machen, durch die ich hindurch musste.« Diese wiederkehrende Aussage war vielleicht die erhellendste Feststellung, die sie überhaupt bezüglich ihrer Vergangenheit machten. Im Zusammenhang mit den Plänen, die sie für ihre Kinder hatten, kamen all die scheinbar kleinen Dinge zur Sprache, die sie in ihrem Kinderleben vermisst hatten – der Schwimmunterricht, die Zeit zum Fahrradfahren, das unbekümmerte Spielen nach der Schule. Alle kleinen Freuden, die es für sie gerade nicht gegeben hatte, waren ihnen offensichtlich als Möglichkeiten im Gedächtnis geblieben und gewannen jetzt neue Bedeutung. In Erinnerung an die vielen Ortsveränderungen, die sie erlebt hatten, lag ihnen daran, ihre Kinder in einem stabilen häuslichen Umfeld und in ein und derselben Nachbarschaft groß werden zu sehen und ihnen eine »behütete Kindheit« zu schaffen, die sie als liebende Eltern begleiten und stellvertretend in der Person ihrer Kinder leben konnten.

Kinder waren auch deshalb willkommen, weil diese nun erwachsenen Frauen und Männer, ungeachtet ihrer eigenen Erfahrungen, der Ansicht waren, Kinder würden das eheliche Band stärken. Frauen, die in den Jahren des Heranwachsens den Vater vermisst hatten, fanden es wunderbar zu sehen, dass ihre Ehemänner einen tätigen Anteil am Leben ihrer Kinder nahmen. Ihre Sehnsucht nach dem »Vater, den ich ja nie hatte«, wurde zumindest gemildert, wenn sie sahen, wie die Kinder sich freuten, wenn der Papa nach Hause kam, oder hörten, wie sie vor Vergnügen kreischten, wenn der Papa sie huckepack nahm oder sie auf seinen Knien reiten ließ.

Die Frauen sahen sich zugleich mit dem Entschluss, Kinder zu haben, ein weiteres Mal mit der Frage konfrontiert, ob sie ihren Männern trauen konnten, das heißt, ob die Männer präsent sein würden. Tatsächlich wurde ein Fünftel der Kinder unehelich geboren, und keine der unehelichen Mütter unterhielt während der Schwangerschaft eine stabile oder »gute« Beziehung. Diese allein stehenden Mütter haben es in den meisten Fällen sehr schwer. Nur wenige von ihnen haben feste Partner gefunden, und in ihren Arbeitsstellen werden sie nicht gut bezahlt. Nach einer oder auch mehreren Abtreibungen hatten sie dieses Mal beschlossen, das Kind auszutragen. Die meisten hatten sich schon als Heranwachsende ein Baby gewünscht, um ihrer Einsamkeit etwas entgegenzusetzen. Sie sprachen sehr liebevoll von ihren Kindern, die, soweit ich sie zu Gesicht bekam, gut versorgt waren – von Müttern, die dafür große Opfer brachten und bei ihren Familien kaum Unterstützung fanden.

Von den Frauen, deren Kinder ehelich zur Welt kamen, taten einige sich schwer mit der Frage, ob sie den Namen ihres Mannes annehmen sollten: Im Fall einer Scheidung, so überlegten sie, würde er für ein Kind, das seinen Namen trug, wohl bereitwilliger aufkommen. Einigen fiel es schwer, ihre Vollzeitstelle aufzugeben, weil ihnen nicht wohl war bei dem Gedanken, dann auf die fortdauernde Präsenz ihres Ehepartners als des Versorgers der Familie angewiesen zu sein. Und auch die Frage, wie viele Kinder sie haben wollten, trieb diese Frauen um. Die meisten entschieden sich für ein oder zwei, einige hatten drei Kinder. Jeder Bereich ihres Lebens – Liebe, Ehe und Elternschaft – rief neue Verheißungen auf und weckte zugleich alte Enttäuschungen.

Die Männer sprachen davon, dass sie sich je länger je mehr wünschten, im Kontext ihrer Beziehung auch Väter zu sein. Einer der jungen Männer sagte: »Ich glaube, dass ich jetzt so weit bin, dass ich einen guten Vater abgebe.« Anders als Männer, die in intakt gebliebenen Familien aufgewachsen waren, nahmen meine männlichen Probanden die Vaterschaft nicht einfach so hin. Sie hatten große Pläne für ihre Kinder, sie waren mit Freude Väter und sehr stolz auf ihre Kinder. »Meine größte Freude ist zu sehen, wie meine Kinder heranwachsen und all die Hürden nehmen, vor denen ich als Kind stand«, sagte mir einer von ihnen. »Ich hoffe für mich und für sie, dass die schlimmen Auswirkungen der Scheidung und der Schmerz, den ich als Kind aushalten musste, irgendwann zu Ende sind. Und dass ihnen gelingt, was ich niemals tun konnte.« Ein anderer brachte seine Freude darüber zum Ausdruck, dass sein Sohn schaffte, was er als Kind nicht fertig gebracht hatte: »Ich kann nicht sagen, wie befriedigend es ist zu sehen, dass Thomas Dinge tut, die ich als Kind nicht tun konnte. Er ist jetzt fünf. Er hat seinen Rucksack auf und ist ganz wild drauf, dass es endlich losgeht. Der Bus kommt, und er steigt ein – bereit für das Ferienlager. Keine Tränen, kein Zögern. Ich hätte das nie tun können. Ich war zu unsicher. Ich hätte bestimmt Nein gesagt, und er hat da überhaupt keine Befürchtungen. Zu sehen, dass mein Sohn sich so gut einfügt, dass er Dinge schafft, die ich nie geschafft habe – das ist das Erfreulichste, was mir je begegnet ist.«

Möglicherweise wirkte die Tatsache, dass sie ein Kind hatten, gerade im Fall der Väter aus geschiedenen Familien als Abschrecker gegenüber der eigenen Scheidung. Nur sehr wenige meiner männlichen Probanden ließen sich scheiden.[3] Und einer dieser Männer hatte, von seiner Frau verlassen, zwar finanziell schwer zu kämpfen und absolvierte noch eine Ausbildung, arbeitete aber nachts und zahlte den vollen Unterhalt für das Kind. Diesem Mann war es sehr wichtig, nicht so zu handeln wie sein eigener finanziell und emotional ausgebrannter Vater, der ihn, das damals sechsjährige Kind, verlassen hatte.

Von den Frauen aus meiner Studie, die sich scheiden ließen, hatten die meisten keine Kinder. Aber diejenigen, die Kinder hatten und dennoch die Scheidung einreichten, verließen ausnahmslos gewalttätige oder drogensüchtige Männer. Der Entschluss fiel keiner von ihnen leicht, und alle hielten es in ihrer Ehe so lange wie möglich aus. Sie erzählten mir ausführlich, wie sehr sie sich bemüht hatten, die Scheidung zu vermeiden. Keine von ihnen wollte, dass ihr Kind die gleichen Erfahrungen würde machen müssen, die sie gemacht hatten. Jahre zuvor hatten eben diese Frauen mir gesagt, sie akzeptierten eine Scheidung, »wenn es nötig ist«; die meisten hatten sich aber dagegen ausgesprochen, falls Kinder da wären. Ihre Einstellung änderte sich, als sie erkannten, dass sie oder ihre Kinder in dieser Ehe körperlich oder emotional misshandelt wurden. Mehrere von ihnen beschlossen, es in ihren sehr problembelasteten Ehen auszuhalten, weil ihre Kinder noch klein waren und sie das Leben der Kinder nicht aufstören wollten.

Bei unseren Gesprächen berichteten die Eltern, dass ihre Kinder glücklich und »gut angepasst« seien. Viele dieser Kinder sind noch im Baby- bzw. im Kleinkindalter. Alle, die ich zu Gesicht bekam, sahen sehr gut aus und waren gut gehalten. Ich war beeindruckt zu sehen, wie achtsam und freundlich die Eltern mit den Kindern umgingen. Stiefeltern brachten den Stiefkindern das gleiche Interesse entgegen wie ihren eigenen Kindern, und mehrere von ihnen sagten, es sei wichtig, alle Kinder in der Familie gleich zu behandeln. Ein Mann, der drei Stiefkinder hatte, sagte mir, er mache sich große Sorgen über das Verhältnis der Kinder zu ihrem leiblichen Vater. Er selbst war als Zehnjähriger von seinem Vater verlassen worden und wollte es den Kindern ersparen, dass sie sich etwa von ihrem Vater zurückgewiesen fühlten.

Wie kann ausgerechnet ich Kinder haben?

Zwei von drei Erwachsenen aus unserer Langzeitstudie über Scheidungskinder haben beschlossen, dass sie keine Kinder haben wollen.[4] Einschlägige nationale Studien kommen zu ähnlichen Ergebnissen. Heute ist die Geburtenrate insgesamt niedrig, wobei die Scheidungskinder, die nach eigenem Bekunden keine Kinder wollen, als Hauptgrund dafür eben das Phänomen der Scheidung anführen. Natürlich sind diese Menschen noch relativ jung und werden es sich vielleicht noch anders überlegen, wenn der richtige Partner ihren Weg kreuzt. Aber unsere Daten sind insofern einmalig, als diese Männer und Frauen uns sehr deutlich sagten, warum sie keine Kinder wollen. »Kinder?« fragten sie. »O nein. Das kommt überhaupt nicht in Frage.« Ob verheiratet, geschieden oder ledig, sie sagten: »Ich will nie ein Kind haben oder ein Kind großziehen.« Andere sind nicht davon abzubringen, dass sie schlechte Mütter oder Väter abgeben würden; weshalb sollten sie also eine Aufgabe übernehmen, für die sie weder Interesse noch Talent noch etwa gute Erfahrungen aus der eigenen Kindheit mitbringen, auf die sie zurückgreifen könnten? Von ihnen hörten wir: »Wie kann ausgerechnet ich Kinder haben? Denken Sie doch daran, wie ich groß geworden bin.« Oder: »Mein Leben ist zu unsicher, als dass ich daran denken könnte, mir ein Kind zuzulegen.« Sie hatten wenig Vertrauen in die eigene Fähigkeit, ein Kind glücklich großzuziehen. Andere hatten Angst, ein Kind könnte ihre Ehe ins Wanken bringen. Niemand führte eine anstrengende berufliche Karriere als Grund dafür an, keine Kinder haben zu wollen.

Ich fand es faszinierend, dass Scheidungskinder, die Kinder haben wollen, und Scheidungskinder, die keine Kinder wollen, unter Hinweis auf die gleichen Erfahrungen zu diesem unterschiedlichen Ergebnis gelangen. Denjenigen, die Kinder wollen, geht es darum, die eigene Lebensgeschichte noch einmal umzuschreiben, indem sie den Kindern geben, was sie selbst nicht bekommen haben. Diejenigen, die keine Kinder wollen, haben kein Interesse daran, auf ihre Lebensgeschichte zurückzublicken, und sehen so gut wie nichts, was sie im Sinne der Elternschaft motivieren könnte. Sie zweifeln wohl daran, dass sie es besser machen könnten als ihre eigenen Eltern, und haben kein Interesse daran, es zu versuchen. Aber als ich mir ansah, wie sie erzogen wurden – wie viel Kontakt hatten die Kinder mit den Vätern, wie sah es mit der Unterhaltszahlung aus, wie war die Stimmung zwischen den geschiedenen Eltern –, konnte ich kaum etwas finden, was die beiden Gruppen voneinander unterschieden hätte. Sie sind sich ähnlich bis auf die Tatsache, dass diejenigen, die keine Kinder wollen, in größerer Distanz zu ihren Eltern standen – nämlich entweder ärgerlicher auf sie oder aber weniger interessiert an ihnen waren. Ein gewichtiges, wenn auch in der Regel unbewusstes Motiv für den Kinderwunsch ist der Gedanke des Zurückzahlens: Ich weiß es zu schätzen, dass ich von euch in die Welt gesetzt wurde, und ich lasse euch in der Person meines Kindes sozusagen ein Pfandrecht auf eure Unsterblichkeit. Es ist ganz natürlich, dass Mütter ihr neugeborenes Kind den eigenen Eltern mit großem Stolz und im Gefühl einer starken Zusammengehörigkeit präsentieren. Mir fiel auf, dass nur wenige der Scheidungskinder sich für den Wunsch ihrer Eltern interessierten, Großeltern zu werden. Dagegen kam dieses Thema häufig in der Gruppe derer auf, die in intakten Familien aufgewachsen waren. Vielleicht ist es ganz natürlich, dass »Kinder«, die wegen der elterlichen Scheidung noch immer ärgerlich sind, dieses Geschenk sozusagen zurückhalten, um so ihre Distanz gegenüber den eigenen Eltern zu wahren. Wenn das zutrifft, dann haben wir es hier mit einem außerordentlich traurigen Vermächtnis unserer Scheidungskultur zu tun.

Das Versorgerkind als Erwachsene

Während Karen mir von ihrem Leben und davon erzählte, was sich für sie alles verändert hatte, fiel mir eine Frage ein, die ich mir vier Jahre zuvor gestellt hatte: Wie geht es auf lange Sicht mit den Versorgerkindern weiter? Die Fachleute sind zumeist der Ansicht, dass diese Rolle der Entwicklung des Kindes nur abträglich sein kann, weil es in der Schule weniger gut, mit- und beim Spielen zu kurz kommt und seine eigenen Interessen den Bedürfnissen der Familie opfert. Die Antwort ist allerdings komplizierter. Ja, das Versorgerkind kommt zu kurz, was die Freuden und Aktivitäten der Kindheit und der Adoleszenz angeht. Es hat aber auch einen großen Gewinn von seiner Rolle, der ihm auf lange Sicht zugute kommt. Nachdem wir mit vielen dieser Kinder gesprochen und ihre Entwicklung zur reifen erwachsenen Persönlichkeit verfolgt haben, ist es vielleicht Zeit, unsere Vorstellungen davon, was diese Erfahrung aus ihnen macht, zu revidieren.

Viele Versorgerkinder werden prächtige Erwachsene. Karen ist eine einfühlsame und verantwortungsbewusste Person, deren Altruismus und mitmenschliches Engagement in ihrer Kindheitsrolle wurzeln. Ihre frühen Erfahrungen weckten eine Echofähigkeit und hohe Moralität, die sie als Erwachsene zu Beziehungen finden ließen, die von Liebe und Zuwendung getragen sind. Mit ihr zu sprechen war nicht schwierig, und das Gespräch war lohnend, weil sie so rasch erfasste, worauf ich hinaus wollte und was mich interessierte. Was sie heute ist, hat zweifellos seine Wurzeln in der Empathie und dem Mitgefühl, die schon das Kind zeigte. Karen versteht sich auf das Geben und Nehmen, wie es wahre Liebe und Freundschaft auszeichnet. Aus der Rolle der Märtyrerin hat sie sich befreit. Ihre Beziehungen sind nicht länger Einbahnstraßen, und sie erwartet, dass ihr die Liebe, die sie anderen gibt, in vollem Umfang zurückgegeben wird. Trotz ihrer schmerzlichen Erfahrungen liebt Karen ihre Eltern und Geschwister sehr und weiß als erwachsene Frau, dass Liebe ihrerseits Loyalität und gegebenenfalls Opferbereitschaft weckt. Sie ist nicht zur Zynikerin geworden und nicht verbittert. Sie hat ihren Eltern nicht vorgeworfen, sie um ihre Kindheit und ihre Jugend gebracht zu haben (auch wenn ihr dieser Gedanke manchmal kam). Sie ist froh, dass sie getan hat, was sie als Kind und Heranwachsende getan hat. Und sie ist auch heilfroh darüber, dass es ihr gelungen ist, aus der scheinbar bodenlosen Fallgrube von Selbstaufopferung und Schuldgefühl herauszukommen. Ihre Erfahrungen als Tochter bereiteten den Boden dafür, dass sie sich mit ihrer ganzen Person auf eine liebende Beziehung zu einem Mann einlassen und eine einfühlsame und hingebungsvolle Mutter sein konnte.

Natürlich gelingt es nicht allen solchen »Kindern«, sich jemals aus der Rolle der Versorgerin für Vater oder Mutter, für den Ehemann oder eine andere unselbstständige Person zu befreien. Es warten viele gefährliche Fallen am Weg des Versorgerkindes, das die Interessen anderer Menschen weit über sein eigenes Wohl stellt. Karen hätte durchaus in ihrer unseligen Liaison mit einem Mann stecken bleiben können, der auf ihre Versorgungsleistungen wartete und insoweit den Platz ihrer »armen« Eltern eingenommen hatte. Mehrere Versorgerkinder heirateten ganz folgerichtig Männer, die auf die Versorgung durch die Partnerin angewiesen waren, und in der Tat war es das, was sie für die Versorgerin anziehend machte. Auch Karen hätte zu Hause bleiben, wie das bekannte Kind aus dem Märchen neben der Asche sitzen und darauf warten können, von einer Fee oder einem Prinzen erlöst zu werden. Die Versorgerrolle zieht also eine weitere Aufgabe für die Trägerin nach sich – die Aufgabe, sich zu befreien, herauszukommen und sich auf den Weg aufwärts zu machen, denn niemand wird sie retten oder ihr auch nur beistehen.

Zweifellos ist die Versorgerrolle eine heikle Sache. Wenn sie bis in die Jahre der Adoleszenz fortbesteht, trägt sie der jungen Person ein Gefühl des Stolzes und der Befriedigung ein, die Vorstellung, etwas Gutes bewirkt und der Familie geholfen zu haben. Wenn diese Rolle allzu lange fortbesteht und ihr keine Grenzen gesetzt sind, dann wird das Kind allmählich der Ansicht sein, es sei für das Weiterleben der Mutter verantwortlich. Dann wird diese Rolle zu einer unerträglichen Bürde. Und wenn sie bis ins Erwachsenenleben andauert und zum vorherrschenden Muster des Umgang mit anderen Menschen wird, dann stellt sie eine ernsthafte Gefahr für die Freude am eigenen Leben dar. Die andere große Gefahr ist, dass das Versorgerkind sich für immer um seine Kindheit betrogen fühlt und als Erwachsene versucht, sich für das entgangene kindliche Spiel oder für die als Kind nie genossene Versorgung im weitesten Sinne irgendwie schadlos zu halten. Letzten Endes spitzen sich die Dinge auf die entscheidende Frage zu, ob das Versorgerkind seine Rolle ablegen kann, wenn es erwachsen ist, oder ob es emotional und manchmal auch rein räumlich an die Eltern gebunden oder auf die eigenen unbefriedigten Bedürfnisse fixiert bleibt.

Während unser Zusammentreffen sich seinem Ende näherte, wurde mir klar, dass Karen mir ein intimes Portrait geliefert hatte, ein Bild vom Aufwachsen in einer geschiedenen Familie, in der die elterlichen Funktionen zusammenbrechen und das Kind die Verantwortlichkeiten der Erwachsenen übernimmt. Sie hatte mir gezeigt, dass und wie sie sich schließlich aus der fordernden Versorgerrolle befreit und eine eigene Familie gegründet hatte. Und sie hatte sich mit bemerkenswerter Offenheit über Gefühle und Reaktionen geäußert, die ihr als Folge der elterlichen Scheidung geblieben waren und mit denen sie sich nahezu täglich auseinandersetzen musste. Auf der Rückfahrt dachte ich mit Bewunderung daran, dass sie mit Optimismus nicht nur in ihre eigene Zukunft, sondern auch in die Zukunft ihrer Generation blickte. Sie sagte: »Die Scheidung lässt einen sehr rasch erwachsen werden. Als ich jung war, hat mich das erbost, aber als ich dann älter wurde, stellte ich fest, dass es eine gute Sache sein kann. Manche Kinder waren so wütend wegen der Scheidung ihrer Eltern, dass ihnen nichts anderes einfiel als es mit Drogen zu versuchen und in ein verkorkstes Leben zu rutschen. Ich kenne noch jetzt Leute, die sich nicht davon erholt haben. Aber ich habe mich davon erholt. Und ich kann Ihnen auch sagen, wie das kam. Irgendwann zwischen Zwanzig und Dreißig habe ich aufgehört, meiner verlorenen Kindheit nachzutrauern. Ich glaube, das ist das Geheimnis. Ich sagte mir: Wichtig ist das Heute, nicht das Damals. Und mir wurde klar, dass ich ja ich bin und nicht etwa meine Eltern. Ich kann tun, was ich will – ich muss nicht tun, was sie taten. Ich habe gelernt, die Verantwortung für mich und für mein Leben zu übernehmen.«

Dann sagte sie: »Ich weiß, wir leben in einer Scheidungsgesellschaft, und viele Leute glauben nicht mehr daran, dass man einen Partner fürs Leben finden kann. Aber ich glaube noch immer, dass die Ehe eine wunderbare Sache sein kann. Ich mag den Gedanken, dass meine Ehe es ist. Aber man braucht die richtige Einstellung und das richtige Instrumentarium, damit sie funktioniert. Ich hoffe, dass Maya und die Kinder ihrer Generation es fertig bringen, aus Liebe zu heiraten, ohne Hypotheken.«

Ich glaube, dass Karen mit ihren Hoffnungen und Befürchtungen für uns alle spricht.

1 Die Zahlen zum »Erfolg« später geschlossener Ehen (Partner 25 Jahre und älter) der Männer und Frauen aus der Gruppe unserer Scheidungskinder, aus der von uns zusammengestellten Vergleichsgruppe und aus der für die ganze Nation repräsentativen Erhebung lauten:

Erwachsene Scheidungskinder	**Erwachsene aus intakten Familien**	**Nationale Studie**[d]
(Unsere Stichprobe)	*(Unsere Stichprobe)*	
Von den Scheidungskindern, die heirateten, taten 50 % dies jenseits des vollendeten 25. Lebensjahres.	Von denjenigen Probanden, die heirateten, taten 89 % dies jenseits des vollendeten 25. Lebensjahres.	Von denjenigen, die heirateten, taten 65,5 % dies jenseits des 25. Lebensjahres[e]
Von den männlichen Scheidungsopfern heirateten 59 % jenseits des vollendeten 25. Lebensjahres.	Von den Männern heirateten 80 % jenseits des vollendeten 25. Lebensjahres.	Von den Männern heirateten 71 % jenseits des 25. Lebensjahres
Von den weiblichen Scheidungsopfern heirateten 44 % jenseits des vollendeten 25. Lebensjahres.	Von den Frauen heirateten 95 % jenseits des vollendeten Lebensjahres.	Von den Frauen heirateten 60,1 % jenseits des 25. Lebensjahres
Von den jenseits des 25. Lebensjahres geschlossenen Ehen endeten 21 % durch Scheidung.	Von den jenseits des 25. Lebensjahres geschlossenen Ehen endeten 6 % durch Scheidung.	Über die Scheidungsrate ist nichts bekannt.

d Entnommen aus Glenn, »Courtship and Marital Choice«.

e Eine Differenzierung nach dem Geschlecht ist hier nicht erfolgt.

2 Bezüglich der Frage, wie viele von unseren erwachsenen Scheidungskindern und wie viele von den Probanden aus der Vergleichsgruppe eigene Kinder haben, gelangten wir zu folgenden Zahlen:

Erwachsene Scheidungskinder	**Erwachsene aus intakten Familien**
38 % haben Kinder	61 % haben Kinder
32 % der Männer haben Kinder	75 % der Männer haben Kinder
42 % der Frauen haben Kinder	54 % der Frauen haben Kinder
17 % derer, die Mutter bzw. Vater sind, haben Kinder, die außerehelich geboren sind.	Niemand in der Vergleichsgruppe hat außerehelich geborene Kinder.

Die durchschnittliche Kinderzahl unserer erwachsenen Scheidungskinder bzw. unserer Vergleichspersonen beträgt gegenüber der Kinderzahl im nationalen Durchschnitt:

Erwachsene Scheidungskinder

(Unsere Stichprobe)	*(Nationale Stichprobe)*[a]
Gesamt: 0,57	Gesamt: 1,6
Männer: 0,42	Männer: 1,4
Frauen: 0,67	Frauen: 1,8

Erwachsene aus intakten Familien

(Unsere Stichprobe)	*(Nationale Stichprobe)*
Gesamt: 1,2	Gesamt: 1,6
Männer: 1,4	Männer: 1,5
Frauen: 1,0	Frauen: 1,7

a Die Angaben entstammen den General Social Surveys (National Samples) der Jahre 1990-96 und beziehen sich auf die Altersgruppe der 28- bis 43-Jährigen, wobei eine Differenzierung nach dem Geschlecht nicht vorgenommen wurde.

3 Scheidung und eigene Elternschaft in der Gruppe unserer Scheidungskinder, der Gruppe unserer Vergleichspersonen aus intakten Familien und im nationalen Durchschnitt:

Erwachsene Scheidungskinder	**Erwachsene aus intakten Familien**	**Nationale Studie**[b]
36 % derer, die sich scheiden ließen, hatten Kinder	33 % derer, die sich scheiden ließen, hatten Kinder	53 % der Paare, die sich scheiden ließen, hatten Kinder
14 % der Männer, die sich scheiden ließen, hatten Kinder	Fallmaterial nicht ausreichend	Zahlenmaterial nicht verfügbar
47 % der Frauen, die sich scheiden ließen, hatten Kinder	Fallmaterial nicht ausreichend	Zahlenmaterial nicht verfügbar

b Quelle: Centers for Desease Controll and Prevention, Monthly Vital Statistics Report, vol. 43, Nr. 9, Suppl., 22.3.1995. (Die Zahl bezieht sich auf die Jahre 1989-1990, die für die Anzahl der Scheidungen in unserer Stichprobe typisch waren.)

4 Genaue Zahlen in Anm. 2 zu diesem Kapitel.

6.

Das Rollenvorbild der Eltern

In Kapitel 4 haben wir gesehen, dass Gary von zwei Menschen erzogen wurde, die zwar keine glückliche Ehe miteinander führten, die aber gute Eltern waren, ihren Kindern Liebe und Schutz gewährten und ihnen einen moralischen Kompass mit auf den Weg gaben. Sie waren nicht nur imstande sich zu sagen, dass ihren Kindern der erste Platz zukam, sondern sie konnten im Interesse der Kinder auch zusammenarbeiten. Als einer ihrer Söhne als älterer Schüler in Schwierigkeiten geriet, suchten sie Hand in Hand den Schulpsychologen auf, um sich Rat zu holen. Sie stellten einen Plan auf, wer von ihnen jeweils bis in die Nacht aufbleiben sollte, um auf den herumstreunenden Sohn zu warten – bis dieses problematische Verhalten sich schließlich legte. Obwohl sie ärgerlich aufeinander waren, einander misstrauten und sich von ihrer Ehe enttäuscht fühlten, präsentierten sie ihren Kindern sozusagen eine geschlossene Front. Garys Eltern sind wie Millionen amerikanischer Paare, die erhebliche Probleme miteinander haben und darunter leiden, für die aber dennoch ihre Kinder an erster Stelle kommen. Wir können also fragen: Waren die ehelichen Schwierigkeiten von Garys Eltern etwas, das den Sohn bei seiner Suche nach einer Lebenspartnerin beeinflusste? Gibt es Elemente ihrer unglücklichen Beziehung, die Gary in seine eigene Ehe eingebracht hat? Oder war es doch die Gemeinsamkeit ihres elterlichen Engagements, die den stärksten Eindruck hinterließ? Wie wirkten sich die Spannungen in der Ehe seiner Eltern auf Garys Identität als Ehemann und Vater aus? Und wie sieht das Verhältnis zu seinen Eltern heute aus?

Gary hatte ja angedeutet, dass die Ehe seiner Eltern nicht ohne Einfluss auf seine eigene Ehe geblieben war. Jetzt wollte ich mehr über sein Leben mit Sara hören, und so sagte ich: »Erzählen Sie mir etwas über Ihre Ehe.«

»Ja, dass ich Sara getroffen habe, war wirklich ein Wendepunkt in meinem Leben«, antwortete er, offensichtlich erfreut über diesen Wechsel des Themas. »Aber erst will ich Ihnen mal den ganzen Hintergrund skizzieren. Ich hatte das College abgeschlossen und zwei Jahre bei der Friedenstruppe gedient. Anschließend dachte ich zuerst daran, bei meinem Vater ins Geschäft einzusteigen, aber irgendwie begeisterte mich das nicht. Deshalb fing ich dann bei einem Freund an, der ein kleines Software-Unternehmen aufbaute. Damals lebte ich mit Tanya zusammen. Sie war eine schöne und temperamentvolle Frau, wir waren wahnsinnig verliebt, und alles war einfach toll, bis ich sie dann näher kennen lernte. Ich konnte es nicht fassen: Sie war in vielem genau so wie meine Mutter in ihren schlimmsten Augenblicken.« Gary schüttelte sich in Erinnerung an das, was er erzählte. »Sie war besitzergreifend und eifersüchtig und setzte mir zu, dass wir heiraten sollten. Ich war aber noch nicht so weit, und nach ungefähr einem Jahr wollte ich nur noch weg. Aus dieser Erfahrung habe ich viel gelernt. Mir wurde klar, dass ich eine Frau wollte, die selbstständig denkt und nicht ihr Ein und Alles in mir sieht. Und eine Frau von sehr viel ruhigerem Wesen. Eine Neuauflage vom Leben meines Vaters wollte ich nicht.«

Gary hatte sich auf eine enge Beziehung zu einer Frau eingelassen, die so ungestüm war wie seine Mutter. Sie war genau die Art von Frau, der aus dem Weg zu gehen er sich geschworen hatte. Von den einstigen Kindern aus intakt gebliebenen Familien, die uns als Vergleichspersonen dienten, berichteten viele von ähnlichen Episoden. Auch sie hatten Liebesaffären mit Partnern, die zwar aufregend, aber eben doch »die Falschen« waren. Die meisten erschraken zutiefst und kamen mit knapper Not davon. Später ordneten sie diese Beinahe-Unfälle als eine Art Übergangsriten ein, denen eine wichtige Funktion auf dem Weg zur persönlichen Reife zukam. Sie nutzten die Erfahrung, um sich darüber klar zu werden, was sie bei einem Lebenspartner eigentlich suchten, und hatten dann zu dem Zeitpunkt, zu dem sie ohnehin bereit waren zu heiraten, eine einigermaßen realistische Vorstellung davon, was sie wollten und brauchten. Und was noch wichtiger war: Sie wussten jetzt, was sie nicht wollten, egal wie aufregend es war, und sie wussten, wann sie gut daran tun würden, sich aus einer Beziehung zu verabschieden. Das Bild in ihren Köpfen war ein Konglomerat aus ihrer Sicht der Ehe ihrer Eltern, eigenen früheren Erlebnissen und ihren lebenslänglichen Hoffnungen und Sehnsüchten. Bei ihrer Suche nach Liebe und sexueller Intimität hatten sie überdies viel über sich selbst in Erfahrung gebracht. Es war ebenso sehr eine Selbstentdeckungs- wie eine Entdeckungsreise.

Dagegen gingen die Scheidungskinder, wie wir nicht nur an Karens Beispiel gesehen haben, nicht in dieser Weise auf die Suche nach einem Menschen, wie sie ihn wollten und brauchten. Sie hatten nicht genug Selbstvertrauen, um sich zu sagen, dass sie ja schließlich wählen konnten. Manche von ihnen hatten zwar viele Beziehungen, aber das führte nicht dazu, dass sie sich selbst etwa besser verstanden oder eine klarere Vorstellung von dem für sie geeigneten Partner gehabt hätten. Sie waren viel zu besessen von ihrer Angst vor der Einsamkeit und viel zu »arm«, um einen ungeeigneten Liebespartner zurückzuweisen und lieber weiterzusuchen. Sie wagten es einfach nicht. Auch hatten sie am Beginn eines Liebesverhältnisses oder einer Ehe nicht etwa ein Portrait im Sinn. Ihre Vorstellungen, was den idealen Partner betraf, waren eher skizzenhaft oder sehr dürftig und beruhten sehr weitgehend auf Befürchtungen und nicht etwa auf vorausschauender Überlegung. Die meisten wollten jemanden, der ihnen nett und liebevoll begegnen und ihr Vertrauen nicht enttäuschen würde. Anstatt aktiv zu wählen, arrangierten sie sich mit dem, was sich gerade bot. Sie zogen mit Liebespartnern zusammen, die ernsthafte Probleme hatten, und versanken in jahrelanger Unbeweglichkeit, wobei sie nur eine vage Vorstellung davon hatten, was da eigentlich schief gegangen war.

Das ist ein gravierender Unterschied zwischen Kindern aus geschiedenen und solchen aus intakt gebliebenen Familien, und Gary hatte mich regelrecht darauf gestoßen. Man kann durchaus sagen, dass im Zusammenhang der Ehe der erste Schritt zugleich der wichtigste ist – die Wahl des »richtigen« Partners bzw. einer Person, die dem in diesem Fall »richtigen« Partner am nächsten kommt. Manche Menschen wissen instinktiv, was sie wollen und brauchen. Mein eigener Mann hat mir in fünfzigjähriger Ehe immer wieder gesagt, dass er am Tag unseres ersten Zusammentreffens beschlossen hat, mich zu heiraten. Damals war er einundzwanzig. Ich habe keinen Grund, ihm oder anderen, die das Gleiche sagen, etwa nicht zu glauben. Aber die meisten Menschen gehen Garys Weg, das heißt, sie finden allmählich heraus, was sie brauchen, und wenn sie es gefunden haben, bemühen sie sich darum. Menschen, die in hinreichend guten intakten Familien aufgewachsen sind und sich von ihren Eltern geliebt wissen, zweifeln in der Regel nicht daran, dass sie die Möglichkeit der Wahl haben und dass sie zum richtigen Zeitpunkt dann auch imstande sein werden zu wählen. Dass so viele Ehen von Scheidungskindern wieder in die Brüche gehen, mag daran liegen, dass sie schon so planlos und wenig glücklich begonnen werden.

»Erzählen Sie mir, was an Sara so anders war. Wie kamen Sie zu der Erkenntnis, dass sie die Eine war?«

»Das ist eine gute Frage«, sagte Gary. »Ich wusste ja, ich wollte eine unabhängige Frau. Aber sie sollte auch freundlich und liebevoll und nicht zuckersüß sein. Es gefiel mir, dass sie emotional ausgeglichen und beständig war, denn das war auch etwas, was ich wollte. Nicht dieses übermäßig Theatralische. Das hatte ich bei meiner Mutter und anderen Damen zur Genüge gehabt. Sara zeigte mir, dass man auch auf andere Weise mit einer Frau leben kann. Und dass sie sehr attraktiv war, hat mir ja nicht wehgetan.«

Hier verdunkelte sich seine Miene. »Aber als es dann darum ging, einen Hochzeitstermin festzusetzen, bekam ich eben doch kalte Füße. Die Bilder kamen mit Macht zurück: Meine Eltern, wie sie miteinander stritten, mein Vater, der schließlich das Haus verließ, die weinende Mutter. Ich hatte jahrelang nicht mehr an diese Dinge gedacht, und jetzt geriet ich in Panik. Was, wenn es Sara und mir einmal genau so gehen würde? Ich wollte wirklich eine andere Ehe führen, als meine Eltern sie geführt hatten. Und dann hatte ich so etwas wie eine Erleuchtung. Mir wurde klar, dass es im Leben keine Garantien gibt und dass ich, wenn ich eine gute Ehe haben wollte, eben hart daran würde arbeiten müssen.«

Während Gary sprach, konnte ich die Ähnlichkeiten und Unterschiede zwischen ihm und den Scheidungskindern vor mir sehen. Wie alle jungen Männer und Frauen stand auch Gary beklommen an der Schwelle zur Ehe. Seine Unruhe wurde noch dadurch vergrößert, dass ihm das Unglück seiner Eltern bewusst war, und es ist kein Zufall, dass die Bilder ihrer Nöte und Schwierigkeiten in eben dem Augenblick über ihm zusammenschlugen, in dem er sich mit Sara zusammentun wollte. Er liebte sie, aber zugleich erschreckte ihn das lebenslange Unglück seiner Eltern. Aber er hielt nur kurz auf seinem Weg an. Es gab da ja noch ein Gegenbild, das ebenso eindrucksvoll war – das Bild seiner Mutter und seines Vaters, die im Interesse ihrer Kinder als Team eng zusammenarbeiteten. Er hatte eine Fülle von Erinnerungen an beide Seiten der Ehe seiner Eltern. Ihr Unglück schreckte ihn, aber er wusste auch eine Menge über die gelungenen Schritte und die Kompromisse, die sie eingegangen waren, um das Schiff ihrer Ehe jedenfalls flott zu halten. Es waren diese Beobachtungen, die hinter seiner Schlussfolgerung oder, wie er sagte, hinter seiner Erleuchtung standen – dass er, wenn er eine gute Ehe wollte, hart dafür arbeiten musste.

Eine Schule für zukünftige Ehepartner

Menschen, die in einer intakten Familie aufgewachsen sind, haben nicht nur Schulwissen erworben, sondern daneben auch so etwas wie eine »Schule der Ehe« mitbekommen und halten sich jetzt, als junge Erwachsene, für denkbar gut darauf vorbereitet, eine eigene Familie zu gründen. Sie haben ihre Eltern aufmerksam beobachtet – in vielen Gemütsverfassungen, an unterschiedlichen Orten und zu unterschiedlichen Zeiten, in Krankheit und Gesundheit. Sie haben gesehen, dass die Eltern, wenn es Spannungen gab, die Situation mit Humor zu überspielen suchten und sich bemühten, an Laune und Körpersprache des jeweils anderen abzulesen, ob hier nur eine kleine Verstimmung vorlag oder ob sich ein Sturm ankündigte. Einer meiner Kollegen, Paul Amato von der Pennsylvania State University, ist der Ansicht, dass der wichtigste Unterschied zwischen Menschen aus unversehrten Familien und solchen aus Scheidungsfamilien darin besteht, dass es den Letzteren an sozialen Fertigkeiten fehlt. Tatsächlich geht es aber um mehr als nur um soziale Fertigkeiten. Menschen, die in intakten Familien aufgewachsen sind, verstehen den Kontext der Ehe. Sie wissen, dass man seine Ehe, wenn sie in den Stürmen des Alltags funktionieren soll, jederzeit im Vordergrund und im Mittelpunkt seiner Gedanken halten muss. Keiner von ihnen wollte eine Ehe genau nach dem Muster der Ehe der eigenen Eltern. Zwischen den Generationen bestehen große Unterschiede: Alle Männer und Frauen in der Vergleichsgruppe wünschten sich eine freiere Beziehung als ihre Eltern sie hatten, eine Beziehung, in der mehr Gleichheit herrschen sollte, selbst wenn das für ein Mehr an Auseinandersetzungen sorgen würde. Sie alle erwarteten, dass die Ehefrauen arbeiten würden, was eine erhebliche Veränderung ihrer Rolle und zumal ihrer elterlichen Aufgaben und Funktionen bedeuten würde. Aber diese »Kinder« aus intakten Ehen hatten sich die Ehe ihrer Eltern zum Muster genommen, das sie nach ihren eigenen Wünschen ausgestalten konnten. Sie zweifelten nicht daran, dass glückliche Ehen grundsätzlich möglich sind, auch wenn ihre Eltern es nicht geschafft hatten, eine glückliche Ehe zu führen. Dass Scheidungskindern die Erinnerung an eine funktionierende Ehe fehlt, weil sie entsprechende Beobachtungen gar nicht machen konnten, benachteiligt sie erheblich bei ihren Versuchen, in engem Miteinander mit einem anderen Menschen zu leben und das Verhältnis so auszubalancieren, dass den Bedürfnissen beider Partner Rechnung getragen wird. Es ist, als sollten sie Tänzer werden, ohne je einen Tanz gesehen zu haben.

Kinder aus intakt gebliebenen Familien genießen, aus der Perspektive der nun Erwachsenen betrachtet, noch zwei weitere Vorzüge vor den Kindern aus geschiedenen Familien. Sie spürten die Kontinuität der Familie. Sie spürten, dass sie in einer bedeutsamen Tradition standen und dass sie es ihren Eltern wie ihren Kindern schuldig waren, diese Kontinuität aufrechtzuerhalten. Das Gefühl, Teil einer Familientradition zu sein, vermittelte ihnen eine Perspektive, die ihre Partnerbeziehung stabilisierte und Anteil an ihrem Wunsch hatte, Kinder zu haben. Sie hatten auch einen realistischen Blick dafür, dass Ehen sich mit der Zeit verändern. Sie erwarteten von ihren fünfundzwanzigjährigen Verlobten nicht, dass sie mit fünfundvierzig noch genau so aussehen und handeln würden. Sie wussten, dass die Elternschaft ihr Leben verändern würde. Es war ihnen klar, dass der Weg, der vor ihnen lag, manchmal steinig und manchmal eben sein würde. Sie rechneten nicht damit, dass die Dinge immer heiter oder vollkommen sein würden, ja sie wünschten sich das nicht einmal. Vielmehr erwarteten sie, dass ihre Beziehung zueinander sie als Individuen beeinflussen würde. Und schließlich waren sie vom ersten Tag ihrer Ehe an offen für Veränderungen.

Es überraschte mich zu hören, dass Gary sich unter anderem deshalb zu Sara hingezogen gefühlt hatte, weil sie aus einer Familie stammte, deren Mitglieder sehr eng zusammenhielten. Ich hatte nicht erwartet, dass jemand auch nur im Geringsten am Eheklima der Eltern jener Person interessiert sein würde, in die er sich verliebt hatte. Das war ein Irrtum. Mehrere »Kinder« aus intakten Familien sagten, sie sähen sich die potenziellen Schwiegereltern sehr wohl an, bevor sie sich allzu weit vorwagten. Manche behaupteten, schon nach der ersten Verabredung sagen zu können, ob der Partner aus einer geschiedenen Familie stammte: Die Frauen waren zu »eckig« und allzu sehr darauf bedacht zu gefallen, und die Männer vertrauten dem Gegenüber allzu rasch ihre Geschichte an. Ich bezweifle, dass diese Wahrnehmung von irgendeinem messbaren Einfluss auf die Bereitschaft ist, ein Scheidungskind zu heiraten, und ich weiß von keiner jungen Liebe, die deshalb in die Brüche gegangen wäre. Nichtsdestoweniger waren viele junge Leute der Ansicht, die Herkunft aus einer glücklichen und intakten Familie sei doch beruhigend. So hieß es etwa stolz: »Mein Mann kommt aus einer großen Familie, in der es keine Scheidung gegeben hat. Den plagen keine Dämonen.« In dieser Haltung spiegeln sich die in unserer Gesellschaft verbreitete Sorge um die Stabilität der Ehe und die Befürchtung, dass Scheidungskinder vielleicht kein so verpflichtendes Moment im Zusammenhang mit der Ehe erkennen.

Was mich beeindruckte, war das Selbstvertrauen, das so viele der Kinder aus harmonischen und intakt gebliebenen Familien an den Tag legten. Ungeachtet der hohen Scheidungszahlen unter ihren Freunden und Schulkameraden sagten sie, sie hätten nie daran gezweifelt, einen guten Ehepartner zu finden, Kinder zu haben und ein stabiles Leben zu führen. Für Leute wie Gary, die in problembelasteten, aber nicht darüber zerbrochenen Ehen aufgewachsen waren, galt dies allerdings nicht. Ihnen machte an der Schwelle zur Ehe durchaus auch der Gedanke zu schaffen, sie könnten womöglich das Verhalten ihrer Eltern wiederholen, aber zugleich waren sie fest entschlossen, genau das nicht geschehen zu lassen. Die Scheidungskinder brachten ungeachtet ihrer großen Hoffnungen auf eine gute Ehe eine erheblich größere Versagenserwartung und nur eine vage Vorstellung davon mit, was man tun kann, um die Beziehung vor Schaden zu bewahren.

Im Gegensatz dazu hatte Gary – ebenso wie die übrigen erwachsenen Probanden, die nicht vorhatten, die Ehe ihrer Eltern von neuem aufzuführen – ganz klare Zielsetzungen. Die Beobachtung seiner Eltern hatte unter anderem den Wunsch in ihm geweckt, in seiner Ehe eine bessere Kommunikation zu pflegen. »Das war nicht schwer«, witzelte er, »weil meine Eltern außer über uns Kinder so gut wie gar nicht miteinander sprachen. Kommunikation – da geht es nicht um Baseball, ja nicht einmal um die Kinder. Kommunizieren heißt die Probleme lösen. Ich dachte immer, die Erwähnung eines Problems müsste zwangsläufig zu einer großen, schreiend geführten Auseinandersetzung führen und damit enden, dass man sich missverstanden fühlt und der Ärger noch tagelang in der Luft liegt. Aber ich habe von Sara gelernt, dass es nicht so sein muss, dass man seine Differenzen besprechen kann und dass die Spannung dann nachlässt, anstatt größer zu werden. Das war eine riesige Erleichterung für mich.«

In seinem Unbehagen, was den Umgang mit Konflikten anging, hörte Gary sich ganz ähnlich an wie Karen. Der Unterschied ist, dass Gary schließlich lernte, seine Position darzulegen, ohne das Gefühl zu haben, der Zorn der ganzen Welt würde sich über ihm entladen. Karen konnte das nie. Gary hatte ihr einen großen Vorteil voraus: Er hatte viele Jahre lang gesehen, dass seine Eltern in Situationen, in denen es um die Kinder ging, konsequent zusammenarbeiteten. Ihre Kooperation machte es ihm leichter, seinerseits von Sara zu lernen, wie man unmittelbar mit Meinungsverschiedenheiten umgeht, ohne die Furcht, dass dies die Ehe aus den Angeln heben wird. Er war auch sehr erleichtert zu sehen, dass Sara fest davon überzeugt war, eheliche Probleme seien dazu da, gelöst zu werden.

Die vielen Facetten des Vermächtnisses, das Gary von seinen Eltern übernommen hatte, wurden an zwei Ehekrisen deutlich, die er mir schilderte. Die erste spiegelt die von seinem Vater geerbte eiserne Entschlossenheit, für seine Ehe zu kämpfen, und seine Überzeugung, dass der Ehe die Priorität vor allen anderen Beziehungen zukommt.

»Die erste Stunde der Wahrheit in unserer Ehe kam, weil Sara so eng mit ihrer Familie verbunden war. Wir waren noch nicht lange verheiratet, als sie sich bei einem bösen Skiunfall das rechte Bein brach. Es war ein komplizierter und sehr schmerzhafter Bruch, und sie bekam einen Gips und Krücken und Medikamente. Gleich in den ersten Tagen kam ihre Mutter zu Besuch und nahm sie kurzentschlossen mit, um sich bei sich zu Hause um sie zu kümmern. Als ich heimkam, war Sara nicht da. Stattdessen fand ich eine Nachricht von ihrer Mutter, in der es hieß, Sara würde so lange bei ihrer Familie bleiben, bis es ihr wieder besser ginge, und sie hofften, dass ich häufig bei ihnen vorbeikommen würde. Ich war so wütend, dass ich am liebsten alles kurz und klein geschlagen hätte. Ich rief Sara an, sagte: 'Was zum Teufel ist da eigentlich los?' und hörte von ihr, dass ihre Mutter es so gewollt und dass sie dann eben zugestimmt hatte. Ich sagte, zum Teufel nochmal, ich sei schließlich ihr Mann, sie sei mit mir verheiratet, und ihr Zuhause sei hier bei mir. Dann rief ich meinen Vater an und bat ihn, mir in den nächsten Wochen im Geschäft zu helfen, sodass ich hin- und herlaufen und Sara ihr Essen bringen und mich überhaupt immer vergewissern konnte, wie es ihr ging. Ich kann Ihnen sagen, ich holte Sara so schnell zurück, dass sie kaum wusste, wie ihr geschah. Sie war sehr still während der Fahrt. Ein paar Tage später hatten wir ein langes und sehr nützliches Gespräch, bei dem ich ihr klar machte, dass sie in erster Linie Ehefrau und erst in zweiter Linie Tochter ist, dass sie zu mir gehört, so wie ich zu ihr gehöre, und dass wir, was es auch sei, immer einer für den anderen sorgen werden. Sie war ganz klein und erhob keinerlei Einwände. Tatsächlich glaube ich, dass sie froh war, dass ich so für sie gekämpft habe. Sie wusste wohl, dass eine Trennung von ihrer Familie überfällig war. Jedenfalls – diese Schlacht habe ich kampflos gewonnen.«

Man kann wohl zu Recht sagen, dass Gary mit dieser Schlacht die Ehe als das etablierte, was für ihn und Sara an erster Stelle zu stehen hatte. Er sah durchaus die Tragweite dessen, was er getan hatte, als wir darüber sprachen. »Ich habe für meine Ehe gekämpft«, sagte er. »Das sind genau die Werte, die meine Leute mir vermittelt haben. Sie haben mich gelehrt, dass die Ehe an erster Stelle kommt. Ich wusste: Wenn ich jetzt nicht etwas Drastisches unternehmen würde, dann würde unsere Familie am Ende zu einem Satelliten der Familie ihrer Eltern.«

Es ist natürlich nicht möglich, die individuellen Vorkommnisse in der einen Ehe mit dem zu vergleichen, was in anderen Ehen vor sich geht. Aber als ich die Geschichten der Scheidungskinder noch einmal durchging, sah ich zu meinem Schrecken, wie passiv diese jungen Männer und Frauen ihre ehelichen Schwierigkeiten angingen. Wenn es in der Beziehung kriselte, war es in der Regel so, dass der Mann darauf wartete, dass seine Frau eine Entscheidung treffen würde. Er akzeptierte ihr Verhalten als gegeben und als etwas, das letztlich durch das, was er etwa sagen oder tun würde, gar nicht zu modifizieren wäre. Es war, als ob die Schwierigkeiten, denen sie mit Schrecken entgegengesehen hatten, nun eben wahr geworden wären und sie nichts tun könnten, um die Situation zu verändern.

Die zweite Krise in Garys Ehe spiegelte gewisse Vorstellungen, die er sich vor dem Hintergrund der elterlichen Ehe unbewusst zu Eigen gemacht hatte. Das innere Bild der Familienbeziehungen, das wir in uns tragen, ist uns nur zu einem Teil bewusst. Vieles davon taucht nur auf, wenn es im Rahmen einer ganz bestimmten Interaktion aufgerufen wird.

Gary erzählte mir von der schlimmsten Auseinandersetzung, die er überhaupt mit Sara gehabt hatte. Ihr jüngstes Kind hatte chronische Ohrenschmerzen, weshalb sie beide nachts nicht schliefen, und der Sohn klagte im Kindergarten über Bauchschmerzen. »Ich war vollkommen erschöpft und restlos desillusioniert«, sagte er. »Sara und ich hatten überhaupt kein Interesse mehr aneinander. Wir waren festgefahren, alles drehte sich nur noch um die Kinder, und Zeit für uns selber hatten wir nicht. Ich wollte mit Freunden für ein paar Tage zum Skifahren. Das kam allerdings ganz schlecht an! Ich gab klein bei, maulte aber, nicht besonders taktvoll, dass sie uns in die Schablone ihrer Eltern drückte, die wirklich niemals irgendetwas ohne ihre Kinder unternommen hatten. Sie bemühte sich nun auch ihrerseits nicht mehr um Takt und sagte, mit der Ehe ihrer Eltern hätte das alles gar nichts zu tun. Aber es machte sie verrückt, dass ich immer alles unter dem Gesichtspunkt anginge, dass sie geschont werden müsste. Sie hätte es dreimal satt, behandelt zu werden wie eine zerbrechliche Puppe, die zu müde ist, um auszugehen, und zu erschöpft, um Sex zu haben. Oh ja, sie hat die Fetzen fliegen lassen. Nachdem ich meine Knochen mühsam wieder zusammengesucht hatte, kam mir der Gedanke, dass sie vollkommen Recht hatte. Mir war überhaupt nicht klar gewesen, dass meine Eltern mir die Vorstellung vermittelt hatten, eine Frau sei zerbrechlich, und man müsse auf Zehenspitzen um sie herumgehen, sonst würde sie explodieren. Tatsächlich hatte ich bis zu diesem Nachmittag nicht gemerkt, dass mein Vater sich wirklich immer sehr passiv verhielt und immer beobachtete und abwartete, ob meine Mutter ihn vielleicht kritisieren oder eine Migräne kriegen oder heulend in ihr Zimmer rennen würde. Alles, was Sara sagte, stimmte und traf mich wie eine Ladung Ziegelsteine.

»Aber es war ein Hieb, der ein gutes Ende nahm«, sagte er dann. »Seitdem gehen wir einmal in der Woche aus, und unser Sexleben ist wieder besser. Wir haben uns von den Geistern meiner Eltern befreit, die sich zwischen uns gedrängt hatten. Man könnte sagen, dass wir uns gegenseitig die Freiheit gegeben haben.«

Sara hatte eindeutig den Finger genau auf das gelegt, was Gary von seiner Familie gewohnt war und unbewusst von neuem inszenierte: Die Frau ist zerbrechlich und gerät rasch aus der Fassung; der Mann muss daher ständig wachsam sein und den Sturm voraussehen. Im Einklang mit dieser Vorstellung bewegte Gary sich in seiner Ehe mit größter Vorsicht, um sicher zu sein, dass er seine Frau nicht überfahren würde. Genau dieser Umstand – dass sie sich ständig so behandelt sah, als wäre sie drauf und dran zu explodieren – machte Sara wütend. Schließlich explodierte sie wirklich, und damit sahen beide sich unmittelbar den verborgenen Erwartungen konfrontiert, die Gary bezüglich seiner Frau mit in die Ehe mitgebracht hatte.

Wir alle bringen bewusste und unbewusste Erwartungen, Hoffnungen, unerfüllte Wünsche und Fantasien aus längst vergangener Zeit mit in die Ehe. Und wir alle treffen dann, wenn wir an die Hoffnungen, Befürchtungen und Fantasien des Partners rühren, auf dessen bewusste und unbewusste Zielsetzungen. Das Geheimnis einer guten Ehe besteht darin, dass die Partner sich hinreichend gut aufeinander einstellen, sodass jeder von ihnen feststellt: Diese Beziehung ist auf eine einmalige Weise befriedigend, manchmal auch auf eine einmalige Weise ärgerlich, aber wahrscheinlich unersetzbar. Menschen, die in der Obhut einer guten Ehe aufgewachsen sind, haben es insoweit leichter. Sie haben deutliche Vorbilder im Kopf und wissen, welche Anstrengungen notwendig sind. Sie haben gesehen, dass es funktioniert – und sie geben nicht so leicht auf.

Menschen, die in unglücklichen, aber intakt gebliebenen Ehen aufgewachsen sind, haben eher verhaltene Hoffnungen und Erwartungen und tun sich unter Umständen schwerer mit dem Entschluss zu heiraten. Sie haben aber auch ein außergewöhnliches Vorbild, nämlich Eltern, die imstande waren, Ärger und Unmut auf den Partner zu besiegen, um ihre Kinder vor Schaden zu bewahren. Nach einer langen Reise vermochten sowohl Karen als auch Gary und viele ihrer Schicksalsgenossen ihre Ehe intakt zu halten, weil sie bereit waren, gewisse Dinge zu ändern. Alles in allem sind ihre Lebensgeschichten hoffnungsvoll und ermutigend.

Elternschaft und das Vermächtnis einer intakt gebliebenen Herkunftsfamilie

Kinder haben für ihre Eltern in jedem Fall auch eine symbolische Bedeutung. So wie sie einerseits unsere Zukunftshoffnungen und -träume verkörpern, so rufen sie uns andererseits unweigerlich die Vergangenheit in Form lebhafter Bilder und Erinnerungen an die eigene Kindheit und in Form starker Gefühle gegenüber den Eltern unserer Kinderjahre ins Gedächtnis. Bei Karen und vielen anderen Scheidungskindern löste der Entschluss, ein Kind zu haben, folgerichtig auch Gefühle von Trauer, Wut und Deprivation aus. Wann immer sie sich in Gedanken als Mutter eines Kindes sah, kamen ihr Bedenken. Konnte sie darauf bauen, dass ihre Ehe halten würde? Würde Gavin ein besserer Vater sein als ihr eigener Vater? Konnte sie sich zutrauen, als Mutter ihrem eigenen Kind eine besser behütete und glücklichere Kindheit zu schaffen, als sie selbst sie gehabt hatte? Sie war entschlossen, das zu tun. Wie alle Eltern seit Urzeiten hatte sie den Wunsch, dass ihr Kind all das haben sollte, was sie selbst vermisst hatte. Anders als ihre Schicksalsgenossen aus geschiedenen Familien, die den entgegengesetzten Weg gingen, nämlich die Elternschaft für sich ablehnten, traute sie sich zu, ihre Sache als Mutter gut zu machen.

Für Gary dagegen hatte der Entschluss, Vater zu werden, niemals wirklich in Frage gestanden. Seine Eltern hatten sich ihren Kindern gegenüber als Einheitsfront präsentiert, und Gary hatte ein ausgezeichnetes Rollenvorbild eines liebevollen und einfühlsamen Vaters. Insoweit war er fraglos besser dran als alle seine Schicksalsgenossen, die von geschiedenen »Teilzeit«-Vätern erzogen worden waren. Als Vater eigener Kinder konnte Gary die guten Erinnerungen an seine Kindheit wieder zum Leben erwecken. Auch Scheidungskinder, die ein enges und liebevolles Verhältnis zu einem Stiefvater unterhielten, hatten damit ein gutes Rollenvorbild, an das sie sich halten konnten, und die erfreuliche Aussicht, sich im Zusammenleben mit eigenen Kindern glückliche Momente ihrer Kindheit ins Gedächtnis zu rufen.

»Dass wir Kinder haben, hat sich sehr stark auf unsere Ehe ausgewirkt«, sagte Gary zufrieden. »Ich bin sehr gern Vater. Mir gefällt die Neuheit des Lebens meiner Kinder. Ich liebe es, ihnen die Bücher vorzulesen, die meine Eltern mir vorgelesen haben, und die Spiele wieder zu spielen, die ich schon als Kind gespielt habe. Das waren glückliche Zeiten, und meine Kinder ermöglichen mir die doppelte Freude, ihnen Strecken meines Lebens nahe zu bringen, die ich liebte, und diese kostbaren Erfahrungen auch in meinem eigenen Innern noch einmal abzuspielen. Sara und ich haben uns beide vorgenommen, so viel wie möglich mit unseren Kindern zusammen zu sein. Deshalb haben wir diesen verrückten Tagesplan, der darauf angelegt ist, ein Mehr an gemeinsamer Zeit herauszuschlagen.« Als er mir den Plan dann im Einzelnen erläuterte, fühlte ich mich schon vom Zuhören erschöpft.

Das ist die Geschichte, die ich gegenwärtig von allen Eltern höre. Sie kommen von einer Arbeit, die sie auf Trab hält und fordert, sie holen ihre Kinder von der Schule ab, bringen sie zu ihren Verabredungen, zum Musikunterricht, zum Sport und tausend anderen Aktivitäten; zudem müssen Stunden für die Hausaufgaben einkalkuliert werden, die vom zweiten Schuljahr an die Anwesenheit der Eltern erforderlich machen. Die Väter sind heute im Leben ihrer Kinder zumeist deutlicher präsent als früher. Das ist eine der positiven Veränderungen, die die amerikanische Gesellschaft in den letzten Jahrzehnten erlebt hat.

Anders als Karen, die sich schwer tat mit der Entscheidung, ein Kind zu haben, betrachtete Gary den Zusammenhang von Ehe und Vaterschaft als etwas ganz Selbstverständliches. Dass seine Eltern eine schwierige Ehe geführt hatten, beeinflusste seinen Entschluss, eigene

Kinder zu haben, in keiner Weise. Hier liegt in der Tat einer der großen Unterschiede zwischen Kindern aus guten oder »hinreichend guten«, aber jedenfalls intakt gebliebenen Familien einerseits und Kindern aus geschiedenen Familien andererseits.[1] Gary und seinesgleichen betrachteten das Eltern-Werden als eine normale Stufe im Leben und nahmen das Thema Kinder ganz selbstverständlich schon in ihre junge Partnerschaft mit hinein. Sie wussten, dass ihre Eltern gerne Großeltern sein wollten, und freuten sich, ihnen diesen Wunsch erfüllen zu können.

In einer anderen Hinsicht waren Karen und Gary sich als Eltern allerdings sehr ähnlich: Ihre Kinder standen im Mittelpunkt ihrer Ehe. Sie wollten das Beste für sie und waren bereit, den Kindern zuliebe auch Opfer zu bringen. Gary zum Beispiel erzählte mir, dass eine landesweit operierende Kette ein Interesse daran gezeigt habe, seinen Familienbetrieb aufzukaufen. Er hätte, wenn er auf das Angebot eingegangen wäre, zwar sehr viel mehr Geld verdient, aber mit seiner Familie nach Seattle ziehen müssen, dem Sitz der Unternehmensleitung. »Das ist eine wirklich schöne Stadt und ein sehr gutes Angebot, aber ich habe abgelehnt«, sagte er. »Nicht meinetwegen, und übrigens auch nicht Saras wegen. Uns hätte so ein Sprung im Lebensstandard durchaus gefallen. Und wir wären immer noch nahe genug bei meinen Leuten und bei ihren Eltern gewesen, um sie häufig zu sehen. Aber ich wollte die gleiche Stabilität für meine Kinder, die ich als Kind auch gehabt habe. Sie sollen spüren, dass sie Wurzeln haben. Ich habe immer noch das Gefühl, zwei Familien zu haben – unsere und die meiner Eltern.«

Ähnliche Geschichten hörte ich auch von Scheidungskindern, die berufliche Chancen ausschlugen, weil es im anderen Fall notwendig geworden wäre, die Kinder aus ihrer vertrauten Umgebung herauszureißen. Jonathan, ein angehender Star in der Krebsforschung, lehnte einen Ruf an die Harvard University ab, weil seine schulpflichtigen Kinder sich in ihrer vorstädtischen Wohnumgebung in Kalifornien wohl fühlten und er ihr Leben nicht von Grund auf umkrempeln wollte. »Man muss seine Prioritäten kennen«, sagte er zu mir.

Über der nachträglichen Beschäftigung mit diesen Geschichten wurde mir bewusst, dass das Heim der Familie, ihr Zuhause, ein Symbol sowohl für Scheidungskinder als auch für Kinder aus intakt gebliebenen Familien ist – wenn auch aus unterschiedlichen Gründen. Für die einen ist es ein Symbol der Kontinuität. Für die anderen ist es ein Symbol dessen, was sie verloren haben.

Für die Kinder aus den intakt gebliebenen Familien ist das Zuhause ihrer Kinderjahre ein Symbol der Familiengeschichte. Es ist das Lagerhaus guter und böser, heiterer und bitterer Erinnerungen – ein Ort, den die Kinder verlassen können, wenn sie das Gefühl haben, es sei an der Zeit, und von dem sie wissen, dass er da ist, wenn sie zurückkommen. Wenn man bedenkt, wie mobil die Amerikaner sind, dann ist es interessant, dass das Heim der Familie seine traditionelle Bedeutung für diese jungen Menschen bewahrt hat und dass Paare wie Gary und Sara bereit sind, auch Opfer zu bringen, um es zu erhalten. Ich fand es interessant, dass Menschen, die in intakt gebliebenen Familien aufgewachsen sind, die Bedeutung dieser Art von Stabilität für sich und ihre Kinder erkannten.

Für Scheidungskinder, zumal wenn sie schon älter sind, hat das Heim der Familie ebenfalls große Bedeutung, und sie trauern ihm noch Jahre nach dem großen Einschnitt in ihrem Leben nach. Es ist der Ort der Familie, die sie verloren haben, der Ort der Kontinuität ihrer Kindheit, die mit der elterlichen Scheidung endete. Manche gehen so weit, die alte Nachbarschaft wieder aufzusuchen, um von außen einen langen und tränenreichen Blick auf das

Haus ihrer Kindheit zu werfen. Eine junge Frau, deren Eltern sich hatten scheiden lassen, als sie kurz vor dem Schulabschluss stand, suchte in ihren Semesterferien regelmäßig die alte Adresse auf, an der die Familie zu Hause gewesen war, um ihre Erinnerungen aufzufrischen.

»Will You Still Need Me … When I'm Sixty-four?«

Die Familie als Symbol der Kontinuität hat für Menschen, deren Eltern zusammengeblieben sind, noch eine weitere Bedeutung. Als ich Gary nach seinem derzeitigen Verhältnis zu seinen Eltern fragte, meinte er, sie seien einander in den letzten Jahren wieder sehr viel näher gekommen. »Ich weiß es zu schätzen, dass mein Vater und ich uns nahe stehen. Wir sprechen mehrmals in der Woche miteinander. Es ist nicht so sehr ein Vater-Sohn-Gespräch als vielmehr ein Gespräch unter Männern. Es ist für uns beide eine sehr wichtige Beziehung, und sie wird mit den Jahren immer wichtiger.«

Garys Antwort war mir interessant, weil sie sich von dem, was die Scheidungskinder sagten, unterschied. Von den Männern, die aus Scheidungsfamilien stammten, berichteten nur sehr wenige von einer Beziehung zu ihrem Vater, die in ihrer emotionalen Qualität an die gern erinnerte Vaterbeziehung der Männer aus intakt gebliebenen Familien heranreichte. Eher hatte sich die Kluft zwischen den Generationen in der erstgenannten Gruppe vergrößert. (Auf diesen interessanten Sachverhalt werde ich in Kapitel 15 ausführlicher eingehen.) Männer wie Gary dagegen wurden enge Freunde ihrer Väter, selbst wenn eben diese Väter damals, als ihre Söhne noch klein waren, keine allzu große Präsenz gezeigt hatten. Sie sagten: »Er hat sich verändert, und ich habe mich verändert. Wir haben jetzt mehr Zeit füreinander.« Es war eine Zeit der zunehmenden Milde. Worüber sprachen sie miteinander? Sie fachsimpelten, sie redeten über Politik, über Sport, über die Enkelkinder. Hier war eine willkommene zweite Chance, gute Freunde zu werden, eine Chance, die beiden Männern wichtig war.

Diejenigen, die in intakt gebliebenen Ehen aufwuchsen, können die allmählichen Veränderungen in der Beziehung ihrer Eltern zueinander aus nächster Nähe verfolgen, und auch das hilft ihnen, mit dem Auf und Ab in der eigenen Ehe fertig zu werden. Sie wissen, dass erwachsene Menschen einander an Wendepunkten des Lebens unterschiedlich begegnen können, so wenn die Kinder aus dem Haus gehen, wenn eine Krise schwelt, wenn die Arbeitszeiten sich ändern oder die Rollen sich wandeln. Sie beobachten graduelle Veränderungen, wenn die Eltern in die mittleren Jahre aufrücken und wenn sie sich aus dem aktiven Leben zurückziehen. Das heißt, sie betrachten ihre eigenen erwachsenen Beziehungen mit einem gewachsenen Verständnis dafür, dass und wie ein Paar ein ausgewogenes Verhältnis zueinander wahrt, auch wenn dieses Gleichgewicht zeitweise schwankt, und dass und wie die Partner einander schützen. Und sie fangen ihre eigene Ehe in dem Wissen an, dass es Veränderungen geben wird und dass sie die Richtung dieser Veränderungen beeinflussen können.

Ich fragte Gary auch nach dem derzeitigen Verhältnis seiner Eltern zueinander, und er sagte: »Ich glaube, sie sind glücklicher. Es gab vor ein paar Jahren eine ernsthafte Krise, als meine Mutter an Brustkrebs erkrankte und wir alle fürchteten, dass sie sterben würde. Aber sie hat sich davon erholt, und das ganze Leben meiner Eltern hat sich verändert. Mein Vater ist jetzt aufmerksamer, und wenn sie irgendwo eingeladen sind, dann bleibt er bei ihr, anstatt gleich wieder wegzulaufen und überall die Runde zu machen. Sie haben sich auch bemüht, Dinge zu finden, die sie gern zusammen tun. Mama ist entspannter als sie je war.«

Als ich über Garys Worte nachdachte, wurde mir bewusst, dass wir die Leitfunktion, die eine intakte Ehe für die Erwartungen und das Verhalten der jüngeren Generation besitzt, in ihrer Bedeutung gar nicht erkannt haben. Menschen, deren Eltern durch dick und dünn zusammengehalten haben, sagen, dass sie dieses Beispiel in den Anfangsjahren ihrer eigenen Ehe ganz bewusst nutzen. »Wenn mein Mann und ich Streit haben«, sagte mir eine Frau, »dann denken wir an unsere Eltern, die nun schon so viele Jahre zusammen leben, und sagen uns: Wenn die das konnten, dann können wir es auch. Das macht es dann gleich besser und einfacher für uns.« Für junge Erwachsene ist es eine große Beruhigung, wenn ihnen an diesem Punkt ihres Lebens Stabilität beispielhaft vorgelebt wird. Wir neigen ja zu der Annahme, dass die Menschen die Aufgabe des Heranwachsens mit dem Eintritt in das Erwachsenenalter abgeschlossen haben, aber die meisten brauchen doch weiterhin das Vorbild und die symbolische Unterstützung ihrer Eltern. Die Vision einer stabilen Ehe, in der zwei Menschen kleinere Böen und größere Stürme überstanden haben, ist ganz entscheidend wichtig für junge Menschen, die sich auf den eigenen Weg machen, zumal in unserer heutigen instabilen Welt.

Die schiere Macht dieses Symbols zeigt sich, wenn sehr viel ältere Eltern beschließen, sich scheiden zu lassen. Man könnte annehmen, dass dieser Entschluss die erwachsenen Kinder solcher Paare zwar traurig stimmt, aber nicht gerade zerschmettert. Schließlich sind sie selbst erwachsene Menschen. Sie verlieren damit nicht den Schutz einer intakten Familie, nicht eine vertraute Umgebung, keine anderweitigen Stützen des Lebens. Aber wenn man mit ihnen spricht, zeigt sich, dass sie über die Scheidungsabsichten ihrer Eltern zutiefst bekümmert sind, und dies nicht nur, weil einer der Eltern oder beide Eltern leiden, und auch nicht nur, weil sie, die Kinder, sich zu ihrem Missvergnügen nun um einen trauernden Vater oder eine wütende Mutter kümmern müssen, sondern auch deshalb, weil diese Scheidung eine Welle des Schocks in ihrem eigenen Leben auslöst. Plötzlich sehen sie sich angetrieben, die eigenen Beziehungen unter die Lupe zu nehmen und sich besorgt zu fragen, auf wen und auf was sie sich wie lange verlassen können. Auch das ist eine Wirkung der hohen Scheidungsrate, die uns alle trifft. Scheidungskinder, deren Eltern keine zweite und diesmal langwährende Ehe eingehen, bekommen kein verheiratetes Paar zu sehen, das sich miteinander durchs Leben schlägt; sie kommen nicht dazu, ihre Eltern als ein Paar zu beobachten, das sich auf Krankheiten einstellt oder wechselseitig vor den Härten der Arbeits- wie der häuslichen Welt oder vor den Folgen des Älterwerdens in Schutz nimmt. Das ist ein weiterer Verlust, der kaum jemals wahrgenommen wird.

Ich bin Karen und Gary dankbar dafür, dass sie uns so offen und in dieser Vollständigkeit an ihren Lebensgeschichten teilhaben ließen. Mit diesem die vergangenen fünfundzwanzig Jahre überspannenden Bericht malen sie ein anschauliches Bild vom Aufwachsen in der verrückten amerikanischen Scheidungskultur. Dass beide eine stabile Ehe führen und Kinder haben, die eine Vorrangstellung in ihrem Leben einnehmen, ist ein gutes Zeichen für eine Gesellschaft, die sich so oft Sorgen um ihre Zukunft macht. Wie wir in den nachstehenden Kapiteln sehen werden, haben andere Scheidungskinder und ihre Gegenfiguren aus intakt gebliebenen Familien zum Teil sehr andere Erfahrungen gemacht als Karen und Gary, und dies mit wiederum sehr anderen Folgen.

1 Siehe Glenn und Kramer, »The Marriages and Divorces of the Children of Divorce«.

Teil 2
Das schwere Erbe der Gewalttätigkeit: Larry und Carol

7.

Der Lohn der Gewalt

Nach Ansicht der meisten Menschen gibt es »seine« Scheidung und »ihre« Scheidung - zwei Versionen des gleichen Geschehens, die kaum jemals gleich aussehen. Es gibt aber noch eine dritte, sowohl von »seiner« als auch von »ihrer« abweichende und dabei genau so gültige Version: Die Scheidung, wie das Kind sie sieht. Das Scheidungserleben des Kindes würde beide Eltern erstaunen – wenn sie es denn kennen würden.

Larry erinnert sich an den letzten Abend der Ehe seiner Eltern in wilden Fragmenten, so als ob das damalige Geschehen mit einem scharfen Messer in einzelne Teile zerschnitten und tief in seinem Gedächtnis gespeichert worden wäre. Er war noch nicht ganz sieben Jahre alt, klein genug, um sich unter der Treppe zusammenzukauern, aber groß genug, um zu erkennen, was vorging. Sein Vater, der betrunken war, schlug auf die Mutter ein, wobei er ihr von einem Zimmer ins andere folgte, schlug ihr auch mitten ins Gesicht und schrie sie wegen irgendwelcher Sünden an, die Larry nicht verstehen konnte. Geschlagen hatte er sie schon seit drei Jahren, aber diesmal sagte sich Larrys Mutter, es sei nun genug. Nachdem ihr Mann sich getrollt hatte, nahm sie Larry und seine kleine Schwester an der Hand und verließ das Haus, um mit den Kindern in einem Motel zu übernachten.

Bis zu jener Nacht hatte die ganze Familie Litrovski in einem mit grünen Schindeln gedeckten Haus gelebt, in einem der gutbürgerlichen Viertel von Monterey im Staat Kalifornien. Larrys Vater, der von seinen Eltern vier Sprachen gelernt hatte, war als Dozent für Russisch am Monterey Language Institute tätig. Er war ein kranker, zorniger Mann, dessen wilde Temperamentsausbrüche auf frühkindliche Erlebnisse zurückgingen, von denen weder er selbst noch irgendeiner der ihm nahe stehenden Menschen viel wusste. Larrys Mutter war Spanischlehrerin für die höheren Jahrgänge und sprach so leise, dass ihre Schüler sich oft regelrecht anstrengen mussten, um sie zu verstehen.

Wie viele misshandelte Frauen war auch Larrys Mutter unschlüssig, ob sie die Scheidung einreichen sollte oder nicht. »Kinder brauchen einen Vater«, sagte sie, während ihr die Tränen über das Gesicht liefen. »Ich habe ihm die Kinder und einen Lebenszweck gegeben; es war ein Traum, den wir beide träumten.« Ihre Stimme kippte, während sie gerade noch versuchte, die Dinge auch für sich zu klären: »Ich hoffe, dass ich zu einer Zeit im Leben wichtig für ihn war.« Danach ließ sie ihren Tränen freien Lauf.

Larrys Mutter war verzweifelt, aber ihre Kinder waren wütend. Wie die meisten noch jungen Kinder in den von Gewalthandeln geprägten Familien, die ich kennen gelernt habe, sahen sie keinen Zusammenhang zwischen der Gewalttätigkeit des Vaters und dem Entschluss der Mutter, sich scheiden zu lassen. Die Mutter hatte ihnen gesagt, sie wolle die Ehe beenden, weil der Vater »zu viel trank« – eine Erklärung, mit der sie absolut nichts anfangen konnten. Was trank er? Milch? Mineralwasser? Orangensaft? Wie hätten sie auch wissen können, was »Trinken« bedeutete oder wie es sich auf das Verhalten ihres Vaters auswirkte? Sie stellten auch keinen Zusammenhang zwischen dem Trinken und den tätlichen Übergriffen des Vaters her. Sie wussten, dass er ihre Mutter schlug, und es bekümmerte sie sehr, dass sie litt, aber sie verstanden seine höhnischen Bemerkungen nicht und begriffen nicht, wie tief er sie demütigte.

Larry war besonders wütend über den seiner Meinung nach abscheulichen Entschluss seiner Mutter. Nicht lange nach der Scheidung seiner Eltern erzählte er mir, dass sein Vater immer sagte, Frauen und Mädchen seien dumm und taugen zu nichts. So wie er die Dinge sah, war er bei einem zweitklassigen Wesen zurückgelassen worden. Wenn der Vater zu Besuch kam, sagte er jedes Mal zu seinem Sohn: »Du bist mein Allerbester.« Dabei übersah er geflissentlich seine kleine Tochter, die sich ohnehin schon im Hintergrund hielt und, wie sie mir später erzählte, immer hoffte, wenigstens einmal »den Ivan streicheln« zu dürfen, den Hund ihres Vaters.

Nach der Trennung der Eltern band Larry sich eine Krawatte seines Vaters um, marschierte damit ums Haus und stieß obszöne Beleidigungen an die Adresse seiner Mutter aus. Er sprang geradezu in die Rolle seines abwesenden Vaters, repräsentierte den Vater im Haushalt und identifizierte sich mit dessen Einstellungen und Verhaltensweisen. Jahre später gestand er mir: »Ich war wütend auf meine Mutter und wünschte mir, dass mein Vater wieder nach Hause kommen würde. Ich stellte regelmäßig Listen zusammen, in denen alles stand, was mich geärgert hatte und worüber ich mich beschweren wollte, und dann telefonierte ich mit meinem Vater und erzählte ihm, was sie alles schlecht und falsch gemacht hatte. Anschließend rief er sie an und brüllte sie zusammen, und dann weinte sie.«

Larry fuhr fort, seine Mutter aller möglichen realen oder nur in seiner Vorstellung vorhandenen Missetaten zu beschuldigen, wobei sein Vater als eine Art stiller Teilhaber und gelegentlich auch als Coach fungierte. Manchmal übernahm Larry die Führung, bei anderen Gelegenheiten gab der Vater den Chefankläger. Larrys Mutter fühlte sich weiterhin so hilflos wie während der ganzen Zeit ihrer Ehe. Tatsächlich hielten alle drei Protagonisten – Larry, seine Mutter und sein Vater – das Interaktionsmuster dieser Ehe insofern weiter am Leben, als der Junge die Rolle des Vaters und dessen dominanten Einfluss in der Familie übernommen hatte. Damit war der Weggang des Vaters symbolisch ungeschehen gemacht. Es war, als wenn die Scheidung gar nicht stattgefunden hätte.

Zur gleichen Zeit, da Larry die häuslichen vier Wände mit seinem rüden Geschrei erfüllte, hörte ich von seiner Lehrerin, er sei »ein gehemmtes, ängstliches, zurückgezogenes und trauriges Kind, das sich schwer tut, Freunde zu finden. Er ist ein intelligenter Junge«, meinte sie, »aber in seiner Lernfähigkeit eingeschränkt, weil ihm die Scheidung so zu schaffen macht.« Tatsächlich kamen Larrys schulische Leistungen über Jahre hinweg ins Stocken, und auch in seinem Sozialverhalten zeigten sich keine Fortschritte. Seine psychischen Energien verbrauchten sich voll und ganz in seinen verzweifelten Bemühungen, die Ehe seiner Eltern wiederherzustellen.

Aber heute, fünfundzwanzig Jahre später, sitze ich einem jungen Mann gegenüber, der in keiner Hinsicht mehr an jenen wütenden und verzweifelten kleinen Jungen erinnert, der seine Mutter so erbarmungslos attackierte. Larry, inzwischen zweiunddreißig Jahre alt, ist gelassen, selbstsicher und – wie er mir sagt – unverschämt glücklich. Er hat eine Frau, »die Liebe und Lachen in mein Leben gebracht hat«. Sie erwarten ihr zweites Kind, und er hat eine gute Stelle als Bauingenieur, in der er sich wohlfühlt. Wenn ich an unsere periodischen Zusammenkünfte im Laufe der Jahre zurückdenke, bin ich ehrlich verblüfft über diese Kehrtwendung. Hier war ein Kind, das drauf und dran war, ein Abklatsch seines gewalttätigen Vaters zu werden, und das sich in jeder Falle verfing, die eine gewaltgeprägte, dysfunktionale Familie ihren Kindern stellen kann. Und doch hat er überlebt – ein Scheidungskind, das als Erwachsener die eigenen inneren Ressourcen nützte und so die Schablone durchbrach, die seine unglücklichen Eltern vorgefertigt hatten.

Die Narben der Gewalt

Die meisten Teilnehmer an unserer Studie erinnern sich nicht an die Ereignisse rund um die Scheidung ihrer Eltern. Diejenigen, die eine lebhafte und detaillierte Erinnerung an diese Zeit haben, waren ausnahmslos schon als sehr kleine Kinder dem Anblick gewalttätiger Handlungen in ihrem häuslichen Umfeld ausgesetzt. Die Bilder solcher Episoden sind auch Jahrzehnte nach der Scheidung der Eltern nicht verblasst. Wir fangen gerade erst an zu verstehen, wie schrecklich es für ein Kind ist, mitansehen zu müssen, dass einer der Partner vom anderen geschlagen oder verletzt wird, wie dauerhaft dieser Eindruck ist, wie schmerzlich er empfunden wird und wie sehr er das psychische Wohlbefinden des Kindes beeinträchtigt.[1] Viele Richter, die mit gewalttätigen Familien zu tun haben, verstehen nicht, dass schon das bloße *Mitansehen* von Gewalt den Kindern schadet, denen sich diese Bilder für immer ins Gedächtnis graben. Schon eine einzelne gewalttätige Episode wird lange Zeit und im Detail erinnert. Tatsächlich hat die Forschung Anhaltspunkte dafür gefunden, dass der Anblick von Gewalt oder das Erleben physischer oder verbaler Misshandlung von Einfluss auf die Entwicklung der Hirnfunktionen sind und in Richtung eines hyperaktiven emotionalen Systems wirken.[2]

Andererseits können wir aber auch hoffen. Larrys Geschichte zeigt, dass selbst die schlimmsten Ehen und Scheidungsfälle die Kinder nicht zu lebenslangem Unglück verdammen. Es gibt in der Tat, vor allem gegen Ende des dritten Lebensjahrzehnts, dramatische Kehrtwendungen bei jungen Leuten, die viele Jahre lang in der Schule nicht gut taten und es an sozialer Anpassung fehlen ließen. An Larrys Kampf mit den fortdauernden Auswirkungen sowohl der Ehe seiner Eltern als auch des Lebens in der Nachscheidungsfamilie wird unübersehbar deutlich, welchen Herausforderungen ein Scheidungskind sich gegenüber sieht.

Was vielleicht am meisten überrascht: Larrys Erfahrungen zeigen, dass die Scheidung nicht etwa, wie viele Menschen glauben, die schnelle Lösung im Fall einer schlechten Ehe ist. Hochgradig konfliktbelastete Ehen lassen vielfach hochgradig konfliktbelastete Nachscheidungsfamilien zurück. Nach dem Einschnitt sind die Kinder nicht besser geschützt als zuvor, und die erbitterten Kämpfe gehen weiter. Es klingt wie Ironie, dass wir immer mehr Rechtsexperten und immer mehr Fachleute auf dem Gebiet der psychischen Gesundheit haben, das Scheidungskind sich aber dennoch gehalten sieht, seinen Weg durch ein trügerisches Labyrinth, in dem es leicht verloren gehen oder einen Schaden davontragen kann, selbst zu suchen.

Zweiunddreißig von den insgesamt 131 Kindern unserer Studie – Kindern aus gebildeten gutbürgerlichen Familien – wurden während der noch bestehenden bzw. soeben zerbrechenden Ehe ihrer Eltern Augen- oder Ohrenzeugen häuslicher Gewalt. Es gibt zwar auch Familien, in denen die Frauen gewalttätig sind oder in denen beide Eltern aufeinander einschlagen, aber in unseren Familien waren die Frauen die Opfer. Das typische Muster sah so aus, dass die Frau die Scheidung einreichte und der Mann protestierte, sein gewalttätiges Verhalten bestritt oder nur eine einzige gewalttätige Episode zugab. In der Regel optieren solche Männer auch für das gemeinsame Sorgerecht. Noch heute wird Joy, die inzwischen dreißig Jahre alt ist, alle paar Tage von einem Albtraum geplagt, in dem ihr Vater das Haus mit einem geladenen Gewehr betritt. Er zielt auf die Mutter und drückt ab, aber glücklicherweise ist er betrunken, die Kugel durchschlägt nur das Sofa, und die Polizei kommt und nimmt ihn mit. Joy war gerade vier Jahre alt geworden, als das tatsächlich geschah. Die Erinnerung an diese Szene ist so stark – auch wenn sie sich am Tag nicht bewusst einstellt –, dass sie ihre Träume noch heute terrorisiert. John erzählte mir, dass er als Sechsjähriger schluchzte und seinen Kopf gegen die Wand schlug, wenn er hörte, wie seine Mutter im Nebenzimmer geprügelt wurde. Marsha kann nicht vergessen, dass sie wie außer sich schrie: »Papa nein! Papa hör auf!«, als der Vater ihre Mutter am Fußboden festhielt und ihr Haarklemmen in die Nase schob. Marsha war zu diesem Zeitpunkt acht Jahre alt. Viele andere Scheidungskinder sagen, dass sie damals stumm vor Entsetzen und viel zu erschreckt waren, um irgendetwas zu empfinden. Fünfundzwanzig Jahre später sagen sie, die als Kinder solche Übergriffe mitansehen oder -anhören mussten, dass sie das Gefühl hatten, irgendjemand – ihre Mutter, die Geschwister, sie selbst – könnte jeden Augenblick verstümmelt oder getötet werden.

Nachdem ich gesehen hatte, dass Larry sein Leben an der Wegmarke dieser fünfundzwanzig Jahre so gut im Griff hatte, suchte ich mir zu Hause die Akte seiner Familie heraus und studierte sie im Detail. Sie kann uns alle lehren, was eine Scheidung für die Kinder bedeutet, warum manche Kinder gerade in dieser ganz bestimmten Weise darauf reagieren und wie wir unsere Kinder möglicherweise besser vor einem gewalttätigen Familienleben schützen können.

Die Sichtweise des Kindes

Eines der Hauptthemen dieses Buches ist die im Zusammenhang meiner Arbeit vielfach gewonnene Erkenntnis – auf die ich gar nicht deutlich genug verweisen kann –, dass Erwachsene und Kinder die Scheidung ganz unterschiedlich erleben. Für die Erwachsenen ist die Scheidung das Heilmittel gegen eine unglückliche Beziehung. Sicherlich ein schmerzliches Heilmittel, vor allem wenn Kinder im Spiel sind, aber alle Erwachsenen hoffen, damit ein unglückliches Kapitel zu beenden und den Weg in ein besseres Leben frei zu machen, an dem die Kinder teilhaben. Selbstverständlich machen scheidungswillige Eltern sich Sorgen um ihre Kinder, aber sie erwarten doch, dass die Kinder ihren Entschluss verstehen und unterstützen und sich rasch und gut an neue familiäre Gegebenheiten anpassen werden. Sie machen sich nicht klar, dass Kinder diese erwachsene Sicht kaum teilen und ein großes Maß an Hilfe brauchen, um die Veränderungen, die eine Scheidung mit sich bringt, auch nur ansatzweise akzeptieren zu können.

Jüngere Kinder – mithin die meisten Scheidungskinder, denn die Statistik besagt, dass achtzig Prozent der Scheidungen spätestens im neunten Ehejahr erfolgen – sehen absolut keinen Sinn darin, dass man die Familie auseinander reißt, um Familienprobleme zu lösen. Für sie ist das eine bizarre und erschreckende Vorstellung. Wenige Kinder machen sich klar, dass ihre Eltern leiden. Selbst wenn sie gesehen haben, dass die Mutter weint oder herumschreit oder dass ein Partner auf den anderen einschlägt, ziehen sie nicht die Verbindungslinie zwischen diesem Verhalten und dem Zusammenbruch der Ehe. Zumal für kleinere Kinder ist das ein abstrakter Zusammenhang, der ihr Verständnis bei weitem übersteigt. Wir wissen, dass kleine Kinder Dinge, die sie nicht verstehen, auch nicht verarbeiten können. Überdies – und das ist nun wiederum für Erwachsene schwer verständlich – machen Kinder sich keinen Vers auf wiederkehrende Verhaltensmuster. Dass der Papa die Mama wiederholt geschlagen und dann jedes Mal gesagt hat, es tue ihm Leid, bedeutet für sie keineswegs, dass diese Episode sich wahrscheinlich wiederholen wird. Mit dem Gedanken, dass die Scheidung eine notwendige Schutzmaßnahme für ihre Mutter darstellt, können sie folglich nichts anfangen.

Das heißt also, Kinder fassen die Scheidung nicht als ein Heilmittel auf, so wie sie, wenn sie krank sind, nicht zwischen krankheitsbedingten und behandlungsbedingten Schmerzen oder Unannehmlichkeiten unterscheiden. Für ein Kind ist die Scheidung die zugrunde liegende *Ursache* all der Unannehmlichkeiten, die daraus folgen, nicht die Lösung für eine problematische Ehe. Kinder wollen ihr Leben nicht an die elterliche Scheidung anpassen. Sie wollen etwas tun, damit die Scheidung »wieder weggeht«, und sie wollen die Ehe ihrer Eltern wiederherstellen. Und sie hoffen, ja sie erwarten noch jahrelang, dass das tatsächlich geschehen wird. Es ist schwer für Kinder, zwischen ihren dringenden Wünschen und der Realität zu unterscheiden. Ich habe viele Gespräche mit Kindern geführt, die auf die Versöhnung ihrer Eltern hofften, und dabei immer geduldig darauf hingewiesen, dass beide Eltern ja inzwischen wieder verheiratet sind. Sie antworteten mir ebenso geduldig: »Wenn sie sich einmal haben scheiden lassen, könnten sie es ja wieder tun.« Die Eltern wären überrascht zu hören, dass viele Kinder bis weit in ihre Teenagerjahre hinein an ihren Versöhnungshoffnungen festhalten.

Diese große Kluft zwischen der erwachsenen und der kindlichen Sichtweise besteht unabhängig von der Qualität der Konflikte zwischen den Partnern. In sehr gewalttätigen Familien machen die Kinder sich oft große Sorgen um ihre Eltern. Aber anders als Erwachsene ziehen sie nicht den Schluss, dass es für sie selbst oder für ihre Eltern doch besser wäre, wenn die Eltern sich trennten. Zur größten Verzweiflung von Müttern, die, wie Larrys Mutter, ihren ganzen Mut zusammennehmen müssen, um aus ihrer Ehe auszusteigen, wollen Kinder aus solchen gewalttätigen Familien, dass ihre Eltern zusammenbleiben. Sie wollen, dass die Auseinandersetzungen aufhören, aber sie wollen auch, dass die Ehe weiterbesteht. Um seinen Vater zurückzuholen und die Familie wieder zu vereinigen, nahm Larry seine Zuflucht zu Verhaltensweisen, die für Kinder seines Alters und auch für erheblich ältere Kinder ganz typisch sind. Eben weil sie noch Kinder sind, glauben sie fest daran, die Familie retten zu können. Häufig halten sie das sogar für ihre moralische Pflicht.

Da den Kindern in den meisten Scheidungsfamilien keine für sie verständliche Erklärung dieses Bruchs gegeben wird, nehmen ihre Angst und Verwirrung noch zu. Vielen Kindern wird, ähnlich wie Larry und seiner Schwester, einfach gesagt, dass einer der Eltern zu viel getrunken hat – und sie haben keine Ahnung, was das bedeutet. Oder die Erklärung wird in einem Augenblick gegeben, in dem das Kind anderweitig beschäftigt ist – vielleicht ist gerade eine Freundin zum Spielen da. Oder sie wird so eilig gegeben, dass das Kind sie gar nicht richtig aufnehmen kann. (Die Hälfte der kleinen Kinder aus unserer Studie erfuhr von der Scheidung erst an dem Tag, an dem die Eltern tatsächlich auseinander gingen). Manchen Kindern wird überhaupt nichts gesagt. Ich erinnere mich an einen verschreckten Drittklässler, der in der Fahrgemeinschaft, zu der mehrere Eltern sich zusammengetan hatten, um ihre Kinder in die Schule und wieder nach Hause zu bringen, von der Scheidung seiner Eltern erfuhr und das Klassenzimmer mit aschfahlem Gesicht betrat. Obwohl das Kind Höllenqualen ausstand, rief die Lehrerin den Vater erst nach Schulschluss an, sodass er kommen und seinen Sohn abholen konnte, dem damit die Fahrgemeinschaft wenigstens für den Rückweg erspart blieb. Sehr oft wird den Kindern eine Erklärung gegeben, die sich auf den Immobilienaspekt beschränkt: »Deine Mutter wird in Zukunft hier wohnen, und ich werde dort wohnen.« Gewalttätiges Verhalten als der eigentliche Grund der Trennung wird kaum jemals erwähnt, obwohl es ein zentrales Thema vieler Scheidungsfälle ist. In den meisten derartigen Fällen nehmen die Mütter an, dass die Kinder die Zusammenhänge kennen und verstehen, weil sie die Übergriffe des Vaters ja mitangesehen oder jedenfalls mitangehört haben, oder sie schämen sich zu sehr, um mit den Kindern darüber zu sprechen. Diese Mütter sehen nicht, dass kleine Kinder die entsprechende Verbindungslinie nicht ziehen.

Die Wut verraucht nicht …

Larrys Wut auf seine Mutter wegen der Scheidung hielt über seine gesamte Grundschulzeit hinweg an. An jedem Wochenende kam sein Vater für drei Stunden zu Besuch. In dieser Zeit spielte er Schach mit Larry, lehrte ihn das kyrillische Alphabet – nicht ohne ihm zugleich beizubringen, wie er seine Mutter auf Russisch beschimpfen konnte – und stieß seine Tochter vor den Kopf, indem er sie mit vulgären Namen belegte, die sie glücklicherweise nicht verstand. Larry und sein Vater sprachen auch davon, dass sie miteinander leben wollten, aber diese Gespräche mündeten niemals in realistische Pläne. Larrys Bindung an seinen Vater wurde sogar noch emotionaler und intensiver, weil immer die Gefahr des Verlustes drohte. Einmal, als Larry und sein Vater auf einer gemeinsamen Autofahrt an einem Umspannwerk vorbeikamen, wollte Larry etwas über Stromspannung wissen, und der Vater beantwortete seine Fragen. Daraufhin wandte Larry sich dem Vater zu und sagte: »Papa, für dich würde ich den gefährlichen Draht anfassen. Ich würde für dich sterben, Papa.« Diese bis zum Äußersten gehende Erklärung seiner Liebe zum Vater und seiner Bereitschaft, das eigene Leben für ihn zu opfern, spiegelte Larrys zunehmenden Eindruck, dass der Vater im Begriff war, von der Bildfläche zu verschwinden. Tatsächlich lockerte sich ihre Beziehung mit der Zeit.

Gleichzeitig zeigten sich allmählich Risse in Larrys Panzer gegen die Frauen in seiner Familie. Während der Vater mit seinen Beleidigungen fortfuhr, empfand Larry es zunehmend als unangenehm, dass seine Schwester ignoriert wurde und darunter litt, während er selbst gelobt wurde. »Ich fühle mich schuldig, und es tut mir sehr Leid für sie«, sagte er, als wir uns kurz nach seinem zehnten Geburtstag trafen. Kein Mitleid hatte er allerdings mit seiner Mutter, die von ihren Problemen ganz mitgenommen und mit der Versorgung der beiden Kinder überfordert war. Sie hatte alles getan, um in den Jahren nach der Scheidung möglichst viel zu Hause zu sein, und kam immer gleich nach dem Unterricht heim, um den Kindern das Gefühl eines sicheren Hafens zu vermitteln. Für sie bedeutete das allerdings, dass sie ein sehr einsames und isoliertes Leben führte. Dazu kam, dass ihre kleine Tochter eine Reihe ernsthafter somatischer und psychischer Symptome entwickelt hatte, die ein großes Maß an Aufmerksamkeit beanspruchten.

Das Leben nach der Trennung wieder ins Geleise zu bringen, ist schwer für alle Betroffenen, besonders aber für Frauen wie Larrys Mutter, die während ihrer Ehejahre eine untergeordnete Rolle gespielt hatte. Für sie und für Frauen ihres Schlages ist der Übergang von der Unterordnung zur Übernahme der vollen Verantwortung für alle Entscheidungen ein überwältigender Schritt. Diese Frauen sind es nicht gewohnt, das Sagen zu haben, und müssen es zu einem Zeitpunkt lernen, zu dem ihre Kinder sich auf eine neue Weise in den Vordergrund spielen. In solchen Familien sind es häufig die Väter, die über die häusliche Routine bestimmen und die großen Entscheidungen etwa bezüglich der Frage treffen, wo und wie die Familie leben wird. Sie legen den Kodex der Vorschriften fest und teilen Strafen zu. Larrys Mutter fühlte sich wie viele plötzlich »freie« Frauen zunächst hilflos angesichts der Notwendigkeit, so vieles nun selbst in die Hand nehmen zu müssen, und weinte oft. Aber mit der Zeit kam sie zurecht und bekam die Dinge in den Griff wie andere Frauen auch. Frauen wie sie brauchen allerdings manchmal sehr lange, bis sie ihrer eigenen Sicht der Dinge trauen. Larrys Mutter war besonders ängstlich, weil ihr ehemaliger Ehemann sie bei jeder Gelegenheit kritisierte, wobei er noch Schützenhilfe von seinem Sohn erhielt, der sich am Telefon über das Regiment der Mutter beschwerte. Hin- und hergerissen zwischen der Furcht, einen Fehler zu machen und damit womöglich den Kindern zu schaden, und der Angst vor der Kritik ihres Ex-Partners, fühlte Larrys Mutter sich wie gelähmt. Die Sache wurde nicht besser dadurch, dass ihr tendenziell überprotektiver Erziehungsstil im direkten Gegensatz zur Macho-Haltung des Vaters stand, die bei Larry auf große Resonanz traf.

Larrys Familie belegt eine Erkenntnis, die sich nur im Wege von Langzeitstudien zum Thema Scheidung erschließt – die Erkenntnis nämlich, dass die Kämpfe im Fall hochgradig konfliktbelasteter Ehen nur in seltenen Fällen mit der Scheidung ein Ende finden. Sie halten ganz im Gegenteil an und eskalieren sogar noch, wenn nicht einer der Erwachsenen den Schauplatz für immer verlässt. Nach meiner Erfahrung mit hochgradig konfliktbelasteten Ehen ist die Scheidung in diesen Fällen eher eine Station am Weg als der Endpunkt der schweren Auseinandersetzungen. Ob vor Gericht oder unter den Partnern allein ausgefochten (und der größte Teil des Ärgers wird überhaupt nicht verhandelt) – die Wut eines der Partner oder auch beider Partner hält an. Das war die Erfahrung beider Kinder in dieser Familie und der Kinder in vielen anderen Familien. Obwohl die Eltern nicht länger zusammen leben, bleibt ihre psychologische Beziehung noch viele Jahre lang virulent, bis die Mütter allmählich zur Unabhängigkeit finden und sich vom Einfluss ihrer ehemaligen Partner befreien. Kinder, die in einer Atmosphäre der fortdauernden Beschuldigungen und Gegenbeschuldigungen leben, erfahren durch die Scheidung keine große Erleichterung. Wie wir an Larrys Geschichte sehen werden, müssen sie erst erwachsen werden, um die hier wirksame Dynamik zu begreifen und das Chaos hinter sich zu lassen.

Aber warum benahm der Junge sich zu Hause so schlecht? Warum gab er der Verführung des Vaters nach und verlor darüber die Mutter? Larry verstehen zu wollen, erfordert zunächst, dass wir verstehen, was es für einen siebenjährigen Jungen bedeutet, wenn die Ehe seiner Eltern zerbricht. Mit sieben Jahren rechnen Kinder, die in einer intakten Familie leben, fest damit, dass beide Eltern da sind. Die Scheidung versetzte Larry und seiner Schwester einen großen Schrecken. Mit unwiderlegbarer Logik sagten sie sich, dass, wenn einer der Eltern den anderen verlassen konnte, natürlich auch beide Eltern sie, die Kinder, verlassen konnten. Sie waren umgetrieben von der Furcht, im Stich gelassen zu werden. Und da ein Papa, so wie sie die Welt verstanden, eine Familie hat, fürchteten sie, dass ihr eigener Papa rasch »eine andere Mama, einen anderen Hund, einen anderen kleinen Jungen bzw. ein anderes kleines Mädchen« an ihre Stelle setzen würde. Das war eine Aussicht, die sie in Verzweiflung stürzte.

Diese Furcht ist der Schlüssel zum Verständnis von Larrys verändertem Verhalten. Über Nacht verkörperte Larry die delinquenten Facetten seines Vaters. Er übernahm dessen brutales Verhalten gegenüber der Mutter und versuchte sich, behängt mit Teilen der väterlichen Garderobe als magischen Talismanen, in der Rolle des Vaters als des Repräsentanten der Familie. Wie er später sagte: »Ich wurde zu meinem alkoholischen Vater.«

Was bezweckte er mit seinem Verhalten? Fraglos hoffte er, im Alleingang die intakte Familie wiederherzustellen. In diesem Sinne äußerte er sich immer wieder. Wie zahllose andere Kinder war er damit in großer Mission tätig und hatte sich einer in seinen Augen richtigen und geradezu edlen Aufgabe verschrieben. Er hatte keine Ahnung, dass das, was er vorstellte, eine Karikatur der schlimmsten Eigenschaften seines Vaters war. Larry sah sich selbst als den Abgesandten des einflussreichen Helden, der sein Vater in seinen Augen war. Aber er war nicht der Bevollmächtigte, als den die Gerichte und die psychiatrischen Fachleute ihn unter Umständen hätten sehen können. Er bekam seine Instruktionen nicht »von oben«. Immerhin erkannte er sehr rasch, dass sein abscheuliches Benehmen ihm die Aufmerksamkeit seiner Mutter sicherte und dass er sie damit zu einem zitternden Opfer reduzieren konnte. Das bestätigte ihn in seiner fantastischen Vorstellung von der eigenen Machtfülle. Zudem erfreute er sich der uneingeschränkten Zustimmung seines Vaters und belohnte sein Rollenvorbild, indem er sich häufig mit dem Vater unterhielt und ihm Komplimente machte. Gemeinsam führten sie »Männergespräche« darüber, wie minderwertig und grässlich die Frauen doch seien – ein unverantwortliches Verhalten des Vaters, wenn auch nicht in den Augen des entzückten Siebenjährigen. Für Larry war es eine großartige Rolle, und es ging dabei um eine große Sache. Zudem bot diese Rolle ihm die Möglichkeit, in seiner Fantasie dem erschreckenden Szenario zu entkommen, dass er bei dem minderwertigen Wesen, seiner Mutter, zurückgelassen worden war und seine noch erschütterbare Identität als junger Mann eingebüßt hatte. Aber die eigentlich treibende Kraft war die Entschlossenheit dieses Kindes, die auseinander brechende Familie wieder zusammenzuführen.

Vor dem Zusammenbruch der Ehe seiner Eltern war Larry kein aggressives Kind gewesen. Er war still und zurückgezogen und blieb in der Schule einsam. Zuhause verbrachte er seine Zeit am liebsten damit, dass er, auf dem Bett seiner Eltern liegend, stundenlang fernsah, wobei der Vater ihm Gesellschaft leistete. Zweifellos vermisste Larry dieses vertraute Beisammensein und die Gefährtschaft des Vaters, den er bewunderte und liebte und dessen schwere Defekte, die schließlich zur Scheidung führten, er nicht wahrnahm. Wie seine Mutter diese gewaltgeprägte Ehe erlebt hatte, konnte er nicht nachvollziehen. Aber die Faszination seiner Rolle als Platzhalter des weggegangenen Vaters überstieg bei weitem seine Furcht vor dem Verlassenwerden und seine ehrliche Sehnsucht nach dem Vater. Mit sieben Jahren ist ein kleiner Junge mit dem Prozess der Identifikation mit dem Vater und weiterhin mit der Ablösung von der beschützenden Mutter seiner Kleinkinderjahre beschäftigt. Die Sehnsucht des kleinen Larry nach seinem Vater war nicht allein Ausfluss der Beziehung zu diesem Vater in der Zeit des Bestehens der Ehe, sondern hatte auch damit zu tun, dass er den Vater an diesem Punkt seines Lebens für seine eigene Entwicklung brauchte. Als die Eltern sich trennten, war er noch der kleine Junge im Haus, der noch nicht in die rauere Welt des Spiels mit anderen kleinen Jungen eingetreten war. Wäre sein Vater geblieben, dann hätte Larry sich ganz allmählich in diesen größeren und gefährlicheren Sektor hineinbewegen können. Der abrupte Verlust des Vaters stieß ihn vorwärts, bevor er dazu bereit war. Larry fühlte sich nicht wohl auf dem Spielplatz, aber den Schritt zurück in das eher kleinkindliche Verhältnis zu seiner Mutter konnte er nicht tun. Natürlich gibt es für den Verlust des Vaters überhaupt keinen »guten« Zeitpunkt, besonders gefährlich ist dieser Verlust aber für sechs- bis siebenjährige Jungen, die ihren Halt noch in der Familie haben und gerade erst beginnen, sich in der Schule und auf dem Spielplatz zurechtzufinden. Wie ich später erfahren sollte, kamen die destruktiven Facetten der Identifikation mit dem Vater in Larrys Fall aber erst in den Jahren der Adoleszenz und des jungen Erwachsenenalters deutlich zum Vorschein.

Vielen Menschen erscheint es auch schwer verständlich, dass kleine Kinder nicht nur einem liebevollen und wunderbaren Vater nachtrauern, sondern ebenso auch einem Vater, der kaum etwas von ihrer Existenz weiß, oder einem Vater, der sie geschlagen hat. Larrys Schwester Anja weinte nach den Besuchen bei ihrem Vater auf dem ganzen Nachhauseweg, weil er sie so sehr verletzt hatte. Aber sie schluchzte auch bitterlich, wenn er seinerseits zu Besuch gewesen und wieder gegangen war, weil sie fürchtete, ihn niemals wiederzusehen. Als Fünfzehnjährige erinnerte sie sich: »Ich habe immer so geweint, wenn er wieder wegfuhr. Ich wollte, dass mein Bruder hinter dem Auto herrennen und ihn wieder zurückbringen sollte. Erst als ich älter war, habe ich gemerkt, wie gemein mein Vater war. Als kleines Mädchen hat es mich sehr aufgeregt, dass er immer sagte, ich sei dumm. Aber an meinen Gefühlen hat das nichts geändert. Ich wollte meinen Vater wieder zu Hause haben.« Diese Sehnsucht der Kinder ist unabhängig davon, ob der Vater einen günstigen oder einen destruktiven Einfluss ausübt. Sie ist Ausfluss ihrer Furcht, den Vater an diesem Punkt ihrer Entwicklung zu verlieren.

Carol, die Gefangene

Was ist, wenn ein Kind in einer Familie aufwächst, in der die Eltern grausam oder gewalttätig sind, sich aber nicht scheiden lassen wollen? Wird eine solche intakt bleibende Familie – ungeachtet ihres chaotischen Wesens – den Kindern irgendeinen faktischen Schutz bieten? Können wir davon ausgehen, dass hochgradig konfliktbelastete Familien zwangsläufig unglückliche Familien sind? In welchen Fällen ist anzunehmen, dass die Scheidung eine Erlösung für einen oder beide Erwachsenen sein wird? Und aus der Perspektive unseres Vorhabens gefragt: In welchen Fällen ist anzunehmen, dass sie eine Erlösung für das Kind bedeuten wird? Es sind unter anderem diese Fragen, die auftauchen, wenn Menschen sich überlegen, ob sie sich scheiden lassen sollen. Die Antworten dürften sie allerdings überraschen, wie Carols Geschichte zeigt.

Um Probanden aus intakt gebliebenen Familien für eine Beteiligung an unserer Studie zu gewinnen, stellten wir eine einfache Frage: »Wären Sie bereit, über Ihre Familie und über die Erfahrung des Heranwachsens in Ihrer Familie zu sprechen?« Ich muss sagen, dass ich zunächst fürchtete, es würden sich nur solche Leute davon angesprochen fühlen, die erfreuliche Geschichten zu erzählen hatten. Weshalb sonst sollten sie der Sache nähertreten? Glücklicherweise hatte ich mich getäuscht. Es gibt offensichtlich eine Vielzahl von Gründen, weshalb Menschen gerne angehört werden wollen, und so wurde uns ein breites Spektrum von Lebensgeschichten präsentiert, von denen einige weit schlimmer waren als alles, was ich je von den Kindern aus geschiedenen Familien gehört hatte.

Carol Kincaid und ich saßen in der Essecke ihrer winzigen Wohnung in San Mateo mit der kleinen Terrasse und dem Garten, von dem aus man auf das Wasser blickt. Carol hat ein gutes Auge für Design, und der Raum mit seinen Farben und dem Blumenarrangement auf dem Tisch wirkte fröhlich und warm. Sie servierte Tee und Buttergebäck auf italienischer

Majolika, die sich von dem dunkelroten Tischtuch abhob. Die ganze Atmosphäre wirkte friedlich, unaufgeregt und komfortabel, bis mir, kaum dass wir unser Gespräch begonnen hatten, klar wurde, dass Carols Geschichte zu den quälendsten Geschichten gehört, die ich je über das Aufwachsen in einer intakt gebliebenen Familie gehört habe. In meiner jahrzehntelangen Arbeit mit Scheidungsfamilien sind mir nur sehr selten noch schlimmere Situationen zu Ohren gekommen als die, von denen mir diese blasse, etwa vierzigjährige Frau mit den blauen Augen berichtete, die als Einkäuferin für ein großes Warenhaus in San Francisco tätig ist.

Carol reichte mir den Teller mit dem Gebäck und fragte mit einem reizenden Lächeln: »An welchem Punkt soll ich anfangen?«

Ich beginne meine Interviews immer mit einer offen endenden Frage, damit mein Gegenüber alle Freiheit hat, mich zu führen, während wir versuchen, Vergangenheit und Gegenwart dieser Person zu verstehen. So sagte ich nur: »Carol, mich interessiert, wie es war, in Ihrer Familie aufzuwachsen. Woran erinnern Sie sich, wenn Sie an Ihre Zeit als Kind und als Teenager denken?«

Ihre Miene verhärtete sich. »Ich sage es mal geradeheraus. Ich komme aus einer Familie, in der die Kinder keineswegs im Mittelpunkt des Interesses standen – für niemanden. Ein Lieblingsausspruch meiner Mutter, den ich viele Male gehört habe und den ich in der Erinnerung noch heute höre, lautete: 'Ich bin die Mutter, und ich kann tun, was ich will!'«

»Was soll das heißen?«

»Also, ich will Ihnen sagen, wie das Leben bei uns aussah. Jeden Tag um Punkt fünf Uhr setzten meine Eltern sich hin und zelebrierten ihre Cocktailstunde. Mein Bruder Steve, meine Schwester Claire und ich, wir hatten immer um fünf Uhr zu Hause zu sein, damit meine Mutter alles vorbereiten konnte. Auch wenn man uns zu Einkäufen weggeschickt hatte, ja sogar wenn wir auf einem Ausflug waren – wir hatten um fünf Uhr zurück zu sein, damit sie anfangen konnten zu trinken.«

»Aber warum wollten sie, dass Sie zu Hause waren?« Diese Forderung an die Adresse der Kinder kam mir merkwürdig vor.

»Es war ein Teil des Rituals.« Carol bemühte sich, mit fester Stimme zu sprechen, so als wäre sie emotional nicht beteiligt. »Ich erinnere mich, dass Mama immer sagte: 'Nur Alkoholiker trinken vor fünf Uhr', obwohl sie selbst um vier Uhr schon unruhig wurde. Sie duschte, zog sich um und parfümierte sich. Dann holte sie den Pitcher, den Shaker und die Schale mit dem Eis und stellte alles auf den Teetisch. Papa kam zur Tür herein, küsste sie auf die Wange, ging stracks in Richtung Hausbar, mixte die Martinis, goss ein, hob sein Glas und sagte 'Prost'. In der Regel fingen sie nach dem ersten oder zweiten Glas an zu streiten.« Carol zögerte, offensichtlich unsicher, wie sie fortfahren sollte.

»Und worum ging der Streit?«

»Um nichts. Sie redeten sich im Zusammenhang mit irgendeinem Detail aus dem Bereich der Kunst oder vielleicht auch der Politik in Hitze. Das Thema selbst war ihnen beiden nicht wichtig. Nach dem zweiten oder dritten Glas waren sie so in Fahrt, dass Mama gar nicht mehr an das Abendessen dachte. Meine Geschwister und ich wechselten uns ab mit der Mitteilung, dass wir ja noch gar nicht gegessen hatten, aber nur wenn der Punkt, um den es gerade ging, nicht gefährlich war. Da ich die Älteste bin, habe ich meiner Mutter oft geholfen, das Essen auf den Tisch zu bringen. Ich möchte mich heute noch verkriechen, wenn ich daran denke, wie sie in der Küche herumtorkelte, Töpfe gegeneinander schlug und Dinge zu Boden fallen ließ. Wenn wir dann alle am Tisch saßen, war Papa wieder nüchtern genug, um uns peinlich genau zu unserem Verständnis irgendeiner politischen Situation zu befragen und uns zu verhöhnen, wenn wir nicht genug wussten. Er hatte es vor allem auf meinen Bruder abgesehen, aber genau so gut konnte er seinen Sarkasmus auch über meine jüngere Schwester oder über mich ausschütten. Manchmal war Steve zu Tränen gereizt. Wenn er versuchte aufzustehen oder Widerworte zu geben, geriet Papa aus der Fassung und brüllte ihn an: »Du bleibst am Tisch!« Carol seufzte. »Das waren die guten Tage. Es war ungefähr die eine Hälfte.«

»Das waren die guten Tage?«

»Bisher haben Sie ja noch gar nichts gehört. Meine Geschwister und ich wussten, dass es schlimm werden würde, wenn sie beim zweiten Glas aufeinander losgingen. Sie fingen an, sich gegenseitig zu verhöhnen und mit verletzenden Bezeichnungen zu belegen wie 'du Doofe' oder 'du Wurm'. Meistens fing mein Vater an, aber meine Mutter konnte es auch nicht schlecht. Sie murmelte irgendwelche Beleidigungen vor sich hin, und am Ende schrie sie ihn an. Er wartete ab und stachelte sie damit noch an. Meistens war es meine Mutter, die als Erste handgreiflich wurde: Sie warf mit ihrem Glas nach ihm oder trat ihn, und dann kam dieses fürchterliche Grinsen in sein Gesicht, er sagte so etwas wie: 'Na, hast du es wieder geschafft', sie wich zurück, er packte und schlug sie, und sie kreischte. Wenn es gut ging, endete es damit, dass sie wirklich weinte und er von ihr abließ und sagte, sie solle jetzt gefälligst Abendessen machen. Ich half ihr in der Küche, und dann setzten wir uns alle an den Tisch und taten so, als wäre nichts passiert. Mama gab sich dann immer sehr kühl und distanziert. Papa ignorierte sie, war aber im Übrigen umgänglicher als sonst.«

Carol schüttelte den Kopf. »Aber an manchen Abenden gingen sie wirklich in die Vollen. Dann wurde geschrien und gekreischt und geschlagen – so nach dem Motto: Einmal im Monat muss es sein. Es endete damit, dass sie sich in ihr Schlafzimmer verzogen oder dass Papa das Haus verließ und die ganze Nacht wegblieb. Wir fanden es grässlich, wenn es in ihrem Zimmer weiterging, denn dann schlug das Kreischen in Geräusche um, die anzeigten, dass sie Sex miteinander hatten – wir konnten es hören. Später kam Papa heraus, sagte, wir sollten uns unser Abendessen selbst machen, holte sich etwas aus dem Kühlschrank und verschwand für den Rest der Nacht in seinem Arbeitszimmer. Und wir Kinder gingen dann eben ins Bett. Es war so einsam und so furchtbar.«

Während Carol die Szene beschrieb, konnte ich sehen, dass eine große Traurigkeit von ihr Besitz ergriff und sie Mühe hatte, sich dagegen zu wehren. Aber sie war noch nicht fertig mit ihrem Bericht.

»Am allerschlimmsten war es«, sagte Carol, während sie ein Butterplätzchen auf ihrem Teller zerkrümelte, »wenn es gegen uns ging, und da war ich die bevorzugte Zielscheibe. Es passierte nur ein paarmal im Jahr, aber ich weiß es noch in allen Einzelheiten. Sie erwischten mich irgendwo oder hörten, dass ich in der Küche das Abendessen vorbereitete, und zitierten mich ins Wohnzimmer. Meistens machte Papa den Anfang, indem er nach dem Essen oder nach der Schule fragte; dann eskalierten die Dinge zu einer Verbalattacke, an der sich beide beteiligten, und dann, kaum dass ich kapierte, was los war, schlugen sie mich. Wenn ich versuchte, etwas zu meiner Verteidigung zu sagen, schlugen sie mich nur noch schlimmer. Ich weiß noch, wie sie mich einmal bis in mein Zimmer verfolgten, wo mein Vater mich festhielt und meine Mutter auf mich einschlug, als könnte sie überhaupt nicht mehr aufhören.« Hier brach Carols Stimme.

Ich war wie betäubt von dieser Geschichte. »Und ist Ihnen niemand zu Hilfe gekommen?«

»Oft kam dann meine kleine Schwester zu mir ins Zimmer, wo ich auf meinem Bett lag, und legte sich neben mich und streichelte mich oder umarmte mich. Da lagen wir dann und hielten uns gegenseitig fest. Die Angst hat uns über unsere ganze Kindheit begleitet. Wir wussten nie, was wir zu gewärtigen hatten oder wann es mal wieder ganz schlimm kommen würde.«

Carol schwieg, sichtlich auch physisch überwältigt von ihren Erinnerungen, die ihr die Kehle zuschnürten. Unfähig zu sprechen und ganz damit beschäftigt, ihren Schmerz zurückzuhalten, starrte sie auf die Blumen auf dem Tisch, ohne sie wirklich zu sehen. Ich wartete eine gute halbe Minute, bis sie ihre Fassung wiedergewonnen hatte, und sagte nur: »Carol, das war ja ein schreckliches Heranwachsen.«

Sie wirkte wie versteinert, als sie dann langsam, monoton und ohne jede Modulation weitersprach, immer bemüht, ihre Emotionen in Schach zu halten: »Die Schläge waren nicht das Schlimmste. Es war das Wünschen und Hoffen, dass die Dinge sich einmal ändern würden, vor allem dass meine Mutter ein anderer Mensch werden würde – eine Mutter, die ihre Kinder liebt und für sie sorgt und sie beschützt.« Sie vergrub ihr Gesicht in den Händen. »Ich habe mich so verzweifelt nach den Eltern gesehnt, die ich niemals hatte.«

Wir saßen eine weitere Minute schweigend zusammen, bis Carol sich wieder gefasst hatte. »Seit meinem dreißigsten Jahr habe ich eine Therapie nach der anderen gemacht. Ich habe über das alles nachgedacht und weiß jetzt, dass sie sich nicht ändern konnten. Mein Leben lang habe ich mir eine Mutter oder einen Vater oder irgendjemanden gewünscht, auf den ich mich ein bisschen verlassen könnte. Ich habe versucht, nicht mehr auf das zu hoffen, was ich nie haben werde, und ich habe versucht, mich mit dem Gedanken zu trösten, dass ich eines Tages eine bessere Mutter sein werde – wenn ich jemals Kinder haben sollte.«

»Sie haben sehr viel ausgestanden, Carol. Haben Sie auch glückliche Erinnerungen?«

»Ja, einige, aus der Zeit, als ich noch klein war. Ich erinnere mich, dass meine Mutter mir oft aus *Puh der Bär* vorlas. Und ich erinnere mich, dass wir einmal an Weihnachten ganz ähnliche schwarze Samtkleider trugen. Ich war so stolz, dass ich aussehen durfte wie sie – wir hatten sogar passende Haarreifen, und dazu trugen wir Schuhe mit Schleifen dran. Ich habe noch ein Bild von damals – Papa trägt mich auf den Schultern und hat den Arm um Mama gelegt, und wir stehen vor einem riesigen Weihnachtsbaum.«

Sie unterbrach sich abrupt und kämpfte mit den Tränen. »Ich hatte das Foto später immer in einer Schublade meiner Kommode. Wenn sie mich mal wieder übel behandelt hatten, wartete ich, bis sie zur Tür heraus waren, nahm das Bild aus der Schublade und betrachtete es. Ich konnte nicht glauben, dass das die gleichen Eltern und die gleiche Tochter sein sollten. Auf dem Bild sahen sie so freundlich aus.«

Carols wehmütige Stimmung verflog. »Meine Eltern hätten wirklich keine Kinder haben dürfen. Ich habe nie verstanden, warum sie welche hatten. Sie waren furchtbare Eltern. Nie haben sie uns bei irgendeiner Sache geholfen. Wir waren allein zu ihrem Wohlbefinden da. Sie sagten uns, was sie von uns erwarteten und was wir tun und nicht tun sollten. Wir waren dazu da, benutzt und eingesetzt zu werden. Wenn wir darauf nicht eingingen, war es aus. Übrigens, diese Mischung aus Gut und Böse, die ist schon merkwürdig. Ich erinnere mich, wirklich gepflegt und versorgt worden zu sein, wenn ich krank war. Dann tanzte Mama um mich herum und brachte mir Fruchtsaft und Wasser. Aber um fünf Uhr, da verschwand sie im Wohnzimmer, denn da musste ja alles parat sein für die Cocktailstunde.«

Ich fragte Carol, ob sie mir eine kurze Kennzeichnung der Ehe ihrer Eltern geben könne.

Die Antwort kam wie aus der Pistole geschossen: »Wechselseitig abhängig, dysfunktional, leidenschaftlich.« Über dieses Thema hatte sie jahrelang nachgedacht. »Ich weiß, es klingt verrückt, aber meine Eltern lieben sich wirklich und hängen an ihrer Beziehung. Sie sind jetzt beide Ende sechzig und unternehmen noch immer Dinge gemeinsam, und das täglich. Sie ignorieren sich nicht gegenseitig. Sie schlafen auch im gleichen Bett. Aber da mein Vater inzwischen mehrere Herzoperationen hatte, musste er seinen Alkoholkonsum drosseln, und meine Mutter hat sich angeschlossen. Die Cocktailstunde gibt es zwar noch, aber sie belassen es bei einem oder vielleicht auch mal zwei Gläsern. Und mit den Handgreiflichkeiten ist es vorbei, auch wenn sie noch immer hitzige Auseinandersetzungen über gar nichts führen. Scheußliche Bezeichnungen werfen sie sich nach wie vor an den Kopf. Das muss man sich mal vorstellen!« Sie schüttelte den Kopf. »Es ist halt ihre Art, miteinander umzugehen.«

»Und wenn Ihre Eltern sich hätten scheiden lassen? Was wäre dann mit Ihnen und Ihren Geschwistern geworden?«

»Ich erinnere mich, dass ich mir wünschte, sie würden sich scheiden lassen. Meine Schwester und ich sprachen jeden Abend davon, dass wir weglaufen wollten. Aber wenn wir über eine mögliche Scheidung sprachen, konnten wir uns nicht darüber einig werden, wohin sie und wohin ich gehen würde. Würden sich die Dinge bessern – und wie würden sie sich bessern –, wenn wir bei unserer Mutter bzw. wenn wir beim Vater leben würden? Sie waren ja beide so schlechte Eltern. Ich verwandte den größten Teil meiner Zeit auf die Vorstellung, ich hätte einen Zauberknopf, auf den ich nur zu drücken brauchte, um sie beide zum Verschwinden zu bringen.«

Sie lächelte schwach, lehnte sich zurück und tauchte in ihre Erinnerungen ein. »Ich habe nie viel mit den anderen Kindern in unserem Viertel gespielt, weil ich so mit meinen Fantasien beschäftigt war. Ich beobachtete diese Kinder zwar, aber ich schloss mich ihnen nicht an. Dafür hatten meine Schwester und ich unsere ganz privaten Spiele. Unsere Lieblingsvorstellung war, dass wir auf einem ganz hohen und steilen Berg wohnten und unsere Eltern nur einmal im Monat oder vielleicht sogar noch seltener sahen. Alles, was wir hatten, war magisch, war eine Fantasie, ein Traum. Von klein auf wusste ich, dass sie sich nie scheiden lassen würden. Ich wusste, dass ich sie nicht zum Verschwinden bringen konnte. Und ich wusste auch, dass ich für immer mit ihnen in der Falle saß. Ich habe einen großen Teil meiner Kindheit damit verbracht, mich zu fragen: Wann bin ich alt genug, wann bin ich groß genug, wann bin ich stark genug, um hier herauszukommen? Das waren meine Wünsche.«

Ja, dachte ich bei mir, während wir schweigend dasaßen, das muss man sich wirklich einmal vorstellen! Nach Aussage unseres demographischen Fragebogens hatte Carols Vater die Karriereleiter erstiegen und es zum stellvertretenden Chef in einer der größten Baufirmen der Westküste gebracht. Carols Mutter war geschickt in der Mittelbeschaffung und gehörte dem Aufsichtsrat mehrerer gemeinnütziger Organisationen an. Sie hatten ein schönes Haus, zogen sich gut an, fuhren teure Autos. Die Kinder besuchten die besten Privatschulen. Und doch war das Leben in dieser Familie für Carol und ihre Geschwister ein einziger langer Albtraum gewesen. Wann hatte sie angefangen, an der »Normalität« dieses Familienlebens zu zweifeln?

»In all den Jahren, in denen ich heranwuchs, wusste ich instinktiv, dass ich alles, was passierte, für mich behalten musste«, sagte sie. »Hätten Sie mich damals befragt, dann hätte ich Ihnen bestimmt nichts von unseren Ritualen erzählt, nichts von dem, was bei uns vorging. Ich hatte niemanden, mit dem ich hätte reden können. Nur meine Geschwister und ich wussten, und wir trauten uns nicht, etwas durchsickern zu lassen. Am schlimmsten war vielleicht – und das habe ich Ihnen noch nicht gesagt –, dass wir unser Geheimnis so verborgen hielten und so aufpassten, dass niemand dahinter kam. Es war, als hätte ich zwei Identitäten. Es war sehr schwer für mich, das zu ertragen. Ich weiß, dass ich mich nach einer Weile innerlich wie tot fühlte. Jahre später bin ich in Behandlung gegangen, weil ich fürchtete, tot oder leer zu sein.«

Familiengeheimnisse

Familien wie die hier beschriebene geraten selten ins Licht der Öffentlichkeit, weil sie von außen betrachtet so normal wirken. Hätte ich dieses Paar bei einem gesellschaftlichen Anlass kennen gelernt, dann wären sie mir als kultivierte und achtbare Mitglieder der Gemeinschaft erschienen. Die Kinder wurden niemals so schwer geschlagen, dass sie sichtbare Verletzungen davontrugen oder in die Notfallambulanz gebracht werden mussten. Nichts am öffentlichen Auftreten dieser Familie – auf dem geschäftlichen, gesellschaftlichen oder schulischen Sektor – lieferte irgendwelche Hinweise auf das, was sich ab fünf Uhr nachmittags abspielte. Mein Haus ist meine Burg, sagt ein geflügeltes Wort. Um die Burg zieht sich ein Graben, und Fremde werden nicht aufgefordert einzutreten.

Wenn man den Graben aber, geführt von einem Kind, das in der Burg lebt, überqueren könnte, würde man einer unberechenbaren und sakrosankten Binnensphäre ansichtig werden, in der alles geschehen kann. Manchmal sind die Eltern wohl wollend und freundlich. Die Samtkleider, die Carol und ihre Mutter trugen, und die Fruchtsäfte, die Carol bekam, wenn sie krank war, sind ihr in lieber Erinnerung, und eben diese Erinnerungen waren es, die ihre Sehnsucht nach liebevollen Eltern noch vergrößerten. Häufiger war das Familienleben allerdings erschreckend und destruktiv. Carol und ihre Geschwister lebten in ständiger Furcht angesichts dieser Eltern, die sich in einem ewigen Kreislauf des Trinkens und der tätlichen Übergriffe gefangen hatten. Die Kinder mussten anwesend sein, weil ihre Eltern Zuschauer und ein Ventil ihrer Verärgerung brauchten. Alle Familienmitglieder waren gefangen in einem Netz der wechselseitigen Zerstörung, aus dem es kein Entrinnen gab, und alle sahen sich gehalten, es vor den Augen der Welt zu verbergen.

Der Schlüssel zum Verständnis solcher Familien liegt in dem sehr intensiven Verhältnis, das die Eltern verbindet. Die allabendlichen Rituale – das Trinken, die wechselseitigen Attacken und gelegentlich der Sex – festigen die ohnehin schon starken Bande. Dagegen haben die Kinder, die in der Furcht leben, aus dem häuslichen Kreis ausgestoßen zu werden, keine Macht, keine Verhandlungsmünze, keinen Fürsprecher. Vielmehr werden sie in ein konspiratives Schweigen hineingetrieben. Alle haben Anteil daran, und niemand durchbricht jemals die Regeln. Es ist schwer zu sagen, in welchem Alter Kinder sich dieser Verschwörung bewusst werden – gesehen habe ich sie aber schon bei Vierjährigen. Was in der Familie vor sich geht, darf auf keinen Fall preisgegeben werden. Die logische Folge ist, dass die Kinder von aller Unterstützung aus dem Außenbereich abgeschnitten sind. Mit Freunden, Lehrern, Geistlichen, ja selbst mit nahen Verwandten können sie nicht sprechen. Das schreckliche Geheimnis verstärkt noch ihr Gefühl der Schmach und weckt, so merkwürdig das klingt, ihre Loyalität gegenüber den Eltern. Die Loyalität beruht auf einem Gefühl des Einbezogenseins – wir sind als Familie von anderen separiert und bilden, so separiert, eine Einheit. Das hat unter anderem die traurige Folge, dass die Kinder kaum Gelegenheit haben, in die soziale Welt ihrer Altersgenossen einzutreten und ihre Erfahrungen mit anderen Familien zu machen, was sich wiederum in nahezu jeder Hinsicht auf ihre Beziehungen sowohl jetzt als auch später in ihrem Erwachsenenleben auswirkt.

Gewalttätiges Verhalten wird üblicherweise als Erstes angeführt, wenn wir danach fragen, aus welchen Gründen ein Paar die Scheidung erwägen könnte. Selbst Menschen, die der Scheidung ablehnend gegenüberstehen, sind bereit, sie in Fällen familialen Gewalthandelns als Lösung zu akzeptieren, und zweifellos würden alle darin übereinstimmen, dass Carols Kindheit entsetzlich war. Aber dass Konflikt die Menschen unglücklich macht, stimmt nicht in jedem Fall. Viele Paare haben ihren Spaß am Konflikt und empfinden ihn als aufregende Ouvertüre zum Sex. Konflikt findet sich durchaus auch im Rahmen gegenseitiger Liebe und Anteilnahme. Damit erweist sich der Gedanke, dass die Scheidung gewalttätigen Familien grundsätzlich willkommen sein müsste, als haltlos. Für die Insassen der Burg ist die Scheidung kein Programmpunkt. Wo es aber doch zur Scheidung kommt, strebt zumindest einer der Partner aus der Ehe heraus, weil er in dieser Verbindung nicht glücklich ist oder weil ihm nicht wohl ist bei dem Gedanken, welchen Einflüssen die Kinder ausgesetzt sind. Diese Beschreibung trifft aber auf Carols Familie nicht zu.

Wenn wir verstehen wollen, warum Menschen sich eine Ehe von der hier geschilderten Art zimmern, müssen wir die allabendliche Aufführung dieses Zweiakters aus der Perspektive der beiden Eltern betrachten. Im ersten Akt sind sie, Mann und Frau, die Stars – sie sitzen im Scheinwerferlicht, das Cocktailglas in der Hand, und diskutieren über Gott und die Welt. Die Kinder sitzen im Dunkeln um sie herum, strategisch platziert, und sehen und hören zu. Das Spiel ist dramatisch, weil beide Protagonisten immer neue Stränge entwickeln; der Adrenalinspiegel steigt. Rasch kommt es zu ersten Wortgefechten, die Spannung steigt, der nächste Martini muss her, und schließlich dreschen die Akteure erregt aufeinander ein. Das ist keine Langweilerfamilie. Die Kinder folgen dem Geschehen mit Telleraugen – hypnotisiert, erschreckt und ebenfalls erregt.

Der zweite Akt kann auf verschiedene Weise enden. In der einen Version kommt das Abendessen auf den Tisch, und die Kinder werden verbal attackiert. In einer anderen Version eskaliert der Konflikt und nimmt einen Ton an, der einen der Akteure von der Bühne und vielleicht in die Schmollecke treibt. Im dritten Szenario gerät die physische Auseinandersetzung zum sexuellen Vorspiel. Die Akteure fallen ins Bett, um sich leidenschaftlich, vielleicht auch brutal zu lieben.

Solche Individuen brauchen und wollen einander wirklich. Sie gewinnen eine enorme Befriedigung aus ihrer Beziehung, in der das Trinken und das Streiten im Mittelpunkt stehen. Die Kinder sind Randfiguren, deren Bedürfnisse den Wünschen und Begierden der Eltern geopfert werden. Im Übrigen wird niemand jemals ernsthaft verletzt. Die physischen Verletzungen bleiben an der Oberfläche. Die sexuelle Begegnung wird nicht zur Vergewaltigung. Das nicht endende Drama hat sorgsam abgesteckte Grenzen, innerhalb derer Gewalttätigkeit akzeptabel ist, und das Geheimnis durchbricht diese Grenzen nie.

Wir müssen uns darüber im Klaren ein, dass der Streit in chaotischen Familien wie der hier geschilderten nicht etwa irgendwelche substanziellen Fragen betrifft. Gestritten wird in der Regel nicht darum, wo die Familie leben soll, wessen Arbeit zuerst kommt, wie die Kinder erzogen werden sollen etc. Gestritten wird vielmehr über Nichtigkeiten, denn der Inhalt der Auseinandersetzungen ist irrelevant. Es ist die Auseinandersetzung selbst, die von diesen Partnern als aufregend und lustvoll erfahren wird. Karens Eltern führten ähnliche Wortgefechte, aber ihre Streitereien waren nicht dazu gedacht, die Ehe am Laufen zu halten. Im hier geschilderten Fall lagen die Dinge insofern anders, als Carols Eltern sich über ihren Martinis um des erotischen Kicks willen stritten. Anders gesagt: Viele Leute, auch Scheidungsexperten, unterliegen immer wieder dem Eindruck, dass die Streitereien einen wirklichen Konflikt spiegeln bzw. sich vernünftig beilegen ließen, wenn die beiden Leute sich nur endlich einmal an einen gemeinsamen Tisch setzen wollten. Aber in Familien wie derjenigen von Carol würde kein Tisch helfen.

Für die Kinder sind solche Familien ein Desaster. Sie wachsen mit der Furcht auf, dass ihnen selbst oder einem ihrer Eltern etwas zustößt. Sie sind wie hypnotisiert von dem ständigen Bild einer Mann-Frau-Beziehung, in der Intimität und Schmerz untrennbar miteinander verflochten sind. Sie machen sich für immer eine Vorstellung von der Liebe erwachsener Menschen zu Eigen, an der Freundlichkeit und Freundschaft, Zärtlichkeit, Güte und moralisches Empfinden keinen Anteil haben. Sie bringen ein Verständnis von Intimität in ihr Erwachsenenleben mit, das darauf zielt, einander wechselseitig wehzutun, dabei allerdings nicht ernstlich zu verwunden. Es ist dieses Moment der Gefahr, in dem die Leidenschaft ihren Ort hat.

In solchen Familien bedeuten die Kinder ihren Eltern kaum etwas. Sie existieren nicht als eigenständige Menschen, unabhängig von den Wünschen oder plötzlichen Launen der Eltern, sondern sind Schattenfiguren an der Peripherie des elterlichen Lebens, die, Höflingen oder Sklaven im Palast des Sultans vergleichbar, auf Befehle warten. In Carols Familie sind die Eltern die eigentlichen Kinder. Sie sind in einem erstaunlichen Umfang mit sich selbst beschäftigt, sie leben ihre Impulse aus und haben dabei nicht die leiseste Vorstellung von den Nöten ihrer Kinder. Sie verstehen nicht oder scheren sich nicht darum, dass ihr amoralisches Verhalten das Bewusstsein ihrer Kinder schon im Prozess seiner Ausfaltung verformt und den zukünftigen Beziehungen der Kinder schadet.

In manchen Kreisen gefällt man sich in der Behauptung, dass Partner, die sich scheiden lassen, egoistischer oder, wie gern gesagt wird, »narzisstischer« seien als Partner, die zusammenbleiben. Es lässt sich aber schwerlich ein Paar denken, das egoistischer wäre als Carols Eltern und andere Paare in dieser Gruppe der hochproblematischen »intakten« Ehen.

1 O. W. Barnett, C. L. Miller-Penn, und R. D. Penin, *Family Violence Across the Lifespan* (Thousand Oaks, Calif.: Sage, 1997); *The Impact of Domestic Violence on Children*. Bericht an den Präsidenten der American Bar Association vom August 1994, vorgelegt vom American Bar Association Center on Children and the Law, einer Einrichtung der Young Lawyer's Division.

2 Y. Ito et al., »Increased Prevalence of Electrophysiological Abnormalities in Children with Psychological, Physical, and Sexual Abuse«, *Journal of Neuropsychiatry and Clinical Neuroscience* 5, Nr. 4 (1993): 401-408; F. Schiffer, M. H. Teicher, und A. C. Papanicolaou, »Evoked Potential Evidence for Right Brain Activity during the Recall of Traumatic Memories«, *Journal of Neuropsychiatry and Clinical Neuroscience* 7, Nr. 2 (1995): 169-175.

8.

Die unterbliebene Intervention

Als Heranwachsender verhielt Larry sich wie ein hungriger Tiger. Er probierte alle Drogen aus, die unter Jugendlichen im Umlauf waren, ging nie anders als unter Drogeneinfluss zur Schule, blieb abends lange weg und kam dann »vollgelaufen« nach Hause. Er verletzte absichtlich alle Regeln, die seine Mutter oder seine Lehrer aufgestellt hatten. Schließlich rief die Mutter in ihrer Verzweiflung ihren Ex-Ehemann an und fragte ihn, ob er den Jungen nehmen könne, mit dem sie nicht mehr fertig wurde. Sie erinnerte ihn daran, dass er ja immer wieder angeboten hatte, Larry in sein Leben hineinzunehmen, und meinte, jetzt sei der Zeitpunkt gekommen, an dem er sein Versprechen wahr machen müsse.

Am nächsten Tag war Larry in seinem Zimmer damit beschäftigt, seine Sachen zu packen, als das Telefon klingelte. Es war sein Vater, der zunächst herumdruckste und nicht recht mit der Sprache herauswollte und am Ende sagte: »Es ist kein guter Zeitpunkt für dich, herzukommen und hier zu leben.« Larry begriff den tieferen Sinn dieser Botschaft sofort: Den guten Zeitpunkt wird es niemals geben. In dem Gefühl, auf der ganzen Linie hintergangen worden zu sein, ging er auf seine Mutter los und fing an, mit den Fäusten auf sie einzuschlagen. Sie konnte sich in ihr Schlafzimmer retten, wo sie, zu Tode erschrocken über das Verhalten ihres Sohnes, den Notruf wählte. Larry wurde zum örtlichen Polizeiposten gebracht, und er und seine Mutter verbrachten den Rest des Tages in einer Marathonsitzung mit einem auf solche Fälle spezialisierten Beamten. Stundenlang heulte er seine Wut und seine Verzweiflung heraus und beteuerte immer wieder, er hasse seinen Vater, der ihn zurückgewiesen habe, und sein ganzes Leben sei durch die Scheidung seiner Eltern ruiniert.

Auch wenn die Vorstellung, dass ein Kind seine Mutter schlägt, alarmierend ist und uns in der Tat bis ins Mark erschüttern sollte, wird doch in einer nationalen Studie aus dem Jahr 1980 glaubhaft berichtet, dass achtzehn Prozent der Kinder unter siebzehn Jahren ihren Eltern gegenüber Gewalt anwenden, wobei es üblicherweise die Mütter trifft.[1] Andere Studien aus jüngerer Zeit belegen, dass diese spezielle Ausprägung von Gewalt in Scheidungsfamilien vergleichsweise häufiger vorkommt;[2] ich selbst habe unter den von uns untersuchten Familien mehrere schwerwiegende Fälle dieser Art beobachtet. Diese Teenager sind häufig extrem wütend und dabei in dem, was sie tun, nicht eingeengt, weil der Vater als potenzielle Beschützerfigur nicht präsent ist. Ich war zutiefst erschrocken beim Gedanken an die Frauen, deren Kinder ihre Attacken mit einer Ungezügeltheit führten, die an den ausrastenden Vater erinnerte. In manchen Fällen attackierte ein wütendes älteres Kind auch seine jüngeren Geschwister. Dazu kam, dass dieses rüde Verhalten über Jahre hinweg fortbestand. Larry zum Beispiel schlug sieben Jahre nach dem Weggang des Vaters auf seine Mutter ein. Eine Dreizehnjährige drückte ihre Mutter mit einem Skistock gegen die Wand, nachdem es zwischen den beiden zum Streit über ein Ausgangsverbot gekommen war.

Larrys Krise hinterließ eine deutliche Bruchstelle in seinem verqueren Verständnis der Scheidung seiner Eltern. Nachdem er sich jahrelang ausgemalt hatte, wie fabelhaft er und sein Vater miteinander leben würden, stieß der Vater ihn in dem Augenblick abrupt zurück, in dem die Dinge dabei waren, Gestalt anzunehmen. In äußerster Verzweiflung und in der Erkenntnis, dass alle Erwartungen, die er in den Vater gesetzt hatte, auf Sand gebaut waren, ging Larry auf seine Mutter los, die glücklicherweise inzwischen imstande war, Hilfe herbeizurufen. So wurden die Stunden, die sie miteinander auf der Polizeistation verbrachten, für Larry in der Tat zu einem Wendepunkt. Zum ersten Mal seit der Trennung seiner Eltern begann er zu sehen, wie einsam dieser Verlust ihn gemacht hatte und wie schmerzlich er war, und zum ersten Mal weinte er, anstatt herumzuwüten. Aber es dauerte noch mehrere Jahre, bis diese Einsicht die Oberhand über sein verzerrtes Weltbild gewonnen hatte.

Jugendliche Wut und »erwachsene« Aufgaben

Verglichen mit intakten Familien teilen Eltern und Kinder in geschiedenen Familien eine andere Art von Geschichte, die in den Jahren, in denen die Kinder heranwachsen, einen langen Schatten auf die Beziehungen zwischen den Generationen wirft. In vielen Scheidungsfamilien geht die Ordnung über Jahre hinweg verloren, weil niemand die Zeit und die Energie aufbringt, Routine und Disziplin durchzusetzen. Wie wir an Karens Fall sahen, können schon junge Kinder die Verantwortung für sich selbst übernehmen, oder sie werden von ihren nur wenig älteren Geschwistern versorgt. Aber nicht alle Kinder fügen sich mühelos und einfühlsam in diese Rolle. Manche sind ständig ärgerlich und wütend über die Last, die ihnen auferlegt ist. Diese Wut kann zum Problem für die allein stehende oder wiederverheiratete Mutter werden, die gewisse Verhaltensregeln für ihre heranwachsenden Kinder festlegen möchte, insoweit aber infolge ihrer früheren Unerreichbarkeit und der Wut des Kindes kaum noch eine Handhabe hat. Das Kind ist der Ansicht, dass die Mutter das Recht, Regeln zu setzen, verwirkt hat. »Wo warst du, als ich dich gebraucht hätte?« – das wird zum Schlachtruf zwischen ihnen. Die Wut des Kindes auf die Mutter, die ihm damals genau das, was es gebraucht hätte, nicht gegeben hat, entzündet sich jetzt an der generellen Verärgerung, die Heranwachsende gegenüber ihren Eltern empfinden, von neuem.

Alle Jugendlichen müssen sich von ihren Eltern lösen und sich mit Peerfiguren identifizieren, aber Scheidungskinder betreiben diese ganz natürliche kritische Distanzierung mit besonderer Intensität. Eine Heranwachsende, die ein wildes Leben führte, brachte die eben erwähnte Fusion früherer und aktueller Gefühle auf den Punkt, als sie sagte: »Meine Mutter ist nie für mich da gewesen. Sie reagiert auf das, was sie für mein schlechtes Benehmen hält, und dabei fühlt sie sich schlecht, weil sie mich verarscht hat. Wie kann ich respektieren, was sie sagt? Warum sollte ich?« In vielen der von uns erfassten Scheidungsfamilien genossen die Mädchen nicht den besonderen Schutz, wie wir ihn in intakten Familien beobachteten. Nur wenige waren in ihrem Ausgehverhalten eingeschränkt oder mussten in diesem Punkt irgendwelche Vorschriften beachten, zum Beispiel sich zurückmelden. Wo solche Vorschriften in der Tat bestanden, wurden sie eher übertreten als befolgt.

Die Jungen in unserer Vergleichsgruppe waren so rebellisch wie diejenigen aus den Scheidungsfamilien, und auch ihr Alkohol- und Drogenkonsum war nahezu ebenso hoch. Überhaupt waren die Jungen in beiden Gruppen sich in vieler Hinsicht sehr ähnlich. Nur in einem Punkt bestand ein gewichtiger Unterschied: Die Jungen aus den intakten Familien waren sich über die Erwartungen ihrer Eltern vollkommen im Klaren und nahmen sich im Blick auf ihre Studienpläne und in der richtigen Erkenntnis, dass sie auf die Hilfe der Eltern angewiesen waren, in ihren Aktionen zurück. Mit anderen Worten, ihrem missliebigen Verhalten waren Grenzen gesetzt, und ihre wilden Zeiten waren in der Regel mit dem Ende des zweiten Studienjahres vorbei.

Für die Mädchen aus den intakten Familien sahen diese Jahre dagegen wirklich anders aus als für ihre Altersgenossinnen aus den Scheidungsfamilien. In den intakten Familien wurden die Ausgangsregelungen mit Strenge gehandhabt und von den Mädchen zumeist befolgt. Was sie am Wochenende taten, wurde sorgfältig überwacht. Wie immer man dazu stehen will, diese Eltern übten ein viel größeres Maß an Kontrolle aus. Auch wenn sie wohl nicht damit rechneten, dass ihre Töchter bei Schulabschluss noch Jungfrauen waren, bestanden sie doch darauf, über deren Wohin und Woher informiert und von etwaigen Planänderungen in Kenntnis gesetzt zu werden. Söhne wie Töchter hatten zur Abendessenszeit zu Hause zu sein, es sei denn, Vater oder Mutter hätten sie im Voraus entschuldigt. Sie mussten anrufen, wenn sie etwa später kommen würden. Mit einem Wort, in diesen Familien der Mittelschicht bestand eine Ordnung, gegen die die jungen Leute opponieren bzw. über die sie sich hinwegsetzen konnten. Viele taten es, aber die Regelverletzung hatte ihre Konsequenzen. (Es sollte nicht vergessen werden, dass die jungen Leute in dieser Vergleichsgruppe Nachbarn der Scheidungskinder gewesen waren, was die Unterschiede zwischen den Familien umso deutlicher hervortreten lässt.)

Die gleiche Art von Ordnung, die ihrerseits auf Regeln basiert, existiert auch in den wiederverheirateten Familien, aber die moralische Autorität von Stiefeltern reicht fast niemals an die der biologischen Eltern heran. Wenn es also zwischen Eltern und heranwachsenden Kindern einmal hart auf hart geht, wie dies ja häufig der Fall ist, kann es durchaus vorkommen, dass der Junge oder das Mädchen ruft: »Wer zum Teufel bist *du* denn, dass du mir sagen müsstest, was ich tun soll?«

Ein verlorener kleiner Junge

Mein drittes Interview mit Larry fand statt, als die Episode in der Polizeistation noch nicht lange zurücklag. Er war damals siebzehn Jahre alt. Aus dem kleinen Chef des Haushalts war ein junger Mann geworden – lang und schlank, mit geröteten Augen und blasser Gesichtshaut. Kettenrauchend und mit chronisch finsterer Miene stieß er hervor, was ihn umtrieb: »Die letzten fünf Jahre waren der totale Horrortrip. Meine Mutter geht mir genau so auf die Nerven wie sie meinem Vater immer auf die Nerven ging. Sie hätte gern, dass ich Verantwortungsgefühl zeige.« Er warf den Kopf zurück und lachte. »Himmel, ich bin jeden Abend zu, wenn ich nach Hause komme. Ich trinke mehr als mein Vater trank, als er so alt war wie ich. Abgesehen von diesem ganzen russischen Scheiß lebe ich anscheinend ziemlich genau so wie mein Vater. Das Trinken hilft gegen die Probleme. Vor ein paar Wochen habe ich meiner Freundin ins Gesicht geschlagen.« Er schien stolz darauf zu sein. »Ich denke, dass ich mein Leben so wie mein Vater führen werde.«

Seine Worte und sein feindseliges Gehabe erschreckten mich zutiefst. »Was meinst du, wie weit du dein Leben eigentlich selbst in der Hand hast?«, fragte ich ihn.

Larry sackte zusammen und antwortete ehrlich: »Vielleicht zu einem Dreiviertel. Ja, zu einem Dreiviertel habe ich es wohl in der Hand.« Dann sprach er davon, wie sehr sein Vater ihn enttäuscht hatte, der offensichtlich nicht länger an ihm interessiert war. »Denken Sie mal, dass ich erst nach vier Monaten erfahren habe, dass mein Vater wieder geheiratet hat! Wenn ich mit ihm rede, dann immer nur am Telefon. Er scheint ziemlich viel zu tun zu haben.« An diesem Punkt zog Larry sich hastig zurück, setzte seine finstere Miene wieder auf und kam von neuem auf das bekannte Thema zu sprechen: »Mein Leben ist durch ihre Scheidung viel schlechter geworden. Keinen Vater zu haben, das war schlimm für mich. Meine Mutter hat ihn 'rausgedrängt; das verzeihe ich ihr nie.«

Nachdem ich Larry an diesem Tag verlassen hatte, kam mir das Bild eines verlorenen Kindes, das, wie es da an seinem Küchentisch saß, zwar an Jahren zugenommen hatte, aber kaum reifer geworden war, seit seine Mutter damals mitten in der Nacht mit ihm und seiner kleinen Schwester aufgebrochen war, um in einem Motel zu übernachten. Es war, als ob er seither in seiner Entwicklung stehen geblieben wäre. Jetzt, als Heranwachsender, wurde er sich allmählich schmerzlich der zunehmenden Distanz zwischen sich und seinem Vater bewusst. Zugleich fuhr er fort, seine Mutter für all sein Elend verantwortlich zu machen. Mir fiel eine Zeichnung ein, die Larry bei unserem ersten Zusammentreffen angefertigt hatte: ein waffenstarrendes kleines Kanonenboot. Es war eine prophetische Zeichnung, aber, wie ich glücklicherweise sagen kann, ihr prophetischer Gehalt erfüllte sich nicht.

Im Zusammenhang mit Scheidungen ist häufig von häuslicher Gewalt die Rede; an konkrete Zahlen ist aber schwer heranzukommen. Der renommierte Soziologe Murray Strauss, der sich mit diesem Thema auskennt, sprach 1991 von zehn Millionen Kindern, die jährlich Zeugen gewalttätigen Verhaltens (Schlagen, Prügeln, Anschreien) in der Familie werden. Es könnte sein, dass die Hälfte dieser Kinder auch ihrerseits – neben den Müttern – Opfer eindeutiger physischer Misshandlung werden.[3] Ein Viertel der Väter aus meiner hier besprochenen Studie wandte in den Jahren vor der Scheidung gelegentlich oder häufig körperliche Gewalt gegenüber ihren Ehefrauen an. (Frauen können zwar ebenfalls gewalttätig sein – und ebenso gut austeilen wie einstecken oder sogar die Führung im gewalttätigen Schlagabtausch übernehmen –, aber für die Mütter aus dieser Gruppe traf das in keinem einzigen Fall zu. Was die Kinder anging, so wurden nur sehr wenige von ihren Vätern geschlagen.) Wenn dann allerdings die endgültige Krise eintrat und die Eltern beschlossen, sich scheiden zu lassen, kam es in mehr als der Hälfte der von mir untersuchten Familien zur Eruption irgendeiner Form physischer Gewalt. Auch wenn es sich dabei um Entgleisungen handelte, so waren doch jeder Schlag ins Gesicht und jeder zu Boden geschleuderte Gegenstand in der Hitze des Augenblicks dazu bestimmt, den Partner zu verletzen.

In solchen Augenblicken fürchten Kinder in der Tat für sich selbst und für die Sicherheit ihrer Mutter. Aber auch hier kommt die andere Sichtweise des Kindes ins Spiel, die den Erwachsenen ein Rätsel ist. Mit der verqueren Logik eines unreifen Verstandes suchen Kinder die Schuld für die Wut des Vaters und für ihre Unfähigkeit, die Mutter zu retten, bei sich selbst. Kleine Kinder sind nur begrenzt imstande, Ursache und Wirkung zu verstehen. Sie wollen unbedingt verstehen, was sie sehen, aber sie denken vor dem Hintergrund des Schuldbegriffs – und insbesondere geht es ihnen um die Frage, wer schuld ist. Wenn ein Kind sich verletzt, wenn es krank wird oder plötzlich verschwunden ist, neigen die Eltern dazu, sich selbst die Schuld daran zu geben, weil sie nicht aufgepasst haben. Im Umkehrschluss hat das kleine Kind das Gefühl, dass die Schuld bei ihm liegt, wenn Mutter oder Vater leiden, und dass es folglich für die Rettung der unglücklichen Person verantwortlich ist. Es wird sehr viel eher die Schuld bei sich selbst suchen als etwa wütend auf die Eltern zu sein. Und so sagt es sich: »Ich habe es getan«, und hofft, sich im Wege dieses Eingeständnisses so etwas wie eine Einflussmöglichkeit zu erhalten, indem es verspricht, »gut« zu sein. Wenn der allmächtige Erwachsene aber böse ist, dann gibt es keinen sicheren Ort. Dann sind Mutter und Kind beide in großer Gefahr. Paradoxerweise fühlt sich das Kind, das sich selbst die Schuld gibt, weniger hilflos, denn so ist es nicht auf Gnade oder Ungnade einem mächtigen, launischen und grausamen Vater ausgeliefert. Das ist einer der Gründe, weshalb die Versicherung »du bist nicht schuld« bei Kindern oft auf taube Ohren stößt. Kinder halten sich an ihre erste Erklärung der Dinge, weil sie nicht ganz so erschreckend ist.

Die Erwachsenen müssen begreifen, dass die Erklärung, die ein Kind sich bezüglich der Scheidung seiner Eltern zurechtlegt, ihre Wurzeln in seinem Innenleben hat und sich nicht durch komplizierte Erläuterungen von ihrer Seite einfach beiseiteschieben lässt. Tatsächlich drängen die Erklärungen der Erwachsenen die wahren Gefühle und Gedanken eines Kindes häufig in den Untergrund. Kinder wissen genau, was die Erwachsenen von ihnen erwarten. Sie sind entschlossen, die unglücklichen Eltern zu trösten, und verstehen sich gut auf Antworten, wie die Erwachsenen sie hören möchten. Ich betone diesen Aspekt ihrer Reaktion, weil die gegenwärtig mit Vorliebe genutzten Programme für Kinder, deren Eltern sich in Scheidung befinden, von der Überlegung ausgehen, dass Kinder bereitwillig glauben, was ihnen gesagt wird. Wohlmeinende Erwachsene sind der Ansicht, dass die Kinder ihre Sicht der Dinge schon noch ändern werden, wenn eine freundliche Lehrerin, die Schulpsychologin oder die Mutter ihnen sagt, dass das, was sie glauben, falsch ist. Ich weiß von mehreren von Gerichten initiierten Programmen, in deren Befolgung die Kinder im Kreis herumgehen und singen: »I didn't do it« – ich hab es nicht getan. Aber die Erklärung, dass »niemanden die Schuld trifft«, ist viel zu abstrakt und übersteigt fraglos die Verstehensmöglichkeiten eines kleinen Kindes. Die Wahrheit ist, dass viele Kinder, egal was ihnen gesagt wird, jahrelang davon überzeugt sind, dass sie die Scheidung ihrer Eltern verursacht haben. Wenn die Eltern sich streiten, dann bestätigt sie das in ihrer Ansicht, dass sie es sind, die hinter den Schwierigkeiten stehen. Ihr Fazit lautet: Wenn ich nicht da wäre, würde der Riss zwischen meinen Eltern heilen. Keine Erklärung des Gegenteils kann diese Beobachtung aus der Welt schaffen. Natürlich müssen Kinder sich dieses zentrale Geschehen in ihrem Leben vernünftig erklären können. Aber jedwede Erklärung der elterlichen Scheidung muss sich an ihren wachsenden Verstehensmöglichkeiten orientieren und ihnen immer wieder vorgetragen werden. Im Schnellverfahren ist das nicht möglich.

Wie die Kinder in anderen gewalttätigen Familien waren auch Larry und seine Schwester Zeugen der Attacken des Vaters auf ihre Mutter. Es gab keinen Versuch, dieses Gewalthandeln etwa zu verbergen oder die Kinder davor zu bewahren, alles mitansehen oder mitanhören zu müssen, was vorging. Wenn die Kinder versuchten, sich einzumischen und ihrer Mutter zu Hilfe zu kommen, waren sie selbst in Gefahr, etwas abzubekommen – und so gaben sie derartige Versuche auf.

Bei alldem überrascht es mich immer wieder, dass alle diese Kinder die Misere ihrer Mutter letzten Endes kaum wahrnahmen und dass sie, wie Larry, den Versuch machten, die Familiengeschichte sozusagen umzuschreiben. Viele von ihnen bemühten sich jahrelang, die gewaltgeprägte und dysfunktionale Familie wieder zusammenzuführen. Man muss sich fragen, ob sie die Dinge jemals mit offenen Augen betrachteten. Ein Junge, der von seinem Vater geschlagen wurde, sagte: »Ich weiß nur noch, dass sie meinem Vater damit, dass sie ihn verlassen hat, sehr wehgetan hat. Wahrscheinlich fühlt sie sich als Siegerin.« Wie kam er dazu, die Dinge so falsch zu sehen? Ein anderes Kind sagte: »Meine Mama ist so eine Böse. Sie ist so kaltblütig. Mein Papa war ganz außer sich.« Und auch das bekam ich zu hören: »Die Scheidung hat meinen Vater ganz bös getroffen, viel schlimmer als meine Mutter. Es war nicht fair.«

Intervention angesichts familialen Gewalthandelns ist notwendig

Zum Zeitpunkt der Scheidung kann viel getan werden, um Kindern zu Hilfe zu kommen, die gewalttätige Handlungen mitangesehen haben. Aber bevor wir entsprechende Vorschläge machen, wollen wir zunächst sehen, wie es den von uns untersuchten Familien in den Jahren erging, die auf die Trennung folgten. Alle Kinder aus den gewalttätigen Familien besuchten ihren Vater auch nach der Scheidung. Die Männer suchten sich die Kinder zu Bundesgenossen zu machen, die ihnen helfen sollten, ihre Ex-Ehefrauen wiederzugewinnen. In vielen Fällen war das so angesprochene Kind durchaus empfänglich für dieses Anliegen. Kinder neigen dazu, mit demjenigen Ex-Partner zu sympathisieren, der die Ehe wiederherstellen möchte. Sie identifizieren sich mit dem Missbehagen des Vaters und sehen ihn am Ende als den Leidtragenden, auch wenn sie mit eigenen Augen gesehen haben, dass ihrer Mutter etwas angetan wurde, und sogar wenn sie selbst Schläge oder Tritte hinnehmen mussten. Wenn ein Vater seine Kinder anfleht, ihm doch bitte seine Frau wieder zurückzubringen, sind die Kinder unter Umständen sehr angerührt von der Verwandlung des starken Mannes in diesen traurigen und jammervollen Papi. Insofern sind sie den vielen misshandelten Frauen nicht unähnlich, die den Mann – ob aus Mitleid oder aus Liebe – immer wieder bei sich aufnehmen und zur Erklärung sagen: »Er hat mir nicht wehtun wollen. Er braucht mich.«

Die Gerichte sehen die Beziehung des Kindes zum Vater in der Regel ganz unabhängig von irgendwelchen Attacken gegen die Mutter. Ehemänner, die ihre Frauen schlagen, werden am Besuch ihrer Kinder nicht gehindert. Bisher können sie in den meisten amerikanischen Bundesstaaten auch das gemeinsame Sorgerecht noch durchsetzen; allerdings wächst die Zahl der Staaten, in denen dies nicht mehr möglich ist. Gerichte und Mediatoren lassen sich zumeist von der Perspektive leiten, dass das Kind auch nach dem Auseinanderbrechen der Familie Zugang zu beiden Eltern haben und der Eltern-Kind-Kontakt möglichst nahe an den Stand der Beziehungen heranreichen sollte, wie er vor der Scheidung existierte. Grundsätzlich wird davon ausgegangen, dass, falls der Vater die Mutter attackiert hat, dieses Verhalten jedenfalls für die Bewusstseinsbildung des Kindes oder irgendwelche anderweitigen Aspekte seiner Entwicklung nicht von Belang sei. Das heißt also, nach der Scheidung kommt die Frau nicht länger in Berührung mit ihrem Ex-Ehemann – mit Ausnahme des »Kindertauschs« im Rahmen der vereinbarten Besuchsregelung –, während die Kinder einen regelmäßigen Kontakt zu dem Mann unterhalten, der sie, die Mutter, geschlagen hat.

Nach dem, was die Kinder damals und auch noch später, als Erwachsene, von diesen Besuchen berichteten, äußerte sich keiner der Väter über sein zurückliegendes gewalttätiges Verhalten, geschweige denn dass auch nur einer von ihnen es für nötig gehalten hätte, dieses Verhalten zu erklären. Von den Gerichten oder den Mediatoren wurden die Väter dazu auch nicht aufgefordert. Viele gaben nicht einmal zu, dass sie gewalttätig gehandelt hatten. Manche sagten, möglicherweise hätten sie die Mutter ihrer Kinder ein einziges Mal geschlagen. Andere leugneten das Geschehen rundum. Kein einziger Vater äußerte Bedauern wegen seines Verhaltens, und kein einziger räumte ein, dass es falsch gewesen war. Keiner versuchte, seinen Kindern irgendwelche Moralvorstellungen zu vermitteln. Das vehemente und pauschale Abstreiten von Geschehnissen, die sich doch vor ihren Augen abgespielt hatten, war für die Kinder schrecklich verwirrend. Wie einige mir später berichteten, traf ihr von Mitleid getragener Konfrontationsversuch – »Aber Papa, ich hab's doch gesehen!« – auf einen eiskalten Blick. Diese Kinder sahen sich außerstande, ihren eigenen Beobachtungen zu trauen, und zogen sich verängstigt zurück, geschädigt an Realitätssinn und Wahrnehmungsvermögen. Da auch viele Mütter die gewalttätigen Episoden nicht erwähnten, kam das traumatische Erleben des Kindes nie zur Sprache. Und was die Dinge noch schlimmer machte – diese stillschweigende Konspiration erfuhr noch eine Bestätigung durch das Vorgehen der Gerichte. Richter und Mediationsexperten reagieren oft feindselig auf die Erwähnung häuslicher Gewalt – Anspielungen, die nahezu immer von den Müttern kommen. Vielleicht sehen sie darin rachsüchtige oder manipulative Schachzüge mit dem Ziel, dem Vater sein Kind vorzuenthalten. Wer ist dann also überhaupt noch da, der den Kindern helfen könnte, die tief in ihrem Innern natürlich wissen, was sie beobachtet haben, und im höchsten Maße verwirrt, deprimiert und ratlos sind? Sie haben kein Stimmrecht bei Vorgängen, bei denen ihre Interessen und ihr Wohlergehen doch im Mittelpunkt stehen sollten. Wer spricht für ein solches Kind oder mit einem solchen Kind?

Die Gerichte hätten durchaus Möglichkeiten, den Kindern bei ihrer Auseinandersetzung mit Fragen der Moral und der Aggressionskontrolle zu Hilfe zu kommen, aber – so unglaublich das klingt – sie wenden sich gerade von dieser Aufgabe ab, die womöglich ihre wichtigste Aufgabe überhaupt ist.[4] Es gibt keinen Mechanismus, der Episoden häuslicher Gewalt ans Licht bringen könnte – es sei denn eine Auseinandersetzung um das Sorgerecht. Wie viele Richter machen es gewalttätigen Vätern zur Auflage, ihren gefährdeten Kindern zu helfen; wie viele sagen den Frauen, wie wichtig es ist, dass sie ihre Töchter lehren, sich gar nicht erst auf Beziehungen einzulassen, in denen sie Gefahr laufen, misshandelt zu werden? Einige wenige Gerichte verlangen, dass gewalttätige Väter, die das Sorgerecht für ihr Kind oder eine nicht supervidierte Besuchsregelung anstreben, einen Kurs in Aggressionskontrolle absolvieren, aber in solchen Kursen wird häufig nicht gelehrt, wie Eltern ihren Kindern helfen sollten oder könnten. An die Kinder wird zu ihrem Leidwesen nicht gedacht.

Ich will mit alldem nicht sagen, dass Kinder davon abgehalten werden sollten, einen Vater zu besuchen, der sich in seiner Ehe gewalttätig verhalten hat. Wir wissen, dass eine solche Regelung sich als Bumerang erweisen kann. Ein Vater, der eine »verbotene Figur« ist, wird im Verständnis des Kindes möglicherweise zum Helden oder zum Märtyrer. Was ich sagen will, ist vielmehr, dass wir Programme auflegen sollten, die Kinder und Eltern in diesen Fragen beraten, *bevor einer Besuchsregelung stattgegeben wird.* Wenn Gewalt hinter verschlossenen Türen geübt wird – und wir wissen ja, dass dies so ist –, dann ist es sehr schwierig, diese Familien zu erreichen. Aber wenn es zu einer Scheidung kommt, dann können und sollten wir gewalttätigen Familien und diesen Kindern zu Hilfe kommen. (Über Hilfeleistungen für gewalttätige Familien werde ich am Ende dieses Buches, im Kapitel »Abschließende Überlegungen«, einiges sagen).

Die Rolle der Mutter

Viele Frauen, die aus einer gewaltgeprägten Ehe aussteigen, entkommen ihr wirklich, während die Kinder aus einer solchen Ehe weiterhin von ihren inneren Bildern und ihrer Erinnerung an gewalttätige Handlungen verfolgt werden. Für solche Kinder muss unbedingt etwas getan werden. Hier hat die Mutter eine sehr wichtige Aufgabe: Sie muss ihren Kindern helfen zu verstehen, warum sie aus dieser schädigenden Beziehung ausgestiegen ist. Mit Liebe und Behutsamkeit kann sie das Trauma, dem die Kinder ausgesetzt waren, ganz erheblich verringern. Aber selbst das reicht nicht aus. Jetzt, da sie den Schritt heraus aus der Ehe gewagt hat und ihr Leben neu organisieren muss, schuldet sie ihren Kindern die Geschichte, so wie sie sich wirklich ereignet hat. Es ist die Geschichte der Kinder ebenso wie ihre eigene Geschichte. Sie muss den Kindern, indem sie ihnen diese Geschichte erzählt, zugleich die Botschaft vermitteln, dass und warum Gewalt nicht akzeptabel ist. Und das Wichtigste: Sie muss ihren Kindern helfen zu begreifen, was Liebe zwischen einem Mann und einer Frau bedeutet, dass Liebe fehlgehen kann, dass sie wehtun und unter Umständen zerstörerisch sein kann. So schwierig es ist, sie muss ihren Töchtern, wenn sie alt genug sind, um das zu begreifen, erklären, dass sie sich hat täuschen lassen. Viele Frauen, die gewalttätige Männer heiraten, sind sich schon zu Beginn dieser Liebesbeziehung darüber im Klaren, dass der Mann gewalttätig ist. Eine der von unserer Studie erfassten Frauen war schon in der Verlobungszeit von ihrem zukünftigen Mann gepeitscht worden und heiratete ihn dennoch. Sie hoffte, ihre Liebe würde ihn verändern und sein wildes Temperament zügeln, aber natürlich vermochte sie das nicht. Er brachte die Peitsche mit in die Ehe. Andere Frauen sehen gewisse Warnzeichen – ein momentanes Aufflackern eines heftigen Temperaments, eine zu Beginn dieser jungen Liebe vielleicht noch schmeichelhaft wirkende krankhafte Eifersucht, Details einer gewaltgeprägten Familiengeschichte –, aber sie hören nicht auf ihre Intuition und schieben ihre Zweifel beiseite. Mütter haben auch eine wichtige Verpflichtung gegenüber ihren Söhnen. Eine Frau machte den schweren Fehler, ihrem Sohn zu sagen: »Dein Vater hat mich geschlagen, und du wirst deine Frau schlagen.« Diese Aussage verfolgte den Sohn noch jahrelang und hing wie eine dunkle Wolke über allen seinen Beziehungen zu Frauen. Was, wenn die Voraussage der Mutter sich erfüllen sollte? Söhne brauchen die besondere Führung vonseiten ihrer Mutter, die ihnen sagt, dass Gewalttätigkeit das Gegenteil wirklicher Männlichkeit ist. Gewalt zerstört die Beziehungen, die die Menschen sich wünschen und die ihnen teuer sind. Und vor allem müssen Mütter ihren Söhnen und Töchtern sagen, dass sie nicht dazu verdammt sind, in die Fußstapfen des Gewalttäters oder des Gewaltopfers zu treten, sondern dass sie frei sind, sich für eine bessere Möglichkeit zu entscheiden. (Wir werden in den hier folgenden Kapiteln sehen, wie Larry und seine Schwester in ihren eigenen späteren Liebesbeziehungen mit ihrer gewaltgeprägten Vergangenheit umgingen.)

Unglücklicherweise kollidieren viele Frauen in dieser Situation mit einer Maxime unseres Rechtssystems, die sich mit »Nur ja keine Kritik!« kennzeichnen lässt und die sie in ihrer Aufgabe einengt, jene moralische Führung zu leisten, die ihre Kinder brauchen. Die meisten Richter bevorzugen die »freundliche Mutter«, die den häufigen und regelmäßigen Kontakt des Kindes mit dem Vater befürwortet. Wenn eine Mutter sich über das Fehlverhalten des Vaters beschwert, wird dessen Anwalt argumentieren, sie versuche bewusst, die Kinder seinem Mandanten zu entfremden. Eine Frau, deren Mann ihr, als die Ehe noch bestand, einmal eine geladene Pistole an die Schläfe gehalten hatte, wurde in einem Sorgerechtsbericht angegriffen, weil sie ihrem Kind nicht zugeredet hatte, doch eine freundliche Beziehung zum Vater zu unterhalten. Eine schwerwiegende und nicht beabsichtigte Folge dieser Regel (»Keine Kritik!«) ist, dass eine Mutter, die einen schweren Groll gegen ihren Ex-Partner hegt, größte Schwierigkeiten hat, dem Kind zu sagen, was in der Ehe wirklich geschehen ist, oder die

Interessen des Kindes vor Gericht oder vor einem Vermittler zu verteidigen. Das heißt, dass den Kindern die moralischen Hintergründe der Trennung ihrer Eltern gar nicht bekannt werden können, und es heißt, dass sie keinen Schutz genießen – ein Reflex des Umstandes, dass die Gerichte die Priorität bei den Elternrechten setzen, und ein weiterer Schaden für die ohnehin traumatisierten Kinder.

Allianzen

Ein weiteres Szenario kann sich in Nachscheidungsfamilien ergeben, in denen ein hohes Maß an Konflikt herrscht oder in denen die Feindseligkeit stärker ist als alle Vernunft. In solchen Fällen gehen eine der Elternpersonen und ein Kind eine Allianz miteinander ein, in der sich alle ihre Energien und alle Kritik in bösartiger Weise gegen die andere Elternperson richten. Larry und sein Vater bildeten miteinander eine solche Allianz. Was sie verband, war ihre Überzeugung, Larrys Mutter habe ihre Familie aus einer Laune heraus im Stich gelassen und sei, wie übrigens alle Frauen, eine dumme Pute. Wie kommen solche Eltern-Kind-Allianzen zustande? Wie lange bestehen sie? Wie schädlich sind sie für das Kind? Ich habe viele Allianzen von der Art gesehen, wie sie zwischen Larry und seinem Vater bestand. Üblicherweise kommen sie zeitgleich mit der Trennung der Eltern oder danach zustande, und zwar mit dem Ziel, die andere Elternperson zu bestrafen. Das Kind befindet sich dabei in der Regel noch in der Präadoleszenz oder hat soeben die Adoleszenz erreicht, und die Zielscheibe ist diejenige Person, die die Scheidung gewollt hat. Der Bündnispartner, hier Larrys Vater, fühlt sich durch die erlittene Zurückweisung verletzt und gedemütigt. Das Kind, in diesem Fall Larry, fühlt sich als Wächter über die Familie – ein entschlossener Horatius, der an der Brücke steht und versucht, die Familie wiederherzustellen oder dem Bündnispartner beizustehen.

Ein Fünftel der Kinder aus unserer Studie ging zum Zeitpunkt der Trennung der Eltern eine solche Allianz mit der einen gegen die andere Elternperson ein.[5] Diese Kinder spielten mit ihrem oft provokativen und sehr rüden Verhalten höchst geschickt auf der Klaviatur des Negativismus. Es war, als wäre ihnen kraft der Autorität der einen Person (des Bündnispartners, der sie lehrte, »gut« zu sein) eine Art Jagdschein ausgestellt und damit die Lizenz erteilt worden, die böse andere Person, die sie im Visier hatten, zur Strecke zu bringen. Zieh deinen Rock 'runter, du bist eine Hure, Gott wird dich strafen ... usw. Das Unheil, das solche Kinder mit ihrer angeblichen Wohlerzogenheit anrichteten, war groß.

Bizarre Allianzen dieser Art schießen wie Pilze aus dem Boden der Nachscheidungslandschaft. Sie reduzieren die Einsamkeit und den Schmerz, den die Verbündeten – ein Kind und der Vater oder die Mutter – fühlen. Die beiden vertrauen und stützen einander wie Waffenbrüder. Es spricht für die Kinder, dass sie diese Allianzen in der Regel mit derjenigen Elternperson eingingen, die offensichtlich am meisten litt und Hilfe brauchte. Kinder, die sich in dieser Weise engagierten, waren in der Regel unsicherer als ihre Geschwister, die sich nicht in eine solche Koalition hineinziehen lassen wollten. Häufig war der bestgeeignete Kandidat dafür ein Kind wie Larry, das schon vor der Scheidung der Eltern einsam gewesen war, nur wenige Freunde und kaum außerfamiliale Interessen gehabt hatte. Solche Kinder sind durch die Aufmerksamkeit der Elternperson wie geblendet.

Ich habe diese Allianzen über die Jahre hinweg verfolgt und bin zu dem Schluss gekommen, dass die allermeisten kurzlebig sind und sogar als Bumerang wirken können. Kinder sind launenhafte Verbündete. Sie sind rasch gelangweilt oder schämen sich ihres Unglücks. Kein einziges dieser Bündnisse hielt über die Adoleszenz hinaus an, und die meisten brachen innerhalb von zwei Jahren zusammen. Larrys Allianz mit seinem Vater dauerte etwas länger, weil seine Mutter sich leicht von ihrem Ex-Ehemann einschüchtern ließ und mehrere Jahre brauchte, bis sie die Kraft fand, ihren Sohn an die Leine zu nehmen. Bis zu dem Augenblick, in dem sie schließlich die Polizei zu Hilfe rief, hatte sie es nicht fertig gebracht, ihn in seine Schranken zu weisen und für sein schlechtes Benehmen zu bestrafen. Wie auch immer, die meisten Kinder finden am Beginn der Adoleszenz wieder zu altersgemäßen Aktivitäten, was in den Augen der verbündeten Elternperson bedeutet, dass das Blatt sich gewendet hat, und irgendwann werden sie dieser Person, die sie zu ihrem schlechten Benehmen ermuntert hat, wahrscheinlich sogar entgegentreten. Eine Sechzehnjährige, die fünf Jahre zuvor ihren Vater wegen aller möglichen Sünden attackiert hatte, sagte mir später: »Ich will ja nicht, dass es so klingt, als wäre meine Mutter niederträchtig, aber sie hat es schon sehr gut verstanden, uns einzuwickeln. Wir waren furchtbar zu meinem Vater. Es erstaunt mich noch immer, dass er nach allem, was wir ihm gesagt und angetan haben, noch bereit war, uns zu verzeihen. Und ich bin dankbar für alles, was er für uns getan hat.«

Es hat große Vorteile, den natürlichen Reifungsprozess seinen Lauf nehmen zu lassen und nicht übereifrig irgendetwas zu unternehmen, um diese Allianzen zu zerbrechen, die gewöhnlich durch den Versuch, die Verbündeten voneinander zu trennen, nur noch gestärkt werden. Insoweit hat die Allianz etwas von einem mittelschweren Fall von Grippe, der das Immunsystem mobilisiert und die Bildung von Antikörpern in Gang setzt. Sie ist keine fulminante Krebserkrankung, die eine Operation oder Amputation erfordert, womöglich noch von unerfahrenen Chirurgen ausgeführt.

Aber wo es um Gewalt geht, müssen wir den Kindern helfen zu verstehen, was an diesem Verhalten falsch ist. Sie müssen wissen, dass Gewalt dem Opfer nicht nur physisch wehtut, sondern dass sie auch Gefühle verletzt und der Schaden ein Leben lang anhalten kann. Das leuchtet einem Kind, das mit der Gewalt in der eigenen Familie lebt, nicht ohne weiteres ein. Schließlich richten Kinder ihr Verhalten an dem Vorbild aus, das die Eltern ihnen bieten. Sie brauchen Führung, um alternative Formen der Konfliktbewältigung zu erlernen, und es gibt in der Tat viele Möglichkeiten, ihnen diese ethischen Vorstellungen zu vermitteln. Ein gutes Programm würde Spiele und Videos vorhalten, anhand derer die Kinder lernen, mit dem eigenen Zorn umzugehen und ihren Impuls, jemanden zu schlagen oder Gegenstände zu zerstören, in Schach zu halten. In diesem Zusammenhang müssen wir uns zwei Dinge klar machen: Kinder ziehen keine Verbindungslinie zwischen diesen kritischen Sachverhalten und der Scheidung als solcher, und für die Eltern ist es schwierig, sich im Augenblick der Trennung und danach ohne kompetente Führung mit diesen Überlegungen zum Thema Gewalt auseinanderzusetzen. Beide, Eltern wie Kinder, brauchen Hilfe. Wir als Gesellschaft haben die Pflicht, ihnen diese Hilfe zu gewähren.

Wenn es keinen Ausweg gibt …

Bevor wir uns mit Larrys Erwachsenenleben beschäftigen, möchte ich noch einmal zu der heranwachsenden Carol zurückkehren und meinem Publikum einen Punkt ins Gedächtnis hämmern, der mit dem Aufwachsen in einer chaotischen, dabei aber intakt gebliebenen

Familie zu tun hat. Wie wir gesehen haben, war die Scheidung in dieser Familie nie ein Gegenstand der Überlegung. Den Eltern war nicht daran gelegen, ihr destruktives Verhalten aufzugeben. Und wenn sie sich hätten scheiden lassen, hätte sich für Carol und ihre Geschwister nichts geändert. Scheidung ist nur für solche Menschen eine »Lösung«, die sich ändern wollen und dazu imstande sind. Für die Carols dieser Welt sind die Aussichten, dem sie umgebenden Tohuwabohu zu entkommen, sehr viel geringer, weil keine wirklich erwachsenen Menschen da sind, die ihnen dabei helfen könnten.

Carol sprach leise, und ihre Stimme klang zornig. »Als ich ein Teenager war, hat meine Mutter immer meine Telefongespräche abgehört und meine Sachen durchgesehen. Sie hat neugierige Fragen gestellt, in denen es um mich und um Jungen ging, und sie hat mir vorgeworfen, dass ich mich in der Schule in schlechter Umgebung bewege. Sie hatte keinen anderen Gedanken im Kopf als dass ich vielleicht in Schwierigkeiten sein könnte.«

»Und – waren Sie das?«

»Eigentlich nicht. Jedenfalls bestimmt nicht in der Weise, wie sie meinte. Im Vergleich zu manchen meiner Freundinnen war ich wirklich nicht schlimm. Ich habe keine Drogen genommen, ich habe nicht getrunken. Ich hatte Angst, sie würden mich rausschmeißen, wenn ich etwas mit Jungen anfangen würde. Ich wusste, dass es das war, worauf sie wartete, wenn sie meine Telefonate abhörte.« Angesichts dieser Schilderung ihrer Jugendjahre erstaunte mich Carols Bemerkung, dass sie sich von Sex und Alkohol fern gehalten hatte. Beides hatte in ihrem Zuhause eine so große Rolle gespielt und war ihr so gut bekannt gewesen, dass es für sie nahe gelegen hätte, diese Verhaltensweisen auch selbst zu übernehmen.

»Wieso haben Sie nicht getrunken, zumal doch viele von Ihren Freundinnen es taten?«

Meine Frage bewirkte, dass Carols Gesicht sich rötete und einen angewiderten Ausdruck annahm. »Ich glaube, es war wegen meiner Mutter. Es war so abstoßend, wenn sie sich betrank. Und am Ende war sie immer in einer schwachen Position – gewöhnlich verschwand sie heulend in ihrem Zimmer. Ich dachte mir, dass der Alkohol das Gleiche auch mit mir machen würde. Und ich wollte eben nicht so aussehen wie sie, nicht so denken wie sie und nicht so sein wie sie. Ich könnte aber genau so gut ein Geständnis ablegen: Ich wurde jemand anderes. Ich dachte mir, entweder bist du das Opfer, oder du bist der Sieger. Du machst dir die Dinge zunutze, oder jemand anderes macht sich die Dinge zunutze. Ich wollte kein Opfer sein, und deshalb habe ich den Klassenclown gemacht. Ich wußte alles besser, riss immerzu Witze und machte mich über die Leute lustig. Ich war die Anführerin einer Mädchenbande – alle kamen wir aus wirklich gestörten Familien –, und wir suchten uns Leute aus, die wir quälen konnten.«

Carol sah meine unwillkürliche Reaktion auf ihre Worte und schaute auf ihre Hände. »Heute schäme ich mich wirklich, aber ich weiß noch, wie toll es war, jemanden zu Tränen provoziere zu können. Ich werde für den Rest meines Lebens ein schlechtes Gewissen haben, wenn ich an dieses arme fette Mädchen denke, das wir von der Schule vertrieben haben.«

Hatte sie eben noch beschämt ausgesehen, so kam jetzt ein aufgeregter Zug in ihr Gesicht. »Ladendiebstähle haben wir auch geliebt. Das war das Beste. Wir betraten so einen Laden immer als Gruppe, und eine von uns veranstaltete irgendwo ein kleines Aufsehen, und wenn die Verkäuferin dann hinging und nachsah, was los war, dann nahmen wir uns teure Kosmetika und andere Sachen, die gut aussahen. Einmal haben wir sogar mehrere Kameras mitgenommen. Ich kann mich an das Gefühl erinnern – ich hatte richtige Magenkrämpfe vor Angst, und gleichzeitig war mein Kopf ganz leer und ich fühlte mich fast schwindlig, weil ich so in Hochstimmung war. Ein paarmal wären wir beinahe erwischt worden. Raus und schnell wegrennen – das machte es noch besser. Die Kamera habe ich nicht gebraucht. Ich habe nie irgendetwas von dem, was wir mitnahmen, gebraucht oder etwa wirklich gewollt. Wichtig war die Aufregung.«

»Haben Ihre Eltern davon erfahren?«

»Nie. Ich wusste ja, dass ich da nur geduldet war, und war deshalb sehr vorsichtig. Das ist wahrscheinlich auch ein Grund, weshalb ich genau das nicht tat, worauf sie warteten. Eine falsche Bewegung – und ich wäre draußen gewesen. Meinen Bruder haben sie rausgeschmissen, als er siebzehn war. Sie ertappten ihn, wie er in seinem Zimmer Hasch rauchte, und das war's.«

»Hatten Sie als Schülerin schon viele Freunde?«

»Nein, damals eigentlich nicht. So richtig habe ich mich auf Sex erst eingelassen, als ich nicht mehr zu Hause war und meine Eltern mich nicht mehr so stark kontrollieren konnten. Ich hatte auch keinen festen Freund, bevor ich ans College wechselte. Ian habe ich im Sommer vor meinem dritten Studienjahr kennen gelernt. Wir haben eine Menge Stoff miteinander geraucht und uns prima verstanden. Aber eines Nachts wurden wir erwischt, so wie damals mein Bruder, und sie warfen mich aus dem Haus. Ich wusste nicht wohin, außer zu Ian, und so bin ich eben mit in seine Wohnung gezogen. Das hat uns zusammengebracht, bevor wir reif dafür waren, und von da an ging alles bergab. Drei Jahre lang haben wir die Beziehung meiner Eltern nachgelebt – allerdings mit Marihuana und Speed, nicht mit Alkohol.«

Da ihre Eltern ihr alle finanzielle Unterstützung sperrten, verließ Carol das College und arbeitete als Kellnerin. »Ich war vollkommen abhängig von Ian, und das in fast jeder Beziehung – Wohnung, Auto, Geld. Das brachte mich an einen Punkt, an dem ich am allerwenigsten sein wollte – ich war machtlos und fühlte mich den Dingen ausgeliefert. Wenig später wurde es dann wirklich furchtbar. Wir machten mehrmals Schluss miteinander, taten uns mehrmals wieder zusammen und bekriegten uns wie die Tiger. Meistens endete es damit, dass Ian mich schlug und aus der Wohnung aussperrte. Ich hatte das Gefühl, dass er mich fest im Griff hatte oder irgendeinen Zauber auf mich ausübte, denn ich konnte ihn einfach nicht verlassen. Ich brach vor der Tür zusammen und weinte und wimmerte und bettelte wie ein Hund, er solle aufmachen und mich wieder 'reinlassen.«

Carols Miene verfinsterte sich, und ihre Stimme klang gepresst. »Ich habe mir so gewünscht, mit meiner Mutter oder meinem Vater über die Sache mit Ian sprechen zu können, und gehofft, sie würden mir sagen, was ich tun soll. Ich hätte so dringend jemanden gebraucht, mit dem ich hätte reden können – irgendjemanden. Ich erinnere mich, dass ich weinte und dass ich dann immer das Gesicht meiner Mutter sah. Obwohl sie mich rausgeschmissen und mir alles mögliche Böse angetan hatte, brauchte ich sie dennoch. Es ist verrückt, aber je mehr sie mich verletzte, desto verzweifelter sehnte ich mich nach der Art von Mutter, die ich nie gehabt hatte.«

Sie atmete tief. »Na ja, schließlich wurde ich meinen Unterdrücker los. Ich würde Ihnen gern erzählen, dass ich das aus eigener Kraft schaffte, aber so war es nicht. Nach drei Jahren, in denen wir keinen Kontakt miteinander gehabt hatten, schickte meine Mutter mir einen Scheck über eine Summe, die ausreichte, um die letzten beiden Jahre am College und meinen Lebensunterhalt zu bestreiten. Sie schrieb, sie seien immer noch wütend auf mich und wollten mich auch nicht sehen, aber ich sei schließlich ihre Tochter, und sie wollten, dass ich meine Ausbildung abschließe. Ich weiß noch, was für ein kalter Brief das war. Er fing an mit »Liebe Carol«, und drunter stand nur »Mom« – kein Gruß, kein Kuss, einfach nur »Mom«. Das war alles. Das machte mich so traurig, dass ich mich nur noch hinsetzen und heulen konnte. Aber mit diesem Geld änderte sich vieles. Ich nahm mein Studium wieder auf. Es war, als käme ich aus einem schwarzen Loch heraus. Ich traf neue Leute und studierte wirklich sehr fleißig. Ich fühlte mich viel besser und nicht mehr so passiv. Mein Leben lang hatten meine Eltern mir gesagt, dass ich dumm sei. In der Schule hatte ich mich nicht besonders angestrengt, weil ich ihnen glaubte. Aber jetzt, mit meiner neuen Eigenständigkeit, wollte ich weiterkommen mit dem Erwachsenwerden. Ich wollte das Gefühl haben, mein Leben in der Hand zu haben.«

Carols Verhalten als Heranwachsende unterschied sich nur sehr geringfügig vom Verhalten gleichaltriger Mädchen aus geschiedenen (und dabei ebenfalls chaotischen) Familien. Als Schülerin konnte Carol ein wahl- und kritikloses Sexualverhalten noch vermeiden, aber sie machte dieses »Versäumnis« mehr als wett, als sie dann nicht mehr bei ihren Eltern lebte. Alle diese Mädchen mussten schon sehr zeitig für sich selbst sorgen. Sie spürten, dass es die Eltern nicht weiter interessierte, was aus ihnen werden würde. Für beide Gruppen waren die Jahre der Adoleszenz eine wilde und verzweifelte Zeit, beherrscht von der Sehnsucht nach Zuwendung und dem anhaltenden Zorn auf die Eltern und weiter verschärft durch machtvolle aggressive und sexuelle Strebungen.

Ein subtiler Unterschied zwischen den beiden Gruppen besteht darin, dass die Mädchen aus den intakt gebliebenen Familien häufig in der Falle ihres übergroßen Wunsches nach der Liebe ihrer Eltern stecken. Das ist etwas, auf das sie nicht verzichten wollen, während die Mädchen aus den geschiedenen Familien sich als Erwachsene eher aus destruktiven Beziehungen lösen können, sobald sie erkannt haben, wie gefährlich solche Beziehungen sind. Sie haben ein Vorbild dafür, wie man sich aus der Misere befreit. Ungeachtet der wiederholt erfahrenen Zurückweisung und Enttäuschung geben Frauen wie Carol die Hoffnung nicht auf, dass ihre Eltern sich ändern werden, und wahren deshalb eine starke Bindung, obwohl sie leiden. Carols erste Reaktion auf den Scheck, den die Mutter ihr nach dreijähriger Funkstille zukommen ließ, sah so aus, dass sie den Begleitbrief wieder und wieder umdrehte, um so etwas wie »liebe Grüße« zu finden. Sie entdeckte diese Worte allerdings nirgends, und es fehlte nicht viel, dass sie den Scheck zerrissen hätte, so als hinge ihr ganzes Leben an einem Fünkchen Zuneigung vonseiten ihrer Mutter. Sie konnte es noch immer nicht glauben. Sie wünschte sich weiterhin etwas, das nun einmal nicht da war. Sie hofft noch immer, und sie wird noch immer enttäuscht.

Paradoxerweise waren es aber auch ihre Hoffnungen und Sehnsüchte – der Gedanke, dass doch nicht alles schlecht sein könne –, was Carol emotional am Leben hielt und weshalb ihr daran gelegen war, »ein guter Mensch« zu sein. Sie hatte immer das Gefühl, es könnte besser für sie werden. Aber wie wir bald sehen werden, war ihr Weg ins Erwachsenenleben mit Schwierigkeiten gepflastert. Anders als Larry erhielt sie keinen Weckanruf dadurch, dass sie ihre Eltern in einem neuen Licht gesehen hätte. In ihrem Zuhause änderte sich nichts.

1 M. A. Strauss, R. J. Gelles, und S. K. Steinmetz, *Behind Closed Doors: Violence in the American Family* (Garden City, N.Y.: Anchor Press/Doubleday, 1980).

2 L. Pagani et al., »Verbal and Physical Abuse toward Mothers: The Role of Family Configuration, Environment and Coping Strategies«, *American Journal of Psychiatry*, im Druck.

3 M. A. Strauss, »Children as Witnesses to Marital Violence: A Risk Factor for Lifelong Problems among a Nationally Representative Sample of American Men and Women« (Vortrag, gehalten anläßlich des Ross Roundtable on Children and Violence, Washington, D.C., 1991).

4 Unter Richtern und therapeutischen Fachkräften wächst inzwischen das Interesse an diesen Fragen und an geeigneten Programmen. Ein unlängst zusammengestellter Bericht regt an, daß allen, die Gewalt erfahren haben und eine Unterschutzstellung wünschen, ein Rechtsbeistand zugeordnet werden sollte. Zu diesem Themenkreis siehe *Family Violence: Emerging Programs for Battered Mothers and Their Children*. Bericht des Family Violence Department des National Council of Juvenile and Family Court Judges, Reno, Nevada, 1998.

5 Eine ausführlichere Schilderung der Dynamik solcher Allianzen findet sich in Wallerstein und Blakeslee, *Second Chances* (dt. *Gewinner und Verlierer*).

9.
Ordnung aus dem Chaos

Als ich Larry fünf Jahre später wiedersah, war er zweiundzwanzig Jahre alt und ließ erkennen, dass er dabei war, seinem Leben eine andere Richtung zu geben, und sich bemühte, zu einer neuen Identität als freundlich-zugewandter und verantwortungsbewusster Erwachsener zu gelangen. Hätten wir unsere Gespräche nur einige Jahre früher für immer eingestellt, dann hätte ich ihn als einen verlorenen Jugendlichen und – auf lange Sicht – zornigen jungen Mann eingestuft, der in seinen Beziehungen ein Element von Gewalt etablieren würde. Damit hatte ich allerdings ganz und gar Unrecht. Bei diesem Besuch spürte ich zum ersten Mal etwas von einer Kehrtwendung, und das ließ mich, ähnlich wie im Fall von Karen, die den Part der Versorgerperson übernommen hatte, die Frage nach den langfristigen Konsequenzen der elterlichen Scheidung für die Kinder in einer ganz neuen Perspektive sehen.

Larry, der tagsüber studierte und nachts arbeitete, hatte begonnen, seine Beziehung zu beiden Eltern zu überdenken und sich ernsthaft mit ihrer Scheidung auseinander zu setzen. Für mich war und ist dies eines der interessantesten Gespräche innerhalb der gesamten Studie. Ich empfinde es noch immer als Privileg, dass ich diesen erstaunlichen Prozess mit eigenen Augen verfolgen konnte.

Wir trafen uns in einem Imbisslokal unweit des Fitnesszentrums, in dem Larry jetzt regelmäßig trainierte. Ich erkannte den untersetzten, muskulösen und umwerfend gut aussehenden jungen Mann kaum wieder. Die geröteten Augen und die kränkliche Gesichtsfarbe gehörten der Vergangenheit an, zusammen mit all den Drogen, den Zigaretten und dem Alkohol. »Ich habe getrunken und mich unmöglich aufgeführt, um der Mann im Haus zu sein«, sagte er sachlich. »Ich war mein alkoholischer Vater.« Und dann hörte ich ihn mit Staunen sagen: »Ich bin stolz, dass ich aus einer anderen Perspektive zurückblicken kann. Irgendwann wurde mir endlich klar, wie viel meine Mutter für mich getan hat, und ich weiß jetzt, wie sehr sie sich abmüht. Es ist mir sehr fatal, wenn ich denke, wie ich sie behandelt habe. Das war eine schlimme Zeit für sie. Ich war sehr egoistisch.«

»Was hat denn diese großartige Veränderung ausgelöst?«, fragte ich und überlegte mir dabei, ob ich ihm glauben sollte oder ob er so redete, um einen guten Eindruck auf mich zu machen.

Die Antwort kam ohne Umschweife. »Es war nicht so, dass ich plötzlich irgendeine große Vision gehabt hätte. Keine religiöse Konversion. Ich bin nicht mitten in der Nacht heulend oder schweißgebadet aufgewacht. Vor ein paar Jahren, ich war neunzehn, habe ich einfach aufgehört. Ich habe meine Freunde angesehen, habe gesehen, was mit denen los war, und habe sie stehen lassen. Ich sah in den Spiegel und konnte das, was ich da sah, nicht ausstehen. Ich weiß nicht, wie ich es erklären soll, Judy. Wahrscheinlich kam es wirklich aus meinem Innern. Ich wollte eine Familie und Kinder haben, und ich wollte eine gute Stelle, also meldete ich mich bei einem berufsbezogenen College an und setzte mich wieder auf die Schulbank. Ich wollte niemanden um Hilfe bitten, nicht meine Mutter und ganz bestimmt nicht meinen Vater. Und weiter gab es niemanden. Bisher habe ich mir mein Studium erarbeitet, ich habe alles selbst bezahlt.«

Ich hatte Mühe, mir nicht ungläubig die Augen zu reiben, als Larry jetzt, ausgewogener als ich es je von ihm gehört hatte, auf seinen Vater zu sprechen kam. »Sie sprechen jetzt sehr anders über Ihren Vater als früher, Larry«, sagte ich.

»Als ich noch jünger war«, meinte Larry, »sah ich ihn immer an den Wochenenden. Anfangs hat mir das sehr gefallen, aber nach einer Weile wurde mir klar, dass es kein wirkliches Vater-Sohn-Verhältnis war. Wir haben uns nie wirklich miteinander unterhalten.« Und in einem plötzlichen Anflug von Ärger sagte er: »Und schließlich erkannte ich, dass er mir mein Leben lang in allen Dingen etwas vorgemacht hatte. Ich wusste plötzlich, dass ich ihm nichts bedeutete, tatsächlich nichts. Was war ich doch für ein Esel gewesen, ein blöder Affe an der Leine. Als ich mich wieder etwas beruhigt hatte, sah ich ihn plötzlich als das, was er war, ein armseliger Kerl, ein Trinker, der auf hilflose Frauen einschlägt, immer auf meiner Schwester herumgehackt hat und seinen Sohn anlügt. Das ist er nämlich in Wahrheit. Und ich war drauf und dran, so einer zu werden! Dieser Gedanke war mir unerträglich.«

Jetzt sprudelten die Worte nur so aus Larry heraus. »Wollen Sie wissen, was mich durch dieses Studium treibt, weshalb ich sieben Tage in der Woche arbeite, um Mitternacht zur Arbeit gehe – der langweiligste Job von der Welt –, früh um sechs nach Hause komme, um mich schon wieder für die Vorlesungen fertig zu machen, und dabei kaum etwas verdiene? Manchmal bin ich so verloren, dass ich denke, ich sterbe gleich. Aber sobald ich daran denke aufzugeben, sehe ich das Gesicht meines Vaters vor mir und sage mir: 'Wenn du aufgibst, dann endest du ganz genau so.' Und das lässt mich durchhalten.«

Während ich Larry zuhörte, der jetzt so anders sprach und so anders aussah als früher, kam mir der Gedanke, dass er bei allen unseren bisherigen Gesprächen immer nur eine Seite seiner Person und seiner Geschichte enthüllt hatte. Hundertmal hatte er mir geschildert, wie wütend er auf seine Mutter war, wie wenig er von ihr bekommen und wie sehr er unter der Scheidung gelitten hatte. Aber jetzt wurde mir klar, dass da auch noch Reserven waren, die ich zuvor nicht gesehen hatte – Reserven an Kraft und an Auffangvermögen.

»Ja, Larry, ich verstehe, warum Sie resigniert haben, was Ihren Vater angeht, und was für ein fürchterlicher Schlag es für Sie war, so abserviert zu werden, nachdem Sie doch so auf das Leben mit ihm gehofft hatten. Aber woher sind Ihre Pläne gekommen? Sie studieren, Sie wollen eine solide Ausbildung und damit eines Tages ein besseres Leben. Woher ist dieser Gedanke gekommen?«

»Der ist von mir gekommen. Ich dachte mir, dann muss ich eben mein eigener Vater sein und mein Leben selbst steuern, ich kann mich auf niemanden stützen, ich bin der Einzige, der für mich verantwortlich ist.«

»Was heißt das, 'sein eigener Vater sein'?«

»Es heißt exakt das! Mir war klar geworden, dass ich keinen Vater hatte. Es lag jetzt an mir, das für mich selbst zu sein. Oder andernfalls unterzugehen.« Er zog eine Grimasse. »Ich habe beschlossen, nicht unterzugehen.«

Seine klare Aussage klang zugleich schneidend kalt und inspirierend.

»Und was ist mit Ihrer Mutter?«

»Das mit meiner Mutter tut mir Leid. Ich habe immer zugesehen, wie sie weinte, und habe sie angeschrien, sie solle damit aufhören, aber sie konnte nicht aufhören, und ich wusste das und machte doch weiter. Als ich dann merkte: Den Vater kann ich vergessen, da sah ich sie in einem anderen Licht. Man könnte sagen, ich fing allmählich an, sie so zu sehen, wie sie wirklich war.«

»Wie kam das?«

»Ich habe endlich verstanden, dass mein Vater die Geschichte ja umgeschrieben hat. Ich wusste es schon länger, aber ich habe nicht darauf geachtet. Meine Mutter hatte einen schönen Traum, als sie meinen Vater heiratete. Sie wollte einen Ehemann und eine glückliche Familie. Sie wollte ein stabiles Zuhause für ihre Kinder. Zugleich mit der Erkenntnis, dass mein Vater mich beschissen hat, wurde mir auch klar, dass sie ein trauriges Leben geführt hat, dass es sie beinahe zerstört hat – und dass ich ihm noch dabei geholfen habe.« Larrys Gesicht war sehr ernst. »Ich bin zutiefst beschämt, wenn ich daran denke, wie gemein ich sie jahrelang behandelt habe. Ich habe sie um Verzeihung gebeten und versucht, die Dinge wieder gutzumachen, indem ich ihr helfe, wo ich kann. Sie ist eine gute und ehrliche und freundliche Frau. Aber sie ist keine starke Persönlichkeit, und es hat lange gedauert, bis sie die Kraft gefunden hat, sich von meinem Vater zu befreien. Sie war wirklich am Boden.«

»Und heute?«

»Heute geht es ihr besser, aber es war eben eine harte Zeit. Wir sehen uns jetzt häufiger.«

»Und haben Sie vieles gemeinsam?« Ich war mir da nicht so sicher, weil ich wusste, dass seine Mutter immer etwas unentschlossen war.

»Meine Mutter hat noch immer nicht begriffen, dass ich erwachsen bin. Sie macht sich nun mal gerne Sorgen, und ihr Leben hat die Dinge nicht gerade einfacher gemacht. Aber sie tut ihr Bestes. Sie versucht, mir mit den Studiengebühren zu helfen, aber sie verdient ja nicht viel als Spanisch-Lehrerin. Und meine Schwester hat immer große Arztrechnungen. Immerhin hat sie mir meinen ersten PC geschenkt. Sie schickt mir auch immer mal eine kleine Summe. Das ist eine große Sache für sie, und es bedeutet auch mir viel. Denn wenn sie mir etwas gibt, dann heißt das, dass sie für sich auf etwas verzichtet.«

Ich fragte Larry nach den Frauen.

»Da bin ich sehr vorsichtig«, sagte er. »Ich lese Frauen nicht an der Bar auf und stürze mich nicht in Beziehungen.« Und dann, mit einem leichten Lächeln: »Ich habe Freundinnen gehabt, aber noch nicht die große Liebe meines Lebens. Und tatsächlich ist meine Zeit ja begrenzt, einmal durch das Studium und zum anderen dadurch, dass ich für meinen Unterhalt sorgen muss. Ich war ein so schlechter Schüler, dass ich den Schulabschluss nur mit knapper Not geschafft habe, und das heißt, dass ich sehr viel nachholen muss.«

Im Weggehen fragte Larry zu meiner Überraschung nach den anderen jungen Teilnehmern an meiner Studie. (Ich war nicht daran gewöhnt, dass er sich für andere Leute interessierte). Ich sagte ihm, dass eine ganze Reihe von ihnen nach einem schlechten Start das Steuer noch herumgeworfen hatten. Larry meinte: »Wissen Sie, damals wollte ich überhaupt nicht an dieser Studie teilnehmen, aber jetzt bin ich froh, dass ich es getan habe. Vielleicht kann ich damit irgendeinem Kind helfen, das die gleichen Probleme mit seinem Vater hat wie ich sie mit meinem hatte.«

Larry hatte einen langen Weg zurückgelegt, und das ganz ohne Hilfe von außen.

Kehrtwendungen

Larry hatte sehr offen über seine erstaunliche und sozusagen über Nacht eingetretene Verwandlung – vom zornigen und gewaltorientierten Delinquenten zum gesetzestreuen und »anständigen« jungen Mann – gesprochen. Sein bemerkenswerter Satz – »Ich musste mein eigener Vater werden« – schloss die entschiedene Zurückweisung seines Vaters als Rollenvorbild und die Erkenntnis ein, dass er rasch erwachsen werden musste, wenn er sich eine andere Art von Leben aufbauen wollte. Es war zugleich paradox und tragisch, dass Larrys frühe Identifizierung mit seinem gewalttätigen Vater durch die Scheidung der Eltern noch erheblich befestigt worden war. Es kostete ihn zehn mühsame Jahre, das Band zu zerreißen und seinen eigenen Weg einzuschlagen.

Der erste Schritt auf diesem Weg der Veränderung war Larrys Wut und Verzweiflung. Nach Jahren der Enttäuschung erkannte er allmählich, dass die Versprechungen seines Vaters auf Sand gebaut waren. Dieser Mann war nicht der idealisierte Held, den er sich in seiner Fantasie erschaffen hatte. An einem bestimmten Punkt erkannte Larry, dass er keinen zentralen Platz im Leben seines Vaters einnahm. Dass der Vater geheiratet hatte, ohne ihm etwas davon zu sagen, und anschließend keine Zeit mehr für ihn fand, brach ihm das Herz und machte seinen Fantasien, er könne die vertraute Beziehung seiner Kleinkinderjahre wieder zum Leben erwecken, für immer ein Ende.

Larry lieferte mir noch ein weiteres Verbindungsstück. Er gestand, dass ihm das Unglück von Mutter und Schwester jahrelang sehr wohl vor Augen gestanden hatte, dass die Allianz mit dem Vater ihm aber den Blick verstellt hatte. Er war nicht imstande gewesen sich zu sagen, dass seine Mutter weinte oder dass sein Vater der wütige Verursacher ihres Kummers war, und er hatte auch die eigene Rolle als Quäler der Mutter nicht zugeben können. Befreit von der Unterwürfigkeit gegenüber dem Vater konnte er sich am Ende zu seiner Komplizenschaft bekennen und Wiedergutmachung leisten. Und mit der Korrektur seiner falschen Sicht der stürmischen Ehe seiner Eltern war er endlich imstande, die Scheidung zu akzeptieren und zuzugeben, dass sie nötig gewesen war.

Das letzte Verbindungsstück waren seine Courage, seine Ausdauer und seine Überzeugung, dass er jetzt endlich richtig handelte. Zum ersten Mal seit vielen Jahren war er mit sich im Reinen. Es tat ihm wohl zu denken, dass er »gut« war, nachdem er sich so viele Jahre lang geschämt hatte.

Auch andere junge Männer und Frauen aus der Gruppe meiner Probanden kamen zu einem vergleichbaren Schluss und warfen das Steuer ihres Lebens herum, so wie Larry dies getan hatte. Auch sie waren auf einem steil abwärts führenden Weg gewesen, bevor sie sich auf dramatische Weise aus der Identifikation mit einer delinquenten oder emotional gestörten Elternperson lösten und ihr Leben unter ein anderes Leitbild stellten. Jim, dessen Eltern einen grausamen Kampf miteinander führten und die eigenen Kinder jahrelang ignorierten, legte mit sechzehn Jahren einen Brand, dem ein mit erheblichen Kosten errichtetes Kirchengebäude zum Opfer fiel. Der Staatsanwalt hätte es gerne gesehen, wenn er nach dem Erwachsenenrecht verurteilt worden wäre. Ein einfühlsamer Richter schickte ihn statt ins Gefängnis in eine Bewährungseinrichtung für Jugendliche. Heute ist Jim achtunddreißig, Leiter einer angesehenen Schule und glücklich verheirateter Vater von drei Kindern. Sein Weg führte ihn über den Drogenkonsum und ein Register von Straftaten, zu dem Einbrüche, Autodiebstähle und Brandstiftung zählten. Wie Larry schaffte Jim die Umkehr dadurch, dass er sein

Bild der Eltern sowie seines eigenen Platzes in der Gesellschaft einer Revision unterzog. Seinen eigenen Worten zufolge war es der Anblick seines Vaters, der beim Prozess gegen seinen brandstiftenden Sohn in Schluchzen ausbrach, der letzten Endes die Kehrtwendung ausgelöst hatte. Bis zu diesem Augenblick hatte Jim sich durch das, was seine Eltern sagten oder taten, nicht im Geringsten anrühren lassen. Aber als er dann vor dem Richter stand und auf dessen Spruch wartete, kam er bei sich zu dem Schluss, dass seine Eltern sich zusammengetan hatten, um ihm zu helfen. Ungeachtet der Konflikte, die zwischen ihnen schwelten, hatten sie ihn entgegen seiner festen Überzeugung eben doch nicht vergessen. Und was am wichtigsten war: Entgegen dem, was er jahrelang geglaubt hatte, liebte sein Vater ihn wirklich. In diesem kritischen Augenblick beschloss er, sein Leben in ein anderes Fahrwasser zu bringen.

Es gibt viele ähnliche Geschichten. Kinder, die seit ihrem elften Lebensjahr getrunken oder Drogen genommen hatten, gaben dieses Verhalten spätestens als Mittzwanziger auf, häufig aber schon früher. Eine ganze Anzahl meiner Probanden, die als Heranwachsende Zeugen und Opfer gewalttätiger Handlungen gewesen waren oder ihrerseits Gewalt verübt hatten, gehören ebenfalls in diese Kategorie der Kehrtwender: Sie konnten, an einem Kreuzweg angekommen, ihr Leben ändern, ohne dass eine direkte Intervention – sei es vonseiten der Familie oder durch einen Therapeuten – erfolgt wäre.

Alle standen im dritten oder am Beginn des vierten Lebensjahrzehnts, als diese Veränderung einsetzte, und das ist vielleicht kein Zufall. In diesem Alter scheinen viele Menschen in der Lage zu sein, große physische und psychische Reserven zu mobilisieren, um eine solche Wendung der Dinge in Gang zu bringen. Sie brauchen zwar länger, um erwachsen zu werden, aber sie tun dies oft mit einem plötzlichen Schub von Selbstbestimmung. Erinnern wir uns daran, wie schwer Larry sich mindestens sechs Jahre lang damit tat, sein neues Leben in Gang zu bringen, und welche Anstrengungen Karen in den Jahren zwischen Zwanzig und Dreißig darauf verwandte, ihre berufliche Laufbahn, ihr Verhältnis zu ihren Angehörigen und ihre eheliche Beziehung zu revidieren.

Als Kinder und als Teenager taten Larry und die Übrigen sich nicht dadurch hervor, dass sie etwa sehr flexibel oder irgendwie »besonders« gewesen wären. Es könnte tatsächlich sein, dass diese sehr bemerkenswerten Veränderungen zum Besseren erst durch die elterliche Scheidung möglich wurden, die eben ein Fluchtfenster öffnet. Aber der junge Mensch muss den Willen und die Kraft haben, durch dieses Fenster zu klettern, und das ist etwas, worüber ich später noch etwas ausführlicher sprechen werde.

Als Larry und ich uns an jenem Tag in dem Lokal, in dem wir uns getroffen hatten, voneinander verabschiedeten, sagte ich mir mit einem Gefühl von Hochachtung, dass ich hier ja eine Verwandlung in nahezu allen Aspekten der Persönlichkeit dieses jungen Mannes beobachtet hatte. Aber ich fragte mich dennoch, wie es mit seinen Beziehungen zu den Frauen weitergehen würde; diesen Sektor seines Lebens war er noch nicht ernsthaft angegangen.

Kein Ende in Sicht

Carols Geschichte ist lehrreich, denn sie zeigt, wie es mit Kindern aus chaotischen Familien weitergeht, wenn es nicht zur einer Kehrtwendung kommt. Diese Kinder leben im Aufruhr, egal ob ihre Eltern sich scheiden lassen oder nicht. Ohne Intervention – sei es Hilfe vonseiten einer der Elternpersonen, die sich selbst wieder in den Griff bekommen hat, sei es die plötzliche eigene Erkenntnis, dass das Leben eigentlich schöner sein könnte, sei es irgendein anderes Geschehen, das den jungen Menschen davor bewahrt, in die Fußstapfen der selbstdestruktiven Eltern zu treten – ist ihr Eintritt ins Erwachsenenleben mit Problemen belastet.

Nachdem Carol mit fünfundzwanzig Jahren ein Psychologiestudium abgeschlossen hatte, arbeitete sie mehrere Jahre lang in verschiedenen therapeutischen Einrichtungen, fand aber, dass sie sich für diese Tätigkeit eigentlich nicht eignete. Eine Stelle in einem Schutzhaus für misshandelte Frauen und ihre Kinder stürzte sie in traurige Erinnerungen. Eine Freundin brachte sie im Direktverkauf für eine Firma unter, die eine populäre Kosmetikserie herstellte. Hier konnte sie mit ihrem Organisationstalent und ihrer gewinnenden Art glänzen. Sie stieg rasch zur Einkäuferin für ein großes Warenhaus in San Francisco auf. Von Anfang an hatte sie zwar Schwierigkeiten, mit ihrer Supervisorin und anderen vorgesetzten Personen zusammenzuarbeiten, aber ihre Talente wogen schwerer als ihre Probleme, und in ihrer Umgebung ging man davon aus, dass diese Dinge sich mit der Zeit noch bessern würden. Insgesamt war das eine glorreiche Zeit in Carols Leben. Sie liebte den Glanz und Glitter eleganter Läden, das Reisen und die großen Branchenmessen. Ihr Arbeitstag war lang, und ihre überschüssigen Energien konnten sich austoben, wenn sie abends mit Freunden in die Disco ging.

»Damals muss ich mir alles in allem mehr als fünfzig Männer mit nach Hause genommen haben«, sagte sie mit einer Mischung aus Stolz und Scham. »Es hat mir Spaß gemacht, Männer anzuziehen. Ich wusste, dass es gefährlich war, aber es war einfach aufregend, mit jemandem nach Hause zu kommen, dessen Nachnamen man gar nicht kannte. Diese Atmosphäre von Attraktion und Gefahr und Nicht-Wissen – da war etwas dran, was mich wirklich faszinierte. Heute würde ich sagen, dass ich fast süchtig danach war. Aber ich habe immer die Oberhand behalten.«

Carol seufzte hörbar. »Aber nach einer Weile kam ich an einen toten Punkt. Das war, als ich einunddreißig wurde und es satt hatte und mit den Nerven fertig war, nachdem ich so lange so heftig gelebt hatte. Ich fühlte mich leer und schal und musste immer mehr trinken und auf noch mehr Partys gehen, um mich toll zu fühlen. Und dazu kam, dass ich die Dinge manchmal nicht so ganz richtig einschätzte. Ich war oft sorglos, und das erschreckte mich. Manchmal bin ich mit Männern mitgegangen, die dann Schwierigkeiten machten, wenn ich wieder weg wollte. Sie bedrohten mich, und einer hat es sogar geschafft, mich zu schlagen, ehe ich da wieder draußen war. Und die Arbeit, die ich früher so gern getan hatte, ging mir allmählich auf die Nerven. Ich wollte gerne Regionaleinkäuferin werden und wurde übergangen. Es war eine Zeit, da ging einfach gar nichts.«

Wir hatten mehrere Familien in unserer Studie, die Carols Familie glichen – mit dem einzigen Unterschied, dass die einen schließlich zerbrachen und die anderen zusammenblieben. Die Scheidung brachte, was die Erwachsenen anging, keine wesentliche Veränderung, und sie hatte auch für das Leben der Kinder kaum Konsequenzen. Der sich wechselseitig bedingende Alkohol- und Drogenmissbrauch, wie er in der Zeit der Ehe bestanden hatte, hielt auch in den Jahren nach der Scheidung an, wobei die ehemaligen Partner dieses Missbrauchsverhalten entweder als Solisten oder – häufiger – im Rahmen neuer Beziehungen fortsetzten. Die Kinder wurden weiterhin Zeugen des süchtigen oder gewalttätigen Verhaltens ihrer wiederverheirateten oder in neuen Partnerschaften engagierten Eltern.

Tatsächlich war es in vielen Fällen so, dass sich die Situation des Kindes nach der Scheidung noch verschlechterte. Was immer die Ehe der Eltern überhaupt an Strukturen vorgegeben hatte, erfuhr im Tumult der Nachscheidungsjahre eine weitere Schwächung. Die sexuelle Aktivität eskalierte in manchen Fällen in erschreckender Weise. Eine Zehnjährige, die aus der Schule nach Hause kam, entdeckte ihren Vater mit einer ihrer Lehrerinnen auf dem Wohnzimmerteppich. »Papa«, schrie sie, »hättest du nicht eine nehmen können, die ich nicht kenne?« Mit der ohnehin geringen Aufmerksamkeit, wie sie dem Kind zuteil geworden war, solange die Ehe noch bestand, wurde es nach der Scheidung der Eltern noch weniger. Hatten sich Mutter oder Vater zuvor noch darum bemüht, dass das Kind rechtzeitig aufstand, um zur Schule zu gehen, dass es frühstückte und etwas Sauberes anzuziehen hatte, so breitete sich nach der Scheidung das Chaos aus: Häufig fehlte es jetzt an jeder Familienroutine, der Haushalt wurde nicht besorgt, es gab keine gemeinsamen Mahlzeiten, niemand fühlte sich verantwortlich. Das Geld wurde in vielen Familien zu einem ernsthaften Problem. Weniger Geld für das Kind – das hieß, dass die sorgeberechtigte Mutter wichtige Ausgaben nicht mehr bestreiten konnte: Kein Privatunterricht mehr, keine Musikstunden, keine besondere medizinische Behandlung, keine Nachhilfe. Mit anderen Worten, was das Kind in der chaotischen Familie an Stützen besessen hatte, begann nach der Scheidung auf allen Seiten wegzubrechen. Hatte es schon zu Zeiten der Ehe schlechte Beziehungen beobachtet, so verschlechterten sich diese Beziehungen nach der Scheidung noch weiter. Und auch wenn es an Geld nicht fehlte, wie in Carols Fall, und die Kinder weiterhin eine Privatschule besuchten, so war das jedenfalls keine Hilfe.

An Brendas Geschichte wird deutlich, dass die Scheidung keine Rettung für Kinder aus chaotischen Familien bedeutet, wenn die Erwachsenen nicht fähig oder nicht willens sind, ihre Lebensweise zu ändern. Ich lernte Brenda kennen, als sie zehn Jahre alt war und gerade eine Glosse über die Scheidung ihrer Eltern für die Schulzeitung geschrieben hatte. Nachdem die Eltern auseinander gegangen waren, kümmerte sich buchstäblich niemand um sie. Manchmal erschien sie in der Schule, aber wenn ihr danach war, blieb sie lieber zu Hause. Beide Eltern tranken so viel wie vorher und hatten eine ganze Reihe von Liebespartnern. Brenda wusste nie, wo sie in der nächsten Nacht schlafen würde, weil sie sich nicht sicher war, in welcher der elterlichen Wohnungen sich mehr fremde Leute aufhalten würden. Beide Eltern hatten eine Vielzahl sexueller Kontakte, die sie vor dem Kind nicht verbargen. Brendas Vater war in leitender Stellung bei einem Fernsehsender tätig und ein bekannter Mann, der fünfmal heiratete und alle seine Frauen schlug. Die Mutter führte ein Reisebüro und konnte daher ausfliegen, wann immer sie wollte. Geld spielte in dieser Familie keine Rolle, aber eine Haushaltshilfe, die das kleine Mädchen hätte versorgen können, wenn die Eltern anderweitig beschäftigt waren, wurde nicht eingestellt.

Nach der Scheidung ihrer Eltern sah Brenda ihre Mutter vielleicht zweimal in der Woche. Hier und da kam auch ihr Vater vorbei, um sie zu besuchen, je nachdem, mit wem er gerade liiert war. Geld wurde in beiden Haushalten jeweils auf dem Küchentisch hinterlassen, sodass Brenda sich kaufen konnte, was sie essen bzw. anziehen wollte oder was ihr sonst gerade einfiel. Brenda wurde nie geschlagen – sie wurde ignoriert. Es war, als wäre sie zugleich mit der Ehe ihrer Eltern von der Bildfläche verschwunden.

Da weder Vater noch Mutter nach der Trennung die Verantwortung für das Kind übernehmen wollten, war Brenda einem erhöhten Risiko ausgesetzt. In der sexuell hochgespannten Umgebung, in der niemand dem heranwachsenden Mädchen zur Seite stand, wurde sie schon in jungen Jahren zum Callgirl, das Kokain nahm und pro Nacht mehrere hundert Dollar »machte«. Als ich die Einunddreißigjährige wiedertraf, hatte sie gerade ein kleines Apartment in Oakland bezogen. Bei dieser Gelegenheit saßen wir beide auf Kisten. Und dann bemerkte ich, dass sie nur einen einzigen Gegenstand ausgepackt hatte, ein gerahmtes Foto, das sie als kleines Mädchen mit Vater und Mutter zeigte – alle drei lächelnd und glücklich. Das ist alles, was von der intakten Familie übrig geblieben ist, und Brenda bemüht sich verzweifelt, so etwas wie Gemeinsamkeit, Zuneigung und Hoffnung festzuhalten. Obwohl ihre Eltern sie in der Tat im Stich gelassen hatten, sprach Brenda genau so wie Carol mit einer Sehnsucht von ihnen, die herzzerreißend war.

Damit haben wir also einen traurigen, aber jedenfalls sehr wichtigen Befund, der deutlich macht, was die Scheidung bewirken kann und was sie nicht bewirken kann. Kinder, die in chaotischen Familien aufwachsen – seien es Scheidungsfamilien oder solche, die »intakt« bleiben –, leben ein sehr ähnliches Leben. Die Scheidung als solche bedeutet keine Rettung für sie, es sei denn, dass zumindest eine der Elternpersonen sich verändert und ein echtes Interesse an dem Kind bezeigt, indem sie ihm ein stabiles Zuhause schafft und ihren elterlichen Aufgaben verantwortlich nachkommt. In manchen Fällen, das zeigt Larrys Geschichte, kann ein solches Kind sich selbst retten, dann nämlich, wenn es Mentoren findet oder seine inneren Ressourcen bündelt und sein eigener Vater bzw. seine eigene Mutter wird. Beide Gruppen von Kindern beginnen ihr Erwachsenenleben mit einem geringen Selbstwertgefühl, sie hungern nach Liebe und menschlicher Nähe und hegen sehr falsche Vorstellungen, was die Beziehungen zwischen Mann und Frau angeht. Mädchen, die nicht umhin konnten zu bemerken, dass und wie ihre Eltern ihre sexuellen Bedürfnisse auslebten, geraten mit größerer Wahrscheinlichkeit in die Promiskuität, und dies schon als junge Teenager und bis in das dritte Lebensjahrzehnt hinein. Immerhin hat die dunkle Wolke so etwas wie einen silbernen Rand – dieses Verhalten wird jenseits der Dreißig allmählich aufgegeben. Manche beschließen einfach, jetzt damit aufzuhören, weil sie Angst haben, eine Verletzung zu erleiden oder sich eine Krankheit zuzuziehen. Andere stellen fest, dass sexuelle Kontakte sie nicht länger von ihrer Depression befreien. Und wieder andere haben das Glück, Männern zu begegnen, die, wie es eine solche Frau ausdrückte, »sich weigern, einfach der Nächste in der Reihe zu sein.« Zwei Frauen aus der Gruppe der Scheidungskinder schlossen sich religiösen Gruppierungen an, die strenge moralische Maßstäbe vertraten. »Es war die Kirche, die schließlich dafür sorgte, dass ich die Schenkel zusammenhielt«, sagte mir eine der beiden in ernstem Ton.

Auch die Männer, die unter dem Regiment chaotischer Ehen bzw. in chaotischen Scheidungsfamilien aufgewachsen sind, leiden unter einem geringen Selbstwertgefühl, das sich allerdings in der Regel nicht in der Form der Promiskuität manifestiert. Eher wenden sie sich dem Alkohol- und Drogenkonsum zu. Anders als ihre Schwestern, die ihre fahrlässige sexuelle Aktivität aufgeben, fahren Männer ihr Suchtverhalten mit Ende zwanzig oder Anfang dreißig im Allgemeinen nicht zurück. Nichtsdestoweniger gaben einige dieser Männer und Frauen – insgesamt sechs von unseren Probanden – ihrem Leben eine neue Richtung, indem sie sich einer der großen kirchlichen Gruppierungen anschlossen. Als Kinder waren sie alle keine Kirchgänger gewesen, aber jetzt fanden sie hier die moralische Richtschnur, die sie damals vermisst hatten. Sie fanden Ehepartner und eine Gemeinschaft, die ihnen den Halt bot, nach dem sie sich immer gesehnt hatten.

Ich verabschiedete mich von Larry, der jetzt Anfang zwanzig war, voller Bewunderung für die Fortschritte, die er gemacht hatte, und für den Verzicht auf die Ideale seiner jungen Jahre – Alkohol und Gewaltbereitschaft. Aber bezüglich dessen, was vor ihm lag, hatte ich mehr

Fragen als Antworten. Kann ein junger Mann, der als Kind und Jugendlicher von Zorn und Wut beherrscht war, noch eine wirkliche Kehrtwendung in seinem Leben vollziehen? Kann er sich neue Ziele setzen und das Erreichte allein durch eigene Anstrengungen wahren? Kann er beschließen, »sein eigener Vater« zu sein, und diesen Vorsatz wirklich befolgen? Enttäuschung und Wut, die er beim Gedanken an seinen Vater empfand, hatten Larry angetrieben und ein großes Stück vorangebracht. Seine Entscheidung, sich den Vater sozusagen zum negativen Vorbild zu nehmen, hatte ihm die Energien für seine aufreibende Arbeit und für sein Lernprogramm geliefert und ihn »am Laufen gehalten«. Aber wie würde sich das auf seine zukünftigen Beziehungen zu Frauen und auf die wichtigen Entscheidungen auswirken, die vor ihm lagen? Würde er mit der Vorstellung von den Beziehungen zwischen Mann und Frau, wie er sie in seiner Familie erworben hatte, überhaupt der gute Ehemann und Vater werden können, der er doch sein wollte? Die Lebensgeschichten aller dieser jungen Menschen waren reich an unerwarteten Kehrtwendungen und Veränderungen, aber Larrys Geschichte bis zu diesem Punkt gab mir ein Rätsel auf. Beunruhigt war ich auch wegen seiner Schwester, die von ihrem Vater so erniedrigt worden war. Wie war sie mit dem Übergang in das Leben einer erwachsenen jungen Frau zurande gekommen? War es ihrer Mutter gelungen, sich selbst so weit zu fangen, dass sie der Tochter wirklich helfen konnte? Ich war sehr begierig, auch die Schwester wieder zu sehen, und zugleich erfüllte mich der Gedanke an die langfristigen Folgen der Demütigungen, die sie von ihrem Vater erfahren hatte, mit Sorge.

10.
Familienbande

Als es darum ging, Larry nach insgesamt fünfundzwanzig Jahren ein weiteres Mal zu befragen, hatte ich keine Schwierigkeiten, ihn ausfindig zu machen, denn er war als Bauingenieur in einer Reihe von Branchenverzeichnissen genannt. Ich war jetzt, zehn Jahre nach unserem letzten Gespräch, sehr gespannt zu erfahren, ob die damals erkennbare Veränderung angehalten hatte. Hatte er sein Leben ohne fremde Hilfe in ein anderes Fahrwasser bringen können? Hatte er sich vollständig aus der Identifikation mit seinem gewalttätigen Vater befreit? Oder hatte er, wie das so häufig geschieht, das üble Verhalten seines Vaters eben doch weiterhin nachgeahmt, ungeachtet seines bewussten Wunsches, »ein anderer« zu sein? Welche Art von Beziehung verband ihn mit seiner Mutter? Und – was das Spannendste war – welche Art von Beziehung konnte er zu einer Frau eingehen, nachdem seine Eltern ihm insoweit ein so jämmerliches Vorbild geliefert hatten?

Als ich Larry zum ersten Mal am Telefon erreichte, zögerte er zunächst und erklärte, er sei im Augenblick mit einem neuen Projekt schon mehr als beschäftigt, und auch sein Leben zu Hause mit einem dreijährigen Kind und einer Frau, die vor der zweiten Entbindung stand, sei einfach zu hektisch. Dabei war er höflich und bedankte sich für den Anruf – nicht aber für die Nachfrage nach seinem Leben. Ich war nicht im Mindesten überrascht. In Larrys Vergangenheit gab es nichts, von dem er hätte wünschen können, es in Gedanken wieder aufzusuchen. Mir war klar, dass es nur eine Möglichkeit gab, ihn umzustimmen – ich musste ihm unumwunden sagen, warum ein Zusammentreffen mit ihm so wichtig war: »Sehen Sie, ich will ja nicht über die ferne Vergangenheit mit Ihnen sprechen. Das ist lange vorbei. Aber ich möchte sehr gerne wissen, wie es für Sie weiterging, nachdem Sie beschlossen hatten, Ihr Leben zu ändern. Es wäre sehr hilfreich für andere junge Leute, wenn sie wüssten, was sich für Sie als nützlich erwiesen hat und was nicht, wo die Minenfelder lagen, wo Sie Kompromisse eingehen mussten und wo Sie am ehesten Erfolg hatten. Das können andere nirgendwo sonst in Erfahrung bringen.«

Eine Weile sagte Larry kein Wort. Offensichtlich hatte ich einen Nerv getroffen. Schließlich erinnerte ich ihn an etwas, was er zehn Jahre zuvor geäußert hatte. »Larry, Sie haben mir einmal gesagt: 'Wenn ich eines Tages beschließe zu heiraten, dann gilt das bis zu dem Tag, an dem ich sterbe.' Denken Sie immer noch so?«

»Das wissen Sie noch?« Er war ehrlich überrascht. »Wie ist das möglich?«

»Larry, ich weiß noch fast alles, was Sie mir gesagt haben. Das gehört zu meinem Beruf. Ich bin bereit, mich an jedem Ort und zu jedem Zeitpunkt, der Ihnen passt, mit Ihnen zu treffen. Denn Ihre Erfahrungen sind wichtig.«

Eine Woche später trafen wir in dem Büro in San José zusammen, das Larry mit zwei Kollegen teilte. Er kam sogleich heraus, um mich zu begrüßen – ein untersetzter Mann mit kurz geschnittenem braunem Haar und klaren blauen Augen, der irgendwie bedrängt wirkte –, schüttelte mir die Hand und führte mich in sein Arbeitszimmer, in dem sich Baupläne, Regierungsberichte, Fachzeitschriften, Tageszeitungen und ungezählte Stöße loser Blätter türmten. Er räumte einen Stuhl neben seinem Schreibtisch frei, bat mich, Platz zu nehmen, und kam mit seinem eigenen Stuhl herüber, sodass der Schreibtisch uns nicht mehr trennte.

Ich sah mich bewundernd in diesem sehr professionell wirkenden Raum um. »Sie sind einen langen Weg gegangen. Ich gratuliere!«

»Sie meinen, seit wir uns zum ersten Mal gesehen haben? Wie alt war ich da? Sieben?« Er lachte.

»Ja, ganz genau.«

»Das waren keine guten Jahre. Ich war ein Rüpel.«

»Sie waren ein sehr unglücklicher Rüpel.«

»Das stimmt. Ein Rüpel, dem es lange Zeit sehr schlecht ging.« Larry sah sich in seinem Büro um. »Sehr oft kann ich es gar nicht glauben, dass ich hier sitze.« Er entspannte sich etwas und lächelte. »Sind alle ehemaligen Kinder aus Ihrer Studie bereit, sich nach fünfundzwanzig Jahren wieder mit Ihnen zusammenzusetzen?«

»Sie sind ja ein Zahlenmensch, also nenne ich Ihnen eine Zahl: Bisher sind es hundert Prozent.«

»Und was wollen Sie mit Ihren Erkenntnissen machen?«

»Ich will sie veröffentlichen, damit andere sie lesen können. Wenn Sie wollen, sind Sie unter den Ersten, die sie zu sehen bekommen. Ich verspreche Ihnen, dass ich Ihnen ein Exemplar schicke.«

»Wird man mich unter Umständen wiedererkennen?«

»Wenn das passieren sollte, hätte ich meine Sache sehr schlecht gemacht. Ich verspreche Ihnen, dass ich Ihr Privatleben schützen werde. Ihre Identität wird ganz sorgfältig verschleiert.«

Larry nickte und kam dann abrupt auf den Zweck unseres Zusammentreffens zu sprechen. »Was genau wollen Sie von mir wissen?«

»Ich möchte wissen, wie Sie von dem Punkt, an dem Sie mit zweiundzwanzig standen – als ich Sie zum letzten Mal sah –, an den Punkt gekommen sind, an dem Sie heute stehen. Wie sahen die Schritte an diesem Weg aus?«

Er runzelte die Stirn. »Also, ein Zuckerschlecken war es nicht. Ich fange mal mit dem einfacheren Teil an. Vor vier Jahren habe ich geheiratet. Meine Frau heißt Grace. Wir haben einen Sohn, Alex, der jetzt drei Jahre alt ist, und im September kommt ein zweites Kind. Grace ist Beratungslehrerin, aber sie wird wahrscheinlich ein Jahr aussetzen, wenn das neue Baby da ist. Wir glauben, dass wir uns das jetzt leisten können. Und das hier«, sagte er mit einer Handbewegung, die das von Papieren übersäte Büro einschloss, »das ist eine neue Firma, die zwei junge Männer gegründet haben. Ich hatte gerade mein Diplom am San José State College gemacht und fand hier meinen ersten Job. Das ist jetzt drei Jahre her, und bis jetzt ist es toll. Vielleicht bleibe ich für immer hier.« Einen Augenblick lang lächelte Larry, dann verdüsterte sich seine Miene. Er hatte beschlossen, die volle Wahrheit zu sagen. »Ich habe diesen Job durch einen reinen Glücksfall bekommen, nicht etwa weil ich ein Überflieger wäre. Als ich mein Studium abschloss, hatte ich überhaupt kein Selbstvertrauen. Ich habe mich immer zum Lernen zwingen müssen und habe es erstmal nur zu einem »Ausreichend« gebracht. So viel zum M.I.T. Aber dann, an einem Zwei-Jahres-College, ging es mir besser, und am Ende bin ich ans San José übergewechselt. Das ist ein gutes College, aber keines von den berühmten. Und deshalb war natürlich bei jedem Vorstellungsgespräch, zu dem ich ging, der Mitbewerber aus Berkeley oder Caltech oder von sonstwoher die erste Wahl. Die hatten die richtigen Verbindungen. Dann fühlte ich mich so klein, dass ich am liebsten in den Boden versunken wäre. Schließlich dachte ich mir, ich könnte mal einen meiner Professoren anreden, dem meine Arbeit gefallen hatte, um zu sehen, ob dem etwas einfiele. Das war ziemlich kühn für meine Verhältnisse, denn eigentlich erwarte ich von niemandem, dass er sich für mich einsetzt. Er fragte mich so richtig aus – wie ich das geschafft hatte, am Tag zu lernen und die ganze Nacht zu arbeiten, und warum ich sechs Jahre gebraucht hatte anstatt der üblichen vier. Am Ende sagte er, ihm gefalle meine Arbeit, ich hätte Talent und Courage, und empfahl mich einem anderen seiner ehemaligen Studenten, der gerade eine neue Firma aufbaute. Der Rest ist bekannt.«

»Eine sehr schöne Geschichte. Und sie spricht für Sie.«

Larry sah mich an und sagte sachlich: »Das war das einzige Mal in meinem Leben, dass ein Mann mir geholfen hat.«

»Das ist wohl so zu verstehen, dass Ihr Vater Ihnen bei Ihrer Ausbildung nicht geholfen hat?«

Er schnaubte verächtlich. »Mit keinem Cent. Das einzig Gute daran ist, dass ich gar keine Unterstützung von ihm erwartet habe. Mein Vater ist ein Nehmer, kein Geber. Sein ganzes Leben lang hat er an niemand anderen als an sich selbst gedacht. Er ist ein schlauer Mann. Er kann ein Charmeur sein, wenn er es darauf anlegt. Er hat auch Humor. Aber er hat nie für irgendjemanden ein Opfer gebracht. Er ist durch und durch egoistisch. Ich hielt ihn lange Zeit für einen Helden, einen bedeutenden Mann. Ich habe ja sogar geglaubt, dass er mich liebt. Er hat mir immer gesagt: 'Du bist mein Liebling.' Wenn das so ist, dann muss es in der Hölle einen besonderen Platz für diejenigen geben, die das Lieblingskind ihres Vaters sind.«

Ich war betroffen angesichts dieser Bitterkeit. »Und wie ist das Verhältnis jetzt? Sehen Sie Ihren Vater überhaupt manchmal?«

»Ich sehe ihn selten. Ein oder zweimal im Jahr. Wir telefonieren miteinander. Wir sprechen über die Arbeit, über das Wetter; wir erzählen uns schmutzige Witze. Aber das ist auch schon alles. Auf einer tieferen Ebene kommunizieren wir nicht.«

»Vermissen Sie eine vertrautere Beziehung?«

»Ich lege heute eigentlich keinen Wert auf Vertrautheit mit ihm«, sagte Larry ruhig. Dann fügte er in etwas milderem Ton hinzu: »Manchmal macht es mir schon zu schaffen. Vor kurzem habe ich zum Beispiel erfahren, dass man einen Prostatakrebs bei ihm diagnostiziert hat, und das tut mir Leid. Aber die Wahrheit ist, dass meine Schwester und ich nicht für ihn da sein können. Wir sind noch immer wütend auf ihn, auch nach so langer Zeit.«

Ich überlegte mir, ob Larrys Vater sich wohl über diese Gefühle seiner Kinder im Klaren war. »Sagen Sie, Larry, haben Sie je versucht, ihm zu sagen, wie verletzt Sie waren, oder mit ihm darüber zu sprechen, dass Sie ja auch ein anderes Verhältnis zueinander hätten haben können?«

Larry schaute weg und richtete den Blick dann auf seine Hände, wie um seine Fingernägel zu inspizieren. »Ja, das habe ich versucht. Ich wollte mit ihm über die Dinge sprechen, die mich verletzt haben. Ich habe ihm gesagt, dass ich mich um einen Vater betrogen fühlte. Ich habe ihn an den furchtbaren Abend erinnert, an dem er aus dem Haus ging, nachdem er meine Mutter so oft geschlagen hatte. Ich habe ihm gesagt: 'Du hättest wirklich alles etwas besser machen können.'« Larry sah gequält aus, als er jetzt wieder aufblickte. »Er hat mich kaum angehört. Es kam einfach nicht an bei ihm. Es macht mich noch immer traurig, eigentlich nie einen Vater gehabt zu haben. Ich weiß, dass noch viel aufgestauter Zorn in mir steckt. Ich versuche, nicht darüber nachzudenken.«

Larry lehnte sich zurück und antwortete auf meine unausgesprochene Frage. »Ich sehe eigentlich nicht, wie ich es schaffen könnte, all den Zorn und Schmerz meiner Kindheit zu verarbeiten. Er kommt jetzt, da ich eigene Kinder habe, wieder nach oben. Ich möchte für meine Kinder all das tun, was mein Vater für mich eben gerade nicht getan hat.«

Diese letzte Bemerkung klang mir vertraut. Karen hatte das Gleiche gesagt. Diese jungen Leute wollen nicht, dass ihre Kinder eine Kindheit erleben, wie sie selbst sie erlebt haben. Sie wollen etwas Besseres und sind bereit, dafür zu kämpfen. Sehr interessant fand ich auch, dass keiner dieser erwachsenen Menschen, die sich von den eigenen Vätern zurückgewiesen oder schlecht behandelt gefühlt hatten, die Bedeutung des Vaters herunterspielte oder etwa leugnete, sich immer einen liebevollen und engagierten Vater gewünscht zu haben.

Der Kurswert der Väter

Nach Jahrzehnten der detaillierten Dokumentation der Mutter-Kind-Interaktion, so als existierte diese in einer »vaterlosen« Welt, hat die Forschung endlich auch die Väter und die Bedeutung des Vaters für die kindliche Entwicklung entdeckt. Die Antworten auf die Frage »Wozu sind die Väter gut?« würden heute eine kleine Bibliothek füllen. Kinder einfühlsamer und engagierter Väter sind anderen in ihrer kognitiven und sozialen Entwicklung voraus; das zeigt sich in der Art, wie sie ihr Umfeld erkunden, und es zeigt sich an ihrem Spiel mit anderen Kindern. Eine über fünfundzwanzig Jahre hinweg durchgeführte Studie zeigte, dass diejenigen, die mit fünf Jahren ein enges Verhältnis zu ihren Vätern hatten, als Erwachsene einfühlsamer und in ihrer Rolle als Ehemänner und Väter glücklicher waren als die Vergleichspersonen, die ein Vierteljahrhundert zuvor eine solche enge Beziehung zum eigenen Vater nicht gehabt hatten.[1]

Und um gleich die merkwürdige Vorstellung zu entkräften, dass Väter für ihre Söhne wichtiger seien als für ihre Töchter: Eine Studie über junge Frauen, die sich an den Universitäten von Stanford und Berkeley besonders hervortaten, kam zu dem Ergebnis, dass diese Studentinnen ihre hohen Ansprüche an sich selbst auf den Umstand zurückführten, dass sie von jeher von ihren Vätern angespornt worden waren.[2] Im Zusammenhang meiner eigenen Arbeit zum Thema guter Ehen stellte sich heraus, dass Frauen, die über viele Ehejahre hinweg eine leidenschaftliche Beziehung zu ihren Männern wahrten, als Kinder auch ein gutes und liebevolles Verhältnis zum eigenen Vater unterhalten hatten.[3]

In geschiedenen Familien nehmen die Vater-Kind-Beziehungen dagegen einen anderen Verlauf. Da das Kind hier nur zeitweise, bestenfalls »die halbe Zeit lang« mit seinem Vater lebt oder ihn im Einklang mit einem festgelegten Besuchsschema zu sehen bekommt, ist die Vater-Kind-Interaktion nicht a priori gegeben. Vater und Kind, die unter diesen Umständen ja »kommen und gehen«, nehmen einander nicht für selbstverständlich (das gilt für Besuchsregelungen ebenso wie für den Fall, dass die Eltern sich auf die gemeinsame Ausübung des Sorgerechts geeinigt haben). Ihre Beziehung muss vielmehr auf der Grundlage der eher begrenzten Interaktionen entstehen, die sie genießen oder im ungünstigen Fall eben nicht genießen. Enttäuschung, Kränkung oder auch nur ein Missverständnis auf der einen oder der anderen Seite sind potenziell in jedem Augenblick gegeben, und die Möglichkeiten, sich nach einem Streit wieder zu versöhnen, es in Zukunft besser zu machen, sind vergleichsweise begrenzt. Es ist, als ob die Myriaden täglicher Interaktionen, wie sie die Vater-Kind-Beziehung kennzeichnen, durch das enge Ende eines Trichters fließen müssten. Die Beziehung steht unter dem Diktat der Uhr, weil sie ständig unterbrochen wird.

Und was noch schwerer wiegt: Wenn das Kind älter wird, wandelt sich die symbolische Bedeutung des geschiedenen Vaters: Er ist nicht länger die beherrschende Präsenz im Leben seines Kindes – nicht länger die liebevolle und schützende Figur, die dafür steht, dass alle versorgt sind. Da er nicht länger für das Wohlergehen dieses Hausstandes verantwortlich ist, verblasst sein Bild unweigerlich. »Der Papa« mag ein guter Kamerad für das Kind oder ein Langweiler sein, er mag geliebt oder abgelehnt werden – seine große Aufgabe hat er in jedem Fall verloren. Von nun an wird er nach dem beurteilt, was sich zwischen und ihm und seinem Kind ereignet, und nicht mehr aufgrund seiner traditionellen Rolle als Vater in situ. Welche Art von Beziehung es auch immer ist, die Vater und Kind zueinander aufbauen, sie müssen es von sich aus tun, ohne den strukturellen Hintergrund der Familie, die beiden dabei zu Hilfe kommt, ohne die beruhigende und selbstverständliche Präsenz des jeweils anderen und ohne die Hilfe der Mutter, die in einer gesunden und intakten Familie das Ihre dazu tut, dass die Vater-Kind-Beziehung auf den Weg kommt und gedeiht.

Normalerweise wendet sich das Kind in einer intakten und funktionierenden Familie der einen wie der anderen Elternperson zu, je nachdem, wann es deren Aufmerksamkeit oder Hilfe braucht. Kinder sind sehr scharfsinnig, was die Frage angeht, wer von beiden sie in emotionaler Hinsicht oder auch in anderen Bereichen besser »versorgt«. Wenn Kinder sich wehtun, rufen sie oft nach der Mutter. Selbst ein älteres Kind will in solchen Fällen getröstet und in den Arm genommen werden. Wenn das gleiche Kind sich höchst lebendig fühlt und begierig ist, etwas Neues zu unternehmen, wendet es sich aber vielleicht bevorzugt an seinen Vater. Meine Tochter, die als Zwölfjährige von einem Auto angefahren wurde, wollte von ihrem Vater in die Ambulanz gefahren werden, wohl weil sie ihm die Bewältigung dieser Situation eher zutraute als mir. Später, im Krankenhaus, sollte dann ich den ganzen Tag an ihrem Bett sitzen und sie trösten. Was könnte natürlicher sein?

In diesem Zusammenhang fällt mir Alice in Wonderland ein, die in jeder Hand ein Stück eines Zauberpilzes hielt. Das eine Stück machte sie kleiner, das andere größer. Sie konnte nach Gutdünken davon abbeißen und auf diese Weise größer oder kleiner werden. Ähnlich kann ein Kind in einer intakten Familie sich nach Gutdünken beiden Eltern zuwenden, wenn es um die Erfüllung seiner mit der Zeit sich wandelnden Bedürfnisse und Wünsche geht. Heranwachsende Mädchen sprechen üblicherweise ihre Mutter an. Sechsjährige Jungen wollen mit ihrem Vater zusammen sein. Aber in der geschiedenen Familie muss das Kind seine Bedürfnisse und Wünsche auf diejenige Elternperson zuschneiden, die im gegebenen Augenblick gerade in seinem Leben eingeplant ist. Viele Kinder klagen darüber, dass sie, wenn sie mit der Mutter zusammen sind, den Vater vermissen, und vice versa. Das ist zweifellos der Fall. Sie können ihre Bedürfnisse nicht bis zu einem Zeitpunkt aufschieben, zu dem sie zu der getroffenen Sorgerechtsregelung »passen«.

Ein Vater in einer geschiedenen oder wiederverheirateten Familie hat es erheblich schwerer als ein Vater in einer intakten Familie. Ein zeitweise oder auch in der Hälfte der Zeit verantwortlicher Vater hat kein Gegenstück in der intakten Familie. Es handelt sich um eine ganz neue Rolle, für die es keine Regeln gibt. Wieviel Autorität besitzt ein Vater, der sein Kind besucht? Setzt er Regeln, was das allgemeine Verhalten des Kindes, seine Hausaufgaben oder sein Taschengeld angeht? Wann, wenn überhaupt, setzt er sich mit seinem Wort über das der Mutter oder des Stiefvaters hinweg? Und wer wird ihm zuhören, wenn er das tut? Was macht er mit einem neun- und einem vierjährigen Kind am Sonntagnachmittag in der City? Was fangen sie miteinander an in seinem Einzimmer-Appartement oder in seiner Fünf-Zimmer-Wohnung? Und abgesehen von solchen logistischen Fragen – wie wichtig ist er eigentlich? Alle Männer beschäftigt die Frage, ob ihre Kinder wirklich gerne mit ihnen zusammen sind. Wird meine Tochter das Wochenende vielleicht lieber mit ihrer besten Freundin verbringen (Das ist sehr gut möglich.) Wird mein Sohn sich lieber für die Bergwanderung mit seinen Klassenkameraden entscheiden? (Darauf kann man wetten.) Was sollte ein guter Vater unter diesen Umständen tun? Soll er darauf pochen, dass es schließlich »seine« Zeit ist? Soll er ein freundliches Gesicht machen und es ertragen? Soll er den Kindern das Blaue vom Himmel versprechen, sie wie der Weihnachtsmann mit Geschenken überschütten, sich ihren Wünschen beugen?

Die Vater-Kind-Beziehung in einer geschiedenen Familie wird also von Monat zu Monat, von Jahr zu Jahr unbewusst von neuem ausgehandelt und durch unzählige Interaktionen geformt, während der Sohn bzw. die Tochter heranwächst. Wenn Scheidungskinder schließlich erwachsen sind, haben sie eine fest gefügte Meinung darüber, ob ihr Vater seine Sache gut gemacht hat und ob er ein gutes Vorbild war, dem sie folgen können. Ihr Urteil wird im Wesentlichen durch die Gemengelage der Gefühle und Überlegungen bestimmt, zu denen sie im Laufe der Zeit gelangt sind. In Gedanken (und auch für ihre Geschwister) fragen Sie den Vater: Wie treu bist du mir und meinen Geschwistern gewesen? Warst du bereit, irgendetwas aufzugeben, um mir ein Vater zu sein? Hast du Opfer gebracht? Wie sehr hast du dich bemüht? Was hast du mit deinem persönlichen Leben angefangen, das ich vielleicht nachahmen möchte? Hast du dich meiner Mutter gegenüber anständig verhalten? Das sind die Maßstäbe der Kinder. Manche von ihnen – so auch Larry – wenden sie in der Weise an, dass sie gerade das Gegenteil dessen tun, was ihr Vater getan hat.

Glücklicherweise kann ich sagen, dass eine ganze Anzahl der von meiner Studie erfassten Väter die Probe bestanden haben – Väter, die von ihren erwachsenen Kindern geliebt, bewundert und wertgeschätzt wurden. Diese Männer maßen der Beziehung zu den Kindern aus ihrer ersten Ehe Priorität bei und erwarteten von ihren neuen Frauen, dass sie sich ihnen insoweit anschlossen. In manchen Fällen sorgte dieses väterliche Engagement für ein erhebliches Maß an Spannung in der neuen Familie, aber die Männer hielten daran fest. Sie waren ihren elterlichen Aufgaben vor der Scheidung mit viel Liebe und einem beachtlichen Einsatz nachgekommen und hatten nicht die Absicht, nach der Scheidung etwas an diesem Muster zu ändern. Sie halfen allen ihren Kindern und Stiefkindern finanziell durch ihre Studienzeit und brachten dafür notfalls auch Opfer. Wenn sie konnten, halfen sie ihren erwachsenen Kindern auch bei der Suche nach einer ersten Anstellung. Ein Vater, der in bescheidenen Verhältnissen lebte, sandte seinem Sohn einen Scheck für die Anzahlung auf ein Haus. Der junge Mann war vollkommen verblüfft: Er hatte den Vater nicht um Hilfe gebeten und war sein Leben lang dankbar für die Überlegung und die Großzügigkeit, die hinter dieser Geste standen.

Am anderen Ende des Spektrums sahen wir dagegen Väter, die ihre Kinder schlicht im Stich ließen. Ein Mann adoptierte seine Stiefsöhne und brach den Kontakt zu seinen eigenen (mit den Stiefsöhnen gleichaltrigen) Kindern ab, obwohl er ein enges Verhältnis zu ihnen unterhalten hatte, als seine erste Ehe noch bestand. Andere Väter trafen einmal im Jahr mit ihren Kindern zusammen und hielten das für ausreichend. Mehrere gewalttätige Ehemänner setzten ihr Gewalthandeln auch in ihrer zweiten Ehe fort und sahen dieses Verhalten nicht als schädlich für ihre Kinder an. Die Söhne und Töchter solcher Väter bemühten sich jahrelang, sich von dem machtvollen Vorbild dieses unmoralischen Verhaltens zu befreien. Die meisten von ihnen begegneten ihrem Vater als Erwachsene mit Zorn und Ablehnung und zeigten wenig Mitgefühl, wenn der Vater in Schwierigkeiten geriet. Als Larry erfuhr, dass die Ärzte einen Prostatakrebs bei seinem Vater entdeckt hatten, fand er das zwar schrecklich, sagte aber: »Es tut mir Leid für ihn, aber er ist nie für mich da gewesen. Ich kann ihm nun auch nicht helfen.«

Die meisten Väter in meiner Studie fallen zwischen diese Extreme. Sie haben die Absicht, einen häufigen Kontakt mit ihren Kindern aufrechtzuerhalten, aber mit der Zeit werden ihre Besuche seltener, weil es schwieriger wird, eine solche Beziehung beizubehalten, und weil sie von einer zweiten Ehe mit neuen Kindern und Stiefkindern, vielleicht auch von einer neuen Arbeitsstelle, einem neuen sozialen Umfeld sowie neuen Interessen und Anliegen in Anspruch genommen sind. Von ihren leiblichen Kindern werden solche Väter als egoistisch und als Figuren wahrgenommen, die für die Folgen ihres Versagens als Väter kein Gespür haben. »Mein Vater liebt das Leben, aber er hat kein Herz für andere«, sagte ein junger Mann. »Er hat nie geschrieben, nie angerufen. Er hat nicht verstanden, dass ein Zeichen von ihm mein Leben verändert hätte.« Die meisten jungen Erwachsenen suchen die Schuld für diese Versäumnisse nicht bei ihren Stiefmüttern oder Stiefgeschwistern, sondern sie belasten ihren Vater damit. Sie sprechen von den Vätern oft mit Zuneigung, sogar mit Mitleid, aber sie machen nicht den Versuch, ihre Enttäuschung oder ihre Wut zu verbergen. Sie sagen: »Ich liebe ihn, aber ich achte ihn nicht.«

Viele Menschen glauben, dass Kinder lernen, ihren Vater nicht zu mögen, weil die Mutter schlecht über ihn spricht, aber das trifft nach meiner Erfahrung nicht zu. Die Kinder, mit denen ich gesprochen habe, machen ihre eigenen Beobachtungen und gelangen zu ihren eigenen Schlüssen. Sie fragen: Ist er ein zuverlässiger Vater gewesen? Hat er in der Liebe und in der Ehe versagt? Kann man ihm vertrauen? In meiner ganzen Gruppe waren es insgesamt nur acht Männer und Frauen, die mir sagten, dass sie ihren Vater in Fragen einer persönlichen Beziehung oder im Fall eines familiären Problems um Rat fragen würden. Eine große nationale Studie kommt – weitgehend im Einklang mit meinen hier wiedergegebenen Befunden – zu dem Schluss, dass junge Erwachsene aus geschiedenen Familien wütend auf ihren Vater sind und ihm in seinem Alter wohl kaum zu Hilfe kommen werden. Das ist eine für die Zukunft sehr gewichtige Überlegung, wenn man bedenkt, wie lange die Menschen leben und dass sie im fortgeschrittenen Alter unter Umständen auf liebevolle Betreuung und Hilfestellung vonseiten ihrer Kinder angewiesen sein werden.[4]

Fast alle jungen Erwachsenen aus den geschiedenen Familien in meiner Gruppe kannten auch nach fünfundzwanzig Jahren die Adresse ihres Vaters, aber anders als Gary waren die meisten nicht gerade eng mit dem Vater befreundet. Die Beziehung war sehr anders als die entsprechende Beziehung in den gut funktionierenden und intakt gebliebenen Familien, in denen Väter und erwachsene Söhne einander mit den Jahren sogar noch näher kamen und der Kontakt für beide Seiten wichtiger wurde. Nur wenige geschiedene Väter waren gute Freunde ihrer erwachsenen Kinder. Väter und Söhne blieben aber in Verbindung miteinander und trafen bei bedeutsamen Familienereignissen – Geburten, Geburtstagen, Feiertagen – und manchmal auch bei den regelmäßigen Besuchen des Großvaters bei seinen Enkeln zusammen. Einige Väter und Söhne spielten regelmäßig Golf oder Tennis miteinander. Väter, die ihre Kinder enttäuscht hatten, wurden im Laufe der Jahre von ferne beobachtet und auf

Anzeichen eines gewachsenen Interesses an ihren erwachsenen Kindern begutachtet. »Ich glaube, er wird allmählich milder«, sagten diese dann. Dass die erwachsenen Söhne an ihren Hoffnungen und mitmenschlichen Gefühlen festhalten konnten, war sehr bewegend. Manche machten sich auf die Suche nach dem Vater, den sie nur selten gesehen hatten, und bemühten sich nach Kräften, Gemeinsamkeiten zu entdecken. Ein dreißigjähriger Mann erinnerte sich an die Modellflugzeuge, die er und sein Vater miteinander gebaut hatten, als er ein kleiner Junge war. Er kaufte einige Modellbaubogen und lud seinen Vater ein, ihm doch beim Bauen zu helfen, in der Hoffnung, dass sie miteinander in der Zeit zurückgehen und die alte Bindung wieder herstellen könnten. Sam, ein einunddreißigjähriger Fotograf, sagte: »Ich bleibe in Kontakt mit ihm. Er wird jetzt alt und vielleicht verlässlicher. Er hat mich damals im Stich gelassen, ich weiß. Aber es bringt nichts, deswegen traurig oder stocksauer zu sein. Die Menschen tun, was sie tun müssen.«

An dieser Stelle möchte ich auf ein merkwürdiges Phänomen hinweisen, das viele Beobachter unserer Scheidungsgesellschaft verblüfft. Ich habe Männer getroffen, die gute, loyale, »normale« Väter ihrer in einer zweiten Ehe geborenen Kinder bzw. der von ihrer zweiten Frau in die Ehe mitgebrachten Stiefkinder waren. Wenn man diese Kinder nach ihrem Papa fragte, sagten sie in der Regel, er sei der beste Vater auf der ganzen Welt. Und eben dieser Mann hatte wenige Jahre zuvor seine Kinder aus erster Ehe verlassen. Diese Kinder sagten, er sei der schlechteste Vater auf der ganzen Welt. Wie ist es möglich, dass die gleiche Person sich so unterschiedlich verhält?

Ein solcher Vater aus meiner Gruppe erklärte sein Verhalten, indem er sagte: »Ich war nicht glücklich in meiner früheren Ehe. Ich hatte nie das Gefühl, dass meine Frau wirklich zu mir gehörte. Die Ehe war so schrecklich, ich fühlte mich richtig abgestoßen, und nach einer Weile machte ich auch keinen Versuch mehr. Es war zu Ende. Ich hatte zwei Kinder. Mein Sohn war sieben, als ich ging. Er hält also nicht viel von mir. Buchstäblich vor seinen Augen packte ich mein Zeug und ging – was für ein Kind sehr schmerzlich ist, ich weiß das. Was immer er bis heute über mich denkt – ich verstehe es. Es sind immer noch meine Kinder, aber ich kenne sie nicht, und sie kennen mich nicht. Ich habe Kindesunterhalt gezahlt, und ich habe ihre Studiengebühren bezahlt, aber an ihrer Hochzeit oder an irgendeinem anderen Ereignis in ihrem Leben habe ich nicht teilgenommen. Das wäre für alle eine zu große Belastung gewesen. Ich wünsche ihnen, dass sie glücklich sind. Aber als ich meine jetzige Frau kennen lernte, da war mir klar: Ich wüsste nicht, wie ich den Rest meines Lebens ohne sie verbringen könnte. Ich hätte nie gedacht, dass man einen Menschen so lieben kann. Aus dieser Bindung sind zwei Kinder hervorgegangen. Sie sind das Beste, was mir je zuteil geworden ist, und ich würde mein Leben für sie hingeben.«

Einem derartigen Fall wird man wohl gerecht, wenn man sagt, dass dieser Vater mit der Schuld lebt, seine Kinder verlassen zu haben, dass er aber auch das Gefühl hat, eine Wahrung der alten Bindungen sei mehr als er ertragen könne. Er hat für den Unterhalt und für das Studium seiner Kinder gezahlt, obwohl er nur ein bescheidenes Einkommen hat. Aber die Gefühle für seine Kinder sind an die Gefühle gegenüber seiner Ex-Frau gekoppelt, und diese Tür erneut zu öffnen ist ihm einfach nicht möglich.

Wir müssen es als gegeben hinnehmen, dass die Vater-Kind-Beziehungen in der Nachscheidungsfamilie eine große Variationsbreite aufweisen. Die Vorstellung, dass diese Beziehungen ganz losgelöst von der Ehe existieren und parallel zu den vielen Veränderungen in der Nachscheidungsfamilie sozusagen unabhängig fortbestehen, wird in diesem Buch nicht vertreten. Es gibt insoweit kein universales Muster. Manche Väter sind daran interessiert und imstande, ihren elterlichen Aufgaben nach der Trennung weiterhin nachzukommen, und sie sind bereit, ihr ganzes Leben auf diese Absicht hin auszurichten. Andere können oder wollen Loyalität gegenüber zwei Familien nicht aufbringen. Wieder andere stellen fest, dass der weiterhin häufige Kontakt mit den Kindern aus ihrer fehlgeschlagenen Ehe sie unglücklich macht. Und noch anderen macht der Zorn auf ihre Ex-Frauen ihr Leben lang mächtig zu schaffen. Es gibt kein vorherrschendes Muster, an dem wir unser Vorgehen und unsere Interventionen zugunsten aller oder doch der meisten Familien ausrichten könnten. Nicht zuletzt in Anbetracht der Vorgaben unseres Rechtssystems gilt unsere Suche aber dennoch einer Art »Ein-Größen-Politik«, einer Politik, die sich für alle Familien eignet.

Wie reagieren Mädchen auf den Anblick von Gewalt?

Bei meinen vorangegangenen Gesprächen mit Larry hatte ich nicht sehr viel über seine Schwester erfahren; jetzt war ein guter Zeitpunkt, mich nach ihr zu erkundigen. Von unserem ersten Zusammentreffen zum Zeitpunkt der Scheidung ihrer Eltern her erinnerte ich mich gut an sie. Damals war sie ein sehr hübsches, schüchternes und freundliches kleines Mädchen von vier Jahren, das zu weinen begann, als ich sagte, sie solle mir doch ein Bild von ihrer Familie malen. Ich hatte anlässlich meiner Gespräche mit Larry immer wieder an sie gedacht, und die Aussage ihres Vaters, sie sei genau wie ihre Mutter den Männern unterlegen, hatte mich lange Zeit belastend begleitet. Ich erinnerte mich auch daran, dass die Mutter damals Anjas Besuche bei ihrem Vater gerne eingeschränkt hätte, weil das Mädchen nach jedem solchen Besuch todtraurig war. Trotzdem hatte es darauf bestanden, den Vater auch weiterhin aufzusuchen.

Jetzt bat ich Larry, mir von Anja zu erzählen.

Er wurde sichtlich weicher. »Ich bin seit Jahren beunruhigt wegen Anja, so wie sie immer meinetwegen beunruhigt war. Wir haben aufeinander aufgepasst. Sie war fast der einzige Mensch, den ich gesehen habe, als ich damals so heftig mit Lernen beschäftigt war. Sie rief mich immer mal an, und sie brachte auch mal etwas zu essen, was meine Mutter gekocht hatte – sie hatte einen Schlüssel zu meiner winzigen Behausung –, und stellte es mir in den Kühlschrank. Ihre Besuche bedeuteten mir sehr viel.«

»Und was macht Ihnen Sorgen?«

»Für sie war die Scheidung am allerschlimmsten. Mein Vater hatte nichts für sie übrig, und das wusste sie. Er hat sie entweder beleidigt oder ignoriert. Das hat sich wirklich auf ihr Selbstwertgefühl ausgewirkt. Als sie mit der Schule fertig war, geriet sie in schlechte Gesellschaft. Manchmal kam sie mit blauen Flecken im Gesicht nach Hause und hielt sich irgendwie steif, dann wusste ich, dass sie ein Pflaster auf den Rippen hatte und der Kerl, mit dem sie lebte, sie wieder mal geschlagen hatte.« Jetzt klang seine Stimme wütend: »Was soll ich Ihnen sagen? Sie hat jahrelang in einer unwirklichen Welt gelebt. Sie sagte: 'Ich liebe Danny – oder Joe, oder Jim. In dem stecken so viele Möglichkeiten. Wenn ich ihm genug Liebe gebe, dann können wir uns da rauswursteln.' Sie hat sich mit gewalttätigen Männern eingelassen, richtigen Blutsaugern. Sie hat sie versorgt, unterstützt, bemuttert, sie hat alles für sie getan, und sie haben sie ausgenutzt und geschlagen. Sie ist eine sehr hübsche Frau – es war also nie ein Problem für sie, einen Freund zu finden. Aber das hat sie nicht verstanden. Es gab drei Burschen, von denen ich weiß, dass sie sie geschlagen haben. Sie hatte immer Angst, sie würde vielleicht so jemanden wie meinen Vater heiraten. Und ich hatte Angst, dass sie genau das am Ende auch wirklich tun würde.«

»Was glauben Sie, was hinter all dem steckt?«

»Meinen Vater zu sehen, wie er meine Mutter schlug – das war schrecklich für sie. Noch Jahre nach der Trennung meiner Eltern hatte sie Albträume und Magenkrämpfe. Außerdem dachte sie immer, es wäre ihre Schuld, dass die Ehe kaputtgegangen ist. Sie war vierzehn, als meine Mutter sich endlich mal mit ihr zusammensetzte und ihr alles erklärte – die Scheidung und das gewalttätige Verhalten meines Vaters. Ich war wirklich in großer Sorge, dass sie einmal schlimm verletzt oder sogar umgebracht werden könnte. Zweimal habe ich sie in die Notaufnahme gebracht. Und beide Male habe ich ihr gesagt, dass sie professionelle Hilfe braucht, nicht nur diese Notversorgung. Ich glaube, dass sie mir endlich doch zugehört hat. Heute geht es ihr besser, aber es hat viele Jahre gedauert und viele Schläge gekostet.«

»Das klingt, als könnten Sie beide sich gegenseitig helfen.«

»Das stimmt. Das ist eine von den guten Seiten unserer verrückten Familie. Neulich hat Anja zu meiner Frau gesagt, dass all unser Unglück vielleicht auch sein Gutes hatte. 'Du weißt ja, was ich meine', sagte sie. 'Ich habe Larry als Bruder, und das gleicht es alles wieder aus.'« Er lächelte. »Genau so fühle ich ihr gegenüber.« Offensichtlich hatte er ein Bild seiner Schwester vor seinem inneren Auge. »Anja hat dann schließlich eine intensive Therapie gemacht, und das hat ihr geholfen. Jetzt ist sie mit einem passablen Mann verheiratet, und sie haben ein nettes Kind. Ich glaube, dass sie es endlich geschafft hat.«

Gewalttätigkeiten mitansehen zu müssen, kann sich auf die emotionale Entwicklung von Mädchen ganz besonders ungünstig auswirken.[5] Nach einem Vergleich der jungen Männer und Frauen in meiner Gruppe, die Augenzeugen gewalttätiger Handlungen gewesen waren, habe ich festgestellt, dass die Wirkungen dieses Erlebnisses bei den Frauen länger anhielten und sich noch in den Beziehungen der über Dreißigjährigen bemerkbar machten. Das unterscheidet diese Frauen sehr deutlich von den jungen Männern, die zwar als Spätadoleszente ihre Freundinnen schlugen, Jahre später aber ihren Ehefrauen gegenüber nicht gewalttätig auftraten. Von den Töchtern haben anscheinend viele die abwertende Haltung des Vaters gegenüber Frauen verinnerlicht und sich die Ansicht zu Eigen gemacht, dass Frauen minderwertig, hässlich und dumm sind und es verdienen, wenn sie leiden. Diese Frauen waren einander überraschend ähnlich, was ihre Sicht ihrer Eltern, ihrer eigenen Persönlichkeit und ihrer Beziehungen als erwachsene Menschen angeht. Alle ließen sie sich auf Beziehungen ein, in denen sie ausgenutzt wurden, den Mann emotional und manchmal auch finanziell unterstützten, ihn in Zeiten der Alkohol- und Drogenabhängigkeit oder der Depression mit Hingabe versorgten und dafür ihrerseits geschlagen und angesichts ihrer Schmerzen auch noch verhöhnt wurden. Und schließlich gingen sie. Eines der lebhaftesten und erschreckendsten Bilder, auf die ich im Rahmen meiner Studie traf, ist das einer Frau zwischen dreißig und vierzig, deren Vater sich an jedem Wochenende betrunken und dann die Mutter geprügelt hatte, den Kindern gegenüber aber nicht gewalttätig aufgetreten war. Immer wird mir in Erinnerung bleiben, wie sie da stand mit ihren drei kleinen Kindern, entschlossen, Zuflucht bei ihrer Mutter zu suchen, solange ihr Ehemann nicht um die Wege war (er war in Polizeigewahrsam genommen worden, weil er sie wieder einmal geprügelt hatte). Genau das gleiche Bild hatte fünfundzwanzig Jahre zuvor ihre eigene Mutter geboten – auch sie mit ihren drei Kindern auf der Flucht vor ihrem Mann. Und auch die Worte dieser Probandin werde ich nie vergessen: »Jetzt verstehe ich zum ersten Mal, was meiner Mutter geschehen ist. Und damals war ich so wütend auf sie.«

Die Hintergründe häuslichen Gewalthandelns sind vielfältiger Art. In vielen Familien leidet der Täter an einer krankhaften Eifersucht – das moderne Amerika beherbergt viele Othellos. In anderen Familien ist praktizierte Gewalt eine brutale Methode, um die Kontrolle über die Dinge zu gewinnen und zu behalten. Ein verbreitetes Muster bei den Ehen und Ehescheidungen, die ich gesehen habe, sieht so aus, dass der Mann seine Frau schlägt, die er dringend will und braucht, und zugleich die Frau und sich selbst verachtet. Diese Dynamik tritt in Zeiten der Arbeitslosigkeit, wenn Gewalttätigkeit, Alkoholismus und Scheidungsraten zunehmen, deutlicher in Erscheinung. Die Drohhaltung des Mannes und seine erhobenen Fäuste sind oft ein Spiegel seiner zugrunde liegenden Unsicherheit und schon fast kindischen Abhängigkeit von der Frau, die ihn aufrecht halten soll. Viele Frauen sind in der vergeblichen und törichten Hoffnung befangen, sie könnten den Mann vor sich selbst retten und den Prinzen unter der Froschhaut entdecken.

Manchen Frauen gelingt es, sich aus dieser Falle zu befreien, wenn sie sich scheiden lassen. Sie brauchen unter Umständen viele Jahre, um sich von ihren Rettungsfantasien zu befreien und ganz allmählich und zögernd die Hoffnung aufzugeben, dass sie den Mann noch ändern könnten. Oft dauert es nach der Scheidung wiederum Jahre, bis sie ihre Perspektive wiedergewinnen und die Ängste und Demütigungen überwunden sind, mit denen sie gelebt haben.

Ihre Töchter sind allerdings in Gefahr, sich in Beziehungen zu verfangen, die ein Echo der gewalttätigen Ehen der Mütter sind. Unseligerweise bleiben die toxischen Elemente einer solchen Ehe auch nach der Trennung erhalten. Larrys Vater zögerte nicht, seiner kleinen Tochter überdeutlich zu zeigen, dass Frauen seiner Ansicht nach minderwertige Wesen waren. Bei den Besuchsterminen verletzte er sie offen, indem er sie als »kleine Hure« und als »dumm« bezeichnete. Es ist so gut wie unmöglich, dass ein kleines Mädchen, dem so etwas gesagt wird, sich den Gedanken seiner eigenen Minderwertigkeit nicht zu Eigen macht. Dazu kommt, dass ein solcher Vater häufig ein verführerischer und charmanter Mann ist, der nicht zögert, seine Söhne und Töchter zu umwerben, in der Hoffnung, ihre Unterstützung zu gewinnen. Diese Kombination aus Macht und Hilflosigkeit wirkt auf ein Kind sehr ansprechend. Sie hat starke erotische Untertöne. Die Tochter internalisiert das Bild eines Mannes, der zugleich überwältigend, irgendwie »bedürftig« und anziehend ist. Gleichzeitig erschafft und verinnerlicht sie ein Bild ihrer selbst als eines minderwertigen Wesens, das einen starken Mann zum Anlehnen braucht, denn, wie mehrere dieser traurigen jungen Frauen mir sagten, »ohne einen Mann bin ich nichts«. Im Prozess des Heranwachsens wird dieses Bild in die Erwartungen an die Männer und in die Beziehungen zu Männern eingebaut. Der Mann wird sie selbstverständlich verletzen, und sie wird das hilflose Opfer sein. Ihre Aufgabe besteht darin, ihn zu retten. Wenn er darauf nicht anspricht, ist es ihre Schuld.

Die Verwandlung der Mutter vom Opfer zur unabhängigen Frau kommt unglücklicherweise häufig zu langsam und zu spät, als dass die Tochter sie noch verinnerlichen könnte. Es kann Jahre dauern, bis das Mädchen imstande ist, seine Mutter als eine Person zu sehen, die es verdient, dass man sie sich zum Vorbild nimmt, weil sie die Kraft gefunden hat, sich unabhängig zu machen. Das Bild der Mutter als schwach und hilflos ist ein dauerhaftes und seinerseits machtvolles Bild. Kleine Mädchen sehen viele Jahre lang nicht, mit welchem Mut ihre Mutter sich schließlich befreit. Erst als Erwachsene begannen die von mir beobachteten jungen Frauen zu begreifen, wie klug und richtig die Entscheidung der Mutter gewesen war.

Die meisten Frauen aus meiner Studie, die in gewalttätigen Familien aufgewachsen sind, konnten jenseits der Dreißig aus dem Muster ausbrechen – aber nur mit großen Schwierigkeiten und nur auf dem Weg einer Einzel- oder Gruppentherapie. Einige, die sich aus gewalttätigen Beziehungen befreiten, gingen am Ende zwar dauerhafte, aber unglückliche Ehen ein oder verblieben in entwürdigenden Dauerbeziehungen, ohne den Mann zu heiraten. (Ich werde mich mit dieser Gruppe im Kapitel 14 näher beschäftigen, in dem es um frühzeitig und impulsiv eingegangene Ehen geht.) Anja hatte die Ermutigung durch ihre Mutter und ihren Bruder und fand Hilfe in einer mehrjährigen Psychotherapie. Sie war am Ende imstande, sich einen Mann zu suchen, der sie liebte und nicht misshandelte. Aber als ich Anja als Dreißigjährige sah, war sie im Blick auf die Zukunft sehr beunruhigt. Ihr Selbstvertrauen war noch sehr gering. Sie hatte zwar das College abgeschlossen, aber bisher keine ernsthaften beruflichen Pläne. Anders als Larry hatte sie noch keinen festen Boden unter den Füßen.

Geschwister

Wie so viele Geschwister in geschiedenen Familien kamen Larry und Anja einander in den Jahren nach der Scheidung wechselseitig zu Hilfe. Dass sein Vater »als Vater« nicht viel taugte, merkte Larry zum ersten Mal an dessen unfairem Umgang mit Anja. Larry hatte schon frühzeitig Mitleid mit seiner Schwester und litt darunter, dass der Vater sie so schlecht behandelte. Anja wiederum stützte sich bei ihren vielen unglücklichen Erfahrungen mit gewalttätigen Männern auf ihren Bruder. Er war es, der sie nach ihrer Notversorgung wieder nach Hause brachte. Und er war es, der ihr zuredete, sich nicht länger mit dieser Sorte von Männern einzulassen und sich um eine Therapie zu bemühen.

Nach der elterlichen Scheidung rücken Geschwister häufig näher zusammen. Angesichts der schwankenden Gemütsverfassung der gestressten Eltern wenden sie sich einander zu, um Nähe und Sicherheit zu finden. Schließlich sind sie ja durch eine ganz bestimmte gemeinsame Vergangenheit miteinander verbunden. Sie helfen einander bei jedem Schritt auf dem Weg – etwas, was Einzelkindern nach der Scheidung der Eltern naturgemäß nicht möglich ist. Als Erwachsene sagen sie etwa »Mein Bruder hat mir das Leben gerettet« oder »Dank meiner Schwester habe ich nicht den Verstand verloren«. Einzelkinder haben es häufig sehr viel schwerer und fühlen sich eher verlassen, isoliert und von den Problemen der Eltern überwältigt. Geschwister schaffen sich nach der Scheidung häufig kleine Subkulturen in der Familie, indem sie eine Einheitsfront gegenüber den Eltern und der Welt der Erwachsenen errichten. Sie liegen nachts wach, reden über ihre Eltern und suchen sich ihre Beobachtungen zu deuten. Viele tauschen sich noch als Erwachsene über ihre Besorgnisse und Anliegen aus und sprechen miteinander über beide Eltern und über die jeweilige eigene Hauptbezugsperson, und dies ganz offen und unvoreingenommen. Ihre Gefährtschaft – das Wir-Gefühl – endet nicht mit der Kindheit, sondern setzt sich zum beiderseitigen Vorteil bis in ihr Erwachsenenleben fort.

Einem jungen Mann, mit dem ich mich unterhielt, war ganz besonders daran gelegen, dass ich verstand, wie wichtig seine Schwester ihm als sein Champion war. »Sie hat mir immer geholfen«, sagte er. »Sie ist zwei Jahre älter und hat die Wucht der Scheidung nicht so gespürt wie ich. Sie war schon frei, war eher imstande, den Zorn meines Vaters zu riskieren. Also hat sie für uns beide gefochten.«

Eine junge Frau kam immer wieder darauf zu sprechen, dass sie und ihr Bruder als Versorgerpersonen für beide Eltern fungiert hatten. »Und noch jetzt, wann immer es irgendwo in der Familie kriselt, teilen wir uns die Schuld wie damals und machen miteinander aus, wer sich um was kümmern soll, so als wären wir ein permanentes Notruf-Team.«

Manche Geschwister halten die moralischen Standards der Familie hoch. Eine junge Frau erzählte mir: »Mein Bruder und ich hatten ein unglaublich enges Verhältnis zueinander. Wir haben immer eine den anderen bewundert. Mama war bescheuert, und Papa war nicht mehr da. Aber sobald sie zusammentrafen, war das Chaos im Haus perfekt. Wenn mein Vater kam, dann war es wie eine Zeitbombe. Sie schrien sich gegenseitig an und warfen mit Gegenständen. Mama versteckte sich dann oder verschwand irgendwohin, und mein Bruder und ich gingen auf die Suche nach ihr. Es war alles so verrückt, aber wir versuchten, jedenfalls nichts zwischen uns kommen zu lassen. Andere Kinder fanden uns seltsam. Wenn mein Bruder und ich unterschiedlicher Meinung waren, setzten wir uns hin und besprachen es in Ruhe. Wir sind sehr stolz darauf, dass wir uns so geholfen haben. Wir stehen uns noch immer sehr nahe.«

1 Ein exzellenter Überblick über die Literatur findet sich sowohl in M. E. Lamb (Hg.), *The Role of the Father in Child Development*, 3rd ed. (New York: Wiley, 1997) als auch in K. Pruett, *Fatherneed: Why Father Care Is as Essential as Mother Care for Your Child* (New York: The Free Press, 2000).

2 C. Leland und M. Lozoff, »College Influences in the Role Development of Female Undergraduates« (Vortrag, gehalten am Institute for the Study of Human Problems der Stanford University, 1969).

3 J. S. Wallerstein und S. Blakeslee, *The Good Marriage: How and Why Love Lasts* (New York: Houghton Mifflin, 1995). Dt.: Gute Ehen: wie und warum die Liebe dauert. Weinheim: Beltz-Quadriga 1973.

4 Siehe B. S. Shone und L. E. Pezzin, »Parental Marital Disruption and Intergenerational Transfers: An Analysis of Lone Elderly Parents and Their Children«, *Demography* 26, Nr. 3 (August 1999): 287-97. Hier wird die ausbleibende Versorgung älterer – geschiedener oder wiederverheirateter – Eltern durch ihre Kinder thematisiert.

5 Diese Erkenntnis, die wir im Zuge unserer über fünfundzwanzig Jahre hinweg durchgeführten Erhebung gewonnen haben, trifft in der einschlägigen Literatur auf ein gemischtes Echo. Eine 1990 durchgeführte nationale Studie stellt fest, dass sowohl Männer als auch Frauen aus gewalttätigen Familien eher Opfer physischer Gewalt werden als ihrerseits zum Gewalthandeln neigen. Siehe C. Cappell und R. B. Heiner, »The Intergenerational Transmission of Family Aggression«, *Journal of Family Violence* 5 (1990): 135-52. Eine ausführliche kritische Rezension kommt zwar zu dem Schluß, dass die Weitergabe gewalttätiger Verhaltensweisen von einer Generation an die andere grundsätzlich nicht strittig ist, hält aber die Fragestellung – Neigen Kinder aus gewalttätigen Familien auch ihrerseits zum Gewalthandeln? – für zu eng gefasst und möchte das Schwergewicht lieber bei einer ohnehin wahrscheinlicheren, allerdings auch sehr viel komplexeren Konsequenz gewalttätigen Verhaltens in der Familie ansiedeln, nämlich bei der Beschädigung der Fähigkeit, enge und befriedigende Beziehungen einzugehen und zu wahren. Siehe J. Johnston, »The Intergenerational Legacy of Family Violence: A Critical Review and Reformulation«, in *Violence and Hate in the Family*, hg. J. Johnston (Champaign, Ill.: ERIC Clearinghouse on Elementary and Early Childhood Eduation, University of Illinois, Urbana, 1992).

11.

Die Vergangenheit aufheben

Während Larry mir von Anja erzählte, kam ein dringender Anruf von einem seiner Partner, bei dem es um ein Problem auf einer Baustelle ging. Larry hörte aufmerksam zu, machte sich offensichtlich rasch ein Bild von der Situation und schlug eine aus drei Schritten bestehende Lösung vor. Ich war beeindruckt zu sehen, wie geschickt und entschieden er dabei vorging, und sagte ihm das, nachdem das Gespräch beendet war. Das berührte offensichtlich eine besondere Saite in ihm. Er strahlte geradezu und sagte: »Ich glaube an Planung. Ich denke immer ungefähr zehn Jahre voraus. Das ist die beste Art, die ich kenne, um das eigene Leben so zu gestalten, wie man es haben will. Alle wichtigen Dinge in meinem Leben – meine Ausbildung, meine Karriere, ja selbst meine Ehe – sind so geworden, weil ich mir lange vorher überlegt habe, was ich eigentlich wollte. Manchmal hat das allerdings eine Weile gedauert. Was den Sektor Ehe angeht, war ich anfangs ziemlich einfallslos, aber nach einer Weile hatte ich es dann.«

Ich beschloss, ihn etwas aufzuziehen. »Aha, Sie haben also versucht, Ihr Liebesleben zu planen? Erzählen Sie doch mal.«

Larry warf sich in seinen Stuhl zurück und lachte. »Ich habe mir schon gedacht, dass wir da ankommen.« Dann sammelte er sich und dachte einen Augenblick nach. »Tatsächlich geht das bis zu meiner Mutter zurück. Sie hat mir gesagt, dass sie schon nach einem Jahr wusste, dass ihre Ehe ein Fehler war, aber dann ist sie doch zehn Jahre dabeigeblieben. Sie fand es unmoralisch, sich scheiden zu lassen und die Kinder um ein richtiges Familienleben zu bringen, also blieb sie und wurde schlecht behandelt und geschlagen, bis sie es nicht mehr aushalten konnte. Es hat lange gedauert, bis ich es so sehen konnte, aber ich bin ganz überzeugt, dass es richtig war, dass sie aus der Ehe ausgestiegen ist.« Er seufzte und fuhr dann fort. »Aber vor diesem Hintergrund habe ich mir selbst das Versprechen gegeben, mich niemals scheiden zu lassen. Sie haben mich bei Ihrem Anruf daran erinnert, dass ich Ihnen sagte: 'Wenn ich mal beschließe zu heiraten, dann gilt das bis zu dem Tag, an dem ich sterbe.' Ganz genau so habe ich es gesehen. Mit dem Ergebnis, dass ich der Sache insgesamt aus dem Weg ging, weil ich dachte, es ist zu viel. Ehrlich gesagt, ich fand es erschreckend. Ich habe mich gefragt: Wie soll einer sich da überhaupt sicher sein? Das geht doch gar nicht. Aber egal – ich arbeitete so hart, dass für Frauen sowieso kein Platz war.«

»Heißt das, dass Sie überhaupt keine Verabredungen hatten?«

»So etwa. Ich hatte keine große Lust, meine Zeit zu verschwenden. Alberne junge Frauen ohne Ziel und Perspektive haben mich nie interessiert. Was mir an Grace gleich Eindruck machte, als wir uns kennen lernten, war ihre ernsthafte Art.«

»Wie war sie denn?«

Larrys Augen strahlten, als er mir vom ersten Zusammentreffen mit seiner späteren Frau erzählte. »Ich traf sie bei Kinks, wo wir beide die Nacht hindurch arbeiteten. Sie studierte im Hauptfach Psychologie an der San Francisco State University und schlug sich so durch, genau wie ich. Im Gespräch fand ich dann heraus, dass sie neben ihren Vorlesungen gleich zwei

Jobs hatte. Nach einer frühen Ehe, die als ein Desaster endete, war sie nur selten ausgegangen. Tatsächlich war sie Männern gegenüber irgendwie schüchtern.«

»Wie haben Sie sich denn aber kennen gelernt?«

»Eines Abends habe ich sie nach Hause gefahren, und dann haben wir angefangen, miteinander zu reden. Wir waren uns sympathisch und gewöhnten uns an, mehrmals in der Woche auf dem Weg zur Arbeit einen Kaffee miteinander zu trinken. Und dann kochten wir abends zusammen in ihrer Wohnung. Das heißt, ich schälte oder schnitt oder zerkleinerte, und sie besorgte das Kochen. Eines Abends brachte sie zum Dessert einen Apfelkuchen auf den Tisch. Ich sagte, sie hätte doch nicht auch noch Kuchen kaufen sollen, und sie sagte: 'Ich habe ihn nicht gekauft – ich habe ihn selbst gebacken, weil du mir einmal gesagt hast, dass Apfelkuchen dein Lieblingsdessert ist.' So ist sie – sie denkt an alles, und sie ist großzügig und scheut keinen Extraweg für dich.«

Ich überlegte im Stillen, wie viel diese aufmerksame Art, die viele andere für selbstverständlich gehalten hätten, diesem einsamen Mann bedeutet haben musste.

»Unsere Beziehung begann als Freundschaft über diesen Abendessen«, sagte Larry. »Wir erzählten uns gegenseitig aus unserem Leben. Sie sprach von ihrer Ehe und davon, dass sie den Mann verlassen hat, weil er das Haschischrauchen nicht aufgeben wollte und gewalttätig wurde. Ich erzählte ihr von meinen Eltern und von den Gewaltausbrüchen meines Vaters. Ich erzählte ihr auch von mir und sogar davon, dass ich angefangen hatte, meine Freundinnen zu schlagen, und ich sagte ihr, dass ich mich dieses Teils meiner Persönlichkeit sehr schämte. Ich hatte Angst, das würde sie von mir abrücken lassen – und ich hätte es ihr nicht verdenken können. Aber sie verstand, wie sehr ich mich bemühte, das alles hinter mich zu bringen, und sagte, sie fände es gut, dass ich die dunkle Seite gesehen hätte – so drückte sie sich aus – und dass ich ja eigentlich gebessert aus allen diesen Dingen herausgekommen wäre. Durch diese Gespräche und ihre Reaktion auf alles, was ich ihr erzählte, fühlte ich mich zum ersten Mal als ein Ganzes, so als könnte ich mich insgesamt akzeptieren als derjenige, der ich bin, und sogar noch stolz auf alles sein, was ich hinter mich gebracht habe. Wir sind noch immer einer der beste Freund des anderen. Ich kann ihr alles erzählen. Es ist unglaublich. Ich hätte nie gedacht, dass ich das einmal sagen könnte, aber ich vertraue ihr in allen Dingen.«

»Und wie kam die romantische Note in Ihre Freundschaft mit Grace?«

»Das war, glaube ich, ungefähr ein Jahr nach unserem ersten Zusammentreffen. Grace ging für einen Monat nach Arizona, um ihre Eltern zu besuchen, und da vermisste ich sie wirklich. Mir wurde klar, über wie viele Dinge wir uns inzwischen ausgetauscht hatten, und auch, wie viel leichter und heiterer mein Leben war, wenn sie da war. Sie ist ein ausgesprochen optimistischer, positiver Mensch, und sie hat eine Menge Humor. Damals fing ich an zu überlegen, dass sie die Eine für mich sein könnte. Als sie wiederkam, stellte sich heraus, dass sie mich auch vermisst hatte, und damit wurde die Sache ernsthafter. Wir waren etwa ein Jahr lang unzertrennlich, und dann zogen wir zusammen.«

»Und wie kam es, dass Sie beschlossen zu heiraten?«

Larrys Antwort bestätigte mich in meiner Überlegung, dass diese jungen Männer sich sehr schwer damit tun, sich zu binden. Er sagte: »Das hat lange gedauert. Ich konnte den Gedanken an eine Heirat einfach nicht gelassen angehen. Und das sorgte für unsere ersten Auseinandersetzungen. Ich wusste genau, dass ich sie liebte und dass sie mir wichtig war, aber ich war nicht imstande, eine Entscheidung zu treffen. Ich hatte Angst – wegen der Scheidung.

Ich hatte Angst, verlassen zu werden, und wahrscheinlich hatte ich deshalb Angst, mich an sie zu binden. Irgendwie brachte das die Traurigkeit zurück, die ich fühlte, als ich sieben war. Die gleiche Traurigkeit kam jedes Mal wieder, wenn ich drauf und dran war zu sagen: 'Lass uns heiraten.' Sie ließ mich einfach gefrieren.« Er sah wie erstarrt aus, während er diese Dinge schilderte. »Und dann, nachdem wir etwa drei Jahre lang zusammengelebt hatten, stellte Grace mir ein Ultimatum. Es war am Valentinstag. Sie sagte: 'Werden wir nun heiraten oder nicht? Ich habe nicht den Eindruck, dass wir so irgendwie weiterkommen.' Ich saß nur da, und meine Zunge war wie gelähmt. Ich brachte kein Wort heraus. Also packte sie ihre Sachen und zog aus. Sie hatte Recht. Sie wollte heiraten, und wenn ich das nicht wollte, dann musste sie ihr Leben eben weiterleben. Aber auch das änderte nichts. Ich war einfach noch nicht so weit. Und, ehrlich gesagt, es ärgerte mich, dass sie mich so sitzen ließ.«

»Und was passierte dann?« Ich war jetzt ganz von dem Drama ihres Zusammenfindens eingenommen. Ich kannte ja das Ende, aber die Umwege und Verwicklungen überraschten mich. Wie lange würde dieses wechselseitige Auf-die-Probe-Stellen dauern? Wieviel konnten diese jungen Leute aushalten? Was bewahrte sie davor, zu ihrem Unglück ihre eigenen und getrennten Wege zu gehen?

»Ich sagte, sie solle mir ein weiteres Jahr geben, und dann würden wir uns endgültig entscheiden. Aber darauf wollte Grace sich nicht mehr einlassen. Sie beschloss, ein Stellenangebot in Los Angeles anzunehmen, und zog dorthin um.«

»Und damit hatten Sie sie verloren?«

»Beinahe. Es dauerte keine Woche, da wusste ich: Wir hatten einen schrecklichen Fehler gemacht. Ich sehnte mich mehr nach ihr als ich ertragen konnte. So flog ich nach Los Angeles, ging auf die Knie und bat sie, mich zu heiraten.« Er lächelte breit. »Und sie sagte ja.«

»Waren Sie sich nach dieser langen Zeit des Wartens denn nun sicher?«

»Ehrlich gesagt – nein. Ich zögerte noch immer. Ich war mir zwar sicherer als je zuvor, aber ich wusste auch, dass ich sie verlieren würde, wenn ich so weitermachen würde. Ich wollte sicher sein, aber am Ende begriff ich, dass es im Leben nun mal keine Garantien gibt. Und damit war ich bereit, das Risiko einzugehen. Ich dachte mir: 'Ich muss der Liebe eine Chance geben.'« Genau das Gleiche hatte Karen gesagt. Beide, Larry und Karen, hatten sich zwingen müssen, ihre Chance wahrzunehmen, und hätten sich doch viel lieber eine hundertprozentige Garantie gewünscht. Wer tut das nicht? Aber diese jungen Leute sind nun einmal von Anfang an verschreckt.

Ich schüttelte den Kopf. »Was für eine Tortur für Sie beide.«

Larry nickte zustimmend. In diesem Fall hatte das Werben umeinander sieben Jahre gedauert: Erst entsteht eine Freundschaft, und die beiden fassen Vertrauen zueinander. Vor dem Hintergrund dieser Freundschaft erzählen sie einander von ihrer Vergangenheit, und das wechselseitige Vertrauen festigt sich. Nachdem diese Hürde genommen ist, werden sie ein Liebespaar und leben zusammen. Aber sie sind noch immer meilenwert entfernt davon, sich aneinander zu binden. Erst als Grace insistiert, kann Larry die letzten Hindernisse nehmen, die seiner Entscheidung entgegenstehen. Man muss sich einmal vorstellen, wie groß seine Furcht war, wenn diese Entscheidung ihm erst nach sieben Jahren möglich war, obwohl er doch wusste, wie sehr er Grace liebte. Und man muss sich vorstellen, wie viel Geduld und Liebe Grace aufbringen musste, um Larry die Zeit zu lassen, die er nun einmal brauchte. Wie einfach wäre es für den einen wie für die andere gewesen, entnervt aufzugeben – für Larry, seinen Ängsten nachzugeben und wegzulaufen, und für Grace, sich anderweitig umzusehen.

Scheidungskinder fürchten die Bindung

Die beiden wichtigsten Aufgabenbereiche des Erwachsenenlebens sind die Liebe und die Arbeit. Die meisten jungen Männer aus unserer Studie bewältigten den letzteren Bereich einigermaßen gut oder sogar sehr gut. Sie wussten genau, dass sie für sich selbst sorgen mussten, und nahmen diese Aufgabe ernst. Manche von ihnen machten Karriere und verdienten eine Menge Geld. Andere arbeiteten in bescheidener oder schlecht bezahlten Stellen stetig vor sich hin. Dagegen war der erstgenannte Bereich – die Liebe – eine gigantische Hürde für sie, mit der eine Flut von Herzschmerz verbunden war. Wie wir gesehen haben, sind männliche wie weibliche Scheidungskinder zu Beginn ihres Erwachsenenlebens sehr ängstlich, was Liebe, Bindung und Ehe angeht, weil sie fürchten, in diesen Dingen zu versagen und Verletzungen hinnehmen zu müssen. Diese Angst äußert sich in manchen Fällen darin, dass sie eine enge Bindung überhaupt vermeiden.[1]

Wir haben bereits gesehen, wie diese Angst vor der Bindung sich in Karens Lebensgeschichte äußerte – sie brauchte lange Zeit, um wirklich Ja zur Ehe mit dem Mann zu sagen, den sie doch liebte. Aber wie die Erkenntnisse aus unserer Studie belegen, tun sich die jungen Männer mit dieser Entscheidung noch schwerer als die Frauen. Viele bringen es noch nicht einmal fertig, sich auf das werbende Spiel einzulassen. Ihre Furcht, zurückgewiesen zu werden, ist so groß, dass sie Jahre damit verbringen, vor den Frauen davonzulaufen oder jedenfalls nur dazustehen und zu warten, ob jemand sie will. Viele führen ein einsames Leben und leiden isoliert vor sich hin. Sie treffen nicht einmal gelegentliche Verabredungen, weil ihnen in der Regel der Elan und das Selbstvertrauen fehlen, um so etwas richtig anzufangen und zu genießen.

Warum ist das Liebeswerben so wichtig, und warum kommt es aus der Mode? Es ist, ob kurz- oder längerfristig, die notwendige Ouvertüre einer Liebesbeziehung, ein Prozess des Auswählens der »richtigen« anstatt der »falschen« Person. Wie wir an Garys Geschichte sahen, fragen wir alle uns, wenn wir um einen Menschen werben: Passen wir zusammen? Sind wir ein gutes Paar? Reicht das, was wir gemeinsam haben, für eine Nacht, ein Jahr, ein ganzes Leben aus? Reicht es aus, um eine Familie zu gründen? In dieser entscheidend wichtigen Zeit zu Beginn einer Beziehung lernen beide Beteiligten etwas über sich selbst und über den jeweils anderen, und beide überlegen, ob sie mit ihren Wünschen, Bedürfnissen und Fantasien so weit zueinander passen, dass sie die Beziehung fortsetzen können. Ziel des Werbens ist es, eine Person zu finden, die den realistischen Erwartungen des Werbenden, was Liebe, Intimität und Freundschaft angeht, besser als andere entspricht.

Unglücklicherweise hat unsere Scheidungskultur das Wesen des Liebeswerbens von Grund auf verändert. Das Ziel ist nicht mehr klar, denn Bindung wird inzwischen eher gefürchtet als angestrebt. Junge und weniger junge Menschen wollen wie zu allen Zeiten dauerhafte Liebe und Gefährtschaft. Sie brauchen sie sogar mehr als jemals, wenn man an die Einsamkeit des modernen Lebens, die Ödnis der Büros und den Stress des Pendelns und des Autoverkehrs denkt. Sie wollen nach Hause kommen zu jemandem, der sie liebt und schätzt. Ein Haustier reicht da nicht aus. Manchmal versuchen sie, der Angst vor der Bindung dadurch aus dem Weg zu gehen, dass sie sofort zusammenziehen und dann so tun, als wäre das nicht für länger gedacht. Lebensgemeinschaften dieser Art können jahrelang oder auch ein Leben lang währen (mehr dazu an anderer Stelle in diesem Buch). Wie an Larrys Geschichte deutlich wird, sind die Ängste der jungen Männer nicht einfach ein Aspekt einer allgemeinen Ernüchterung unserer Gesellschaft, was die Ehe angeht. Nein, ihre Ängste sind tief verwurzelt in ihren persönlichen Erinnerungen. Sie werden traurig, wenn die Rede auf die Ehe kommt, ja viele junge Männer aus geschiedenen Familien sind in Bezug auf dieses Thema wie gelähmt. Wenn die Frau sagt: »Jetzt oder nie«, stehen sie stumm an der Tür und warten auf einen Schubs, oder sie schließen erschreckt die Augen und springen los. Manchmal laufen sie weg oder spielen ein weiteres Mal auf Zeit, um sich den Ausweg so lange wie möglich offen zu halten.

Ich war sehr begierig, etwas über Larrys Ehe zu erfahren, und beschloss drauflloszufragen: »Erzählen Sie mir von Ihrer Ehe. Läuft sie so, wie Sie sich das erhofft haben?«

»Wenn ich Ihnen von Grace erzähle, werden Sie mich vielleicht für leicht bescheuert halten.«

»Lassen Sie es mal drauf ankommen.«

»Sie ist eine kluge, warmherzige, wunderbare Frau, die uns ein Heim geschaffen hat, wie ich es mir nie erträumt hätte. Es wundert mich jeden Tag, dass so etwas vor dem Hintergrund einer Familie wie meiner überhaupt möglich ist. Oder dass es überhaupt irgendwo existiert. Sie tut alles, damit ich meinen Arbeitstag an der Haustür ablegen kann; sie redet mir gut zu, wenn ich beim Heimkommen wieder mal fix und fertig bin, weil das eine oder andere Gebäude nicht hält und das Fundament, das wir ja abgenommen haben, zusammenbricht und den Abgrund runter geht. Sie hat Liebe und Lachen in mein Leben gebracht.«

Ich war sehr angerührt von dieser poetischen Beschreibung und wunderte mich wieder einmal über Larrys Verwandlung. »Was meinen Sie, was für ein Ehemann Sie sind?«

»Bestimmt nicht der perfekte Ehemann. Wir haben unsere Höhen und Tiefen. Ich habe ein Temperament, das aufflammen kann. Wenn das passiert, bin ich stur und gemein. Ich habe die schreckliche Angewohnheit, in meiner Arbeit aufzugehen und zu vergessen, dass ich anrufen wollte. Sie sehen schon, wo ich noch weiter an mir arbeiten muss. Ich sage mir immer wieder: 'Mach es besser, mach es richtig, mach ja nichts falsch.' Ich versuche es. Ich versuche es jeden Tag.« Er lächelte. »Sie ist ein großzügiger Mensch und hält mir meine Blödheit zugute.«

»Was würden Sie gerne ändern, wenn Sie könnten?« Mir war klar, dass diese sehr direkte Frage ihn vielleicht aus dem Gleichgewicht bringen würde, aber ich wollte die Chance nicht vorbeigehen lassen.

Larry sah eine volle Minute lang aus dem Fenster, ohne etwas zu sagen. Dann wandte er sich mir wieder zu und gab mir eine Antwort, die ich lange wie einen Schatz bewahren werde, eine Antwort, in der die anhaltende emotionale Eingeengtheit und die Furcht enthalten ist, die so viele von diesen jungen Männern empfinden, über die sie aber nur mit größter Mühe sprechen können. Sie schämen sich und finden keine Worte dafür. Er sagte: »Es fällt mir schwer, meiner Frau meine Liebe zu zeigen oder ihr zu sagen, dass ich sie liebe. Sie beklagt sich darüber, dass ich ihr nicht genug Zuneigung zeige. Ich bin mir darüber klar. Und ich versuche, es zu ändern. Aber ich kann nicht, wegen der Ehe und der Scheidung meiner Eltern. Ich fühle mich beinahe verflucht. Manchmal, wenn Grace hierher in mein Büro kommt, möchte ich aufspringen und sie drücken – aber ich kann es nicht.«

Gewiss – Frauen haben sich seit undenklichen Zeiten darüber beklagt, dass es ihren Männern so schwer fällt, Liebe und Zärtlichkeit zum Ausdruck zu bringen. Offensichtlich ist dieses Problem nicht auf Scheidungskinder beschränkt. Es muss aber auch gesagt werden, dass Männer aus geschiedenen Familien sich dieser Schwierigkeit bewusst sind – lange bevor eine

Frau sie darauf aufmerksam macht. Sie wissen seit Jahren, dass sie Gefühle haben, die sie nicht äußern können, und sie wissen, dass ihre Angst sie davon abhält, aus sich heraus zu gehen. In Gedanken haben sie hundertmal durchgespielt, was sie ihren Eltern sagen wollten – und dann konnten sie es eben doch nicht. Ich wage zu behaupten, dass viele von den Männern aus geschiedenen Familien sich ihrer Hemmungen bewusst und bitter von sich selbst enttäuscht waren, wenn es ihnen nicht gelang, sich davon zu befreien. Manche beherrschten nach ihren eigenen Worten den Trick des stillschweigenden Rückzugs, weil sie sich als Heranwachsende vor der Gefahr hatten schützen müssen, zum Vertrauten ihrer Mutter zu werden. Sie, die sich schon immer fern gehalten und ihre Gefühle immer verborgen hatten, konnten diese Gewohnheit auch in einer aus Liebe eingegangenen Ehe nicht durchbrechen.

Ein Bodensatz von Gewalttätigkeit

Nach dem Mittagessen, auf dem Weg zurück in Larrys Büro, stellte ich eine Frage, die mir schon seit Beginn dieses Interviews durch den Kopf gegangen war: »Larry, wie weit sind die Erinnerungen an das gewalttätige Verhalten Ihres Vaters verflogen?«

Er verlangsamte den Schritt – die Qual war wieder da. »Die Tatsache, dass meine Eltern geschieden wurden, löscht diese Erinnerungen nicht aus. Nicht im Geringsten. Ich versuche, nicht an das zu denken, was zwischen meinen Eltern passierte, aber es ist nun einmal da, hier drinnen. Es ist nicht wirklich begraben. Und dann ist mein nächster Gedanke, wie nahe ich daran war, genau so wie mein Vater zu werden.« Er seufzte tief. »Das ist etwas, was mich verfolgt.«

»In welcher Weise verfolgt es Sie?«

»Gewalttätigkeit ist wie ein Schaltschema. Wenn ich nicht ständig dagegen ankämpfe, kann sie die Oberhand gewinnen. Immer wenn ich die Geduld verliere, muss ich mir sagen, dass ich nur ja die Hände ruhig halte. Manchmal laufe ich weg oder verlasse jedenfalls den Raum. Wenn ich das nicht täte, könnte es sein, dass ich explodiere. Es ist albern – aber ich habe oft aus Spaß mit Grace gerungen und dann plötzlich aufgehört, denn wenn wir einen bestimmten Griff übten, hatte ich immer Sorge, ich könnte zu weit gehen. Sie verstehen: Hier ist eine Frau, die ich anbete, und diese Frau könnte ich verletzen. Ich würde lieber sterben als sie schlagen, aber ich muss aufpassen. Um also Ihre Frage zu beantworten: Die Erinnerung geht nie weg. Ich muss immer auf der Hut sein.« Er blieb abrupt auf dem Gehweg stehen und fasste mich am Arm. »Wobei mir einfällt, dass ich Grace versprechen musste, Sie etwas zu fragen. Es geht darum, dass ich Alex gern foppe. Sie hat Angst, dass ich es zu weit treibe.«

»Sie mag es nicht, dass Sie Alex necken?« fragte ich leicht irritiert.

»Das ist eines der wenigen Dinge, über die Grace und ich uns nicht einig werden können. Grace möchte, dass ich Sie dazu befrage. Alex ist ein sensibles Kind. Ich will ihn aber deshalb nicht verspotten oder bestrafen, und so necke ich ihn eben, damit er lernt, sich zu wehren. Ich muss gestehen, dass ich es einigermaßen komisch finde, weil das Kerlchen tatsächlich wütend wird, wenn ich ihn aufziehe. Dann heult er und springt mich an und fängt an, mit den Fäusten auf mich einzuschlagen. Er gerät wirklich aus der Fassung. Er hatte schon Ärger im Kindergarten, weil er auf andere Kinder losgegangen ist.«

»Beunruhigt Sie das?«

»Was mich beunruhigt, ist, dass ich anscheinend nicht aufhören kann, ihn aufzuziehen. Ich glaube, dass ich wirklich viel zu weit gehe und mich auch selbst zu sehr aufrege. Aber ich kann mich da eben auch nicht zurückhalten. Es ist wie ein Schattenspiel zwischen uns. Alex ist dem Kind, das ich war, so ähnlich, dass es einen gruseln kann.«

Ich war sehr beunruhigt über das, was Larry mir da beschrieb, und quälte mich mit der Frage, ob ich ihm sagen sollte, dass dieses ständige und unbeherrschte Gestichel gegen seinen Sohn eine Neuinszenierung seiner eigenen gewaltgeprägten Beziehung zu seinem Vater war. Es konnte schwerwiegende Konsequenzen für das Kind haben, das schon jetzt, mit drei Jahren, Schwierigkeiten hatte, seine aggressiven Anwandlungen im Kindergarten zu zügeln. Diese unbeherrschten Foppereien unter der Maske des Spiels demütigten und ärgerten den Jungen ganz offensichtlich und veranlassten ihn, es seinem Vater heimzuzahlen. Sie verstärkten auch sein Gefühl der Hilflosigkeit. Mein Dilemma – ein Dilemma, dem ich schon im Zusammenhang mit anderen Interviews begegnet bin – ist auch hier, dass ich weder Larrys Therapeutin noch seine Lehrerin bin. Im gesamten Verlauf meiner Studie habe ich mich immer sehr bemüht, eine objektive Haltung zu wahren und meinen Gesprächspartnern keine Ratschläge zu geben bzw. sie nicht weiterzuverweisen, es sei denn, es handelte sich um einen wirklichen Krisenfall. Zugleich wusste ich aber auch, dass Grace beunruhigt war und auf meine Hilfe hoffte. Zudem hatte ich Angst um das Kind. So beschloss ich, mich hinter Grace und ihre Sorgen zu stellen.

»Das ist eine schwierige Sache, Larry. Ich bin der gleichen Meinung wie Grace, dass das, was ein harmloses Spiel sein sollte – ein Spaß –, dem Kind allzu sehr zusetzt. Ich glaube, Sie sollten auf ihre Intuition hören und einfach mit Alex spielen, sodass Sie beide ihre Freude daran haben, zusammen zu sein und miteinander zu lachen. Er ist wirklich noch zu klein, um die Lektion zu verstehen, dass er sich wehren soll. Wahrscheinlich meint er, Sie wollen ihm wirklich etwas tun, und er liebt Sie ja und kann das nicht ertragen.«

Larry gab mir einen langen Blick und sagte dann ruhig: »Ich hab's kapiert.«

Für mich war es interessant zu denken, dass Larrys destruktive Kindheit im Spiel mit seinem Sohn in Resten wieder aufgetaucht war. Frauen gegenüber hatte er seine Impulse mittlerweile zügeln können, aber in sein Verhältnis zu dem Kind, das er liebt, hatte das gewalttätige Element sich eingeschlichen, ohne dass ihm dies bewusst geworden war. Ich machte mir klar, wie wenig wir doch über das menschliche Verhalten und über das schleichende Erbgut familiären Gewalthandelns wissen. Auf jedem Fragebogen hätte Larry in aller Ehrlichkeit geantwortet, dass es ihm rundum gelungen sei, gewalttätige Anwandlungen gegenüber Frau und Kindern hinter sich zu lassen. Wer wäre schon auf den Gedanken gekommen, ihn zu fragen, wie er mit seinem Sohn spielt?

Ein Ausstiegsfenster

Ich habe Larrys Geschichte im Detail erzählt, weil sie die bemerkenswerte Entwicklung eines Jungen spiegelt, dem es – wenn auch langsam und unter Schmerzen – gelingt, sich aus seinen destruktiven Anfängen zu befreien. Diese Geschichte zeigt, dass die elterliche Scheidung dem Kind ein Ausstiegsfenster in die Freiheit eröffnen kann, wobei das heranwachsende Kind allerdings das notwendige Maß an Energie, Findigkeit und Mut aufbringen muss, damit dieser Ausstieg gelingt. Die Scheidung allein kann das nicht bewirken. An Larrys moralischer und emotionaler Entwicklung – vom delinquenten Heranwachsenden zum liebevollen Ehemann und Vater und verantwortungsbewussten Mitglied der Gemeinschaft – werden die einzelnen Schritte auf diesem Weg erkennbar. Ähnlich wie Dorothy im Zauberer von Oz, die sich auf die Hilfe anderer verlassen muss – des Vogelscheuchs, der so gerne ein Hirn hätte, des blechernen Holzfällers, der sich ein Herz wünscht, und des furchtsamen Löwen, der sich wünscht, mutig zu sein –, muss ein Kind, das in einer gewalttätigen Familie aufwächst, seine ganze Intelligenz, seine Liebesfähigkeit und seinen Mut einsetzen, um aus den Tiefen, in denen es sich findet, herauszukommen. Es muss sich selbst ein Wertesystem zurechtlegen, das Gewalt ablehnt, die Achtung der Frauen verkündet und Moralität und Mitmenschlichkeit in den Mittelpunkt stellt. In seinen persönlichen Beziehungen muss dieses Kind bzw. muss dieser Sohn einer gewalttätigen Familie die Fähigkeit zur Liebe und zur Intimität ohne das Moment der Ausbeutung entwickeln, er muss Loyalität gegenüber seiner Familie und seinen Freunden üben und sich seiner Verantwortung gegenüber seinem beruflichen Umfeld wie gegenüber der größeren Gemeinschaft bewusst sein. Die Familiengerichte legen heute großen Wert darauf, dass die Eltern-Kind- und mithin auch die Vater-Kind-Beziehungen nach der Scheidung fortbestehen; andererseits muss ein Kind eines gewalttätigen Vaters aber die Fähigkeit, diesen Vater und die von ihm repräsentierten Werte und Einstellungen zurückzuweisen, aus eigener Kraft entwickeln. Wenn es stattdessen diese Werte für sich übernimmt, wird es eben jene hässliche Konfiguration, der es in den Jahren seiner größten Empfänglichkeit für äußere Eindrücke ausgesetzt war, ein weiteres Mal herstellen.

Larry rettete sich selbst – aber was ihm zu Hilfe kam, waren der Entschluss seiner Mutter, sich scheiden zu lassen, ihre Liebe zu ihm und die würdige Art, mit der sie ihr Leben in den Jahren nach der Scheidung meisterte. Sie gab ihren Kindern ein Beispiel an Mut und Verlässlichkeit, das es ihrem Sohn leichter machte, sich aus seinem bisherigen Leben davonzumachen. Die Scheidung, die sie ungeachtet ihrer Ängste und Zweifel durchsetzte, zeigte ihm, dass es besser und tapferer war, den Ausstieg zu wagen; er lernte von ihrem Beispiel und fand in sich die Kraft, ihrer Führung zu folgen und eine Identität hinter sich zu lassen, die er mit einiger Wahrscheinlichkeit weiterhin bejaht hätte, wenn sie ihrerseits eine Gefangene geblieben wäre.

Das versperrte Fluchtloch

Und was ist mit den Carols dieser Welt? Wenn niemand, weder Vater noch Mutter, ihnen hilft, dem verrückten Familienleben zu entkommen, was können sie dann überhaupt noch erwarten?

Gegen Ende unseres Gesprächs erzählte Carol mir sehr bereitwillig von ihrer Begegnung mit Tom, der als Pilot bei einer großen Fluggesellschaft beschäftigt war. Ausführlich berichtete sie, wie ihre Bekanntschaft sich entwickelt hatte: Erst hatten sie sich zugelächelt und zugenickt, dann kurze Gespräche miteinander geführt, dann sich in New York oder San Francisco getroffen; und jetzt sah das Arrangement so aus, dass Tom bei Carol auftauchte, wann immer er einen Zwischenaufenthalt in San Francisco hatte.

Während sie weiter drauflosredete und sich dabei anhörte wie eine verliebte Dreiundzwanzigjährige und nicht wie eine Frau von vierzig Jahren, die mit mehr als fünfzig Männern geschlafen hatte, erhielt meine neuerdings optimistische Stimmung einen Dämpfer. »Das Problem ist, dass er verheiratet ist und zwei Kinder hat. Seine Familie lebt in New York, und er wartet auf einen geeigneten Zeitpunkt, um mit seiner Frau zu brechen. Die Ehe ist schon seit Jahren nicht mehr gut, und er wäre auch längst ausgestiegen, wenn sie nicht das zweite Kind bekommen hätte. Ich finde es sehr gut, dass Tom so umsichtig ist. Er will alles tun, damit niemand sich verletzt fühlt oder das Gefühl hat, hängen gelassen zu sein. Ich weiß, dass er mir treu sein wird, wenn wir wirklich heiraten. Es wird eine solche Erleichterung sein, offen miteinander leben zu können, anstatt die Beziehung geheim halten zu müssen und immer das Gefühl zu haben, dass man nur schleichen darf.«

Ich bemühte mich, meine Bestürzung nicht zu zeigen. Was Carol da so unbekümmert erzählte, war ja die älteste Geschichte der Welt. Ein Mann mit allen denkbaren familiären Verpflichtungen machte leere Versprechungen, die er niemals einlösen würde. Solange Carol ihm glaubte und sich mit dem bestehenden Arrangement zufrieden gab, würde er bleiben. In dem Moment, in dem sie allzu sehr insistierte, allzu unglücklich war oder allzu große Ansprüche stellte, würde er sie vermutlich verlassen. Das Szenario war uralt und leuchtete unmittelbar ein. Das Bedenkliche war, dass Carol offenbar keine Ahnung davon hatte.

»Wann haben Sie erfahren, dass er verheiratet ist?«

»Ja, das ist eines der wenigen Dinge, über die wir verschiedener Meinung sind«, sagte sie noch immer in diesem unbekümmerten Plauderton, so als redeten wir über ein Paar Schuhe, das sie kaufen wollte. »Er sagt, er habe mir schon vor vier Jahren, gleich zu Anfang unserer Bekanntschaft, erzählt, dass er verheiratet ist und einen Sohn und eine Tochter hat – die damals noch ein Baby war. Aber ich kann mich überhaupt nicht daran erinnern. Mir kam der Verdacht erst zwei Jahre später, als die Beziehung schon sehr eng war, aber ich wollte nicht fragen. Er hat sich so bemüht, seine ganze freie Zeit mit mir zu verbringen, und wir waren so glücklich miteinander, dass ich mir sagte, es kann nicht sein, dass er eine Frau oder eine Familie hat, zu der er nach Hause geht. Schließlich fragte ich ihn doch, ob er verheiratet sei, und ich weiß noch, dass er sagte: 'Na ja, so ähnlich.' Wahrscheinlich hätte ich mir nicht gestattet, mich so weit auf diese Sache einzulassen, wenn ich es gewusst hätte. Aber zu diesem Zeitpunkt waren wir hoffnungslos verliebt, was hätte ich also tun können?«

Wie ich schon sagte, laden die Eltern in diesen chaotischen, aber intakt bleibenden Ehen ein unerhörtes Chaos auch bei ihren Kindern ab, die in Angst und innerer Not mit diesem Erbgut aufwachsen, dem sie nicht entrinnen können. Es gibt kein Ausstiegsfenster, kein Fluchtloch, das sie nutzen könnten, denn beide Eltern sind nicht bereit und vielleicht auch nicht imstande, die außergewöhnliche Anstrengung auf sich zu nehmen, mit der allein sich die Situation des Kindes verändern ließe. Als längst erwachsene Menschen, die die Vierzig knapp vor sich oder bereits hinter sich haben, sind diese Männer und Frauen noch immer Gefangene verzerrter Erwartungen und essenzieller Bedürfnisse. Ihr verqueres Beziehungsverständnis und ihr Hunger nach Liebe wirken zusammen und beeinträchtigen ihre Urteilsfähigkeit. Manche waren viele Jahre lang in Therapie in dem Versuch, die Tür hinter ihrer unglücklichen Vorgeschichte zu schließen, und konnten sich am Ende in der Tat ein glücklicheres Leben aufbauen. Aber andere, wie Carol, lassen sich sozusagen da nieder, wo sie sich bereits auskennen und wo das Kind hinter den Kulissen zuschaut – kleine Randfigur im Drama eines anderen. Vollkommen verloren, von einer Beziehung zur anderen treibend oder festgefahren in der eigenen unglücklichen Ehe, geben sie sich in der Liebe und im Leben mit Krumen zufrieden.

1 Unsere und die aus der nationalen Studie gewonnenen Zahlen zum Anteil der ledig gebliebenen Scheidungskinder bzw. der ledig gebliebenen Kinder aus intakten Familien:

Erwachsene Scheidungskinder

(Unsere Stichprobe)	*(Nationale Stichprobe)*[a]
40 % blieben ledig	24 % blieben ledig[b]
42 % der Männer blieben ledig	29 % der Männer blieben ledig
38 % der Frauen blieben ledig	18 % der Frauen blieben ledig

Erwachsene aus intakten Familien

(Unsere Stichprobe)	*(Nationale Stichprobe)*
29 % blieben ledig	16 % blieben ledig[b]
6 % der Männer blieben ledig	19 % der Männer blieben ledig
28 % der Frauen blieben ledig	13 % der Frauen blieben ledig

Was enge Partnerbeziehungen angeht, gelangten wir zu folgenden Zahlen für unsere erwachsenen Scheidungskinder und die Personen aus der Vergleichsgruppe:

Erwachsene Scheidungskinder

Von den Männern, die niemals heirateten, hatten 45 % Partnerbeziehungen
56 % dieser Männer hatten keine Beziehungen
Von den Frauen, die niemals heirateten, hatten 95 % Partnerbeziehungen
1 Frau hatte keine Beziehungen

Erwachsene aus intakten Familien

Der eine Mann, der nicht heiratete, unterhielt eine Beziehung
Alle nichtverheirateten Frauen unterhielten Partnerbeziehungen

a Die Angaben entstammen den General Social Surveys (National Samples) der Jahre 1990-1996 und beziehen sich auf die Altersgruppe der 28- bis 43-Jährigen.
b Eine Differenzierung nach dem Geschlecht wurde nicht vorgenommen.

Teil 3
Das elternlose Kind: Paula

12.

Aufwachsen in Einsamkeit

Immer wieder werde ich gefragt, ob es einen »besten Zeitpunkt« dafür gibt, sich scheiden zu lassen. Ist es vielleicht einfacher, überlegen meine Gesprächspartner, solange das Kind noch sehr klein ist und deshalb noch keine lebhaften Erinnerungen an die intakte Familie behalten wird? Oder sollte man lieber warten, bis die Kinder groß und bereits mit einem Fuß aus dem Nest sind? Spielt das Alter des Kindes eine Rolle, und sollten scheidungswillige Eheleute auf einen besseren Zeitpunkt warten?

Die Antwort lautet selbstverständlich, daß es »darauf ankommt« – genauer gesagt, dass es auf eine Vielzahl von Faktoren ankommt, zu denen die Qualität des Ehelebens (ist es Gewalthandeln oder Langeweile, was hinter der Scheidungsabsicht steht?) und die Qualität der Nachscheidungsfamilie, auf lange Sicht gerechnet, zählen. Aus meiner eigenen Arbeit geht ebenso wie aus den Studien anderer Forscher klar hervor, dass es die kleinsten Kinder sind, die tendentiell am stärksten unter unserer Scheidungskultur zu leiden haben: Der Aufruhr, in dem ihre Eltern sich befinden, trifft sie in einem Alter, in dem sie auf stetigen Schutz und liebevolle Zuwendung und Versorgung angewiesen sind. In vielen Fällen sind es Säuglinge und Kleinkinder, die bisher vielleicht aufopferungsvoll versorgt wurden und insoweit nun plötzlich einer drastischen Veränderung ausgesetzt sind: Die Mütter gehen wieder arbeiten und besuchen Abendkurse, um ihre finanzielle Situation zu verbessern. Die Väter sind seltener zugange. Und die Kinder leiden.

Paula ist das klassische Beispiel eines solchen Kindes, und ich habe ihre Geschichte ausgewählt, um zu zeigen, was Millionen von Kindern wie sie erleben. Mindestens die Hälfte der Kinder in unserem Land, deren Eltern sich scheiden lassen, sind zum Zeitpunkt dieser Zäsur noch keine sechs Jahre alt. Zu jung, um die plötzlichen Veränderungen in ihrem Familienleben zu begreifen, wuchs Paula höchst unglücklich und sehr wütend auf. Ihre Geschichte spiegelt ihre anhaltende Wut und zeigt, welche dramatischen und selbstzerstörerischen Mittel sie fand, um diese Wut zum Ausdruck zu bringen. Wenn wir dem Gang dieses Lebens folgen, erkennen wir deutlich, wie sich die vom Gericht angeordnete Besuchsregelung in der Perspektive des Kindes darstellt und wie erwachsene Scheidungskinder zur Frage ihrer Verantwortung für die Kinder aus ihrer eigenen gescheiterten Ehe stehen.

Paula kam in mein Sprechzimmer marschiert, ließ ihren schweren Rucksack zu Boden gleiten – und grinste. Mit zweiunddreißig Jahren sah sie lebenstüchtiger und gesünder aus als bei unserem letzten Zusammentreffen zehn Jahre zuvor in Seattle. Damals war sie nahe daran gewesen, in die Anorexie abzugleiten – eine bleiche Kettenraucherin, die den Salat, den sie sich zum Mittagessen bestellt hatte, nicht einmal anrührte.

Mit der wettergegerbten Haut und den tiefen Stirnfalten sah sie auch erheblich älter aus.

»Erinnern Sie sich an unser letztes Gespräch?«, fragte ich und überlegte mir dabei, ob sie wusste, wie sehr sie sich verändert hatte.

Ich schreckte zusammen, als sie den Kopf zurückwarf und ein heiseres Raucherlachen ausstieß. »Ich weiß gar nichts mehr davon – nichts, null. Sie sollten restlos alles aus Ihrem

Gedächtnis streichen, was ich damals gesagt habe, weil ich wahrscheinlich bis oben hin zu war mit Kokain. Ich bin jetzt seit zwei Jahren in Therapie, und alles, was weg war, kommt allmählich wieder – aber diese Periode in meinem Leben ist noch immer ganz verschwommen.«

Ich sah Paula aufmerksamer an und entdeckte in der Tat letzte Spuren des zähen Straßenkindes, das sie gewesen war – eine gewisse Anspannung des Kiefers und die kantigen Schultern, die alles tragen konnten, was irgendjemandem einfallen mochte ihr aufzubürden –, aber sie war jetzt weicher, weniger anmaßend, nicht mehr so grell. Ihr Rucksack war offensichtlich voller Lehrbücher, ihre grünen Augen strahlten, sie sah mich direkt an und war ganz offensichtlich darauf aus, ihre Geschichte loszuwerden.

Sie hatte kaum angefangen zu reden, als ich innerlich so etwas wie einen Seufzer der Erleichterung ausstieß. Paula war eines jener Kinder, die sich nach der Scheidung ihrer Eltern buchstäblich selbst großziehen mussten. In den Jahren, in denen ich diese Entwicklung aus der Ferne beobachtete, gab es Zeiten, in denen ich mir große Sorgen um ihr Ergehen machte und mich fragte, ob sie überhaupt eine Chance hatte, jemals ein normales Erwachsenenleben zu führen.

In intakten Familien gibt es keine vergleichbare Situation. Wir haben von Fällen gehört, in denen der Vater seine Arbeit verlor, die Mutter an einer chronischen Krankheit litt oder ein Brand das gesamte Hab und Gut einer Familie zerstörte. Aber keiner dieser plötzlichen Verluste oder Schicksalsschläge, wie sie auch intakte Familien treffen, kam dem gleich, was der kleinen Paula widerfuhr, deren ganze Welt in der Spanne eines einzigen Monats zusammenbrach. Die nächst vergleichbare Erfahrung, die Kinder in intakten Familien machen können, ist der plötzliche Tod eines der geliebten Eltern. Glücklicherweise ist der Tod eines noch jungen Vaters bzw. einer jungen Mutter in unserem Land – anders als die Scheidung – etwas sehr Ungewöhnliches.

Paula und ich verloren uns in einem sehr offenen Gespräch, das dreieinhalb Stunden dauerte. Ihre Erinnerung an die Zeit nach der Scheidung ihrer Eltern war nach ihren eigenen Worten »verschwommen«, während ich mich noch ganz deutlich an dieses kleine Mädchen und seine Familie erinnerte. Paula war das jüngere der beiden Kinder und vier Jahre alt, als ihre noch jugendlichen Eltern sich trennten. Der Vater, ein gut aussehender und charmanter Mann, entstammte einer wohlhabenden Familie, hatte Pharmazie studiert und besaß drei Apotheken. Er war ein liebevoller Ehemann, stolz auf seine hübsche und lebhafte Frau und ein zärtlicher Vater seiner Töchter, die ihm beide in ihrem Aussehen wie in ihren Gesten sehr ähnlich waren. Gerade diese Ähnlichkeit war ihm eine große Freude, und er liebte es, mit den Kindern auf den nahen Spielplatz zu gehen, wo sie wegen ihrer fröhlichen und freundlichen Art gern gesehen waren. Zu seinem Pech ließ er sich auf Anraten eines betrügerischen Freundes mehrfach auf sehr unglückliche Transaktionen ein und versuchte anschließend verzweifelt, seine Verluste zu vertuschen und die Situation vor seiner Frau und seinen Eltern zu verbergen – was ihn nur noch tiefer in die Schulden trieb. Paula war gerade drei Jahre alt, als er seinen finanziellen Ruin nicht länger geheim halten konnte. Er musste Konkurs anmelden, seine drei Geschäfte verkaufen und seine anderweitigen Vermögenswerte einfrieren lassen. Von Schuldgefühlen überwältigt, konnte er das Nachhausekommen zu Frau und Kindern kaum ertragen.

Paulas Eltern begannen zu streiten, häufig und laut. Paulas Mutter, eine fröhliche Frau, die ihre Freude daran hatte, ihr Heim und ihre Kinder zu versorgen, geriet in zunehmende

Verzweiflung, weil ihr Mann seine Zeit immer häufiger fern von der Familie verbrachte. Das Ende kam, als er am Weihnachtsabend zu verstört und deprimiert nach Hause kam, um an der Weihnachtsfeier im Haus seiner Eltern teilzunehmen. Sie warf ihm vor, er kümmere sich nicht um sie und die Kinder, woraufhin er explodierte und sie zum ersten und einzigen Mal in seinem Leben schlug. Die Kinder standen zwei Schritte entfernt, die Augen weit aufgerissen vor Entsetzen. Nachdem ihr Vater das Haus in großer Erregung verlassen hatte, sahen sie, wie ihre Mutter in einen Stuhl sackte und sich, das Gesicht in ihrem Pullover vergraben, rhythmisch vor- und zurück bewegte. Paula zwängte sich neben sie auf den Stuhl. »Hast du Angst vor dem Papa?«, soll sie nach der Erinnerung der Mutter gefragt haben. Als diese nickte, holte Paula wortlos ihre Bettdecke und legte sie der Mutter um die Schultern.

Solche Geschichten ereignen sich allzu häufig. Die meisten Leute wissen sehr wohl, dass fast die Hälfte aller ersten Ehen wieder geschieden werden. Was sie dagegen nicht wissen, ist, dass sich jährlich schätzungsweise fünfhunderttausend Kinder unter sechs Jahren in der gleichen Lage wie Paula finden: Sie sind noch klein, sie verstehen nicht, was geschieht, sie sind erschrocken, und sie sind verletzlich.[1] Es sind nur sehr wenige Erinnerungen an das Leben, wie es vor der Scheidung war – das Leben mit zwei Eltern zu Hause –, die diese Kinder in den Jahren des Heranwachsens begleiten. Das meiste, was sie wissen und woran sie sich erinnern, stammt aus ihrem Leben in der Nachscheidungsfamilie. Die Familie, die sie hervorgebracht hat, ist ganz einfach nicht mehr vorhanden.

Was für so viele Kinder nach der Scheidung ihrer Eltern gilt, traf auch für Paula und ihre Schwester zu: Ihr Leben änderte sich radikal. Die Mutter hatte ihr Studium ihrem zukünftigen Mann zuliebe schon nach einem Jahr abgebrochen und ihr Leben als verheiratete Frau mit der Versorgung der Kinder und der Führung des Haushalts verbracht. Sie hatte sich in beiden Kindergärten nützlich gemacht, und sie hatte Joan und später auch Paula hierhin und dorthin gefahren – zu Freundinnen, zum Schwimmunterricht, zum Spielen im Park und zum anschließenden Eisessen. Nachdem Joan in die Vorschule eingetreten war, engagierte diese zuvor so häusliche Mutter sich im Elternbeirat und war häufig auch in der Schule anzutreffen, wo sie im Klassenzimmer aushalf und an der Organisation schulischer Veranstaltungen mitwirkte. Sie leistete Fahrdienste bei jedem Schulausflug und war bei allen Klassenfeiern dabei. Sie brachte Joan und Paula zur Schule bzw. in den Kindergarten, holte sie anschließend wieder ab und sorgte in der Zwischenzeit dafür, dass die Kinder, wenn sie mit ihnen nach Hause kam, eine Mahlzeit vorfanden. An den Samstagabenden kam ein größeres Mädchen aus der Nachbarschaft zum Aufpassen, sodass die Eltern ausgehen konnten. Darüber hinaus waren Paula und ihre Schwester nur ein einziges Mal im Jahr von ihrer Mutter getrennt – dann nämlich, wenn die Eltern über ein verlängertes Wochenende verreisten und die Kinder von den Großeltern väterlicherseits versorgt wurden.

Die Scheidung ihrer Eltern bedeutete für Paula den Verlust dreier Stützen in ihrem Leben – sie verlor die Mutter, den Vater und die beruhigende Routine, die bis dahin ihre Tage bestimmt hatte. Erst jetzt, mit dreiunddreißig Jahren, kann sie die Tragweite dieses Verlustes in Worte fassen: »Ich erinnere mich an nichts weiter als daran, dass wir zusammenlebten und dann nicht mehr zusammenlebten. Ich erinnere mich nicht, dass irgendjemand mir irgendetwas erklärt hätte. Plötzlich war niemand mehr da. Ich war so oft allein, dass ich versuchte, mir selbst Gesellschaft zu leisten. Aber wie sollte ein vierjähriges Kind das können? Manchmal vergingen Tage, ohne dass ich ein Wort sprach.«

Ein Sicherheitspolster gibt es nicht mehr

Nach der Scheidung befand Paulas Mutter sich in einer schlimmen finanziellen Situation. Der Konkurs hatte sie und ihren Ex-Ehemann aller Mittel beraubt, sodass er auch keine Unterhaltszahlungen für die Kinder leisten konnte. Unterstützung kam der jungen Frau eine Zeit lang nur von ihren Schwiegereltern zu, die sich in ihre schreckliche Lage einfühlen konnten und ihr jeden Monat Geld schickten, sodass sie wenigstens Lebensmittel kaufen und die Krankenversicherung bezahlen konnte. Auf das Erwerbsleben nicht vorbereitet, nahm sie eine Ganztagstätigkeit an, die ihr nur einen Mindestlohn einbrachte. Am Monatsende blieben ihr, nachdem sie die Ausgaben für den Haushalt bestritten und den Babysitter bezahlt hatte, sechzig Dollar übrig. Innerhalb weniger Monate wurde aus der fröhlichen, mitteilsamen und immer ansprechbaren jungen Mutter, die Paula und Joan gekannt hatten und auf die sie hatten zählen können, eine gehetzte, einsilbige, getriebene und schrecklich müde Fremde, der, wenn sie nachhause kam, nichts anderes einfiel als ihre Töchter und den Babysitter anzuschreien, weil sie nicht aufgeräumt hatten, oder sich stumm und ärgerlich vor den Fernseher zu setzen und das von einem Essensdienst gelieferte Tellermenu zu sich zu nehmen, das an die Stelle der einstigen selbstzubereiteten Mahlzeiten getreten war. Abend für Abend hatte sie danach nur noch die Kraft, sich in ihr Schlafzimmer zu verziehen, nachdem sie die Töchter zu Bett geschickt hatte – ohne die Gutenabend-Geschichten und Umarmungen, wie sie früher gang und gäbe gewesen waren.

Paulas Mutter gehört zur Armee jener Frauen, denen die Scheidung einen finanziellen Albtraum beschert. Es gibt insoweit solide Statistiken.[2] Geschiedene Mütter als Gruppe verdienen erheblich weniger als geschiedene Väter, und die Unterhaltszahlungen für die Kinder gleichen die Differenz nicht aus. Studien belegen, dass Frauen und Kinder, die vor der Scheidung zur oberen Einkommensgruppe gehörten, den steilsten Niedergang ihres Einkommens erleiden. Im Jahre 1991 lebten in den Vereinigten Staaten vierzig Prozent aller geschiedenen Frauen mit Kindern unterhalb der Armutsgrenze. Besonders verzweifelt war die Situation für Frauen wie Paulas Mutter, deren Kinder noch keine sechs Jahre alt waren: Von diesen zumeist jüngeren Frauen mit noch kleinen Kindern lebten sogar mehr als die Hälfte unterhalb der Armutsgrenze. Geschiedene Frauen sind nicht nur unmittelbar nach der Scheidung arm, sondern bleiben es auch noch viele Jahre lang.[3] Das liegt daran, dass – ungeachtet der Tatsache, dass die Eintreibung von Unterhaltszahlungen inzwischen effizienter gehandhabt wird – der Durchschnittsbetrag, den sie im positiven Fall erhalten, sehr viel niedriger liegt als die Kosten für die Erziehung eines Kindes. Dazu kommt, dass die Frauen, wenn sie sich eine Beschäftigung suchen, vielfach – wie Paulas Mutter – auf Hindernisse auf dem Arbeitsmarkt treffen. Entweder bringen sie von Anfang an nicht die erforderliche Qualifikation mit, oder sie haben sich in den Jahren vor der Scheidung um ihre Kinder gekümmert und nur in Teilzeit gearbeitet bzw. sich sogar ausschließlich ihren häuslichen Pflichten gewidmet. Nach der Scheidung sehen sie sich der doppelten Aufgabe gegenüber, noch einmal eine Ausbildung zu machen oder ihre früheren Kenntnisse aufzufrischen und zugleich für den eigenen wie für den Unterhalt ihrer Kinder zu sorgen. Viele nehmen eine Nacht- bzw. eine Schichtarbeit an, sie arbeiten in Teilzeit oder sie gehen ins Immobiliengeschäft, was bedeutet, dass sie das ganze Wochenende nicht zu Hause sind. Sie sind physisch erschöpft und emotional ausgepumpt und treten doch auf der Stelle wie die *Rote Königin* in *Alice in Wonderland* – je schneller sie läuft, desto weniger kommt sie vom Fleck. Ihre tapferen Versuche, ihre Kinder zu ernähren, zu kleiden und zu beherbergen, gehen unseligerweise zulasten ihrer Ansprechbarkeit als Mütter. Wie Paula mir sagte: »Ich kann mich nicht erinnern, dass sie sich mal hinsetzte und mir etwas vorlas oder mit mir spielte oder sich einfach entspannte. Es macht mich noch immer wütend und traurig, wenn ich darüber nachdenke.«

Natürlich lassen sich in der materiellen Welt eines Kindes, das einer geschiedenen Familie angehört, die wirtschaftliche und die psychologische Situation nicht voneinander trennen – ein Umstand, über den nur selten gesprochen wird. Der Einkommensverlust in der Folge der Scheidung zieht weitere Nachteile nach sich, die sich nicht in Geldwert ausdrücken lassen – zum Beispiel den Wegzug aus dem vertrauten Viertel, in dem die Freunde leben, in eine weniger teure Wohnung, das möglicherweise gewaltgeprägte und chaotische Klima in der unguten neuen Nachbarschaft, die Anmeldung in einer Schule mit zu vielen Schülern und überarbeiteten Lehrern. Die Extras, die das Leben angenehm machten, sind für das Scheidungskind verloren. Das Erste, worauf verzichtet werden muss, sind besondere Unternehmungen am Wochenende, Kinobesuche, Sommerlager, Schwimmunterricht, Klavier- und Ballettstunden, Sportuniformen und Spezialausrüstungen für anderweitige außerschulische Aktivitäten, gar nicht zu reden vom Besuch einer Privatschule. Später besteht dann die reale Gefahr, dass dem Scheidungskind, dessen Mutter nicht wieder geheiratet hat, weniger Ressourcen zugänglich gemacht und geringere Möglichkeiten eingeräumt werden als den Kindern aus einer zweiten Ehe des Vaters. Die Verengung ihrer Bildungschancen und die Usurpation ihrer Stellung in der Familie wirken wie eine eiskalte Dusche auf Scheidungskinder. Wozu sich ein hohes Ziel stecken, wenn man ans untere Ende der Leiter gestoßen wird und andere den Aufstieg blockieren?

Der Verlust der Strukturen

Ich erinnere mich deutlich an meine erste Begegnung mit Paula sechs Monate nach der Trennung ihrer Eltern. Ein drahtiges kleines Mädchen mit dunklen, ungekämmten Locken und lebendigen grünen Augen, durchstreifte sie ruhelos mein Spielzimmer, zu angespannt, um sich irgendwo niederzulassen. Während sie ein Spielzeug nach dem anderen in die Hand nahm und wieder weglegte, versuchte ich, etwas über ihr Leben, ihr Zuhause, ihre Eltern, ihre Schwester und ihren Kindergarten in Erfahrung zu bringen, aber sie ignorierte alle meine Fragen und sprach stattdessen endlos von ihrem Hund Daisy. Dann erschreckte sie mich – zum ersten, aber längst nicht zum letzten Mal –, indem sie ihr rastloses Herumwandern plötzlich unterbrach und klar und deutlich sagte: »Ich will mir eine neue Mama suchen.«

Hier war ein Kind, das von Angst und Unruhe überwältigt war. Die Welt hatte sich über Nacht verändert, sie war zu einem unverständlichen und unberechenbaren Ort geworden, und die zentrale, die wichtigste Person überhaupt, die Mutter und Versorgerin, war daraus verschwunden. An ihre Stelle waren eine Reihe hastig engagierter und schlecht bezahlter Babysitter getreten und mit ihnen eine Person, die der Mutter ähnelte, aber kaum Energie oder Zeit für Paula übrig hatte. Der Vater war schon früher, als Paula noch ganz klein war, im täglichen Leben kaum in Erscheinung getreten, aber er hatte ihr und ihrer Schwester damals, als er noch zu Hause lebte, manchmal ein Geschenk mitgebracht und mit ihnen gespielt. Nachdem die Eltern sich getrennt hatten, tauchte er immer seltener auf und verschwand dann für mehrere Jahre überhaupt von der Bildfläche. Paula hatte ihren Platz in der Welt verloren: War sie zuvor ein liebevoll umsorgtes und behütetes Kind gewesen, der Mittelpunkt des Familienlebens, so fühlte sie sich jetzt als Überbleibsel einer verfehlten Ehe und als eine Last auf den Schultern ihrer Mutter. Mit vier Jahren kann ein Kind einen solchen Verlust nicht in Worte fassen, aber er wird empfunden und äußert sich in einer übergroßen inneren Panik. Vertrauen und Spontaneität als Manifestationen des Gefühls, geliebt und umhegt zu werden, gehen verloren; Angst und Panik lassen ihrerseits Enttäuschung und Zorn aufkommen.

In der richtigen Überlegung, dass es ihrer Schwiegertochter ohne Weiterbildung niemals möglich sein würde, ein besseres Einkommen zu erzielen, boten Paulas Großeltern an, ihr einen Studiengang zu bezahlen, und die Schwiegertochter, die zuvor als Mutter und Hausfrau nicht durch große Entschlusskraft aufgefallen war, bot alle entsprechenden Reserven auf und schrieb sich sieben Monate nach der Scheidung wieder am College ein.

Auch wenn sie sich vorgenommen hatte, ihr eigenes Leben und das Leben ihrer Kinder auf lange Sicht zu verbessern – für Paula und ihre Schwester zog ihre Rückkehr ans College eine Reihe weiterer Verluste nach sich. Sie verließ das Haus um sieben Uhr morgens, um sich an fünf Vormittagen in der Woche ihrem Studium zu widmen. Danach, von zwölf bis nachmittags sechs Uhr, arbeitete sie, ebenso wie an allen Samstagen, um auf ihren vollen Arbeitslohn zu kommen, und abends setzte sie sich hin, um zu lernen. Paula, die noch nicht zur Schule ging, war zu dieser Zeit zusammen mit fünf anderen kleinen Kindern täglich zwölf Stunden lang in der Obhut einer Tagesmutter, die ihre Schützlinge in ihren eigenen Räumen betreute und versorgte. Die neunjährige Joan absolvierte ihren Schulweg schon allein und kehrte nach Unterrichtsschluss in ein leeres Haus zurück.

Als dann auch Paula eingeschult wurde, war sie vor dem Unterricht in einer Tagespflegestelle und ging nach dem Unterricht zusammen mit Joan nach Hause. Von Joan wurde mittlerweile erwartet, dass sie sich um sich selbst ebenso wie um die kleine Schwester kümmerte, bis die Mutter abends nach halb sieben nach Hause kam. Joan war ärgerlich und mit der ihr aufgebürdeten Verantwortung überfordert: Sie musste sich nicht nur täglich um Paula kümmern, sondern auch dafür sorgen, dass die Wohnung aufgeräumt und das Abendessen im Herd war, wenn ihre Mutter nach Hause kam. Beide Schwestern erinnern sich, dass sie, wenn sie das Auto der Mutter die Auffahrt heraufkommen hörten, den Fernseher ausschalteten und rasch durchs Haus sausten, um schnell noch dies und das in Ordnung zu bringen. Beide erinnern sich im Übrigen auch, dass Joan, wütend und frustriert, häufig mit irgendwelchen Gegenständen nach Paula warf und sie auch aus dem Haus ausschloss. Beide gewöhnten sich beizeiten daran, nichts von ihren Konflikten und ihrem Ärger verlauten zu lassen, denn wenn sie die Mutter schon an der Tür mit ihren Problemen überfielen, hatte das scharfe und verletzende Bemerkungen und Strafen für beide Schwestern zur Folge. Die Mutter sagte immer öfter, sie habe nicht die Zeit, sich mit ihnen abzugeben, verschwand dann einfach in ihrem Zimmer und schloss die Tür hinter sich. Der Preis, den sie für die Präsenz der Mutter und einen gewissen Anschein eines harmonischen Familienlebens zahlten, bestand also darin, dass sie ihre Gefühle verbargen und so taten, als wäre alles in bester Ordnung: Dann nahmen Mutter und Töchter das Abendessen gemeinsam ein, wobei wenig gesprochen wurde, und anschließend lernte die Mutter, während Paula und Joan ihre Hausaufgaben machten oder fernsahen. Wenn sie in Streit gerieten oder die angespannte Atmosphäre zwischen ihnen eskalierte, bis es Tränen und Handgreiflichkeiten gab, verließ die Mutter den Schauplatz.

Paulas Erinnerung an eine Mutter, die das Auf und Ab im täglichen Leben ihrer Kinder mit Freude begleitet hatte, die alle Anliegen der Kinder im Voraus erspürt und ihre Wünsche erfüllt hatte, verlor sich mit der Zeit immer mehr. In den schwierigen und angespannten Jahren, die auf die Scheidung folgten, entstand für Paula ein anderes Bild ihrer Mutter und damit auch ein anderes Bild ihrer selbst. Ich will hier noch einmal wiederholen: Es dauert Jahre, bis diese Veränderungen verstanden und dann auch verbalisiert werden können. Mit Ausnahme einiger weniger Kinder, deren Eltern es schafften, zwei gut funktionierende Haushalte am Laufen zu halten, fühlten sich alle Kinder in unserer Studie, die zum Zeitpunkt der Trennung ihrer Eltern noch im Vorschulalter standen, in diesen jungen Jahren verlassen und vernachlässigt. Sie verloren ihre Mütter, die entweder einer Vollzeittätigkeit nachgehen mussten oder ihr Studium wieder aufnahmen und sich im Übrigen bemühten, sich ein eigenes soziales Leben aufzubauen. Ebenso fühlten sie sich von den Vätern verlassen, die auch den ganzen Tag lang arbeiteten und von neuen Bekanntschaften in Anspruch genommen waren. Diese Jahre bleiben den einstigen besonders jungen Scheidungskindern in sehr schmerzlicher Erinnerung.

Mit der Scheidung ihrer Eltern büßen kleine Kinder die Vorteile eines strukturierten Kinderlebens ein, was gewichtige Konsequenzen für ihre Entwicklung hat. Kinder brauchen Regelmäßigkeit und Routine – sie brauchen Schlafenszeiten – auch tagsüber –, Essenszeiten, Spielzeiten. Selbst Heranwachsende brauchen eine häusliche Routine. Vor diesem stabilen Hintergrund können sie ihre Aggressionen erproben, und anhand der Beobachtung, dass das Leben seine gleichförmigen und geregelten Abläufe hat, können sie sich in Selbstbeherrschung üben. Ein Nachscheidungshaushalt ist allerdings in den meisten Fällen ein desorganisierter Haushalt. Die Mahlzeiten werden hastig eingenommen, mittags machen die Kinder sich selbst etwas zu essen, die Schlafenszeit ist dem Zufall überlassen. Im Zeitpunkt der Trennung gilt dies für nahezu alle Scheidungsfamilien; das Chaos kann aber noch viele Jahre lang anhalten, wenn, wie in Paulas Fall, die Mutter ein neues und dichtes Tagesprogramm hat und die alte Routine nicht wieder etablieren kann. Die Folgen sind vielfältiger Art. Ohne geregelte Schlafenszeit wacht ein Kind unausgeschlafen und schlecht gelaunt auf und kann sich in der Schule nicht konzentrieren. Ältere Kinder, denen man die Sorge für ihre jüngeren Geschwister aufgetragen hat, reagieren ärgerlich. Die verantwortliche Elternperson, zumeist die Mutter, sieht erschöpft aus und fühlt sich auch so, weil sie bis an die Grenzen des Menschenmöglichen unter Druck steht.

Eltern sollten wissen, dass es ganz außerordentlich wichtig ist, die gewohnte Routine nach der Scheidung so schnell wie möglich wiederherzustellen. Diese Struktur hilft den Kindern, auch ihre eigenen regelmäßigen Aktivitäten – Schule, Lernen, Freundschaften – wieder aufzunehmen, die Sprossen auf der Leiter ihrer Entwicklung. Viele geschiedene Eltern wissen das sehr wohl, aber sie sind allzu sehr unter Druck, um entsprechend diesem Wissen zu handeln. Im Übrigen stellen sie unter Umständen rasch fest, dass Regeln, wie sie in dem einen Haushalt aufgestellt worden sind, im anderen überhaupt nicht gelten. Tagesroutine und Schlafenszeit sind im mütterlichen und im väterlichen Haushalt nicht die gleichen. Vorschulkinder schlafen vielleicht im gleichen Zimmer wie die geschiedene Mutter, während sie im Haushalt des Vaters in einem eigenen Raum schlafen – oder umgekehrt. In dem einen Haushalt wird auf das Essen überhaupt keine Sorgfalt verwendet und man darf bis in die Nacht hinein fernsehen – im anderen Haushalt ist dies verboten. In dem einen Haushalt darf man nackt herumlaufen, im anderen wird das mit Befremden gesehen. (Ich weiß von einem fünfjährigen Kind, das von einem Besuch bei seinem Vater zurückkam und ganz aufgeregt von den Tätowierungen erzählte, die dessen neue Freundin auf den Oberschenkeln trug.) Solche dem Anschein nach kleinen Unterschiede können sich zu größeren Streitfragen auswachsen, die niemals beigelegt werden und der wünschenswerten Stabilisierung des Lebens eines kleinen Kindes in der geschiedenen Familie entgegenstehen.

Die Einsamkeit sehr junger Scheidungskinder

Als ich die erwachsene Paula nach ihren Kindheitserinnerungen fragte, sagte sie: »Ich erinnere mich, dass ich in einer schlimmen Situation war, und ich erinnere mich, dass ich wütend war. Ich war immer auf irgendjemanden wütend. Ich glaube nicht, dass die Scheidung selbst mir wirklich zugesetzt hat. Was mich getroffen hat, war, dass meine Mutter nicht mehr um mich war. Ich vermisste das geregelte Familienleben. Ich hatte niemanden, mit dem ich reden konnte. Ich hatte überhaupt keine Anleitung. Ich weiß, dass unsere Mutter das schier Unmögliche geleistet hat, um uns durchzubringen, und dafür werde ich ihr ewig dankbar sein – aber woran ich mich erinnere, das ist, dass sie nicht da war. Es kam vor, dass sie abends spät von der Arbeit kam und ich Hilfe bei den Hausaufgaben brauchte. Oft wurde sie dann ganz nervös, weil sie vielleicht ausgerechnet am nächsten Tag eine Prüfung hatte und sich unbedingt noch darauf vorbereiten musste. Sie sagte dann immer, ich solle eben selbst sehen, wieweit ich komme, denn sie müsse noch lernen, und dann schloss sie sich im Bad ein. Ich erinnere mich, wie ich auf dem Fußboden vor der Badezimmertür saß und hörte, wie sie die Seiten in ihrem Lehrbuch umblätterte.«

Auch wenn für Paulas äußere Bedürfnisse selbstverständlich gesorgt war – sie hatte ihr Essen und ihr Dach über dem Kopf –, fühlte sie sich im Stich gelassen. Eines ist solchen Kindern, die zum Zeitpunkt der Scheidung ihrer Eltern noch sehr klein waren, noch nach Jahren ganz deutlich in Erinnerung: ein unendliches und nicht zu linderndes Gefühl von Einsamkeit. Sie sind wütend darüber, dass sie so weitgehend sich selbst überlassen wurden. Sie wissen, dass auch ihre Eltern sich damals von den veränderten Lebensumständen überrollt fühlten, aber das ist für sie kein Grund, den Eltern zu vergeben. Soweit sie zwischen zwei elterlichen Haushalten hin und herpendelten, klagen sie darüber, dass es im Grunde ein Pendeln zwischen Mamas Babysitter und Papas Babysitter war und dass sie zu selten mit der Mutter und zu selten mit dem Vater zusammen waren.

Kleine Kinder, die das Dilemma ihrer Eltern nicht verstehen können, kommen zu dem Schluss, dass man sie alleingelassen hat, weil sie für die Erwachsenen nicht wichtig oder nicht interessant sind oder von den Erwachsenen nicht sonderlich geschätzt werden. Sie beschuldigen sich selbst, ungezogen gewesen zu sein, um sich den Weggang ihrer Mutter zu erklären. Und sie beschuldigen die Mutter der Treulosigkeit. Später, wenn sie etwas älter sind, vertrödeln sie sich oft, wenn sie bei ihren Spielkameraden zu Besuch sind, in der Hoffnung, dass man sie auffordern wird, noch etwas länger zu bleiben oder vielleicht sogar mit der Familie zu Abend zu essen. Manche stellen sich insgeheim vor, sozusagen endgültig in diese Gastfamilie hineingebeten zu werden.

Kinder entwickeln schon zu einem sehr frühen Zeitpunkt in ihrem Leben ein Gespür für die Stimmungslage ihrer Eltern. In einem unserer wirklich herzzerreißenden Videos von Familien, die sich in Scheidung befinden, sieht man ein kleines Mädchen, das noch kaum laufen kann, wie es auf den Schoß seiner Mutter klettert und ihr das Gesicht tätschelt, um sie zu trösten. Kinder sind dankbar, wenn ihnen Aufmerksamkeit zuteil wird, aber sie lernen, Aufmerksamkeit nicht zu erwarten und nicht einzufordern. Manche Kinder kommen auf Ideen, um sich selbst zu unterhalten, etwa indem sie viele Stunden lang fernsehen; andere sind dagegen noch zu klein oder zu traurig, sitzen nur lustlos da und warten darauf, dass die Mutter wiederkommt oder dass es ihnen gelingt, ihre Aufmerksamkeit auf sich zu ziehen. Wieder andere wenden sich auf der Suche nach Gefährtschaft und bedingungsloser wechselseitiger Zuneigung einem Haustier zu.

Studien aus jüngster Zeit belegen, dass solche noch sehr jungen Kinder ganz zu Recht den Eindruck haben, dass sie in einem gravierenden Sinne zu kurz kommen.[4] Kleine Kinder brauchen die ständige Interaktion mit liebevollen und fürsorglichen Erwachsenen, um ihre Denkfähigkeit auszubilden und ihr Verständnis menschlicher Emotionen zu schulen. Das Gefüttert- und Zubettgebrachtwerden ist nur ein winziger Bruchteil dessen, was sie brauchen. Die Eltern müssen Zeit und Energie darauf verwenden, mit ihren kleinen Kindern zu sprechen und zu spielen, ihnen vorzulesen und ihnen ganz allgemein ihre Aufmerksamkeit zuzuwenden. Aber wo findet eine soeben geschiedene und auch ihrerseits von den Dingen überrollte Mutter (bzw. ein Vater, für den das Gleiche gilt) die Zeit und die Kraft dafür?

Als wir die allgemeine Anpassung der jungen Erwachsenen aus unserer Studie im Blick darauf betrachteten, wie alt sie waren, als ihre Eltern sich scheiden ließen, kamen wir zu dem Schluss, dass es die jüngsten Scheidungskinder am schlimmsten trifft und das Heranwachsen für sie am schwierigsten ist.[5] So gut wie alle verloren die Mutter an deren Arbeitsplatz und an die Belastungen des Lebens als Alleinerziehende. Ihr Gefühl der Einsamkeit und ihre Wut auf beide Eltern hielten bis in die höheren Schuljahre und in die Adoleszenz hinein an. Heute, fünfundzwanzig Jahre später, kommen die inzwischen Achtundzwanzig- bis Zweiunddreißigjährigen sowohl an ihrem Arbeitsplatz als auch in ihren Beziehungen weniger gut zurecht als ihre Schicksalsgenossen, die zum Zeitpunkt der elterlichen Scheidung schon etwas älter waren. Sie sind weniger zuversichtlich, was ihre Aussichten auf eine gelungene Ehe angeht, und haben mehr Angst, hintergangen zu werden. Nur eines der von unserer Studie erfassten »kleinen Kinder« von damals führt heute eine glückliche und stabile Ehe, und eine weitere Frau aus der Gruppe der ehemaligen jüngsten Scheidungskinder lebt in glücklicher Gemeinschaft mit einem Mann, ohne dass sie an eine Heirat in absehbarer Zeit denken. Eine weitere Frau, die dem Anschein nach glücklich verheiratet war, verließ einen anhänglichen Ehemann sehr plötzlich, um sich mit einem alten Freund aus High-School-Tagen zusammenzutun; ihre kleine Tochter nahm sie mit. Von den Frauen in dieser Gruppe der einstigen jüngsten Scheidungskinder haben die meisten keine gute Stelle gefunden bzw. nicht Karriere gemacht. Einige versuchen sich in kleinen und einigermaßen riskanten eigenen Unternehmungen, einige wenige verdienen ihren Lebensunterhalt als Reinigungskräfte. Diejenigen, denen immerhin eine gute Ausbildung ermöglicht wurde, sind in ihrem Beruf erfolgreich, haben aber Schwierigkeiten mit den Männern. Auf der Seite der einstigen kleinen Jungen sieht die Situation ähnlich aus. Von unseren männlichen Probanden, die ein Leben in Einsamkeit und Isolation geführt haben, kommen die meisten aus eben dieser Gruppe.

Bei der erneuten Beschäftigung mit den Akten dieser jüngsten Scheidungskinder fiel mir zu meinem Erstaunen auf, dass auch eine gute Zweitehe der Mütter ihnen offensichtlich nicht geholfen hatte, das Trauma der elterlichen Scheidung zu verwinden. Da die Mütter relativ jung waren und innerhalb weniger Jahre einen neuen Ehepartner fanden, kamen viele dieser Kinder rasch wieder in den Genuss der Vorteile – in Form von Schutz und finanzieller

Sicherheit –, wie eine intakte Familie sie bietet. Einige fanden Stiefväter bzw. Stiefmütter, die sich liebevoll um sie kümmerten und sehr bald an eine zentrale Stelle im Leben dieser Kinder rückten. Letzten Endes stellte ich aber doch fest, dass der Stiefvater bzw. die Stiefmutter, verglichen mit der Bindung des betroffenen Kindes an die biologische Elternperson, in den meisten Fällen eben doch eine sekundäre Figur blieb. Den Beziehungen zu Stiefeltern fehlt im Allgemeinen das starke Bindungsgefühl, das die Beziehungen zu den leiblichen Eltern kennzeichnet. Es war, als hätten diese Kinder sozusagen eine innere Schublade für die leiblichen Eltern und eine weitere für die Stiefeltern, wobei die beiden Schubladen immer getrennt blieben. Sie mochten ihren Stiefvater sehr und freuten sich über seine Freundlichkeit und sein Interesse; in manchen Fällen liebte ein solches Kind den Stiefvater sogar und achtete oder bewunderte ihn mehr als den leiblichen Vater. Aber Sorgen um den Stiefvater, Mitleid mit der Stiefmutter, Sehnsucht nach einer solchen »Stiefperson« – das alles gab es nicht im gleichen Maß wie in Bezug auf die »wirkliche« Mutter bzw. den »wirklichen« Vater. Umgekehrt traf das Gefühl, vom Stiefvater abgelehnt zu werden, nicht auf eine so große Verletzlichkeit. Ein junger Mann von Anfang Zwanzig, der seit seinem siebenten Lebensjahr einen wirklich guten Stiefvater gehabt und seinen leiblichen Vater nur selten zu Gesicht bekommen hatte, sagte es klipp und klar: »Mein Stiefvater hätte der heilige Franz oder der heilige Antonius sein können. Er hätte auch die Fähigkeit haben können, auf dem Wasser zu wandeln. Und trotzdem hätte er mir den Schmerz nicht nehmen können, den ich um meinen Vater empfinde.«

Kinder halten ihren Eltern mit ihrer Liebe, ihrem Zorn und ihrem Leiden ihr Leben lang eine bemerkenswerte Treue.

Das mutterlose Kind

Bei meinem Zusammentreffen mit Paula fünf Jahre nach der Scheidung ihrer Eltern hatte die mittlerweile Neunjährige kaum etwas anderes im Sinn als ihren geliebten Hasen, der Racer hieß. Jeden Tag verbrachte sie Stunden damit, das Tier zu füttern und in anderer Weise zu versorgen. Nach ihren eigenen Worten hatte sie ihre Freundinnen gern, nicht aber ihre Lehrerin. Auch ihre Mutter und ihre Schwester mochte sie nicht, wie sie ungerührt sagte. Über ihren Vater wollte sie überhaupt nicht sprechen. Bei dieser Gelegenheit erschreckte Paula mich ein weiteres Mal mit einer der bestürzendsten Aussagen, die ich je von einem Kind gehört habe. »Ich will überhaupt nichts werden, wenn ich erwachsen bin. Erwachsenwerden gefällt mir nicht. Aber ich muss halt erwachsen werden.« In den Notizen, die ich nach unserem Gespräch anfertigte, hielt ich meinen Eindruck von diesem neunjährigen Kind fest: »Sie glaubt nicht, dass das Familienleben sich noch jemals bessern wird. Was ihr im Leben bestimmt ist, sind Schwierigkeiten. Sie konnte sich nicht näher verständlich machen; sie war ganz einfach argwöhnisch, was die Zukunft angeht.«

Auch Paulas Klassenlehrerin vertraute mir ihre Eindrücke an: »Paula ist ein ruhiges Kind und kommt mit den Klassenkameraden zurecht. Zu Erwachsenen hat sie keinen besonders guten Draht; lieber geht sie dem Kontakt und der Interaktion mit ihnen aus dem Weg. Ihr Affektleben ist flach. Sie hat kein Interesse an einem bestimmten Thema oder einer speziellen Aktivität. Über ihre Familie spricht sie nie, und im Unterricht geht sie kaum jemals aus sich heraus.« Was Paulas Lehrerin mir schilderte, war das Bild eines depressiven Kindes.

Paulas Mutter hatte inzwischen im Wege einer gewaltigen Kraftanstrengung ihre Ausbildung im Fach Hotelmanagement abgeschlossen und war in eine sehr viel besser bezahlte Stelle als Direktionsassistentin eines Hotelbetriebes im Zentrum übergewechselt. Die lange Anfahrt zu ihrem Arbeitsplatz bedeutete, dass sie um sieben Uhr morgens aus dem Haus musste und häufig nicht vor sieben Uhr abends nach Hause kam. Die neue Stelle trug ihr einen höheren Status ein und steigerte ihr Selbstwertgefühl ganz erheblich, zugleich verlangte sie ihr aber auch einen stärkeren zeitlichen und kräftemäßigen Einsatz ab. Im Blick auf eine mögliche Beförderung zur Hoteldirektorin bereitete sie sich auf eine weitere Prüfung vor, was bedeutete, dass sie an zwei Abenden in der Woche an Seminaren teilnehmen musste. Als weiterhin attraktive und inzwischen ausgeglichene und selbstsichere junge Frau begann sie überdies eine Beziehung zu einem Mann, den sie im Rahmen ihrer Arbeit kennen gelernt hatte. Das Gefühl, begehrt und auf romantische Art umworben zu werden, hatte nach all den Jahren, in denen sie so hart und rücksichtlos gearbeitet hatte, etwas Berauschendes für sie, und sie sträubte sich nicht dagegen, sich gelegentlich für eine Nacht entführen zu lassen oder über ein Wochenende zusammen mit ihrem neuen Liebhaber von der Bildfläche zu verschwinden.

Zu den grausamen Paradoxien dieses und vieler anderer Scheidungsfälle gehört es, dass die Kinder, und zumal die noch sehr jungen Kinder, umso mehr verlieren, je positiver die Dinge sich für die Mutter entwickeln. In diesem Fall waren es die Fortbildung der Mutter, ihre berufliche Verbesserung und ihr sehr verständlicher Wunsch nach »erwachsener« Liebe und praktizierter Daseinsfreude, die ihr Leben reicher machten und sie mehr und mehr vom Leben ihrer Kinder entfernten. Obwohl Bildung für sie einen hohen Stellenwert hatte und sie strikt darauf bestand, dass ihre Töchter gute Noten nach Hause brachten, war Paulas Mutter nur selten zur Stelle, um die Hausaufgaben der Kinder nachzusehen oder ihnen etwa dabei zu helfen. Sie bemerkte es nicht, wenn ihre Töchter Schwierigkeiten hatten oder irgendwie stecken blieben – und die Kinder sagten es ihr auch nicht; die Briefe der Lehrerin zerknitterten in ihren Schulrucksäcken. Diese Mutter war in der Schule so wenig präsent, dass mehrere Lehrkräfte berichteten, sie sei ihnen so gut wie unbekannt. Paula und Joan wurden nicht dazu angehalten, sich an irgendwelchen Aktivitäten nach Unterrichtsschluss zu beteiligen, und die Mutter hätte an außerplanmäßigen Veranstaltungen auch gar nicht teilnehmen können. Während ihre Freundinnen zur Klavierstunde und zum Ballettunterricht gefahren wurden, legten Paula und Joan den Weg nach Hause, wo niemand sie erwartete, weiterhin zu Fuß zurück. Da sie intelligente Kinder waren, bekamen sie befriedigende Noten und lernten im Übrigen, sich nicht in Schwierigkeiten zu bringen und folglich auch nicht die Aufmerksamkeit der Lehrerin auf sich zu ziehen. (Ein depressives Kind fällt in der Schule häufig nicht auf, vor allem wenn es zufriedenstellend arbeitet.) Was ihnen fehlte, war das Gefühl, dass ihre Anstrengungen wahrgenommen und gewürdigt wurden, und dass es überhaupt wichtig war, dass sie in einem eher allgemeinen Sinn Fortschritte machten – dass sie also lernen würden, wie man am besten lernt, dass sie Freude am Lernen finden würden, dass sie besondere Talente entwickeln und es erleben würden, dass diese Talente gewürdigt und gefördert würden. Sie lernten, den Anforderungen der Erwachsenen zu entsprechen, aber ohne dass ihnen dies mehr Zuversicht beschert und mehr Führung vermittelt hätte.

Wenn ihre Ehe in die Brüche geht, sehen die meisten Mütter keine Möglichkeit, die bisher praktizierte physische und emotionale Nähe zu ihren Kindern im gleichen Umfang beizubehalten. Wie Paula und mit ihr alle anderen jungen Scheidungskinder mir sagten, war der größte Verlust, dem sie sich konfrontiert sahen, der Verlust der Mutter. An manchen Tagen war sie da, umarmte die Kinder, redete ermutigend auf sie ein, holte und brachte sie nach Bedarf; an anderen Tagen war sie, noch während sie irgendwelche Anordnungen traf, schon halbwegs aus der Tür. Für kleine Kinder ist der plötzliche Verlust der mütterlichen Aufmerksamkeit ein unvorstellbar traumatisches Geschehen – etwa so, als würden sie plötzlich aus einem milden und warmen Klima herausgerissen und wären nun dabei, langsam zu gefrieren. Die Mutter ist die ganze Welt des kleinen Kindes. Von ihr kommen Nahrung, Wohlbefinden und Trost. Unter ihrem wachsam-zustimmenden Blick nimmt das Kind sein eigenes Wachsen und die Freude an der eigenen Entwicklung wahr. Und dann sieht es sich in die Obhut von Fremden versetzt. Es ist in der Tat ein Unglück, dass Mütter über ihrer undankbaren Aufgabe, alles zu geben, um die Familie nur ja über Wasser zu halten, die frühe emotionale Investition in ihre Kinder vielfach nicht fortführen können.

Im Mittelpunkt scheidungspolitischer Überlegungen wie auch der praktischen Arbeit mit Scheidungsfamilien steht von jeher der Verlust des Vaters, der für viele betroffene Kinder eine sehr gravierende Erfahrung ist. Aber es ist der Verlust der Mutter, der die Welt- und Lebenserfahrung des Kindes, zumal des noch sehr kleinen Kindes, insgesamt durchdringt und für immer verändert. Die von unserer Studie erfassten Kleinkinder erlebten den Verlust der Mutter als ein zentrales und leidvolles Geschehen von bleibender Wirkung. Noch fünfundzwanzig Jahre später weinten sie bei der Erinnerung daran: »Meine Mutter war ganz einfach nicht da. Niemand war da.« Bei den Gesprächen mit diesen Männern und Frauen, die mir nach fünfundzwanzig Jahren von ihrer Kindheit erzählten; fiel mir der Titel eines bekannten Liedes ein: »Sometimes I Feel Like a Motherless Child.« Dieser emotionale Bruch – das Gefühl, soeben noch im Mittelpunkt der mütterlichen Aufmerksamkeit gestanden zu haben und von jetzt an nur ein peripheres Anhängsel zu sein – bleibt in vielen geschiedenen Familien als fortdauerndes Element der Mutter-Kind-Beziehungen erhalten. Während die Mütter sich verzweifelt bemühen, ihre Kinder allein großzuziehen, geht vieles unter, was das gemeinsame Leben bisher bereichert hat. Die Mütter haben keine Zeit mehr, den Alltag ihrer Kinder zu beobachten und daran teilzunehmen. Sie können es sich nicht leisten, etwa Spielnachmittage zu planen und die Freunde ihrer Kinder ins Haus zu holen. Das Backen und Kochen wird aufgegeben; jetzt kommen Fertiggerichte auf den Tisch. Die Mütter haben keine Zeit, sich um die kleinen Freuden und Leiden ihrer Kinder zu kümmern, zu fragen, was ihnen Sorgen macht und was ihnen gut gelungen ist; es ist kein Vater da, mit dem man die Zukunft des Kindes besprechen und planen könnte. Aufkeimende Begabungen und potenzielle Problembereiche werden in der blödsinnigen Eile übersehen: Nur ja rechtzeitig aus dem Haus kommen, nur ja rechtzeitig zu Bett gehen, damit man den nächsten Tag mit Anstand besteht. Keine Zeit mehr, um auf Tischmanieren zu achten, keine Zeit, um den Sinn der Kinder für die kleinen Annehmlichkeiten des Lebens zu wecken – nein, man muss dafür sorgen, dass die Kinder morgen etwas Sauberes zum Anziehen haben, und man muss die Wohnung in einen vorzeigbaren Zustand bringen. Erschöpfung und Unruhe fressen Toleranz, Milde und Heiterkeit auf. Jetzt wird eine harschere und strengere Person sichtbar, deren Lächeln häufig gezwungen scheint und die von ihrer Reizbarkeit beherrscht wird. Diese Verwandlung der Mutter, die für das Kind nicht mehr erreichbar ist, vollzieht sich abrupt und ist in vielen Fällen von Dauer. Es ist ein verborgener und zugleich der gewichtigste Verlust, den kleine Kinder in der Folge der Scheidung erleiden, und wir haben die Tragweite dieses Verlustes bisher nahezu gänzlich übersehen.

In Paulas wunderbarer Fürsorge für ihren Hasen haben wir einen Reflex dieser Zusammenhänge. Indem sie den Hasen bemuttert, entdeckt sie die liebevolle Mutter, die sie verloren hat, von neuem und erweckt diese Figur wieder zum Leben. Indem sie sich mit der von ihr geliebten Mutter identifiziert, führt sie das erinnerte Bild wieder auf und hält es auf diese Weise frisch und lebendig. In ihrer Vorstellung ist sie zum einen der wohl versorgte Hase und zum anderen die liebevoll-präsente Mutter, die sie ihrerseits liebte und die sie verlor, als sie vier Jahre alt war.

Selbstverständlich gibt es Millionen verheirateter Mütter kleiner Kinder, die einer Ganztagsbeschäftigung nachgehen – aber sie haben einen Ehemann, der ihnen bei den elterlichen Aufgaben hilft, wenn beide abends nach Hause kommen. Diese Aufgabenteilung ist das entscheidende Moment für alle, die arbeiten wollen oder müssen und zugleich kleine Kinder zu versorgen haben. Zwei Eltern können einer für die andere einspringen, und dies sowohl in Bezug auf die häusliche Routine als auch dann, wenn ein Kind krank wird. Studien aus jüngster Zeit belegen, dass die Väter in den heutigen Doppelverdiener-Familien ihren kleinen Kindern mehr Zeit widmen als die Väter von vor zehn Jahren. Es sind in der Tat eher vier als nur zwei Hände, die sich rühren. Intakte Familien, in denen zwei Partner arbeiten, haben auch ein höheres Einkommen als die Eineltern-Familien und können mehr Geld für die Betreuung und Versorgung ihrer Kinder und für andere Hilfeleistungen ausgeben. Ich erinnere mich an eine geschiedene Mutter, die einmal bis drei Uhr nachts mit der Wäsche beschäftigt gewesen war. Zum Teufel mit dem Schlaf, dachte sie, ich werde von nun an immer nachts aufbleiben, damit ich alles schaffe. Der Versuch ging drei Tage lang gut, und dann brach sie zusammen. Auch eine Mutter, die sich mit dem Vater der Kinder in die Verantwortung teilt, arbeitet hart, aber sie trägt nicht ständig die übergroße Last der alleinigen Verantwortung für jede Entscheidung, und sie ist nicht allein dafür zuständig, dass Rechnungen bezahlt und notwendige Reparaturen durchgeführt werden. Sie kann sich nach einem bewegten und anstrengenden Arbeitstag immerhin die Zeit nehmen, sich auf den Fußboden zu setzen und mit ihrem kleinen Kind zu spielen. Sie kann sich an dem Kind freuen, sie kann ihre emotionalen Reserven wieder auffüllen, ja sie kann sich ein- oder zweimal in der Woche sogar ein paar Stunden gönnen, die ihr ganz allein gehören. Die meisten Frauen aus unserer Vergleichsgruppe der intakten Familien reduzierten die Zahl ihrer Arbeitsstunden, solange das erste Kind noch sehr klein war. Mehr als die Hälfte derer, die mehrere Kinder hatten, gaben ihre Berufstätigkeit für einige Jahre auf und kehrten erst auf den Arbeitsmarkt zurück, als das jüngste Kind eingeschult wurde. Anders als die allein erziehenden Mütter, denen niemand zu Hilfe kam, konnten diese Frauen sich frei für ein solches Arrangement entscheiden.

1 Persönliche Mitteilung von Norval Glenn, November 1999.

2 J. Teachman und K. Paasch, »Financial Impact of Divorce on Children and Their Families«, The Future of Children 4 (1994): 63-83.

3 J. Seltzer, »Legal Custody Arrangements and Children´s Economic Welfare«, American Journal of Sociology 94 (1991): 895-929.

4 A. Gopnik, A. Meltzoff, und P. Kuhl, The Scientist in the Crib: Minds, Brains and How Children Learn (New York: William Morris, 1999).

5 Wir gingen dabei im wesentlichen so vor wie bei unseren früheren Folgeuntersuchungen, d.h. wir fragten sowohl nach der psychischen Organisation und Stabilität der Probanden als auch nach ihrer Kompetenz im Bereich der Lebensaufgaben. Zu den Details dieser Methode siehe J. L. Lewis und J. S. Wallerstein, »Methodo-

logical Issues in Longitudinal Research on Divorced Families«, in Advances in Family Intervention, Assessment and Theory, vol. 4, hg. J. P. Vincent (Greenwich, Conn.: JAI Press, 1987).
Bei unserer Folgeuntersuchung nach 25 Jahren stellten wir fest, dass 30 Prozent der Teilnehmer an unserer Studie schlecht mit ihrem Leben zurechtkamen und in ihrem Funktionieren signifikant beeinträchtigt waren; sie rangierten unter dem Durchschnitt. 34 Prozent erreichten durchschnittliche Werte; 36 Prozent kamen in allen Bereichen ihres Lebens sehr gut bis hervorragend zurecht.
Von unseren ausgedehnten Kontakten mit den Probanden wussten wir, dass ein einziger Parameter uns kein vollständiges Bild darüber liefern kann, wie die erwachsenen Scheidungskinder mit ihrem Leben zurechtkommen. Wiederholt waren wir überrascht zu sehen, dass sie Schwierigkeiten im Bereich der Beziehungen hatten, während sie in anderen Bereichen, zumal in der Sphäre der Arbeit, relativ erfolgreich und kompetent waren. In einem weiteren Schritt brachen wir die verschiedenen Funktionsbereiche auf und erfassten sie separat. 67 Prozent der Probanden wurden danach in der Sphäre der Arbeit als überdurchschnittlich in ihrer Kompetenz eingestuft. Was die sozialen Beziehungen anging, rangierten nur 40 Prozent über dem Durchschnitt; 60 Prozent fielen unter den Durchschnitt.
In diesen Dimensionen waren Männer und Frauen bzw. ältere und jüngere Probanden sich ähnlich. Die wenigen nennenswerten Unterschiede bestanden darin, dass insgesamt die Männer schlechter zurechtkamen – sie waren zahlenmäßig stärker im unteren Funktionsbereich vertreten, während die Frauen zahlenmäßig stärker im oberen Bereich vertreten waren. Diejenigen, die zum Zeitpunkt der Scheidung ihrer Eltern noch sehr klein gewesen waren, bewiesen insgesamt nach 25 Jahren eine geringere Kompetenz. Besonders deutlich zeigte sich das bei den Frauen, die zum Zeitpunkt der Trennung ihrer Eltern noch im Vorschulalter gewesen waren, und bei den Männern, die zu diesem entscheidenden Zeitpunkt im Grundschulalter gewesen waren.

13.

Gerichtliche Besuchsregelungen – und wie die Kinder sie sehen

Kurz nach ihrem achten Geburtstag trat Paulas Vater wieder in das Leben seiner Kinder ein. Wie viele Männer, die eine Scheidung hinter sich haben, hatte auch er diese Krise schließlich zu dem Versuch genutzt, wieder zu sich selbst zu finden. Inzwischen hatte er das Gefühl, dass ihm das gelungen war und er sich sowohl von dem finanziellen Debakel als auch von der demütigenden Erfahrung erholt hatte, von einem Freund hintergangen worden zu sein, der sein Vertrauen besaß. Jetzt hatte er den ehrlichen Wunsch, mit seinen Kindern zusammen zu sein, sie von neuem kennen zu lernen, eine zweite Chance zu bekommen.

Wie ausgiebig oder wie oft geschiedene Väter ihre Kinder besuchen sollten, das ist Gegenstand einer endlosen öffentlichen Debatte und eine Streitfrage zwischen den Vertretern der mütterlichen und den Vertretern der väterlichen Rechte. Viele Richter, Mediatoren und Therapeuten, die auf dem Feld des Scheidungsgeschehens tätig sind, sehen einen dynamischen Zusammenhang zwischen dem Umfang der Besuchstätigkeit des Vaters und dem Pegel von Ärger und Wut, wie sie zwischen den Ex-Partnern am Werk sind. Sie sind der Ansicht, dass es an der Wut der Mutter auf den Vater liegt, wenn dessen Besuche nicht wie erwartet erfolgen bzw. in ihrer Häufigkeit signifikant nachlassen. Das mag für die Zeit unmittelbar nach der Trennung der Eltern zutreffen; in den Jahren, die auf die Scheidung folgen, sind aber noch eine Reihe weiterer Faktoren bestimmend dafür, wie häufig oder wie selten diese Besuche stattfinden. Eine umfangreiche Studie zu diesem Thema in acht amerikanischen Einzelstaaten erbrachte so gut wie keinen Zusammenhang zwischen der Wut der Mutter und den Besuchen des Vaters.[1] Die Gerichte sehen die Fluktuationen im Besuchsmuster im Allgemeinen schon deshalb nicht, weil sie sich auf den Zeitpunkt der Trennung der Eltern konzentrieren.

Im Zusammenhang mit Larrys Geschichte sprachen wir von den Vätern und davon, dass und wie sich die väterliche Rolle nach der Scheidung verändert. Hier möchte ich mich etwas näher mit einem bestimmten Aspekt dieser Veränderung befassen – mit der Handhabung der Besuchsregelung und mit dem Umstand, dass dieses Schema sich für die Vater-Kind-Beziehungen sowohl als förderlich als auch als hinderlich erweisen kann.

Von großem Einfluss darauf, wie der geschiedene Vater es über Zeit mit den Besuchen seiner Kinder hält, ist die diesbezügliche Einstellung seiner zweiten (oder dritten) Ehefrau und die Frage, wie weit sie sich für die Kinder aus der ersten Ehe ihres Mannes interessiert. Über die Rolle der Stiefmutter werde ich mich ausführlich im Kapitel 20 äußern; hier will ich nur anmerken, dass dem Mann in der Regel sehr daran gelegen ist, es seiner neuen Partnerin recht zu machen. Er hat schon einmal die Erfahrung einer missglückten Ehe gemacht, und es spricht einiges dafür, dass er es seiner neuen Frau überlassen wird, die Regeln für die Besuche seiner Kinder festzulegen. In vielen solchen Haushalten hat die Frau das Sagen, und es hängt mithin von ihr ab, ob diese Besuche sich zu freundlichen oder zu gefürchteten Anlässen entwickeln werden.

Von Einfluss auf das Besuchsmuster ist ferner das generelle Wohlbefinden des Vaters. Wenn ein Mann sein Leben umstellt und in diesem Zusammenhang ein größeres Selbstvertrauen entwickelt, kann es ihm plötzlich ein dringendes Anliegen sein, seine Kinder zu besuchen. So erging es Paulas Vater, der nach vierjähriger Abwesenheit erneut im Leben seiner Kinder auftauchte. Wie so viele Männer, die zum Zeitpunkt ihrer Scheidung oder unmittelbar danach physisch krank werden oder in eine Depression geraten, fühlte er sich anfangs nicht wohl bei dem Gedanken, seine Kinder zu besuchen. »Ich hatte das Gefühl, ihnen nichts bieten zu können«, sagte er ein Jahr nach der Trennung. Als es ihm dann aber wieder besser ging, wollte er den Kontakt wiederherstellen. Auch dieser Faktor, die subjektive Befindlichkeit, hat also Anteil daran, dass sich das Besuchsverhalten vieler Väter in den Jahren nach der Scheidung durch eine ganz erhebliche Instabilität und Fluktuation auszeichnet. Mit einem Wort, so wie es dem Mann einmal besser und dann wieder weniger gut geht, so hat auch das Besuchsmuster seine Auf- und Abwärtsbewegung.

Als Paulas Vater wieder auf der Bildfläche erschien, waren sowohl die Kinder als auch ihre Mutter überrascht. Ihr Leben hatte auf seiner Abwesenheit basiert, und nun war er wie Lazarus zurückgekehrt. Die Kinder hatten ihn vermisst, aber sie hatten nicht mehr erwartet, dass er je wieder eine wichtige Rolle in ihrem täglichen Leben spielen würde. In manchen Fällen kommt der Vater zurück, nachdem die Mutter sich wieder verheiratet hat – und das bedeutet eine Bedrohung für die noch ungefestigte Rolle des Stiefvaters. Wie immer die Situation im Einzelnen gelagert ist, das Wiederauftauchen des Vaters eröffnet ein neues Kapitel im Leben der Familie, das von einer unguten Frage in den Köpfen der Kinder belastet ist: Da er doch schon einmal verschwunden ist – wird er vielleicht auch ein zweites Mal wieder verschwinden?

Paulas Vater war jetzt Geschäftsführer eines Warenhauses und lebte in einem der Apartmenthäuser, die seine Familie im weiteren Umkreis von San Francisco, in Santa Rosa, besaß. Er und seine geschiedene Frau fingen nahezu sofort wieder an zu streiten. Sie konnten sich nicht auf eine Besuchsregelung einigen, und die Jahre, in denen die Unterhaltszahlungen für die Kinder nur spärlich oder gar nicht eingegangen waren, blieben ein bitteres und nicht bewältigtes Thema zwischen ihnen. Die Wut baute sich von neuem auf. Paulas Mutter drohte, sie werde die Besuche der Kinder beim Vater verhindern, woraufhin der Vater sie vor Gericht bestellen ließ. Ein Richter setzte die Höhe der Unterhaltszahlungen fest und traf eine Besuchsregelung. Danach sollte der Vater die Kinder an zwei Wochenenden pro Monat bei sich haben dürfen, und zwar von Freitag nach Schulschluss bis Sonntagabend sechs Uhr. Für die Ferien war ein rotierendes System vorgesehen: Die Kinder würden alle zwei Jahre den ganzen Monat Juli bei ihrem Vater verbringen. Drei Jahre lang sahen Paula und Joan sich ungeachtet ihrer vielen Proteste gehalten, dieses Schema zu befolgen, so als wären sie Fabrikarbeiterinnen unter der Kontrolle einer Stechuhr.

Diese Besuchsregelung gründete auf einem Kompromiss, mit dem den Wünschen beider Eltern Rechnung getragen werden sollte. Die Wünsche und Bedürfnisse der Kinder, die jetzt acht und dreizehn Jahre alt waren, wurden dabei niemals erfragt oder in Betracht gezogen. Es ist erschreckend zu sehen, wie oft in unserem Land nach diesem Muster verfahren wird. In der Regel werden die Kinder gar nicht erst aufgefordert, sich zu der letzten Endes gerichtlich angeordneten oder im Wege der Mediation konzipierten Besuchsregelung zu äußern, die so radikal in ihr Leben eingreift. Weder die Mutter noch der Vater fragten Joan und Paula, was sie davon hielten. Nach diesem Zusammentreffen vor Gericht verschanzten beide Eltern sich wieder in ihrer jeweiligen Position, in der sie sich starr an die gerichtliche Anordnung hielten und so wenig wie möglich miteinander kommunizierten.

Nach seiner langen Abwesenheit kannten die Kinder ihren Vater kaum noch. Paula, in ihrer typischen barschen Art, zog sich in ein düsteres Schweigen zurück, während Joan maulte: »Wo will er denn mit uns hingehen? Was soll ich dort machen? Was soll ich meinen Freundinnen sagen? Warum muss ich da überhaupt hin?«

Joan und Paula fanden es zwar aufregend, einen leibhaftigen Vater zu haben wie andere Kinder auch, aber sie begriffen nicht, wo ihr Vater eigentlich in den zurückliegenden Jahren geblieben war. Sie wussten nicht, wie sie danach fragen sollten, und er selbst gab ihnen keine Erklärung. Im Übrigen fürchteten sie sich davor, mit einem fremden Mann an einem unbekannten Ort alleingelassen zu werden. Joan, nun schon ein heranwachsendes Mädchen, geriet in die größten Nöte, als sie ausgerechnet während eines Besuchs bei ihrem Vater ihre erste Menstruation bekam. Sie machte sich halb verrückt vor Angst, wie sie es ihm beibringen sollte.

Wie in vielen anderen Familien war auch in dieser Familie nie davon die Rede, wie die Kinder die Zeit mit ihrem Vater verbringen sollten und wie man erreichen könnte, dass Vater und Töchter einander nach dieser langen Funkstille überhaupt erst wieder kennen lernten. Weder sprachen die Eltern jemals unter vier Augen miteinander, noch ließen sie sich von einer dritten Person beraten, die ihnen hätte erklären können, dass auch die Interessen der Kinder berücksichtigt werden müssten und dass die Kinder sich verständlicherweise Gedanken darüber machten, wie diese Besuche mit ihrem sozialen Leben und ihren Freundschaften interferieren würden. Das Gericht traf keine Vorkehrungen, um das neue Arrangement etwa allmählich anlaufen zu lassen. Die Kinder wurden mehr oder weniger wie Gegenstände behandelt und in der Annahme in diese Regelung entlassen, dass sich selbstverständlich alles zu ihrem Besten entwickeln würde. Paulas Mutter sorgte dafür, dass eine Nachbarin die Mädchen an jedem zweiten Freitag Nachmittag an die Bushaltestelle brachte, von der aus sie nach Santa Rosa fahren konnten. Dort wurden sie von ihrem Vater abgeholt oder fuhren, wenn er einmal länger arbeiten musste, auf seine Veranlassung mit einem Taxi zu seiner Wohnung.

Nicht ahnend, was seine Kinder beschäftigte und beunruhigte, tat der Vater das, was er nach seiner Erinnerung getan hatte, als sie noch klein waren: Er fuhr mit ihnen zu einem Spielplatz. Als sich das als ein Reinfall erwies, kam ihm die Idee, mit ihnen ins Kino zu gehen. Allerdings liefen in Santa Rosa nicht viele jugendfreie Filme, sodass er seine Zuflucht irgendwann zu einem Video-Verleih nahm. Am Ende verbrachten die Mädchen ihre Wochenenden im Wesentlichen damit, dass sie fernsahen, Videos betrachteten oder nolens volens ihren Vater bei seinen Besorgungen begleiteten. Hin und wieder nahm er sie in einen Freizeitpark mit, vor allem dann, wenn er eine Freundin dabeihatte. Manchmal half er auch bei den Hausaufgaben. Er versuchte sein Bestes, um den Töchtern ein guter Vater zu sein, und es war keine Frage, dass er sie liebte und sich auf ihre Besuche freute. Dennoch war er ratlos. Die vierjährige Unterbrechung und der Umstand, dass die Kinder im Grunde über diesen Einbruch in ihr soziales Leben verärgert waren und nicht recht wollten – das alles war sehr schwer für ihn zu verkraften. Am schlimmsten war es, wenn er eine Verabredung hatte und die Mädchen abends allein in der Wohnanlage zurückließ. Es gab dort nur wenige Kinder, mit denen sie hätten spielen können, und allein trauten sie sich beide nicht aus der Wohnung. Ein einziges Mal wagten sie sich bis an das zur Wohnanlage gehörende Schwimmbecken, wurden aber sogleich von einer Gruppe älterer Jungen dumm angeredet und erschreckt, sodass sie es kein zweites Mal versuchten.

Anfangs hatten Paula und Joan die Erlaubnis, von Santa Rosa aus ihre Freundinnen in Marin anzurufen. Aber dann lehnte ihre Mutter es ab, sich an den Kosten der Ferngespräche zu beteiligen, und so wurde diese Erlaubnis wieder zurückgezogen. Wenn sie zum Spielen oder zu einem Kindergeburtstag eingeladen waren und diese Anlässe auf ein Santa-Rosa-Wochenende fielen, konnten sie der Einladung nicht folgen. Joan, inzwischen schon eine ältere Schülerin, war an einer Reihe von Wochenendprojekten beteiligt und in entsprechende Arbeitsgruppen eingebunden. Dennoch durfte sie sich an dieser Gruppenarbeit nur am Sonntagabend – nach ihrer Rückkehr aus Santa Rosa – beteiligen. Mehrfach boten die Eltern anderer Kinder an, Joan oder Paula über ein solches Projektwochenende bei sich aufzunehmen, wenn das die Dinge irgend erleichtern konnte, aber der Vater lehnte das Angebot ab: Schließlich sei das Wochenende die einzige Zeit, zu der er seine Töchter sehen könne. Für ihn war gerade die Regelmäßigkeit dieser Begegnungen wichtig, weil sie ihm half, sein Leben zu stabilisieren, und ihm das Gefühl verschaffte, ein verantwortungsbewusster Mensch und Vater zu sein. Dennoch kannte er seine Töchter als Individuen nicht wirklich. Er fragte nicht, und niemand half ihm dabei, sich im Nachhinein mit den für die Entwicklung seiner Kinder so wichtigen Jahren vertraut zu machen, die er nicht selbst miterlebt hatte. Da er vom Kinderalltag nicht viel wusste, waren ihm auch die Interessen und Wünsche der Töchter nicht bewusst, und er erwartete ganz selbstverständlich, dass sie sich eben seinem Leben anpassen würden. Er war mit dem bestehenden Arrangement zufrieden und hatte nur eine vage Ahnung davon, dass die Kinder es nicht waren.

Joans Sicht dieser Besuche war eine ganz andere als diejenige ihres Vaters. Sie empfand es zunehmend als quälend, in der Schule und auch im Verhältnis zu ihren Freundinnen »hinten dran« zu sein, und war sehr wütend auf ihren Vater und auf das Gericht, die so ohne jede Berechtigung in ihr Leben eingegriffen hatten. Als ich mich an ihrem vierzehnten Geburtstag mit ihr unterhielt, fragte sie mich mit großer Eindringlichkeit: »Von welchem Alter an kann ich mich eigentlich weigern, meinen Vater zu besuchen?« Und zur Erklärung sagte sie: »Ich komme mir dort ganz fremd vor. Ich fühle mich bei ihm überhaupt nicht wohl. Ich habe dort keine Freundinnen, und es gibt nichts zu tun für mich.«

»Warum gehst du denn hin?«, fragte ich in dem Versuch herauszufinden, was man ihr über den Zweck dieser vierzehntägigen Besuche bei ihrem Vater gesagt hatte und was sie selbst dazu meinte.

»Weil ich muss«, antwortete sie.

»Und warum musst du?«

»Das weiß ich eigentlich nicht«, sagte Joan. »Irgendein blöder Richter hat gesagt, dass ich muss. Zwei Wochenenden in jedem Monat und dazu den ganzen Juli.«

»Und will dein Vater dich sehen?«

»Ich glaube nicht.« Sie zog die Brauen zusammen. »Er liebt mich nicht. Leute, die andere Leute lieben, die respektieren sie auch. Er fragt mich nie, ob ich kommen will oder was ich machen will. Er erlaubt mir nie, auch mal wegzubleiben. Als er noch mit uns zusammengelebt hat, war er anders.«

Ich gestehe, dass ich ihren Protest vernünftig und überzeugend fand. Wie hätte sie anders denken können, wenn man ihr doch keinerlei Mitspracherecht eingeräumt hatte, was ihre freie Zeit anging? Es war ihr vollkommen klar, dass keine ihrer Freundinnen derartige Verpflichtungen hatte. Interessant war mir auch, dass sie so deutlich empfand, dass ihr Vater und »irgendein blöder Richter« sie ungerecht behandelt hatten. Als junger Teenager suchte sie ihre eigenen Gedanken und Vorstellungen zu entwickeln, während die Erwachsenen, die das Entscheidungsrecht über ihr Leben hatten, ein fragwürdiges Beispiel lieferten.

»Was passiert, wenn du ihn fragst, ob du an einem Wochenendprojekt in der Schule teilnehmen kannst?«

Joans Augen füllten sich mit Tränen. »Er lässt mich nicht tauschen. Ich habe es versucht. Er sagt, das ist seine Zeit.« Sie schüttelte traurig den Kopf und sagte dann rasch: »Alle Kinder in meiner Klasse freuen sich, dass jetzt der Sommer kommt. Ich kann ihn nicht ausstehen. Ich hasse den Juli. Er ist schrecklich für mich. Das letzte Mal habe ich den ganzen Juli über geweint und gedacht, warum bin ich verurteilt worden? Was habe ich denn verbrochen? Ich war so einsam ohne meine Freundinnen. Paula und ich, wir haben uns jede Nacht in den Schlaf geweint. Ich kam mir vor wie ein Bürger zweiter Klasse.«

Nach diesem Gespräch machte ich mir Sorgen um Joan. Es war klar, dass ihr Eindruck, sie sei wie ein Gesetzesbrecher vom Gericht dazu verurteilt worden, einsame Sommer bei ihrem Vater zu verbringen, schädlich für sie war und nicht dazu beitragen konnte, dass sie den Vater jetzt oder in Zukunft lieben oder respektieren würde. Ihr Ausdruck »Bürger zweiter Klasse« klang in meinem Gedächtnis nach.

Was Paulas Mutter anging, so wusste sie die neue Freiheit sehr rasch zu schätzen, die sich ihr jeden Monat mit den beiden kinderlosen Wochenenden eröffnete. Sie konnte die Freitagabende mit ihrem Freund in der City verbringen und hatte dann ein langes Wochenende, um liegen gebliebene Arbeiten zu erledigen, auszuschlafen und die Sonntagszeitung zu lesen. Ebenso eifersüchtig wie ihr Ex-Ehemann wachte sie darüber, dass die Besuchsregelung genau eingehalten wurde, und stellte sich taub, wenn die Kinder klagten, dass ihr Umgang mit den Freundinnen darunter litt, dass sie ihren Beitrag zu den schulischen Arbeitsgemeinschaften nicht leisten konnten und dass Santa Rosa ganz einfach langweilig sei. Die anfängliche Begeisterung der Mädchen über das Zusammensein mit dem Vater hatte sich rasch in Ressentiments, in Groll und Protest verkehrt. Da beide Eltern keinerlei Neigung zeigten, ihnen zuzuhören oder das bestehende Arrangement zu ändern, wichen die Klagen allmählich einer mürrischen Apathie, und die Kinder fügten sich in die Situation. Paula zeigte einen kurzen Augenblick lang ein ungewohntes Temperament, als ich sie im Verlauf unseres Folgeinterviews nach den Besuchen bei ihrem Vater fragte. Rot vor Empörung, machte sie ihrem Unmut Luft: »Racer darf nicht mit in den Bus, und Papa will nicht die ganze Strecke fahren, um uns zu holen. Mama kümmert sich nicht um den Hasen, wenn ich weg bin; manchmal hat er nicht einmal Wasser in seinem Trog, wenn ich zurückkomme.«

Jahre später sagte Paula: »Ich mochte es dort überhaupt nicht. Ich glaube, es ist nicht gut für Kinder, zwei Wochenenden bei einem von den Eltern zu verbringen und anschließend immer wieder in den anderen Haushalt zurückzugehen. Es ist sehr schwierig. Als Kind versucht man doch herauszufinden, wer man eigentlich ist, und man will Freunde haben. Was sie sich ausgedacht haben, war für mich absolut zerstörerisch. Meine Freundinnen haben mich nicht mal mehr an den Wochenenden eingeladen, an denen ich zu Hause war. Papa hat versucht, den Kontakt zu uns herzustellen, aber es ging nicht.«

»Und wie haben Sie es bewältigt?«

»Wollen Sie das wirklich wissen?«, fragte Paula und lächelte in Erinnerung daran, wie schlau sie damals vorgegangen war.

Ich nickte.

»Ich habe mir das ganze Wochenende über gesagt: In Wirklichkeit bin ich gar nicht hier.«

Auch ich musste lächeln bei der Vorstellung, wie gering wir doch von der Fähigkeit der Kinder denken, unsere so schön ausgedachten Pläne zu unterlaufen. Zweifellos hatten Paulas Vater und der Richter gemeint, mit der gerichtlichen Besuchsregelung die Grundlage für eine gute Vater-Kind-Beziehung gelegt zu haben. Aber entgegen allen ihren Überlegungen gelang es eben doch nicht, diese Beziehung von neuem herzustellen. Die kleine Paula übertrumpfte schließlich alle diese erwachsenen Pläne, indem sie beschloss, »in Wirklichkeit gar nicht hier« zu sein.

Leider verfehlte das gerichtlich angeordnete Besuchsschema im Fall aller Kinder in unserer Studie seinen so wichtigen Zweck, Vater und Kind(er) von neuem in einer liebevollen Beziehung zusammenzubringen. Das Ziel war lobenswert, aber der abrupte Charakter dieser Besuche und ein Zeitplan, der niemals Rücksicht auf die Bedürfnisse der Kinder nahm, sabotierten dieses Ideal.

Wie hätte man es anders machen können? Erstens wäre allen Beteiligten, dem Vater wie den Kindern, mit einer Art Ouvertüre gedient gewesen, also mit anfänglich kürzeren Besuchen, die man allmählich zeitlich hätte ausdehnen können, sodass Paula, Joan und ihr Vater gemeinsame Pläne hätten schmieden können. Dieser Vater hatte offensichtlich keine Ahnung, was er mit jungen Mädchen anfangen sollte, und *niemand kam ihm zu Hilfe*. Wie viele Väter, mit denen wir uns in unserem Zentrum unterhielten, hätte er sich gerne einen Rat angehört, was er mit den Kindern, die er zweifellos liebte, denn unternehmen könnte, wenn sie ihn besuchten. Die meisten Väter sind geradezu erpicht auf Ratschläge, wenn sie taktvoll gegeben werden, und stellen am Ende fest, dass das, was man ihnen geraten hat, im Umgang mit ihren Kindern in der Tat funktioniert. Den Weihnachtsmann wollen sie allerdings erklärtermaßen nicht spielen. Wenn die Besuchsregelung in der geschilderten starren Weise umgesetzt wird und Eltern wie Kinder keine Unterstützung dabei erfahren, dann ist sie für alle Beteiligten nichts als eine verpasste Gelegenheit.

In gut funktionierenden nichtgeschiedenen Familien wird von den Kindern nicht verlangt, nach einem starren Zeitplan, auf den sie keinen Einfluss haben, ganze Zeitblocks mit dem Vater oder der Mutter zu verbringen. Warum verfährt man mit Scheidungskindern weniger rücksichtsvoll?

Für Joan waren die Folgen gewichtiger. Mit ihr sprach ich kurz nach ihrem Abgang vom College.

»Erzählen Sie mir von Ihrem Vater«, sagte ich.

»Seit meinem Schulabschluss habe ich nicht viel von ihm gesehen«, antwortete sie achselzuckend.

»Hat er Ihnen mit den Studiengebühren geholfen?«

»Nicht sehr viel. Er hat von Zeit zu Zeit Geld geschickt. Aber richtig geholfen hat er in meiner Studienzeit nie.« Joan hörte sich bitter an. »Meine Mutter musste eine Hypothek auf das Haus aufnehmen.«

Ihr Zorn überraschte mich nicht, aber ich fragte mich, ob da vielleicht noch andere Gefühle unter der Oberfläche begraben lagen, vor allem Liebe, Enttäuschung oder Bedauern. »Haben Sie je versucht, näher an ihn heranzukommen?«

Aus ihrer Antwort klang Zorn. »Ich werde mich ewig an diese öden Wochenenden und einsamen Sommermonate ohne meine Freundinnen erinnern, in denen ich mir die Augen ausgeweint habe. Ich habe nicht den geringsten Grund, Kontakt mit ihm zu halten, warum sollte ich mir also die Mühe machen?«

Joans Wut und ihr Gefühl, von mächtigen Kräften, die sie nicht steuern konnte, ungerecht behandelt worden zu sein, waren nicht zu übersehen. Während wir miteinander sprachen, spürte ich bedauernd, dass Vater und Tochter beide eine einmalige Gelegenheit versäumt hatten, einander wieder kennen zu lernen und freundliche Gefühle füreinander zu entwickeln. Ihr spontanes Interesse am jeweils anderen war von einem System blockiert worden, das, so wie es beschaffen war, bei der Heranwachsenden nur Ablehnung und bei dem Vater nur Mutlosigkeit angesichts der Aufgabe erzeugen konnte, nach Punkten eines gemeinsamen Interesses mit seiner Tochter zu suchen. Indem er auf seinen »Rechten« bestand, verlor er sie. Welcher Jammer! Wie töricht sind wir doch zu glauben, dass wir das menschliche Herz dirigieren oder unter Gesetze zwingen könnten.

Joan war achtundzwanzig Jahre alt, als ich sie nach ihrem sozialen Leben fragte. »O, ich gehe ziemlich viel aus«, sagte sie. »Und ich muss manches einstecken. Das hat vielleicht damit zu tun, dass ich in all den Jahren von meinem Vater und vom Gericht so dominiert wurde. Es fällt mir eben schwer, mich hinzustellen und zu sagen, was ich will. Ich habe nie gelernt, für mich selbst zu kämpfen.« Joan sah ganz eindeutig eine Parallele zwischen der Hilflosigkeit, die sie als Kind empfunden hatte, und ihren augenblicklichen Beziehungen zu Männern. Wenn sie Recht hat – und das glaube ich –, dann waren unsere Interventionen nicht nur unangebracht, sondern haben einer ganzen Generation junger Leute, die unter solchen Gegebenheiten aufgewachsen sind, sogar geschadet. Wie viele von ihnen reagieren noch immer darauf, dass man sie, so wie sie es sehen, hierhin und dorthin kommandiert und dafür gesorgt hat, dass sie sich hilflos vorkamen?

Zwei Fehler verwandeln sich nicht in einen Treffer

Das Rechtssystem der Vereinigten Staaten, so der allgemeine Eindruck, ist mit seinen Vorkehrungen und Entscheidungen darauf ausgerichtet, Kindern nach der Scheidung ihrer Eltern Schutz und Sicherheit zu bieten. Allerdings habe ich kaum jemals ein Kind getroffen, das sich von diesem System beschützt fühlte. Im Gegenteil, die meisten Kinder wären sehr erstaunt zu hören, dass irgendein Richter, ein Anwalt, ein Mediationsfachmann oder sonst jemand ihre Interessen im Blick hatte, als er die Besuchsanordnung für den jeweiligen Fall traf. Viele fühlen sich auch von den eigenen Eltern nicht beschützt, was die Besuchsplanung oder die Regelung des Sorgerechts angeht. Sie haben eher das Gefühl, zum Schweigen gebracht worden zu sein. Der Besuchsplan, in den Augen der Kinder willkürlich und tyrannisch, wird aufgestellt, ohne dass ihre Wünsche und Interessen berücksichtigt würden.

Solange sie noch kleine Kinder waren, war es nicht so wichtig, wie die Besuchszeit sich verteilte. Aber als sie älter wurden, die Schule wechselten, neue Freunde fanden, Sport trieben und sich gemeinsam mit Gleichaltrigen an anderweitigen Aktivitäten beteiligten, wurde das gerichtlich festgelegte Besuchsschema, das mit den kleinen Kindern funktioniert hatte, zu einer Belastung. Die von uns begleiteten Kinder, deren Leben unter dem Regiment solcher gerichtlicher Anordnungen oder durch Mediation zustande gekommener Übereinkünfte ihrer Eltern stand, sagten mir ausnahmslos, dass sie sich wie zweitklassige Mitmenschen fühlten, weil sie die Freiheiten verloren hatten, die ihre Altersgenossen als selbstverständlich betrachteten. Nach ihren Worten hatten sie gerade als ältere Kinder, die nach Unabhängigkeit strebten, sogar noch weniger Mitspracherechte, noch weniger Kontrolle über ihren Tageslauf und darüber, wo und womit sie ihre Zeit verbringen wollten – zumal die kostbare Ferienzeit. Joan legte wie alle Teenager großen Wert auf ihre Wochenenden, auf die Tratschzeit am Telefon, auf die Teilnahme an Parties und anderen Aktivitäten in der Gruppe. Paula liebte ihren Hasen und trauerte ihm an jedem Wochenende nach, an dem sie nicht zu Hause war. Hätte die Weltordnung sich verändert, wenn man alle diese Kinder gefragt hätte, was sie selbst wollten?

Unser Gerichtssystem befindet sich in einem seltsamen Widerspruch zu dem, was wir in unserer eigenen Familie erleben. In den meisten Haushalten wird es durchaus begrüßt, wenn Kinder einen eigenen Standpunkt äußern. Natürlich wird die Familie sich nicht von den Wünschen eines Kindes beherrschen lassen, aber wir hören unseren Kindern doch in der Regel zu und wägen ab, was sie zu sagen haben. Kinder werden wahrgenommen, angehört und konsultiert. Dagegen ist das »vom Gericht erschaffene Kind« eine passive Entität – wie eine Stoffpuppe, die in jeder Position verharrt, in die man sie bringt. Vom Rechtssystem werden Kinder beinahe wie Unpersonen behandelt, denen es an Präferenzen oder Meinungen fehlt, die auf eigenen Beobachtungen und Erfahrungen beruhen. Sie sollen sich still und zufrieden mit jedem Arrangement abfinden, das von den Anwälten, von ihren Eltern oder vom Gericht getroffen worden ist. Sie bekommen nicht die kleinste Gelegenheit, auch nur ihre Präferenzen unter den Plänen zu nennen, die für sie gemacht wurden, und wenn es zu einer gerichtlichen Auseinandersetzung kommt, dann wird anscheinend angenommen, dass ihre Entwicklung vollständig zum Stillstand gekommen ist: Ein Besuchsschema, das für ein sechsjähriges Kind konzipiert ist, soll den Bedürfnissen noch einer Dreizehnjährigen genügen. Warum nicht flexible Anordnungen treffen, die man sich erneut vornehmen kann, um sie zu revidieren und zunehmend auch Beiträge des heranwachsenden Kindes parallel zu jeder neuen Entwicklungsstufe in sie aufzunehmen?

Die von uns begleiteten real existierenden Kinder schwiegen nicht zu den unfairen Aspekten des Systems. Sie beklagten sich darüber, dass sie von den Gerichten – oder von einem der Eltern mit Rückendeckung durch das Gericht – herumkommandiert wurden. Sie schmeichelten, konspirierten, weinten – aber niemand hörte ihnen zu. Sie bettelten darum, in der Frage der Besuchsregelung gehört zu werden, denn sie und nicht ihre Eltern waren es doch, die wussten, was es mit diesem System auf sich hatte. Sie wollten über das duale Residenzmuster befragt werden, denn wiederum sie – und nicht ihre Eltern – wussten, was es damit auf sich hatte. Sie wollten sich sicher fühlen – und hatten Angst davor, unbegleitet zu reisen. Sie machten sich ganz verrückt vor Angst, wann immer sie allein fliegen sollten. Was, wenn das Flugzeug abstürzt? Die Angst verließ sie während der ganzen Reise nicht – was, wenn niemand mich abholt? Glauben Erwachsene wirklich, dass die Tausende von Kindern, zum Teil nicht älter als fünf Jahre, die jede Woche allein quer durch das Land fliegen, mit einem Besuchsplan glücklich sind, der ihnen das zumutet? Glauben die Leute, dass diese Kinder sich geliebt und beschützt fühlen und sicher sind, dass da ein glücklicher Vater hinter dem Absperrgitter stehen wird, der sie vor lauter Freude in die Luft wirft und wieder auffängt? Viele von diesen Kindern sind zutiefst verschreckt und erinnern sich noch nach vielen Jahren an ihre Angst und Verwirrung.

Eine Frau, die von ihrem sechsten Lebensjahr an zwischen Denver und San Francisco gependelt war, sagte mir vor kurzem: »Ich kam mir vor wie eine Portion Abfall, die man in das Flugzeug geschafft hatte.«

»Haben Sie sich beschwert?«, fragte ich.

»Ja, immerzu«, antwortete sie. »Ich fragte meine Mutter: 'Wie kannst du mir das antun?', und ich weiß noch, dass sie sagte: 'Nach Ansicht der Leute, die es wissen müssen, ist es gut für dich.'«

Der Gedanke an Kinder, die unbegleitet mit dem Flugzeug reisen, beunruhigt mich zunehmend. Es ist schlimm, wenn Fünfjährige allein ins Flugzeug gesetzt werden, den Teddybär als Gefährten fest an sich gedrückt. Aber es ist genau so schlimm, wenn Neun- und Zwölfjährige sich auf großen Flughäfen zurechtfinden und die Maschine wechseln müssen. Ein neunjähriger Junge, den ich kenne, musste auf gerichtliche Anordnung hin zweimal im Monat von Flint im Staat Michigan nach Philadelphia fliegen, um das Wochenende bei seinem Vater zu verbringen. Der Richter meinte allerdings, er dürfe keine Unterrichtsstunde versäumen, und so musste der Junge am Freitag nach Schulschluss los, um am späten Nachmittag oder am frühen Abend die Maschine nach Chicago zu nehmen und dort ohne fremde Hilfe den Anschlussflug nach Philadelphia zu erreichen, wo er nach zehn Uhr abends eintraf. Ins Bett kam er dann erst nach elf Uhr, manchmal auch erst kurz vor Mitternacht. Der Junge hatte große Angst vor dem Umsteigen auf dem riesigen Chicagoer Flughafen. Mehrfach irrte er dort herum, weil Flüge verspätet oder an einem anderen als dem angekündigten Flugsteig ankamen. Er fürchtete sich auch davor, bei regnerischem Wetter oder an kalten Wintertagen zu fliegen. Nach dem Wochenende bei seinem Vater saß er zu Hause immer erst eine Zeit lang still in seinem Zimmer und hielt seinen Hund; seine Freunde wollte er dann nicht sehen. Er ging nicht mehr gern aus dem Haus und zog sich in der Schule mehr und mehr zurück. Seine Mutter rief mich an, um zu fragen, was sie, wenn überhaupt, tun könnte. Ihr Anwalt hatte ihr gesagt, jede Klage oder Beschwerde ihrerseits werde von den Gerichten als weiteres Zeichen ihrer Wut auf ihren Ex-Ehemann gedeutet werden und die Dinge nur noch verschlimmern; sie würde dann als eine zornige und ungefestigte Person dastehen. Damit hatte ihr Sohn überhaupt keinen Fürsprecher. Sie selbst konnte nicht für den Jungen sprechen, denn dann hätte das Gericht angenommen, dass sie damit noch einen Hintergedanken verfolge. Der Anwalt sagte ihr ferner, der Gang zum Gericht werde sie entsetzlich viel Geld kosten. Die Frau war verzweifelt. Sie hatte alle Möglichkeiten verloren, ihr Kind zu schützen. Unter dem gegenwärtigen System, in dem die Eltern nichts zu sagen haben, kommt niemand den Kindern zu Hilfe.

Woche für Woche sind in unserem Land Tausende unbegleiteter Kinder mit dem Flugzeug unterwegs, um Vater oder Mutter zu besuchen.[2] Wir kennen ihre Zahl nicht, weil niemand darüber Buch führt. Es fällt schwer zu glauben, dass die Gerichte die Interessen der Kinder im Auge haben, wenn wir überhaupt keine Vorstellung davon haben, wie viele Kinder mit dem Flugzeug reisen, wie oft sie fliegen, welche Entfernungen sie zurücklegen und in welchem zarten Alter sie das tun. Eher muss man sagen, dass die Gerichte blind handeln. Weder der Richter noch der Mediationsexperte wissen, in welcher psychischen Verfassung sich das jeweilige Kind vor, während und nach der Reise befindet. Nachdem die Besuchsanordnung ergangen ist, registriert kein Nachsorgeplan, wie sich diese Erfahrung momentan und in den folgenden Monaten auf das Kind auswirkt. Manche Kinder reisen in aller Gelassenheit, andere geraten in Panik. Wie können Gerichte, Mediatoren und Eltern sich so sicher sein, dass die Qualen, die das Kind erleidet, durch den Nutzen dieser Besuche aufgewogen werden?

Wir brauchen ganz dringend andere und bessere Lösungen, die dem Schutz der Kinder dienen oder sie zumindest nicht noch weiter traumatisieren. Das System ist fehlerhaft. Kinder wollen mit ihren jeweiligen altersgemäßen Anliegen gehört werden. Sie wollen nicht hin und herkommandiert werden, und sie wollen nicht einsam weinen. Sie wollen ein Mitspracherecht, wenn es darum geht, ihre Zeit einzuteilen. Insoweit entsprechen ihre Klagen und Vorbehalte in allem ihren Interessen und ihrem Wunsch, zur Unabhängigkeit und zu einem größeren Maß an Selbststeuerung zu gelangen. Wenige Menschen kommen von Anfang an »ausgewachsen« daher wie Athena, die dem Haupt des Zeus entsprang. Wir werden langsam und schrittweise erwachsen, wir tun einen Schritt nach dem anderen in Richtung eines selbstständigen Urteils und in Richtung des Erwachsenseins. Ältere Kinder und Jugendliche wollen vor allem mitreden, wenn es darum geht, wie sie ihre Ferien verbringen – eine Zeit, die sie brauchen, um ihre aufkommenden Interessen zu verfolgen und zu Hause oder im Sommerlager mit ihren Freunden zusammen zu sein. Und dennoch strafen wir Scheidungskinder weiterhin ab, indem wir darauf bestehen, dass sie jeden Sommer entweder mit dem Vater oder mit der Mutter verbringen, und zwar so, dass deren Terminkalender untereinander abgestimmt sind und ihr Recht an ihren Kindern gewahrt ist.

Alle diese Erkenntnisse stellen zugleich eindrucksvolle Lektionen dar. Alle von unserer Studie erfassten Kinder, die aufgrund einer Mediation oder auf gerichtliche Anordnung hin ihren Vater/ihre Mutter besuchen mussten, und zwar nach einem starren und nie modifizierten Zeitplan, waren wütend auf einen oder auf beide Eltern. Die meisten waren sehr wütend auf die zu besuchende Elternperson. Alle wiesen diese Person, die zu besuchen sie gezwungen waren, in späteren Jahren zurück. Sie sagten etwa: »Es ist mir egal, ob ich ihn noch einmal wiedersehe«; »Wir haben nichts gemeinsam, denn wir haben in all diesen Jahren niemals wirklich miteinander gesprochen«; oder auch: »Es tut mir Leid für meinen Vater, aber das ist auch schon alles, was ich empfinde.«

Wir müssen danach fragen, warum unser Rechtssystem nicht wahrhaben will, dass Kinder sich verändern und dass sie ein Recht darauf haben sollten, an der Planung ihres Lebens beteiligt zu werden. Stellen wir uns vor, wir würden eine Zwölfjährige anweisen, die Schuhe zu tragen, die ihr passten, als sie sechs war. Wenn sie darüber klagt, dass die Schuhe drücken, oder wenn sie weint, weil sie nur humpeln oder überhaupt nicht laufen kann, ignorieren wir sie. Wir tun ihre Einwände ab, weil wir eifersüchtig das Recht der Eltern hochhalten müssen, die Kleidung für ihre Kinder selbst auszuwählen. Unglücklicherweise ist ein erneuter Gang vor das Gericht, um derlei Anordnungen zu modifizieren, für die meisten Eltern keine wirkliche Option, weil der emotionale und der finanzielle Aufwand dafür zu hoch wären. Außerdem würden die meisten Gerichte die Stimme des Kindes überhaupt nicht heraushören, sondern annehmen, dass die für das Kind plädierende Elternperson aus Zorn auf den ehemaligen Partner handelt. Es ist in der Tat so: Für Tausende von Kindern wie Joan oder Paula gibt es keinen Ort – weder vor Gericht noch innerhalb des Mediationssystems noch sonst wo in der Gesellschaft –, an dem sie dafür plädieren können, jetzt, da sie noch jung sind, gerecht oder einfühlsam behandelt zu werden. Sie haben keine Rechte; sie haben keine Stimme. Wenn sie aber dann erwachsen sind, ist die Macht ganz auf ihrer Seite, und die Eltern, von denen sie sich als Kinder hierhin und dorthin kommandiert sahen, werden mit Zorn und Verachtung bestraft. Ist das wirklich das, was wir wollen?

Ich habe allerdings mehr oder weniger unerwartet auch noch von einer anderen Lösung erfahren, und zwar von einem Vater, der mir von seinen Zusammenkünften mit seiner elfjährigen Tochter erzählte. Wir waren in seinem Auto unterwegs zu einem Kongresszentrum im Norden des Staates New York. Dieser Vater, ein viel beschäftigter Kinderarzt und seit drei

Jahren geschieden, legte zweimal im Monat weit mehr als tausend Kilometer zurück, um seine Tochter zu sehen. In der Regel rief er sie unter der Woche an, machte einen Vorschlag für das Wochenende und buchte dann zwei Hotelzimmer. Zum zehnten Geburtstag seiner Tochter dachte er, es wäre vielleicht doch etwas hart oder auch einfach langweilig für sie, dieses besondere Wochenende allein mit ihrem Vater zu verbringen, und schlug ihr vor, eine Freundin mitzubringen – was die Tochter mit großer Freude tat. Ich fragte, ob er je daran gedacht habe, sie zu fragen, ob sie ihn nicht auch einmal an seinem Wohnort besuchen wollte. Er antwortete knapp: »Ich möchte nicht, dass mein kleines Mädchen allein mit dem Flugzeug reist.«

Ich war beeindruckt von dieser sensiblen und fürsorglichen Haltung und sagte: »Ihr Kind hat aber wirklich Glück, Sie zum Vater zu haben.« Dann sah ich zu meinem Erschrecken, dass ihm die Tränen über das Gesicht liefen.

»Mein Gott, Sie weinen ja!«

»Sie sind der einzige Mensch auf der Welt, der je so etwas zu mir gesagt hat«, antwortete er. »Alle anderen halten mich für verrückt.«

Es dürfte viele einfühlsame und liebevolle Väter und Mütter geben, die bereit wären, für die Flugreise zu ihren Kindern auch Opfer in Kauf zu nehmen. Vielleicht hat niemand sie bisher danach gefragt.

1 Diese Studie ist Bestandteil eines Berichtes vom Juli 1996 an den amerikanischen Kongress, der unter dem Titel *Evaluation of the Child Access Demonstration Projects* vom Center for Policy Research and Policy Studies, Inc., dem Federal Office of Child Support Enforcement beim U.S. Department of Health and Human Services vorgelegt wurde.

2 Es gibt keine offizielle Untersuchung über unbegleitete Flugreisen von Kindern. In einem Artikel in der *New York Times* vom 15. November 1998 hieß es, auf 22.000 inneramerikanische Flugverbindungen pro Tag komme schätzungsweise im Durchschnitt jeweils ein allein reisendes Kind. Von den Fluggesellschaften werden im allgemeinen schon Fünfjährige als alleinreisende Passagiere akzeptiert.

Die meisten US-amerikanischen Gerichte halten die Zahl der Besuchsanordnungen, die sie erlassen, nicht fest. Es gibt keine nationale oder aus den Angaben der Einzelstaaten zusammengestellte Statistik darüber, wie viele Kinder der Alleinsorge eines Elternteils bzw. der gemeinsamen Sorge beider Eltern unterstellt sind. Wir haben keine Vorstellung davon, wie viele Kinder ohne Begleitung mit dem Flugzeug unterwegs sind, um Vater oder Mutter zu besuchen, bzw. wie alt sie sind, wenn dieses Pendeln über große Entfernungen seinen Anfang nimmt. Wir wissen nicht, wie viele Säuglinge auf gerichtliche Anweisung hin über Nacht im Haushalt des Vaters bleiben. In einigen Bundesstaaten gibt es keinerlei Aufzeichnungen über alle diese Sachverhalte, in anderen werden entsprechende Aufzeichnungen geführt, wobei man sich allerdings nicht an einen einheitlichen Standard hält. Wir haben keine Möglichkeit, uns nach dem Ergehen von Kindern zu erkundigen, wenn die gerichtliche Anordnung schon eine Zeitlang in Kraft ist. Fragen des Sorgerechts werden immer dann von der Legislative diskutiert, wenn Interessengemeinschaften von Müttern oder Vätern das Thema zur Sprache bringen. Die gleichen Fragen werden auch in Fachkreisen – unter Anwälten, Mediatoren und Therapeuten – diskutiert, ohne dass der Umfang des Problems bekannt ist.

14.

Sex und Drogen

Im Zusammenhang der Lebensgeschichten von Larry und Carol habe ich mich schon kurz zum Problem des Drogen- und Alkoholmissbrauchs unter Jugendlichen und zur auffälligen Zunahme der sexuellen Promiskuität unter den jungen Mädchen aus – geschiedenen wie nichtgeschiedenen – chaotischen Familien geäußert. Noch sind wir allerdings nicht in die Tiefen dieser destruktiven Verhaltensweisen und in die Frage eingestiegen, welchen psychologischen »Gewinn« die betroffenen Kinder und Jugendlichen daraus ziehen. An Paulas Geschichte wird die innere Logik dieser die Grenzen sprengenden Verhaltensweisen deutlich.

Als ich Paula das nächste Mal sah, war sie fünfzehn und sah aus wie etwa fünfundzwanzig. Sie war dünn, sehr attraktiv und außerordentlich frühreif. Ihre grünen, von einem dicken schwarzen Lidstrich umrandeten Augen waren blutunterlaufen – wobei ich nicht sagen konnte, ob das auf ihr pausenloses Rauchen oder auf den Konsum einer anderen Droge zurückging. Mit ihrem kurzen und ärmellosen schwarzen Kleid, das raffiniert nur auf einer Schulter befestigt war, und den hohen roten Lederstiefeln bot sie genau das Bild, das ihre entnervte Mutter mir eine Woche zuvor warnend angekündigt hatte: »Wundern Sie sich nicht, Judy. Sie sieht aus wie ein Flittchen.« In herausforderndem Ton, ständig die langen, lockigen Haare aus dem Gesicht und wieder ins Gesicht schüttelnd, erzählte sie von ihren vielen Freunden, von ihrem abenteuerlichen Partyleben und davon, wie sie immer wieder der Polizei und den Schulbehörden aus dem Netz ging. Sie prahlte, sie sei jeden Tag »high«, und sprach von den Unmengen von Alkohol, die sie und ihre Freunde zu sich nahmen. Im Zusammenhang ihrer Schilderung einer wirren Mischung aus sexuellen Ausschweifungen und körperlichen Attacken meinte sie: »Ich gebe genau so gut wie ich kriege.« Sie sah sehr sturmerprobt aus und wirkte doch ganz und gar verloren.

Ich erinnere mich, dass diese Begegnung mit Paula mich damals sehr traurig machte und stark beunruhigte – aber überrascht war ich nicht. Von ihrer Mutter wusste ich, dass die Schwierigkeiten in dem Sommer angefangen hatten, in dem Paula zwölf Jahre alt wurde und die sechste Klasse hinter sich hatte. Im Verlauf der beiden folgenden Jahre fiel sie der Polizei immer wieder wegen Drogenbesitz, Ruhestörung und Trinken in der Öffentlichkeit auf. Mehrfach war sie vom Unterricht suspendiert worden, weil sie Marihuana dabei hatte und andere Schülerinnen bestahl und quälte. Jetzt lief ihre letzte Bewährungsfrist. Eines Tages kam Paulas Mutter unerwartet zeitig von der Arbeit nach Hause und fand ihre dreizehnjährige Tochter mit zwei siebzehnjährigen Jungen im Bett. Schreien, Bitten, der Entzug von Privilegien – nichts hatte Erfolg. Paula stampfte aus dem Haus, sobald ihre Mutter morgens zur Arbeit gefahren war, und kam wieder, wie es ihr passte. Mit fünfzehn Jahren nahm sie das Auto ihrer Schwester und richtete damit einen Totalschaden an. Mit einem Wort, Paula war außer Rand und Band.

In diesen Jahren war Paula voller Zorn darüber, dass sie als kleines Kind im Stich gelassen worden war. Sie suchte verzweifelt nach Liebe und Aufmerksamkeit, und vor allem wollte sie bemerkt und ernst genommen werden. Zugleich zweifelte sie je länger je mehr daran, als Person und als Frau achtens- und liebenswert zu sein. Sie fürchtete sich vor dem Alleinsein, sie hatte keine oder nur eine sehr geringe Vorstellung davon, in welche Richtung sie gehen wollte, und es fehlte ihr an Zuversicht, an Stolz auf eine eigene Leistung, an Freude angesichts der eigenen Fähigkeiten. Sie war ganz außerordentlich anfällig für die gefährlichen Verlockungen von Sex und Drogen, und sie sah weder einen Grund, diesen Verlockungen zu widerstehen, noch hätte sie den nötigen Rückhalt dafür gehabt.

Sex war ein sicherer Weg, um bemerkt zu werden und gefragt zu sein. »Es mit Jungen zu machen«, weckte die Illusion, einen Halt zu haben und geliebt zu werden. Drogen und Alkohol betäubten die Schwierigkeiten und den Eindruck der Leere, sie halfen ihrem schwachen Selbstwertgefühl auf, sie gaben ihr das Gefühl von Zuversicht und Stärke. Als junger Teenager hatte Paula zum ersten Mal das berauschende Gefühl, wichtig und stark zu sein, und schob alle Zweifel an ihrem Verhalten ärgerlich beiseite. Am Ende dieses Gesprächs, das wir zehn Jahre nach unserem ersten Zusammentreffen führten, ging sie auf meine ehrliche Sorge ein, was sie wohl tun würde, wenn sie aus der Schule ausgeschlossen würde (was mit Sicherheit bevorstand). »Ich bin meistens ganz verwirrt«, gab sie zu. »Ich weiß nicht, warum. Ich denke nicht gerne über Dinge nach, bevor sie eintreten. Wenn ich wieder in Schwierigkeiten komme, wird die Polizei das wahrscheinlich für mich regeln. Am schlimmsten ist es immer am Tag, wenn meine Mutter nicht da ist. Nach Hause zu kommen und immer ein leeres Haus vorzufinden, das hat mich zu den Drogen und zum Alkohol gebracht. Ich konnte die Leere nicht aushalten.«

Ich weiß noch heute, dass mich das pathetische Moment dieser Aussage traf. Sie war in der Tat verwirrt. Es war ihr absolut nicht klar, dass sie vielleicht so etwas wie Selbstkontrolle üben könnte. Ihrer Ansicht nach hatte Kontrolle von außen zu erfolgen, notfalls durch die Polizei. Sie erkannte den Zusammenhang zwischen ihren Schwierigkeiten und dem Umstand, dass jahrelang weder Mutter noch Vater wirklich für sie da gewesen waren, aber ihre Bindung an die Eltern war nicht gut oder nicht stark genug, um sie vor dem Abgleiten zu bewahren – und sie war weiterhin zornig auf beide. Paula hatte die Grenze zwischen der Kindheit und einem Pseudo-Erwachsensein sehr frühzeitig überschritten. Sie geriet in zunehmende Abhängigkeit von Sex und Drogen, weil sie sich damit besser fühlte und es ihr auf diese Weise möglich war, ihren Zorn zum Ausdruck zu bringen und ihre Einsamkeit zu überspielen. Der Einfluss dieser Verlockungen auf sie war unwiderstehlich, und sie war auf einem gefährlichen und potenziell fatalen Weg in die Zukunft.

Rebellion

Ein Viertel aller von unserer Studie erfassten Kinder geriet schon vor dem vierzehnten Geburtstag an Drogen und Alkohol. Von den Siebzehnjährigen waren es dann schon mehr als die Hälfte, die tranken oder Drogen nahmen – verglichen mit vierzig Prozent aller Teenager in unserem Land. Vier Fünftel derer, die Drogen nahmen, gaben zu, dass dieses Verhalten sich sehr negativ auf ihre schulischen Leistungen auswirkte. Eine Mehrheit konsumierte diese Substanzen länger als fünf Jahre, und einige waren auch jenseits der Zwanzig noch ernsthaft süchtig. Wie ich im Zusammenhang mit Larrys Lebensgeschichte ausführte, waren auch die Teenager in der Vergleichsgruppe keine Engel – auch sie griffen zu Drogen und Alkohol als Elementen ihres Initiationsritus. Aber nur wenige taten das vor dem vierzehnten Geburtstag, und nur ein Viertel von ihnen gehörte auch am Ende der Schulzeit noch zu den heftigen Konsumenten.[1]

Frühzeitige sexuelle Aktivität war unter den Mädchen aus geschiedenen Familien sehr verbreitet; das berichten auch mehrere nationale Studien.[2] Von unseren Probandinnen machte jede Fünfte ihre ersten sexuellen Erfahrungen schon vor dem vierzehnten Geburtstag. Mehr als die Hälfte waren als ältere Schülerinnen mit mehreren Partnern sexuell aktiv. In der Vergleichsgruppe schob die große Mehrheit der Mädchen die sexuelle Betätigung bis zum letzten High-School-Jahr bzw. bis zu den ersten Jahren am College auf. Diejenigen, die sexuelle Kontakte eingingen, taten dies im Rahmen einer längeren Beziehung, die im Schnitt ein Jahr lang bestand.

Intensive sexuelle Aktivität dient den Mädchen aus geschiedenen Familien – ebenso wie denjenigen aus chaotischen, aber intakt gebliebenen Familien – zu einer ganzen Reihe von Zwecken. Manche verbinden ihre Promiskuität mit dem Alkohol- und Drogenkonsum, um Gefühle abzutöten. Sie besuchen Bars und verbringen die Nacht mit dem ersten Mann, der ihr Interesse findet. Das endet nur selten mit einem Orgasmus für die Frauen, aber es bringt Aufregung ins Leben und gibt ihnen das Gefühl, »gehalten« und gewollt zu werden. Andere sind aggressiver, und ich sehe in ihnen inzwischen so etwas wie das weibliche Pendant zum Don Juan. Sie nehmen den Männern gegenüber eine dominante Rolle ein und finden ihr Vergnügen darin, einen Partner nach dem anderen zu verführen, zu unterwerfen und dann fallen zu lassen. »Lieben und laufen lassen«, heißt das Motto. Diese jungen Frauen treibt der Wunsch, das, was sie für die natürliche Hackordnung zwischen Männern und Frauen halten, auf den Kopf zu stellen. Eine von ihnen sagte: »Von meinem achtzehnten Jahr an war ich ein Mann. Ich war so wie mein Vater. Männer benutzen, Männer haben Macht, und Männer sind intelligent. Frauen sind dumm und wollen Männer. Ich kriege den Kick, wenn ich sexy und intelligent bin und die Leute benutze.« Mehrere sagten mir, dass es ihnen Freude mache, die Liebespartner ihrer Freundinnen zu verführen. Diese jungen Frauen waren von blanken Rachegelüsten gegenüber den Männern motiviert, die in ihrer Heftigkeit erschreckend waren.

Ein solches Verhalten ist bei attraktiven und intelligenten jungen Frauen, die sich zum Teil in einer anspruchsvollen Ausbildung befanden, schwer verständlich. Aber sie fühlten sich getrieben, den sexuellen Kontakt als eine Arena zu nützen, in der sich die unerledigten Themen ausspielen ließen – vor allem Zorn und Sehnsucht, was die Väter betraf, und Trotz- und Konkurrenzgefühle gegenüber den Müttern. Einige hatten mitangesehen, mit welcher Mühe ihre Mütter das Leben allein bewältigten, während die Väter ungeschoren davongekommen waren und sich eines relativ komfortablen Einkommens erfreuten. Andere waren von den Vätern verlassen worden, sahen sich aber auch in Konflikten mit ihren Müttern gefangen. Sex ist eine Möglichkeit, die Konten mit beiden Eltern auszugleichen – zu bekommen, was ihre Mütter nicht haben konnten (einen Mann), zu bekommen, was sie als Kinder vermissten (einen Mann), und ihre Wut und Verachtung abzureagieren (an dem gleichen Mann). Es ist zweifelhaft, ob die Frauen aus diesen Erfahrungen viel lernen, denn die Männer sind, so wie sie von ihnen beschrieben werden, zumeist einer vom anderen nicht zu unterscheiden. Viele dieser Frauen handeln ohne langes Überlegen, was ihre Sicherheit und den Schutz ihrer Gesundheit angeht. Ungewollte Schwangerschaften und Geschlechtskrankheiten sind häufig; eine Abtreibung stürzt die Frau zwar in die Depression, ist aber der Aussicht, ein Kind gemeinsam mit einem ungeliebten Mann großziehen zu müssen, dennoch vorzuziehen. Junge Frauen, die diesen Weg nehmen, waren in den Jahren der Adoleszenz vergleichsweise schlecht beaufsichtigt und halten an der Idee fest, dass sie niemandem Rechenschaft schuldig sind. Was schadet es schon, wenn ich tue, was im gegebenen Augenblick gut für mich ist, so argumentieren sie. Es sind die gleichen Mädchen, die als Kinder bis in die Details der Liebesaffären und Eskapaden ihrer Eltern eingeweiht waren und von wechselseitigen Untreuevorwürfen wussten, die die Ehe ihrer Eltern begleiteten. Es spricht sehr viel dafür, dass sie von dem, was sie beobachtet und mitangehört haben, stimuliert wurden. Ein Elfjähriger sagte mir: »Immer wenn ich dabei bin, wenn meine Mutter eine Party gibt, bin ich so aufgeregt, dass ich am liebsten meine Zunge verschlucken würde.«

Den Sprung tun …

Ich erinnere mich, dass ich meinem Gespräch mit Paula sechs Jahre später, als sie einundzwanzig war, mit einer Mischung aus Hoffnung und Angst entgegensah. Ich wurde nicht enttäuscht. Paula, inzwischen verlobt und mit ihrem zukünftigen Mann in Seattle ansässig, zog die Blicke auf sich, als sie das Restaurant betrat, in dem wir uns verabredet hatten. Dünn bis zur Grenze der Magerkeit, dramatisch gekleidet und mit dem schwarzen Lippenstift und schwarz gefärbten Fingernägeln auffällig zurechtgemacht, rauchte sie eine Zigarette nach der anderen und rührte ihren Salat kaum an. Überschwänglich berichtete sie mir von ihrem Freund, den sie einige Monate zuvor, voll gepumpt mit Ecstasy, anlässlich einer Tanzveranstaltung kennen gelernt hatte.

»Was hat Sie an ihm angezogen?«, fragte ich.

»Er war der bestaussehende Mann auf der Tanzfläche«, antwortete sie stolz. »Ich war entschlossen, ihn zu kriegen. Um zwei Uhr morgens saßen wir beide an der Bar. Ich trank einiges, und wir fingen an, uns zu unterhalten. Wir endeten im Bett, und das war's.«

Da ich Paula ja nun seit Jahren kannte, riskierte ich eine weitere Frage. »Ich weiß, dass Sie sehr viele Freunde hatten, Paula. Was ist an Brad so anders? Wie sind Sie darauf gekommen, dass er der Eine ist, den Sie heiraten wollen?«

Wieder einmal verblüffte Paula mich durch die Offenheit, mit der sie mir antwortete. Sie lehnte sich in ihrem Stuhl zurück, betrachtete mich unter ihrem langen, hennagefärbten Pony und zündete sich eine neue Zigarette an. »Wollen Sie das wirklich wissen?«

»Es ist wichtig, dass ich die Zusammenhänge verstehe«, sagte ich ernsthaft.

»Er ist nicht wirklich anders als die anderen. Er liebt mich, er ist irgendwie aufgedreht, und er feiert gern Partys. Er ist gut im Bett. Er ist ein richtig toller italienischer Typ. Ich glaube, ich war einfach so weit, dass ich mich irgendwie niederlassen wollte. Wir waren zusammen essen, und ich sagte zu ihm: 'Heute ist mein Geburtstag, heirate mich.' Und er sagte: 'Warum nicht? Tun wir's doch.' Ja, und jetzt werden wir heiraten.«

»Aber Sie sind kaum einundzwanzig«, wagte ich mich erneut vor. »Warum wollen Sie sich jetzt niederlassen? Viele Frauen sind der Meinung, gerade erst am Start zu stehen, wenn sie einundzwanzig sind.«

Paula zog die Brauen hoch und schnaubte verächtlich. »Die meisten Frauen haben kein solches Leben gehabt wie ich. Ich habe mit Männern geschlafen, seit ich zwölf war. Wahrscheinlich bin ich mit mehr als siebzig von ihnen zusammen gewesen. Es gab kaum einen Moment, in dem ich mal keinen Freund hatte. Wenn ich den Mann erst einmal gekriegt hatte, war ich oft gemein, und der Mann war nett, und das mochte ich nicht. Ich habe immer

Schluss gemacht, wenn sie Quallen ohne Rückgrat waren.« Sie grinste und hob die fest geballte Faust. »Ich meine, ich habe zugeschlagen, nicht nur Klapse ausgeteilt.«

»Gilt das auch für Brad?«, fragte ich.

Sie nickte. »Ja, aber der ist nicht rückgratlos. Er ist ehrgeizig, er arbeitet gern. Der bringt den Laden voran. Und er ist süß!«, schloss sie triumphierend.

Ich erinnerte Paula an unsere vorangegangene Zusammenkunft zu einer Zeit, zu der sie so große Schwierigkeiten in der Schule hatte. In der Tat wurde sie kurz nach unserem damaligen Gespräch, inzwischen fünfzehn Jahre alt, von der Schule verwiesen. Zunächst ging sie an eine andere Schule, die sie allerdings ein Jahr später auch wieder verließ. Danach arbeitete sie in Teilzeit bei einer Tankstelle, in einer Kaufstätte und in verschiedenen Restaurants. Als Paula siebzehn war, versprach ihre Mutter ihr ein neues Auto für den Fall, dass sie wieder zur Schule gehen und den High-School-Abschluss machen würde. Sie schaffte es, diese Bedingung zu erfüllen, wenn es sie auch mehrere Jahre kostete. Mit neunzehn Jahren bekam sie ihr Abschlusszeugnis, mit einundzwanzig die Heiratserlaubnis.

Wie Karen und Paula lassen sich viele Scheidungskinder mit Leuten ein, die sie kaum kennen, und heiraten dann Hals über Kopf oder ziehen mit dem neuen Partner zusammen. Solche Verbindungen zeichnen sich dadurch aus, dass kein Werben und Kennenlernen stattfindet, geschweige denn ein Ausloten gemeinsamer Hintergründe, Ziele oder Wertvorstellungen. Ehen, die auf diese Weise zustande kommen, sind im Grunde schon vor Beginn zum Scheitern verurteilt. Als ich meine Fallgeschichten Revue passieren ließ, stellte ich erneut fest, dass nur sechzig von insgesamt dreiundneunzig der über ein Vierteljahrhundert hinweg beobachteten Scheidungskinder eine Ehe eingegangen waren.[3] Ich war entsetzt zu sehen, dass die Hälfte von ihnen diese Entscheidung in der gleichen Weise wie Paula getroffen hatte – als junge Leute um die Zwanzig, die einer momentanen Eingebung folgten. »Heirate mich«, hatte Paula gesagt, »ich habe heute Geburtstag.« Seine Antwort: »Warum nicht?« Eine Neunzehnjährige heiratete einen Fernfahrer, der durch ihre Heimatstadt kam. Viele meiner Probanden heirateten Leute, die sie an irgendeiner Bar getroffen hatten und mit denen sie nach ein paar Drinks ins Bett gegangen waren.

Die Mädchen, die mit Anfang zwanzig heirateten, hatten vieles gemeinsam. (Über die jungen Männer, die frühzeitig heirateten, werden wir im Kapitel 19 sprechen.) Sie heirateten impulsiv, weil sie gar keine Vorstellung hatten, wonach sie eigentlich suchen sollten, und ohnehin nicht erwarteten, irgendetwas Besonderes zu bekommen. Sie redeten sich ein, dass es im Grunde ja nicht darauf ankomme, wen man heiratet. Und doch kam es darauf an. Tief in ihrem Innern wussten sie das, aber – wie ich immer wieder von ihnen hörte – sie hatten Angst davor, sich zu verlieben, denn Sichverlieben war für sie gleichbedeutend mit der Gefahr, verletzt zu werden. Dazu kam die Überlegung, dass sie, sollten sie jetzt zögern oder Nein sagen, möglicherweise nie wieder eine Chance bekommen würden. So stürzten sie sich, um Verletzungen zu vermeiden, in Beziehungen, von denen sie wussten, dass sie vielleicht nicht halten würden. »Bei ihm habe ich mich über mein ewiges 'Niemals' hinweggesetzt«, sagte eine junge Frau. »Als wir heirateten, dachte ich, naja, wenn es nicht klappt, dann kann ich mich ja scheiden lassen. Keine große Sache.«

Aber dann entdeckten diese Frauen, dass es eben doch eine große Sache war. Einen Mann, der in Schwierigkeiten war und sie brauchte, einfach zu verlassen, das war ein höchst schmerzlicher Gedanke, der alte Wunden wieder aufbrechen ließ. Anna sagte: »Immer wenn ich mir vornehme, John zu verlassen – der Alkoholiker ist und es in keiner Arbeitsstelle aushält –, weint er, und dann kann ich einfach nicht weggehen. Ich kann nichts machen, denn dann taucht das Bild meines Vaters vor mir auf, wie er weinend den Gartenweg bei uns hinunterlief, weil meine Mutter seine Affäre entdeckt und ihn 'rausgeschmissen hatte.« Damals war Anna elf Jahre alt. Viele junge Frauen sehen sich wie sie in der Falle, weil es mehr schmerzt, aus einer schlechten Ehe auszusteigen, als darin auszuhalten. Nahezu die Hälfte dieser unüberlegt geschlossenen Verbindungen haben bis heute gehalten, obwohl die Partner unglücklich miteinander sind. Das Aussteigen war noch schwieriger, nachdem Kinder geboren waren. Dass diese Frauen es weiter in ihrer Ehe aushalten, liegt aber hauptsächlich daran, dass sie noch immer nicht erwarten, es besser zu treffen, wenn sie eine zweite Chance hätten. Im Übrigen gibt es keinen Ort, an den sie gehen könnten.

Ich war entsetzt, als ich feststellte, dass viele der dauerhaften schlechten Ehen in dieser Gruppe genau so problematisch oder sogar noch problematischer waren als die Ehen der jeweiligen Eltern, die schließlich das Handtuch geworfen hatten. Die Probleme mögen andere gewesen sein – das Unglück selbst war das gleiche. Wenn der Jahrzehnte zurückliegende Ausstieg aus der Ehe dem Ziel gegolten hatte, die Kinder zu schützen, dann muss ich leider sagen, dass er ein Fehlschlag war. In vielen der dauerhaften, aber unglücklichen Ehen meiner Probanden waren beide Partner alkohol- und drogensüchtig. Sie hatten sexuelle Schwierigkeiten und wurden hin und wieder handgreiflich. Wir beobachteten sowohl Untreue als auch schwere sexuelle Hemmungen. Eine junge Frau, die bei ihrem Mann blieb, brach nach der Geburt des zweiten Kindes allen sexuellen Kontakt ab, was der Ehemann anscheinend akzeptierte. Eine andere Frau erzählte mir: »Wir reden nicht miteinander. Wir erzählen einander nichts Persönliches. Wir stellen auch keine Ansprüche aneinander.« Eine unglückliche Frau ließ es zu, dass ihr Mann seine Liebhaber mit in das gemeinsame Schlafzimmer brachte. In allen diesen Haushalten wurde niemals über die Möglichkeit der Scheidung gesprochen. Mann und Frau hatten beschlossen, sich mit den Dingen, so wie sie nun einmal waren, abzufinden.

Wer waren die Frauen, die es in diesen armseligen Ehen aushielten? Ich kann hier nicht auf einen einzelnen Charakterzug oder eine bestimmte Eigenschaft verweisen, aber ich kann sagen, dass sie alle nur geringe Erwartungen sowohl bezüglich der eigenen Person als auch bezüglich der Ehe hegten. Mehrere dieser Frauen waren in chaotischen und gewalttätigen Familien aufgewachsen. Einige behielten die Versorgerrolle bei, die sie als Kinder übernommen hatten; in diesen Fällen war der Ehepartner ein Ersatzmann für die Mutter oder den Vater oder beide Eltern. Eine Frau aus einer augenscheinlich stabilen Nachscheidungsfamilie, die den engen Kontakt zu beiden Eltern beibehielt, heiratete einen Mann, der ihr ständig sexuelle Frigidität vorwarf und sie mit der Bemerkung demütigte, sie sei »aber auch zu nichts zu gebrauchen.« Fünfundzwanzig Jahre zuvor hatte ihre Mutter mir von genau den gleichen Vorwürfen erzählt, die sie sich von ihrem Ehemann anhören musste. Manche von diesen Frauen hatten liebevolle Stiefväter, aber irgendwie konnte das ihre Erwartungen an die Ehe nicht aufhellen. Viele waren zum Zeitpunkt der Scheidung ihrer Eltern noch sehr klein gewesen und ähnlich wie Paula aufgewachsen – mit dem Gefühl des Alleinseins und einem Hang zur sexuellen Raserei.

Die Frauen, die jung geheiratet hatten und sich dann wieder scheiden ließen, erzählen ähnliche Geschichten von Drogen- und Alkoholmissbrauch, von niedrigen Erwartungen und von der ängstlichen Unentschlossenheit bezüglich der Frage, ob sie aus ihrer Ehe wieder aussteigen sollten. In ihren wesentlichen Merkmalen waren sich die schlechten Ehen, die dennoch hielten, und diejenigen, die mit einer Scheidung endeten, alle recht ähnlich. Aber die Frauen, die ausstiegen, sagten am Ende eben: »Jetzt reicht es.« Die Entscheidung, sich von dem Mann zu trennen, war mit Ängsten befrachtet, weil die Frauen nicht viel Geld und nur geringe anderweitige Ressourcen hatten, um noch einmal von vorn anzufangen. Mit Unterhaltszahlungen für ihre Kinder rechneten sie nicht. Paula wird diesen Aspekt der Geschichte im nächsten Kapitel noch etwas näher beleuchten.

Bei meinen Gesprächen mit den Frauen aus geschiedenen Familien, die jung heirateten, dachte ich viel über unsere Vergleichsgruppe nach. Viele der Frauen aus den guten bzw. »hinreichend guten«, aber jedenfalls intakt gebliebenen Familien erzählten mir, dass sie sich, als sie um die Zwanzig waren, zum Typ des Verlierers hingezogen gefühlt hatten. Der Junge im Motorraddress war irgendwie aufregend, und das Spiel mit ihm machte Spaß. Männer, die Drogen nahmen und viel tranken, waren wunderbare Partyboys und exzellente Liebhaber. Aber die Frauen heirateten solche Männer nicht. Aus ihren Geschichten hörte ich immer wieder heraus, dass es die Bedenken der Eltern waren, die großen Anteil daran hatten, dass sie sich diesen Typ Mann dann eben doch nicht zum Lebenspartner wählten. »Ich weiß, dass meine Mutter wollte, dass der Mann für mich sorgt und mich respektiert«, sagte Donna. »Ich konnte ihre Überlegungen nicht immer nachvollziehen, und ich habe mit einem Mann zusammengelebt, der sie auf die Palme brachte. Aber ich habe ihn nicht geheiratet. Am Ende habe ich doch auf ihren Rat gehört, was die Männer angeht.« Und eine andere Frau sagte mir: »Ich wusste von Anfang an, dass meine Familie meinen Freund überhaupt nicht mochte. Aber es hat mich fünf Jahre gekostet, ihn loszuwerden. Die Sache ist gerade noch gut ausgegangen.« Unter den geschiedenen Eltern waren dagegen nur wenige, die versuchten, sich in die unglückliche Partnerwahl ihrer Kinder einzumischen. Ich weiß von keinem einzigen Vater, der sich hingesetzt und seine Tochter vor dem gewarnt hätte, was da auf sie zukam. Die wenigen Mütter, die den Versuch machten, sich einzuschalten, stellten fest, dass ihre Töchter sie ignorierten, weil sie ihnen in Beziehungsfragen nicht sehr viel zutrauten.

Die jungen Frauen, die in gut funktionierenden und intakt gebliebenen Familien aufgewachsen waren, rechneten – wie Gary – damit, dass ihre zukünftigen Beziehungen gelingen und nicht fehlschlagen würden. Mit Anfang zwanzig hatten sie es keineswegs eilig, nach einem Lebenspartner zu suchen, aber sie hatten durchaus eine Vorstellung davon, welche Art von Beziehung sie sich wünschten. Die meisten gingen ernsthafte Bindungen oder eine Ehe erst ein, als sie sich im Arbeitsleben einigermaßen etabliert hatten. Wenn der richtige Zeitpunkt kommt, sind solche Frauen dann allerdings hinreichend zuversichtlich – wenn auch zugegebenermaßen zugleich auf der Hut –, die richtige Wahl zu treffen und eine Familie gründen zu können. Sie spüren, dass sie einen guten Start und gute Aussichten haben, die Dinge zu meistern.

Interessant ist, dass es einige Frauen aus geschiedenen Familien gab, die zeitig heirateten und sich eine glückliche und dauerhafte Ehe aufbauen konnten. Genau wie die Töchter aus gut funktionierenden und intakt gebliebenen Familien hielten auch sie Ausschau nach Männern, die gute Versorger und liebevolle Väter abgeben würden. Sie wussten, dass eine gute Ehe einen entsprechenden Einsatz und harte Arbeit bedeutet. Woher hatten sie diese Erkenntnis? Ich nehme an, dass ihnen der Umstand zu Hilfe kam, dass sie aufmerksame Väter oder Stiefväter hatten, die immer ein wachsames Auge auf sie hatten, wenn auch manchmal aus der Ferne, und die ihre schulischen Fortschritte und ihre sozialen Beziehungen verfolgten. Die »Messlatte Vater« war ihrerseits von Einfluss darauf, welche Erwartungen die Tochter bezüglich der eigenen Person und bezüglich der Männer in ihrem Leben hegte. Die Erfahrungen dieser kleinen Untergruppe von Frauen, die, aus geschiedenen Familien stammend, frühzeitig den richtigen Partner wählten und glückliche Ehen führten, verweisen auf die anhaltende Bedeutung einer Vater-Tochter-Beziehung, in der die junge Frau sich geliebt und wertgeschätzt weiß. Eine solche Beziehung wirkt im Rahmen ihres Umgangs mit Männern und im Rahmen ihrer diesbezüglichen Entscheidungen als ein starker Schutz.

1 Unsere Zahlen im Vergleich zu den Befunden der nationalen Studie:

	Erwachsene Scheidungskinder	**Erwachsene aus intakten Familien**	**Nationale Studie[a]**
• Drogen-/Alkoholkonsum; Alter der Konsumenten: unter 14 J.	25 %	9 %	7 %
• Drogen-/Alkoholkonsum; Alter der Konsumenten: 17 J.	30 %	47 %	30 %
• Heftiger Drogen-/Alkoholkonsum (signifikante Beeinträchtigung): Oberschüler	85 %	24 %	18 %

a Übernommen aus M. D. Resnick et al., »Protecting Adolescents from Harm: Findings from the National Longitudinal Study on Adolescent Health«, *Journal of the American Medical Association* 278, Nr. 10 (1997): 823-832.

2 McLanahan, *Growing Up with a Single Parent.*

3 Siehe Kapitel 3, Anm. 3.

15.

Neu entstehende Beziehungen

Um Paula nach nunmehr fünfundzwanzig Jahren zu finden und zu einem Gespräch zu bitten, wählte ich die einzige Nummer, die ich hatte: Den Anschluss ihrer Mutter, die in Berkeley lebt. Zu meiner Überraschung antwortete eine sehr junge Stimme: »Die Großmama kann gerade nicht ans Telefon kommen. Soll ich ihr etwas ausrichten?« Versuchsweise nannte ich meinen Namen und fügte hinzu, ich sei eine alte Bekannte der Familie. Und dann sagte ich entschlossen: »Genau gesagt, versuche ich die Tochter deiner Großmama aufzuspüren, Paula. Kannst du das ausrichten?« Nach kurzem Zögern sagte die Kinderstimme: »Paula ist meine Mama, und die ist hier. Ich hole sie mal.«

Paulas Stimme klang fest und sachlich: »Aber sicher will ich vorbeikommen. Ich kann praktisch jeden Tag nach dem Seminar. Es ist viel passiert, seitdem wir uns zuletzt gesehen haben. Ich hätte auch gern, dass Sie Racer kennen lernen. Er macht sich gut, glaube ich. Aber manchmal bin ich mir da doch nicht ganz sicher. Also, wir sehen uns am Dienstag.«

Die Frau, die mein Sprechzimmer betrat, war ein neuer Mensch. Nachdem wir uns hingesetzt hatten und ich sie über den letzten Stand meiner Studie informiert hatte, berichtete sie, was sich in ihrem Leben bis heute ereignet hatte.

»Also, ich habe Brad geheiratet, und fünf Jahre später wurde unser Sohn Rand geboren, den ich Racer nenne.« (Der Kosename klang mir vage vertraut, und dann erinnerte ich mich, dass Racer auch der Name ihres geliebten Hasen gewesen war.) Paulas Ehe war eine Kette nächtlicher Partys und alkoholischer Exzesse gewesen. »Brad mochte keine Kinder. Er wollte nicht, dass ich das College besuchte. Im Grunde wollte er, dass ich in meinem Schlamassel blieb. Das war unsere Ehe. Neun Jahre lang immerzu Alkohol. Ja, und immer Tätlichkeiten. Ich habe ihn genau so viel geschlagen wie er mich. Unsere Partys dauerten immer die ganze Nacht, dann hatten wir vielleicht zwei Stunden Schlaf, und immer waren wir zu spät bei der Arbeit. Ich wollte aufhören damit, aber ich konnte nicht – es ging einfach nicht mit all diesen Leuten, die dazugehörten. Ich machte einen Versuch mit den Anonymen Alkoholikern, aber Brad wollte nicht mitgehen. Also gab ich es wieder auf. Wir hatten alle die Kontrolle verloren. Am Ende war ich ganz verzweifelt. Ich wünschte mir, dass jemand sehen würde, was wir da taten … aber da war niemand, der es gesehen hätte.«

»Gab es in dieser Ehe gar keine glücklichen oder guten Momente für Sie?«

»Wenn Sie Liebe oder Fürsorge meinen, nicht viel. Vielleicht sechs Monate, höchstens. Es gab Sex, aber auch das war bald nichts Neues mehr. Ich war ja auf diesem Gebiet wirklich keine Anfängerin, und mit Brads Leistung ging es bei all dem Alkohol eher bergab. Ich weiß, was Sie denken: Warum ist sie nicht gleich wieder gegangen, wenn ihr das alles so zuwider war?«

»Ja, genau das habe ich gedacht. Was hielt Sie denn in dieser Ehe?«

»Nach dem ersten Jahr habe ich wahrscheinlich täglich daran gedacht abzuhauen«, sagte sie. Und dann, in großem Ernst: »Aber das Letzte, was ich wollte, war die Scheidung. Ich weiß alles über Scheidung. Ich kenne das Leben meiner Mutter wie meine Handfläche. So etwas wollte ich nicht. Schon gar nicht, als ich dann entdeckte, dass ich schwanger war. Brad sagte, ich solle das Kind abtreiben, aber das habe ich abgelehnt. Ich hatte ja schon drei Abtreibungen hinter mir und wollte nicht noch eine. Ich bin noch zwei Jahre geblieben, nachdem Racer geboren war. Ich wusste, das war nicht gut für Racer und nicht gut für mich, aber sobald ich darüber nachdachte, dass ich vielleicht weggehen sollte, bekam ich es mit der Angst zu tun. Mein nächster Gedanke war immer, wie wütend und unglücklich es mich gemacht hatte, in einer geschiedenen Familie aufzuwachsen. Ich wollte nicht, dass Racers Leben so aussehen würde, und damit war ich natürlich gelähmt. Ich blieb, weil ich solche Angst hatte. Außerdem gab es ja keinen Ort, an den ich hätte gehen können.«

Sie konnte nicht bleiben, und sie konnte nicht weggehen. »Und was ist passiert, dass Sie dann doch gegangen sind?«

Paula sah zu Boden, setzte dann eine energische Miene auf und blickte mich direkt an. »Also, das ist die ganze Geschichte. Ich bin nicht stolz darauf, aber es ist genau das, was passierte. Nach Racers Geburt fing ich sofort wieder an zu trinken. Brad hatte natürlich gar nicht damit aufgehört. Es kam mehr als einmal vor, dass ich Racer bei unseren Partys aus den Augen verlor. Wenn mir dann irgendwie nebelhaft einfiel, dass ich ja schließlich ein kleines Kind hatte, wurde ich schnell wieder nüchtern und machte mich auf die Suche nach ihm. Aber schön war das nicht. Ich wurde immer ärgerlicher auf mich und auf Brad. Und wir tranken immer mehr. Auch unsere Auseinandersetzungen wurden wirklich widerwärtig. Eines Tages, Racer war inzwischen zwei, war Brad mit Aufpassen dran, während ich an der Arbeit war. Wir hatten die Nacht über ziemlich gefeiert. Brad schlief ein, und Racer fand den Weg aus dem Haus und die Straße entlang bis an eine belebte Kreuzung. Die Polizei griff ihn auf, und irgendjemand wusste, wer er war. Der Polizist kam in den Laden, in dem ich arbeitete, und hatte ihn auf dem Arm. Nie werde ich Racers Gesicht vergessen, so verloren und verschreckt sah er aus. 'Ist das nicht Ihrer? Da haben Sie aber Glück gehabt, dass er noch am Leben ist.' Der Polizist sah mich an, als wäre ich ein Stück Dreck, und ich flippte fast aus.« Paula presste die Hände zusammen, und ihre Stimme verlor sich.

»Mein Gott, Paula, das ist ja ein Albtraum.« Sie nickte, unfähig zu sprechen.

»Das war's. An diesem Abend sagte ich zu Brad, dass wir beide aufhören müssten zu trinken, weil wir das Leben unseres Kindes gefährdeten. Er versuchte, die Sache mit einem Lachen abzutun, so als wäre das alles kein Problem. Das konnte ich nicht ertragen. Also griff ich mir das Kind, meine Handtasche und ein Paket Windeln, nahm das Auto und fuhr los. Von einer Tankstelle aus rief ich meine Mutter an und sagte ihr, dass wir kämen. Gott sei Dank fragte sie nicht weiter. Um Mitternacht waren wir da. Sie warf einen Blick auf uns und sorgte dafür, dass wir ins Bett kamen. Und seitdem sind wir hier.«

Ihr Gesicht wirkte angespannt und so, als blickte sie nach innen. »Ja, und da stand ich nun – kein Geld, keine Ausbildung, keine Arbeit, keine Wohnung, kein Garnichts, mit einem Kind, das ich unterhalten und großziehen musste. Ich war genau an dem Punkt, an dem meine Mutter stand, als ich vier war. Alles, was ich mir geschworen hatte zu vermeiden, war sozusagen mitsamt den Zinsen eingetreten.«

Kritische Stimmen sind rasch mit der Feststellung bei der Hand, dass es unter Scheidungskindern mehr Scheidungen gibt, weil sie sich der Ehe gegenüber weniger verpflichtet fühlen. Ich sehe dafür keinen Beleg. Sie wollen vielmehr die Scheidung der eigenen Ehe ganz dringend vermeiden und fürchten sie umso mehr, wenn sie selbst Kinder haben. Und doch beenden viele von ihnen ihre Ehe entgegen dem bewussten Vorsatz, nicht in die Fußstapfen der Eltern zu treten, und unter großen Schmerzen. Es ist der Albtraum, den sie immer gefürchtet haben. Wie ihre Generationsgenossen aus nichtgeschiedenen Familien, deren eigene Ehen auch nicht gut gehen, fühlen sie sich vielfach wie zerschmettert. Ihre Erholung geht nur langsam voran, denn die Scheidung hat ja bestätigt, was sie schon immer gedacht haben – der Fehlschlag ist unvermeidlich.

»Und wie ist das Zusammenleben mit Ihrer Mutter? Lässt es sich gut an für Sie und Racer?«

Paula schüttelte den Kopf. »Auf Dauer ist das nichts. Meine Mutter hat eine Menge um die Ohren. Sie hat wieder geheiratet. Dan ist nett, aber wir kennen uns ja nicht, und ich kann nicht erwarten, dass er mir die gleichen Gefühle entgegenbringt wie mein leiblicher Vater. Ich kann aber sagen, dass es eine Belastung für ihn und meine Mutter ist, Racer und mich hier bei sich wohnen zu haben. Tatsache ist, dass Racer und ich kein eigenes Zuhause haben. Wie auch immer – als Erstes habe ich das Trinken aufgegeben. Meine Mutter hat mir die Besuche bei einem Therapeuten bezahlt. Von dort ging ich dann zu den Anonymen Alkoholikern. Ich bin jetzt seit zwei Jahren weg vom Alkohol«, sagte sie und fügte mit grimmigem Humor hinzu: »Fast zwanzig Jahre lang high, und jetzt zwei Jahre lang nüchtern. Keine besondere Leistung.«

»Es ist ein großer Sieg. Sie haben getrunken, seit Sie zwölf waren. Wie haben Sie es überhaupt geschafft, damit aufzuhören?«

Paula hob den Kopf und richtete ihren Blick nach draußen. »Ich habe mich immer geschämt«, sagte sie dann langsam. »Aber ich glaube, das mit Racer war dann so etwas wie ein Alarmruf. Ich kann Ihnen gar nicht sagen, wie erniedrigt ich mich fühlte, als dieser Polizist kam und mir das Kind zurückbrachte. In diesem Augenblick wusste ich, dass ich mich zusammenreißen musste, wenn mir und meinem Kind nicht etwas wirklich Fürchterliches passieren sollte.«

Zu den hoffnungsvollen Befunden dieser Studie gehört die Tatsache, dass nahezu alle Frauen, die als Teenager und auch noch jenseits der Zwanzig Drogen konsumierten und zu viel tranken, dieses selbstzerstörerische Verhalten aufgaben, als sie die Dreißig überschritten hatten.[1] Und überdies taten sie es von sich aus. »Nach dem dritten Glas wusste ich nichts mehr«, erzählte mir eine Frau. »Ich wusste nicht mehr, wie ich nach Hause gekommen war, wo ich das Auto geparkt und wie ich schließlich ins Bett gefunden hatte. Manchmal wachte ich bei irgendjemandem auf, den ich überhaupt nicht kannte. Anfangs fand ich das noch ganz lustig, aber dann wurde es sehr schnell erschreckend. Ich musste damit aufhören.« Die Erkenntnis dieser Frauen, dass sie aus ihrer Sucht herauskommen mussten, ging in der Regel mit einer bedeutsamen Veränderung auch in ihrem Beziehungsverhalten einher, sei es, dass sie ihre Promiskuität aufgaben oder dass sie aus einer schlechten Beziehung bzw. einer unglücklichen Ehe ausstiegen. Das war der erste Schritt zu einer anderen Lebensführung insgesamt und sprach für ein Umdenken bezüglich dessen, was ihnen wichtig war. Es war ein Wendepunkt – und sie wussten es.

Es gibt nicht *den* einen und einzigen Auslöser für solche wirklichen Veränderungen. Bei manchen Frauen ist es die – eheliche oder uneheliche – Geburt ihres Kindes, die im Sinne einer Starthilfe für ihre emotionale Entwicklung wirkt: Sie wachsen allmählich in die Rolle der Mutter hinein und werden sich zunehmend ihrer Verantwortung für das Kleinst- und später das Kleinkind bewusst, und parallel dazu erkennen sie, dass sie sich nicht länger wie Heranwachsende gerieren können. Andere erschrecken angesichts irgendwelcher somatischen Symptome oder werden einfach hellhörig dafür, dass sie schon zu lange auf dem falschen Dampfer fahren. Sie machen kein großes Gewese um das, was sie im Einzelfall bewogen hat, ihr Leben zu ändern. Zugleich erkennen sie, was diese ihre Veränderung insgesamt bedeutet, und machen sich keine Illusionen, was die Schwierigkeiten angeht, die vor ihnen liegen. Sie haben gesehen, dass andere ins Gefängnis gingen oder an einer Überdosis starben. Ihre Entscheidung, sich im Wege einer radikalen Entziehungskur oder durch die Teilnahme an einem Selbsthilfeprogramm von ihrer Sucht zu befreien, spiegelt den starken Wunsch, in Zukunft ihr Leben wieder selbst zu steuern. Das ist eine erstaunliche Leistung, die gewisse Parallelen zu der Veränderung aufweist, die wir bei Larry beobachteten, der es schließlich schaffte, sich nicht länger mit seinem gewalttätigen Vater zu identifizieren. Aber in der hier bestehenden Konstellation lernen die Töchter, sich nicht länger darauf zu verlassen, dass die Eltern sie retten werden; sie retten sich stattdessen selbst. Nach Jahren des selbstzerstörerischen Verhaltens beschließen sie, sich nunmehr der Welt der Erwachsenen anzuschließen und deren Maßstäbe zu akzeptieren. Ihre Geschichten sind ehrlich, sie sind alarmierend, und sie sind dort, wo diese Frauen mit der Übernahme der Verantwortung gewissermaßen zu ihren eigenen Eltern werden, inspirierend.

Der Auftritt der Großeltern

Paula fuhr fort: »Racer war tatsächlich der Grund, dass ich mir sagte: Du musst dein Leben in Ordnung bringen. Nachdem ich vom Alkohol weg war, überdachte ich mein Leben ganz schonungslos und beschloss, meinem Sohn Stabilität zu geben. Ich sagte mir, dass ich unbedingt noch einmal etwas lernen müsse, aber nicht in der Art, wie meine Mutter das getan hatte. Ich wollte Seminare belegen und auf einen Abschluss hinarbeiten und dabei noch Zeit für Racer haben – wollte da sein, wenn er aus der Vorschule nach Hause kam, und ihn morgens noch verabschieden. Und dann wusste ich irgendwie nicht weiter, denn mir war nicht klar, wie ich zugleich arbeiten, Zeit für Racer haben und auch noch studieren sollte. Meine Mutter bezahlte schon die Vorschulgebühren für Racer und passte abends auf ihn auf, sodass ich zu den Treffen der Anonymen Alkoholiker gehen konnte. Mit dem, was ich von der Sozialhilfe bekam, und mit ein bißchen Hilfe bei Haus- und Gartenarbeiten kam ich gerade so über die Runden. Und dann passierte ein Wunder. Sie werden es nicht erraten.«

Paula sah mich amüsiert an und sagte: »Mein Vater tauchte auf. Ein paar Jahre lang war die Verbindung ganz abgerissen, aber jetzt ist er wieder da und hat sich zum Positiven verändert. Er rief mich an und sagte: 'Paula, ich habe gehört, dass du einen Sohn hast.' Ja, sagte ich, und dann wollte er wie ein richtiger Großvater alles Mögliche über Racer wissen. Und dann sagte er etwas, das haute mich fast um: 'Paula, du musst noch mal etwas lernen. Du hast ein Kind, das du versorgen musst. Du brauchst eine College-Ausbildung.' 'Ja, natürlich', sagte ich, ohne mir irgendetwas zu erwarten. Aber ich erlebte eine Überraschung. Er sagte: 'Wenn du dich am College einschreibst, zahle ich dir die Gebühren und deine Lehrbücher. Für deine Lebenshaltungskosten kannst du Sozialhilfe beantragen, und ich kaufe dir ein Auto. Ich zahle die Bekleidung für dich und meinen Enkel und übernehme im vernünftigen Rahmen die Kosten für eure anderweitigen Bedürfnisse.'«

Paula atmete tief. »Also habe ich es gemacht. Ich ging ans Laney Community College und belegte einen Auffrischungskurs, um erst mal die Lücken in meiner Schulbildung aufzufüllen.

Dann, in meinem ersten richtigen Semester, belegte ich Englisch, Psychologie und Politikwissenschaft und bekam in allen Fächern ein »Sehr gut«. Sie können sich nicht vorstellen, was das für ein Gefühl war! Im nächsten Herbst gehe ich an die Hayward State University, wo man vier Jahre lang studiert. Ich will einen Abschluss als Landschaftsarchitektin machen.«

»Hat Ihr Vater sein Versprechen gehalten?«

»Oh ja. Wir kommen jetzt besser hin, seit er wieder präsent ist und hilft. Er hat sich glänzend bewährt. Er war nicht immer ein guter Vater, aber er ist ein prima Großvater, der sehr gerne mit seinem Enkel zusammen ist. Bei meinem Kind holt er alles nach, was wir damals versäumt haben miteinander zu tun. Sie gehen angeln, sie gehen ins Kino, sie gehen zusammen essen, und zwar in Racers Lieblingsrestaurant.« Paula lachte und wurde dann wieder ernst. »Ich liebe meinen Vater jetzt von neuem und bin dankbar für alles, was er für uns tut. Ich sage zu ihm: 'Ich liebe dich jetzt, aber was die Vergangenheit angeht, kann ich nur versuchen, dir zu verzeihen.'«

»Sollten Sie ihm verzeihen?«

»Ich weiß nicht. Ich habe ihn einmal sehr gern gehabt, und ich glaube, er liebte mich auch. Die Menschen tun alles Mögliche. Ich weiß nicht, ob man sie dafür verantwortlich machen kann. Ich habe gelernt, vieles zu akzeptieren, und die Dinge regen mich nicht mehr so auf. Mein Vater handelt jetzt endlich wieder so wie der Vater, der er vor seiner Scheidung war. Er war ein wunderbarer Vater, als ich noch ganz klein war. Er möchte, dass Racer und ich zu ihm ziehen, aber das will ich nicht. Ich muss auf den eigenen Füßen stehen.«

Wenn Scheidungskinder um die Dreißig sind, kommt es unter Umständen zu einer unerwarteten Veränderung in ihrem Verhältnis zu ihren Eltern. Beide Generationen haben noch einmal die Chance, sich über ihr Interesse aneinander klar zu werden, um manches vielleicht in Zukunft anders zu machen. Jede Entwicklungsphase im Leben des erwachsenen Menschen bietet die Möglichkeit, als Persönlichkeit zu wachsen, den fehlgelaufenen engsten Beziehungen aufzuhelfen, alte Irrtümer und Fehlurteile zu korrigieren. Mehrere von den Vätern aus meiner Studie bezeigten ein neues Interesse an ihren Kindern und boten ihnen Geld für ein Studium an, wenn die Kinder und zumal die Töchter mit Ende Zwanzig noch nicht richtig Fuß gefasst hatten. In manchen Fällen war das die Reaktion auf die Geburt eines – ehelichen oder nichtehelichen – Enkelkindes, in anderen Fällen hatte es damit zu tun, dass diese älter gewordenen Männer sich ihrerseits stabilisiert hatten – nicht aber damit, dass sie ohnehin mehr Geld hatten. (Sie bestritten nie, dass sie ihren Kindern eine gute Ausbildung hätten zahlen können.) Es war einfach so, dass sie sich endlich in ihrem eigenen Leben fester eingerichtet hatten, sei es in einer zweiten oder dritten Ehe oder infolge des Entschlusses, das Trinken aufzugeben. Ihre Zuwendungen waren von großer Bedeutung für ihre Kinder, von denen einige das Steuer in der Tat noch herumreißen konnten, nachdem sie fast das ganze dritte Jahrzehnt ihres Lebens vergeudet hatten.

Hier ist eine deutliche Botschaft erkennbar, was die Flexibilität der Eltern-Kind-Beziehungen und die Fähigkeit der Beteiligten angeht, ihr Verhältnis zueinander zum beiderseitigen Vorteil noch einmal neu zu gestalten. Manche jungen Leute machen sich auf die Suche nach ihrem Vater, um eine »erwachsene« Beziehung zu ihm aufzubauen. Eine Frau, mittlerweile fünfunddreißig Jahre alt, rief ihren Vater, der alle Brücken zu seiner Familie abgebrochen hatte, aus heiterem Himmel an. »Ich wollte nicht eines Tages zu seiner Beerdigung gehen müssen und überhaupt nichts von ihm wissen«, sagte sie. In manchen Fällen steckt hinter derartigen Annäherungsversuchen die plötzliche Erkenntnis, dass das Leben endlich ist, die traurige Überlegung, dass die Eltern ja nicht ewig da sein werden und dass die Zeit verrinnt. Solche Bemühungen, aktiv etwas zu unternehmen, können schief gehen, vor allem wenn die junge Frau versucht, sich jetzt auf magische Weise eben den Vater »wieder«zuerschaffen, den sie sich als Kind wünschte, aber niemals hatte. Manche Väter sind von dem neuen Interesse ihres Kindes nicht begeistert, denn sie haben diesen Teil ihres Lebens weit hinter sich gelassen; andere sind sehr empfänglich dafür. Die Vater-Kind-Beziehung entwickelt sich auf einer neuen und besseren Grundlage, solange der ältere Mann nicht vorhat, die Familiengeschichte umzuschreiben. Einer dieser Väter erzählte mir voller Stolz: »Endlich hat meine Tochter mich mal um meinen Rat gebeten. Ich kann es kaum glauben.« Die Tochter war fünfunddreißig.

Brücken bauen ...

Ich war begierig zu erfahren, ob Paulas Beziehung zu ihrer Mutter sich ebenfalls gebessert hatte. »Wie kommen Sie und Ihre Mutter inzwischen miteinander aus?«, fragte ich.

»Es sieht so aus, als würden wir nach all den Jahren schließlich doch Freundinnen. Ich bin inzwischen erwachsen, und sie ist milder geworden. Sie ist glücklich mit Dan, er liebt sie, und sie kann sich jetzt endlich mal etwas entspannen. Wir haben uns über die Dinge unterhalten, die damals passierten, als ich noch nicht erwachsen war. Ich habe ihr gesagt, wie wütend ich war und wie allein ich mir vorkam. Sie hat wirklich zugehört, und sie hat mir auch so ein bisschen erzählt, wie das alles für sie gewesen ist. Das haben wir früher nie getan.«

»Haben Sie einfach angefangen, miteinander zu reden? Oder ist irgendetwas passiert, sodass Sie beide sich öffnen konnten?« Das interessierte mich besonders.

»Ich hatte für eines meiner Seminare einen Text verfasst – Thema: 'Die Mutter, die weiß, was sie will' –, in dem es über unser Leben nach der Scheidung meiner Eltern ging. Diesen Text habe ich ihr vorgelesen, und das hat uns dann zum Reden gebracht. Es stimmt – ich habe ihr die Scheidung vorgeworfen. Aber heute ist mir klar, was sie durchzumachen hatte. Ich verstehe sie – und das konnte ich vor Racers Geburt eben noch nicht.«

»Und versteht auch Ihre Mutter *Sie* jetzt besser?«

»Ich hoffe es. Wie sie mir sagte, hat sie damals natürlich gemerkt, was ich für schlimme Sachen machte, aber sie konnte einfach nicht viel gegen mich ausrichten. Sie tat, was sie konnte, und hoffte das Gleiche von ihren Kindern. Sie hat mir sogar erzählt, dass sie jahrelang nachts immer wieder mit Herzklopfen aufwachte, weil sie sich Sorgen um uns machte. Aber sie musste ja schließlich früh aufstehen und das Haus zeitig verlassen, und so lernte sie eben, diese Gefühle beiseite zu schieben und eine sachliche Haltung einzunehmen. An diese Haltung erinnere ich mich noch sehr gut. Es hat mir sehr geholfen, dass ich jetzt weiß, dass diese Kälte nur eine Maske war, die es ihr ermöglichte, ihren Tag zu bewältigen. Mit achtzehn begriff ich allmählich, wie hart das Leben für sie war. Mit Sicherheit hat sie nicht gewollt, dass ich als Kind so unglücklich und einsam war. Allmählich wird mir auch klar, dass sie in ihrer Ehe sehr glücklich war bis zu dem Zeitpunkt, an dem mein Vater finanziell am Ende war, dass sie aber dann nach der Scheidung wirklich in der Falle saß. Und ich saß mit ihr in der Falle. Und dann habe ich mir meine eigene Falle gemacht, als ich Brad heiratete.« Mit grimmigem Humor fügte sie hinzu: »Mit Fallen kenne ich mich bestens aus.«

Die Mutter-Tochter-Beziehung in der geschiedenen Familie gehört zu den kompliziertesten Beziehungen überhaupt. Auf beiden Seiten sind Liebe, anhaltender Zorn, Mitleid und Schuldgefühle daran beteiligt. Tatsache ist, dass Mütter und Töchter in geschiedenen Familien stärker von Konflikten gebeutelt sind als ihre Gegenfiguren in gut funktionierenden und intakt gebliebenen Familien. Ihre Beziehung ist weniger stabil, sie fluktuiert im Laufe der Jahre, und sie lässt mehr Ambivalenz gegenüber der jeweils anderen Generation erkennen. Die Nachscheidungsbeziehung wird durch die geballte Intensität der Gefühle und durch den Wunsch nach Liebe und Zustimmung kompliziert, den beide Frauen mit bezug auf die jeweils andere hegen. Der Vater kann in der Mutter-Tochter-Beziehung als Puffer dienen, indem er dem Mädchen hilft, sich von der Mutter zu lösen und sich eine berufliche Laufbahn und eine eigene Familie aufzubauen. In der geschiedenen Familie kann auch der Stiefvater dieser Funktion gerecht werden. Aber wenn niemand da ist, der diese Rolle übernehmen könnte, geraten die beiden Frauen oft in einen nicht endenden Gegentakt, der zwischen allzu großer Nähe und allzu großer Distanz in Gang ist. Diese Situation ist für beide Beteiligten höchst unerfreulich und hilft der Tochter keineswegs dabei, ihre Konflikte zu lösen und sich in ihrem Erwachsenenleben einzurichten. Paula war während ihrer ganzen Kindheit und Jugend in einem Konflikt mit ihrer Mutter gefangen, und dieser Konflikt kühlte erst ab, als sie ihren Mann verließ, um Mitternacht mit ihrem Kind wieder vor der Tür stand und von ihrer Mutter aufgenommen wurde. Danach hatten die beiden Frauen Gelegenheit, ihre Beziehung neu zu formulieren. Die Mutter übernahm in ihrer Rolle als Großmutter eine wichtige Stützfunktion, und das Kind festigte die neue Brücke zwischen Mutter und Tochter.

Bei den von uns erfassten Mutter-Tochter-Dyaden wirkte sich die Geburt eines Enkelkindes in der Regel so aus, dass die beiden Frauen näher zusammenrückten. Die Töchter, die ihre Mütter in Schach gehalten hatten, nahmen jetzt alle und jede Hilfe dankbar an. In ihrer neuen Rolle als Mütter fingen sie endlich an zu verstehen, welche Opferbereitschaft es erfordert, ein kleines Kind zu versorgen. Vielleicht war die eigene Mutter doch gar keine so schlechte Mutter gewesen? Vielleicht waren sie selbst eben doch gut versorgt und betreut worden, bevor es zur Trennung der Eltern kam? Ihr Zorn auf die Mutter ließ in dem Maß nach, in dem ihr Mitleid mit der Mutter wuchs. Das Ergebnis war ein Mehr an Verständnis, von dem beide Frauen profitierten.

Die lange Perspektive, auf der ich meine Studie aufgebaut habe, hat es mir ermöglicht, ein kaum vorstellbares Maß an Fluktuation in den Eltern-Kind-Beziehungen der Nachscheidungsfamilie zu beobachten. Natürlich verändern sich alle Familien insofern, als die Eltern älter werden und die Kinder heranwachsen, aber die Veränderungen in geschiedenen Familien sind dramatischer: Das beginnt mit der Trennung und damit, dass die Kinder sich von ihren Eltern im Stich gelassen fühlen; es geht weiter damit, dass das Ensemble des Stückes wechselt – einer geht, einer kommt –; und es mündet in Phasen der neuen und anderen Betrachtung und Bewertung: Die Kinder wachsen heran, erleben ihrerseits Enttäuschungen und kommen zu dem Schluss, dass sie ihre Eltern möglicherweise doch zu streng beurteilt haben. Die Eltern wiederum sehen, wie schwer ihre Kinder sich als Erwachsene tun, machen sich erneut Sorgen und möchten helfen. Im Endergebnis finden Familien nach Jahrzehnten der Entfremdung also möglicherweise in einer ernsthaften Krise wieder zueinander. In dem Maß, in dem beide Generationen milder werden, können sie sich einander zuwenden und dabei entdecken, was sie verloren hatten. Diese Erkenntnis, wie sie sich jetzt nach fünfundzwanzig Jahren abzuzeichnen beginnt, setzt ein Zeichen der Hoffnung für unsere Scheidungsgesellschaft. Sie bedeutet, dass die Bereitschaft zur Vergebung vorhanden ist und dass es niemals zu spät ist, sondern dass Eltern und Kinder ihre Liebe zueinander wiedergewinnen können. Das ist die ermutigende Seite unserer Geschichte.

Es gibt aber auch eine gleichermaßen entmutigende Seite. Die Scheidungsforscher sagen inzwischen, dass ältere Menschen mit einer Scheidungsgeschichte weniger Zuwendung von ihren Kindern erfahren als solche, die sich nie haben scheiden lassen. Sie erfahren sogar weniger Zuwendung von ihren Stiefkindern. Menschen, die eine Scheidung hinter sich haben, wohnen im Alter seltener mit Sohn oder Tochter zusammen und erfahren, selbst wenn sie behindert sind, seltener Betreuung oder Zuwendung von Sohn oder Tochter als ihre Altersgenossen, die keine Scheidung hinter sich haben. Wenn geschiedene Eltern Hilfe von ihren Kindern erfahren, dann geschieht dies häufiger in der Form von Geldzuwendungen, nicht aber von persönlicher Aufmerksamkeit. Dieser Trend gilt gleichermaßen für die Mütter wie für die Väter und zumal für diejenigen, die wieder geheiratet haben. Dagegen bekommen verwitwete Eltern mehr als das Doppelte an finanzieller Hilfe, verglichen mit geschiedenen Eltern.

Wer wird in die Bresche springen, wenn die geburtenstarken Jahrgänge alt werden? In der Generation, die unserer Scheidungskultur zum Einzug verholfen hat, wird das Sicherheitsnetz, wie es alternden Eltern von jeher geboten wurde, wohl nicht mehr bereit hängen. Unsere Gesellschaft wird das Problem vermutlich auf dem Weg über höhere Beiträge zu den entsprechenden staatlichen Fürsorgeprogrammen (*Medicare*) zu regeln versuchen, aber das ist kein Ausgleich für das Gefühl von Verlust und Verlassensein, mit dem alte Eltern lange nach ihrer Scheidung konfrontiert sein werden. Das haben wir in der Tat nicht vorausgesehen.

1 Bezüglich des heftigen Drogen/Alkohol-Konsums in der Gruppe unserer erwachsenen Scheidungskinder gelangten wir zu folgenden Zahlen:

Erwachsene Scheidungskinder: Männer

29 % hatten als ältere Teenager und bis in ihr drittes Lebensjahrzehnt hinein einen heftigen Drogen-/Alkohol-Konsum

21 % hatten am Ende des dritten und bis in den Beginn des fünften Lebensjahrzehnts hinein einen heftigen Drogen-/Alkohol-Konsum.

Erwachsene Scheidungskinder: Frauen

38 % hatten als ältere Teenager und bis in ihr drittes Lebensjahrzehnt hinein einen heftigen Drogen-/Alkohol-Konsum.

6 % hatten am Ende des dritten und bis in den Beginn des fünften Lebensjahrzehnts hinein einen heftigen Drogen-/Alkohol-Konsum.

16.

Das Sorgerecht bleibt in der Diskussion

Nachdem Paula mir die ganze Geschichte ihrer Beziehung zu ihren Eltern erzählt hatte, beschloss ich, tiefer in ein Thema einzusteigen, das mich besonders interessierte. Wie war Paula, das Scheidungskind, das seinerseits eine Scheidung hinter sich hatte, mit den Fragen des Sorge- und des Besuchsrechts umgegangen? Ich erinnerte mich daran, wie zornig sie über die gerichtliche Anordnung gewesen war, ihren Vater zu besuchen, weil das starre Besuchsschema ihr beim Umgang mit ihren Freundinnen und bei der Beteiligung an besonderen schulischen Aktivitäten in die Quere kam. War sie der Ansicht, dass das inzwischen verbreitete System der gemeinsamen materiellen Versorgung, dem zufolge die Kinder zwischen den beiden elterlichen Haushalten pendeln, eine Verbesserung gegenüber der Situation in ihrer Kindheit war? Wie war die Situation für ihren eigenen Sohn, Racer, und konnte sie ihre persönlichen Erfahrungen aus der eigenen Kindheit dazu einsetzen, ihn vor einem Schaden zu bewahren, wie sie ihn damals erlitten hatte?

Nachdem Paula die Scheidung eingereicht hatte, schockierte Brad sie zutiefst mit seinem Wunsch, Racer solle gemäß dem Prinzip der gemeinsamen materiellen Versorgung jeweils die Hälfte der Zeit mit ihm, dem Vater, zusammenleben. Noch während sie mir das erzählte, schüttelte Paula ungläubig den Kopf. »Wenn mir jemand gesagt hätte, dass Racer sein Kind in der Hälfte der Zeit bei sich haben wollte, dann hätte ich gesagt: Da liegt ihr aber ganz und gar falsch. Seine Vorstellung von einem ruhigen Abend zu Hause heißt: Ordentlich einen laden, den Pizzadienst kommen lassen, den Sportkanal einschalten und vor dem Fernseher einschlafen. Als wir noch zusammen lebten, war ich es, die daran dachte, Racer sein Abendessen zu geben und ihn ins Bett zu bringen. Ja, doch, Brad hat mit ihm gespielt, wenn er gerade Lust dazu hatte. Er hat ihn auch mit fernsehen lassen und ihm alles über Baseball erklärt und ihm gesagt, wer die Spieler waren. Aber wenn es darum ging, Racer wirklich zu versorgen – das konnte man vergessen!« Paula schnaubte und schüttelte wiederum den Kopf. »Dann wurde mir klar, weshalb Brad ihn jeweils für die Hälfte der Zeit bei sich haben wollte. Man zahlt dann nämlich sehr viel weniger Unterhalt – darum! Die Gerichte gehen nach der Anzahl der Nächte, die das Kind in jedem der beiden Haushalte verbringt, und errechnen daraus den Unterhaltsbetrag. Vielleicht glauben sie, dass man das Zimmer immer untervermietet, wenn das Kind gerade nicht drin wohnt. Das sind wirklich allesamt Trottel. Na ja, aber das ist die gesetzliche Regelung. Ich war wirklich sehr bekümmert über diese geteilte Regelung, aber Brad war unerbittlich. Er sagte, er würde dann eben nicht ausgehen, sondern zuhause bleiben oder sich gegebenenfalls einen Babysitter nehmen. Ein prima Geschäft!«

In Kalifornien werden scheidungswillige Paare, die sich nicht darüber einigen können, wo und wie ihre Kinder in Zukunft leben sollen, an einen gerichtlichen Vermittler verwiesen, der zunächst beide Eltern anhört und ihnen dann dabei hilft, gemeinsam einen Plan auszuarbeiten. Die meisten Eltern schaffen das mit der Hilfe des Vermittlers, aber wenn sie sich tatsächlich nicht einigen können, kommt es zu einem Prozess, und das Gericht trifft auf der Grundlage psychiatrischer Gutachten, die auch die elterlichen Kompetenzen beider Partner erfassen, eine Entscheidung für sie. Brad und Paula konnten sich nicht auf einen Plan für die Versorgung ihres Sohnes einigen und wurden deshalb zur Vermittlung geschickt. In vielen anderen amerikanischen Bundesstaaten haben die Eltern gar keine Alternative; sie müssen also das Gericht in Anspruch nehmen.

»Zu einem Prozess konnte ich es nicht kommen lassen. Zum Donnerwetter, ich lebte ja schon von der Sozialhilfe. Prozesse kosten ein Vermögen, und einen tollen Anwalt können sich nur sehr reiche Leute leisten. Mir war klar, dass wir uns zusammen mit dem Vermittler auf irgendetwas einigen mussten. Jedenfalls habe ich viel dabei gelernt.«

»Was haben Sie gelernt?« Ich war sehr daran interessiert, das aus Paulas Perspektive zu hören, nachdem doch ein großes Stück ihrer eigenen Kindheit von der gerichtlichen Besuchsregelung bestimmt gewesen war. »Also, die Vermittlerin war sehr nett und sehr professionell. Sie wollte uns nur gemeinsam empfangen. Sie hatte für den ganzen Fall ungefähr anderthalb Stunden Zeit. Können Sie sich vorstellen, dass ich in anderthalb Stunden Racers ganze Kindheit planen sollte? Himmel nochmal! Sie hat nicht ein einziges Mal nach Racer gefragt. Ansonsten sagte sie, Brad und ich sollten einen Plan machen, und es sei wichtig, dass der Vater weiterhin mit seinen Kindern zu tun hat, und so stehe das auch im Gesetz.

»Brad ist nach deren Kriterien nicht gefährlich«, sagte sie dann weiter. »Er verdient ein schönes Geld, indem er Innenräume viktorianisch dekoriert. In der ganzen Bay Area reißen sich die Leute um ihn, weil er so talentiert ist. Er hat in seinem ganzen Leben noch nie jemanden angepumpt. Meistens spendiert er eine Runde. Ich versuchte, der Schlichterin etwas über seine Trinkgewohnheiten und seine Partys zu sagen. Ich wollte ihr erzählen, dass Racer damals beinahe überfahren worden wäre, weil Brad eingeschlafen war. Ich sagte ihr, dass ich weiterhin versuchen wollte, nicht wieder zu trinken, und dass ich glücklich wäre, wenn Racer die halbe Zeit bei Brad wohnen könnte, wenn und falls Brad sein Leben mal in Ordnung brächte. Brad gab natürlich nicht zu, irgendein Problem zu haben. Er hat noch immer diese großen braunen Italieneraugen, und er kann wirklich sehr aufrichtig und überzeugend klingen.« Paula rollte mit den Augen und zuckte mit den Schultern.

Dann verhärtete sich ihr Gesicht, und sie blickte weg. »Jedenfalls, was ich auch sagte, es änderte überhaupt nichts. Die Vermittlerin sagte, jetzt zähle allein die Gegenwart. Die Vergangenheit sei Geschichte. So machten wir also einen Plan, dem zufolge Brad das Maximum an Zeit für sich herausholte, wenn man zugrunde legt, dass Racer inzwischen hier in Berkeley den Kindergarten besuchte und Brad ja arbeiten musste. Jetzt ist Racer alle zwei Wochen von Freitag bis Montag früh und dann noch am Mittwochnachmittag bis zur Schlafenszeit bei Brad. Und sechs Wochen lang im Sommer. Wir wechseln uns mit dem Urlaub ab. Ich fragte, was passiert, wenn Brad keinen Urlaub mehr hat, wenn Racer bei ihm ist, aber das hat sie lieber überhört. Sie sagte, ich solle meine Kritik an Brad einstellen und im Interesse von Racer so tun, als ob alles ganz prima wäre. Ich merkte, dass da nichts mehr zu machen war, und gab auf. Unsere Vereinbarung ist durch Vermittlung zustande gekommen.«

Vermittlung und scheidungspolitische Prämissen

In vielen Bundesstaaten ist die Mediation oder Vermittlung auf dem besten Weg, zur primären Methode der Beilegung der Streitigkeiten von Paaren zu werden, die sich scheiden lassen wollen: Die anstehenden Differenzen sollen gar nicht erst in die gegnerschaftliche Atmosphäre einer gerichtlichen Auseinandersetzung hineingetragen werden, die nur zu oft den Zorn der Beteiligten noch schürt und ihre Bereitschaft zur Kooperation in den auf die Scheidung folgenden Jahren eher reduziert. Die Vermittlung baut auf einer Reihe von Überlegungen auf: Erstens ist Konflikt zwischen den Eltern schädlich für die Kinder, und deshalb sollte ihm aktiv entgegengetreten werden. Zweitens wissen Eltern mehr über die Bedürfnisse ihrer Kinder als irgendein Richter, dessen Aufgabe es ist, sich im Gesetz auszukennen. Und drittens werden die Eltern sich wohl eher an die Nachscheidungsvereinbarung halten, wenn diese gemeinsam ausgehandelt worden ist, als wenn sie ihnen gegen den Willen eines von ihnen aufgenötigt wird. Hinter dem Prinzip der Mediation steht der Gedanke, dass beide Eltern am Ende das Gefühl haben sollen, gewonnen zu haben. Voraussetzung für das Gelingen des Prozesses ist die Überlegung, dass die zurückliegende Geschichte dieser Ehe keinen Einfluss auf die aktuellen Bemühungen nehmen sollte, solange sie nicht erkennbar in einer ganz bestimmten Hinsicht von Relevanz ist. Dabei werden »relevante Vorkommnisse« von den meisten Gerichten sehr eng ausgelegt, nämlich als Vorkommnisse, die eine unmittelbare Gefahr für das körperliche Wohlergehen des Kindes darstellen.

Es steht außer Zweifel, dass die Mediation einen Fortschritt gegenüber der gerichtlichen Auseinandersetzung bedeutet, die nicht nur schrecklich teuer ist, sondern vielfach auch eine oder beide Elternpersonen schwer verärgert und demütigt. Die Vermittler werden von erfahrenen Praktikern auf ihre sehr spezielle Tätigkeit vorbereitet und kommen aus dem Rechts- oder dem therapeutischen Sektor. Die meisten Eltern empfinden die Vermittlung als nützlich und ermutigend. Und in der Tat halten sich Eltern, die den Mediationsprozess durchlaufen haben, eher an die schließlich getroffene Vereinbarung als Eltern, die in einem traditionellen Gerichtsverfahren als Gegner aufeinander treffen.

Aber heißt Mediation zugleich Schutz und Sicherheit für die Kinder?

Als diese Methode als interessante alternative Form der Konfliktbeilegung aufkam, verkündeten ihre Verfechter, dass die Kinder davon enorm profitieren würden, dies unter anderem auch im Sinne einer erheblich besseren psychischen Anpassung. Diese letztgenannte Verbesserung ist nicht eingetreten. Langzeitstudien zeigen keine signifikanten Unterschiede in der Anpassung der Kinder zu Hause oder in der Schule, ob die Eltern nun einen Anwalt oder einen Mediationsfachmann zur Beilegung ihrer Differenzen heranziehen.[1] Auf das Leben des Scheidungskindes jetzt und in der Zukunft hat die Verhandlungsmethode, für die Eltern und Gericht sich entscheiden, keinen Einfluss.

Mediation hilft den Kindern nicht, weil sie bei der Planung kaum jemals zugegen sind – sie sind weder physisch anwesend noch in den Gedanken der Beteiligten präsent. Mediation bringt die konfligierenden Präferenzen der Eltern zusammen. Aber der Mediationsexperte hat nicht den Auftrag, einen Plan zu entwickeln, der den entwicklungsspezifischen oder emotionalen Bedürfnissen des Kindes gerecht würde. Ebenso wenig hat er den Auftrag, nach den Interessen, Wünschen oder Präferenzen des Kindes zu fragen. Wie weit die Eltern fähig oder willens sind, für ihr Kind zu sprechen, das wird gar nicht erst erfragt, so wie auch nicht aus der Perspektive des Kindes nach der Berechtigung ihrer konfligierenden Einlassungen »im Interesse des Kindes« gefragt wird. Mediationsfachleute haben nur ein sehr begrenztes Wissen, was die kindliche Entwicklung und zumal die Bedürfnisse sehr kleiner Kinder angeht. Das Gesetz verlangt nicht, dass sie sich Gedanken darüber machen, dass die Bedürfnisse von Kindern entsprechend dem jeweiligen Entwicklungsstand sehr unterschiedlich sind. Und dazu kommt, dass der mit der Vermittlung betraute Berufsträger kein unabhängiger Agent ist. Er (oder sie) operiert sozusagen in dem vom Gericht abgedeckten gesetzlichen Rahmen und im Schatten des gerichtlichen Vorgehens. Wenn das Gericht normalerweise im Sinne des weitgefassten Besuchsrechts oder des dualen Residenzmusters entscheidet, dann ist es nicht Sache des Vermittlers zu fragen, ob das Kleinstkind oder die Zweijährige denn schon jemals von der wichtigsten Pflegeperson getrennt waren. Vermittler haben auch nicht nach der Reaktion des Kindes oder danach zu fragen, ob die Pläne etwa mit dem Kind besprochen worden sind. Und schon gar nicht bieten sie den Eltern ihren Rat an, wenn es darum geht, das Kind auf die Veränderungen vorzubereiten, mit denen es fertig werden muss.

Tatsächlich hat also die im Wege der Mediation getroffene Abmachung mehr oder weniger die gleichen Nachteile wie die vom Gericht angeordnete Regelung des Sorgerechts: Hier wie da sind Kinder und Eltern in starren Vereinbarungen gefangen, die den Umstand ignorieren, dass die Kinder sich ja schließlich entwickeln und verändern. Den Eltern wird gesagt, dass sie die Vermittlung erneut in Anspruch nehmen können, wenn das Arrangement nicht funktioniert. Aber was ist das im Vergleich zu der anderen Möglichkeit, dem heranwachsenden Kind einen Platz am Verhandlungstisch zuzugestehen und es als Gesprächsteilnehmer zu akzeptieren? Oder auch nur im Vergleich zu der Überlegung, die getroffene Abmachung in angemessenen Zeitabständen einer Revision zu unterziehen, die speziell danach fragt, wie es dem Kind unter diesem Regiment ergeht?

Auf eine weitere Schwierigkeit, von der ich oben schon kurz gesprochen habe, soll hier noch etwas näher eingegangen werden. Der zentrale Gedanke aller scheidungspolitischen Überlegungen, an dem sich die Gerichte wie die Mediationsfachleute orientieren, lautet, dass die Beziehung des Kindes zu beiden Eltern erhalten bleiben und nach Möglichkeit gestärkt werden soll. Die Gerichte verteilen Broschüren an die Eltern, in denen unter dem Slogan »Parents Are Forever« (etwa: Elternschaft endet nicht) eben dieser Gedanke der auch in der Nachscheidungsfamilie fortbestehenden Eltern-Kind-Beziehungen vertreten wird. Hier stellt sich allerdings das moralische Dilemma, dass viele Menschen sich scheiden lassen, weil ihnen die Lebensweise und die Wertvorstellungen des Partners zuwider sind. Sie steigen aus, weil sie nicht wollen, dass ihre Kinder weiterhin dem vergiftenden Einfluss des anderen Elternteils ausgesetzt sind. Sie beenden ihre Ehe, weil der Partner unehrlich, manipulativ, gewalttätig, untreu, rundum verantwortungslos oder dem Alkohol verfallen ist. Sie lassen sich aus schwerwiegenden Gründen scheiden, um einer delinquenten oder entwürdigenden Lebenssituation zu entkommen – nur um sich dann in einem System wieder zu finden, das eben die Werte und Lebensgewohnheiten, vor denen sie geflohen sind, von neuem installiert und sogar noch festigt.

Ich habe keine alternative Lösung, es sei denn, wir ermöglichen es den Gerichten und den Mediationsexperten, die Rolle des moralischen Schiedsrichters zu spielen – ein Gedanke, den ich ganz entschieden ablehne. Ich glaube auch nicht, dass wir jeder angeblichen Missetat ewig lang nachspüren sollten. Wir würden damit ein Klima der Hexenverfolgung in unserer Gesellschaft heraufbeschwören, das vermutlich noch schlimmer wäre als das gegenwärtige System. Ich will aber ganz deutlich darauf hinweisen, dass die neutrale Position der Gerichte schwerwiegende Konsequenzen nach sich zieht. Sie rettet die Kinder nicht, ja sie behauptet nicht einmal, sie zu retten. Sie rettet im Gegenteil die Elternperson. Wie wir an Larrys Fall sahen, der seinen gewalttätigen Vater noch so lange nach der Scheidung idealisierte, kann diese Neutralität sich so auswirken, dass das Kind in einer unglücklichen und unmoralischen Beziehung gefangen bleibt – tatsächlich ist dies häufig der Fall. Die Folge ist, dass dem Kind die Aufgabe zufällt, sich selbst aus der Identifikation mit einer problembelasteten oder moralisch defizitären Elternperson zu retten. Das kann eine unendlich schwere Aufgabe sein. Viele geschiedene Eltern machen sich insoweit berechtigte Sorgen.

Gemeinsame materielle Versorgung

Ich fragte Paula, wie die gemeinsame materielle Versorgung sich in ihrem Fall anlasse, und sie lieferte mir einen Monolog, aus dem hervorging, dass die Situation in ihren Augen sehr frustrierend war: Für Racer war es nicht einfach, zwischen den beiden Haushalten – dem mütterlichen in Berkeley und dem väterlichen in San José – zu pendeln. Sie und Brad sprachen nicht über dieses Thema, und sie selbst kam sich noch immer vor wie eine Schachfigur, die sich den Interessen anderer Leute fügt. Allerdings war Brads neue Freundin nach Paulas Worten eine annehmbare Person, was sie als hilfreich empfand. Und vor allem war Racer gerne mit seinem Vater zusammen. Sie fuhr fort: »Mal abgesehen von Brads Problemen, die mir sehr zu schaffen machen, habe ich irgendwie das Gefühl, dass er und Racer ein gutes Gespann sind. Sie sind beide begeistert vom Baseball. Racer kennt alle Baseball-Teams und besitzt diese sagenhafte Baseball-Kartensammlung, die er immer mit sich herumträgt. Er dreht seine Sportmütze immer seitlich, genau so wie Brad. Und er rollt die Ärmel seiner T-Shirts hoch und pfeift durch die Schneidezähne. Raten Sie mal, wem er das nachmacht. Brad muss es irgendwie richtig machen, denn Racer liebt ihn. Ich muss sagen, in diesem einen Punkt hatte die Vermittlerin recht. Racer hat mit Sicherheit das Gefühl, dass er zwei Eltern hat.«

Aber was sagt Racer zu diesem ganzen Thema? Paula fragte, ob ich vielleicht selbst mit Racer sprechen könne. Ihre Familie habe ja nun eine Scheidung bereits in der zweiten Generation erlebt, und sie mache sich einfach Sorgen und wolle gern meine Meinung darüber hören, »wie er sich so macht«. Ich erklärte mich bereit, mich ganz formlos mit Racer zu unterhalten, und wir trafen schon am nächsten Tag zusammen. Paula brachte ihn zu mir, machte uns miteinander bekannt und sagte, sie werde in etwa einer Stunde zurück sein. Racer sah dem Kind, das Paula gewesen war, verblüffend ähnlich – er war mit dem lockigen dunklen Haar, das sich in keine Ordnung bringen ließ, und den strahlenden grünen Augen sozusagen die männliche Ausgabe dieses Kindes. Seine Sportkappe hatte er irgendwie seitlich aufgesetzt, ganz wie Paula es vorausgesagt hatte. Mit erstaunlicher Gelassenheit setzte er sich auf den Stuhl mir gegenüber, schlug ein Bein über das andere und fragte: »Was ist?«

Unverzüglich auf seine erwachsene Attitüde eingehend, sagte ich sachlich: »Deine Mutter hat dich hergebracht, weil ich gerne in Erfahrung bringen möchte, was eine Scheidung für Kinder bedeutet. Du würdest mir sehr helfen, wenn du mir sagen könntest, was sie für dich bedeutet, vor allem was es für dich bedeutet, zum Teil mit deiner Mutter und zum Teil mit deinem Vater zusammenzuleben.«

Racer fingerte an seiner Mütze herum. »Sie meinen, ich soll Ihnen einen Rat geben?«

»Aber sicher meine ich das. Du bist doch ein Experte für siebenjährige Kinder. Ich kenne ein paar siebenjährige Kinder, deren Eltern gerade dabei sind, sich scheiden zu lassen, und diese Kinder wollen gerne wissen, was sie am besten tun sollen. Wie ist das denn für ein Kind von sieben Jahren, wenn seine Eltern sich trennen?«

»Ganz gut. Natürlich nicht immer.« Wieder schob er seine Mütze hin und her. »Sie können diesen Kindern sagen, dass sie wahrscheinlich beide Eltern öfter sehen wollen.«

»Wenn du es so einrichten könntest, wie du es gerne hättest – wie würdest du dann leben?«

Racer zögerte keinen Augenblick. »Dann würde ich machen, dass sie näher zusammenziehen. Mir gefällt es nicht in Papas Wohnung, aber ich bin gern mit ihm zusammen. Ich hätte es gerne, wenn er und meine Mutter in das gleiche Haus zögen.«

»Kannst du dich an die Zeit erinnern, als sie noch verheiratet waren und ihr alle zusammen gewohnt habt?«

»Klar. Wenn sie jetzt zusammenwohnten, müsste ich nicht so viel mit dem Bus fahren und würde sie jeden Tag sehen. Es ist eine ganz ganz lange Fahrt mit dem Bus. Ich bin gerne bei beiden, aber so ist es schwierig, denn wenn ich bei meinem Vater bin, dann will ich meine Mutter sehen, und wenn ich bei meiner Mutter bin, dann will ich meinen Vater sehen. Nachts fehlt mir immer einer.«

»Was würdest du einem Kind raten, das so alt ist wie du und das jetzt auch damit anfängt, zum Teil bei seiner Mutter und zum Teil bei seinem Vater zu leben, so wie du?«

»Das macht einen müde«, meinte Racer, »weil man den Leuten immerzu sagen muss, wo man ist, und weil man an so vieles denken muss, wohin man geht und wo die Lieblingssachen sind. Und es ist auch doof, weil ich Freunde in meiner Klasse habe, aber sie können ja nicht in Papas Wohnung kommen. Und manchmal spiele ich mit Kindern, wenn ich bei meinem Papa bin, aber die sehe ich eben nur, wenn ich dort bin. Und dann denken sie nicht daran, dass ich mal wiederkomme, und dann haben sie schon etwas anderes ausgemacht. Dann habe ich niemanden zum Spielen, wenn ich wieder hinkomme. Und wenn ich bei meiner Mutter bin, haben sie auch schon etwas ausgemacht, und ich weiß nichts davon. Manchmal denkt man, man wäre ein Gummiband. Und wenn dieser Junge gern Baseball spielt«, sagte Racer mit ernstem Gesicht, »dann können Sie ihm sagen, dass er vielleicht ein paar Spiele versäumt und vielleicht nicht immer zum Training kann – ja, das wird passieren. Hoffentlich kann der Trainer das verstehen.«

»Deine Mutter hat mir gesagt, dass du Baseball spielst. Und auch, dass du gern als Pitcher spielst. (Das war eine Untertreibung. Racer ist ein begeisterter Spieler, aber für seine auch geographisch getrennt lebenden Eltern ist es schwierig, ihn zu Spielen und zum Training zu bringen.)

»Ja, ich spiele sehr gern«, sagte Racer. »Unser Team ist Spitze. Wir werden wahrscheinlich bei den Meisterschaften dabei sein. Und der Trainer hat mir gesagt, dass ich bei den Entscheidungsspielen als Pitcher spielen darf. Aber nur, wenn ich bis zum Saisonende immer zum Training komme.« Racer sah besorgt aus.

»Hast du darüber mit deinen Eltern gesprochen? Das ist doch wirklich wichtig für dich.«

»Sie haben gesagt, sie werden versuchen, dass sie es irgendwie hinkriegen, dass ich jedes Mal dabei sein kann, aber ich weiß nicht...« Racer blickte finster. »Das sagen sie oft, und dann geht es doch nicht.«

»Wenn du etwas ändern könntest, was wäre das?«

»Das Hin- und Herfahren, das nervt mich. Weil ich vielleicht gerade mit meinen Freunden spiele, und dann muss ich weg, wenn wir mittendrin sind. Und ich habe Sachen, die möchte ich am Wochenende machen, zum Beispiel Baseball, und ich versäume manchmal wichtige Sachen.«

»Könntest du in einem Baseball-Team in San José spielen, wo dein Vater wohnt?«

Racer sah mich an, als hätte ich den Verstand verloren. »Das bringt gar nichts«, sagte er in einem halb gönnerhaften, halb gereizten Ton. »Es würde nur alles noch schlimmer machen. Dann hätte ich zwei Teams, in denen ich nicht immer mitspielen könnte, und zwei Trainer, die wütend auf mich wären.«

»Ja, natürlich. Das kann ich sehr gut verstehen.« Ich beeilte mich, den Terrainverlust wieder gutzumachen. »Das ist wirklich schwierig.«

»Sehr schwierig«, betonte Racer. »Sie wohnen viel zu weit auseinander. Ich wollte, sie würden zusammenziehen.«

Nachdem Racer gegangen war, überlegte ich mir, dass das nun wirklich ein gemischtes Bild der gemeinsamen Versorgung eines Kindes gewesen war, das der junge Experte mir da auf meine Bitte hin geliefert hatte. Er hatte das Wort »müde« benutzt, was für ein Kind seines Alters ungewöhnlich ist. War es möglich, dass er die Anspannung, unter der er stand, als Müdigkeit beschrieb? Schlief er vielleicht nicht gut? Er hatte ja sehr deutlich von der »ganz ganz langen Busfahrt« zwischen den beiden elterlichen Wohnungen und davon gesprochen, wie schwierig es wegen seines ständigen Hin und Her für ihn war, seine Freunde zu behalten und hier und dort zur richtigen Zeit zum Spielen aufzutauchen. An beiden Orten ist er ein Außenseiter. Wieviele Kinder schaffen es mühelos, sich, während sie ständig hin und her fahren, Freunde hier und Freunde dort zu erhalten? Racer fürchtete, vielleicht nicht als Pitcher spielen zu dürfen, wenn sein Trainer nicht damit rechnen konnte, dass er jedes Mal pünktlich auftauchte. Natürlich wollen Trainer ein Siegerteam und Spieler, auf die sie sich verlassen können. Das Gleiche gilt für die Leiter von Schul-Theatergruppen und für Pfadfindermeister. Racer hat also recht, wenn er sich Sorgen macht, dass er vielleicht bald bei wichtigen Ereignissen nicht mehr dabei sein kann, weil er nur sporadisch auftaucht. Sehr anschaulich hatte er mir auch davon berichtet, dass er, wenn er bei seinem Vater ist, die Mutter vermisst, und sich umgekehrt zuhause bei seiner Mutter zur Schlafenszeit seinen Vater herbeiwünscht. Diese anrührende Klage höre ich von nahezu allen jüngeren Kindern, deren Eltern sich für die gemeinsame elterliche Sorge entschieden haben. Andererseits muss ich sagen, dass viele Kinder sich recht gut an ihre neuen Lebensumstände anpassen und eine feste Bindung zu beiden Eltern unterhalten. Ihr Selbstwertgefühl ist gut ausgebildet, und ihre innere Unruhe gewinnt nicht die Oberhand über sie.

Versucht Racer uns etwas zu sagen, was wir nicht hören wollen? Es sieht nicht so aus, als wäre er besonders glücklich mit dem Arrangement der gemeinsamen Versorgung und dem vielen Hin und Her, das ihm damit zugemutet wird. Was er beschreibt, ist keine glückliche, behütete Kindheit. Er hat durchaus Grund, sich zu beklagen. Andererseits ist er ein sehr gutes Beispiel eines kompetenten kleinen Jungen, der flexibel auf seine Situation reagiert und begriffen hat, dass es nun einmal etwas kostet, den Kontakt mit beiden geschiedenen Eltern aufrechtzuerhalten. Er tut sein Bestes, und er wird mit der Situation fertig. Er steht stellvertretend für viele Kinder, die mit dem Arrangement der gemeinsamen Versorgung leben – Kinder, die so gerne ein Zuhause hätten und dabei weiter zwischen den beiden Haushalten pendeln, um sich wenigstens den Status quo zu erhalten.

Als wir 1971 mit unserer Studie begannen, war das Prinzip der gemeinsamen Versorgung noch kaum bekannt. Es gab zwar Eltern, die sich sozusagen zeitlich in ihr Kind teilten, aber im Gesetz war nur das alleinige Sorgerecht vorgesehen. Die alleinsorgeberechtigte Person – damals nahezu immer die Mutter mit Ausnahme der Fälle, in denen sie körperlich oder geistig nicht in der Lage war, diese Verantwortung zu übernehmen – hatte auch die juristische Sorge für ihr Kind inne, das ständig mit ihr zusammenlebte. Sie erzog das Kind, entschied darüber, welche Schulen es besuchen sollte, und wachte über sein körperliches Wohlbefinden und seine etwa notwendige medizinische Versorgung und Betreuung. Die andere Elternperson, der Vater, hatte ein Besuchsrecht. Die Regelungen, die insoweit erarbeitet wurden, sahen etwa vor, dass die Kinder ihren Vater besuchten, unter Umständen auch in seiner Wohnung übernachteten und alternierend das Wochenende, den einen oder anderen Feiertag und ihre Sommerferien mit ihm verbrachten. Die Mehrheit der von unserer Studie erfassten Kinder lebte damals unter diesem Arrangement. Acht Kinder wurden von ihren Vätern erzogen, die das alleinige Sorgerecht innehatten. Bei allen übrigen Familien war die Mutter die »wichtigste Pflegeperson«, und der Vater besuchte seine Kinder. Die Kinder machten zwar unterschiedliche Erfahrungen, je nachdem, ob sie von Mutter oder Vater erzogen wurden; was ihre psychische Anpassung angeht, habe ich allerdings kaum einen Unterschied zwischen den beiden Gruppen gefunden. Das Gleiche gilt auch für eine sehr viel größere Gruppe von ausschließlich vom Vater bzw. ausschließlich von der Mutter erzogenen Kindern, mit denen wir in unserem Zentrum arbeiteten.

Mit Beginn der Achtzigerjahre trat ein radikaler Wandel in diesem Sorgerechtsmodell ein. Der Staat Kalifornien verabschiedete schon 1980 ein Gesetz, mit dem die Reihe bereits bestehender nachehelicher Sorgerechtsregelungen um das Prinzip der gemeinsamen Versorgung erweitert wurde. Richter und Anwälte gaben dieser neuen Option den Vorzug gegenüber anderen Lösungen, auch wenn der Wortlaut des Gesetzes für eine solche Präferenz nichts hergab. Viele Staaten folgten dem kalifornischen Beispiel rasch, indem sie die gemeinsame elterliche Sorge entweder zuließen oder sogar vorschrieben. Der Anteil der Scheidungsfamilien, die sich für diese Möglichkeit entschieden, stieg in Kalifornien von fünf auf nahezu zwanzig Prozent.[2] In den späten Achtzigerjahren klärte das kalifornische Recht den Status der gemeinsamen Versorgung offiziell mit der Feststellung, dass Eltern unter den verschiedenen kustodialen Arrangements frei wählen können. Noch heute optieren in Kalifornien etwa zwanzig Prozent der Familien für die gemeinsame Sorge. In anderen Bundesstaaten variiert die Inzidenz dieses kustodialen Modells. In großen Staaten wie Massachusetts leben nur fünf Prozent der Scheidungskinder abwechselnd bei Mutter und Vater. Über das Für und Wider dieses »Wir teilen uns in die Kinder« wird überall debattiert, vor allem in den neu ins Leben gerufenen Väter- und Müttergruppen.

Bevor ich mit meinem eigentlichen Thema fortfahre, will ich einige Begriffe und gesetzliche Definitionen erläutern. Die gemeinsame juristische Sorge bedeutet, dass die Eltern gemeinsam die Verantwortung für Entscheidungen übernehmen, die für das Leben ihrer Kinder von Bedeutung sind. Dabei geht es um die religiöse Erziehung der Kinder, um die Frage, welche Schulen sie besuchen sollen, um ihre medizinische Versorgung in Gesundheit und Krankheit und in einigen Fällen um die Frage, wo sie leben sollen. In manchen derartigen Arrangements sind die Bereiche, in denen die Eltern übereinstimmen müssen, ganz klar festgelegt. Andere Arrangements gehen von einer eher allgemeinen Übereinstimmung in wichtigen Angelegenheiten aus und überlassen es den Eltern, wie sie sich im Einzelfall dazu stellen wollen. Außer in Fällen, in denen ungewöhnliche Umstände vorliegen, ist es in vielen Staaten inzwischen die Mehrheit der geschiedenen Eltern, die sich für die gemeinsame juristische Sorge entscheiden. Viele Gerichte verfügen diese Sorgerechtsregelung routinemäßig in allen Fällen einer Scheidung, es sei denn, die Ex-Partner melden Widerspruch an. Es heißt, dass dieses juristische Arrangement vielleicht keinen direkten Einfluss auf das tägliche Leben der Kinder ausübt, dass es aber doch eine symbolische Bedeutung besitzt und den Vater möglicherweise veranlasst, seine Unterhaltszahlungen zu erhöhen und seine Kinder häufiger zu sehen. Über diesen denkbaren Zusammenhang zwischen Unterhaltszahlung und gemeinsamer juristischer Sorge gehen die Meinungen auseinander. Es ist schwierig, diesen Komplex zu entwirren, schon deshalb, weil wohlhabendere Familien vermutlich von vornherein für die gemeinsame Sorge optieren werden. Die einschlägige Forschung zeigt allerdings, dass weder die Unterhaltszahlung noch die Vater-Kind-Beziehung sehr wesentlich vom Wortlaut der Sorgerechtsregelung bestimmt werden. Die Unterhaltszahlung ist in einem sehr viel größeren Umfang abhängig von der Zahlungsfähigkeit des Vaters und von den Methoden der Beitreibung.[3]

In der gemeinsamen materiellen Versorgung (*joint physical custody*) bzw. dem Modell der dualen Residenz haben wir die neueste Form der Sorgerechtsregelung. Wenn von »joint custody« die Rede ist, dann gewöhnlich in diesem materiellen Sinn; ich werde mich daher ebenfalls an diesen Sprachgebrauch halten. Die gemeinsame materielle Versorgung bedeutet, dass beide Eltern einen erheblichen und wichtigen Teil ihrer Zeit in der Tat den Kindern widmen. Die häufigste Ausprägung dieser Form der Sorge sieht so aus, dass beide Eltern weiterhin einen eigenen Haushalt führen und die Kinder ihre Zeit entsprechend einem zuvor festgelegten Plan zwischen diesen beiden Haushalten aufteilen. Das Hauptziel dabei ist, dass beide Eltern als primär einflussreiche Personen weiterhin Anteil am Leben ihrer Kinder nehmen. Sie treffen nicht nur die für ihre Kinder bedeutsamen Entscheidungen gemeinsam, sondern sprechen sich auch bezüglich der kleineren und eher alltäglichen Fragen und Aufgaben ab. Aus der Perspektive des Kindes betrachtet, bedeutet das gemeinsame Sorgerecht, dass es zwei »Zuhause« hat, dass es regelmäßig zwischen diesen beiden Orten hin und her reist und eine nennenswerte Zeitspanne hier wie da verbringt. Es ist auch mit anderen Formen der gemeinsamen Versorgung experimentiert worden; das mit Abstand häufigste Modell sieht aber so aus, dass beide Eltern einen eigenen Haushalt führen und die Kinder zwischen diesen beiden Orten pendeln. Es hat mich belustigt zu sehen, dass eine alternative Form der gemeinsamen Versorgung, das so genannte *birdnesting*, bei dem die Kinder »zu Hause« bleiben und die Eltern pendeln, den meisten Erwachsenen als zu strapaziös erscheint. Nach einer ersten Woge des elterlichen Interesses ist diese Option inzwischen weitgehend wieder in Vergessenheit geraten.

Alle in Scheidung begriffenen Paare schneidern sich ihre individuelle Form der gemeinsamen Versorgung zusammen, gewöhnlich mit Unterstützung ihres Anwalts oder eines Mediationsexperten. Es gibt keine gesetzlichen Vorschriften darüber, wie viel Zeit ein Kind mit jedem der beiden Eltern verbringen bzw. wie sich diese teils dem Vater und teils der Mutter gewidmete Zeit aufteilen sollte. In Kalifornien hält man sich allerdings bei der Berechnung des Unterhaltsbetrages an die Zeit, die das Kind jeweils im mütterlichen und im väterlichen Haushalt verbringt. Diese Verknüpfung von Geld und Zeit führt einen weiteren Punkt in die Sorgerechtsverhandlungen ein, einen Punkt, der nichts mit dem Kindeswohl zu tun hat, der aber für die Eltern und für ihre Berater häufig sehr wichtig ist. Für einen Anwalt wäre es ein bedenkliches Zeichen von Pflichtvergessenheit, wenn er seinen Klienten nicht über die finanzielle Schere informierte, die sich hier auftun kann. Um es ganz brutal zu sagen: Je länger Sie Ihr Kind dazu kriegen, sich in Ihrem Haushalt aufzuhalten, desto weniger Unterhalt werden Sie zahlen müssen.

In den meisten US-amerikanischen Bundesstaaten ist die Höhe der Unterhaltszahlung allerdings nicht daran gebunden, wie viel Zeit das Kind in welchem der elterlichen Haushalte verbringt. Sie richtet sich vielmehr nach dem Einkommen beider Eltern und danach, was es kostet, ein Kind großzuziehen. Berücksichtigt werden im Einzelnen die beruflichen Anforderungen, denen sich beide Eltern gegenübersehen, die Entfernung zwischen den beiden Haushalten, der Stundenplan des Kindes, seine außerschulischen Aktivitäten, die vorhandenen Möglichkeiten der Tages- bzw. einer Halbtagsbetreuung nach Unterrichtsschluss, Geldfragen anderer Art sowie schließlich individuelle Besonderheiten. In der komplexen Welt von heute, in der beide Eltern arbeiten und die Kinder in den schulfreien Stunden anderweitigen Aktivitäten nachgehen, kann das erforderliche »Timesharing« unter den Beteiligten sich sehr schwierig gestalten, und dementsprechend gibt es unzählige Varianten. Einmal zustandegekommen, sind solche Arrangements allerdings nicht so flexibel, wie dies auf den ersten Blick scheinen mag, weil sie sich in der Regel an der Arbeitszeit der Eltern ausrichten und nicht an den Interessen oder Bedürfnissen des Kindes. Babys und Kleinkinder pendeln vielfach *noch häufiger* zwischen den beiden Haushalten als ihre älteren Geschwister.

Funktioniert die gemeinsame elterliche Sorge?

Wo immer ich hinkomme, stellen mir besorgte Eltern, Therapeuten und Lehrer die gleiche Frage: Ist die gemeinsame elterliche Sorge gut für Kinder? Was ist besser für Kinder – das Pendeln zwischen Vater und Mutter oder das stabile Zuhause entweder bei der Mutter oder beim Vater? Was macht man mit einem einjährigen Kind? Was mit einer Dreijährigen? Unter welcher Sorgerechtsregelung geht die Anpassung der Kinder besser vonstatten? Was soll ich tun, wenn mein Kind weint, weil es nicht von mir weg will, oder wenn mein heranwachsender Sohn sich partout nicht fügt? Die Menschen suchen nach Antworten, die sie entweder darüber beruhigen, dass die gemeinsame elterliche Sorge richtig und sinnvoll ist, oder die eben doch eine sozialpolitische Kehrtwendung nahe legen – zurück zum Modell des alleinigen Sorgerechts. Die gemeinsame elterliche Sorge, das wissen die Eltern, ist ein neuer Weg, Scheidungskinder großzuziehen, ein Weg, mit dem man noch kaum Erfahrungen hat.

Unsere Gerichte wollen präzise Vorschriften. Wie wir gesehen haben, differenzieren die meisten Richter nicht zwischen den Bedürfnissen von Kindern unterschiedlichen Alters, wenn es insoweit glücklicherweise auch Ausnahmen in Gestalt einiger aufgeklärter Richter gibt. Für die meisten Gerichte ist allerdings ein fünfjähriges Kind nicht irgendwie anders zu behandeln als ein zehnjähriges, und die Art der Beziehung, die ein Kind zu Mutter oder Vater unterhält, erscheint irrelevant. Dass es in erster Linie um die Kinder geht, dass Kinder unterschiedliche Temperamente haben, dass ihre Entwicklung in einem von Fall zu Fall unterschiedlichen Schrittmaß erfolgt – diesen Gedanken in ihr Vorgehen einzubeziehen fällt den Gerichten schwer. Ihre Richtschnur lautet, dass beide Eltern das gleiche Anrecht auf die Zeit des Kindes haben.

Wie könnte nach alldem eine gelungene Form der gemeinsamen Versorgung aussehen? Um es kurz zu sagen: Das hängt von dem Kind, von seinen Eltern und davon ab, wie die Eltern miteinander und mit ihrem Kind umgehen. Es spielt eine Rolle, ob das Arrangement wirklich die Bedürfnisse und Wünsche des Kindes spiegelt. Es ist ein kompliziertes Unternehmen: Was in einem bestimmten Alter für ein Kind richtig ist, kann auf einer anderen Entwicklungsstufe für das gleiche Kind schädlich sein. Es gibt nicht »die eine Größe«, die allen Kindern oder allen Familien passt. Ein Arrangement, bei dem das Kind in kurzen Zeitabständen zwischen den Eltern pendelt, ist dann besonders schädlich, wenn es sich um eine hochgradig konfliktbelastete Familie handelt. Kinder, die gehalten sind, das Schlachtfeld zwischen den einander bekriegenden Eltern zu durchqueren, zeigen schwerwiegende Symptome dieser Situation, die ihr physisches und psychisches Wohlbefinden beeinträchtigen. Einschlägige Studien belegen unmissverständlich, wie schwer es diese Kinder trifft und wie rasch sich ihre Anpassung verschlechtert.[4] Unglücklicherweise ordnen die Gerichte in vielen Fällen die gemeinsame elterliche Sorge ausgerechnet für diese kriegerischen Familien an, und sei es nur deshalb, weil die Richter angesichts der fortbestehenden Unversöhnlichkeit eines oder beider Ex-Partner nicht mehr weiter wissen. Andererseits kann das gleiche Arrangement für ein Kind des gleichen Alters unter ansonsten ähnlichen Umständen durchaus segensreich sein, wenn die Eltern miteinander auskommen. Grundsätzlich zeigen unsere Studien, dass es nicht die rechtliche Form der Sorge ist, die für das Wohlergehen des Kindes entscheidend ist.[5] Und es gibt keine Studie, der zufolge die schiere Menge an Zeit, die ein Kind mit einem der Eltern verbringt, für seine psychische Anpassung relevant wäre. Die Hitzigkeit dieser ganzen Diskussion ist angesichts unserer Befunde wie auch angesichts der Erkenntnisse anderer Forscher durch nichts gerechtfertigt. Ein Vergleich von Kindern, deren Eltern sich für die gemeinsame materielle Versorgung entschieden haben, mit solchen, die bei der allein sorgeberechtigten Person aufwachsen, zeigt, dass die mit dem einen und mit dem anderen Elternteil verbrachte Zeit kein Kriterium dafür ist, wie gut das Kind mit seinem Leben in der Familie und in der Schule oder in irgendeinem Bereich zurechtkommt, in dem seine soziale und psychische Anpassung gefragt ist.[6]

Eltern, die riesige Summen in ihre rechtlichen Auseinandersetzungen um das Sorgerecht für ihr Kind investieren, verschwenden damit nur Zeit und Geld. Kein kustodiales Modell, kein Schema des »Wir teilen uns in das Kind«, kein Muster des erweiterten »Zugangs« ist bestimmend dafür, wie gut ein Kind nach der elterlichen Scheidung zurechtkommt. Die gemeinsame elterliche Sorge kann sich für das Kind als eine sehr gute, aber auch als eine sehr ungünstige Lösung erweisen. Das Gleiche gilt für die Alleinsorge in Verbindung mit einer Besuchsregelung. Wichtig sind die psychische Gesundheit der Eltern, die Qualität der Eltern-Kind-Beziehungen, das Verhältnis von offenem Ärger und Kooperation zwischen den Eltern, ferner Alter, Temperament und Flexibilität des Kindes. Wichtig ist auch, wieweit die Eltern fähig und willens sind, zugunsten ihres Kindes die gleiche Routine in beiden Haushalten zu etablieren. Dass ein Kind in dem einen Haushalt um acht Uhr, im anderen um zehn Uhr zu Bett geht, dass es hier unbegrenzt fernsehen darf und dort in seinem Fernsehkonsum ganz streng beschnitten ist, oder auch dass es hier im gleichen Raum mit Vater oder Mutter, dort in einem eigenen Raum schläft, kann nicht ohne schwerwiegende Folgen bleiben. Die gemeinsame elterliche Sorge funktioniert nur, wenn die Eltern den zunehmenden Fähigkeiten des Kindes und seinem Bedürfnis nach gleichförmiger Routine den Vorrang einräumen. Wenn das Kind schon älter ist, muss auch gewährleistet sein, dass es seine Meinung sagen darf und damit ernst genommen wird.

Kleinstkinder unter dem System der gemeinsamen Versorgung

Gemeinsame elterliche Sorge, wenn es sich um ein Kleinstkind handelt – das setzt voraus, dass das Kind imstande ist, sich an zwei primäre Pflegepersonen zu binden, und dass es lernen kann, das immer wieder zu tun, unter Umständen alle paar Tage. Vielleicht können manche oder auch viele Kinder das damit verbundene häufige Hin und Her und die ständige Unterbrechung des Kontaktes in der Tat verkraften – über die psychischen Folgen eines solchen Arrangements wissen wir aber sehr wenig. Kleine Kinder brauchen die verlässliche und einfühlsame Versorgung und Zuwendung, um in den kritischen ersten Lebensjahren gedeihen zu können. Wenn ein Baby die primäre Pflegeperson mehrere Tage lang nicht zu Gesicht bekommt, leidet es Qualen, weil es ja annehmen muss, dass diese Person verschwunden ist und es im Stich gelassen hat.[7] Unser Wissen bezüglich der Frage, wie viel »Abwesenheit der Pflegeperson« das kleine Kind ertragen kann, ohne schwer zu leiden, ist noch immer zu unvollständig, als dass wir es wagen könnten, das regelmäßige Verschwinden der Mutter/des Vaters in das Kalendarium eines solchen Kindes einzubauen. Die Gerichte haben Kleinstkindern allerdings schon wiederholt wochenlange Aufenthalte fern von der primären Pflegeperson verpasst.

Im ersten Lebensjahr braucht ein Kind den Zugang zur primären Pflegeperson, sei es die Mutter oder der Vater, so häufig wie möglich. Das gilt zumal für die Augenblicke stärkerer Belastung, etwa wenn es nachts mit Bauchschmerzen aufwacht, wenn es hungrig ist oder sich schwer tut mit der Anpassung an einen der vielen komplizierten Sachverhalte in seiner Umgebung. Aufgabe der primären Pflegeperson ist es, ein Grundgefühl von Sicherheit aufkommen zu lassen, indem sie in verlässlicher und vorhersehbarer Weise auf die Bedürfnisse des Kindes eingeht. Im zweiten Jahr kann das Kind, das inzwischen auf die eigenen Füße gefunden hat, sich in diesem Gefühl von Sicherheit und Vertrauen allmählich »hinauswagen« und die Welt erkunden. Es kann sich an der Rutsche auf dem Spielplatz versuchen, denn da unten warten die verlässlichsten Arme, die es kennt, um es aufzufangen. Das Interesse des Kindes an der Welt, seine Lernfähigkeit und seine kognitive, emotionale und soziale Entwicklung beruhen auf seinem Gefühl eines sicheren Fundaments.

Sehr wenige Studien haben sich näher mit Kleinst- und Kleinkindern befasst, die auch über Nacht in der Wohnung der anderen Elternperson bleiben. Eine sehr interessante Untersuchung, die an unserem Zentrum von Judith Soloman durchgeführt wurde, kommt zu dem Ergebnis, dass diese sehr jungen Kinder ein ganz ausgeprägtes Gespür für das Verhältnis zwischen ihren geschiedenen Eltern besitzen.[8] Wenn die Eltern wütend sind, oder wenn sie nicht fähig sind, gut miteinander zu kooperieren und zu kommunizieren, lassen die Kinder eine unstete Bindung an beide erkennen, was anzeigt, dass sie weder der Mutter noch dem Vater als schützenden Figuren vertrauen. Sie fühlen sich überall unsicher. Wenn die Eltern dagegen kooperieren können, wenn sie miteinander über die Pflege und Versorgung des Kindes sprechen und einander das Kind jeweils friedlich übergeben können, dann kann es gedeihen. Aber selbst wenn die Eltern sich bemühen, es dem Kind leicht zu machen, sodass es sich in beiden Haushalten wohl fühlt – über eine harte Wahrheit müssen wir uns im Klaren sein: Wenn die Ehe der Eltern im letzten Drittel der Schwangerschaft oder innerhalb der ersten Monate nach der Geburt des Kindes zerbricht, muss man davon ausgehen, dass beide, Mann und Frau, verletzt und wütend sind. Wenn ein Gericht in einer solchen Situation Übernachtbesuche anordnet, werden sie nach meiner Überzeugung kaum imstande sein, sich über Details wie das

Füttern, das Schlafenlegen oder die richtige Reaktion auf eine Kolik zu verständigen. Eltern in dieser Situation sind höchst unglücklich und manchmal regelrecht aufgewühlt.

Wenn ich in der Frage des Sorgerechts für Kleinstkinder um eine Empfehlung gebeten werde, rate ich dazu, ein nacheheliches Umfeld zu schaffen, das dem Leben in einer funktionierenden Familie möglichst nahe kommt. Das kleine Kind sollte die Chance haben, seine frühesten Bindungen in einer stabilen Umgebung zu knüpfen, es sollte eine verlässliche Routine erspüren und auf seine Pflege und Versorgung »zählen« können. Wenn die Eltern ein solches Klima zustandebringen, dann können sie auch an Übernachtaufenthalte des Kindes an beiden Adressen denken und werden seine Reaktion darauf aufmerksam beobachten. Viele Eltern werden nicht ohne Hilfe mit der Angst fertig, ihr Kind könnte in der Obhut der anderen Elternperson möglicherweise nicht sicher sein. Und die Fähigkeit der Kinder, den Wechsel zu verkraften, variiert sehr stark. Wenn das Kind älter wird, können die Eltern das Arrangement in der Weise verändern, dass es nun vielleicht eine längere Zeitspanne als zuvor im jeweiligen Haushalt verbringt. Ein Kind, das eine gelungene Bindung an die eine Elternperson entwickelt hat, kann besser und unbeschwerter mit der anderen Elternperson und weiteren Pflegepersonen umgehen. Vielen geschiedenen Partnern fällt es ganz außerordentlich schwer, den Interessen und dem Wohl des Kindes bewusst den Vorrang einzuräumen, denn das bedeutet, dass sie ihren Zorn, ihre Wunden, ihre Eifersucht und ihr Konkurrenzgefühl zurückdrängen und sich objektiv und einfühlsam mit der Frage befassen müssen, wie das Leben ihres Kindes aussehen wird. Nicht alle Eltern sind dazu imstande, mit Sicherheit ist es aber Aufgabe der Gerichte, dem hilflosen Kind den Vorrang vor den Ansprüchen der Eltern zuzugestehen.

Wie kommen ältere Kinder mit der gemeinsamen Versorgung zurecht?

Und das Kind im Schulalter? Können alle Kinder damit umgehen, dass sie in zwei Haushalten leben? Können sie damit umgehen, dass sie Freunde hier und Freunde dort haben und darauf sehen müssen, mit ihren Unternehmungen nicht in Konflikt mit dem Zeitplan ihrer Eltern zu geraten? Kein Kind gleicht dem anderen, auch was die Fähigkeit angeht, flexibel mit Veränderungen im täglichen Leben umzugehen. Das Schulkind hat in erster Linie die Aufgabe, zu lernen und sich zu einem sozialen Wesen zu entwickeln. Die Sorgerechtsplanung muss folglich sein Temperament und seine Persönlichkeit in Rechnung stellen. Die Menschen kommen mit unterschiedlichen Reaktivitäts- und Erregungsmustern auf die Welt, und dieser grundsätzliche Unterschied in der neurologischen Ausstattung bleibt uns über das ganze Leben hinweg erhalten. Manche Kinder passen sich Veränderungen und Übergängen in ihrem Leben leicht an, ja es gibt Kinder, die so etwas geradezu suchen und daran aufblühen. Anderen fällt es erheblich schwerer, ein solches Geschehen hinzunehmen. Es belastet ihr Nervensystem, und ihre Umstellung auf die neue Situation geht langsamer vonstatten. Solche Kinder, die sich mit Veränderungen schwerer tun, brauchen folglich ein Mehr an Schutz, damit die Dinge ihnen nicht bei ihrer wichtigsten Aufgabe – zu lernen und Freundschaften zu schließen – in die Quere kommen. Manche Kinder können das Wochenende mit dem draußenlebenden Vater verbringen und sich am Montagmorgen an der Schule absetzen lassen, ohne auch nur mit der Wimper zu zucken. Andere Kinder, die sensibler veranlagt sind, können das nicht; sie brauchen einen Tag oder zumindest einen Abend, um sich wieder umzustellen. Ohne einen Tag des Übergangs vor ihrem Wiedereintritt in das gewohnte Leben fallen sie in der Schule und in ihrem Spiel zurück.

Wie wir an Racers Geschichte gesehen haben, können Kinder im Schulalter sich auch sehr stark bei außerschulischen Aktivitäten engagieren, sei es, dass sie Sport, Musik oder Gymnastik treiben, um nur einige zu nennen. Ihre Beteiligung an solchen Unternehmungen fördert Freundschaften ebenso wie das einschlägige Geschick und Talent, sie bedeutet aber auch, dass immer wieder andere Termine zu beachten sind, was zwangsläufig zu Konflikten mit der Sorgerechtsregelung führt. Auch die Einladung zum Geburtstag einer Freundin, der Spielnachmittag oder ein Ausflug mit einer anderen Familie fallen nun einmal nicht paßgenau in die einmal etablierte Sorge- und Umgangsregelung. Je weiter voneinander entfernt die Eltern wohnen, desto schwieriger ist es in der Regel, dem Kind die Teilnahme an allen Aktivitäten und Vorhaben zu ermöglichen. Racer scheint ein willensstarker Junge zu sein, dem durchaus klar ist, dass er mit dem Training »hinten dran« ist und den einen oder anderen Anlass versäumt, aber wenn er da ist, dann strengt er sich aufs Äußerste an und ist glücklich damit. Andere Kinder, die etwas rascher aus dem Gleichgewicht geraten, machen sich halb verrückt bei dem Gedanken, sie könnten zu spät kommen, irgendetwas nicht mitkriegen, die Ballettlehrerin oder den Trainer enttäuschen oder vielleicht die Einzige in der ganzen Gruppe sein, die nicht an der Schlafanzugsparty teilnimmt. Solche Kinder ärgern sich stundenlang, wenn ein bestimmter Anlass sich nicht in ihren festgelegten Zeitplan integrieren lässt. Auch das ist ungünstig für ihre Entwicklung. Nach meiner Erfahrung bleibt ihr Zorn darüber, dass man sie so »herumschiebt«, in vielen Fällen bestehen.

Eltern, die es mit der gemeinsamen Sorge versuchen wollen, sollten – so wie dies in intakten Familien auch gehandhabt wird – sorgfältig darauf achten, welchem Maß von Belastung ihr Kind im gegebenen Augenblick ausgesetzt ist, und diese Frage immer wieder gemeinsam mit dem Kind, untereinander und im Gespräch mit der Lehrerin klären. Sie sollten sich darauf einstellen, auch einmal Abstriche an ihrem eigenen Programm vorzunehmen, wenn ihr Kind in seinen schulischen Leistungen oder in seinem Sozialverhalten gerade eine kritische Phase durchläuft. Ob durch Mediation zustandegekommen oder vom Gericht angeordnet – Sorgerechtsvereinbarungen sollten von Anfang an insofern variabel gehalten werden, als mit veränderten Gegebenheiten aufseiten des Kindes gerechnet werden muss. In unversehrten Familien achten die Eltern genau auf ein ausgewogenes Verhältnis zwischen ihren eigenen Verpflichtungen und der Reaktion ihres Kindes. Es ist keine Frage, dass das Scheidungskind die gleiche liebevolle Aufmerksamkeit verdient – ja dass es sogar noch stärker darauf angewiesen ist.

Was die gemeinsame elterliche Sorge im Fall von Teenagern angeht, so sind Verallgemeinerungen überhaupt nicht möglich. Ihr Schrittmaß auf dem Weg zur Reife ist unterschiedlich, und sie folgen ihrem je individuellen Weg dorthin. In diesem Zusammenhang ist eines klar: In unversehrten Familien haben Teenager ein größeres Mitspracherecht, was ihren Tagesablauf und die Frage angeht, wie sie ihre Zeit organisieren und einteilen, und das gleiche Privileg sollte auch den heranwachsenden Mitgliedern geschiedener Familien eingeräumt werden. Dabei kann gar kein Zweifel daran bestehen, dass die Eltern gerade in diesen Jahren in den meisten Fällen sogar noch häufiger Rücksprache miteinander nehmen und sich gegenseitig helfen müssen, und sei es nur, um zu verhindern, dass ihr heranwachsendes Kind sie gegeneinander ausspielt oder die Möglichkeit des Pendelns zwischen den beiden Adressen dazu nutzt, sich seinen Verpflichtungen am jeweils anderen Ende zu entziehen.

Ich kann nur den Schluss ziehen, dass das Modell der gemeinsamen Sorge als Rechtsvermutung für alle Scheidungskinder der falsche Weg ist. Unser Rechtssystem hat zwar den Auftrag, das Kindeswohl zu schützen, de facto erschwert es aber das Leben vieler Kinder. Der Gedanke, dass sich Wege finden ließen, die sich für alle betroffenen Kinder eignen, ist unrealistisch und für die Individualität der Kinder ebenso schädlich wie für ihre familiäre Situation. Wir müssen zu einem Verfahren gelangen, das es den Kindern ermöglicht, ihre Bedürfnisse und Wünsche in die Diskussion einzubringen, bevor eine Besuchsregelung getroffen wird, und wir müssen dafür sorgen, dass die Besuchsregelung kontinuierlich überprüft wird. Jedes sorge- und umgangsrechtliche Arrangement sollte auf die individuellen Gegebenheiten zugeschnitten sein.

Die Wiederholung der Vergangenheit

Eine Woche nach meinem Gespräch mit Racer traf ich mit Paula zusammen, um über das, was ich in Erfahrung gebracht hatte, mit ihr zu sprechen. Der Junge war offensichtlich frustriert, und ich konnte nicht umhin, mich zu fragen, ob seine Mutter, die als Scheidungskind ja selbst so unglücklich gewesen war, nicht gerade deshalb ganz besonders einfühlsam auf seine missliche Lage reagieren und Schritte unternehmen sollte, um ihn vor Schäden und Nachteilen zu bewahren. Ich fragte Paula also, ob sie sich Racer in seinen Befürchtungen, bei beiden Eltern keine Unterstützung für sein Anliegen zu finden, vielleicht etwas annähern könne. Sie zog eine Grimasse.

»Das Annähern habe ich bisher immer allein besorgt«, sagte sie. »Wenn Brad sich etwas zurücknehmen will und mir das signalisiert, dann können wir vielleicht miteinander reden. Aber ich sehe es verdammt noch mal nicht ein, dass immer *ich* diejenige sein soll, die Racer alles erklärt und die jedes Opfer bringt. Racer muss damit leben, dass Brad so ist, wie er ist, und dass ich so bin, wie ich bin – und er muss sehen, dass er das Beste daraus macht!«

Ich war bestürzt über diese wütende Reaktion, die Paulas ehrliches Interesse an ihrem Sohn überrollt hatte. Die gleiche Reaktion hatte ich allerdings auch in anderen Fällen schon erlebt. So beschloss ich, es noch einmal zu versuchen: »Paula, gibt es vielleicht etwas, was Sie aus Ihrer eigenen Geschichte als Scheidungskind gelernt haben, was die Dinge für Racer etwas einfacher machen könnte? Er hat es wirklich schwer, und er gibt sich große Mühe, es nicht zu zeigen.«

Nach einem Augenblick, in dem sie nur weiter bedrückt dagesessen hatte, ließ sie sich erweichen: »Vielleicht können Brad und ich uns für die Baseball-Saison, die ja nicht ewig dauert, ein anderes Arrangement ausdenken, das besser für ihn ist. Vielleicht sollte ich mal meine Ex-Schwiegermutter anrufen.«

Leider sind erwachsene Scheidungskinder, deren eigene Ehe ebenfalls zerbricht, ihren Kindern deshalb keine besseren Beschützer. Ich hatte gehofft, dass sie sich in diesem Fall ihre einschlägigen Erfahrungen zunutze machen und verständnisvoller mit den eigenen Kindern umgehen würden. Aber in dieser Hoffnung wurde ich bitter enttäuscht. Obwohl alle von unserer Studie erfassten Scheidungsopfer, die sich ihrerseits scheiden ließen, darüber klagten, dass ihre Eltern ihnen damals nichts erklärt und nichts unternommen hatten, um ihnen bei der Anpassung an die neuen Lebensumstände zu helfen, machten sie bei ihren eigenen Kindern genau den gleichen Fehler. Sie wollten auch die Fragen ihrer Kinder nicht hören und machten nicht den Versuch, deren missliche Lage zu verstehen. Wie ihre Eltern wurden auch sie überrollt von den Anforderungen ihrer neuen Lebenssituation – von der Suche nach einer anderen Wohnung, der Tatsache, dass sie mit weniger Geld auskommen mussten, und der Notwendigkeit, die Zukunft neu zu planen. Mir war schon vor meinem Gespräch mit Racer klar, dass Paula nicht sehr viel aus ihren Kindheitserfahrungen gelernt hatte, auch wenn sie sich lebhaft daran erinnerte, wie wütend sie auf ihre Mutter gewesen war und wie sehr sie der Gedanke beunruhigt hatte, die Eltern könnten aus ihrem Gesichtsfeld entschwinden. Wie viele Eltern ging auch Paula davon aus, dass ihr Kind ja einiges auffangen könnte und schon verstehen würde, was da vorging. Sie erwartete einfach, dass Racer zurechtkommen würde. Aber sie sah nicht, dass er sich möglicherweise ebenso einsam und verlassen fühlen würde, wie auch sie sich als Kind gefühlt hatte, oder dass er vielleicht den gleichen Zorn entwickeln würde, der ihr eigenes Leben so viele Jahre lang bestimmt hatte.

Ich bin dieser Haltung, wie Paula sie an den Tag legte, in meiner Arbeit mit geschiedenen Eltern immer wieder begegnet. In der Regel liegt diesen Eltern sehr viel an ihren Kindern, und zugleich sind sie überzeugt, dass der Ex-Partner seiner elterlichen Aufgabe nicht gerecht wird. Sie wissen, dass das Leben nach der Scheidung keineswegs einfach ist, und sind ehrlich an Ratschlägen interessiert, wie sie es besser machen können. Aber es gibt nun einmal keine einfachen Lösungen. Dinge, die das Leben der betroffenen Kinder wirklich erleichtern oder verbessern können, verlangen einer oder beiden Elternpersonen Opfer und die Bereitschaft ab, Veränderungen hinzunehmen. Sie erfordern Flexibilität aufseiten beider Eltern zugunsten der Belange des Kindes. Diese Veränderungen werden genau in dem Augenblick akut, in dem die Eltern, erschöpft von den Strapazen der Trennung und der Wiedereinrichtung im Leben, an einem Tiefpunkt angelangt sind. Wer ist in einem solchen Augenblick an Kooperation interessiert? Wer will ausgerechnet an diesem Punkt noch mehr Opfer bringen? Idealerweise sollte das, was gut für die Eltern ist, auch gut für ihre Kinder sein. Glückliche und erfolgreiche Eltern sollten glückliche und erfolgreiche Kinder hervorbringen. Das ist ein Axiom unserer Kultur, aber dieses Axiom bricht unter der komplizierten Konstellation »lebensechter« Familien zusammen. Es gibt sehr glückliche und kompetente Eltern, deren Kinder sich aus diesem Daseinskreis ausgeschlossen fühlen – für immer an der Peripherie wirklicher Zuneigung. Und wenn Familien auseinander brechen, laufen die Bedürfnisse der einzelnen Mitglieder auseinander. Was den geschiedenen Eltern als für sie selbst gut erscheint, wird den Bedürfnissen der Kinder unter Umständen überhaupt nicht gerecht. Und an eben diesem Punkt ziehen viele geschiedene Eltern die Trennlinie und verschließen ihr Herz. Oft verlieren sie die Berührung mit ihren Kindern und wollen in ihnen kleine Erwachsene sehen.

»Er muss auch seine Kompromisse machen«, meinte die soeben geschiedene Mutter eines fünfjährigen Jungen, nachdem ihre Therapeutin ihr geraten hatte, nicht sofort mit ihrem neuen Freund zusammenzuziehen.

»Ich habe mich bei ihr dafür entschuldigt, dass sie nun eben in einer geschiedenen Familie aufwachsen muss«, sagte mir der Vater einer Dreijährigen. »Jetzt muss jeder von uns sein Leben weiterführen. Sie muss es auch.«

Paula wusste zwar aus eigener Erfahrung, wie es ist, in einer Eineltern-Familie aufzuwachsen, und konnte die Gefühle ihres Sohnes sehr wohl begreifen, aber sie sah sich wie ihre Mutter und Millionen anderer geschiedener Mütter in ökonomischen Zwängen gefangen. »Ich versuche, mir Zeit für Racer zu nehmen. Aber es ist nicht einfach, und ich bin erschöpft. Von den Teilzeitstellen, die ich nach dem Studium haben könnte, kann ich nicht leben. Ich muss also zusehen, dass ich eine Ganztagsstelle bekomme.« Und grimmig fügte sie hinzu: »Racer wird so einsam und so wütend sein wie ich es war. Aber was soll ich machen?«

Am Ende unseres Gesprächs wurde Paula nachdenklich.

»Ich habe über viele Dinge gesprochen«, sagte sie. »Wenn ich jetzt so zurücksehe, was Kinder brauchen, dann wird mir klar, was ich alles nicht hatte. Ich war so lange auf der falschen Spur, und ich hätte so leicht high bleiben und mich damit wirklich zerstören können. Irgendetwas muss mich am Laufen gehalten haben – und vielleicht ist es etwas, was ich von meinen Eltern mitbekommen habe. Ich denke doch, dass sie mich liebten, auch wenn sie es nicht gezeigt haben. Ich habe sie immer alle beide für selbstsüchtig gehalten. Aber jetzt ist es besser, und das ist es ja, worauf es ankommt. Ich habe jetzt eine bessere Familie als damals, als ich ein Kind war. Ich nehme an, man kann sich nicht ganz von dem befreien, was man erlebt hat. Wenn ich mir überlege, was ich getan habe, bin ich doch sehr zufrieden. Ja, ich weiß, man soll immer sagen, dass der Hochzeitstag der schönste Tag im Leben war. Aber für mich wird der Tag, an dem ich das College abschließe, der schönste Tag meines Lebens sein. Weil ich mir dann nämlich sagen kann: Ich hab's geschafft. Und das hätte ich nie gedacht.«

Jetzt endlich, mit dreiunddreißig Jahren, ist Paula unter Schmerzen wirklich erwachsen geworden. Ihre Reise ist noch nicht zu Ende, und es ist nicht klar, was vor ihr liegt. Im vierten Lebensjahrzehnt ist sie dabei, die Verluste, die sie in den Jahren des Heranwachsens hinnehmen musste, zu verarbeiten und möglichst zu verstehen. Jenseits von Wut und Enttäuschung knüpft sie Beziehungen zu beiden Eltern, in denen deren Versäumnisse weder geleugnet noch ständig beredet werden, und findet Wege, den Eltern verbunden zu bleiben. Fraglos liebt sie ihr Kind und möchte, dass der Junge an ihrer wiedergewonnenen Familie teilhat. Nach achtzehn Jahren der Abhängigkeit vom Alkohol erschafft sie sich allmählich ein Selbstbild, das nicht mehr auf Entwürdigung, Willenlosigkeit und Ausweichverhalten beruht, sondern hinter dem der Stolz auf das steht, was sie überwunden und was sie zustande gebracht hat. Zugleich denkt sie über die Pflichten und Verantwortlichkeiten einer Mutter nach. Sie weiß genau, wie sie ihren Sohn *nicht* erziehen will, aber zu wissen, was man *nicht* tun will, ist nicht das Gleiche wie zu wissen, wie man es besser machen könnte. Noch hat sie eine Menge zu lernen – sie muss unabhängig werden und in sich selbst die Voraussetzungen für eine gelungene Liebesbeziehung schaffen. Ich verlasse sie und ihr Kind an einem entscheidenden Punkt ihres Lebens.

1 R. Emory und P. Dillon, »Divorce Mediation and Resolution of Child-Custody Disputes: Long-Term Effects«, *American Journal of Orthopsychiatry* 66 (1996): 131-140.

2 Diese Angabe findet sich in E. Maccoby und R. Mnookin, *Dividing the Child: Social and Legal Dilemmas of Custody* (Cambridge, Mass.: Harvard University Press, 1992).

3 Siehe C. Albiston, E. Maccoby, und R. Mnookin, »Does Joint Legal Custody Matter?«, *Stanford Law and Policy Review*, 2 (1990): 167-179.

4 J. Johnston, M. Kline, und J. Tschann, »Ongoing Postdivorce Conflict in Families Contesting Custody: Effects on Children of Joint Custody and Frequent Access«, *American Journal of Orthopsychiatry* 59 (1989): 576-592.

5 M. Kline, J. Tschann, J. Johnston, und J. Wallerstein, »Children's Adjustment in Joint and Sole Physical Custody Families«, *Developmental Psychology* 25 (1989): 430-438.

6 J. Johnston, »Research Update: Children's Adjustment in Sole Custody Compared to Joint Custody Families and Principles for Custody Decision Making«, *Family Conciliation Courts Review* 33 (1995): 415-425; P. R. Amato, »Children's Adjustment to Divorce: Theories, Hypotheses and Empirical Support«, *Journal of Marriage and the Family* 55 (1992): 23-38.

7 C. M. Heinke und I. Westheimer, *Brief Separations* (New York: International University Press, 1965).

8 J. Soloman und C. George, »The Development of Attachment in Separated and Divorced Families: Effects of Overnight Visitation, Parent and Couple Variables«, *Attachment and Human Development* 1, Nr. 1 (April 1999): 2-33.

Teil 4
Das verwundbare Kind: Billy

17.

Das verwundbare Kind

In den hier folgenden Kapiteln geht es um eine Gruppe von Kindern, denen speziell vor dem Hintergrund der Scheidungsproblematik bisher noch keine besondere Aufmerksamkeit zugewandt worden ist. Es handelt sich um Kinder, die insofern besonders verwundbar sind, als sie bereits unter bestimmten Einschränkungen oder Problemen zu leiden haben – angeborenen Behinderungen, Lernschwierigkeiten, Diabetes, Krebs und anderen Krankheiten. Aus meinen Gesprächen mit Ärzten, Lehrern, Therapeuten und anderen, die von Berufs wegen mit solchen Fällen befasst sind, weiß ich, dass Partnerkonflikte und Scheidungen in den Familien solcher Kinder besonders häufig sind. Ein Kind großzuziehen, das rund um die Uhr betreut werden muss, häufige Arzttermine zu beachten hat oder Förderunterricht braucht, ist eine große Herausforderung. Manche Eltern laufen unter diesem Druck zu großer Form auf, viele andere sind mit der Aufgabe aber überfordert und geben schließlich einer dem anderen oder aber ihrer Ehe die Schuld an der Anspannung, der sie sich tagtäglich ausgesetzt sehen.

In dieser Geschichte geht es um Billy, ein Kind mit einem angeborenen Herzfehler, das seine ersten Lebensjahre in der Obhut einer aufopferungsvollen Mutter verbrachte. Dann aber ließen seine Eltern sich scheiden, und Billys Welt brach zusammen. Er konnte sich den veränderten Lebensumständen nicht anpassen. Die Scheidung seiner Eltern prägte ihn, so wie die Scheidung ihrer Eltern auch Karen, Larry und Paula geprägt hatte, aber im Gegensatz zu diesen anderen Scheidungskindern geriet Billy immer tiefer in die Isolation und empfand sein Unglück immer stärker. Billys Schicksal ist ein weiteres Beispiel dafür, dass und wie das Erlebnis der elterlichen Scheidung das Leben des Kindes verändern und noch sein Erwachsenendasein prägen kann.

Ich traf mich mit Billy zum Fünfundzwanzig-Jahre-Gespräch in dem Café- und Konditoreibetrieb in Berkeley, in dem er arbeitet – einem großen Lokal mit edlen Holzböden, vielen Grünpflanzen und Oberlichtern an den hohen Wänden. Der Duft von Zimtgebäck folgte ihm, als er in einer mehlbestäubten Schürze aus der Küche auftauchte, das lange Haar von einem Netz zusammengehalten. Billy hatte mir vorgeschlagen, um neun Uhr mit ihm zu frühstücken – um diese Zeit endet seine Frühschicht und beginnt für ihn das, was für andere die Mittagspause wäre. Er war ganz außer Atem. »Wir haben eine Extrabestellung, das Zeug kommt gerade aus dem Ofen, und ich brauche noch eine Weile. Tut mir Leid. Inzwischen wird Sue sich um Sie kümmern.« Eine Kellnerin führte mich an einen Tisch und brachte mir Kaffee. »Billy ist so gewissenhaft«, sagte sie schüchtern. »Er überwacht jeden Auftrag, und er ist auch der, dem sie die wirklich heiklen Fälle anvertrauen.«

Die »wirklich heiklen Fälle« gingen mir im Kopf herum. Ich hatte Billy als Neunjährigen kennen gelernt, und er war mit Sicherheit auch selbst ein »heikler Fall« gewesen. Feingliedrig, blass und offensichtlich von dem Wunsch beseelt, sich unsichtbar zu machen, hatte er dagesessen, in einen viel zu großen Parka gehüllt. Ich erinnerte mich wieder an den missgelaunten und unglücklichen Ausdruck auf seinem Gesicht und daran, dass er kaum eine meiner Fragen beantworten wollte. Seine Mutter klagte darüber, dass er sich seit ihrer Scheidung rüde benahm und eifersüchtig auf ihre Freunde war. Der Vater bezeichnete ihn als verzogen.

Billy war mit einem Herzfehler auf die Welt gekommen, den man durch eine Operation sechs Monate später nur teilweise hatte beheben können. Seither war er auf Medikamente und auf ein besonderes Maß an Schutz und Fürsorge angewiesen. Er war klein, dünn und schwach, und seine Ernährung wie seine Unternehmungen mussten stets aufmerksam überwacht werden. Wiederholte Krankenhausaufenthalte bedeuteten, dass er immer wieder den Unterricht versäumte. Während seiner ersten Lebensjahre fungierte die Mutter als seine Pflegerin, Aufseherin, Beraterin und engste Freundin. Sie begleitete ihn zu unzähligen Arztterminen, beriet sich mit Ärzten und Diätspezialisten, wachte über seine Mahlzeiten und seine tägliche Routine. An den langen Tagen zuhause, an denen er nicht in die Schule durfte, weil ihm Ruhe verordnet war, half sie ihm bei den Hausarbeiten, spielte mit ihm und erfand alles Mögliche, um ihn abzulenken. Ihre Mühe und Aufmerksamkeit zahlten sich aus. War er zunächst in der Vorschule und in der ersten Schulklasse kaum mit den anderen mitgekommen, so verbesserten sich Billys schulische Leistungen später stetig, und parallel dazu stieg auch sein Selbstwertgefühl. Kurz bevor seine Eltern sich trennten, war Billy, nun im vierten Schuljahr, einer der Besten in seiner Klasse, der sich besonders als Aufsatzschreiber hervortat und bei den anderen Kindern sehr beliebt war.

Dann brach Billys Welt zusammen. »Ich habe dieses Vollzeit-Mutterdasein satt«, sagte seine Mutter, als wir uns fünf Monate nach ihrer Scheidung zu unserem ersten Gespräch trafen. Jung und attraktiv, hatte sie sich, kaum dass ihr Mann seine Sachen gepackt hatte, anderweitig umgesehen und binnen weniger Wochen ihre Zeit nur noch mit Tom verbracht, dem Mann, den sie später heiratete. »Billy findet Tom *toll*«, rief sie aus. Tatsächlich verbrachten Billy und seine Mutter diesen ersten Sommer im Wesentlichen damit, Tom zu besuchen, der ein Geschäft für Sportartikel in Petaluma besaß – weit weg von Billys Freunden und damit weit weg auch von seinen üblichen Ferienbeschäftigungen. »Billy sitzt nur immer auf der Couch und motzt«, sagte seine Mutter. »Es macht mich ganz verrückt. Je mehr Aufmerksamkeit er mir abverlangt, desto unangenehmer wird er. Ich habe diesem Kind mein Leben gewidmet«, sagte sie und beugte sich vor, wie um diesen großen Einsatz noch zu unterstreichen. »Er muss einsehen, dass ich auch ein eigenes Leben brauche!«

Billys Mutter war eine gesellige Frau und eine sehr gute Amateurmusikerin. Der aus Australien stammende Vater hatte eine florierende Restaurantkette aufgebaut und widmete sich im Übrigen seiner eigentlichen Leidenschaft, den Racketsportarten. Die Eltern führten ein aktives gesellschaftliches Leben, achteten aber auf eine verlässliche häusliche Routine für Billy. Wenn sie abends ausgingen, kümmerte sich eine ehemalige Krankenschwester um ihn, die er von klein auf kannte.

Bei unserem ersten gemeinsamen Gespräch kam Billy nur einmal aus seinem Panzer heraus, als ich ihn fragte, ob es nicht schlimm für ihn sei, so viel Unterrichtsstoff zu versäumen. Er sah kurz zu mir hin, richtete den Blick dann auf seine knochigen kleinen Hände, die festgefaltet in seinem Schoß lagen, und murmelte: »Meine Mutter hat das schon geregelt. Wir haben die Sachen gemeinsam gemacht.«

»Was für Sachen?«

Billy verkroch sich noch tiefer in seinen Parka. Er schwieg so lange, dass ich schon dachte, er würde überhaupt nicht mehr antworten. Dann sagte er ruhig: »Wir hatten Spiele, die haben wir nur an solchen Tagen gespielt. Wir haben mit meinen Lernwörtern gearbeitet, und es hat wirklich Spaß gemacht, sie so zu lernen. Dann haben wir auch Multiplikationsdominos gemacht, und in der dritten Klasse konnte ich das Einmaleins bis zur Zwölf. Wir haben auch die Kinderausgabe des »National Geographic« gelesen und uns Geschichten dazu ausgedacht. Und wir hatten große Landkarten von imaginären Welten, die wir immer ausgemalt haben.« Seine Stimme verlor sich, und er sah sehr traurig aus.

»Das klingt wunderbar!«, sagte ich, froh darüber, ein Thema gefunden zu haben, das auf ein gewisses Interesse bei ihm traf. Billy sah mich beinahe wütend an und verknotete die Hände erneut. »Ja, aber sie macht es nicht mehr.«

Eine Woche später traf ich mit Billys Vater in dessen komfortablem Büro in San Francisco unweit von North Beach zusammen. Die Wand hinter seinem Schreibtisch war bedeckt mit Trophäen und Bändern, die an seine sportlichen Siege erinnerten. Unser Gespräch wurde ständig von hereinkommenden Telefongesprächen und den Fragen seiner Sekretärinnen unterbrochen. Billys Vater, athletisch gebaut und mit einem charmanten Lächeln, erfasste mit einer ausholenden Armbewegung das Chaos in seinem Arbeitszimmer und entschuldigte sich. »So ist es, seitdem wir unser erstes Restaurant eröffnet haben.« Während er wieder einmal telefonierte, beugte ich mich vor, um die in silbernen Rahmen steckenden Fotos auf seinem Schreibtisch näher zu betrachten. Ich hatte Familienbilder erwartet und war erstaunt zu sehen, dass es sich um Fotos von Sportmannschaften und ein besonders großes Bild handelte, auf dem Billys Vater eine sehr junge Frau umarmte. Beide waren im Tennisdress und hatten offensichtlich soeben ein Doppel gewonnen, das von vielen Zuschauern verfolgt worden war, die im Hintergrund zu sehen waren.

»Das da ist Billy«, sagte der Vater, der meinen Blicken gefolgt war. Er zeigte auf ein eher kleines und dunkles Bild an der Wand, das von der Ecke seines Schreibtischs beinahe ganz verdeckt wurde. »Billy hat wirklich Glück«, sagte er. »Zweimal Weihnachten, zweimal Geburtstag und wahrscheinlich zwei Papis.«

Wie es in vielen Ehen der Fall ist, in denen die Partner irgendwann nicht mehr glücklich miteinander sind, hatte Billys Mutter sich zunehmend ihrem Kind als ihrer wichtigsten Quelle der Bewunderung und bedingungslosen Zuneigung zugewandt. Das ist einer der Gründe, weshalb Kinder oft glücklich sind, auch wenn die Eltern ihre Ehe als unglücklich erfahren: Sie sind die ersten Empfänger der Liebe und Aufmerksamkeit von Mutter oder Vater. Dass Billys Gesundheitszustand labil war, dass er die Mutter brauchte und von ihr abhängig war, ließ es seiner Mutter als ein Leichtes und als ganz natürlich erscheinen, dass sie vollständig in seiner Betreuung aufging, solange die Ehe währte. Billys Vater war zunehmend mit seinem Leben außerhalb der Familie beschäftigt. Erfolgreiche Geschäfte und der Sieg beim Squash-Turnier befriedigten ihn weit mehr. Wahr ist auch, dass er insgeheim entsetzt war, ein körperlich unvollkommenes Kind zu haben, das klein und dünn blieb und keinen Sport treiben durfte.

Die Ehe von Billys Eltern endete mit einem erschreckenden Mangel an Gefühlen. Billys Mutter war verärgert, weil ihr Mann sich im Wesentlichen für Partys und seine Geschäfte interessierte. Als er dann auch noch eine Affäre begann und sich keine große Mühe gab, das zu verbergen, meinte sie, er möge doch gehen. Sie nahmen sich gemeinsam einen Anwalt und einigten sich ohne Schwierigkeiten. Beide waren der Ansicht, ihre Scheidung sei fair und für alle Seiten verträglich verlaufen. Billy reagierte bewusst vorsichtig und verhielt sich damit so wie viele Kinder in ähnlicher Lage, die versuchen, es einem oder beiden Eltern recht zu machen. »Dann kann ich jetzt ja einen Hund haben«, sagte er nach der Erinnerung seiner

Mutter auf die Nachricht hin, dass der Vater die Familie verlassen werde. Billys Vater war allergisch gegen Hundehaare.

So kühl wie Billys Eltern gehen viele Paare auseinander. Ihre Ehe ist aus allen möglichen Gründen nicht glücklich gewesen, und sie fühlen sich durch die Scheidung nicht sonderlich verletzt oder verwundet. Beide sind der Ansicht, dass ihre Bedürfnisse sich gewandelt haben, dass sie einander langweilig finden und dass in Zukunft in ihrem Leben wieder mehr los sein dürfte. Das ist nicht gerade die übliche Vorstellung von Scheidung, wenn man bedenkt, dass Anwälte und Therapeuten es in der Regel ja mit sehr aufgestörten Klienten zu tun haben. Nichtsdestoweniger sind solche Fälle häufig. Das Problem in Billys Familie war, dass niemand sich klar machte, dass die speziellen Bedürfnisse dieses Jungen sich nicht gewandelt hatten. Wie wir an allen hier ausgebreiteten Geschichten gesehen haben, büßen Kinder an Schutz und Sicherheit ein, wenn ihre Eltern auseinander gehen und anschließend vollauf damit beschäftigt sind, ihr Leben neu auszurichten. Für ein Mehr an Zuwendung ist dabei fast niemals Raum. Und was noch schwerer wiegt – die Toleranz angesichts von Trauer, Schwäche oder Protest nimmt deutlich ab. Verhaltensweisen und Gefühle, die zuvor verständnisvoll auf die Verwundbarkeit des Kindes zurückgeführt wurden, werden jetzt als bewusste und unangebrachte Versuche eben dieses Kindes angesehen, die Aufmerksamkeit auf sich zu ziehen. Beide Eltern sind inzwischen ein Stück weitergegangen. Ihre Bedürfnissse haben sich gewandelt, und das schließt auch ihr Verhältnis zu ihrem Kind ein. Was für Billy zum lebenslänglichen Problem wurde, war der Umstand, dass er es nicht schaffte, sich auf die Situation einzustellen, wie sie nach der Scheidung seiner Eltern bestand. Er blieb ein verwundbares und »bedürftiges« Kind in einer Welt, die ihm nicht länger geben konnte, was er zu seinem Gedeihen brauchte.

Es gibt viele Kinder, die so wie Billy schon mit Behinderungen und folglich mit besonderen Bedürfnissen zur Welt kommen, sei es dass sie in ihrer allerersten Lebenszeit operiert werden müssen, dass sie rund um die Uhr alle sechs Stunden ein Medikament brauchen oder dass Herz- und Atemtätigkeit regelmäßig überwacht werden müssen. Die Versorgung eines kleinen Kindes ist in jedem Fall eine verantwortliche Aufgabe, aber ein Kind, das mit einer Behinderung zur Welt kommt, ist eine besondere Herausforderung sowohl für erfahrene wie für unerfahrene Mütter. Zu diesen angeborenen Behinderungen zählen Herzfehler, Asthma, zystische Fibrose, Down-Syndrom, Epilepsie und eine lange Reihe weiterer bekannter Krankheiten. Viele Kinder, die früher an ihren seltenen genetischen Zuständen – etwa schwer zu diagnostizierenden Stoffwechselstörungen – gestorben wären, können dank der modernen Behandlungsmöglichkeiten heute überleben, sind aber mit schweren geistigen oder körperlichen Behinderungen geschlagen, die sich auch über Zeit nur in sehr geringem Umfang bessern. Andere Kinder strapazieren ihre Eltern mit Entwicklungsstörungen, beispielsweise mit einem Aufmerksamkeitsdefizit, mit sprachlichen Behinderungen, Dyslexie oder Verhaltensstörungen. Und schließlich gibt es viele Eltern, die Kinder adoptieren, die bereits schwere emotionale Probleme mitbringen, weil es ihnen an früher Versorgung und Zuwendung gefehlt hat oder weil ihre Mütter Drogen- oder Alkoholmissbrauch trieben. Solche Kinder sind oft schwer emotional gestört und mithin nicht imstande, enge Bindungen an Eltern oder Geschwister aufzubauen. Viele von ihnen schreien oder krakeelen buchstäblich zwölf Stunden am Tag und lassen kaum je das schöne Babylächeln sehen, das dafür sorgt, dass die Eltern nicht wahnsinnig werden. Alle diese Kinder brauchen ein außergewöhnlich hohes Maß an zusätzlicher Hilfe, um überleben und wachsen zu können.

Sozialarbeiter, Heilpädagogen und Ärzte, die mit in dieser Weise »verwundbaren« Kindern zu tun haben, berichten häufig, dass das Maß an ehelichen Spannungen und die Zahl der Scheidungen in solchen Familien erheblich über der Norm liegen.[1] Es überrascht nicht, dass das Übermaß an Pflegebedürftigkeit im Verein mit der Sorge um ein solches Kind den Eltern in Form von körperlicher Erschöpfung und emotionaler Ausgepumptheit stark zusetzt, und es ist verständlich, dass Wut, Schuldgefühle und Schuldzuweisungen nun auch Eingang in das intime Leben des Paares finden – eine Belastung, die das Potenzial des Zerbrechens der Familie birgt. Sicherlich werden alle Mitglieder einer solchen Familie einspringen und sich an der Versorgung des Kindes beteiligen, aber die Hauptlast fällt in der Regel doch der Mutter zu, was schwere Ressentiments aufkommen lassen kann. In manchen Fällen werden die Familienmitglieder es auf der intellektuellen Ebene vielleicht verstehen, dass die Mutter bzw. Ehefrau mit ihren notwendigen Versorgungsleistungen beschäftigt ist; in vielen Fällen wird ihr Engagement für dieses anspruchsvolle Kind aber nur Ärger auf den Plan rufen. Das Leben wird für alle Familienmitglieder mühsamer. Der Vater arbeitet jetzt vielleicht mehr, um den Zusatzverdienst in die Versorgung des Kindes stecken zu können. Die Geschwister beschließen stillschweigend, ihre Mutter lieber nicht um Hilfe zu bitten, auch in Fällen, in denen diese Hilfe wirklich nötig wäre. Alle schlagen sich mit Gefühlen von Verlust, Enttäuschung, Ärger und Schuld herum, weil dieses Kind nun einmal nicht so ist und in vielen Fällen auch niemals so sein wird wie andere Kinder. Solche Gefühle tauchen nicht nur zum Zeitpunkt der Geburt eines solchen »verwundbaren« Kindes auf, sondern stellen sich immer wieder ein, während das Kind heranwächst und dabei doch immer hinter den Errungenschaften anderer Kinder zurückbleibt.

Ich habe viele Menschen getroffen, die mit einer solchen Belastung nicht fertig wurden und deren Scheidung unmittelbar durch die Labilität des »verwundbaren« Kindes verursacht wurde. Ein junges Paar zum Beispiel stellte seinen autistischen Sohn in allen großen medizinischen Zentren Amerikas vor in der Hoffnung, Heilung für ihn zu finden. Schließlich beschlossen sie, ihn in ein Heim zu geben – und ließen sich wenige Monate später scheiden. Die Frau erklärte: »Jedes Mal, wenn wir uns ansahen, sahen wir zugleich Jason, und dann hatten wir solche Schuldgefühle, dass wir es einfach nicht mehr ertragen konnten.«

Eine der Frauen in unserer Vergleichsgruppe, Debbie, war mit einer seltenen Muskelschwäche geboren worden, die tägliche Massagen und physikalische Anwendungen erforderlich machte. Ihre Eltern und Geschwister wechselten einander über viele Jahre hinweg mit ihrer Betreuung ab. Mit fünf Jahren lernte sie mithilfe von Stützbändern und Krücken das Gehen, nach jahrelanger Sprechtherapie konnte sie schließlich klar und deutlich reden und in Begleitung einer persönlichen Hilfskraft am regulären Schulunterricht teilnehmen. Sie hatte beschlossen, ein kleines College in Middlewest zu beziehen, an dem schon ihr Vater studiert hatte. Die Eltern erkundigten sich eingehend danach, welche Möglichkeiten für Behinderte auf dem dortigen Campus existierten, und die Mutter blieb während der ersten drei Monate bei ihr, um ihr zu helfen, sich mit den neuen Lebensumständen vertraut zu machen und die notwendigen Hilfsdienste zu mobilisieren. Die Eltern reagierten sehr verständnisvoll darauf, dass ihr Studium langsam voranging und mehrfach eine längere Unterbrechung erfuhr, wenn sie wegen einer zusätzlichen Behandlung nach Hause zurückkehren musste. An gut sichtbarer Stelle in Debbies Wohnzimmer stand ein großes Foto, das sie, umgeben von ihren lächelnden Angehörigen, mit Hut und Robe zeigte, den Insignien der Doktorwürde. Sie kann sich heute als Fachautorin zum Teil selbst unterhalten.

Als ich Debbie interviewte, war sie achtunddreißig Jahre alt, eine unkompliziert und fröhlich wirkende Frau, die im Untergeschoss des elterlichen Hauses ein behindertengerechtes Appartment bewohnte. In sachlichem Ton sprach sie davon, dass andere Leute mit der gleichen Behinderung, die weniger Glück gehabt hatten, an den Rollstuhl gebunden und zum Leben in einer Institution verurteilt seien. »In fast allen Erinnerungen an meine Kindheit sehe ich mich zusammen mit meiner Familie«, sagte sie. »Ich war immer mit ihnen zusammen, und sie haben sich um mich gekümmert, wenn ich krank war. Was immer ich brauchte und brauche, sie versuchen zu helfen. Ich weiß, dass sie für mich da sind, egal was passiert.«

Debbie sprach auch von ihrem Wunsch, weniger auf Hilfe von außen angewiesen zu sein, mehr mit ihren Freunden unternehmen zu können, vielleicht sogar zu heiraten und Kinder zu haben. Dann kam ein rebellischer Unterton in ihre Stimme: »Im Augenblick finde ich, dass meine Eltern einen zu großen Anteil an meinem Leben nehmen. Ich sehe sie immerzu. Es ist schön, sie in der Nähe zu haben, aber ich finde, sie rücken mir allzu nahe, und sie machen sich Sorgen um mich und wollen allzu viel wissen. Tatsächlich habe ich nicht das Gefühl, wirklich ein eigenes Leben zu haben, losgelöst von ihnen.«

Neben ihrer Arbeit versucht Debbie möglichst viel mit Leuten aus ihrem Freundeskreis zu unternehmen. Sie hatte zwei Liebesbeziehungen, eine im College und eine weitere, die noch nicht lange zurückliegt. Etwas gequält erzählte sie mir von der aufgesetzten Nonchalance ihres Vaters, der »ganz zufällig« in dem Augenblick bei ihr hereinschauen wollte, als sie dabei war, ihre Wohnung zusammen mit einem Freund zu verlassen. »Sie sind überfürsorglich, und sie sind halt so daran gewöhnt, sich um mich zu kümmern – aber ich bin bitteschön achtunddreißig Jahre alt!«

Ich fragte Debbie, wie es sich wohl für sie ausgewirkt hätte, wenn ihre Eltern sich hätten scheiden lassen, als sie noch klein war. »Ich stelle mir vor, dass so gut wie alles anders gekommen wäre«, antwortete sie. Dann malte sie sich ihr Leben mit Mutter und Schwester aus und meinte, ihren Vater und die Brüder hätte sie dann wahrscheinlich sehr viel seltener zu Gesicht bekommen. In der Überlegung, wie sehr ihre Eltern einander gerade im Zusammenhang mit ihrer Pflege und Betreuung wechselseitig unterstützt hatten, meinte sie zum Schluss: »Ich glaube, meine Mutter hätte sich mit meiner Betreuung fast kaputt gemacht, und dann weiß ich nicht, was ihr oder mir noch passiert wäre!« Auch wenn ihr, wie sie sagt, die Ehe ihrer Eltern früher »sehr viel rosiger« erschien, ist sie doch der Überzeugung, dass es eine gelungene Verbindung war und ist. »Man muss die Dinge nehmen, wie sie kommen, Gutes und Schlechtes; man muss das Beste aus seinem Leben machen und sein Glück selbst schmieden.«

In der richtigen Erkenntnis, dass ihr Gesundheitszustand der Familie immer wieder Lasten auferlegte, sagte Debbie: »Es macht mir zu schaffen, dass meine Eltern dadurch, dass sie sich um mich kümmern müssen, andere Dinge nicht tun können. Vor allem jetzt, nachdem mein Vater in den Ruhestand gegangen ist. Er spielt Golf, und ich weiß, dass sie gerne häufiger verreisen würden. Sie sorgen zwar dafür, dass jemand hier bleibt, wenn sie wirklich mal wegfahren, aber ich weiß, meine Mutter ist meinetwegen immer in Unruhe und bleibt nicht gerne allzu lange weg. Andererseits haben sie mir immer gesagt, dass ich ein großes Geschenk für sie bin, keine Last. Und meistens glaube ich ihnen das auch.« Die beiden älteren Geschwister, mit denen ich ebenfalls ein Interview durchführte, sagten mir ganz offen, ihrer Meinung nach habe Debbies Behinderung eher zur Stabilisierung der Ehe zweier Partner beigetragen, deren Beziehung im Übrigen etwas distanziert und formal anmute.

Mit einer Betreuung dieser besonderen Art muss es nicht notwendig zu Ende sein, wenn es zu einer Scheidung kommt. Ich weiß von einer geschiedenen Familie, in der das kranke Kind beim Vater blieb, nachdem die Mutter aus der Ehe ausgestiegen war. Sie war allerdings bereit, weiterhin einzukaufen, zu kochen und jeden Tag für mehrere Stunden in die ehemals gemeinsame Wohnung zu kommen, um mit ihrem Sohn zusammen zu sein. Eine andere – wohlhabende – Familie stellte eine Haushaltshilfe ein, die mit dem Kind zwischen beiden elterlichen Wohnungen pendelte, ein Arrangement, das über Jahre hinweg Bestand hatte. Dieser Junge, der an einer Muskeldystrophie litt und inzwischen vierzehn Jahre alt war, begegnete mir bei unserem Gespräch ausgeglichen, liebenswürdig und gut angepasst. Seine geschiedenen Eltern hatten ihre Aufgabe großartig gelöst.

Das Schutzbedürfnis des verwundbaren Kindes nach der elterlichen Scheidung

Eltern müssen wissen, dass verwundbare Kinder sich mit raschen oder radikalen Veränderungen in ihrem Leben außerordentlich schwer tun. Alles, was die Eltern eines solchen Kindes durch ihren großen Einsatz erreicht haben (z.B. dass es endlich aufrecht sitzen kann, oder – später – dass es sich meldet, wenn es »ein Geschäft zu erledigen« hat, oder – noch später – dass es allein mit dem Schulbus fährt), kann durch die Scheidung wieder zunichte gemacht werden. Verwundbare Kinder regredieren erschreckend schnell und brauchen schmerzlich lange, um das Verlorene wieder aufzuholen.

Wenn die Eltern eines solchen Kindes vorhaben, sich scheiden zu lassen, sollten sie die Phase des Übergangs also sehr sorgfältig planen. Die tägliche Routine des Kindes sollte sich nach Möglichkeit nur ganz allmählich wandeln. Wenn das Kind jetzt nicht mehr mit der primären Pflegeperson zusammenlebt, sondern mit der anderen Elternperson in einer anderen Wohnung, sollte die bisherige primäre Pflegeperson sich an zwei oder drei Nachmittagen pro Woche an seinem neuen Zuhause aufhalten. Die alte und die neue Situation müssen sich überschneiden, damit das Kind sich langsam an die neuen Gegebenheiten gewöhnen kann. Auch wenn die medizinischen Erfordernisse selbstverständlich an erster Stelle stehen, sollte doch alles getan werden, um die altvertrauten Maßnahmen, Handgriffe, Übungen und dergleichen beizubehalten, damit das Kind sich innerhalb seiner Routine wohlfühlt.

Wenn – wie im Fall von Billy – plötzlich weniger Pflege und Betreuung geboten werden, weil die Mutter neuen Interessen nachgibt und von nun an ein anderes Leben führen will, dann müssen die Eltern sich darüber im Klaren sein, dass das Kind diese Wendung der Dinge fraglos als Zurückweisung empfinden und todunglücklich sein wird. Es wird wie Billy mit Depression, Wut oder Aufsässigkeit reagieren, und wir haben keinen Grund anzunehmen, dass der Schmerz etwa nachlassen wird. Dieser Verlust ist enorm und kann zur prägenden Erfahrung seiner jungen Jahre werden. Das liegt daran, dass jedes kranke oder behinderte Kind eine doppelte Bürde zu tragen hat. Zum einen muss es sich in einer häufig erbarmungslosen Welt mit seiner Behinderung arrangieren. Zum anderen – und das ist das Schwierigere – muss es mit der Enttäuschung seiner Eltern *seinetwegen* fertig werden, denn es weiß ja, dass sie auf ein gesundes Baby gehofft hatten. Es darf sie nicht noch weiter enttäuschen. Das verwundbare Kind, das sieht, wie seine Eltern sich bemühen, ihren Kummer für sich zu behalten, wird darauf vielleicht ängstlich, beschämt oder depressiv reagieren. Denkbar ist auch, dass es ein überfeines Gespür für ihre Stimmungen entwickelt und eher als ein gesundes Kind das Gefühl hat, für die Schwierigkeiten und Probleme der Familie verantwortlich zu sein. Das verwundbare Kind braucht die doppelte Dosis an Lob und Ermutigung für jeden Schritt, den es in Richtung der ihm überhaupt möglichen Unabhängigkeit tut. Es braucht die Versicherung, dass es auch allein sehr vieles tun und ein Gutteil seiner Selbstversorgung aus eigener Kraft leisten kann. Vor allem muss es für seinen Mut gelobt werden, es überhaupt zu versuchen.

Wenn die geschiedene Mutter eines solchen Kindes sich wieder verheiratet, muss sie dabei sozusagen schrittweise vorgehen. Billys Mutter zum Beispiel hätte in den ersten Monaten Zeiteinheiten ausschließlich für ihren Sohn reservieren können. Das hätte ihm geholfen, die Veränderung in seinem Leben zu verkraften. Eine Mutter, die vorhat, eine zweite Ehe einzugehen, muss sich mit dem komplizierten Geflecht von Liebe und Ressentiment auseinandersetzen, wie es zwischen Pflegeperson und Kind am Werk ist. So wie das Entwöhnen nichts anderes ist als das allmähliche Zurückfahren einer auf beiden Seiten bestehenden Abhängigkeit, so müssen das verwundbare Kind und seine Mutter ihre beiderseitige Beziehung respektieren und ihr Zeit lassen, sich an neue Gegebenheiten anzupassen. Jungen, die krank sind und denen es an Lebenskraft fehlt, können sich in der Regel auf sportlichem Gebiet einem Gegner gar nicht erst stellen, und dabei ist der Sport in unserer Gesellschaft ja oft ein sehr wichtiges Bindeglied zwischen Vater und Sohn. Ein einfühlsamer Vater wird seinem Sohn helfen, wenn dieser versucht, das Manko auszugleichen, indem er sich anderweitig engagiert und echte Erfolge erzielt, auf die er stolz sein kann. In einer unversehrten und gut funktionierenden Familie kommen die Eltern einander mit der Pflege und Versorgung ihrer Kinder wechselseitig zu Hilfe; wenn die Mutter erschöpft ist, übernimmt der Vater, und umgekehrt. Dieses Teilen und gemeinsame Tragen ist noch dringender dort erforderlich, wo ein verwundbares Kind zu versorgen ist und im Hintergrund immer die physische und emotionale Erschöpfung lauert.

Auf keinen Fall sollten Eltern versuchen, sich mittels der Scheidung von dem zutiefst belastenden Gedanken zu befreien, dass sie ein behindertes Kind in die Welt gesetzt haben und dass es unendlich viel kostet – in finanzieller wie in emotionaler Hinsicht –, dieses Kind großzuziehen. Das ist eine sehr gewichtige Überlegung. Die meisten Menschen halten Scheidungen für die Folge ehelicher Konflikte. Wir wissen aber inzwischen, dass belastende Gegebenheiten in einer anderen Sphäre rasch auf die Ehe durchschlagen und zu dem impulsiven Entschluss führen können, die Scheidung anzustrengen. Verwundbare Kinder verursachen großes Leid und wecken starke Gefühle bei ihrer Umgebung. Die Versuchung, vor dieser Situation davonzulaufen, ist groß.

Das Glück wird schon kommen …

Als ich anderthalb Jahre nach der Scheidung seiner Eltern mit Billy sprach, war er ein sehr trauriges und verstörtes Kind. Er ging inzwischen nicht mehr gern zur Schule, wie er mir sagte. Über Tom, seinen neuen Stiefvater, wollte er nicht sprechen, und seinen leiblichen Vater wollte er zwar gerne häufiger sehen, aber bisher waren diese Besuche, wie er selbst sagte, nicht gut verlaufen. Aus seiner Darstellung ging deutlich hervor, dass der Vater die Behinderung seines Sohnes auch weiterhin nicht wahrhaben wollte oder dass sie ihn schlicht nicht interessierte. »Papas neue Freundin ist Läuferin, und sie haben mich aufgefordert, gemeinsam mit ihnen zu laufen«, sagte er unglücklich. »Einmal habe ich es versucht und die Strecke halbwegs geschafft, aber dann musste ich mich hinsetzen. Ich hatte gar keine Luft mehr. Sie haben mir nur zugewinkt und sind weitergelaufen. Ich habe eine Stunde im Auto auf sie gewartet. Mein Vater hat mich dann zu Hause abgesetzt.«

Billy hatte außerdem große Schwierigkeiten damit, dass seine Mutter wieder geheiratet hatte. »Für Billy war der Zeitpunkt schlecht«, sagte sie kopfschüttelnd. »Er war damals in der fünften Klasse und ganz begeistert von seiner Lehrerin, die dann mitten im laufenden Schuljahr ausfiel, weil sie sich operieren lassen musste. Also bekam er eine andere. Das war eine Woche vor unserer Hochzeit. Dass die Lehrerin wegging, hat ihn wirklich schwer getroffen, und bei der Hochzeit war er ganz still und in sich gekehrt. Für alle anderen war es ein tolles Fest. Wir waren eigentlich alle ein bisschen ärgerlich auf ihn – er war ein richtiger Partymuffel.«

Billys Schilderung der Hochzeit klang ein wenig anders. »Die Hochzeit war langweilig. Da waren alle diese Leute, die ich kaum kannte und die zu viel tranken und sich blöd benahmen. Und dann sagten sie auch noch, ich sollte eine Rede halten, so wie Dave.« (Dave war Toms fünfzehnjähriger Sohn aus erster Ehe.) »Aber ich war zu müde. Es war mir schon am Abend vorher schlecht, und ich konnte nicht einschlafen. Meine Mutter war viel zu sehr mit Tom und mit Feiern beschäftigt, um mal bei mir 'reinzusehen, was sie sonst immer tut.«

Halb besorgt und halb irritiert berichtete Billys Mutter, ihr Sohn werde immer mürrischer und ziehe sich zunehmend zurück. »Billy ist bald elf Jahre alt. Er ist zu alt für die Spiele, die wir damals miteinander gespielt haben. Außerdem habe ich inzwischen keine Zeit mehr für so etwas. Tom und ich sind uns darin einig, dass Billy selbstständiger werden muss.«

Es war nur zu offensichtlich, dass Billy mit dieser Einschätzung der Sachlage nicht einverstanden war. »Sie hat sich verändert, seit er aufgetaucht ist«, sagte er traurig mit Bezug auf seine Mutter und Tom. »Sie benimmt sich albern und lacht immerzu; sie setzt sich ihm sogar auf den Schoß«, fügte er angewidert hinzu. »Wenn ich ihr etwas erzählen will, sagt sie immer :'Eine Sekunde, Schatz'« – das Letztere zitierte er in einer zuckersüßen Falsettstimme – »und telefoniert weiter mit ihm. Er ruft von seiner Firma aus an, er ruft häufiger an als irgendjemand sonst. Mein Vater hat nie von seinem Büro aus angerufen. Der macht seine Arbeit und gibt nicht Küsschen am Telefon!«

An Billys Geschichte wird in wieder anderer Weise deutlich, dass die in der Folge der Scheidung veränderte Mutter-Kind- (bzw. Vater-Kind-)Beziehung sich auf die Persönlichkeitsentwicklung des Kindes auswirkt. Wie Paula verlor auch Billy im Anschluss an die Scheidung die zuvor fraglose Aufmerksamkeit der Mutter. Allerdings verschwand Paulas Mutter deshalb von der Bildfläche, weil sie arbeiten musste, um die Familie zu erhalten. Billys Mutter ging nicht zurück in ihren Beruf. Ihre anfänglich hingebungsvolle Sorge für ihr Kind war jedenfalls zum Teil ein Spiegel des Umstandes, dass sie in ihrer Ehe nicht glücklich war. Mit dem Eintritt in eine neue und glücklichere Ehe erwartete sie, dass ihr Sohn sich zusammen mit ihr verändern würde – sie beschwor damit jenen Mythos vom Glück, das sozusagen herabregnen wird, einen Mythos, an den so viele Leute glauben und den ich schon zu Beginn dieses Buches in Frage gestellt habe. Aber Billy besaß keinerlei Handhabe, um sich zu ändern. Gefangen in einer Situation, in der er nicht hoffen kann, dass seine Mutter sich ihm wieder in der alten Weise zuwenden wird, in der er diese Hoffnung aber andererseits nicht aufgeben will, ist er zunehmend davon überzeugt, nicht geliebt zu werden und nicht erwünscht zu sein. Wie Paula ist auch Billy wütend, aber anstatt seine Frustration an der Welt auszulassen, frisst er sie in sich hinein und zieht sich in eine mürrische Passivität zurück. Wie wir an den späteren Interviews mit Billy sehen werden, gewann diese Passivität die Oberhand über sein Erwachsenenleben einschließlich seiner Versuche, intime Beziehungen zu jungen Frauen einzugehen – oder solche Beziehungen zu vermeiden.

1 Offizielle Zahlen über die Scheidungsrate in Familien mit »verwundbaren« Kindern scheint es nicht zu geben. Immerhin herrscht unter den mit solchen Familien befaßten Berufsträgern der klinische Eindruck vor, dass die Scheidungsrate vergleichsweise höher ist. Siehe B. Tew, H. Payne, and K. Lawerence, »Must a Family with a Handicapped Child Be a Handicapped Family?«, *Developmental Medicine and Child Neurology* 16 (1974): 95; C. Telford und J. Sawrey, *The Exceptional Individual*, 4th ed. (Englewood Cliffs, N.J.: Prentice Hall, 1981). Marci Hansen, Professorin für Heilpädagogik an der San Francisco State University, erklärt das unter Umständen höhere Scheidungsrisiko in Fällen, in denen eines der Familienmitglieder außergewöhnliche Bedürfnisse hat, mit dem Konzept der multiplen Stressoren.

18.

Die Stieffamilie

Als ich fünf Jahre nach unserem ersten Gespräch nach Petaluma fuhr, um Billy erneut zu befragen, war er knapp fünfzehn und lebte zusammen mit seiner Mutter, seinem Stiefvater Tom und dessen Sohn Dave in einem viktorianischen Haus in einem der alten Stadtviertel. Er hatte außerdem einen neuen Halbbruder, Mark, der mittlerweile zwei Jahre alt war. Unsere Verabredung klappte insofern perfekt, als wir nahezu gleichzeitig – Billy im Auto eines Freundes – vor dem Haus ankamen. Immer noch klein für sein Alter, sah er eher drahtig als dünn aus. Aus dem vorausgegangenen Telefonat mit seiner Mutter, mit der ich diese neue Gesprächsrunde verabredet hatte, wusste ich, dass Billys Gesundheitszustand noch immer labil war. Jede körperliche Anstrengung konnte Herzklopfen und Atembeklemmungen auslösen. Seine Herztropfen führte er immer bei sich. Auch jetzt, als älterer Schüler, musste er sich wie früher im Hausaufgabenraum beschäftigen, wenn seine Mitschüler Sportunterricht hatten, und im Übrigen hatte er die Erlaubnis, sich im Zimmer der Schulkrankenschwester hinzulegen, wenn er müde war. Seine Mutter war beunruhigt, weil seine wenigen Freunde nicht etwa Kinder »wie alle« waren, also Kinder, für die sich alles um den Sport dreht, sondern eher Einzelgänger und Unruhestifter. Nichtsdestoweniger sah Billy besser aus als ich erwartet hatte. Seine früher so finstere und mürrische Art war einer gewissen Linkischkeit des Heranwachsenden gewichen, der immerhin ein zaghaftes Lächeln versuchte. Da von den übrigen Familienmitgliedern noch niemand zu Hause war, setzten wir uns in die große sonnendurchflutete Küche, und Billy äußerte sich zum ersten Mal über die Scheidung seiner Eltern und die neue Ehe seiner Mutter. »Scheidung ist immer schlecht für die Kinder«, sagte er. »Sie tun dann Dinge, die sie normalerweise nicht tun würden.«

»Was zum Beispiel?«

Sichtlich beschämt, fing Billy an mir zu erzählen, dass er sich, seit sie vor anderthalb Jahren alle hierher nach Petaluma gezogen waren, in ziemliche Schwierigkeiten gebracht hatte: »Manchmal habe ich etwas aus einem Geschäft mitgenommen, und einmal haben sie mich beim Haschischrauchen erwischt. Ich war auch frech zu meinen Lehrern. Und mit meiner Mutter habe ich viel Streit gehabt.« Er sah mich an, als wollte er fragen: Wollen Sie noch mehr hören? Das können Sie leicht haben.

Ich ging nicht darauf ein, sondern fragte stattdessen: »Und was hat das mit der Scheidung deiner Eltern zu tun?«

»Ich war wirklich wütend«, sagte Billy rasch. »Immer wieder habe ich gedacht: 'Wenn ihr euch nicht um mich kümmert, dann mache ich euch allen das Leben schwer.'«

»Bist du immer noch wütend?«

Billy zuckte mit den Schultern. »Manchmal ja. Manchmal bin ich auch traurig. Ich wollte, meine Eltern hätten sich etwas mehr Mühe gegeben – dann hätten sie es vielleicht wieder hingekriegt.«

»Glaubst du, dass es noch immer möglich ist, dass sie wieder zusammenkommen?«

Meine Frage erschreckte ihn sichtlich. Es verging mehr als eine Minute, bevor er antwortete. »Ja«, sagte er dann ernst. »Darüber denke ich manchmal sehr lange nach.«

Diese Antwort überraschte mich nicht. Nach der Scheidung ihrer Eltern ergehen viele Jugendliche sich in lebhaften Fantasien des Inhalts, dass ihre Eltern sich wieder versöhnen werden. Unter Umständen hängen sie solchen Fantasien noch bis weit in ihr Erwachsenenleben hinein nach.

»Und du und Dave – wie kommt ihr beiden miteinander aus?«, fragte ich, wobei ich mich daran erinnerte, dass Billy sich früher überhaupt nicht mit seinem Stiefbruder vertragen hatte.

»Ach, manchmal ist er schon in Ordnung. Es ist besser, seit er ans College gegangen ist. Er ist gar nicht so oft hier. Wir streiten ziemlich viel darüber, was fair ist und wer dies oder das zu erledigen hat und wer die Routinearbeiten im Haushalt machen soll. Tom wird davon ganz wütend, und meine Mutter ergreift nie Partei für mich. Sie geht dann einfach weg.«

»Und was ist mit Tom? Was hältst du von ihm?«

Billy seufzte und sackte in seinem Stuhl zusammen. »Der ist in Ordnung«, sagte er dann widerwillig. »Aber er ist zu streng. Er verlangt zu viel von mir und lässt mir keine Zeit für Erklärungen.« Zur Illustration schilderte Billy mir einige Vorfälle. Einmal hatte er sich zum Beispiel mit seinen routinemäßigen Aufgaben vertrödelt, und ein anderes Mal hatte er zu wenig Zeit für das Rasensprengen eingeplant. »Ich kann es ihm nie recht machen, und wenn ich mich noch so sehr anstrenge«, klagte er. »Er lässt nicht mit sich reden, und er will immer eine Gegenleistung. Wenn ich mit meinen Freunden irgendwohin gehen will, dann heißt es: 'Du kannst nicht gehen, solange du die Garage nicht gefegt hast' – und hinterher bin ich dann zu müde und muss mich hinlegen. Das heißt, ich kann überhaupt nicht zu meinen Freunden.« Billy sah ganz geschlagen aus.

»Was sagt deine Mutter zu solchen Vorfällen?« Es interessierte mich, ob Billy das Gefühl hatte, in irgendeiner Weise von seiner Mutter unterstützt zu werden.

»Das ist ja das Problem!«, brach es aus ihm heraus. »Sie stärkt ihm ja jedes Mal noch den Rücken. Nie ergreift sie Partei für mich. Wenn ich ihr sage, dass ich das aber überhaupt nicht fair von ihm finde, dann sagt sie, dass sie es mit Tom bereden wird. Und dann kommt sie zurück und versucht mir zu erklären, warum Tom das getan hat, was er getan hat, oder warum er gesagt hat, was er gesagt hat. Oder sie kommen beide und erzählen mir, weshalb ich im Unrecht bin. Dann sind sie beide gegen mich. Ich will das nicht, ich habe es satt.«

Am Ende des Interviews hatte ich ein Gefühl von *dejà vu*: Mir schien, dass es mit Billys familiären Bindungen in den fünf Jahren seit unserem ersten Zusammentreffen kaum vorangegangen war. Es fiel ihm noch genau so schwer, sich an die neuen familiären Gegebenheiten anzupassen, und es sah so aus, als hoffte er noch immer, sein Stiefvater würde von der Bildfläche verschwinden. Wie damals hielt er die Scheidung seiner Eltern für ein Unglück, das sie vielleicht hätten abwenden können, wenn sie etwas mehr Verantwortungsgefühl besessen oder sich etwas mehr Mühe gegeben hätten, ihre Schwierigkeiten aus der Welt zu schaffen. Interessant war, dass Billy offensichtlich erkannt hatte, dass das Stehlen und Haschen seine Art war, sich für das Unglück zu rächen, das seine Eltern, so wie er es sah, ihm eingebrockt hatten. (Die meisten Jugendlichen, die nach der Scheidung ihrer Eltern in die Delinquenz abrutschen, ziehen keine Verbindungslinie zwischen der Wut auf ihre Eltern und ihrem Fehlverhalten. Leider stellen auch viele Eltern diesen Zusammenhang nicht her. Täten sie es, dann würden sie vielleicht doch aktiv auf ihre Kinder zugehen, die vielfach so einsam und deprimiert sind wie Billy.)

Was mich bekümmerte und auch etwas befremdete, war Billys Einstellung gegenüber seinem Stiefvater Tom. Offensichtlich war Billy so ziemlich der Einzige, der nicht sah, dass der Englischlehrer und einstige Friedenskorpssoldat Tom sich immer bemüht hatte, ihm ein aufmerksamer, interessierter und engagierter Vater zu sein. Nach rund fünf Jahren respektierte Billy seinen Stiefvater zwar, aber er war noch immer ärgerlich auf ihn und fühlte sich ihm mit Sicherheit nicht wirklich verbunden.

Aus meinen Gesprächen mit Billys Mutter wusste ich, dass sie glücklicher war. Sie war sehr aktiv in dem Kindergarten, den ihr jüngster Sohn besuchte, sorgte als Cellospielerin mit für die musikalische Umrahmung öffentlicher Anlässe, musizierte auch in rehabilitativen Einrichtungen und betätigte sich zusammen mit Tom in einer Reihe karitativer Organisationen. Billys Loyalität gegenüber seinem leiblichen Vater schien so stark wie immer, obwohl der äußere Kontakt nachgelassen hatte. Der Vater ging inzwischen noch stärker in seinen beruflichen Angelegenheiten auf und hatte offensichtlich kaum Zeit für irgendjemanden, dessen Interessen außerhalb der Sphäre von Sport und Gastronomie lagen. Später äußerte er mir gegenüber die Hoffnung, dass Billy sich ein Beispiel an seinem Stiefbruder Dave nehmen würde, der »ein toller Bursche« sei.

Der Stiefvater

Jüngsten nationalen Erhebungen zufolge verbringen fünfundzwanzig Prozent aller Kinder in den Vereinigten Staaten einen Teil ihrer Kindheit als Mitglieder einer Stieffamilie.[1] Und für vierzig Prozent aller Eheschließungen in den 1990er-Jahren trifft zu, dass ein Partner oder beide Partner zuvor schon einmal verheiratet waren.[2] Wir haben es also mit Millionen von Erwachsenen und mit Millionen von Kindern zu tun, die sich in einer neuen Rolle finden. Für die Erwachsenen heißt dies, dass sie sich klarmachen müssen, dass es nicht einfach ist, den Kindern eine gute Stiefmutter bzw. ein guter Stiefvater zu sein, und für die Kinder heißt es, dass sie sich auf eine neu hinzugekommene Person einstellen müssen, die jetzt sozusagen ihre Zelte im Zentrum der Familie aufschlägt. Beide Aufgaben sind nicht leicht zu bewältigen, und beide bergen das Potenzial für Kontroverse und Unglück, aber auch für starken emotionalen Halt und verlässliche Liebe und Zuneigung.

Die Stiefvater-Kind-Beziehung wird in der Regel als ein Duett betrachtet, an dem nur diese beiden Personen beteiligt sind. Sie besteht aber aus mindestens vier und manchmal aus mehr als vier Stimmen, von denen jede ganz erheblich zur Harmonie oder Dissonanz beitragen kann. Die vier Stimmen sind der neue Ehemann der Mutter, das Kind, die Mutter und der leibliche Vater des Kindes. Sie bilden das neue Ensemble, das lernen muss, gut zusammenzuspielen. Der Hintergrund schwillt in manchen Fällen zum Kammerorchester an, dem Stiefmütter, Stiefgeschwister und Halbgeschwister angehören; hier soll aber zunächst die Rede von den wichtigsten Spielern sein.

Offensichtlich haben wir keine Schwierigkeiten mit der Vorstellung, dass jeder Mensch auf dieser Welt nur *eine* biologische Mutter hat (Leihschwangerschaften sollen uns hier nicht interessieren) und dass Stiefmütter, auch wenn sie geliebt werden, sich deren ganz besondere Stellung nicht zu Eigen machen können. Bei den Vätern liegen die Dinge anders. Wir akzeptieren die Vorstellung, dass ein Kind zwei »gleichgestellte« Väter haben kann – einen biologischen Vater und einen Stiefvater, die für das Kind sozusagen in die gleiche Schublade gehören. Manche Leute sind der Ansicht, dass ein Stiefvater den leiblichen Vater durchaus ersetzen kann, so als ob die Vaterrolle irgendwie unschärfer oder auch poröser wäre als die Mutterrolle. Im realen Leben trifft das aber nicht zu. Wenn ein Kind die enge Beziehung zu seinem biologischen Vater beibehält, dann gibt es keine vakante Rolle für einen Stiefvater, keine Spieltradition, kein Drehbuch. Kurioserweise hat die Väterbewegung in unserem Land die potenzielle Rolle des Stiefvaters im Leben seines Stiefkindes sogar noch beschnitten. Wer ist der Stiefvater neben dem biologischen Vater? Ein Tadler oder Kritiker? Ein Freund? Der Mann, der mit meiner Mutter zusammenlebt? Mein Vater? Wer trägt die Verantwortung für das Leben des Kindes? Wer setzt die Regeln? Angenommen, Vater und Stiefvater sind unterschiedlicher Ansicht, wie das ja unweigerlich hin und wieder der Fall sein wird – wessen Vorstellungen sollen dann die Oberhand haben? Wer hilft bei den Hausaufgaben, wer spricht mit der Lehrerin? Gehen alle erwachsenen Mitglieder der Familie zu den Elternabenden? Es gibt so gut wie keinen Sektor im Leben des Kindes, der eindeutig der einen oder der anderen Sphäre zugehörte, denn es gibt keine – gesetzlichen oder anderweitigen – Regeln, die der Stiefvaterrolle Kontur geben, wenn der leibliche Vater noch präsent ist. Wenn Mutter und Stiefvater sich etwa scheiden lassen, oder wenn die Mutter stirbt, steht der Stiefvater in keiner formalen Beziehung zu dem Kind; er hat nicht einmal ein Besuchsrecht, selbst wenn er das Kind von klein auf miterzogen hat. Damit ist genügend Raum für Konflikte, für Missverständnisse und Konkurrenz. Umgekehrt ist auch viel Raum für Kooperation und kreative Lösungen.

Die meisten Männer, die sich in dieser Rolle wieder finden, wissen gar nicht, wie schwer es ist, eine neue Vater-Kind-Beziehung aufzubauen. Es ist eine der vielen Rollen in der geschiedenen Familie, für die es keine Kostümprobe gibt. Leute, die zum zweiten Mal heiraten, gehen davon aus, dass ein interessierter Stiefvater sich mühelos die Schuhe des abwesenden Vaters anziehen wird. Der neue Mann betritt die Bühne mit Schwung und mit großen Erwartungen. Aber nach meiner Erfahrung geht dieser Wechsel nur selten rasch oder mühelos vonstatten, vor allem wenn der biologische Vater im Leben des Kindes weiterhin in der vordersten Linie präsent ist. Selbstverständlich gibt es Umstände, unter denen ein Stiefvater den biologischen Vater in der Tat ersetzt und als Vater wirklich anerkannt wird – zum Beispiel, wenn das Kind sehr klein ist und mit seinem leiblichen Vater nur begrenzten Kontakt hat. Wirkliche Aufmerksamkeit für die Interessen eines älteren Kindes aufzubringen, ist für einen Stiefvater sehr viel schwieriger als sich einem kleinen Kind aktiv zuzuwenden. Es macht Spaß, ein Kleinkind in die Luft zu werfen, auf dem Schoß zu halten, ihm vorzulesen oder es zu Bett zu bringen. Kleine Kinder tun sich überdies leichter mit ihrem Echo, weil sie in der Regel noch keine konfligierenden Loyalitäten ausgebildet haben, die sie in ihren neuen Bindungsbemühungen behindern könnten. Aber einen gemeinsamen Boden mit einem älteren Kind zu finden, dauert sehr viel länger, denn dazu gehört, dass man ganz allmählich eine wirkliche Freundschaft aufbaut, dass man die Kooperation des Kindes gewinnt und deutlich macht, dass man als Stiefvater nicht vorhat, den leiblichen Vater in der Zuneigung des Kindes zu verdrängen.

Zeit, Geduld und Ausdauer – das sind die wichtigsten Voraussetzungen dafür, ein »guter« Stiefvater zu werden und eine glückliche Atmosphäre in der wiederverheirateten Familie zu schaffen. Gute Vorsätze sind wichtig, aber sie bilden nur den allerersten Anfang. Eine enge Beziehung zu einem Kind aufzubauen, dauert ebenso lange wie eine enge Beziehung zu einem erwachsenen Menschen aufzubauen. Es erfordert beharrliche Bemühungen und vor allem wirkliche Zuneigung, die den Widerstand des Kindes und sein Misstrauen gegenüber dieser neuen Person aushalten kann, die ja auch wieder verschwinden könnte. Als Stiefvater im Herzen eines Kindes etabliert zu sein – das wird einem keinesfalls »einfach so« zuteil: Diese Stellung muss man sich verdienen.

Billys Stiefvater hatte in der Tat den Wunsch, dem Jungen ein Vater zu sein, und unternahm im ersten Jahr nach seiner Heirat immer wieder den Versuch, sich ihm zu nähern. Warum gelang ihm das nicht? Er stand nicht in unmittelbarer Konkurrenz zum leiblichen Vater des Jungen und wartete keineswegs darauf, dass Billy sich etwa zwischen ihnen beiden entscheiden würde. Ich vermute, dass sein Misserfolg unter anderem damit zu tun hatte, dass er Billy in seinem eigenen Lebenskreis nicht unbedingt brauchte. Er hatte bereits einen Sohn, und er und Billys Mutter hatten bald auch noch ein gemeinsames Kind, wiederum einen Jungen. Es war ihm also kein so großes Anliegen, eine Beziehung zu einem schwierigen und wütenden Jungen anzuknüpfen, und so gab er diesen Versuch nach einigen Anläufen wieder auf. Erschwerend kam hinzu, dass sein eigener Sohn ein gut aussehender und sportlicher Junge war – also genau das, was Billy nicht war. Billy wäre liebend gerne so wie sein Stiefbruder gewesen und war kreuzunglücklich, wenn wieder einmal alle Familienmitglieder einschließlich seines eigenen Vaters begeistert von seinem Rivalen sprachen. Ihn selbst, Billy, schien niemand jemals zu bewundern.

Das Ergebnis war traurig, aber vorauszusehen: Billy vertat seine Chance auf ein gutes Verhältnis zu einem Mann, gegen den nichts einzuwenden war und der sich bemüht hatte, ihm ein Freund zu sein. Tom blieb im Wesentlichen »der Mann, den meine Mutter geheiratet hat, der Ehemann meiner Mutter, aber niemand für mich«. Leider trifft diese Situation der vertanen Chance auf viele Kinder und Stiefväter zu. Wenn man allerdings bedenkt, wie schwierig es ist, sich in ein im Gang befindliches Familienleben einzuklinken, ist die Beziehung, so wie sie nun einmal ist, vielleicht der beste Kompromiss, den die Familie erreichen kann, und mit Sicherheit ein sehr verbreitetes Ergebnis, das sich auch bei der Hälfte der von uns beobachteten wiederverheirateten Familien fand. Viele Stiefväter interessieren sich nicht sonderlich für die Kinder ihrer neuen Frau und hätten es sehr viel lieber gesehen, wenn sie »ohne Anhang« gekommen wäre. Andere ärgert es, dass sie mit den Kindern eines anderen Mannes leben oder für diese Kinder sorgen sollen. Es ist keineswegs selbstverständlich, dass ein Mann, der heiraten will, allein deshalb auch die Kinder seiner zukünftigen Frau gleich in die Arme schließen möchte. Und in der Tat schickten einige Frauen ihre Kinder in dem Augenblick, in dem sie eine zweite Ehe eingingen, in weiser Erkenntnis dieses potenziellen Problems nun eben zum Vater – egal ob dieser signalisiert hatte, dass er sie nehmen wollte bzw. konnte, oder ob er das nicht signalisiert hatte. Die Wiederverheiratung birgt Spannungen, mit denen wir nicht gerechnet hatten.

Das Kind

Vom Standpunkt des Kindes aus gesehen, ist ein Stiefvater (oder ein neuer Freund der Mutter, den diese in die Wohnung aufgenommen hat) nicht von Anfang an willkommen. Schließlich ist er ein mysteriös maskierter Fremder, der mitten im zweiten Akt plötzlich auf der Bühne erscheint und eine dominante Position für sich reklamiert. Dabei hatte der erste Akt des Stückes, das doch das Leben des Kindes war, bevor dieser Fremde hereingebrochen ist, seine vollständige Besetzung – Mutter, Vater und Kinder in klar umrissenen Rollen. Warum ist dieser Fremde hier? Bedeutet seine Anwesenheit etwas Gutes oder etwas Schlechtes für mich und meine Geschwister? Wird er den Platz meines Vaters am oberen Ende des Tisches und im Bett meiner Mutter einnehmen? Wird er Ansprüche auf die Stellung machen, die mein Vater bei mir innehat? Wird er mir meine Mutter wegnehmen? Die meisten Kinder wollen nicht, dass das Spiel sich ändert. Und mit Sicherheit wollen sie keine neuen Hauptdarsteller. Ihnen gefällt die Überschaubarkeit des ersten Aktes. Die Kräfte, die sich jetzt in ihrem unmittelbaren Umfeld tummeln, bewirken, dass die Kinder sich fragmentiert fühlen, nicht »ganz«. Das ist einer der Hauptgründe, weshalb Kinder die Hoffnung nicht aufgeben, dass ihre Eltern sich wieder versöhnen werden. Mutter und Vater zusammen repräsentieren jenes Gefühl von Ganzheit, das dem Kind in der Folge der elterlichen Scheidung abhanden kommt. Aber der Auftritt des Stiefvaters ist ein deutliches Zeichen dafür, dass die Scheidung endgültig ist – eine unwillkommene Botschaft für viele Kinder, die im geheimsten Winkel ihres Herzens noch immer die Hoffnung hegen, dass der Papa zur Tür hereinkommen und seinen Platz am oberen Ende des Tisches wieder einnehmen wird.

Über all dem schwebt ein eingebauter Interessenkonflikt – hier die Interessen des neu verheirateten Paares, dort die Interessen der Kinder. Die Ehepartner wünschen sich Privatheit, das heißt die Gelegenheit, ohne die Kinder zusammen zu sein. Sie wollen und brauchen Zeit für ihr sexuelles Miteinander, für ihre Partnerschaft, für ihr erwachsenes Spiel. Kinder, die den Verlust dessen befürchten müssen, was sie bisher gehabt haben, kosten ihre Mütter naturgemäß mehr Zeit. Sie sind unglaublich erfinderisch, wenn es darum geht, in irgendwelche Schwierigkeiten zu geraten, krank zu werden, kritische Situationen herbeizuführen oder ganz einfach Ärger zu provozieren. (Besonders empört sind die vielen kleinen Kinder, die vom Stiefvater aus dem mütterlichen Bett verdrängt werden.) Solche unvermeidlichen Spannungen fügen dem Drama, das der Auftritt des Stiefvaters bedeutet, noch eine Komponente hinzu. Nichts an diesem Drama ist einfach. Nichtsdestoweniger sollten die Eltern versuchen, ein Gleichgewicht herzustellen, dem zufolge die Zeit, die sie haben, sich gerecht auf sie selbst – das neue Paar – und auf die Kinder verteilt. Darüber hinaus sollten sie deutlich machen, wo die Grenzen für jedes einzelne Familienmitglied liegen. Viele wiederverheiratete Familien haben festgestellt, dass regelmäßige Familiensitzungen, bei denen man alle möglichen Fragen besprechen kann, sich sehr gut dazu eignen, die Atmosphäre zu reinigen. Solche Treffen ermöglichen es allen Beteiligten, sich Gehör zu verschaffen, und bieten im Anschluss daran Gelegenheit, verbindliche Regeln und Pläne aufzustellen. Sehr wichtig ist, dass die Kinder das Gefühl haben, dass man sie fair behandelt, nicht aber, dass sie das Sagen in der Familie haben. Das zu erreichen ist keineswegs einfach für die Eltern, vor allem, wenn sie es mit Heranwachsenden zu tun haben, die in der geschiedenen Familie das große Wort führten.

Die Reaktionen von Jungen und Mädchen auf das Auftreten eines Stiefvaters sind sehr unterschiedlich, zumal in der ersten Zeit, und auch das ist ein Umstand, den die Erwachsenen in ihre Überlegungen einbeziehen sollten.[3] Jungen begrüßen unter Umständen die Anwesenheit eines Mannes im Haushalt, sobald sie sicher sein können, dass er ihr Leben nicht durcheinander bringen oder dirigieren wird. Ein Mann im Haus befreit den einzigen Sohn von der ihm unliebsamen Vorstellung, das einzige männliche Wesen in der Familie zu sein. Viele Jungen im Schulalter klagen nach der Scheidung ihrer Eltern darüber, dass »niemand mehr hier ist, der so ist wie ich«. Mädchen dagegen genießen gerade die Vertrautheit mit der Mutter und die privilegierte Stellung, die sie in dieser Zeit bei ihr innehaben, und nehmen das Eindringen des Stiefvaters übel, weil sie fürchten, den Zugang zur Mutter zu verlieren.

Insofern ist es sehr hilfreich, wenn die Mutter vor ihrer Wiederverheiratung realistisch über ihr Verhältnis zu jedem einzelnen ihrer Kinder nachdenkt und dabei versucht sich vorzustellen, wie das betreffende Kind sich fühlen wird, wenn der Stiefvater schließlich da ist. Schon damit, dass sie sich bestimmte Zeiten frei hält, in denen ihr Sohn bzw. ihre Tochter sie ganz für sich hat, lässt sich sehr viel tun, um späteren Schwierigkeiten vorzubeugen. Für Billy wäre es eine große Beruhigung gewesen, wenn seine Mutter jede Woche ein paar Stunden für ihn allein übrig gehabt hätte.

Ein Stiefvater, der die Szenerie allzu forsch betritt und der Mutter mitteilt, dass sie bisher zu nachsichtig gewesen ist und dass die Kinder die feste Hand eines Mannes brauchen, kommt damit nicht gut an. Das disziplinarische Regiment anzutreten, ohne zunächst den Respekt und die Loyalität des Kindes gewonnen zu haben, ist ein schwerer Fehler. (Nach meiner Erfahrung ist es besser für das Kind und besser für den Stiefvater, wenn der Bereich der Disziplin bei der Mutter bleibt, zumal in den ersten Jahren nach ihrer Wiederverheiratung.) Vor allem Heranwachsende fühlen sich durch diese unsensible Art verletzt und verärgert und sind geradezu bestürzt, wenn die Mutter sich nicht auf ihre Seite schlägt. Sie schließen daraus, dass Mutter und Stiefvater sich gegen sie verbündet haben. Ihr Zorn darüber hält unter Umständen bis weit in ihr Erwachsenenleben hinein an.

Billy lehnte seinen Stiefvater von Anfang an ab und zeigte kein Echo auf dessen ehrlich gemeinte Freundschaftsangebote. Warum? Weil Tom, soweit es Billy betraf, niemals über die Rolle des Eindringlings hinausgelangte – des Feindes, der Billys Platz im Zentrum der mütterlichen Aufmerksamkeit und Zuneigung eingenommen hatte. Billy wünschte sich sehnlichst, seine Mutter möge ihre Versorgerrolle wieder aufnehmen, und der Stiefvater möge aus seinem Leben verschwinden – Punkt. Auch wenn seine Wut auf den Stiefvater im Laufe der Jahre verpuffte, kamen sie einander niemals nahe, und als Erwachsene verband sie so gut wie nichts. Billy machte sich die Wertvorstellungen seines Stiefvaters zu keiner Zeit zu Eigen, er suchte nie seine Gefährtschaft und ließ ihn nie an seinen Interessen teilhaben. Tatsächlich gab er der Beziehung zu seinem Stiefvater nie eine Chance. Er war zu gekränkt, als dass er Toms väterliche bzw. elterliche Tugenden hätte erkennen können, und dies obwohl sein leiblicher Vater insoweit längst nicht an Tom heranreichte. Billy empfand seinem leiblichen Vater gegenüber eine Loyalität, die ihm keine andere Wahl ließ als den Stiefvater abzulehnen.

Die Beziehung des heranwachsenden Kindes zum Stiefvater ist besonders schwer zu navigieren. Teenager sind bekanntlich sehr stark damit beschäftigt, aus dem Radius der väterlichen Autorität auszubrechen. Das natürliche Schlachtfeld, auf dem ein heranwachsendes Kind seinen Kampf um die eigene Unabhängigkeit austrägt, ist das Gebiet der Regeln. Nur wenige Stiefväter machen sich klar, dass ihre Stiefkinder nicht auf sie persönlich wütend sind, sondern dass sie wütend sind, weil sie in einem Entwicklungsstadium stecken, das nun einmal mit Wut auf Erwachsene in Autoritätsstellungen einhergeht. Wenn der neue Mann also wie eine Tonne Ziegelsteine über das Kind herfällt, kann er nichts anderes erwarten als weitere Zeichen der Rebellion. So kann ein Kreislauf aus Rebellion und Bestrafung in Gang kommen, bei dem niemand gewinnt und der in einem der von uns begleiteten Fälle dazu führte, dass ein Sechzehnjähriger den neuen Sportwagen seines Stiefvaters zu Schrott fuhr. Der Stiefvater rächte sich, indem er den Jungen vor das Jugendgericht brachte. In einem anderen Fall fing ein allzu neugieriger Stiefvater an, die Gespräche seiner Stieftochter mit ihren Freunden zu überwachen, und führte zu seiner Entschuldigung an, sie könnte ja in schlechte Gesellschaft geraten. Solche und ähnliche Auseinandersetzungen kommen natürlich auch in nichtgeschiedenen Familien vor, aber Stiefväter und ihre heranwachsenden Stiefkinder sind insoweit besonders gefährdet, weil die Bindung zwischen ihnen fragil ist.

Stiefväter und heranwachsende Töchter sehen sich unter Umständen noch aus einem anderen Grund gehalten, auf Distanz zueinander zu bleiben. Ein leiblicher Vater, der seine kleine Tochter frisch windelt, ist, wenn diese Tochter vierzehn Jahre alt ist, weniger in Gefahr, sie sich als sexuelles Wesen vorzustellen, als ein Mann, der Jahre später dazukommt und das sich entwickelnde Mädchen sieht, wie es, bekleidet mit BH und kurzem Höschen, im Vorgarten herumstolziert. Stiefväter und Stieftöchter haben zwischen sich nicht jene Schutzmechanismen gegen erotische Fantasien und Handlungen errichtet, wie sie sich im Verhältnis zwischen biologischen Vätern und Töchtern ganz natürlich entwickeln. Folglich wahren sie – bewusst oder unbewusst – die Distanz zueinander.

Die Mutter

Viele Frauen halten sich weitgehend am Rande des Geschehens, in der Hoffnung, dass der neue Ehemann und das Kind miteinander zurechtkommen werden, und sind dann enttäuscht, wenn das nicht der Fall ist. Das ist ein Fehler. Ich glaube kaum, dass diese Frauen sich wirklich darüber im Klaren sind, dass ihnen hier eine wichtige Aufgabe zufällt – die Aufgabe, den neuen Ehepartner und das Kind zur Kooperation miteinander anzuregen. Billys Mutter hat vermutlich nie mit ihrem neuen Ehemann über die Krankheitsanfälligkeit ihres Sohnes gesprochen, da er diesem Punkt ja kaum Aufmerksamkeit beimaß, als er Billy aufforderte, seinen Anteil an den häuslichen Arbeiten zu erledigen. Es deutete auch nichts darauf hin, dass sie etwa versucht hätte zu verstehen, dass und warum Billy sich einer wirklichen Beziehung zu Tom widersetzte. Hätte sie sich die Mühe gemacht, eine Brücke zwischen den beiden zu bauen, dann hätten die Dinge sich möglicherweise anders entwickelt.

In vielen nichtgeschiedenen Familien dient die Mutter als Vermittlerin zwischen Vater und Kind, das heißt sie erläutert dem einen die Anliegen oder Bedürfnisse des anderen, sodass die Verbindung zwischen den beiden erhalten bleibt. Tausende von Frauen sagen zu ihrem erschöpften Ehemann: »Es würde dem Jungen so viel bedeuten, wenn du am Wochenende mal ein bisschen Zeit für ihn hättest.« Oder sie wenden sich an ihre geschäftigen Kinder und sagen: »Dein Vater möchte doch auch mit dir zusammen sein. Wann könntest du denn mal?« Dass die Mutter auch diese Rolle wahrnimmt, ist in der wiederverheirateten Familie sogar noch wichtiger.

Wenn die Mutter keinen eigenständigen Part übernimmt, dann sieht das Kind sie in einer ihm unfreundlich gesonnenen Allianz mit dem Stiefvater. Aufgabe der Mutter ist es auch, das Kind in den Daseinskreis des glücklichen Paares zu bringen, um so seinen Eindruck von der misslungenen ehelichen Beziehung wieder wettzumachen. Nur wenige Frauen erkennen darin die einmalige Chance, Einfluss auf die zukünftige Einstellung ihrer Kinder zur Ehe auszuüben.

Der biologische Vater

Das vierte Mitglied des Quartetts ist der biologische Vater, der zusammen mit seiner Ex-Ehefrau die Beziehung zwischen Kind und Stiefvater entstehen oder zerbrechen lassen kann. Es kommt vor, dass ein abwesender Vater zwar die Bindung seines Kindes an einen anderen Mann nicht unmittelbar blockiert, ihr Entstehen aber unter Umständen dadurch verhindert, dass er die Hoffnung des Kindes auf ein besseres Verhältnis zu ihm, dem leiblichen Vater, am Leben hält. In solchen Fällen wird das Kind höchstwahrscheinlich eine sehr dürftige Beziehung zu seinem Stiefvater unterhalten – ein Umstand, der den meisten Erwachsenen schwer verständlich erscheint. Sollte ein Kind, das in der einen Beziehung nicht glücklich ist, nicht logischerweise diejenige Person willkommen heißen, die die Lücke füllt? Dieses Fazit ist allerdings nur sinnvoll, wenn das Kind die Hoffnung aufgibt, die Liebe des Vaters und sein Interesse wiederzugewinnen, oder wenn es den Vater zurückweist, wie wir dies in Larrys Geschichte sahen. Ungeachtet der Enttäuschungen, die er erfuhr, hörte Billy nie auf zu glauben, dass sein Vater ihn eines Tages lieben und wertschätzen würde. In vielen Fällen ist es das Desinteresse des Vaters, das die starke Vaterbindung des Sohnes sozusagen befeuert. Ein enges Verhältnis zum Stiefvater wäre ein Verrat am Vater.

Ob er in der Nähe oder weit weg ist, die Einstellung des biologischen Vaters zum Stiefvater ist von allergrößter Bedeutung. Der biologische Vater steht symbolisch am Eingang der Beziehung des Kindes zum Stiefvater. Wenn er einen Groll gegen den Stiefvater hegt oder mit ihm um die Zuneigung des Kindes konkurriert, dann ist es dem Kind mehr oder weniger unmöglich, den neuen Mann zu lieben. Wenn der Vater dagegen die neue Beziehung zwischen Kind und Stiefvater fördert, dann ebnet er ihnen beiden den Weg.

Kinder und Heranwachsende, die ihren biologischen Vater ablehnen, weil sie ihn als eine Niete, als moralisch fragwürdig oder als desinteressiert betrachten, gehen dagegen häufig aktiv auf den Stiefvater als eine Person zu, die sie bewundern und nachahmen können. Viele meiner Probanden sprachen mit großer Zuneigung und durchaus lobend von ihrem Stiefvater. »Ich liebe ihn sehr. Er ist ein guter und loyaler Mann.« Andere sagten: »Mein Stiefvater hat mir das Leben gerettet.« Ein junger Mann erklärte: »Ich habe keinen Respekt vor meinem Vater. Er ist verantwortungslos und egozentrisch. Aber mein Stiefvater ist genau der Mensch, der ich auch sein möchte. Ich habe Glück gehabt mit ihm.« Eine junge Frau, die von ihrem Stiefvater aus einem gesetzwidrigen Leben mit einer Motorradgang herausgeholt wurde, weil er an sie glaubte, sagte stolz: »Er hat mir gesagt, dass ich eine intelligente Person bin und dass ich mir zu schade sein soll, um meine Zeit mit diesen Nichtsnutzen zu vertun. Ich sollte das College besuchen, hat er gesagt, und das Beste war, dass er das Geld dafür nicht nur angekündigt, sondern auch wirklich hergegeben hat. Er ist der Vater, den ich mir immer gewünscht habe.« Ich habe es immer wieder erlebt, dass ein Heranwachsender sich von seinem moralisch bankrotten biologischen Vater lossagte und auf der Suche nach Führung und Hilfe in der realen Welt auf den Stiefvater zuging. Ein junger Mann sagte: »Mein Stiefvater ist sehr viel eher ein Vater als mein leiblicher Vater. Er war es, der sich um meine Mutter und meine Schwestern und mich gekümmert hat. Den Platz in meinem Herzen hat er sich verdient.«

Von »meinen« erwachsenen Scheidungskindern äußerten mehrere ihre Erkenntlichkeit gegenüber einem Stiefvater, der ohne großes Aufhebens eine beschützende Rolle in ihrem Leben und im Leben ihrer Mutter gespielt hatte und weiterhin gut für ihre Mutter sorgte. Das fanden sie beruhigend. »Er war immer für mich da, wenn ich ihn brauchte«, sagte eine erfolgreiche vierunddreißigjährige Geschäftsfrau mit Bezug auf ihren Stiefvater. »Wir gingen ja auch unseren Papa besuchen, und das war immer ein großes Fest. Er hat uns Geschenke gekauft und uns Dinge tun lassen, die meine Mutter und mein Stiefvater uns nicht erlaubten. Wir fanden Papa ganz toll. Trotzdem war ich immer froh, wieder nach Hause zu kommen zu meiner Mutter und meinem Stiefvater. Er war vielleicht nicht so aufregend wie Papa, aber wir brauchten ja etwas Solides, nachdem wir das ganze Wochenende über mit Papa nur Unsinn getrieben hatten.« Eine glückliche und stabile Zweitehe hat offensichtlich enorme wirtschaftliche, soziale und psychologische Vorteile für das Paar und für die Kinder.

Kinder, die in guten Zweitehen aufwachsen und sich geliebt und beschützt fühlen, haben in der Tat Glück. Aber sie bilden nicht die Mehrheit. Bundesweit unternommene Studien zur Inzidenz von Lernschwierigkeiten und psychischen Problemen haben keine signifikanten Unterschiede zwischen Kindern aus Einelternfamilien und Kindern aus wiederverheirateten Familien erbracht.[4] Offensichtlich steht den Vorteilen der Wiederverheiratung – zu denen auch die Verbesserung der ökonomischen Situation zählt – das hohe Potenzial an Konflikt und emotionalen Schwierigkeiten gegenüber, das wir in so vielen wiederverheirateten Familien antreffen. Nicht jeder kann in einem neu zusammengetretenen Quartett zur Harmonie gelangen.

Wer übernimmt die Verantwortung?

Als ich Billys Mutter anrief, um das Folgeinterview zehn Jahre nach unserem ersten Kontakt zu vereinbaren, sagte sie mir, dass Billy ausgezogen sei. »Wir haben ihn schon über ein Jahr nicht mehr gesehen, Judy, aber ich kann Ihnen seine Adresse und seine Telefonnummer geben. Er ist ausgezogen, als er sechzehn war, um von da an bei seinem Vater zu leben. Aber das ging schief. Am Ende wohnte er allein in Freds neuem Haus in Palo Alto und dachte, er könne dort die High School abschließen. Ich habe ihn bekniet, doch zurückzukommen und das letzte Jahr hier zu absolvieren, aber es war natürlich nicht gut, dass inzwischen der Kleine in Billys Zimmer umgezogen war. Nach einem halben Jahr hat Billy dann eine Wohnung über dem Restaurant bezogen, in dem er arbeitet, und dort wohnt er seither. Ich glaube, er will nichts von uns wissen.«

Groß angelegte Studien belegen, dass Scheidungskinder, deren Mütter eine zweite Ehe eingehen, früher aus dem Haus gehen als Kinder, die in unversehrten Familien aufwachsen.[5] Viele fühlen sich ungeliebt, unerwünscht und dem Daseinskreis der neuen Familie nicht zugehörig. Manche sind sehr wütend auf Mutter und Stiefvater. »Ich war ein Hindernis«, sagte mir ein junger Mann, »das Überbleibsel einer Ehe, die tot war.« Besonders wütend waren heranwachsende Jungen, die sich bitter über die in ihren Augen harsche Disziplin beklagten, die Mutter und Stiefvater unfairerweise an ihnen exerzierten. Ich war in der Tat überrascht, diese Wut bei einer Anzahl der jungen Männer auch nach Jahren noch virulent zu finden. Ein Dreißigjähriger, der mit sechzehn Jahren von zu Hause weggegangen war, erzählte: »Einen Tag nach dem Tod meines besten Freundes haben sie mich mit auf die Polizeiwache genommen, weil ich betrunken Auto gefahren bin. Es war mein erster Arrest. Meine Mutter und mein Stiefvater traten auf wie Leute von einem Selbstschutzkomitee – sie empfahlen dem Richter, mich zur Höchststrafe zu verurteilen. Daraufhin bin ich dann ausgezogen.« Und mit eisiger Stimme fügte er hinzu: »Das verzeihe ich ihr im ganzen Leben nicht.«

Ich traf Billy einen Monat später. »Ich wollte immer da 'raus, immer«, sagte er heftig, während wir auf der Suche nach einer schattigen Bank langsam die Straße hinuntergingen. Billy, jetzt zwanzig Jahre alt, war braun gebrannt, dünn und drahtig und trug sich mit einem kleinen Schnurrbart ganz ähnlich dem, den auch sein Vater gehabt hatte. Seit seinem Schulabschluss hatte er als Kellner und dann als Assistent des Chefs in dem Restaurant gearbeitet, das jetzt sein Zuhause war. Von seiner Mutter hatte ich erfahren, dass er sich kurzzeitig an einem College eingeschrieben, das Studium aber schon nach dem ersten Semester wieder aufgegeben hatte, weil es ihm nicht gefiel. Als ich ihn fragte, was da los gewesen sei, schnaubte er:

»Was hat sie Ihnen erzählt – dass ich es nicht geschafft habe, oder? Was weiß sie denn schon? Ich war nur ein Semester dort. Als ich mich einschrieb, sagte meine Mutter, sie würde die Kosten für ein halbes Jahr übernehmen, und mein Vater würde für das andere halbe Jahr zahlen – Studiengebühren und Lebensunterhalt eben. Also ging ich dann auch hin, um mich für das zweite Semester einzuschreiben, aber das konnte ich nicht, weil mein Vater den Scheck über die Studiengebühren nicht geschickt hatte. Dann sagte man mir im Studentenheim, ich müsse 'raus, weil das Geld nicht gekommen sei. Ich rief meinen Vater an, und er sagte mir, er sei im Moment nicht besonders flüssig, und meine Mutter sollte erst mal zahlen, er würde es ihr dann zurückgeben. Meine Mutter wollte zwar die Studiengebühren übernehmen, aber nicht auch noch das Geld für das Wohnheim. Also habe ich mir einen Job gesucht, um wenigstens das Zimmer zahlen zu können, aber ich habe halt neben dem Studium immer nachts gearbeitet und war sehr müde und sehr kurzatmig. Ich hatte ziemliche Angst um mein Herz, und ich war auch mutlos, denn es war sehr schwierig, meinen Notenstand zu halten. Ich dachte mir: Ach, Mist – wenn es denen nicht wichtig ist, ob ich das College besuche oder nicht, dann ist es auch mir nicht wichtig. Und seitdem bin ich wieder hier und arbeite hier.«

Erst eine Woche zuvor hatte ich mich mit Billys Vater unterhalten, der sich so weltläufig und charmant gegeben hatte wie immer. Er meinte, Billy komme doch wunderbar zurecht. »Er ist prima, und das liegt daran, dass ich nie von ihm verlangt habe, dieses oder jenes zu tun«, sagte er. »Ich habe ihm meine Vorstellungen oder meinen Lebensstil nicht aufgedrängt. Ich habe immer gesagt, der macht schon seinen Weg. Ich sehe da überhaupt keine Schwierigkeiten.«

»Haben Sie sich je mit Ihrer ehemaligen Frau darüber unterhalten, dass Sie Billy unterstützen könnten, falls er etwa ans College gehen wollte?«, fragte ich und überlegte mir dabei im Stillen, ob dieses »Der macht schon seinen Weg« heißen sollte, dass Billy sein Studium selbst hätte finanzieren sollen. Billys Vater blickte ernst. »Es war mal die Rede davon, dass man sich in die Studiengebühren teilen könnte. Ich habe darüber nachgedacht, und ich halte es für keine gute Idee. Wenn Billy wirklich studieren will, dann wird es ihm lieber sein, wenn er es irgendwie selbst schafft.« Er sah mir direkt in die Augen. »Und er funktioniert besser, wenn seine Mutter und ich ihn nicht so hätscheln.«

Auch wenn es mich traurig machte zu denken, wie es Billy mit seinen Ambitionen ergangen war – überrascht war ich nicht. Es war wie in so vielen von unserer Studie erfassten Fällen: Billys Eltern kamen beide aus Familien, die ihnen eine gute Schulbildung und ein Studium ermöglicht hatten. Ich zweifelte nicht daran, dass sie Billy aufs College geschickt hätten, wenn sie zusammengeblieben wären. Dass sie sich so gar nicht für seine Zukunft interessierten, war auffallend. Mir war selbstverständlich klar, dass ein verwundbarer junger

Mann wie Billy ein hochspezialisiertes Wissen brauchte, um überhaupt auf dem Arbeitsmarkt Fuß zu fassen, denn seine labile Gesundheit verschloss ihm ja schon so viele Jobs. Aber als ich mich mit Billys Mutter darüber unterhielt, ließ sie nur ein höfliches Bedauern angesichts der Tatsache erkennen, dass er sein Studium nicht fortgesetzt hatte. Der Vater sagte mir sachlich, es sei ihm so oder so nicht so wichtig. Beide schienen nicht zu erwarten, dass Billy es, was Ausbildung und berufliche Tätigkeit anging, auch nur auf den von ihnen erreichten Stand bringen würde. Tatsächlich hatten wohl beide keine großen Erwartungen, was diesen Sohn anging.

Um den achtzehnten Geburtstag herum haben viele junge Menschen, die in geschiedenen Familien aufgewachsen sind, plötzlich das Gefühl, Mitbürger zweiter Klasse zu sein. Dann nämlich trifft die letzte Unterhaltszahlung ein, und dann wird ihnen klar, wie benachteiligt sie doch gegenüber ihren Freunden sind, die in intakten Familien leben. In Kalifornien und den meisten anderen amerikanischen Bundesstaaten ist der Vater nicht verpflichtet, sein Kind über das vollendete achtzehnte Lebensjahr oder den Schulabschluss hinaus zu unterstützen. Alle weitere Ausbildung – ein Studium einschließlich der Ausgaben für Bücher und Lebenshaltung – ist Sache des Kindes. Viele junge Leute betrachten diesen Einschnitt, den sie mit achtzehn Jahren erfahren, als die schlimmste Folge der Scheidung ihrer Eltern. Mehrmals habe ich die bittere Bemerkung gehört: »Ich habe wirklich für ihre Scheidung bezahlt.«

In Amerika ist man überzeugt davon, dass der Besuch einer Universität die notwendige Vorbedingung ist, um in unserer technologisch fortgeschrittenen und von Konkurrenz bestimmten Gesellschaft Erfolg zu haben. Für Kinder aus Mittelschichtfamilien gehört folglich ein Studium ganz fraglos zum Eintritt ins Erwachsenenleben. Viele nichtgeschiedene Eltern bringen die größten Opfer, damit ihre Kinder studieren können. Als nüchtern denkende Männer und Frauen, die ja ebenfalls von einer soliden Ausbildung und den entsprechenden Kontakten profitiert haben, wissen sie, dass junge Leute, die nicht studiert haben, ihr Leben lang an Grenzen stoßen. Folglich sparen sie schon viele Jahre im Voraus für das Studium ihrer Kinder und erwarten dann auch von ihnen, dass sie als Studenten und in ihren Teilzeitjobs ernsthaft arbeiten. Aber sie erwarten nicht, dass die Kinder die Last ganz allein tragen werden.

Billys Erfahrung ist typisch für das, was vielen von uns beobachteten jungen Leuten geschah, deren Eltern selbst studiert hatten. In seinem Fall blieb die Unterstützung mitten in seinem ersten Studienjahr aus. Andere erlebten diesen Einschnitt später, oder sie erhielten von Anfang an keine Unterstützung. Diese Kinder arbeiteten hart, um an einer renommierten staatlichen Universität anzukommen, und suchten sich in vielen Fällen eine Teilzeitarbeit, um ihr Studium finanzieren zu können. Ihre Eltern versprachen, die übrigen Kosten ganz oder teilweise zu übernehmen, brachen dann aber dieses Versprechen, und dies vielfach ohne Vorankündigung. Plötzlich kam kein Scheck mehr. Ohne Geld, enttäuscht und wütend entschieden die Kinder sich für einen Weg, der zu ihren früheren Erfahrungen passte: Sie stiegen aus und gaben auf, oder sie nahmen es auf sich, viele Jahre lang hart zu arbeiten, und sahen darin nur eine weitere Folge der Scheidung ihrer Eltern. Die Eltern ihrerseits gaben keine Erklärung und entschuldigten sich nicht dafür, dass sie ihren Kindern nicht länger halfen.

Manchmal erzählen Zahlen eine sehr dramatische Geschichte. Unsere Probanden und ihre jeweiligen Vergleichspersonen waren Seite an Seite aufgewachsen, sie hatten in der gleichen Straße gewohnt und die gleiche Schule besucht, und der Großteil der zugehörigen Väter hatte ein gutes Einkommen. Als ich die beiden Gruppen im Blick darauf verglich, was sie an Unterhaltszahlungen während ihres Studiums erhielten, war ich sehr überrascht. Knapp dreißig Prozent der Kinder aus geschiedenen Familien wurden während ihres Studiums ganz oder teilweise unterhalten, während es bei den nichtgeschiedenen Familien fast neunzig Prozent waren.[6] Das ist ein gewaltiger Unterschied, der überdeutlich zeigt, dass Scheidungskinder ein völlig anderes Leben führen als ihre Altersgenossen aus den intakten Familien gleich nebenan. Ihr Eintritt ins Erwachsenenleben beginnt schmerzlich und überstürzt – und er sieht sehr anders aus als das, was ihre engsten Freunde erleben. Kurz gesagt: Millionen junger Menschen, die andernfalls mit Ermutigung und finanzieller Unterstützung durch ihre Familien hätten rechnen können, hören nach der Scheidung ihrer Eltern eine andere Botschaft: Du denkst an ein Studium? Das musst du schon selbst finanzieren.

Die finanzielle Misere junger Leute aus geschiedenen Familien, die sich mit achtzehn Jahren der Notwendigkeit gegenübersehen, für ihren Lebensunterhalt zu sorgen und ihr Studium selbst zu bezahlen, wird in der Öffentlichkeit und in der Fachwelt kaum diskutiert. In den Organisationen von Männern und Frauen, die sich für eine Veränderung des Scheidungsrechts stark machen, hat das Thema der finanziellen Unterstützung des studierenden Kindes keine Priorität. Die einschlägigen Aktionsgruppen der Frauen konzentrieren sich auf die Frage der Unterhaltsleistungen für kleine Kinder; die Männergruppen reden der präsumptiven gemeinsamen Sorge das Wort. Ich habe keine flächendeckende Statistik zur Frage etwa einer Studienbeihilfe und keine Interessengruppe gefunden, die insoweit für eine Reform einträte. Auf der Wunschliste der Scheidungskinder rangiert das Thema allerdings ganz oben. Vertreter der Legislative, die quer durch das Land an den Hochschulen sprechen, bekommen von den Studenten einiges darüber zu hören, dass und wie ihre geschiedenen Eltern sie hängen lassen. Ich bin von den Kanzlerinnen reiner Frauen-Colleges angerufen worden, die mich nach der finanziellen Situation der Familien ihrer Studentinnen fragten – die Töchter hatten sich eingeschrieben und brachten die wissensmäßigen Voraussetzungen mit, aber die Eltern wollten nicht zahlen, und sie, die Töchter, erfüllten nicht die Voraussetzungen für den Bezug finanzieller Hilfe. Die meisten Universitäten kalkulieren den Bedarf auf der Grundlage des Einkommens beider Eltern, aber wenn einer von diesen – oft ist es der Vater, der ohnehin mehr verdient – seinen Beitrag nicht leisten will, wird dem Sohn/der Tochter ein Stipendium verweigert. Es klingt wie Ironie, dass der gleiche junge Mensch ein Anrecht auf ein Stipendium hätte, wenn der Vater gestorben wäre.

Die Vater-Kind-Beziehungen stumpfen ab

Die beklagenswerte Situation studierwilliger Scheidungskinder hat, wie ich meine, mehrere Gründe. Da ist zunächst der Umstand, dass bei den allermeisten Scheidungsvereinbarungen über ein späteres Studium des Kindes gar nicht gesprochen und noch seltener etwa Geld dafür eingeplant wird. Laut Gesetz endet die Pflicht zur Unterhaltszahlung für ein Kind mit dessen achtzehntem Geburtstag – dann saust gewissermaßen das Fallbeil nieder. Außer in einigen wenigen Einzelstaaten (Massachusetts, Hawaii, Washington, Oregon und New Jersey) kann ein Richter nicht anordnen, dass die Unterhaltszahlung weiterhin zu leisten ist – selbst dann nicht, wenn der junge Mensch vor Gericht nachweisen kann, dass seine Eltern finanziell in der Lage sind, ihn studieren zu lassen, dass die akademische Ausbildung in seiner

Familie einen hohen Stellenwert genießt und dass er fleißig ist und sein Studium ernst nimmt. In anderen Staaten – New Jersey, New York und New Hampshire – kann die Unterhaltszahlung bis zum vollendeten einundzwanzigsten Lebensjahr angeordnet werden, wenn die Familie die soeben erwähnten Kriterien erfüllt und wenn nachgewiesen werden kann, dass das studierwillige Kind, hätte die Ehe der Eltern weiterbestanden, so gut wie sicher so etwas wie ein Geburtsrecht auf höhere Bildung besessen hätte – dass die Kosten seiner Ausbildung also ganz oder doch teilweise von der Familie getragen worden wären. Der Staat Pennsylvania hatte ein solches Gesetz, das allerdings mit Erfolg von einem wohlhabenden Vater zu Fall gebracht wurde, der unter Berufung auf die Verfassung ausführte, er sei zwar ohne Einschränkung bereit, das Studium seiner Tochter zu bezahlen, lege aber Widerspruch dagegen ein, dazu von Gerichts wegen aufgefordert zu werden, denn für nichtgeschiedene Eltern bestehe keine derartige Verpflichtung. Das Gericht ließ seinen Einwand gelten.

Ob Kindesunterhalt gezahlt wurde, war ungeachtet der entsprechenden gerichtlichen Anordnung lange Zeit sehr weitgehend eine Frage der freiwilligen Kooperation, und zum zwangsweisen Einzug kam es nur selten. Viele Jahre lang hat man geschiedenen Frauen mit Kindern bei ihrem Abstieg in eine unerträgliche Armut zugesehen, bevor man erkannte, dass das System der Unterhaltszahlungen ohne strikte Vollstreckungsmaßnahmen nicht funktionieren kann. Inzwischen hat glücklicherweise ein allgemeines Umdenken eingesetzt. Die neuere Gesetzgebung hat es den Einzelstaaten ermöglicht, energischer und effizienter gegen »bettelarme« Väter vorzugehen, und doch sehen sich noch immer sehr viele Frauen und Kinder nach der Scheidung in ernsthaften finanziellen Schwierigkeiten. Unterhaltszahlungen für ein studierendes Kind jedenfalls sind noch immer eine freiwillige und vielleicht am St. Nimmerleinstag fällige Leistung.[7]

Fachanwälte für Familienrecht haben mir gesagt, dass sie es vermeiden, zum Zeitpunkt der Scheidung ihrer Klienten über eine Beihilfe zum Studium des Kindes zu verhandeln, weil das ein Schuss ist, der leicht nach hinten losgeht. Wenn man dieses Thema in die ohnehin schon heiklen und schwierigen Verhandlungen einbezieht, so sagen sie, dann ist das so, als schütte man Öl ins Feuer. Es kann die Parteien noch weiter »entflammen« und zu einer Reduzierung des Unterhaltsbetrages führen, der für das noch kleine Kind zu zahlen ist. Gemäß einer verdrehten Logik wird das Versprechen, sich an den Kosten des Studiums des Kindes zu beteiligen, als eine Wohltat für die Mutter angesehen, für die sie ihrerseits nun eben auf etwas anderes zu verzichten hat. Die Anwälte sagen ihren Mandantinnen, dass ein Vater, dem eine gute Ausbildung wichtig ist, der über die entsprechenden Mittel verfügt und sein Kind regelmäßig besucht, dann auch bereit sein wird, für dessen Studium zu zahlen, so als ob es die Scheidung gar nicht gegeben hätte. Oh dass es doch so wäre!

Die traurige Wahrheit sieht so aus, dass viele Väter nach der Scheidung ganz anders über die Verpflichtungen denken, die sie zunächst freiwillig gegenüber ihren Kindern eingegangen sind. In unversehrten Familien – auch solchen, die sich mit der Familienharmonie schwer tun – ist ein Vater, der es selbst zu etwas gebracht hat, daran interessiert, dass sein Kind insoweit in seine Fußstapfen tritt. Beide Eltern sind stolz, wenn ihr Sohn oder ihre Tochter die gleiche Universität bezieht, an der auch sie damals studiert haben, und viele freuen sich, wenn ihre Kinder sich »ihrer« studentischen Verbindung anschließen oder sogar in »ihrem« einstigen Studentenwohnheim wohnen. Andere Eltern freuen sich darauf, gemeinsam mit ihren Kindern an den Ehemaligen-Treffen teilzunehmen und sich dabei an die eigene Jugendzeit zu erinnern. Wenn solche emotionsträchtigen Kontakte wieder belebt werden, fühlen beide Generationen sich als Teil einer gewachsenen Tradition. In geschiedenen Familien ist diese Art der Vater-Kind-Sukzession dagegen um einiges schwächer. Die Verbindung ist durch die Auflösung der ehelichen Gemeinschaft, durch die fortbestehende wechselseitige Verärgerung der Ex-Partner, durch die langen Jahre der zumindest partiellen Trennung und unter Umständen durch das Auftreten einer neuen Ehefrau und neuer Kinder merkwürdig stumpf geworden. Ein Vater, der in der Familie lebt, ist, psychologisch gesehen, sehr anders als ein Vater, der weit entfernt lebt. Das Kind, das er täglich zu Gesicht bekommt, weckt andere Gefühle der Liebe und Loyalität in ihm als das Kind, das er zu festgesetzten Zeiten sieht, egal in welchen Abständen diese Gelegenheiten aufeinander folgen. Trotz ihrer Blutsverwandtschaft betrachten manche geschiedenen Väter ihre Kinder nicht als ihre moralischen oder sozialen Erben. Sie erkennen durchaus ihre gesetzliche Verpflichtung an, sich an der Versorgung ihrer Kinder zu beteiligen, aber diese Verpflichtung endet mit dem achtzehnten Geburtstag des jeweiligen Kindes. Wohl bleiben viele Väter in engem Kontakt mit ihren Kindern und nehmen ihr Besuchsrecht regelmäßig wahr, aber zum Unterhalt eines studierenden Kindes tragen sie dann nichts mehr bei.

Was ist mit diesen Vätern los? Der eine oder andere Hinweis lässt sich aus unserer Studie gewinnen. Entgegen einer weit verbreiteten Überzeugung hatte das Maß an überwundener oder noch virulenter Verbitterung zwischen den Eltern keinen Einfluss auf die Bereitschaft des Vaters, sich an den Kosten des Studiums seines Kindes zu beteiligen. Ich war sehr überrascht festzustellen, dass die Väter, die auf der vom Gericht angeordneten Besuchsregelung bestanden und ungeachtet der Proteste der Kinder auf die Einhaltung dieser starren Regelung pochten, sich an den Kosten des Studiums ihrer Kinder nur teilweise oder überhaupt nicht mehr beteiligten. Auf meine Frage, weshalb sie ihren Kindern an diesem Punkt ihres Lebens nicht zu Hilfe gekommen waren, führte kein einziger dieser Väter etwa Mittellosigkeit oder auch nur vorübergehende finanzielle Schwierigkeiten ins Feld. Einige sprachen von größeren Verpflichtungen gegenüber ihrer neuen Familie. Manche sahen, was ihre Beteiligung an den Kosten eines Studiums anging, eher eine Verpflichtung gegenüber ihren Stiefkindern und nicht so sehr gegenüber den leiblichen Kindern. Keiner bestritt den Wert einer akademischen Ausbildung. Die meisten sagten, sie hätten viele Jahre lang Unterhalt gezahlt, so wie dies vom Gericht angeordnet worden war, und jetzt hätte es mit ihren Verpflichtungen von Gesetzes wegen ein Ende. »Ich habe alles getan, was verlangt wurde« war eine wiederkehrende Aussage.

Was mich bei meinen Gesprächen mit diesen Vätern schockierte, war der Umstand, dass offensichtlich keiner von ihnen sich darüber im Klaren war bzw. keiner ein Bedauern darüber äußerte, dass die Kinder die bösen Folgen der Scheidung zu tragen hatten – die Kinder, die bezüglich ihrer Studienwünsche keine Unterstützung fanden, was schwerwiegende Konsequenzen für ihr zukünftiges ökonomisches Wohlergehen haben würde. Dagegen machten die meisten Mütter sich Sorgen um die Zukunft ihrer Kinder und versuchten, Geld für den Besuch eines College abzuzweigen. Nur wenige von ihnen bezogen allerdings ein so gutes Einkommen, dass sie wirklich helfen konnten, zumal wenn sie mehrere Kinder hatten. Manche nahmen eine zweite oder dritte Hypothek auf ihr Haus auf, um die Studiengebühren bezahlen zu können.

In keiner dieser Familien setzte sich die Mutter – oder setzten sich die Eltern – mit den heranwachsenden Kindern an den Küchentisch, um über deren Studienwünsche und anderweitige Zukunftspläne zu sprechen. Dagegen waren solche Gespräche – was hast du überhaupt beruflich vor; wo willst du studieren; was willst du studieren – in den Familien der Vergleichsgruppe ganz üblich. Selbst in den sehr konfliktbelasteten Familien beteiligten die Eltern sich an den Kosten des Studiums ihrer Kinder – in ihren Augen eine Selbstverständlichkeit. Auf dieses tätige Engagement traf ich auch in Familien, die nur über sehr bescheidene Mittel verfügten. Ein Vater, der den Lebensunterhalt für seine Familie als Taxifahrer verdiente, setzte sich mit seinem sechzehnjährigen Sohn zusammen und sagte: »Mike, du wirst studieren, und wir werden dir dabei helfen.« Der Junge war so gerührt, dass er kaum Worte fand. Viele Scheidungskinder hörten allerdings von ihren Vätern – und übrigens zum Teil wohlhabenden Vätern – gerade *nicht*, dass das Geld vorhanden sei, falls sie studieren wollten. Und die Kinder scheuten sich, darum zu bitten.

Ich erinnere mich an eine Vorlesung, die ich zu diesem Fragenkreis vor Jurastudenten in Berkeley hielt. Im Anschluss daran sprach mich eine junge Frau an, die ich auf Mitte zwanzig schätzte.

»Sie haben da eine Vorlesung gehalten, die für mich die wichtigste Lektion meines Lebens gewesen ist«, sagte sie.

Ich war verblüfft. »Wieso denn das?«

»Ich habe nie gedacht, dass ich das Recht hätte, meinen Vater zumindest um seine Mithilfe zu bitten.«

Ich traute meinen Ohren nicht. Eine Studentin an einer der angesehensten juristischen Fakultäten im Land stand ihrem Vater derart fern, dass sie ihn nicht um Hilfe bitten konnte? Die Geschichte hatte ein Nachspiel. Später erzählte mir diese Studentin, sie habe noch am gleichen Tag ihren Vater angerufen und mit ihm über ihre bedrängte Situation gesprochen. Er war mürrisch und versuchte sich mit dem Argument aus der Affäre zu ziehen, dass er ja von Rechts wegen nicht länger verpflichtet sei, sie zu unterstützen; am Ende erklärte er sich aber doch bereit, ihr die finanzielle Hilfe zu gewähren, die sie brauchte.

Einer der interessanten Trends in der amerikanischen Kultur der letzten zehn Jahre ist das Anwachsen der Männerbewegung: Die Männer bekennen sich zu ihrer wichtigen Rolle als Väter und als Beschützer ihrer Familien. Dennoch findet sich in keiner der vielen Veröffentlichungen der Vätergruppen die Forderung an die Väter, ihre studierenden Kinder zu unterstützen. Eher wird den Vätern in diesen Veröffentlichungen nahe gelegt, ihren kleinen Kindern mehr Zeit zu widmen. Von den Bedürfnissen älterer Kinder ist nicht die Rede. Und dabei sind im gleichen Zeitraum die Kosten eines Universitätsstudiums steil nach oben gegangen. Für junge Leute ist es sehr viel schwieriger geworden, ihr Studium durchzuziehen. Vielleicht ist es in Kürze überhaupt nicht mehr möglich. Eine Studie aus den letzten Jahren zeigt, dass die Zahl der Scheidungskinder, die sich um einen Studienplatz an den Spitzenuniversitäten des Landes bewerben, rückläufig ist.[8] Gegenwärtig und in der überschaubaren Zukunft ist der Bildungsstand der Kinder aus geschiedenen Familien niedriger als derjenige ihrer Generationsgenossen aus nichtgeschiedenen Familien – ein dramatischer Beleg für die Klagen dieser Kinder, dass sie es sind, die für die Scheidung ihrer Eltern bezahlen.

1 E. M. Hetheringon und K. M. Jodl, »Stepfamilies as Settings for Child Development«, in *Stepfamilies: Who Benefits? Who Does Not?*, hg. A. Booth und J. Dunn (Hillsdale, N.J.: Lawrence Erlbaum Associates, 1994).

2 Glenn, *Courtship and Marital Choice.*

3 Siehe dazu E. M. Hetherington et al., »Coping with Marital Transitions: A Family Systems Perspective«, *Monographs of the Society for Research in Child Development* 57, Nr. 227 (1992).

4 Zill und Schoenborn, *Developmental, Learning and Emotional Problems.*

5 Hetherington et al., »Coping with Marital Transitions«.

6 Ein Vergleich der Situation unserer Scheidungskinder mit der Situation der Kinder aus nichtgeschiedenen Familien bezüglich der jeweils erreichten Stufe innerhalb des tertiären Bildungssektors und der Beteiligung der Eltern an den Kosten der Ausbildung ergab folgende Zahlen:

Erwachsene Scheidungskinder	**Erwachsene aus intakten Familien**	**Relevante Vergleichszahlen**
77 % begannen ein College-Studium;	100 % begannen ein College-Studium;	85-92 % derer, die eine College-Ausbildung anstrebten, kamen von den gleichen High Schools[a]
24 % von ihnen gaben das Studium auf	11 % von ihnen gaben das Studium auf	49-83 % der kalifornischen College-Studenten bezogen Unterhaltszahlungen von ihren Eltern[b]
4 % beendeten die High School nicht	Alle schlossen die High School ab	
29 % beendeten ihren Bildungsweg mit einem High-School-Diplom	7 % beendeten ihren Bildungsweg mit einem High-School-Diplom	
10 % schlossen ein zweijähriges College-Studium mit einem berufsbezogenen Grad oder Diplom ab	4 % schlossen ein zweijähriges College-Studium mit einem berufsbezogenen Grad oder Diplom ab	
39 % erlangten den Grad eines Bachelor	52 % erlangten den Grad eines Bachelor	
18 % erlangten den Grad eines Master oder Ph.D.	37 % erlangten den Grad eines Master oder Ph.D.	
29 % wurden ganz von ihren Eltern unterhalten bzw. bezogen eine regelmäßige Zahlung, die ihren Unterhalt zu einem Teil abdeckte	88 % wurden ganz von ihren Eltern unterhalten bzw. bezogen eine regelmäßige Zahlung, die ihren Unterhalt zum Teil abdeckte	
44 % bezogen in unregelmäßigen Abständen eine Zahlung von ihren Eltern, die ihren Unterhalt zu einem Teil abdeckte	2 % bezogen in unregelmäßigen Abständen eine Zahlung von ihren Eltern, die ihren Unterhalt zu einem Teil abdeckte	
26 % erhielten keinerlei finanzielle Unterstützung von ihren Eltern	10 % erhielten keinerlei finanzielle Unterstützung von ihren Eltern	

a Diese Zahlen sind das Ergebnis einer telefonischen Anfrage bei den vier High Schools, die unsere Scheidungskinder und ihre Vergleichspersonen besucht hatten. Zwei dieser Schulen verfügten noch über Unterlagen aus den Jahren (1973-88), in denen unsere Probanden ihren Schulabschluss machten. Die beiden anderen Schulen nannten jeweils eine geschätzte Zahl.

b Diese Angabe ist entnommen aus *A Report on the Expenses and Resources of Undergraduate Students Enrolled in California Post-Secondary Institutions during the 1982-83 Academic Year.* California Student Aid Commission, Februar 1985. (Die Jahre 1982-83 waren die Jahre, in denen die meisten unserer Probanden an einem College eingeschrieben waren; die mittlere Höhe der Unterhaltszahlungen war an den verschiedenen kalifornischen Colleges nicht identisch).

7 N. M. Astone und S. S. McClanahan, »Family Structure, Parental Practices and High School Completion«, *American Sociological Review* 56 (1991): 309-320; M. A. Powell und D. L. Parcel, »Effects of Family Structure on the Earnings Attainment Process: Differences by Gender«, Journal of Marriage and the Family 59, Nr. 2 (1997): 419-433.

8 D. Lillard und J. Gerner, »Getting to the Ivy League: How Familiy Composition Affects College Choice« (Vortrag, gehalten auf der Jahrestagung der Population Association of America, New Orleans, 1996).

19.

Das Auflesen der Teile, Stück für Stück

Während ich mich darauf vorbereitete, nach insgesamt fünfundzwanzig Jahren noch einmal ein Interview mit Billy durchzuführen, fragte ich mich unter anderem, ob die Dinge für ihn in irgendeiner Weise leichter geworden sein mochten. Ich dachte an das isolierte Leben, das er geführt hatte, nachdem seine Mutter wieder geheiratet hatte, und daran, dass er als Sechzehnjähriger ausgezogen war, um ganz allein im Haus seines Vaters zu wohnen. Schmerzte ihn das Gefühl, unerwünscht zu sein, noch immer? Hatte er irgendwelche Beziehungen aufbauen können, die ihm Halt gaben und seine Wunden heilten? Diese Fragen gingen mir noch durch den Kopf, während ich in dem Lokal an dem mir zugewiesenen Tisch Platz nahm, aber auf die bösen Erfahrungen, die Billy seit unserem letzten Treffen hatte machen müssen, war ich in keiner Weise vorbereitet.

Zwei Jahre zuvor hatte die Lokalzeitung berichtet, dass Billys Vater beim Absturz eines kleinen Privatflugzeugs, an dessen Steuer er gesessen hatte, ums Leben gekommen war. Ich schrieb Billy daraufhin einen Kondolenzbrief, und er rief mich umgehend an, um mir für meine Anteilnahme zu danken. Dabei weinte er sehr und klammerte sich geradezu an diesen telefonischen Kontakt mit mir. Schluchzend sagte er, er wisse zwar, dass sein Vater nicht für ihn da gewesen sei – weder in seinen Kinderjahren noch später, als er längst erwachsen war. »Aber ich habe nie die Hoffnung aufgegeben, dass er sich eines Tages doch für mich interessieren würde, auch wenn ich nicht der Sohn war, den er gerne gehabt hätte. Jetzt gibt es nichts mehr zu hoffen. Ich habe den Vater verloren, den ich hatte, und ich habe den Vater verloren, den ich nie hatte.« Seine Stimme klang noch verzweifelter, als er hinzufügte: »Meine Mutter hat sich geweigert, mit zu der Trauerfeier zu gehen. Ich kannte dort kaum jemanden, und kein Mensch kannte mich.«

Ich hatte ein schmerzliches Bild vor meinem inneren Auge – einen weinenden jungen Mann, der allein auf einer der hinteren Bänke in einem dunklen Kirchenraum saß und sich nach dem Trauergottesdienst rasch wieder davonmachte – der einzige Sohn des Verstorbenen, den niemand erkannte. Das Moment von Sehnsucht und Traurigkeit, das hinter der Bindung eines Sohnes an den abwesenden Vater liegt, ist etwas, das mich immer anrührt. Von den Vätern der von mir begleiteten Scheidungskinder starben im Laufe der Zeit einige an Herzattacken oder Schlaganfällen, und die Trauer dieser doch »vater-losen« Kinder war jedes Mal groß. Sie weinten bittere Tränen und rückten als Geschwister in der Trauer um einen Mann zusammen, mit dem sie über Jahre hinweg kaum Kontakt gehabt hatten. Wenn ich sie reden hörte und weinen sah, hatte ich das Gefühl, dass sie nicht um den Vater weinten, den sie kannten, sondern um den Vater, den sie nie gehabt hatten – den Vater, auf den sie als Kinder gehofft und von dem sie als Kinder geträumt hatten.

Billy kam wenig später und stellte eine Platte mit ofenwarmem Gebäck zwischen uns auf den Tisch. Nach meinen Unterlagen war er jetzt fünfunddreißig Jahre alt. Er hatte noch immer den gleichen schmächtigen Körperbau, aber sein Gesicht sah älter aus. Während er mir lächelnd die Hand hinstreckte, sah ich die tiefen Falten, die sich zwischen seinen Augenbrauen und zu beiden Seiten des Mundes eingegraben hatten. »Ich habe eine Hölle durchgemacht«, sagte er, während er sich setzte. »Ich glaube, dass ich jetzt endlich dabei bin, mich wieder hochzurappeln, aber ganz sicher bin ich mir nicht. Es könnte sein, dass noch mehr Ärger auf mich zukommt.«

Mir sank das Herz. »Welche Art von Ärger meinen Sie?«

»Meine Freundin Kristi hat einen Sohn, der bei uns wohnen wird. Wir wollen heiraten, sobald meine Scheidung durch ist und Kristis Scheidung auch abgeschlossen ist.«

»Und das macht Ihnen Sorgen – dass Sie dann Stiefvater sind?«

»Aber sicher macht mir das Sorgen. Tatsächlich erschreckt es mich und macht mich unglücklich. Ich hoffe, dass sich das noch ändert. Ich habe mir nie vorgestellt, Kinder zu haben. Babys und kleine Kinder habe ich nie gemocht.«

»Sie würden also lieber keine Kinder haben?«

»Ich mache mir Sorgen um das Geld. Aber es ist mehr als nur das Geld. Das Vatersein reizt mich nicht. Denken Sie doch mal an meine Erfahrungen: Bis zu seinem Tod habe ich immer noch auf eine dramatische Veränderung bei meinem Vater gehofft – dass er sich irgendwie wandeln und nicht mehr schämen würde, weil sein Sohn nicht rennen und keinen Tennisschläger schwingen kann – dass er sagen würde: ‘Mach du nur. Tu halt das, was du kannst. Ich stehe hinter dir.’ Als Kind hatte ich dieses tolle Bild von ihm – ein starker Mann, der Olympiasieger werden und ein Geschäftsimperium aufbauen würde. Ich habe auf seinen Besuch gewartet, wie man auf Regen wartet. Nach seinem Tod habe ich viel über ihn nachgedacht und bin zu der Erkenntnis gekommen, dass er mich nicht ein einziges Mal ermutigt hat, etwas von mir selbst zu halten. Er hat sich darum gedrückt, mir mein Studium zu bezahlen, nachdem er es anfangs doch versprochen hatte. Als ich wirklich krank und so depressiv war, dass ich einen Suizidversuch gemacht habe, hat er gesagt, meine Probleme existierten alle nur in meinem Kopf. Man könnte also sagen, dass Vatersein nicht gerade das ist, was mir als Erstes einfällt. Wie wollen Sie einem anderen Menschen etwas geben, was Sie selbst nie gehabt oder gesehen haben?«

»Sie glauben also nicht, dass Sie einen guten Stiefvater für Kristis Sohn abgeben könnten?«

»Sie werden mich vielleicht für egoistisch halten, aber ich befürchte, dass er zwischen Kristi und mich gerät, und ich glaube nicht, dass ich das ertragen kann. Mein Herz ist keineswegs in gutem Zustand. Ich habe ein paar wirklich harte Jahre hinter mir – Kristi übrigens auch. Aber jedenfalls: ich brauche es wirklich, dass sie für mich da ist. Hier und da mal eine mildtätige Geste – das reicht mir nicht.«

»Und Sie meinen, dass Sie weniger von Kristi haben werden, wenn ihr Sohn auch bei Ihnen wohnt.«

»Ja, das meine ich. Vielleicht täusche ich mich – ich hoffe es. Aber ich habe mein ganzes Leben lang immer alles säuberlich aufteilen müssen, was ich bekommen habe. Nach der Scheidung meiner Eltern habe ich immer das bekommen, was übrig war. Ich will nicht, dass mir das auch noch in meiner Ehe passiert.«

Sehr gut gesagt, dachte ich bei mir, und leider schrecklich realistisch. Kein Zweifel, dass ein Kind das erste Anrecht auf seine Mutter hat, und wenn der Vater sich ihr in ihrer Zuwendung zu dem Kind nicht anschließen kann, bereiten sich ernsthafte Schwierigkeiten vor. Billy hat ganz richtig erkannt, dass er nicht der ist, der immer nur geben kann. Seine eigenen immer wieder aufgeschobenen Bedürfnisse sind zu groß und zu dringend. Ja, sagte ich mir, es spricht in der Tat immer mehr dafür, dass er mit seiner Prophezeiung zukünftigen »Ärgers« Recht haben könnte.

Ich überlegte, ob ihn vielleicht noch andere Dinge beunruhigten, und fragte: »Wie stabil ist Ihre Beziehung zu Kristi?«

»Stabile Beziehung?« schnaubte er. »Ich habe noch nie eine stabile Beziehung mit einer Frau gehabt, kein einziges Mal. Und wenn ich doch mal denke, es ist stabil, dann tut es einen Schlag, auf den ich nicht gefasst war.«

»Billy«, seufzte ich und setzte mich in meinem Stuhl zurück, »Sie haben es schwer gehabt mit den Frauen in Ihrem Leben. Können Sie mir das mal von Anfang an erzählen?«

»Das ist keine glückliche Geschichte und auch keine kurze. Aber ich fange mal an. Also, wenn andere schon während der Schulzeit oder dann später ihre Verabredungen hatten oder Parties feierten oder Mädchen flachlegten – dann war ich jedenfalls nicht dabei. Ich weiß, dass Sie mich jetzt gleich fragen werden, warum. Also sage ich es Ihnen kurz und knapp: Ich hatte kein Vertrauen, dass ich eine Frau finden könnte, die mich mögen würde. Von Liebe habe ich nie auch nur geträumt. Ich dachte, wenn eine mit mir ausgeht, muss sie es ja wohl obernötig haben. Die muss doch in heller Verzweiflung sein. Ich hatte das Gefühl, ich gehöre eigentlich gar nicht der menschlichen Rasse an, ich bin so eine Art Bastard, ein Maultier, das seine Last ziehen und die Klappe halten soll. Und sollte ich je jemanden finden, dann würde sie mich ja doch nur betrügen – warum sollte ich es also überhaupt versuchen?«

Ich war entsetzt über sein schreckliches Selbstbild und sehr bekümmert zu hören, wie einsam er war.

»Wie haben Sie denn gelebt damals, als Sie so Anfang zwanzig waren?«

»Ach – diese Erinnerungen sind zu schmerzlich. Ich habe gearbeitet wie ein Hund. Ich war meistens vollkommen fertig, kam nach Hause und schlief ein. Bestimmt habe ich mehr getrunken als gut war für mich. Ich hatte mir angewöhnt, auf das Abendessen zu verzichten, weil es einfach zu schrecklich war, allein essen zu müssen. Das heißt also, ich hatte Frühstück und Mittagessen am Arbeitsplatz – und abends dann nichts mehr. Ich musste schon um vier Uhr aufstehen, und damit hatte ich eine gute Entschuldigung dafür, dass ich wirklich sehr zeitig ins Bett ging.«

Passivität

Auch wenn Billy noch zusätzlich mit gesundheitlichen Schwierigkeiten zu kämpfen hatte – seine Geschichte klingt vertraut. Viele junge Männer aus geschiedenen Familien fühlen sich an der Schwelle zum Erwachsenenleben einsam und ganz und gar nicht liebenswert.[1] Sie sind nicht wütend wie Paula oder Larry, und sie sind auch nicht unfähig, sich zu trennen – wie Karen –, sondern sie sind deprimiert und geschlagen. Billy war ein Musterbeispiel für diese Gruppe von Scheidungsopfern.

»Sie sagen, dass Sie Angst davor hatten, betrogen zu werden. Ist das denn jemals passiert?«

»Als ich dreiundzwanzig war, habe ich eine Frau kennen gelernt, die mehr oder weniger fragte, ob sie nicht bei mir wohnen könnte. Sie sah nicht übel aus, also sagte ich Ja. Wir haben vier Monate zusammengelebt, und ich mochte sie mit der Zeit sehr gern. Dann kam ich eines Tages zu früh von einer geschäftlichen Verabredung zurück. Sie hatte mir gesagt, dass sie etwas mit ihren Freundinnen unternehmen wollte, aber als ich heimkam, sah ich sie auch gerade kommen – auf dem Rücksitz eines Motorrades, prima anzusehen – und mit einem anderen Mann.«

»Und was haben Sie getan?«

»Getan?« Wieder war da dieser verblüffte Blick. »Nichts. Ich habe es nicht einmal erwähnt. Ich bin einfach drei Wochen später ausgezogen, ohne ein Wort zu sagen. Meine Sachen habe ich alle dagelassen. Ich habe zwei Jahre gebraucht, um ihr zu schreiben, und dann habe ich den Brief doch nicht abgeschickt.«

Es erstaunte mich, dass er sich nicht hatte entschließen können, sie zu stellen oder zumindest zu fragen. »Billy, warum haben Sie es denn nicht einmal erwähnt?«

Er sah peinlich berührt aus, und ich beschloss, das Thema fallen zu lassen. Aber dann brach es aus ihm heraus: »Wenn ich es erwähnt hätte – was wäre schon Gutes dabei herausgekommen? Sie hätte gesagt: 'Ach, hau doch ab. Ich bin jetzt mit ihm zusammen.' Wahrscheinlich werden Sie mich jetzt fragen, warum ich so vorsichtig bin. Ganz einfach: Nennen Sie mir eine einzige Sache, die ich hätte ändern können. Nennen Sie mir eine einzige Person, die mich nach meiner Meinung gefragt hätte. Habe ich ihre Scheidung gewollt? Hat es mir vielleicht Spaß gemacht, von meinem Stiefvater zu hören, was ich alles im Haushalt tun sollte? Hat mein Vater vielleicht gesagt, dass er mich gern um sich hätte? Hat meine Mutter mich gefragt, bevor sie sich eine neue Familie zugelegt hat? Hat man mich gefragt, ob ich vielleicht Geld haben wollte, um zu studieren wie die anderen? Wer hat mich je irgendetwas gefragt? Wer hat mir zugehört? Wer hat mir geholfen, erwachsen zu werden? Das Leben ist, wie es ist. Sie wissen doch, wie die Spanier sagen? Qué será será – was sein wird, das wird sein. Und jetzt sage ich Ihnen noch etwas anderes, wenn ich schon einmal beim Reden bin. Nehmen wir an, Sie kämen mich besuchen oder befragten mich schriftlich oder am Telefon (hier verstieg seine Stimme sich zu einem vibrierenden Falsett): 'Und wie geht es denn so, Billy?' – ich würde schwören, dass es mir prima geht. Ich würde Ihnen sagen, das Leben ist ein Kinderspiel, toller Job, nette Freundin, Scheidung der Eltern super, alles kein Problem. Ich würde meine Gefühle verbergen, würde lächeln und lügen, wie ich es gelernt und mein ganzes Leben lang getan habe, auch wenn ich dächte oder wünschte, ich wäre tot. Aber Sie würden wissen, dass ich einen Scheiß rede, weil Sie mich nämlich schon damals kannten. Also, ich will damit sagen, dass ich Ihnen keine Lügen erzähle.«

Ich dankte Billy für sein Vertrauen, aber sein Ausbruch erschütterte mich. Ich habe Jahre gebraucht, um zu verstehen, warum diese Männer sich in ihren Beziehungen zu Frauen häufig so hilflos fühlen. Warum kam es so selten vor, dass einer von ihnen um die Frau kämpfte, die er liebte und brauchte – oder sie wenigstens zur Rede stellte, wenn sie ihn verlassen wollte? Ein Mann, der seine Frau der Untreue verdächtigte, hörte wochenlang ihre Telefongespräche ab und fand seinen Verdacht bestätigt. Anstatt sie mit seiner Entdeckung zu konfrontieren, reichte er die Scheidung ein. Dass sie die Mutter seines zweijährigen Kindes war, ließ ihn nicht einen Augenblick zögern.

»Warum haben Sie nicht mit ihr gesprochen?«, fragte ich.

»Wozu hätte das gut sein sollen?«, fragte er zurück.

Diese Passivität war in anderen Bereichen des Lebens dieser Männer nicht so auffällig. An ihrem Arbeitsplatz konnten sie in einem vernünftigen Rahmen konkurrieren, wenn sie auch nicht gerade aggressiv auftraten. Zu Hause war es anders: Wenn das Verhalten der Partnerin sich mit dem deckte, was sie befürchteten, dann legten sie sich gewissermaßen hin und stellten sich tot. Der Albtraum war wahr geworden.

Ich habe diese Passivität sowohl bei Männern als auch bei Frauen angetroffen, die in geschiedenen Familien aufgewachsen waren – allerdings scheinen Männer anfälliger dafür zu sein. Schon in meinen frühen Veröffentlichungen über die Reaktionen von Kindern zum Zeitpunkt der elterlichen Scheidung habe ich gezeigt, wie hilflos diese Kinder sich fühlen. Wie wir gesehen haben, protestieren sie nicht groß, weil niemand bereit ist, sie ernst zu nehmen und sich ihre Klagen anzuhören. Sie lernen, in Deckung zu bleiben, ihre Erwartungen herunterzuschrauben, ihre Gefühle für sich zu behalten.

Die Passivität, die junge Männer wie Billy an den Tag legen, wird verständlich, wenn man sie als maskierte Form einer hilflosen Wut betrachtet. Wie sonst sollte man sich ihre so ausgeprägte Bereitschaft erklären, immer gleich das Schlimmste hinter Vorfällen zu vermuten, die vielleicht etwas bedeuten, vielleicht aber auch gar nichts zu bedeuten haben? Ist das Motorradfahren mit irgendeinem Jungen wirklich gleichbedeutend mit Untreue, und ist es ein ausreichender Grund für den Mann, sich aus der Beziehung zurückzuziehen? Vielleicht hatte sie sich nur den Knöchel verstaucht? Vielleicht war der Motorradfahrer ein alter Bekannter. Vielleicht war das Zusammentreffen mit den Freundinnen abgesagt worden. Unter den vielen Möglichkeiten »wählt« Billy die Untreue seiner Freundin. Sein Verdacht hat so viel Überzeugungskraft – und seine Furcht, eine Verletzung davonzutragen, ist so überwältigend –, dass er einfach nicht den Mut aufbringt, die Frau zu fragen. Die Wut packt ihn so rasch, dass er nicht mehr imstande ist, vernünftig über andere mögliche Erklärungen nachzudenken. Wenn man den Verdacht der Untreue erst einmal hat, dann muss er stimmen. Diese Tendenz, das Schlimmste anzunehmen und ohne lange Überlegung sogleich darauf zu reagieren, ist zweifellos die denkbar größte Gefahr für eine stabile Beziehung.

Nichts ist von Dauer

Billy seufzte resigniert und zuckte mit den Schultern. »Um mit dem Szenario fortzufahren: Ich war fünf Jahre lang verheiratet. Ich war siebenundzwanzig, und sie war fünfundzwanzig, als wir uns kennen lernten. Ich leitete damals eine der Filialen. Sie war Kellnerin in dem zugehörigen Café. Nebenher nahm ich an den Vormittagen an einem Kurs teil, um noch einen Abschluss im Fach Management zu machen. Es war kein sehr guter Lehrgang, aber mehr konnte ich mir nicht leisten. Damals hatte ich die Angst vor den Frauen wohl so ziemlich überwunden und mir vorgenommen, etwas gegen das Alleinsein zu unternehmen. Ich mochte es, wenn sie in der Nähe war. Sie lächelte sehr viel. Eine Schönheit war sie nicht – aber das war ich auch nicht. Wir stellten schnell fest, dass wir vieles gemeinsam hatten. Ihre Eltern hatten sich scheiden lassen, als sie acht war, und sie hatte eine ziemlich traurige Kindheit – immer wieder musste umgezogen werden, sie hatten Geldsorgen, und dazu kam die Schwierigkeit, Freundinnen zu finden, eben weil die Adresse ständig wechselte. Sie war ein einsames Kind, genau wie ich, und wir waren uns einig, dass diese Kinderjahre die unglücklichste Zeit unseres Lebens gewesen waren. Wir wussten beide, wie man nach außen hin ein fröhliches Gesicht macht, auch wenn man sich innerlich ganz anders fühlt. Und so dachten wir uns, dass es besser wäre, sich zusammenzutun, um nicht mehr so einsam zu sein.«

»Waren Sie damals einigermaßen optimistisch?«

Billy sah irgendwie hilflos aus. »Ich weiß nicht, ob ich sie je geliebt habe oder ob sie mich geliebt hat. Wie zum Teufel sollte irgendjemand mich auch je lieben? Was wusste ich schon, wie man es anstellt, eine Frau zu finden? Damals dachte ich mir, dass es wahrscheinlich nicht von Dauer sein würde.«

»Warum dachten Sie, dass es nicht von Dauer sein würde?«

»Weil nichts in meinem Leben von Dauer ist«, sagte er grimmig. Dann überzog ein Grinsen sein Gesicht. »Haben Sie denn die kleine schwarze Wolke nicht bemerkt, die mir überallhin folgt?« Mit einer Armbewegung deutete er auf die imaginäre Wolke über seinem Kopf. »Es ist wie mit dem Wetter. Es sieht vielleicht gerade ganz schön aus – aber warte nur, es dauert nicht lange ... Gerade so ist mein Leben.«

»Was hätten Sie denn bei einer Frau finden wollen?«

Billy sah mich ratlos an. »Wie bitte?«

»Ich meine, wie hatten Sie sich die Frau vorgestellt, die Sie Ihrer Meinung nach glücklich machen könnte?«

»Darüber habe ich nie länger nachgedacht. Ich sagte mir: Irgendwelche Kinostars werde ich in dieser Woche ja nicht kennen lernen« – hier kicherte er –, »aber eine nette und anständige Frau, die mich nicht betrügt und die es versteht, ein Zuhause zu schaffen – das wäre doch schön.«

Wenn zwei Scheidungsopfer heiraten ...

Weiter oben habe ich davon gesprochen, dass es Scheidungskindern schwer fällt, mit Konflikten in der eigenen Ehe fertigzuwerden. Sie fürchten sich vor Auseinandersetzungen, durch die sie sich auf den gleichen Weg gedrängt sehen könnten, auf dem es damals auch mit der Ehe ihrer Eltern bergab ging. Wenn beide zukünftigen Ehepartner Scheidungskinder sind, verdoppeln sich diese Schwierigkeiten und Ängste.[2] Scheidungskinder fühlen sich häufig gerade wegen der Gemeinsamkeiten in ihrer Lebensgeschichte zueinander hingezogen. Als Heranwachsende und junge Erwachsene sind sie sozusagen verwandte Seelen, die sich über die Misslichkeiten ihres bisherigen Lebens, über die je spezifische Sorgerechts- und Besuchsregelung, der sie unterworfen waren, und über ihren Umgang mit den Problemen ihrer Eltern austauschen können. Vor allem in den Jahren des Heranwachsens hängen sie in Gruppen herum und lassen einander den Rückhalt und den Zuspruch zukommen, den sie zu Hause nicht haben. Sie kümmern sich eines um das andere – mit Geld, mit Sympathie oder auch mit ihrer offenen Tür. Ich weiß von einer Reihe von Ersatzfamilien, zum Teil in eleganten Wohnvierteln, aus denen die jungen Leute wegliefen oder ausgestoßen wurden oder aus denen die Mutter sich wieder ausklinkte. Als Heranwachsende rücken solche Scheidungskinder zusammen, verbunden durch ihre Angst vor der Zukunft, durch die Sorge um und die Wut auf ihre Eltern und durch ihre alles durchziehende Einsamkeit. Es ist ihnen ein ganz dringendes Anliegen, ihre Geschichte zu erzählen, aber die Altersgenossen, die nicht erleben mussten, dass ihre Eltern sich scheiden ließen, sind nicht besonders einfühlsam. Also suchen und finden sie jemand anderen, der ihnen zuhört und sie versteht.

Es ist nur natürlich, dass Billy und Debbie einander fanden. Unglücklicherweise war ihre Verbindung von Anfang an gefährdet. Beide brachten ein erhebliches Maß an Misstrauen und Furcht mit in die Ehe. Und beide brachten auch ein großes Bedürfnis nach teilnehmendem Verständnis mit und hofften, dass der jeweils andere diesem Bedürfnis rundum gerecht werden würde. Aber wenn beide nach Zuwendung suchen – wer wird dann liefern können, was beide sich dringend wünschen? Beide tragen viele Wunden mit sich, die heilen müssen, und beide sind ganz dringend darauf angewiesen, dass der Partner bzw. die Partnerin ihnen geduldig, liebevoll und versöhnlich entgegenkommt. Beide sind verwundbar, rasch verletzt und immer in Angst, vielleicht nicht angehört und nicht geliebt zu werden. Und beide sind, wie wir gesehen haben, schnell bereit, das Verhalten des anderen in der schlimmstmöglichen Weise zu deuten.

Ich will hier allerdings nicht den Eindruck erwecken, dass solche Ehen grundsätzlich nicht gut gehen können oder dazu verdammt wären, mit einer Scheidung zu enden. In unserer Gesellschaft, in der die Zahl der Scheidungskinder zunimmt, wird sich auch die Zahl der Ehen zweier Scheidungskinder unweigerlich multiplizieren. Und in der Tat sind unter den guten Ehen, die ich gesehen habe, auch solche, in denen beide Partner aus Scheidungsfamilien kommen. Viele von diesen Ehen funktionieren eben deshalb, weil beide Beteiligten sich der Schwierigkeiten bewusst sind, die vor ihnen liegen und die sie bewältigen müssen, um einander wechselseitig zu Wachstum und Entwicklung zu verhelfen. Sie wissen, was der Partner erlebt hat, und sind voller Verständnis für dessen Furcht vor Konflikten und vor einem möglichen Scheitern der Ehe. Solche Ehen fungieren in sich als heilsame Erfahrung und vermitteln beiden Beteiligten die Zuversicht, dass sie in einer Welt der Schwierigkeiten eben doch Liebe und Beständigkeit finden können. Karen kann wieder hoffen und vertrauen, denn sie hat einen Mann, der sie liebt und der sie die Entbehrungen ihrer Kindheit vergessen machen will, indem er sie lehrt, die Dinge leichter zu nehmen. Larry lernt, sich sein früheres Verhalten zu verzeihen, indem er eine Frau heiratet, die, wie er sagt, »Liebe und Lachen in mein Leben gebracht hat«. Die Verbindung mit ihr rettet ihn davor, sein Leben lang über die Dinge zu grübeln und wütend zu sein. Frauen, die zunächst ein wahlloses Sexualleben führen und dann einen Mann treffen und heiraten, der sagt: »Hör auf damit; ich bin hier, und ich habe vor, hier zu bleiben«, sehen sich aus dem Zustand der ständigen Untreue gerettet. Alle diese Ehen erfordern eine enorme Geduld, und sie erfordern, dass beide Partner sich darüber im Klaren sind, wie leicht Scheidungskinder den Mut verlieren und wie wichtig es ist, die Dinge durchzustehen – auch angesichts der Versuchung, davonzulaufen. Bei meiner intensiven Beschäftigung mit guten Ehen bin ich zu der Überzeugung gelangt, dass es unter allen denkbaren erwachsenen Beziehungen in erster Linie eine gelungene Ehe ist, die es mit ihrem heilenden Potenzial vermag, einem oder auch zwei unglücklichen Lebensverläufen eine wirkliche Wendung zu geben.[3]

Leider war das bei Billy und Debbie nicht der Fall. Mit Sicherheit waren sie anfangs entschlossen, einander in jeder möglichen Weise zu Hilfe zu kommen. »Ich dachte mir, die Ehe mit Debbie ist das Richtige«, fuhr Billy fort. »Sie kaufte Möbel, nähte Vorhänge und sorgte dafür, dass wir es wohnlich hatten. Ich verdiente ziemlich gut, und wir kauften ein kleines Haus, wo sie sich erst recht wohlfühlen konnte. Aber sie sagte immer, wir sollten mehr unternehmen. Es kam immer mal wieder vor, dass sie ausgehen wollte, wenn ich von der Arbeit nach Hause kam, und wahrscheinlich habe ich ihr nicht groß zugehört. Mein Arbeitstag war sehr lang, weil ich allein dafür verantwortlich war, dass nichts verbrannte. Wenn ich nach Hause kam, konnte ich mich nur noch aufs Sofa fallen lassen. Mein Herz war in keinem guten Zustand, ich bekam nur schlecht Luft, und ich hatte nicht die Zeit, zum Arzt zu gehen. Sie heulte weiter, am Ende schrie sie, aber ich war zu müde und zu erschlagen, um ihr zuzuhören. Na ja, um es kurz zu machen: Eines Tages kam ich von der Arbeit, und das Haus war leer. Sie war ausgezogen und hatte die Couch, den Fernseher, die Waschmaschine, den

Trockner, ihre Kleider, den ganzen verdammten Haushalt mitgenommen. Gott sei Dank hat sie mir den Hund gelassen. Ich werde es mein Leben lang nicht vergessen. Es war schon Nacht. Vier oder fünf Mal bin ich aus dem Haus und wieder 'rein gerannt. Ich konnte es nicht glauben; ich habe geweint wie ein kleines Kind. Wie konnte sie das tun? Ich bin fast verrückt geworden. Wirklich, Judy, verrückt, wahnsinnig, übergeschnappt. Ich konnte nicht essen; ich ging zwar zur Arbeit, aber ich konnte nichts tun. Ich konnte auch nicht schlafen. Ich konnte nicht in das leere Haus gehen. Ich bin draußen auf der Veranda geblieben, acht Monate lang, bei jedem Wetter. Dann kam die Depression wie eine schwere Wolke. Ich war so überwältigt von Traurigkeit, dass ich mir sagte: 'Das war's jetzt. Niemand hat dich je gemocht – deine Frau nicht, dein Vater nicht, deine Mutter nicht.' Vier oder fünf Mal habe ich versucht, mich mit Kohlenmonoxid umzubringen. Schlafen konnte ich tatsächlich nur, wenn ich die Arme um meinen Hund legte – dann döste ich gegen Morgen ein.«

Ich habe schlimme Reaktionen von der Art, wie Billy sie beschrieb, vielfach erlebt, wenn eine Ehe zerbrach. (Oft ist es genau dieses schreckliche Trauma, das einen ewigen Streit über das Sorgerecht auslöst.) Noch unter dem schmerzlichen Eindruck des in der Kindheit erlittenen unerwarteten und nie vergessenen Verlustes ihrer intakten Familie erleben die Betroffenen jetzt als Erwachsene *ohne jede Vorwarnung* das Ende ihrer eigenen zentralen Beziehung. Das bestätigt sie in ihrer Ansicht, dass sie Verdammte sind und dass alles zerbricht, was sie wollen und brauchen. Sie leiden genau so wie Billy es beschreibt: Sie können es nicht ertragen. Nach Hause zu kommen, nur um festzustellen, dass das Haus leer und ein Zettel mit einer Nachricht an die Tür gepinnt ist – das ist eine entsetzliche Demütigung. Die Reaktion darauf – Depression oder aufschießende Wut – kann Jahre anhalten. Wer das erlebt, beschuldigt den Partner, den realen oder imaginären Liebespartner des Partners, die Familie des Partners, die ganze Welt. Das Trauma kann das Leben der betroffenen Person dominieren und wütende Auseinandersetzungen um die Kinder oder um den Besitz nach sich ziehen.

Aber warum hatte Billy keine Ahnung von dem, was sich da vorbereitete? Wenn eine Frau praktisch die Wohnung leer räumt, dann steht dahinter nicht nur eine sorgfältige Planung, sondern notwendigerweise auch eine maßlose Wut, die, allmählich aufgestaut, sich nun in einem Ausbruch von Hass- und Rachegefühlen Luft macht. Und doch wurde Billy davon überrascht.

Er sah erbarmenswürdig aus. Ich legte die Hand auf seinen Arm und sagte: »Billy, ich kann mir nichts Schlimmeres vorstellen. Was sie getan hat, ist furchtbar. Gott sei Dank, dass Sie sich nichts angetan haben. Aber was hat diesen Zorn verursacht? Verstehen Sie das?«

»Wenn Sie meinen, dass ich sie geschlagen hätte – ich habe nie die Hand gehoben.«

»Vielleicht fühlte sie sich gefangen.«

»Daran habe ich nie gedacht.«

»Glauben Sie, dass sie frustriert war, weil sie nichts zu tun hatte als auf einen erschöpften Mann zu warten, der gerade rechtzeitig nach Hause kam, um sich schlafen zu legen?«

»Auch daran habe ich nicht gedacht. Sie hat sich beklagt, aber, wissen Sie – dass Frauen sich beklagen, daran bin ich gewöhnt.«

Die von mir begleiteten männlichen Scheidungsopfer, die sich ihrerseits scheiden ließen, berichteten alle von sehr ähnlichen Erfahrungen, wenn diese Erfahrungen auch nicht ganz so brutal in ihrer Wirkung waren wie in Billys Fall. Mit einer einzigen Ausnahme war es immer so, dass die Frau im Zorn ging und der Mann wie betäubt zurückblieb. Diese jungen Männer mochten ihre Frauen wirklich und hätten sich gewünscht, ihre Ehe fortzusetzen.

Später suchten sie sich das Geschehen mit Plattitüden zu erklären – »Sie war zu jung«, »Sie wollte einen anderen« –, aber im Grunde hatten sie keine Ahnung, warum ihre Frauen sie verlassen hatten. Billy war einer der wenigen, die ehrlich sagten: »Ich habe sie nicht angehört.« Keiner dieser Männer war in seiner Ehe gewalttätig gewesen, und auch Untreue hatte keine große Rolle gespielt, auch wenn sie hier und da vorkam. Sie wussten, dass ihre Frauen dies und jenes beklagten, aber sie taten nichts, um sich mit den Problemen auseinander zu setzen. Ein Mann erzählte mir, er habe es eine Woche lang gar nicht bemerkt, dass seine Frau weg war – er hatte zu dieser Zeit an einem großen Programmierauftrag gesessen. Als er begriff, dass sie tatsächlich gegangen war, verfiel er in eine akute Depression. Die meisten dieser Männer erholten sich nur langsam von dem Geschehen. Einige hatten jahrelang keinerlei Kontakte mit Frauen. Einer, dessen Frau ihn verlassen hatte, als er vierundzwanzig war, unternahm noch zehn Jahre später keinen Versuch, sich mit einer Frau zu treffen. Er hatte beschlossen, lieber allein zu bleiben, als es noch einmal zu versuchen. »Einmal ist genug«, sagte er.

Warum hören diese jungen Männer die Klagen ihrer Frauen nicht an? Sie sind intelligente, in ihrem Beruf kompetente, anständige Leute – aber ihren Frauen gegenüber sind sie blind und taub, und wenn die Frauen sie verlassen, sind sie total überrascht.

Meiner Ansicht nach hören sie ihre Frauen nicht an, weil sie auch sich selbst sehr weitgehend nicht anhören. Sie haben mir immer wieder gesagt, dass sie sich in Situationen, die grundsätzlich starke Gefühle auslösen, in affektiver Hinsicht eher abgestumpft oder »abgeschaltet« vorkommen. Sie haben als Kinder gelernt, dass Gefühle schmerzen und dass es besser und weniger gefährlich ist, sie sozusagen stillzulegen, also weder auf die eigenen noch auf fremde Gefühle zu reagieren. Das Traurige dabei ist, dass sie, wenn sie ihre eigenen Gefühle nicht zugeben können, auch Schwierigkeiten haben, die Gefühle eines anderen Menschen wahrzunehmen. Vor allem wissen sie überhaupt nicht, wie sie die Qualität der Gefühle, Bedürfnisse und Wünsche einer Frau oder auch die Berechtigung ihrer Klagen einschätzen sollen.[4] Es ist, als ob sich für sie alles in der immer gleichen Tonart abspielte. Solche Männer sind kaum imstande, sich den Gesichtsausdruck einer Frau oder ihre Körpersprache zu deuten oder zwischen einer belanglosen Verstimmung und einem ernsthaften Kummer zu unterscheiden. Sie haben kein gutes Vorbild einer gelungenen Mann-Frau-Beziehung im Kopf, und die subtileren Facetten der Interaktion sind ihnen ganz und gar unbekannt. Billy und die anderen jungen Männer in dieser Gruppe verstanden konkrete Bitten. Als Debbie ein Haus wollte, kaufte er ihr eines. Hätte sie ihn um Schuhe oder ein Kleid gebeten, dann hätte er ihr diese Dinge mit Freuden geschenkt. Aber sie wollte, dass ihr Mann abends mit ihr redete. Sie war einsam und wollte Gesellschaft. Sie war gelangweilt und wäre gern tanzen gegangen. Ihre Wünsche waren ihm unverständlich und passten ihm nicht, und er war absolut blind für das zunehmende Unbehagen und den wachsenden Zorn, die hinter diesen Anliegen standen. Wie andere ignorierte auch Billy alle Zeichen des herannahenden Sturms. Die Frau steigerte sich in ihre Erregung hinein und räumte am Ende wütend das Feld. Die Männer, denen es so erging, waren am Boden zerstört.

Verwundbarkeit und Elastizität

Am Ende des Interviews war mir schmerzlich bewusst, wie sehr Billy gelitten hatte und wie hart es für ihn gewesen war, nach der Scheidung seiner Eltern so gut wie ohne Hilfe von seiten der Familie aufzuwachsen. Zugleich war ich beeindruckt von seinem Mut und seinem Durchhaltevermögen. Ungeachtet seiner gesundheitlichen Beeinträchtigung, geringen Bildung und anhaltenden Traurigkeit hatte er es zu einer verantwortungsvollen, gutbezahlten Stellung gebracht, die Erfahrung, Sorgfalt im Detail und die Fähigkeit erforderte, rasche Entscheidungen zu treffen. Er hatte sich allein aus einer schweren Depression wieder hochgearbeitet. Und er hatte es geschafft, sein außerordentlich isoliertes und trauriges Leben zu leben, ohne in den Alkohol- oder Drogenmißbrauch abzurutschen. Er hatte jeden seiner Tage in der Hoffnung überlebt, es möge der letzte sein. Jetzt, zum Zeitpunkt unseres letzten Gesprächs, stand Billy am Anfang einer neuen Beziehung mit einer offenbar sympathischen Frau, die zwar auch ihre Schwierigkeiten hatte, aber bereit war, an der gemeinsamen Beziehung zu arbeiten. Die beiden hatten zumindest eine Chance, ihren Kampf zu gewinnen. Ich hatte im übrigen gesehen, dass es Billy mit seinem Mut und seinem grimmigen Humor gelungen war, sich seine Integrität und Ehrlichkeit zu bewahren. Alles in allem war er ein sehr liebenswerter, freundlicher und großzügiger Mensch. Und doch war er fast sein ganzes Leben lang unglücklich gewesen.

Was war Billy zugestoßen, und unter welchen Umständen hätte sein Leben anders verlaufen können? Dieses Kind hatte eine Menge zu erleiden, weil seine Verwundbarkeit vom Zeitpunkt der Scheidung seiner Eltern an auf ein karges und in keiner Weise hilfreiches Umfeld traf. In den Jahren vor der Scheidung, als seine Mutter sich um ihn kümmerte, war er der Klassenbeste, hatte Freunde und war trotz seiner Behinderung ein glückliches Kind. Sein Vater war ihm persönlich nie eine große Hilfe, aber er bezahlte Billys Arztrechnungen, seine Spiele, seine Bücher und die Nachhilfestunden – alles, was zu seinem täglichen Leben gehörte. Aber mit der Scheidung und der Wiederverheiratung seiner Mutter verlor Billy alles, was ihn über Wasser gehalten hatte. Mit ihren nunmehr ganz anderen Prioritäten wurde die Mutter, die zuvor seine wichtigste Beschützerin gewesen war, zur Hauptkritikerin ihres jungen Sohnes. Der reagierte verletzt, bestürzt und zornig. Als verwundbares Kind, das auf die Hilfe seiner Mutter angewiesen war, wusste er nicht, wohin er sich wenden sollte. Hätte sie ihn weiterhin gestützt, so wie er es brauchte, dann wäre Billys Leben zweifellos glücklicher und gelungener verlaufen.

Andere junge Leute aus meiner Studie bewiesen in einer Umgebung, die ihnen genau so wenig zu Hilfe kam, eine beeindruckende Elastizität und Widerstandsfähigkeit. Larry nahm alle seine Energien zusammen, um, wie er sagte, sein eigener Vater zu werden und sich seine Ziele in der Sphäre von Ehe, Elternschaft und beruflicher Laufbahn selbst zu setzen. In einem gewissen Umfang kamen ihm dabei der Mut und die Ideale seiner Mutter zu Hilfe, wenn dies auch nicht wirklich ausreichte, um ihm den Weg zu ebnen. Wäre er so verletzlich gewesen wie Billy, dann hätte er es wohl kaum schaffen können. Auch Karen verließ sich auf sich selbst und auf die eigenen Kräfte, um mit den Schwierigkeiten im ganzen Verlauf ihrer Kindheit fertigzuwerden. Ihr kam wenigstens zugute, dass ihre Großmutter sie liebte und ihr bei der Finanzierung ihrer Ausbildung half, und später hatte sie einen großen Rückhalt in ihrem Ehemann, der ihr beim Akt ihrer Befreiung von ihrer anspruchsvollen Familie zur Seite stand. Aber wenn Karen ein verwundbares Kind gewesen wäre, dann hätte auch sie ein anderes Leben gehabt, denn die Verantwortung für sie lag bei Eltern, die es nicht vermochten, ihre Kinder zu beschützen.

Diese Beispiele verweisen auf den gewichtigen Zusammenhang zwischen der »Konstitution« eines Kindes – seiner Verwundbarkeit, seinen Stärken, seiner Elastizität und Widerstandskraft – und dem, was die Familienumgebung ihm bieten kann. Je nachdem, wie elastisch und widerstandsfähig ein Kind ist, braucht es mehr oder weniger Unterstützung vonseiten seiner Eltern, nachdem diese sich getrennt haben. Sehr kompetente Kinder mögen imstande sein, ohne nennenswerte Hilfe mit dieser Erfahrung zurechtzukommen. Sensible und insgesamt weniger gefestigte Kinder sind auf ein Mehr – auch im zeitlichen Sinne – an elterlicher Fürsorge und Zuwendung angewiesen und brauchen darüber hinaus vielfältige Hilfe auch in ihrem schulischen und sozialen Leben. Verwundbare Kinder brauchen ein Höchstmaß an Unterstützung, denn sie tun sich am schwersten mit lebensverändernden Ereignissen.

In jüngerer Zeit werden die psychologischen Konzepte von *resiliency* (hier etwa: Elastizität, Auffangvermögen) und *vulnerability* (Verwundbarkeit, Vulnerabilität)[5] immer häufiger herangezogen, wenn es um die Frage geht, weshalb manche Kinder mit der Scheidung ihrer Eltern gut fertigwerden, während andere unter dieser Belastung den Halt verlieren.[6] Diese Konzepte sind wichtig, weil Scheidungskinder, wie wir in diesem Buch immer wieder gesehen haben, sich mit der beispiellosen Verantwortung befrachtet sehen, sich sozusagen selbst großzuziehen. Dabei spielt es eine Rolle, ob sie leicht Freunde finden oder sich vor Fremden eher fürchten. Es spielt eine Rolle, ob sie mutig oder schüchtern, agil oder ungeschickt, von fixer Intelligenz oder von langsamer Auffassungsgabe sind. Die Protagonisten der Kinderliteratur von *Oliver Twist* bis *Harry Potter* sind sämtlich Helden, die, umgeben von bösen oder dummen Erwachsenen, mit Erfolg gegen widrige Umstände angehen. »Wirkliche« Kinder haben es nicht so leicht, und für manche ist die Aufgabe besonders schwer.

Den meisten Eltern und Kindern ist klar, dass jedes Kind, und sei es noch so unerschrocken, auf die Hilfe seiner Familie angewiesen ist. Dabei muss diese Hilfe in jedem einzelnen Fall wieder anders aussehen. Manche Kinder kommen bravourös mit dem Prinzip der gemeinsamen Versorgung zurecht. Andere verkraften es ohne große Schwierigkeiten, dass ihre Mutter jetzt wieder ganztags arbeitet. Wieder andere brechen zusammen. Der eine Junge kann sich nach der Schule allein beschäftigen – indem er liest, malt, zeichnet oder mit einem Freund telefoniert. Der andere sitzt nur da, allein und traurig. Manche Kinder haben liebevolle und aufmerksame Großeltern, Freunde der Familie oder Nachbarinnen, die sich gerne mit ihnen abgeben, weil sie so liebenswert sind. Andere sind allein und brüten vor sich hin, weil sie weniger geschickt im Umgang oder eben nicht so reizend sind.

Auch wenn wir nicht über den Zauberstab verfügen, der alle Familien nach der Scheidung hellhörig für die Nöte und das Schutzbedürfnis der Kinder macht, können wir doch versuchen, ein breites Verständnis dafür zu wecken, dass und warum Kinder nach der Scheidung ihrer Eltern verwundbar sind. Es ist keine Frage, dass Paula es sehr viel leichter gehabt hätte, wäre ihr nicht von heute auf morgen ihr stabiles Zuhause abhanden gekommen, weil ihre Mutter ganztags arbeiten musste. Für Billy wäre es eine ganz große Erleichterung gewesen, wenn der Übergang von seinem gewohnten Leben in das neue Leben nach der Scheidung seiner Eltern mit Bedacht gehandhabt worden wäre. Auf jede Kleine Lok, die es schafft, kommt eine Kleine Lok, die es nicht schafft. Viele Kinder brauchen ein Mehr an Zuwendung und Aufmerksamkeit, um die großen Veränderungen in der Folge der elterlichen Scheidung hinnehmen zu können. Wir haben eine Verpflichtung, den Eltern insoweit zu Hilfe zu kommen, denn wie wir ebenfalls gesehen haben, können viele von ihnen diese Zuwendung von sich aus gar nicht leisten.

1 Siehe Kapitel 11, Anm. 1. Siehe auch R. Simons et al., »Explaining the Higher Incidence of Adjustment Problems of Children of Divorce«, *Journal of Marriage and the Family*, im Druck.

2 Siehe P. Amato, »Explaining the Intergenerational Transmission of Divorce«, *Journal of Marriage and the Family* 58 (1996): 628-640: Der Autor äußert sich zu der hohen Scheidungsrate bei Ehen, in denen beide Partner ihrerseits Scheidungsopfer sind, und erklärt ihre Schwierigkeiten mit dem Hinweis auf mangelnde soziale Fertigkeiten.

3 Diese Art der heilenden oder »rettenden« Ehe wird ausführlicher thematisiert in Wallerstein und Blakeslee, *The Good Marriage*.

4 Barbara Dafoe Whitehead verwendet auch den Ausdruck »clueless« (ahnungslos, unbedarft), wenn es um die Schwierigkeiten geht, die Scheidungskinder mit dem Verständnis enger Beziehungen haben. Siehe B. D. Whitehead, *The Divorce Culture* (New York: Alfred A. Knopf, 1997).

5 Die Konzepte von *stress, risk, buffering* und *resiliency* (Stress, Gefährdung, Pufferfunktion, Elastizität) wurden in den 1970er- und 1980er-Jahren entwickelt, um der großen Bandbreite individueller Unterschiede in der Reaktion von Kindern auf traumatische Geschehnisse in ihrem Umfeld gerecht werden zu können. Ein Überblick über die einschlägige Literatur findet sich bei N. Garmezy und M. Rutter, *Stress, Coping and Development in Children* (New York: McGraw Hill, 1983).

6 Siehe in diesem Zusammenhang E. M. Hetherington (Hg.), *Coping with Divorce, Single Parenting, and Remarriage: A Risk and Resiliency Perspective* (Mahwah, N.J.: Lawrence Erlbaum Associates 1999).

Teil 5
Mein bester Fall: Lisa

20.

Ist es allein mit der Maxime »Kein Streit« getan?

Viele Jahre lang habe ich auf den einschlägigen Konferenzen in aller Welt meine Redebeiträge zum Thema Scheidung und Kinder mit Auszügen aus den Interviews mit Lisa eingeleitet: Lisa, ein wortgewandtes Kind, nahm ihre Zuhörer sogleich für sich ein, weil sie mit großer Zuneigung und Anteilnahme von ihren Eltern sprach. Als Heranwachsende machte Lisa sich bemerkenswert gut, und ich habe sie oft als »meinen besten Fall« bezeichnet. Mein Publikum hörte immer gern von ihr, weil diese Berichte geeignet waren, Befürchtungen hinsichtlich der Folgen der elterlichen Scheidung für die Kinder zu beschwichtigen: Wenn Lisa es durchgestanden hatte, dann konnten andere Kinder das auch. Aber als Lisa sich der Schwelle des Erwachsenenlebens näherte, fielen mir gewisse Veränderungen auf, die darauf hinwiesen, dass eben doch nicht alles in Ordnung war. Wie andere Kinder, deren Geschichte ich hier ausgebreitet habe, übernahm Lisa vom Tag der Scheidung ihrer Eltern an eine Rolle in ihrer Familie und spielte diese Rolle gut. Sie war das Musterkind, mit dem es niemals Ärger gab. Und obwohl sie sich der starken Affekte, der Eifersuchts- und Hassgefühle bewusst war, die in ihrer Nachscheidungsfamilie »unterirdisch« am Werk waren, gab sie wie alle anderen vor, dass alles ganz harmonisch sei. Es war ihr ein tiefinnerliches Anliegen, ihre Eltern vor Schuld- und Unglücksgefühlen im Zusammenhang mit ihrer Scheidung zu bewahren. Aber ihr gut gemeinter Vorsatz nützte ihr nicht länger, als sie es sozusagen von Angesicht zu Angesicht mit »erwachsenen« Beziehungen zu tun bekam. Lisas Geschichte zeigt, dass, was immer wir tun, um unsere Kinder nach der Scheidung vor Schaden zu bewahren, Reste des Erlebten im Bereich der erwachsenen Liebe und sexuellen Intimität wieder auftauchen.

Im Laufe der Jahre bin ich immer wieder gefragt worden: »Und was ist, wenn wir uns nach der Scheidung nicht bekriegen? Wenn wir miteinander auskommen und das Wohlergehen unseres Kindes über unser eigenes Wohlergehen stellen? Wir können unsere Kinder doch ganz sicher vor dem Schaden bewahren, den eine Scheidung anrichten kann. Oder etwa nicht?«

Sehen wir uns die Dinge aus der Nähe an. Es stimmt, dass Streitigkeiten zwischen den Eltern, ob sie vor Gericht oder im Schlafzimmer ausgetragen werden, den Kindern schaden. Wie wir in diesem Buch immer wieder gesehen haben, ist Streit unter Erwachsenen ein erschreckendes Verhaltensmodell, das die Qualität der Eltern-Kind-Beziehung in jedem Fall ernsthaft beeinträchtigt. Eltern, die sich auf einen ehelichen Krieg einlassen, verlieren dabei häufig die Belange ihres Kindes aus den Augen. Nur zu leicht verwechseln sie ihre eigene Wut und ihr quälendes Dauerthema mit dem, was sie für die Bedürfnisse des Kindes halten. Die Folge ist, dass das Kind sich ungeliebt und gefährdet fühlt.

Nun gibt es allerdings Millionen von Eltern, die vom ersten Tag ihrer Scheidung an entschlossen sind, ihren Kindern mit diesem Schritt keine Qualen zu bereiten. Sie sind persönlich reif und beherrscht genug, um sich zu sagen: »Wir können zwar nicht miteinander verheiratet bleiben, aber wir können immer noch unseren Kindern den Vorrang einräumen. Wir werden Wege finden, ihnen zu zeigen, dass wir sie beide lieben und dass wir tun wollen, was wir können, um sie vor Schaden zu bewahren.« Amen. Nachscheidungsfamilien, die sich an dieses Credo halten, bewahren ihre Kinder in der Tat vor vielen bösen Erfahrungen, über die wir hier schon gesprochen haben.

Und doch müssen wir an dieser Stelle eine unbequeme Wahrheit zur Kenntnis nehmen. Wie Lisas Geschichte zeigt, haben Eltern, die in allen Punkten miteinander kooperieren, nicht notwendig einen Draht zu den Gefühlen und Anliegen ihres Kindes. Dass sie sich bemühen, ihre Differenzen friedlich beizulegen, hat nicht automatisch zur Folge, dass sie nun besser verstehen, was ihr Kind beschäftigt und beunruhigt, oder dass sie hellhöriger für sein Unbehagen werden. Um den Kindern zu helfen, reicht die Erklärung, man werde das Feuer einstellen, bei weitem nicht aus. Entgegen den Erwartungen so vieler Anwälte, Richter und Therapeuten bewahrt die in unserem Land weit verbreitete Maxime »Kein Streit!« die Scheidungsopfer nicht davor, sich als Erwachsene mit den gleichen Schwierigkeiten konfrontiert zu sehen wie ihre Schicksalsgenossen aus weniger kooperativen Scheidungsfamilien. Lisa repräsentiert eine sehr große Zahl von Kindern innerhalb unserer amerikanischen Scheidungskultur. Ihre Erfahrung ist lehrreich für uns alle.

Leid und Konflikt bei aller Kooperation

Ich begegnete Lisa zum ersten Mal, als sie noch den Kindergarten besuchte – eine reizende Vierjährige in einem himbeerfarbenen Anzug und mit hellgelben Bändern im Haar. Ihre Eltern waren beruflich erfolgreich – die Mutter als Anwältin bei einer staatlichen Einrichtung in Los Angeles und ihr Vater als Journalist, der später in Menlo Park als PR-Mitarbeiter für mehrere große Firmen in Silicon Valley tätig war. Ich fragte Lisa nach dem Leben in ihrer Familie. Sie antwortete sachlich und auf eine sehr erwachsene Art: »Mein Papa mag die Mama nicht, und deswegen wohnt er jetzt woanders, und meine Mama mag ihn und will, dass er zurückkommt.«

»Da hat sich ja sehr vieles verändert,« sagte ich im gleichen sachlichen Ton. »Was meinst du, was als Nächstes passieren wird?«

Lisa schüttelte schweigend den Kopf; offensichtlich wollte sie weiter nichts sagen. Ihr Spiel enthüllte dann aber alles, was sie nicht mit Worten zum Ausdruck bringen konnte. Es bestand aus zwei Akten, die beide ihr Innenleben sehr anschaulich darstellten. In einer ersten Episode platzierte sie die Figuren von Vater, Mutter und Kindern ins Wohnzimmer des Puppenhauses, alle in einer Reihe vor dem Fernseher sitzend. Später lagen sie in einem großen Bett, eng aneinander geschmiegt wie Welpen in einem Korb, und anschließend wurden sie alle miteinander in die Badewanne gequetscht. Am Ende drängten sie sich auf dem steilen Dach zusammen, ängstlich darum bemüht, nicht herunterzufallen. Diese Zusammengehörigkeit, wie die kleine Lisa sie herstellte, war mehr als anrührend. Im zweiten Akt gerieten der Tiger, das Krokodil, die Giraffe und der Bär in Wut, bissen wild aufeinander ein, fauchten und gingen sich gegenseitig an die Kehle. Von ihren heftigen Gefühlen fortgetragen, grub Lisa schließlich selbst die Zähne brutal in die Giraffe und hämmerte mit ihren kleinen Fäusten auf den Tiger ein. Die Botschaft war klar. Lisa wünschte sich sehnlichst, ihre Familie möge zusammenbleiben, und wusste doch, dass sie am Zerbrechen war. Hinter ihrer gesetzten und wohlerzogenen Art lauerte ein wilder Zorn, der zu explodieren drohte.

Aus meinen Niederschriften geht hervor, dass dies eines der wenigen Male – wenn nicht überhaupt das einzige Mal – war, dass Lisa sich gestattete, ihre Wut über das Zerbrechen ihrer Familie zum Ausdruck zu bringen. Über Jahre hinweg verbarg sie ihre Gefühle sehr sorgfältig. Zu Hause wie in der Schule war sie fast immer das gleiche sehr brave, adrette und ruhige Kind. Ihre Vorschullehrerin sagte mir, sie wünsche sich oft, dass Lisa einmal etwas Unartiges tun würde. Ein Jahr später schrieb sie mir auf eine entsprechende Anfrage hin, sie mache sich Gedanken, weil dieses intelligente Kind in seinem Spiel so wenig Fantasie und Kreativität zeige. »Sie ist immer auf der Hut, sieht sich immer um«, berichtete sie.

Lisas Verstörung, die sie sich weder vor ihren Eltern noch in der Schule anmerken ließ, sickerte zu Hause in der Form von Ängsten durch – Angst vor der Dunkelheit, vor schrecklichen Träumen, vor Feuer, vor dem Alleinschlafen. Lisa hatte Angst, wenn ihre Mutter auswärts zu tun hatte, obwohl sie in solchen Fällen bei ihrem Vater wohnen konnte. Sie genierte sich, ihrem Vater und ihrer Stiefmutter zu sagen, wie sehr diese Angst sie vor allem in der Nacht quälte. »Ich habe Angst, meinem Vater zu sagen, dass ich Angst habe. Ich hätte gern, dass sie ein Licht im Bad brennen lassen, wie meine Mutter es immer macht, aber ich habe viel zu viel Angst, sie darum zu bitten«, sagte sie mir, als wir zum zweiten Mal zusammentrafen. Mit der Zeit nahmen ihre Ängste eher akute Formen an – zum Beispiel knirschte sie im Schlaf mit den Zähnen. Dennoch beschloss Lisas Mutter schon kurz nach der Trennung von ihrem Mann, einige Wochen bei ihrer Schwester in Santa Fe zu verbringen, um ihr eigenes Leben wieder ins Geleise zu bringen. Sie brauche »Raum zum Nachdenken«, wie sie sagte. Weder sie noch ihr geschiedener Mann waren sich darüber im Klaren, wie sehr Lisa unter der Scheidung litt. Lisa schien so beherrscht, so ruhig. Ganz sicher werden ihre Ängste sich mit der Zeit legen, sagten sich die Eltern. Tatsächlich hielten diese Ängste über Jahre hinweg an und verschlimmerten sich noch, als Lisas Mutter ihr Arbeitspensum erweiterte. Damals verging kein Tag, an dem Lisa sich nicht Sorgen machte, ihre Mutter könnte sterben.

In vielen Scheidungsverläufen sieht einer der Partner das Unheil gar nicht kommen und hat höchstens eine vage Ahnung davon, dass der andere unzufrieden mit der Ehe ist. Das Tragische dabei ist, dass dieser abgeschriebene Partner den anderen, der aus der Ehe aussteigen will, vielleicht noch immer sehr liebt. In solchen Fällen können der Schock und die Wut über den erlittenen Verrat viele Jahre lang oder überhaupt für immer anhalten.

Lisas Mutter war wie betäubt, als ihr Mann sie um die Scheidung bat. Sie wusste, dass er einiges an ihrer Ehe auszusetzen hatte, aber der Gedanke an Trennung war ihr nie gekommen. Dass er einen Tag nach Verkündung des Scheidungsurteils wieder heiratete, machte den Schlag noch schwerer. Sie war zutiefst verletzt, bestürzt und gedemütigt. Sie war – und ist – eine sehr attraktive und erfolgreiche Frau, die keine Schwierigkeiten hatte, neue Bekanntschaften zu machen, aber vorübergehende Affären deprimierten sie. Unglücklicherweise fand sie trotz aller Bemühungen keinen passenden Partner mehr. Lisa sagte mir: »Sie ist eine selbstständige und starke Frau, aber wenn ich an sie denke, dann mit viel Schuldgefühl, viel Mitleid und auch mit erheblicher Sorge.«

Lisas Vater war in dieser ersten Ehe nicht glücklich. Er klagte darüber, dass seine Frau anspruchsvoll, reizbar und desinteressiert sei. Er sehnte sich nach Liebe und Zärtlichkeit und fand in der Tat rasch eine Frau, die Lisas Mutter in Bezug auf Alter und Bildung ganz ähnlich war. Diese zweite Ehe mit Machiko, einer Amerikanerin japanischer Herkunft, die eine gehobene Stellung bei der Bank of America innehatte, war in jeder Hinsicht glücklich, sie war von Dauer, und sie war gut für beide Partner. Als junge Erwachsene sagte Lisa: »Ich wünsche ihm, dass er nie Gewissensbisse hat, weil er meine Mutter verlassen hat. Er ist immer ein guter Vater gewesen, und er ist ein guter Ehemann für meine Stiefmutter.«

Aber auch wenn diese zweite Ehe eine glückliche Verbindung war, heißt das nicht, dass von Anfang an alles in bester Ordnung war. Wie in den anderen von uns begleiteten Familien war es auch in dieser Familie so, dass die Eltern-Kind-Beziehungen sich in der Folge der Scheidung wandelten. Lisas Vater hatte sich immer sehr viel Zeit für seine Tochter genommen, er hatte ihr abends Geschichten vorgelesen, er hatte an den Wochenenden etwas mit ihr unternommen und ihr morgens das Frühstück gemacht. Aber wie dies in anderen Familien auch der Fall ist: Als die neue Stiefmutter protestierte, weil er so viel Zeit an sein Kind verschwendete, schlug er sich auf ihre Seite. Lisas Mutter war nicht imstande, ihrer Tochter zu Hilfe zu kommen. Sie sehnte sich ihrerseits verzweifelt nach Liebe und Trost, und ihr selbst war so gut wie nichts geblieben, was sie ihrer kleinen Tochter hätte geben können. Sie war geradezu verbissen damit beschäftigt, ihre Gefühle unter Kontrolle zu halten, ihre Position bei der staatlichen Organisation, bei der sie beschäftigt war, zu stärken und sich wieder ein soziales Leben aufzubauen.

Die Botschaft, die Lisa zu diesem Zeitpunkt von beiden Eltern empfing, lautete, sie möge auf Distanz bleiben und so gut wie möglich funktionieren. Die Möglichkeit zu weinen wurde ihr von den Eltern, die sie beide liebten, nicht eingeräumt.

Alle Erwachsenen in diesem Drama taten ihr Bestes, um das Kind vor Schaden zu bewahren, indem sie nicht offen miteinander stritten. Aber die Emotionen, die durch die Scheidung geweckt worden waren, insbesondere die Eifersucht zwischen den beiden Frauen, wurden nicht geringer. Gerade weil alle um Lisas willen kooperierten, weil also ein enger Kontakt zwischen Mutter, Vater und Stiefmutter bestand, boten sich auch unendliche Möglichkeiten für Missverständnisse, Neidgefühle und verletzende Bemerkungen. Lisas Mutter wusste, wann und wohin ihr ehemaliger Mann mit seiner neuen Frau in Urlaub fuhr, welche Geschenke er ihr machte und wann die beiden eine Gesellschaft gaben, zu der die früheren gemeinsamen Freunde gebeten wurden.

Für Lisas Mutter stellten sich die Dinge weiterhin so dar, dass die glückliche Ehe ihres Ex-Partners auf ihrem eigenen Unglück errichtet war. Diese Triangel begleitete Lisa in den Jahren des Heranwachsens als das zentrale Moment in ihrem Leben. Auch wenn nicht viele Worte fielen, weil Lisas Mutter eine stolze Frau war und nicht in ihren Problemen herumrührte, fühlte sie sich doch weiterhin verletzt durch das, was sie als einen Vertrauensbruch ansah, den ihr Mann ihr zugefügt hatte. Lisa war sich der Einsamkeit und der unerfüllten Wünsche und Hoffnungen ihrer Mutter schmerzlich bewusst.

Die Stiefmutter

Lisas Geschichte wirft ein Licht auf die vielen Schwierigkeiten, die zwischen einem Kind und seiner Stiefmutter auftauchen können. Ihr Vater war, kaum dass er Machiko kennen gelernt hatte, fasziniert von ihrem freundlichen Wesen, ihrem Humor und ihrem guten Aussehen. Machiko bewirkte, dass er sich fabelhaft fühlte – männlich, lebendig, gewollt. In diesem Zusammenhang treffen wir auf ein weiteres Beispiel für den unbewussten Glauben auch eines erwachsenen Menschen daran, dass sich das Familienglück schon einstellen wird: Lisas Vater zweifelte nicht daran, dass seine Tochter seinen Eindruck von Machiko teilen würde. Mit den besten Absichten von der Welt erwartete er, dass Lisa sogleich Sympathie für Machiko empfinden und sie schon nach kurzer Zeit als Mutter in situ akzeptieren würde.

In Wahrheit taten weder das Kind noch die Frau sich leicht damit, eine Beziehung zueinander herzustellen. Machiko verteidigte ihren Anspruch als die neue Lebensgefährtin, die gerade jetzt, da sie und ihr Mann sich ihr gemeinsames Leben aufbauen wollten, natürlich zuerst kommen musste. Es war zugleich der Augenblick, in dem Lisa eine Krise erlebte. Ihre Familie hatte sich aufgelöst. Ihre Mutter steckte in der Depression. Ihr geliebter Vater war ausgezogen und hatte sich mit einer Fremden zusammengetan, die seine ganze Aufmerksamkeit in Anspruch nahm. Überdies nahm diese neue Rivalin um die Liebe ihres Vaters den Platz ihrer Mutter ein. Das ist der Stoff für Märchen, und es ist zugleich der Stoff des modernen Lebens in Amerika – mit einem Unterschied. Im Märchen gerät das kleine Mädchen tief in den gefährlichen Wald und wird von einem mitleidigen Menschen gerettet. Im modernen Amerika bleiben alle Beteiligten in den beiden Haushalten beisammen, und damit kann der Konflikt beginnen. In den ersten Stadien geht es noch nicht darum, wie gut oder wie böse die Stiefmutter bzw. wie brav oder wie unartig das Kind ist. Der Konflikt liegt in der Natur des Dramas selbst. Da ist ein erhabener König (der Mann), eine Prinzessin (das Kind), ein langer und dunkler Schatten (die Ex-Ehefrau) und eine Usurpatorin (die Stiefmutter), die ganz zu Recht eine Situation will, in der sie sich ihrer Ehe erfreuen kann. Derartige Dramen gehen in jeder betroffenen Familie wieder etwas anders über die Bühne, aber sie gehen nie ohne Seelenqualen ab. Im hier betrachteten Fall war es so, dass die Stiefmutter das kleine Mädchen buchstäblich vom Schoß seines Vaters vertrieb. Das war eindeutig ein Fehler, den Machiko zwar rasch als solchen erkannte, den Lisa ihr aber dennoch nie vergaß und nie verzieh. Nichtsdestoweniger lernten Stiefmutter und Stieftochter einander mit der Zeit kennen, mögen und am Ende sogar sehr lieben und respektieren.

Andere Szenarien führen nicht zu einem glücklichen Ende. Viele Stiefmütter sagen: »Ich will den Mann, nicht das Kind.« Wenn die Stiefmutter sich nicht die Mühe macht, in Ruhe eine eigene Beziehung zu dem Kind aufzubauen, bleibt der Antagonismus bestehen. Tatsächlich können solche Rivalitäten sich sogar noch verstärken, wenn die Kinder heranwachsen und ihr Zorn über die Scheidung der Eltern zunimmt oder sie insgeheim weiterhin planen, ihre leiblichen Eltern wieder zusammenzubringen. Es ist nicht ungewöhnlich, dass eine Stiefmutter sagt: »Ich komme mit diesem Jungen nicht zurecht. Er kann mich nicht leiden. Du musst wählen.« Die Entscheidung, die der Vater trifft, kann so oder so ausfallen. Viele Zweitehen (oder feste Zweitpartnerschaften) zerbrechen an der Eifersucht zwischen Stiefmutter und Stiefkind.

Das Engagement eines Vaters für seine Kinder aus erster Ehe wird sehr nachhaltig davon beeinflusst, was seine zweite oder dritte Ehefrau sagt und tut. Das funktioniert so: Der Mann geht seine zweite Ehe in dem intensiven Wunsch ein, sie möge gut gehen. Das Letzte, was er will, wäre eine zweite Scheidung, und folglich wird er sich höchstwahrscheinlich den Wünschen seiner neuen Frau beugen. In den meisten Fällen, die mir bekannt geworden sind, schlägt er sich, wenn es hart auf hart kommt, gegen das eigene Kind auf die Seite seiner neuen Gefährtin. So gesehen, haben Stiefmütter in der Tat die Macht, die ihnen im Märchen gegeben ist, und sie können diese Macht zum Guten oder zum Schlechten nutzen. Hier geht es um den Kampf um den Mann. Er kann sozusagen verdeckt und manierlich über die Bühne gehen wie in Lisas Familie, er kann aber auch äußerst hitzig verlaufen und sehr viel tragischer enden. Es ist zugleich ein Kampf ums Geld, der in der Tat oft erbittert geführt wird und bei dem zumeist die Kinder die Verlierer sind.

Das Märchen geht weiter mit der Rivalität zwischen der Stiefmutter und dem Geist – oder auch der leibhaftigen Präsenz – der ersten Frau (deren Einfluss ebenfalls gut oder schlecht sein kann). Wer hat das Sagen im Haus – die »Neue« oder die richtige Mutter? Wessen Anliegen müssen den Vorrang haben, wenn es darum geht, Besuchszeiten etc. festzulegen? Wie wichtig ist der Privatunterricht oder das Sommerlager? Zahlen wir die kieferorthopädische Behandlung des Kindes, oder machen wir Urlaub in Paris? Sollte das Gehalt der Stiefmutter überhaupt für den Unterhalt des Kindes oder der Kinder aus der früheren Ehe mitverwendet werden? Sollte es für besondere, nicht für schlicht notwendige Ausgaben verwendet werden, für Dinge, die das Leben des Kindes bereichern wie etwa Klavierstunden oder den Skiausflug mit der Klasse? Sollte es mitverwendet werden, damit das Kind studieren kann? Ist der Besuch des Kindes eine Invasion, mit der die Grenze zur Familie der Stiefmutter überschritten wird, oder ist er eine Freude? Die Antwort auf diese Fragen fällt niemals leicht; in jedem Fall ist aber die Einstellung der beiden Frauen von Einfluss oder sogar bestimmend dafür, wie das Spiel weitergeht.

Richtig kompliziert wird es, wenn die Stiefmutter eigene Kinder aus einer früheren Ehe mit in den Haushalt bringt. Es entstehen endlose Triangeln, wenn die Stiefgeschwister Freundschaft schließen oder in Rivalität zueinander treten oder, wenn es sich um Heranwachsende handelt, sich ebenfalls ineinander verlieben. Alle Kinder beobachten die Eltern, um zu sehen, wer besser oder weniger gut behandelt wird, wem zu Weihnachten was geschenkt wird, wer Großmamas Brosche oder Opas Brille bekommt. In manchen Familien gibt es mehr Streit, wenn Stiefgeschwister dazukommen, in anderen kann es sein, dass die Kinder sehr von der neuen Präsenz älterer Stiefgeschwister profitieren, die freundlich mit ihnen umgehen und sie beschützen. Auch insoweit kann das Stück ein gutes oder ein trauriges Ende nehmen, je nachdem, wie die beteiligten Personen ihre Rollen spielen.

Lisa hatte insofern Glück, als ihre Stiefmutter eine integre und freundliche Frau war, die eine liebevolle und dauerhafte Ehe mit Lisas Vater führte. Vorteilhaft war auch, dass Lisa zum Zeitpunkt der Scheidung ihrer Eltern noch sehr jung war. Für die erwachsene Person ist es einfacher, mit einem noch kleinen Kind zu spielen, das seinerseits in dem erwachsenen Gegenüber ja eine Autorität sieht. Heranwachsende haben dagegen ganz andere Interessen und nehmen es übel, wenn ihnen gesagt wird, was sie zu tun haben. Hier möchte ich gleich hinzufügen, dass es ein Fehler ist anzunehmen, kleine Kinder hätten »kleine« Gefühle. Kleine Kinder haben sehr starke Gefühle und können ungeachtet ihrer noch begrenzten praktischen Möglichkeiten eine zweite Ehe genau so wirksam stören wie ein Heranwachsender auf dem Kriegspfad. Kinder aller Altersstufen haben sehr gemischte und stark ausgebildete Gefühle gegenüber einem Stiefelternteil. Wie ich im Zusammenhang meiner Ausführungen über Stiefväter schon sagte, muss auch die Stiefmutter begreifen, dass es seine Zeit braucht, die Freundschaft und Zuneigung eines Kindes zu gewinnen – so wie es seine Zeit braucht, die Freundschaft und Zuneigung eines Erwachsenen zu gewinnen.

Zwei Welten

Wenn ich mir Lisa und andere Scheidungskinder ansehe, die unter dem Schutz guter Zweitehen aufwuchsen, muss ich gestehen, dass es mich überrascht, dass die gelungene Zweitehe eines Elternteils oder beider Eltern an den Befürchtungen des Kindes, seine eigenen erwachsenen Beziehungen könnten schief gehen, gar nicht so viel änderte wie ich erwartet hatte. (Nur zu oft ist es so, dass nur einer der Eltern eine glückliche und dauerhafte Zweitehe eingeht, nicht aber beide.) Lisa liebte ihren Vater und ihre Stiefmutter, aber es kam ihr nie der Gedanke, dass diese Ehe etwas war, was sie auch für sich selbst anstreben würde. Sie wusste, dass die beiden glücklich miteinander waren, aber wenn sie von ihnen sprach, dann immer in einem abgehobenen Ton. Nie äußerte sie sich in der amüsierten, erfreuten oder kritischen Weise über diese Verbindung, in der die mittlerweile erwachsenen Kinder aus unversehrten Familien über ihre Eltern sprechen.

Aus Gründen, über die wir nur spekulieren können, haben Kinder, die in wiederverheirateten Familien aufwachsen, oft eine größere psychologische Distanz zu ihren Eltern als ihre Peers, deren Familien intakt geblieben sind. Für Lisa war es einfacher, jeweils nur mit ihrem Vater bzw. nur mit ihrer Stiefmutter zusammen zu sein als mit beiden gleichzeitig – in diesem letzteren Fall fühlte sie sich nicht wirklich wohl –, obwohl sie beide liebte und bewunderte. Sie konnte sie niemals wirklich als Paar wahrnehmen. Vielleicht ist es die Loyalität gegenüber dem ausgeschlossenen Elternteil, die hinter solchen Gefühlen steht.

Als Heranwachsende machte Lisa es sich zur Aufgabe, ihre beiden Welten auseinander zu halten. Sie versuchte mit aller Macht, sich den Gepflogenheiten des jeweiligen Haushalts anzupassen und so wenig wie möglich zu sagen, aber sie war ein aufmerksames Kind, und es war schwierig für sie, alles für sich zu behalten. Nichtsdestoweniger war sie, wie ich im Gespräch mit beiden leiblichen Eltern erfuhr, die Diskretion in Person. Mit vierzehn Jahren erklärte sie mir: »Ich habe zwei verschiedene Leben. Damit sind alle glücklicher. Sie haben unterschiedliche Erwartungen. Mama lässt mich mehr Dinge tun, die ich gerne tun möchte. Bei ihr gibt es nur wenige Regeln, und sie versteht mich besser. Mein Vater erwartet sehr viel mehr, vor allem was die Schule angeht. Er und meine Stiefmutter haben es mit den Tischmanieren und den gepflegten Mahlzeiten. Meine Eltern kommen auch weiterhin nicht miteinander aus. Mein Vater und meine Stiefmutter können meine Mutter tatsächlich nicht ausstehen. Sie würden es ihr auch sagen, wenn ich nicht wäre. Ich halte sie voneinander fern. Meine Mutter ist ziemlich isoliert. Sie hätte schon gerne Verbindung mit meinem Vater und meiner Stiefmutter, aber da ist nichts zu machen. Ich möchte nicht, dass sie erfährt, was sie wirklich denken. Also lasse ich es dabei und passe immer auf, was ich sage – immer. Und so kommen wir schon zurecht.«

Das war für mich der erste Hinweis darauf, dass die Tauglichkeit der Maxime »Kein Streit!« ihre Grenzen hatte. So wie Lisas Eltern sich verhielten, hatten sie sozusagen die zivilisierteste Scheidung von allen von unserer Studie erfassten Paaren. Wenn es Zensuren dafür gäbe, wie Eltern ihre Scheidung und die darauf folgenden Jahre handhaben, dann hätten sie in der Tat eine Eins mit Sternchen verdient. Solange ihre Ehe bestand, kam es zwischen ihnen kein einziges Mal zum offenen Konflikt, und auch danach stritten sie kaum jemals miteinander. Als Einzelkind sah Lisa weiterhin beide Eltern, und diese Gelegenheiten wurden fair und unparteiisch gehandhabt. Manchmal kamen ihr Vater und ihre Stiefmutter, um in der Wohnung ihrer Mutter auf sie aufzupassen, die Lisas erste Adresse blieb. Beide Eltern hingen an ihrer Tochter. Geld war in beiden Haushalten vorhanden, sodass auch der College-Besuch und die Ferienreisen abgedeckt waren. Trotz der erwähnten anhaltenden Spannungen zwischen Mutter und Stiefmutter kam es auch zwischen den beiden Frauen niemals zum offenen Konflikt. Keine von beiden erwartete, dass Lisa Partei ergreifen würde, und beide bemühten sich nach Kräften, kein Familienmitglied zu kritisieren.

Und doch gibt es Dinge, die Erwachsene nicht vor den Kindern verbergen können. Anhaltende Spannungen zwischen der früheren und der neuen Partnerin des Vaters – aus der Sicht des Kindes zwischen Mutter und Stiefmutter – werden dem Kind in Form zahlloser nonverbaler Signale ganz unmittelbar übermittelt. Ein Rollen mit den Augen, ein Schulterzucken, eine plötzliche Schärfe in der Stimme reichen aus, um dem Kind die Wahrheit nahe zu bringen – diese Erwachsenen kommen *meinetwegen* miteinander aus, aber sie geben dieses Einverständnis nur vor. Lisa wuchs im Bewusstsein der heftigen und anhaltenden Ressentiments unter den Erwachsenen und im Bewusstsein der Gekränktheit ihrer Mutter auf. Gute Absichten können durch die Schwächen der menschlichen Natur und durch starke Gefühle jederzeit unterminiert werden.

Abgesehen von ihrer ständigen Sorge um ihre Mutter und der Tatsache, dass da gelegentlich ein Freund der Mutter war, »der mich wirklich die Wände hoch treibt«, genoss Lisa die Jahre des Heranwachsens. Anders als Kinder, die mit dem strengen Regiment einer gerichtlich angeordneten Besuchsregelung leben mussten, konnte sie ziemlich weitgehend selbst darüber entscheiden, was sie tun wollte, und wann sie es tun wollte. Ihr Vater rief sie jede Woche an, um mit ihr auszumachen, was sie – je nach ihren, Lisas, Präferenzen – miteinander unternehmen wollten, und das schloss auch ein, dass sie ihn möglicherweise gar nicht sehen wollte, weil andere Vorhaben ihr verlockender schienen. Sie hatte in den letzten Schuljahren viele Freundinnen und war stolz darauf, mühelos Freundschaften schließen zu können. Mit dem Heranwachsen nahm sie sich Zeit. Tatsächlich schien sie sich, was den Umgang mit Jungen betraf, sogar zurückzuhalten. Anders als viele Mädchen ihrer Generation hatte sie es nicht eilig, sich auf sexuelle Kontakte einzulassen. Der eine und einzige Junge, in den sie sich von ferne verliebte, »hatte keine Gegenliebe für mich«, wie sie bedauernd sagte. Der Schulunterricht machte ihr Freude, sie bekam gute Noten und war eine gute Sportlerin und Tänzerin. Drogen und Alkohol mied sie. »Das interessiert mich einfach nicht«, meinte sie.

Wie alle Scheidungskinder aus meiner Studie fragte ich auch Lisa, ob sie aufgrund ihrer Erfahrungen irgendeinen Rat für Eltern und Kinder in anderen Scheidungsfamilien habe. Lisa dachte eine ganze Weile nach. Dann sagte sie mit einer Heftigkeit, die mich überraschte: »Die Kinder sollten ihre Eltern wegen der Scheidung nicht hassen. Sie sollten ihnen eine Chance geben.« Sie unterbrach sich abrupt, so als hätte sie die Katze aus dem Sack gelassen. Dann fügte sie milder hinzu: »Und die Eltern sollten nicht wütend sein auf die Kinder. Sie sollten versuchen zu verstehen, dass es für die Kinder ebenso schwer ist wie für sie selbst.« Ich war überrascht, dass sie einen so starken Ausdruck wie das Wort »hassen« verwendet hatte und immer wieder auch von Wut sprach. Offensichtlich hatte diese schüchterne und sehr reizende Fünfzehnjährige sich mit starken Ressentiments gegen ihre Eltern herumgeschlagen. Ihr Rat an die Eltern ließ auch erkennen, dass ihr eigenes Unglück an diesem Ende gar nicht wahrgenommen worden war. Sie hatte es verborgen, aus Furcht, die Eltern könnten missbilligend reagieren.

Ich erinnere mich, dass Lisa am Ende dieses Interviews leichthin von ihren Zukunftsplänen sprach: »Heiraten ist schön, wenn man jemanden liebt, aber wenn man sich scheiden lassen will, dann sollte das auch möglich sein. Ich würde gerne denken, dass ich mich nicht scheiden lassen werde, aber das weiß man ja nie.« Natürlich hatten diese Überlegungen zum damaligen Zeitpunkt nichts Reales an sich. Aber Lisas letzte Feststellung klang hoffnungsvoll und sehr beruhigend: »Ich möchte ans College gehen, dann eine gute Stelle finden, heiraten und Kinder haben. Und vielleicht auch etwas mit Mathe machen, vielleicht Computer-Engineering, oder auch etwas Naturwissenschaftliches.« Ich war sehr erfreut über ihren Elan und ihr Selbstvertrauen.

Als ich dann mit Lisas Eltern und ihrer Stiefmutter zusammentraf, beglückwünschte ich sie alle. Lisa schien, was ihre Entwicklung anging, auf der Zielgeraden und mühelos in Richtung Erwachsenendasein unterwegs. Meine Niederschriften klangen sehr ermutigend. Dieses Mädchen, das die elterliche Scheidung unter den bestmöglichen Umständen erlebt hatte, ließ die Fürsorge, die Liebe und den guten finanziellen Hintergrund erkennen, die ihr zuteil geworden waren. Sie gehörte zu den wenigen jungen Menschen in meiner Studie, die weiterhin ein gutes Verhältnis zu beiden Eltern und zum Stiefelternteil unterhielten. Mutter und Vater hatten weder übertriebene Anforderungen an ihre Zeit gestellt noch ein Zuviel an emotionaler Unterstützung von ihr erwartet. Sie fühlte sich von beiden geliebt und als Person respektiert. Zugleich war es ihr gelungen, die Dinge so auszubalancieren, dass sie zusammen mit ihren Freundinnen ungehindert ihren eigenen Interessen nachgehen konnte. Sie war eine gute Schülerin und daneben mit Freude an einer Reihe außerschulischer Aktivitäten beteiligt. Sie gehörte zu den sehr wenigen Scheidungskindern, die ihre frühe Jugend in der Tat genossen.

Ich wusste, dass Lisa mit fünfzehn Jahren, verglichen mit gleichaltrigen Mädchen, in ihrer Entwicklung etwas zurückgeblieben wirkte, vor allem was ihr Verhältnis zu den Jungen anging. Ich hatte keine Vorstellung, wie die Dinge weitergehen würden, wenn sich erst einmal alle Interessen einer Heranwachsenden zu Wort melden würden. Würde sie sich ihre Unabhängigkeit oder sogar ein klein wenig Rebellion zugestehen? Ich war etwas beunruhigt über ihre ungewöhnlich enge Bindung an ihre Mutter und fragte mich, ob es für sie wohl ein Problem sein würde, ihr Zuhause zu verlassen. Würde sie sich auch in diesem Punkt zurückhalten? Im Übrigen gab es mir auch zu denken, dass sie sich für das delikate Gleichgewicht zwischen ihren Eltern verantwortlich fühlte und sozusagen auf Eiern gehen musste, um diesen fragilen Zustand nicht zu gefährden. Insgesamt ließ sie aber doch Reserven an Energie und Urteilsvermögen erkennen, die mich höchst optimistisch stimmten.

Gefühle tun weh

Als Lisa und ich uns zum nächsten Gespräch trafen, war sie zwanzig Jahre alt – eine hübsche, schüchterne und sehr anziehende junge Frau, die soeben ihr zweites Studienjahr an einem College in Oregon beendete. Sie trug ihr langes Haar in einem glatten Knoten, den ein Holzstäbchen zusammenhielt. Gekleidet war sie nach College-Manier – ausgebleichte Jeans, Doc Martens und ein langer Pullover mit U-Boot-Ausschnitt. Dazu trug sie einen hellroten Seidenschal, der in seiner Einfachheit fantastisch wirkte. Lisa hatte noch immer Freude am Lernen, war eine fleißige Studentin und hatte einen großen Kreis von Freundinnen. Aber in letzter Zeit plagten sie eine Menge Fragen, die mit ihr selbst zu tun hatten. Ihr größtes Problem, so wie sie es beschrieb, war, dass sie sich beim Sex taub und abgestumpft fühlte.

»Hatten Sie schon viele Freunde?«, fragte ich.

»Nicht sehr viele«, antwortete sie. »Im Studentenheim wohnen sowohl männliche als auch weibliche Studenten, und sehr viele schlafen eben miteinander. Ich bin nicht annähernd so wild wie manche von meinen Freundinnen, aber hier Jungfrau zu bleiben, das dürfte schwer fallen. Sex kann man also leicht haben. Aber Sex mit einem Mann, an dem mir persönlich liegt«, sagte sie mit einem Stirnrunzeln, »das ist schwierig für mich. Es ist viel einfacher, mit jemandem zusammen zu sein, mit dem mich weiter nichts verbindet. Wenn ich den Mann gern habe, dann bin ich traurig, wenn es vorbei ist. Wenn der Sex einfach nur Spiel ist und nichts mit Liebe zu tun hat, dann habe ich kein Problem damit und fühle mich gut. Manchmal denke ich, dass ich auf einer einsamen Insel großgeworden bin.« Sie dachte einen Augenblick nach und sagte dann zusammenfassend: »Liebe im Verein mit Sex – das ist in meinen Augen eine merkwürdige Vorstellung.« Wieder trat eine Pause ein. »Manchmal bin ich einfach erstarrt.«

»Erzählen Sie mir, wie das ist, wenn Sie sich erstarrt fühlen.«

»Sie müssen wissen, dass ich meine Gefühle sofort abschalten kann, wenn sie wehtun. Die Gefühle sind da, aber ich komme nicht an sie heran. Als Kind wusste ich kaum, wie das ist, wenn man weint. Im Grunde fühle ich mich noch immer von meinen Gefühlen abgeschnitten. Wenn Sie mir jetzt in diesem Augenblick sagten, mein Freund wäre gestorben, dann würde ich bis morgen erst mal gar nichts empfinden.«

»Und das hat Sie beschützt?«

»Als Scheidungskind lernt man eines sehr rasch – nämlich dass Gefühle wehtun. Es ist sehr viel leichter, wenn man lernen kann, sie abzuschalten. Das ist nicht einfach, aber im anderen Fall vertut man eine Menge Zeit damit, sich um seine Familie zu grämen. Wissen Sie – dass meine Eltern keinen Streit hatten, heißt ja nicht, dass ich nicht genau wusste, was sie voneinander dachten. Ich wusste alles. Mein Vater und meine Stiefmutter konnten meine Mutter nicht ausstehen und hätten es am liebsten gehabt, wenn sie verschwunden wäre. Meine Mutter war eifersüchtig auf meine Stiefmutter und hatte das Gefühl, das Glück der beiden basiere auf den Ruinen ihres Lebens. Alle diese Gefühle hielten an, mein ganzes Leben lang. Wir alle taten so, als wären sie nicht vorhanden, aber wir wussten es alle besser. Die Scheidung war wie ein Gespenst im Schrank, von dem jeder sagte, dass es doch gar nicht da sei.«

Angesichts hochgeschraubter Erwartungen an ihre Anpassungsfähigkeit und ohne Schutz vor dem Sturm lernte die vierjährige Lisa rasch, ihre Gefühle nicht zu zeigen und weniger von ihren Eltern zu erwarten. Sie wurde zu dem ernsthaften, höflichen, überwachen kleinen Mädchen, von dem ihre Lehrerinnen berichteten. Ihre Spontaneität erlosch wie eine Flamme, die ausgeblasen wird. Und dann brachen die Albträume los. Gefühle, die Lisa tagsüber nicht äußern konnte, kamen nachts als Schrecknisse an die Oberfläche, als böse Träume, die jahrelang anhielten.

Wieder wurde mir bewusst, dass das Scheidungskind durch das geprägt wird, was in der Nachscheidungsfamilie vor sich geht. Paula und Larry waren wütend. Karen kümmerte sich um alle Welt, nur nicht um sich selbst. Billy versank in Passivität. Lisa dagegen ist gefühlstaub. Ich lehnte mich zurück und dachte an Lisa, wie ich sie so viele Jahre lang gekannt hatte – das süße Kind mit den Schleifen im Haar, das mit Entsetzen erkannte, dass sein Zuhause dabei war zu zerbrechen. Damals versuchte Lisa mit aller Macht, einen Ausbruch ihrer Wut und ihrer Ängste zu verhindern. Mit sechzehn Jahren war sie durch ihre schulischen Aufgaben und anderweitigen heilsamen Aktivitäten abgeschirmt und überdies von Freundinnen umgeben. Ihr größtes Problem bestand darin, dass sie das prekäre Gleichgewicht zwischen ihren beiden Zuhause wahren musste. Ja, dachte ich, und jetzt sehe ich eine sehr angespannte junge Frau vor mir, die große Schwierigkeiten hat, Intimität zuzulassen und ihre sexuellen Beziehungen wirklich zu leben.

An diesem Punkt wurde mir eine verborgene Dynamik in Lisas Familie klar. In ihrem Bemühen, die eigenen negativen Gefühle im Zusammenhang mit dem Scheitern ihrer Ehe zu unterdrücken, begingen Lisas Eltern den Fehler, dem Kind zu verstehen zu geben, es möge seine Gefühle bitteschön auch nicht zum Ausdruck bringen. Ich muss es noch einmal sagen: Es passiert nur zu leicht, dass die Eltern ihre eigenen Belange mit denen des Kindes verwechseln: Natürlich sollten die Eltern versuchen, ihre Wut in Schach zu halten, aber es ist nicht ratsam und schon gar nicht segensreich für das Kind, wenn man es davon abhält, seiner eigenen Wut Luft zu machen. Zum Zeitpunkt der Trennung ihrer Eltern halten Kinder sich in der Regel zurück und bringen ihren Zorn und Schrecken über das, was da gerade in ihrem Leben passiert, nicht ungehemmt zum Ausdruck. Sie wollen ihre ohnehin verstörten Eltern nicht noch weiter belasten und nicht noch näher an den Abgrund bringen. Aber die Eltern müssen ihren Kindern Trost geben, anstatt sie mundtot zu machen. Wenn Eltern beschließen, sich scheiden zu lassen, dann müssen sie auch den Mut aufbringen, sich der Wut und Trauer ihrer Kinder zu stellen und diese Gefühle nicht zu leugnen oder abzutun oder – was das Schlimmste ist – sozusagen in den Untergrund zu verbannen.

Wie kann das Leiden eines Kindes so unsichtbar bleiben – in einer Familie, in der beide Eltern alles versuchen, um die Scheidung für das Kind erträglich zu machen? Wir wissen, dass die Eltern voll und ganz von der gewaltigen Aufgabe in Anspruch genommen sind, ihr eigenes Leben wieder in Ordnung zu bringen und ihre Beziehungen auf eine neue Basis zu stellen. Aber gleichzeitig erwarten beide Eltern ganz fraglos, dass ihr Kind die immensen Veränderungen in seinem Leben ohne Protest und ohne große Bestürzung akzeptiert. Um die Wahrheit zu sagen (und es ist keine Wahrheit, die die Menschen gerne hören): Den Eltern ist dringend daran gelegen, dass ihre Kinder sich in die Dinge fügen und ihnen nicht etwa Schwierigkeiten machen. Viele Eltern sind umgetrieben von der Frage, ob ihre Entscheidung richtig ist, und wollen sich beim Gedanken an ihre Kinder nicht noch schlechter fühlen.

Die Gefühlstaubheit erwachsener Scheidungskinder ist ein ernsthaftes Problem und weiter verbreitet als ich anfangs erkannte. Eine zweiunddreißigjährige Naturwissenschaftlerin brachte das in einem Brief sehr deutlich zum Ausdruck: »Ich habe fünfzehn Jahre gebraucht, um mir darüber klar zu werden, dass ich zur Zeit der Scheidung meiner Eltern etwas fühlte. Tatsächlich hat es einen Großteil meines Lebens gekostet, bis ich mir überhaupt gestattet habe, etwas zu fühlen – vor allem Wut, Schmerz, Angst und sexuelle Lust.« Ein Architekt, schon Ende dreißig, sagte: »Häufig investiere ich gar nicht in eine Beziehung. Ich halte mich aus dem emotionalen Engagement heraus. Leute, die mir zum ersten Mal begegnen, halten mich für offen. Nur die Menschen, die mir nahe stehen, wissen das. Ich bin noch immer das Kind, das ich war, als es zwischen ihnen zum Bruch kam. Es ist mir unlieb, mich offen zu geben, und ich bin zu verwundbar, um Gefühle zuzulassen. Ich habe gelernt, dass es vielfach besser ist, überhaupt nicht zu fühlen. Gefühle können wehtun. Besser hat man sie gar nicht.«

Diese Gefühlstaubheit, über die Scheidungskinder berichten, deren Eltern den Streit miteinander vermieden, führt zu einem beunruhigenden Schluss. Die Regel »Nur kein Streit!« bewahrt die Kinder nicht vor Angst und Unruhe, wenn sie heranwachsen und sich auf die Suche nach Liebe und Intimität machen. In dieser Arena sind sie nicht anders als die Kinder aus hochgradig konfliktbelasteten Familien. Wir irren uns also, wenn wir den Eltern sagen, dass sie ihre Kinder dadurch, dass sie nicht offen miteinander streiten, vor den langfristigen Scheidungsfolgen bewahren können, die erst im Erwachsenenalter ins Spiel kommen. Das Sicherheitsnetz, das eine gute ko-elterliche Interaktion in der Zeit nach der Scheidung für die

Kinder darstellt, spielt keine Rolle mehr, wenn sie erwachsen sind. Das Gefühl, dass eine verlässliche, dauerhafte, liebevolle Beziehung außer Reichweite bleibt, ist ein Überbleibsel der elterlichen Scheidung, das mit dem punktuellen Konflikt im Augenblick der Trennung nichts zu tun hat. Die Wucht dieser Erfahrung hallt im Leben der erwachsenen Scheidungskinder nach und verstärkt sich, ob die Eltern gesittet miteinander umgingen oder nicht.

21.

Das Selbstverständnis des Scheidungskindes

Bei unserem Folge-Interview nach fünfundzwanzig Jahren sah Lisa fabelhaft aus. Mit der dunkelrandigen Brille, dem sachlichen Kurzhaarschnitt und dem elegant geschnittenen Kostüm war sie das Bild einer selbstsicheren jungen Geschäftsfrau. Nach dem College hatte sie Betriebswirtschaft an der Georgetown University studiert und war jetzt auf der mittleren Führungsebene bei einem Fortune 500-Unternehmen in Columbus im Staat Ohio tätig. Mit 31 Jahren hatte Lisa eine eigene Wohnung und ein neues Auto und war dabei, rasch die Karriereleiter hinaufzusteigen. Ihre Firma hatte sie auf eine Geschäftsreise geschickt, und bei dieser Gelegenheit hatte Lisa sich die Zeit für unser Gespräch genommen. Sie redete sehr offen, genau so wie ihre Mutter, die Anwältin. Es dauerte nicht lange, und das Gespräch kam auf ihre Mutter. Lisas Miene wurde ernst.

»Ich muss sagen, meine Hauptsorge im Augenblick ist meine Mutter.«

»Warum? Hat sie irgendwelche gesundheitlichen Schwierigkeiten?«

»Oh nein, nichts in dieser Art«, sagte Lisa. »Nein, es ist eher so – ich weiß, das klingt seltsam –, dass ich es lieber sähe, wenn sie heiratete und nicht ich. In fünf Jahren zieht sie sich aus ihrer Kanzlei zurück, und was soll sie dann machen? Sie ist traurig und sehr einsam. Ich bin wahrscheinlich die Einzige, die das überhaupt merkt, weil sie doch so tüchtig ist und so attraktiv aussieht. Um mich um sie kümmern zu können, müsste ich in Los Angeles wohnen – aber ich möchte mein Leben nun mal in Columbus führen, wo ich eine tolle Stelle habe.« Hatte ihre Stimme bisher schon traurig geklungen, so hörte ich jetzt einen Schmerz heraus, als Lisa sagte: »Sehen Sie, ich *muss* sie beschützen. Im Grunde hat sie außer mir keinen Menschen auf der Welt, der sich um sie kümmert. Seit meinem fünften Lebensjahr, als mein Vater ihr die Scheidung ankündigte, habe ich das Gefühl, ich muss zusehen, dass sie glücklich ist.«

Mutter-Tochter-Fallen

Mütter und Töchter können in der Beziehung stecken bleiben, die sie zur Zeit der Trennung der Eltern verbindet. Wir sehen das besonders oft in den Fällen, in denen die Mutter es nicht fertig bringt, den Schock der Scheidung zu verarbeiten und ihrem Leben eine neue Richtung zu geben. Die Tochter, die sich voll und ganz mit dem Schmerz der Mutter identifiziert hat, schafft es nicht, die emotionale Trennung zu vollziehen, um sich ein wirklich separates eigenes Leben aufzubauen, selbst wenn sie Tausende von Kilometern entfernt wohnt.

Die Probleme nehmen ihren Anfang, wenn die heranwachsende Tochter, die unter Umständen jahrelang die getreueste Anhängerin ihrer Mutter war, sich allmählich aus deren Gesichtskreis herausbewegt. Sie muss die eigenen Flügel erproben, muss stolz auf ihre Weiblichkeit, unabhängig und stark sein. Die Jahre der Adoleszenz schließen für alle Kinder den Gedanken des Heraus- und Weggehens ein, und damit wird das Dilemma der Tochter einer geschiedenen Mutter immer deutlicher erkennbar. Es lautet: Wie kann ich meine Mutter verlassen, die doch niemanden außer mir hat? Wer wird sich in ihrer Einsamkeit um sie kümmern? Wer wird sie trösten? Das Alte Testament erzählt die Geschichte von Ruth, der jungen Frau, die ihren Ehemann verliert und sich nun in den Dienst der Schwiegermutter stellt. Auch diese, Naemi, ist in Trauer um ihren Mann. Ruth kennzeichnet die gefühlsstarke Beziehung zwischen den beiden Frauen, wenn sie sagt: »Wo du hingehst, da will auch ich hingehen.« In dieser alten Geschichte erkennen wir mühelos eine Parallele zu der liebevollen und einfühlsamen Haltung, die weibliche Scheidungskinder ihren einsamen und trauernden Müttern gegenüber einnehmen. Sie sind ihren Müttern in Liebe und Mitgefühl verbunden, und das Verhandeln um ihre Loslösung ist ein heroisches Unterfangen für sie, wenn die Mutter sonst niemanden hat. Lisa schluchzte beim Gedanken an die unglückliche Situation ihrer Mutter und fragte sich, was sie tun könnte. Eine andere junge Frau erzählte mir, dass sie, wenn sie die Augen schließt, ihre Mutter sieht, »als die traurige, gedrückte Frau, die sie ist, und ich weine und weine und habe das Gefühl, dass ich nie mehr aufhören werde zu weinen.« Wieder eine andere sagte: »Es war meistens so, dass ich mir nicht sicher war, wo sie aufhörte und wo ich anfing. Ich fühle mich jetzt eher als separate Person, aber sie tut mir Leid, und ich bin in Sorge um sie.« Und noch eine Stimme: »Meine Mutter ist eine gefangene Person. Sie hat die Hilfsmittel, die sie braucht, und kann die Kurve trotzdem nicht kriegen. Seit der Scheidung geht sie herum wie in Ketten.« Die meisten sagten, sie wollten nicht so sein wie ihre Mütter, denn das hieße ja, das Unglück zu beschwören. Sie sehen ihre Mütter als Frauen, die es nicht schafften, sich die Liebe ihres Mannes zu bewahren bzw. die Liebe eines anderen Mannes zu gewinnen. Und sie schrecken vor dem Gedanken zurück, als Erwachsene so zu sein wie die jeweilige Mutter. Die Mutter ruft eine höchst eigenartige Mischung aus Liebe, Mitleid und erschrockener Abwehr auf den Plan.

Dazu kommt die große Angst einer solchen Tochter, sie könnte dort Erfolg haben, wo ihre Mutter versagt hat. Wohin sie auch geht, das Eis ist dünn. Wenn sie den Fußstapfen ihrer Mutter folgt, muss sie befürchten, am Ende ebenfalls allein und unglücklich zu sein. Wenn sie weggeht, um sich ein eigenes Leben aufzubauen, wiederholt sie die Zurückweisung durch den Vater und lässt die Mutter allein und trauernd zurück. Wenn sie an der Seite der Mutter bleibt, gibt sie ihre Unabhängigkeit, ihre berufliche Karriere und den Mann auf, den sie will. Und wenn sie in der Beziehung mit einem liebenswerten Mann glücklich ist, dann begeht sie den ultimativen Verrat. Sie hat sich genommen, was ihre Mutter nie gehabt hat und nie mehr haben wird. Dieses Dilemma ist weit verbreitet. In der einen oder anderen Form ist es das zentrale Drama vieler feinfühliger, »guter« Töchter, die unter der liebevollen Fürsorge einer unglücklichen und einsamen Mutter aufwachsen, die von ihrem Mann verlassen worden ist oder sich selbst um die Scheidung bemüht hat, die dadurch entstandene Lücke aber nicht mehr schließen konnte. Denise zum Beispiel lebte von ihrem zwanzigsten bis zu ihrem zweiunddreißigsten Jahr mit einem Mann zusammen, der sie kritisierte und demütigte. »Ich habe ihm geglaubt, wenn er sagte, ich sei ein schlechter Mensch«, erzählte sie mir. Damals – mit Anfang dreißig – hatte sie diesen Mann endgültig verlassen und inzwischen einen anderen und sympathischeren Partner gefunden. »Ich war auf einer langen Umleitung«, erklärte sie mir. »Es wurde wirklich Zeit, aber jetzt bin ich endlich auf dem Weg. Ich bin in Gedanken immer mit dem beschäftigt gewesen, was meiner Mutter passiert ist, als ich zehn war. Jetzt bin ich, glaube ich, frei von ihr. Mein Denken und ihr Denken sind nicht länger miteinander vermengt. Ich empfinde mich jetzt als eigene Person, wenn ich auch noch immer Schuldgefühle habe.« Denise heiratete den Mann, den sie seit drei Jahren kannte, mit siebenunddreißig Jahren. Niemand von ihrer Familie, nicht einmal ihre Mutter, war zu der Trauung eingeladen, die in der Morgendämmerung mit Blick auf den Canyon im Zion National Park in Utah stattfand. Andere, denen es ebenso erging wie ihr, sind ledig geblieben.

Die Geister der Vergangenheit

Ich fragte Lisa, ob sie sich in der sexuellen Begegnung noch immer so abgestumpft fühlte.

»Da hat sich nichts geändert«, sagte sie. »Aber was noch dazu kommt – ich bin da auch an ein paar wirkliche Flaschen geraten, seit wir uns zum letzten Mal gesprochen haben.«

»Was meinen Sie mit 'Flaschen'?«

Sie hatte sich angehört wie Karen, die mit einem Mann gelebt hatte, den sie nicht liebte, und zwar einfach deshalb, weil sie wusste, er würde sie niemals verlassen.

»Es gab in den letzten zehn Jahren mehrere Männer in meinem Leben. Meine längste Beziehung war die mit Jim. Wir lernten uns im letzten Semester im College kennen und haben dann fünf Jahre zusammen gelebt. Ich wollte immer wieder Schluss machen, aber jedes Mal, wenn ich es versuchte, war ich am nächsten Tag wieder dort.«

»Und was stimmte da nicht?«

»Also, zuerst mal war er ein Partylöwe, und das bin ich nicht. Er hat sehr viel getrunken. Ich trinke so gut wie gar nicht. Er trieb Sport, für den ich mich nicht interessiere. Wir waren wirklich Gegensätze. Es war sehr schwierig für mich, ihm beizubringen, was ich wollte. Ich wollte, dass er mir zeigt, dass ihm an mir liegt; ich wollte, dass er mir etwas zu Weihnachten schenkt, dass er nett und freundlich ist – aber er tat nichts von alledem. Er war ganz schön selbstbezogen.«

Ich überlegte mir, dass dies doch eine sehr merkwürdige Beziehung gewesen sein musste. Was mochte sie an ihm gefunden haben?

»Ich konnte es nicht aufgeben«, sagte Lisa leise. »Jedes Mal, wenn ich versuchte, ihn zu verlassen, ihm zu sagen, es ist aus, habe ich es dann doch nicht fertig gebracht. Ich dachte daran, dass mein Vater meine Mutter verlassen hat. Und ich sagte mir: 'Ich kann das einem anderen Menschen doch nicht antun.'«

»Was hatte das, was Ihre Eltern erlebt haben, mit Ihnen und Jim zu tun?«

Lisa sah mich geradezu entsetzt an. »Alles!«

Ich brauchte eine Weile, um zu begreifen, was sie damit meinte. Oberflächlich betrachtet sah Lisas Bindung an den Mann, der ihre Wünsche nicht erfüllte, Karens erster Beziehung sehr ähnlich. Aber dann wurde mir klar, dass sie aus unterschiedlichen Gründen in die Falle geraten waren. Karen konnte den Mann nicht verlassen, weil sie ihre Versorgerrolle auch in ihr Liebesleben eingebaut hatte. Sie musste bei ihrem Freund bleiben und sich um ihn kümmern. Lisas Freund dagegen hatte es nicht nötig, dass irgendjemand sich um ihn kümmerte. Lisa konnte ihn nicht verlassen, weil sie ihm nicht antun wollte, was ihrer Mutter angetan worden war. Sie konnte den Gedanken nicht ertragen, einem Menschen genau die gleiche Wunde zuzufügen, die ihrer Ansicht nach der Grund für das lebenslange Unglück ihrer Mutter war. Sie war daran gehindert, ihre eigenen Interessen zu verfolgen, und zwar wegen ihrer großen Furcht, den Partner zu verletzen. Einem Mann zu sagen, dass es aus war – das, so gab sie zu, hätte zur Folge, dass sie sich als schlechter Mensch fühlen würde. Es wäre eine zu enge Parallele zu dem gewesen, was ihre Mutter mit ihrem Vater erlebt hatte, und vor diesem Hintergrund blockierte Lisas Identifikation mit ihrer Mutter ihre Fähigkeit, einem ungeeigneten Liebhaber den Laufpass zu geben. Folglich hielt sie es fünf doch sehr wichtige Jahre lang in dieser für sie unglücklichen Partnerschaft aus.

Aber es war noch mehr im Spiel. Auch der Vater stand ihr im Weg.

»Was meinten Sie damit, dass Sie Ihrer Mutter nicht antun konnten, was Ihr Vater damals getan hatte?« Ich hätte gerne gewusst, ob Lisa etwas über die Scheidung ihrer Eltern wusste, was mir nicht bekannt war.

»Ich liebe meinen Vater«, sagte Lisa, »aber wir reden nicht offen miteinander. Wir vermeiden beide den Konflikt. Wir kommunizieren viel, auch weil wir beide die Musik lieben, vor allem Kammermusik. Er spielt mit Freunden in einem Quartett und schickt mir die Musikrezensionen aus dem *San Francisco Chronicle*. Alle paar Tage wechseln wir auch E-Mails, und dabei geht es meistens um Musik. Das ist ein Thema, das uns verbindet. Ich weiß, dass er mich über alles liebt und dass er stolz auf mich ist. Er will mich beschützen. Und ich will ihn beschützen. Also umkreisen wir uns auf Zehenspitzen und sind vorsichtig und schonen einander, und wirklich miteinander reden tun wir nie.«

»Wovor müssen Sie ihn denn beschützen?«

Ihre Antwort verblüffte mich. »Ich möchte nicht, dass er sich jemals schuldig fühlt, weil er aus seiner ersten Ehe ausgestiegen ist.«

»Und deshalb sind Sie so vorsichtig in Ihrem Umgang mit ihm?«

»Ja. Immer.«

»Was würden Sie ihm gerne sagen, wenn Sie ganz ehrlich sein könnten?«

Diese Frage löste einen Gefühlssturm bei Lisa aus. Die Tränen liefen ihr über das Gesicht, als sie sagte: »In unserer Familie hat es immer ein großes dunkles Geheimnis gegeben. Obwohl jeder einen Bogen darum macht, wird es größer und größer. Hatte mein Vater eine Affäre, als er noch mit meiner Mutter verheiratet war? Ist irgendetwas passiert, was ich wissen müsste? Ich weiß, dass meine Eltern sich im College kennen lernten und ineinander verliebten. Sie sind beide brave und hart arbeitende Leute. Weshalb also bricht ein guter Mann wie mein Vater sein Eheversprechen und verlässt seine Frau? Vielleicht ist es kindisch, aber ich möchte an meinen Vater als an einen guten Menschen denken. Aber ist er das?« Sie wischte sich die Tränen weg. »Sehen Sie, es ist nicht damit getan, dass er mich liebt. Ich muss ihn achten können. Meine Beziehung zu ihm ist nicht losgelöst von meiner Beziehung zu meiner Mutter, bloß weil sie sich scheiden ließen, als ich vier Jahre alt war. Warum sagt er nicht, dass er meine Mutter vor langer Zeit sehr verletzt hat und dass es ihm Leid tut? Ich weiß, dass meine Mutter verletzt war, ob sie es nun sagt oder nicht. Ich weiß, dass sie ihn liebte und wahrscheinlich noch immer liebt. Warum ist er weggegangen?« Lisa saß in ihrem eleganten Geschäftsdress da und schluchzte.

An irgendeinem Punkt in ihrem jungen Leben, wahrscheinlich in der Adoleszenz, kam Lisa zu dem Schluss, dass ihr Vater eine moralische Grundregel verletzt hatte, als er Frau und Tochter verließ, um eine andere Frau zu heiraten. Da sie ihren Vater sehr liebt, hat sie darüber nie mit ihm diskutiert. Fraglos wäre es ihm schrecklich gewesen, hätte seine geliebte Tochter ihn ohne Umschweife der Untreue beschuldigt. Lisa, eine sensible und liebevolle Tochter, begriff dies selbstverständlich. Die Folge war, dass es ein gefürchtetes Geheimnis war, ein Geist, der zwischen ihnen stand und den nicht zu erwähnen Lisa sich während der vielen gemeinsamen Stunden mit ihrem Vater sehr bemühte. Wie viele junge Leute aus geschiedenen Familien fragt Lisa nach der Moral des elterlichen Verhaltens. Ich war irritiert, als ich diese Frage zum ersten Mal hörte – von einer Heranwachsenden, die in mein Sprechzimmer kam und von mir wissen wollte, ob ihre Mutter eigentlich »eine gute Frau« sei. Aber wie ich inzwischen weiß, ist das ein Thema, das viele Scheidungskinder beschäftigt. Geschwister spekulieren jahrelang darüber, ob es wohl Affären während der Ehe ihrer Eltern oder danach gab. Als Erwachsene stehen Scheidungskinder unter dem Einfluss ihrer eigenen moralischen Wertung bezüglich der Frage, wem durch die Scheidung ein Unrecht zugefügt wurde.

Die so genannte *no-fault divorce*, die »Scheidung ohne Verschulden«, ist ein rechtliches Konzept. Es war nie dazu gedacht, die Partner in moralischer Hinsicht freizusprechen. Kinder sind in keinem Fall der Ansicht, dass niemand für die Scheidung verantwortlich zu machen wäre, auch wenn sie das, um sich selbst und ihre Eltern zu schützen, nicht aussprechen. Solange sie noch klein sind, geben sie sich selbst die Schuld, und wenn sie sich trauen, beschuldigen sie einen der Eltern oder auch beide Eltern. Wenn es sich aber um Heranwachsende handelt, die auf der Suche nach moralischen Werten sind, dann steht der Verdacht der Untreue oder stehen andere Formen von Misshandlung oder Ausbeutung einer engen und aufrichtigen Beziehung mit dem Elternteil, der sich ihrer Ansicht nach unmoralisch verhalten hat, ganz ernsthaft entgegen. In Tausenden von Fällen lastet die undiskutierte Vergangenheit schwer auf Kindern und Eltern und hält die beiden Generationen in emotionaler Hinsicht auf Distanz zueinander.

Diese moralischen Aspekte spielen angesichts dessen, was jedem der beiden Eltern in den Nachscheidungsjahren begegnet, auch weiterhin eine Rolle. Die Diskrepanz zwischen der Einsamkeit ihrer Mutter und dem Glück ihres Vaters brach Lisa das Herz – mit der Folge, dass sie sich, obwohl es in dieser Familie keinen offenen Streit gab, Jahre später genau in die Mitte platzierte. Es klingt wie Ironie, aber das war genau die Entwicklung, die beide Eltern mit ihrer Maxime »Kein Streit« hatten vermeiden wollten. Wie ein Kind mit dem Herzen reagiert, das lässt sich nicht voraussehen und nicht von außen programmieren. Kinder sprechen moralische Urteile über ihre Eltern aus. Sie wollen und brauchen moralische Eltern. Sie sind bereit zu verzeihen, wenn man sie um Verzeihung bittet, aber wenn das nicht geschieht, dann wirkt das Schweigen betäubend auf sie.

Nachdem Lisa dann doch mit Jim gebrochen hatte, war sie, wie sie mir erzählte, nacheinander mit mehreren Männern befreundet gewesen. Alle diese Beziehungen hielten allerdings nur ein oder höchstens zwei Jahre. »Sehen Sie sich mein Leben doch an«, sagte sie aufgebracht. »Ich habe eine tolle Karriere gemacht und verdiene viel Geld. Ich habe immer sehr gute Freundinnen gehabt. Ich komme mit allen drei Eltern aus. Aber aus irgendeinem Grund, den ich nicht verstehe, klappt es mit meinen Beziehungen zu Männern immer noch nicht, und allmählich fühle ich mich insoweit ganz schön entmutigt. Ich habe überhaupt nichts gegen die Ehe, aber es soll wohl nicht sein.«

Auch wenn Lisas Worte mich bekümmerten – ihre Offenheit kam mir außerordentlich entgegen. Im Gefühl, auf sicherem Boden zu stehen, fragte ich: »Sie meinen also nicht, dass Sie sich in einer Ehe wohlfühlen würden?«

»Darum geht es doch nicht!«, schnappte Lisa zurück. Diese jungen Leute korrigieren mich fast immer, wenn ich nicht gleich genau verstehe, was sie sagen wollen. »Ich würde gerne heiraten, aber ich glaube nicht, dass ich es je tun werde – bestimmt nicht.« Sie schüttelte energisch den Kopf. »Als ich gerade das College hinter mir hatte und meine Freundinnen allmählich alle heirateten, da dachte ich, o mein Gott, so etwas kann es für mich doch niemals geben. Ein paar Jahre lang war ich neidisch. Inzwischen ist es mir ganz einfach egal.«

»Haben Sie jetzt jemanden?«

»Na ja, man kann es wohl so nennen. Vor ein paar Monaten ist John zu mir gezogen. Wir waren etwa sechs Monate zusammen gewesen und dachten uns, dass es doch nicht schön ist, an zwei verschiedenen Orten zu schlafen. Er ist ein netter Mann, Judy, und er hat mich wirklich sehr gern. Nächsten Monat wird er zweiundvierzig. Wir haben beschlossen, miteinander zu leben, aber wir werden bestimmt nicht heiraten. Er hat zwei Scheidungen hinter sich, und das reicht ihm. Wir wollen auch keine gemeinsamen Kinder haben – es sei denn, man wollte unsere Hunde als Ersatzkinder betrachten.« Sie lachte bei diesem Gedanken. »Also, um Ihrer nächsten Frage zuvorzukommen: Ja, ich bin ziemlich entschlossen, für den Rest meines Lebens ein Single zu bleiben. John behandelt mich gut, aber wenn ich ganz ehrlich sein soll – verliebt bin ich nicht in ihn. Er bewahrt mich vor der Einsamkeit.« Lisa sah zur Seite, so als fühlte sie sich nicht wohl bei diesem Geständnis. »Manchmal denke ich, es wäre die wunderbarste Sache von der Welt, jemanden hundertprozentig und von ganzem Herzen und ganzer Seele zu lieben. Aber das wird mir nie passieren. Es ist ein weit hergeholter Traum. Das Leben mit John ist um einiges einfacher und erfreulicher als alle Alternativen, die ich kenne. Liebe einen Mann und richte dich darauf ein, dass du weinen wirst – das ist inzwischen mein Mantra. Am letzten Valentinstag hat er mir in einem schwachen Augenblick einen Diamantring schenken wollen, aber ich hatte glücklicherweise den Verstand, ihm das auszureden. 'Danke, lieber nicht', sagte ich zu ihm. 'Es ist für uns beide besser, wenn wir diesen Weg nicht einschlagen. Aber es ist ein nettes Ritual. Du kannst mich jedes Jahr wieder fragen. Es ist eine Frage, mit der kein Risiko verbunden ist.'«

»Was meinen Sie damit?«, fragte ich, etwas befremdet von ihrer Bemerkung.

»Ganz einfach. Wenn man nicht heiratet, wird man auch nicht betrogen. Man lässt sich nicht scheiden. Man bleibt vor einer Menge Dingen bewahrt. So ist es doch. Ich bin jetzt über dreißig und war nie so verliebt, dass ich dachte, das ist der Richtige, und mit diesem Mann will ich den Rest meines Lebens verbringen. Die Leute sagen ja, man weiß es einfach, wenn man jemanden liebt. Ich habe es nie gewusst, und ich bezweifle, dass ich es je wissen werde. Ich bin schon mein ganzes Leben lang ziemlich überzeugt davon, dass ich keine romantische Beziehung haben werde, die funktioniert. Ich bin auch sicher, dass ich nicht die Erste bin, die Ihnen das sagt.«

Eine Generation der Singles

Lisa hatte Recht. Sie befindet sich in zahlreicher Gesellschaft: Vierzig Prozent der von dieser Studie erfassten Männer und Frauen haben niemals geheiratet, eine Zahl, die den bundesweiten Prozentsatz der in dieser Altersgruppe stehenden unverheirateten Personen aus intakten Familien weit übersteigt.[1] Diese Ledigengruppe setzt sich zusammen aus Leuten wie Lisa, die mit einem Partner zusammenleben, aus Leuten, die wechselnde Liebespartner haben, und aus solchen, die ganz ohne Partner leben. Dass es in den Vereinigten Staaten immer mehr unverheiratete Erwachsene gibt, ist ein Trend, der kein Anzeichen einer Umkehr erkennen lässt, und vermutlich eine unvermeidliche Folge unserer Scheidungskultur.[2] Scheidungskinder kennen das Drehbuch, soweit es das Thema Ehe betrifft – Erwachsene aus intakten Familien ebenfalls. Warum das Risiko eingehen?

Eine junge Frau sagte verächtlich: »Man gibt ein Vermögen für die Hochzeit aus, und wenn die Ehe dann zerbrochen ist, lässt man sich scheiden.« Aber die meisten, die ganz bewusst nicht heiraten, sagen offen, dass sie verschreckt sind durch das, was sie aus ihrer eigenen Lebensgeschichte und aus der Beobachtung so vieler Ehen gelernt haben, die in die Brüche gingen. Wie Lisa hoffen sie auf eine von Liebe getragene Bindung und sind in ihren Beziehungen enttäuscht oder verletzt worden. Sie leben zwar nicht gerne allein oder in einer Partnerschaft, die nirgendwohin führt, sie sagen aber dennoch, dass sie ihre Erwartungen nun eben anders ausrichten – ungern, aber doch entschlossen.

Von den noch ledigen jungen Frauen aus meiner Studie sagten einige, sie hofften, eines Tages zu heiraten und Kinder zu haben. Mehrere lebten mit einem Mann zusammen und planten das jedenfalls schon. Die meisten hatten sich aber ein für alle Mal gegen die Ehe und gegen die Mutterschaft entschieden. Die vielerlei Begründungen, die sie dafür anführten, liefen in den meisten Fällen auf ein Misstrauen den Männern gegenüber hinaus. Sie fühlten sich sicherer ohne das legale Band einer Ehe, das sie festhalten würde. Einige sprachen von den großen Vorteilen lebenslanger Freiheit. Das Zusammenleben ohne Trauschein, so sagten sie, sei ungefährlicher als die Ehe, weil das Aussteigen aus einer solchen nichtehelichen Partnerschaft leichter sei.

Ich überlegte mir, dass alles, was Lisa gesagt hatte, zwar logisch, aber nicht sehr überzeugend war. Ich konnte nicht umhin mir vorzustellen, wie unglücklich ich gewesen wäre, wenn Lisa meine Tochter wäre und bewusst die Hoffnung aufgegeben hätte, jemals einen Mann zu finden, den sie lieben könnte. Aus der Erfahrung meiner dreiundfünfzigjährigen glücklichen Ehe wusste ich, wie viel ihr entgehen würde. Natürlich können Männer wie Frauen ein erfülltes und interessantes Leben führen, ohne jemals zu heiraten, aber hinter Lisas Entscheidung stand ja nicht so sehr ein Desinteresse an einer vertrauten Beziehung als vielmehr die Furcht, dass Vertrauen und Liebe für sie unerreichbar bleiben würden.

Junge Leute, die im schützenden Umfeld einer intakten Ehe aufgewachsen sind, hegen ganz andere Zukunftserwartungen. Lisas beste Freundin, Bettina, hatte in der gleichen Straße gewohnt, und ihre Eltern zählten zu den glücklichsten Paaren in unserer Studie – Leute, die mit ihrem Leben zufrieden waren und sich nicht scheuten, ihre Zuneigung füreinander und ihre Liebe zu ihren beiden Kindern zu zeigen. Sie taten alles, um den Freunden ihrer Kinder das Gefühl zu geben, in ihrem Haus willkommen zu sein. Lisa fühlte sich sehr wohl in dieser Familie und durfte sie mehrfach bei ihren Campingreisen in die Sierras begleiten. Die beiden Mädchen waren ihre ganze Schulzeit hindurch unzertrennlich, und Lisa war Brautjungfer bei Bettinas Hochzeit. Übrigens hatte Lisa uns Bettinas Namen genannt, als wir dabei waren, unsere Kontrollgruppe zusammenzustellen.

Von meinem Interview mit Bettina ist mir eine Aussage besonders lebhaft in Erinnerung: »Ich habe mich selbst immer für einen guten Menschen gehalten, und ich habe nie daran gezweifelt, dass ich einen guten Mann finden würde, der mich liebt und den ich ebenfalls lieben kann.« Ihr Zuhause kennzeichnete sie als »felsenfest.«

Natürlich sind Kinder glücklich verheirateter Eltern nicht gegen eine Scheidung ihrer eigenen Ehe oder andere ernsthafte Schwierigkeiten gefeit. So einfach ist das Leben nicht. Ich habe für eine frühere Veröffentlichung Gespräche mit jungen Erwachsenen geführt, deren Eltern eine in jeder Hinsicht glückliche Liebesehe führten. Diese Eltern waren in vielen Fällen so aufeinander bezogen, dass ihre Kinder sich als Beobachter dieser nicht endenden Liebesgeschichte manchmal aus dem elterlichen Daseinskreis ausgeschlossen fühlten. Als Erwachsene lehnten diese jungen Leute das Rollenvorbild ab, das die Eltern ihnen geliefert hatten, und entschieden sich, was ihre eigene Ehe betraf, für ein eher reserviertes Verhalten.

In anderen eng aufeinander bezogenen Familien stehen die Kinder den Eltern so nahe, dass die Loslösung in der Adoleszenz und im frühen Erwachsenenalter zum Problem wird. Ich war erleichtert, als Bettina mir erzählte, sie habe beschlossen, zum Studium nach Cornell zu gehen und nicht an die Stanford University, an der ihr Vater studiert hatte. Als der Brief mit der Zulassung eintraf, stieß Bettina einen Freudenschrei aus: »Ja, Cornell, ich komme!«, woraufhin ihr Vater mit kaum verhohlenem Ärger sagte: »Niemand gibt Stanford einen Korb!«

»Na ja«, antwortete Bettina spitz, »dann bin ich eben die Erste.« Und damit ging sie.

Bettina heiratete später einen Mann, der ebenfalls in Cornell studiert hatte, und zog in den Norden des Staates New York, weit weg von ihren Eltern. Sie besucht sie noch immer mehrmals im Jahr, und ihre Eltern machen jetzt, da ihr Vater in den Ruhestand gegangen ist, größere Reisen und legen auf dem Heimflug von Europa häufig einen Zwischenaufenthalt bei ihr ein. »Sie sind wunderbare Rollenvorbilder für meinen Mann und mich«, sagte Bettina. »Sie haben wirklich begriffen, wie sie die einzelnen Lebensstadien angehen müssen. Hoffentlich können wir das auch mal so gut.« Nach dem Gespräch mit Bettina fiel mir schmerzlich auf, dass beide Mädchen von fast dem gleichen Punkt ausgegangen waren: Sie hatten prachtvolle Eltern, solide Wurzeln in der Mittelschicht und glückliche Erinnerungen an ihre ersten Lebensjahre. Aber nachdem Lisas Eltern sich hatten scheiden lassen, gingen ihre Wege so weit auseinander, wie sich das niemand hätte vorstellen können.

»Wissen Sie, ich habe vieles mit meinen Freundinnen aus geschiedenen Familien gemeinsam«, sagte Lisa. »Wir definieren uns als Scheidungskinder.«

Ich hatte das schon von anderen Gesprächspartnern gehört und bat Lisa, mir zu sagen, was sie damit meinte.

»Es ist so etwas wie eine permanente Identität, so wie das Adoptiertsein oder etwas in dieser Art. Ich denke, man kann schon sagen, dass die Scheidung unserer Eltern das prägende Ereignis in unserem Leben war. Das erklärt, warum ich so und nicht anders denke und fühle. Die Scheidung ist ein permanenter Teil von mir, und in mancher Hinsicht werde ich nie darüber hinwegkommen. Aber sie hat ihre guten und ihre schlechten Seiten. Schlecht ist, dass ich, soweit es um die Männer geht, mich immer irgendwie sesshaft machen will. Und dabei frage ich mich auch jetzt gerade, was ich da eigentlich tue – mit einem Mann leben, der zwölf Jahre älter als ich und zweimal geschieden ist? Er ist nett, aber ich werde mich nie in ihn verlieben. Und er liebt mich auch nicht. Das gibt mir zu denken.« Sie wiegte bedenklich den Kopf. »Sehen Sie es so: Ich bin so aufgewachsen, dass ich nicht auf erwachsene Beziehungen vorbereitet war, schon gar nicht auf die Beziehung als Frau zu einem Mann. Niemand hat mir gesagt, was ich erwarten oder was ich erbitten könnte. Meine Mutter hat mir nichts über die Männer beigebracht. Sie wusste ja selbst nicht viel. Sie hat mir nicht einmal gesagt, dass ich nicht nörgeln sollte. Und mein Vater hat sein Eheversprechen nicht gehalten. Deshalb konnte ich nicht viel von seiner Ehe lernen, auch wenn er ein großartiger Vater und zweiter Ehemann ist. Ich habe keine Ahnung, welche Haltung ich einem Mann gegenüber einnehmen soll. Ich weiß nicht, was ich erwarten soll. Wenn meine Partner nicht liebevoll oder nett oder fürsorglich waren und ich enttäuscht war, habe ich mir vorgeworfen, gierig und egoistisch zu sein. Ich habe mir gesagt, dass es falsch ist, mehr zu wollen als man bekommt, und dass ich einfach zufrieden sein sollte. Kent zum Beispiel meinte, ich wollte ihn kontrollieren, bloß weil ich ihn bat, mich anzurufen, wenn er einmal später nach Hause kommen würde. Ich war dumm genug, ihm zu glauben. Ich war unvorstellbar naiv.

»Aber es gibt eben auch die guten Seiten. Ich musste unabhängig und stark werden. Ich komme gut mit Veränderungen zurecht. Wenn die Dinge sich chaotisch entwickeln, bleibe ich ganz ruhig. Ich bin auch eine gute Diplomatin. Das musste ich ja nun wirklich sein – bei diesen Eltern. Ich kann gut vermitteln, wenn es ums Geschäft geht, und ich kann mit schwierigen Leuten zusammenarbeiten. Ich bin eine sehr gute Verhandlerin. Denken Sie nur daran, dass ich ja lebenslängliche Erfahrung darin habe, den Frieden in meiner Familie zu wahren. Und außerdem habe ich schon frühzeitig gelernt, selbstständig zu denken und mich auf mich selbst zu verlassen. Das überrascht Sie vielleicht, denn verglichen mit vielen anderen habe ich ja wirklich ein behütetes Leben geführt. Jedenfalls betrachte ich mich als eine Überlebende.«

Alles, was Lisa sagte, traf auf ihr eigenes Leben und auf ihre Generation zu. Andere sprachen mit Stolz und Triumph von ihren Erfolgen und von der Kraft, die sie dadurch gewonnen hatten, dass sie selbstständig hatten handeln müssen. »Da meine Eltern so verschieden waren, habe ich gelernt, mir meinen Weg in der Welt selbst zu bahnen«, sagte Jerry, ein einunddreißigjähriger Börsenmakler. »Ich habe gelernt, Kopf und Herz zu gebrauchen. Ich fürchte mich nicht vor dem, was kommt.« Da sie schon frühzeitig lernen, dass die Wertvorstellungen ihrer Eltern unter Umständen stark differieren, lernen Scheidungskinder auch selbstständig zu denken, und das trägt ihnen die Erkenntnis ein, dass sie besser nicht Partei ergreifen sollten, wenn ihre Eltern in einem anhaltenden Streit miteinander begriffen sind. Sticheleien und Kritik gehen auch zwischen den geschiedenen Eltern häufig noch jahrelang weiter, aber keines der von uns begleiteten Kinder beteiligte sich als Heranwachsender oder Erwachsener an diesen Beschuldigungen. Ganz im Gegenteil: Sie achteten darauf, sich auf der Basis ihrer eigenen Wahrnehmungen eine eigene Meinung zu bilden, und auch das war etwas, was sie mit Stolz erfüllte. Angesichts der Tatsache, dass die Eltern sich ständig der Untreue und des Egoismus bezichtigten, sagten sie sich, dass sie sich ihre eigene Moral erschaffen müssten. Wie immer ihre Familiengeschichte sich entwickelte, sie selbst hielten Ehrlichkeit, Gleichheit, Treue und Freundlichkeit in ihren Beziehungen hoch. Wenn sie den selbstgesetzten Standards nicht entsprachen – und das traf auf viele von ihnen zu –, so unterschieden sie sich zumindest in ihren Wertvorstellungen nicht von ihren Peers aus den unversehrten Familien. Es war nur so, dass sie sehr viel weniger Ahnung davon hatten, wie man sein Leben an diesen Standards ausrichtet.

Diese Generation erging sich nicht in Selbstmitleid. Die jungen Leute hatten gelernt, ihrem eigenen Urteil zu vertrauen, und waren Pragmatiker bis auf die Knochen, die den Auf- und Abwärtsbewegungen des Lebens mit Mut und Entschlossenheit begegneten. Die meisten bewahrten sich ihre Fähigkeit zu hoffen und damit auch ihre Fähigkeit, sich zu verändern. Wie Evan sagte: »Die Scheidung war schlimm, aber wir können doch weitermachen und großen Gewinn daraus ziehen. In meiner Familie kommt sehr viel zusammen mit den drei Ehen meines Vaters und den zwei Ehen meiner Mutter und mit all ihren Kindern. Meine Generation ist diejenige, die nach der Scheidung unserer Eltern die Dinge wieder zusammenfügen muss.«

Ich fragte Lisa, wie ernst es ihr mit ihrem Entschluss sei, niemals zu heiraten. War sie sich mit einunddreißig Jahren wirklich sicher, dass sie sich niemals verlieben oder niemals einen Mann finden könnte, der sie lieben würde?

Sie antwortete mir sehr sachlich. »Ich weiß nicht so sehr viel über die Liebe zwischen einem Mann und einer Frau, aber ich weiß eine Menge über Liebe und Treue. Ich habe das große Glück, zwei Eltern und eine Stiefmutter zu haben, die für mich getan haben, was sie konnten. Das heißt, dass ich viel über Liebe weiß, und, ja, ich würde mir das mehr als alles andere in der Welt wünschen. Bei allen meinen großen Worten – das käme für mich an erster Stelle.« Sie lächelte schelmisch, als sie ging. »Falls sich an meinem Schicksal etwas ändert, werden Sie es als eine der Ersten erfahren.«

1 Nach dem General Social Survey (National Sample) der Jahre 1990-96 heirateten in der Altersgruppe der 28- bis 43-Jährigen 80,6 Prozent der Männer und 87,4 Prozent der Frauen aus intakten Familien. Siehe Kapitel 3, Anm. 3 zur Rate der Eheschließungen in unserer Vergleichsgruppe und in der Gruppe unserer erwachsenen Scheidungskinder.

2 Pamela J. Smock, »Cohabitation in the United States: An Appraisal of Research, Themes, Findings and Implications«, *Annual Review of Sociology* 26 (2000).

22.
Abschließende Überlegungen

»Was den Kindern angetan wird, das werden sie der Gesellschaft antun.«
Karl A. Menninger

Als ich dabei war, dieses Buch zu beenden, lud mich ein namhafter Familienrechtler und Richter für Familiensachen eines großen Einzelstaates, den ich nicht nennen möchte, zu einem Gespräch. Ich war auch meinerseits sehr daran interessiert, mit ihm zusammenzutreffen, weil ich mich gerne über meine Vorstellungen bezüglich einer von den Gerichten zu veranstaltenden Form der Elternschulung mit ihm austauschen wollte, die über die simple Maxime »Kein Streit!« hinausgehen könnte. Nachdem wir uns etwa eine halbe Stunde lang unterhalten hatten, lehnte der Richter sich in seinem Stuhl zurück und sagte, er sei an meiner Meinung zu einem wichtigen Thema interessiert: Im Rahmen einer Vortragsreihe, die er unlängst besucht hatte, war unter anderem ausgeführt worden, dass Kinder eher durch ihre genetische Ausstattung geprägt würden als durch ihr familiales Umfeld. So zeigen etwa Studien an eineiigen Zwillingen, die getrennt voneinander aufgewachsen sind, dass diese Zwillinge als Erwachsene oft die gleichen Mahlzeiten und den gleichen Kleiderstil bevorzugen, die gleiche politische Partei wählen, ja sogar ihren Hunden identische Namen geben. Der Richter sah verunsichert aus. »Könnte das Ihrer Meinung nach bedeuten, dass auch die Scheidung sozusagen in den Genen steckt?« fragte er in vollem Ernst. »Und wenn das so ist, spielt es dann überhaupt eine Rolle, was ein Gericht beschließt, wenn Eltern sich scheiden lassen?«

Ich war verblüfft. Hier war jemand, der eine Schlüsselrolle für das Leben Tausender von Kindern innehatte und mich fragte, ob das, was er und seine Kollegen von der Richterbank aus tun oder sagen, überhaupt irgendetwas bewirkt. Es schien, als ob ihn der Gedanke erleichterte, seine Entscheidungen könnten bedeutungslos sein.

Ich sagte ihm, dass ich persönlich nicht an die Existenz eines »Scheidungsgens« glaube. Wenn die Evolution ein solches Merkmal hervorgebracht hätte, dann wäre dies jedenfalls sehr jungen Datums. Aber dann fügte ich hinzu: »Was das Gericht tut, ist von ganz großer Bedeutung. Sie haben die Macht, Kinder vor Schaden zu bewahren oder ihre Leiden noch zu vergrößern.«

Diesmal war er es, der mit Verblüffung reagierte. »Sie meinen, dass wir das Leiden der Kin der vergrößern?«

»Ja, das meine ich. Mit allem Respekt muss ich sagen, dass die Gerichte im Verein mit der Gesellschaft das Leiden der Kinder vergrößert haben.«

»Wie das?«, fragte er.

Wir verbrachten eine weitere halbe Stunde mit dem Gespräch darüber, dass Gerichte, Eltern, Anwälte, Therapeuten – in der Tat die meisten Erwachsenen – von jeher gezögert haben, den Kindern während und nach der elterlichen Scheidung wirklich ihre Aufmerksamkeit zuzuwenden. Er hörte mir respektvoll zu, aber ich muss sagen, dass ich das richterliche

Amtszimmer an diesem Tag in einem Zustand des Schocks verließ, der sich rasch in eine düstere Stimmung verkehrte. Wie ist es möglich, dass wir so rat- und hilflos sind, dass ein prominenter Richter sich den Gedanken der Existenz eines »Scheidungsgens« zu Eigen macht, um sich unser Dilemma zu erklären? Wenn er sich über seine eigene Rolle nicht im Klaren ist – was ist dann mit uns anderen? Warum ist es so schwer zu verstehen, welche gewaltige Wirkung das Phänomen der Scheidung auf unsere Gesellschaft und unsere Kinder ausübt?

Dreißig Jahre meines Lebens, die ich damit verbracht habe, bei uns und in anderen Ländern vor Fachleuten und Helfern aus den verschiedenen Disziplinen zu sprechen und parallel dazu mit Tausenden von Eltern und Kindern aus geschiedenen Familien zu arbeiten – diese dreißig Jahre haben mir gezeigt, dass wir uns inzwischen eine neue Gesellschaft geschaffen haben, wie es sie in der Geschichte der Menschheit nie zuvor gegeben hat. Still und unbemerkt haben wir uns eine Kultur der Scheidung geschaffen. Es ist schwer zu begreifen, was es bedeutet, wenn wir sagen, dass erste Ehen bei uns eine fünfundvierzigprozentige Chance haben zu zerbrechen, und dass diese Chance für die Zweitehen schon bei sechzig Prozent liegt. Wie sehen die Konsequenzen für uns alle aus, wenn fünfundzwanzig Prozent der heute Achtzehn- bis Fünfundvierzigjährigen aus geschiedenen Familien stammen? Was bedeutet es für eine Gesellschaft, wenn ganz unverblümt darüber spekuliert wird, ob die Familie als Institution im Begriff ist zu verschwinden? Was können wir tun angesichts der Feststellung, dass verheiratete Paare mit Kindern in den 1990er-Jahren nur sechsundzwanzig Prozent aller Haushalte stellten und dass die am weitesten verbreitete Lebensform heute der Haushalt unverheirateter Leute ohne Kinder ist?[1] Diese Zahlen sind erschreckend. Aber es ist wie mit allen massiven gesellschaftlichen Veränderungen – sie treffen uns in einer Weise, die wir zunächst einmal begreifen müssen.

Für Menschen wie mich, die durchweg mit Scheidungsfamilien arbeiten, haben diese abstrakten Zahlen reale Gesichter. Wenn ich an die Menschen denke, die ich gut kenne – einschließlich der »Kinder«, die in diesem Buch zu Wort gekommen sind –, dann kann ich die Verbindungslinie zu den Millionen von Kindern und Erwachsenen, die unter ihrer Einsamkeit leiden, und zu all den Teenagern ziehen, die sagen: »Ich will kein Leben, das so aussieht wie das Leben meiner Mutter/ meines Vaters«. Ich kann mich in die unzähligen jungen Männer und Frauen einfühlen, die sich nicht vorstellen können, jemals eine dauerhafte Beziehung eingehen zu können, und sich deshalb einen Ruck geben und tapfer sagen: »Wenn man nicht heiratet, muss man auch keine Scheidung erleben.« Erst später – oder in manchen Fällen auch dann, wenn sie glauben, dass ich es nicht höre – setzen sie leiser hinzu: »… aber ich möchte nicht allein alt werden.« Was mir vor allem zu schaffen macht, ist der Umstand, dass unsere Scheidungskultur auch die Kindheit selbst verändert hat. Gescheiterte Ehen lassen die Zahl der kindlichen Scheidungsopfer in unserem Land jährlich um eine Million wachsen. Wie sie so wortgewandt erklären, verlieren sie nicht nur das sorglose Spiel der Kindheit, sondern auch die trostspendende Gegenwart der Mutter – einer Mutter, die jetzt immer gerade auf dem Sprung ist, das Haus zu verlassen, weil das Leben in der Nachscheidungsfamilie so unvorstellbar schwierig zu bewältigen ist. Wir müssen die Klagen von Kindern wie Karen sehr ernst nehmen, die sagen: »Der Tag, an dem meine Eltern sich scheiden ließen, war zugleich der Tag, an dem meine Kindheit zu Ende war.«

Vor vielen Jahren lehrte uns der Psychoanalytiker Erik Erikson, dass Kindheit und Gesellschaft in einem höchst bedeutsamen Zusammenhang stehen. Aber wir haben uns noch nicht mit den Veränderungen arrangiert, die unsere Scheidungskultur uns beschert hat. Die Kindheit ist anders, die Adoleszenz ist anders, und das Erwachsenenleben ist anders. Ohne es zu bemerken, haben wir eine neue »Klasse« von Kindern erschaffen, die sich um sich selbst kümmern, und daneben eine ganze Generation überforderter Eltern, die keine Zeit haben, die Freuden der Elternschaft zu genießen. So viel ist in so kurzer Zeit geschehen, dass wir die Dinge gar nicht alle vor unserem inneren Auge versammeln können, sondern schlicht davon überrollt werden.

Aber wir dürfen nicht vergessen, dass alle diese Veränderungen noch eine sehr wichtige andere Seite besitzen. Gerade »dank« unserer Scheidungskultur haben erwachsene Menschen heute das Gefühl größerer Freiheit. Der Stellenwert von sexueller Aktivität und Spiel im Leben erwachsener Menschen ist weithin akzeptiert. Wir sind nicht in den Irrtümern unseres frühen Lebens eingesperrt und nicht gezwungen, ein Leben lang in einer schlechten Beziehung auszuharren. Die veränderte Stellung der Frauen – ihre Identität und ihre befreite Rolle in der Gesellschaft – ist Teil unserer Scheidungskultur. In der Tat werden zwei Drittel der Scheidungen von Frauen eingeleitet, und dies ungeachtet des hohen Preises, den sie in Form finanzieller Nachteile und einer stärkeren »elterlichen« Belastung anschließend dafür zu zahlen haben. Heute erwarten sich die Menschen sehr viel mehr von der Ehe als frühere Generationen dies taten. Auch wenn die Scheidungsrate bei den Zweit- und Drittehen himmelhoch ist – viele Zweitehen sind sehr viel glücklicher als die in der Vergangenheit zurückgelassene erste Verbindung. Kinder und Erwachsene können heute der familialen Gewalt, der Misshandlung und dem Unglück entgehen und sich ein besseres Leben aufbauen. Von diesem Punkt führt kein Weg zurück.

Die ernüchternde Wahrheit ist, dass wir eine neue Gesellschaft erschaffen haben, die vielen Erwachsenen ein Mehr an Freiheiten und Möglichkeiten bietet, dass diese willkommene Veränderung aber auch ihren gewichtigen verborgenen Preis hat. Tatsächlich sind viele Menschen, Erwachsene und Kinder gleichermaßen, heute nicht besser dran als früher. Wir haben neue Familienformen geschaffen, in denen die Beziehungen fragil und oft unzuverlässig sind. Die Kinder erfahren heute weit weniger Zuwendung, Schutz und elterliche Aufmerksamkeit als noch vor einigen Jahrzehnten. Altgediente Ehen zerbrechen in einem noch immer erstaunlichen Umfang. Und viele Angehörige der älteren Generation, die unsere Scheidungsrevolution auf den Weg gebracht hat, sehen sich ihren erwachsenen Kindern entfremdet. Ist das der Preis, den wir für notwendige Veränderungen zahlen müssen? Können wir keine bessere Lösung finden?

Ich würde gerne sagen, dass wir uns an einem Kreuzweg befinden, aber ich fürchte, dass ich so optimistisch nicht sein darf. Wir können nur dann einen neuen Weg einschlagen, wenn wir uns zuvor darüber verständigen, wo wir stehen und wo wir in Zukunft sein möchten. Und insoweit herrscht eher Nebel. Auf jeden, der Alarm schlagen möchte, kommt ein anderer, der sagt, dass wir uns keine Sorgen machen sollten. Auf jede, die die ökonomische und emotionale Deprivation der Scheidungskinder bekümmert, kommen andere, die darauf hinweisen, dass diese Kinder ja »auch vorher schon in Schwierigkeiten« waren und dass die Scheidung kein relevantes Geschehen, keine große Angelegenheit ist. Die Menschen möchten, wenn sie eine Entscheidung getroffen haben, diesbezüglich ein gutes Gefühl haben, und viele haben dieses Gefühl zweifellos. In den meisten Fällen fühlt sich einer der geschiedenen Partner nach der Scheidung sehr viel besser, während der andere sich nicht besser oder sogar schlechter fühlt. Und doch wird man auf jeder Abendgesellschaft die gleichen Mythen wieder hören: Eine Scheidung ist eine vorübergehende Krise. So viele Kinder haben es erlebt, dass ihre Eltern sich scheiden ließen, dass Kinder heutzutage nicht mehr so sehr darunter leiden. Es ist heute einfacher. Sie erwarten es beinahe schon. Es ist ein Übergangsritus. Wenn es mir besser geht, dann wird es auch meinen Kindern besser gehen. Und so weiter... Wie immer haben die Kinder keine Stimme, oder man hört ihnen nicht zu.

Aber Familienexperten, die nicht immer der gleichen Meinung sind, finden sich immerhin in einer Reihe von Erkenntnissen zusammen, die unseren uns lieb gewordenen Mythen widersprechen: Wir sind uns darin einig, dass die Scheidung langfristige Konsequenzen hat. Wir wissen, dass die Familie in Aufruhr ist. Wir stimmen auch darin überein, dass Kinder aus geschiedenen oder wiederverheirateten Familien als Erwachsene weniger gut angepasst sind als Kinder aus intakten Familien.

Die Lebensgeschichten dieser ersten in einer Scheidungskultur herangewachsenen Generation verkünden uns Wahrheiten, die wir nicht ignorieren dürfen. Ihre Botschaft ist klar, bewegend und das Gegenteil dessen, was so viele gerne glauben möchten. Sie haben mich das Folgende gelehrt:

Für die Kinder ist die elterliche Scheidung – anders als für die Eltern selbst – eine kumulative Erfahrung. Ihre Wirkung nimmt mit der Zeit zu, wobei sie auf jeder Entwicklungsstufe wieder anders erfahren wird, und steigert sich im Leben der erwachsenen Scheidungsopfer zum Crescendo: Sie affiziert die Persönlichkeit, sie hat Einfluss auf die Fähigkeit des betroffenen Menschen, anderen Menschen zu vertrauen, sie hat Einfluss darauf, was er sich von zukünftigen eigenen Beziehungen erwartet, und sie hat Einfluss darauf, wie er mit Veränderungen in seinem Leben fertig wird.

Zum ersten Aufruhr kommt es im Augenblick des Zusammenbrechens der Ehe. Die Kinder sind erschrocken und wütend, sie haben Angst, von beiden Eltern im Stich gelassen zu werden, und sie fühlen sich für die Dinge verantwortlich. Die meisten Kinder werden von der Entwicklung überrascht; wenige reagieren erleichtert. Als Erwachsene erinnern sie sich traurig und wütend daran, dass sie damals so wenig Unterstützung von ihren Eltern erfuhren und dass von ihnen erwartet wurde, dass sie sich über Nacht an eine beängstigende Zahl von Veränderungen anpassen würden – Veränderungen, die sie in Verwirrung stürzten. Selbst Kinder, die Augen- oder Ohrenzeugen gewalttätiger Handlungen in ihrem häuslichen Umfeld geworden waren, erkannten keinen Zusammenhang zwischen diesen Vorfällen und dem Entschluss ihrer Eltern, sich scheiden zu lassen. Die Kinder gelangten frühzeitig zu der stillschweigenden und traurigen Erkenntnis, dass Familienbande fragil sind und dass das Band zwischen Mann und Frau sozusagen aus einer Laune heraus und ohne Vorwarnung zerreißen kann. Immer trieb sie die Angst um, dass auch die Eltern-Kind-Beziehungen unzuverlässig sein und jederzeit in die Brüche gehen können. Diese frühen Erfahrungen färbten ihre späteren Erwartungen.

In dem Maß, in dem die Nachscheidungsfamilie Gestalt gewann, nahm ihre Welt zunehmend die Kennzeichen dessen an, was sie am meisten fürchteten. Ihr Zuhause war ein einsamer Ort geworden, im Haushalt kehrte jahrelang keine feste Ordnung ein. Viele Kinder waren gezwungen umzuziehen und verloren damit ihre Schule, ihre Freunde und andere Stützen ihres Lebens. Was ihnen noch als Erwachsenen in lebhafter Erinnerung ist, das ist der Verlust der intakten Familie und des Sicherheitsnetzes, das sie ihnen bot; es sind ferner die Schwierigkeiten, die sich daraus ergaben, dass die beiden Eltern nun zwei verschiedene Adressen hatten und dass ihr eigenes Hin und Her zwischen diesen Adressen sie schmerzlich in ihrer Freizeit und in der Pflege ihrer Freundschaften beschnitt. Die Eltern hatten wie immer zu tun, und neben ihrer Arbeit waren sie damit beschäftigt, sich ein neues soziales Leben aufzubauen. Mütter wie Väter hatten längst nicht mehr so viel Zeit für ihre Kinder und gingen nicht mehr so rasch auf deren Wünsche und Anliegen ein. Vor allem die kleineren Kinder spürten, dass sie beide Eltern verloren hatten und keineswegs schon allein zurechtkamen. Alle Kinder lernten rasch, dass geschiedene Familien sozusagen durchlässige Wände haben und neue Liebespartner, Lebensgefährten bzw. Stiefpersonen aufnehmen. Keine dieser neuen Beziehungen gestaltete sich für irgendeinen der Beteiligten einfach. Die Mutter war in der Wahrnehmung ihrer »elterlichen« Aufgaben häufig sehr stark eingeschränkt, und dies zum einen, weil sie die ganze Last allein zu tragen hatte, und zum anderen, weil sie sich weiteren Anforderungen gegenübersah, nachdem sie wieder geheiratet hatte und nun auch Stiefkinder im Haus waren.

Die Beziehungen zum draußen lebenden Vater standen in vielen Fällen sehr weitgehend unter dem Einfluss seiner neuen Lebensgefährtin bzw. – wenn er wieder geheiratet hatte – der neuen Stiefmutter. Manche Stiefmütter waren interessiert an den Kindern ihres Mannes, während andere nichts mit ihnen zu tun haben wollten. Manche Väter brachten es fertig, sich die Liebe zu ihren Kindern aus erster Ehe und das Interesse an den Kindern zu bewahren, aber nur wenige hatten Zeit für zwei oder manchmal sogar drei Familien. In manchen Fällen konnten beide Eltern ihr Leben allmählich wieder stabilisieren, sei es in einer glücklichen Zweitehe, sei es in einer gut funktionierenden und emotional befriedigenden alleinigen Elternschaft. Aber solche Fälle bildeten im Rahmen meiner Arbeit zu keiner Zeit etwa eine Mehrheit.

Von den Kindern wiederum ging es denjenigen, die es verstanden, sich Unterstützung in der Schule, in ihren Sportvereinen, bei ihren Eltern, Stiefeltern, Großeltern oder Lehrern zu holen, oder die auf eigene innere Kräfte, auf besondere Interessen und Talente zurückgreifen konnten, jedenfalls besser als denen, die über keine derartigen Ressourcen verfügten. Zwangsläufig büßten viele dieser häufig als »elastisch« bezeichneten Kinder ihre Kindheit ein, indem sie die Verantwortung für sich selbst, für ihre aufgestörten und überarbeiteten Eltern und für ihre Geschwister übernahmen. Kinder, die mehr als das Minimum an elterlicher Zuwendung brauchten, weil sie noch klein bzw. in einer bestimmten Hinsicht besonders verwundbar waren oder weil sie mit Veränderungen schlechter als andere fertig wurden, waren rasch von ihrem Kummer und dem Zorn auf ihre Eltern überwältigt. Jahre später, als sie überlegten, ob sie selbst Kinder haben wollten, sagten die meisten der einstigen Kinder aus meiner Studie erregt: »Ich will keinesfalls, dass mein Kind eine Kindheit hat, wie ich sie hatte.«

Wie aus den Berichten der Kinder hervorgeht, beginnt das Stadium der Adoleszenz in geschiedenen Familien relativ früh und schließt gegenüber der gleichen Entwicklungsstufe, wie sie die Kinder aus intakten Familien durchlaufen, mit großer Wahrscheinlichkeit bei den Mädchen mehr frühe sexuelle Erfahrungen und bei Mädchen wie Jungen mehr Alkohol- und Drogenkonsum ein. Die Adoleszenz dauert in geschiedenen Familien länger und reicht durchaus noch in die Jahre des frühen Erwachsenenlebens hinein. In all diesen Jahren fürchten Scheidungskinder, in die Fußstapfen ihrer Eltern zu geraten, und schlagen sich mit dem beklemmenden Gefühl herum, dass sie in ihren Beziehungen ebenfalls scheitern könnten.

Aber erst in ihrem Erwachsenendasein leiden Scheidungskinder am stärksten. Die Wucht der elterlichen Scheidung trifft sie besonders grausam im Rahmen ihrer Suche nach Liebe,

Bindung und sexueller Intimität. Das Fehlen eines inneren Bildes von Mann und Frau in einer stabilen Beziehung und ihre Erinnerungen daran, dass die Eltern die eigene Ehe nicht retten konnten, behindern sie schmerzlich in dieser Suche und wecken Kummer und Verzweiflung. Sie weinen: »Niemand hat es mir vorgelebt.« Sie beklagen sich bitter darüber, dass sie sich auf erwachsene Beziehungen gar nicht vorbereitet fühlen, dass sie noch nie »einen Mann und eine Frau im gleichen Fahrwasser« gesehen haben, dass es ihnen an guten Vorbildern fehlt, auf die sie ihre Hoffnungen setzen könnten. Und in der Tat tun sie sich sehr schwer damit, auch nur simple Überlegungen darüber anzustellen, nach welcher Art von Person sie eigentlich suchen. Viele landen bei unpassenden oder sehr gestörten Partnern in Beziehungen, die von Anfang an zum Scheitern verurteilt sind.

Der Kontrast zwischen ihnen und den Kindern aus unversehrten und gut funktionierenden Familien ist gerade auf dem Feld der Suche nach Liebe und Bindung ganz auffällig. (Wie ich in diesem Buch immer wieder ausführe, sind Kinder, die in sehr unglücklichen oder gewalttätigen nichtgeschiedenen Familien aufwachsen, in den Jahren der Kindheit quälenden Eindrücken ausgesetzt und sehen sich als Erwachsene in tragischen Konstellationen. Da ihre Eltern allerdings in der Regel nicht an einer Scheidung interessiert sind, wird jedenfalls diese Erfahrung nicht zum Bestandteil ihres Lebensgepäcks.) Die jungen Leute zwischen zwanzig und dreißig, die aus einigermaßen guten oder auch noch aus »gemäßigt unglücklichen« unversehrten Familien kamen, hatten eine sehr differenzierte Vorstellung von den Anforderungen und Opfern, die eine enge Beziehung nun einmal mit sich bringt. Sie erinnerten sich daran, dass ihre Eltern sich abgemüht und Schwierigkeiten überwunden hatten, dass sie in Krisenzeiten kooperiert hatten. Sie hatten eine generelle Vorstellung davon, was für ein Mensch es sein sollte, den sie einmal heiraten wollten. Und das Wichtigste: Sie rechneten nicht damit, dass sie einen Fehlschlag erleiden würden. Die beiden Gruppen unterschieden sich auch nach der Heirat. Die Kinder aus den nichtgeschiedenen Familien fanden es angesichts der unvermeidlichen Schwierigkeiten in ihren eigenen Ehen sehr beruhigend, dass ihre Eltern es ja schließlich auch miteinander ausgehalten hatten. Dagegen waren die Kinder aus den geschiedenen Familien, soweit es darum ging, die normalen Belastungen einer Ehe aufzufangen, ganz entschieden im Nachteil. Beziehungsängste waren in ihrer Persönlichkeit verankert und bestanden fort, selbst wenn sie sehr glücklich verheiratet waren. Ihre Furcht vor Unheil und plötzlichem Verlust nahm noch zu, wenn sie mit ihrem Leben zufrieden waren. Und ihre Furcht, verlassen, hintergangen und zurückgewiesen zu werden, wurde größer, wenn sie sich genötigt sahen, eine andere Meinung zu vertreten als der Mensch, den sie liebten: Die Ehe, so sagten sie sich, ist schließlich ein rutschiger Abhang, und meine Eltern sind hinuntergefallen. Alle fanden es schwierig, in ihren engen Beziehungen mit Meinungsverschiedenheiten oder gar moderaten Konflikten umzugehen. Ihre erste Reaktion war üblicherweise Panik, häufig gefolgt von Weglaufen. Sie mussten innerhalb sehr kurzer Zeit vieles hinter sich lassen und vieles lernen.

In den Fällen, in denen beide Eltern sich nach der Scheidung noch einmal ein glückliches Leben aufgebaut und ihre Kinder in ihren neuen Lebenskreis einbezogen hatten, taten die Kinder sich als Erwachsene sehr viel leichter. Und auch dort, wo nur einer der Eltern an den Kindern interessiert war, profitierten die Kinder von dieser Aufmerksamkeit und Aufgeschlossenheit. Häufiger trafen wir bei den erwachsenen Scheidungsopfern allerdings auf anhaltenden Ärger auf die Eltern und zumal auf die Väter, die nach Ansicht der Kinder egoistisch und treulos gewesen waren.

Andere empfanden Bedauern und ein tiefes Mitleid, weil die Mutter bzw. der Vater sich nach der Scheidung kein neues Leben mehr hatten aufbauen können. Die Bande zwischen Töchtern und ihren Müttern waren besonders eng, allerdings hatte das seinen Preis: Für manche der jungen Frauen war es sehr schwierig, sich von der Mutter zu lösen und ein selbstständiges Leben zu führen. Mit einigen bemerkenswerten Ausnahmen standen die geschiedenen Väter kaum in engem Kontakt zu ihren erwachsenen Kindern, zumal ihren Söhnen. Das stand in einem deutlichen Gegensatz zum Verhältnis zwischen Vätern und Söhnen in den intakten Familien: Sie rückten mit den Jahren eher näher zusammen.

Zum Glück gelingt es vielen Scheidungskindern, ihre Furcht vor Verlust und Vertrauensbruch um die Wende vom dritten zum vierten Lebensjahrzehnt zu überwinden. Aber wie viel Mühe, wie viel Mut und Ausdauer kostet sie das! Diejenigen, denen das gelingt, nehmen den schwierigeren Weg – sie lernen aus ihren eigenen verfehlten Beziehungen und sagen sich allmählich von den Vorbildern los, mit denen sie aufgewachsen sind, um sich eine ihren Wünschen entsprechende Liebesbeziehung aufzubauen. Diejenigen, die das Glück haben, einen Partner zu finden, der sie wirklich liebt, können auf diesem Weg, durch eine dauerhafte Liebesbeziehung oder Ehe, aus ihrer selbstzerstörerischen Karriere ausbrechen.

In anderen Bereichen des Erwachsenenlebens – zum Beispiel auf dem Gebiet der Finanzen und der wirtschaftlichen Sicherheit – konnten einige Kinder ihre Schwierigkeiten überwinden, weil ihnen ganz unerwartet ein Vater zu Hilfe kam, der ansonsten längst aus ihrem Leben verschwunden war. Andere profitierten von der Präsenz der Eltern oder Großeltern. Viele einstige Kinder aus geschiedenen Familien – Männer wie Frauen – machen in ihrem Beruf Karriere, und ihre diesbezügliche Leistung bleibt weitgehend unbeeinflusst von der elterlichen Scheidung. Aber wie erfolgreich sie draußen auch immer sind – sie bewahren gewisse gravierende Spuren – Angst vor Verlust, vor Veränderung, vor einem Schicksalsschlag –, zumal wenn die Dinge sich gerade gut anlassen. Sie lassen sich noch immer schrecken von den banalen Differenzen und unvermeidlichen Konflikten, wie sie in jeder engen Beziehung unweigerlich auftauchen.

Mich ermutigen die hart erkämpften Erfolge dieser erwachsenen Scheidungskinder. Aber gleichzeitig kann ich diejenigen nicht vergessen, denen es nicht gelungen ist, sich in ihrem Leben einzurichten. Was mich besonders bekümmert, ist die große Zahl derer, die sich auch ihrerseits haben scheiden lassen bzw. es in unglücklichen Ehen aushalten. Von denen, die Kinder haben und inzwischen geschieden sind, schützen viele ihre Kinder zu meinem großen Bedauern nicht so, wie wir dies erwarten würden. Sie wiederholen eben jene Fehler, die schon ihre Eltern gemacht haben, und perpetuieren damit Probleme, unter denen sie ihr ganzes Leben lang gelitten haben. Beunruhigt bin ich auch wegen der vielen Scheidungskinder, die jetzt, als Mitt- und Enddreißiger, weder verheiratet sind noch einen festen Partner haben, sondern ein einsames Leben führen. Sie scheuen davor zurück, sich auf eine Beziehung einzulassen, von der sie meinen, sie sei zum Scheitern verurteilt. Nach einer Scheidung oder Trennung fürchten sie sich davor, es noch einmal zu versuchen. Und mich schmerzen der anhaltende Zorn auf die Eltern und die wütende Aussage vieler von diesen jungen Erwachsenen, dass sie nicht die Absicht haben, ihren Müttern, geschweige denn den Vätern oder Stiefmüttern, im Alter zu Hilfe zu kommen. Das mag sich ändern. Aber wenn es sich nicht ändert, werden wir Zeugen einer weiteren Konsequenz unserer Scheidungskultur, mit der wir nicht gerechnet haben. Wer wird sich um eine ältere Generation kümmern, die sich ihren Kindern entfremdet hat?

Was wir tun können und was wir nicht tun können …

Unsere Bemühungen um die Verbesserung unserer Scheidungskultur sind Stückwerk, und die diesem Ziel dienenden Ressourcen sind beklagenswert dürftig. Die Gerichte wenden ihre Aufmerksamkeit ganz überwiegend jenen zehn bis fünfzehn Prozent der Scheidungsfamilien zu, die sich weiterhin erbittert streiten. Hin- und hergerissen zwischen zwei Maximen – der Verteidigung der Elternrechte und dem Schutz der Interessen der Kinder –, haben sie sich sehr stark auf die Seite der Eltern geschlagen. Solche Eltern sprechen angeblich im Namen ihres Kindes, so wie diejenigen, die in einen blutigen »heiligen Krieg« ziehen, angeblich im Namen der Religion sprechen. Und damit hat unser Rechtssystem, wie ich dies auch dem eingangs erwähnten Richter erläuterte, bis heute unwillentlich zum leidvollen Schicksal der Kinder beigetragen. Andererseits wird den Eltern in den meisten Fällen kaum so etwas wie Führung geboten. Manche Gerichte bieten den Familien zum Zeitpunkt der Trennung eine Art Training an, das allerdings in erster Linie dem Ziel dient, weiteren Streitigkeiten vorzubeugen. Diese Kurse werden in der Regel im Blick darauf bewertet, ob und wie weit sie nachfolgende Streitigkeiten reduzieren, und nicht darauf, ob sie das Engagement und die Fürsorge der Eltern für ihre Kinder verbessern können. Fortbildungsprogramme für Lehrer, sonstige schulische Bedienstete, Kinderärzte und andere Berufsträger über das, was die elterliche Scheidung für das Kind und seine zukünftige Versorgung und Erziehung impliziert, sind rar. Und nur wenige Universitäten und medizinische Hochschulen bieten innerhalb der Fächer Psychiatrie, Psychologie, Sozialarbeit oder Recht eigene Veranstaltungen bezüglich der Frage an, wie man Kindern und Eltern nach Trennung, Scheidung und Wiederverheiratung helfen könnte. Diese Lücke in der Ausbildung besteht ungeachtet der Tatsache, dass eine unverhältnismäßig große Zahl von Kindern und Jugendlichen aus geschiedenen Familien von Kliniken und Beratungsstellen als Patienten empfangen und psychologisch betreut werden. Die kindliche Klientel vieler sozialer Dienststellen stammt zu nahezu drei Vierteln aus geschiedenen Familien. Manche Schulbezirke organisieren eine Gruppenarbeit mit Kindern, deren Eltern sich in Scheidung befinden, und eine Reihe von Kommunen haben einschlägige Gruppen ins Leben gerufen, in denen scheidungswillige Eltern sich über die Schwierigkeiten ihrer Kinder austauschen können. Es gibt ferner einige Zentren wie das unsere, die eigene Programme entwickelt haben, um Familien bei der Bewältigung ihrer Konflikte einschließlich häuslicher Gewalthandlungen zu helfen. Es handelt sich bei derartigen Bemühungen aber nicht um weit verbreitete Initiativen. Als Gesellschaft haben wir noch kein System der Hilfeleistung auf die Beine gestellt, um die vom Scheidungsgeschehen betroffenen Menschen etwas zu entlasten. Vielmehr pflegen wir weiterhin den Mythos, der besagt, dass die Scheidung eine vorübergehende Krise im Leben sei und die Kinder sich rundum davon erholen werden, sobald die Erwachsenen ihr Leben wieder stabilisiert haben. Wann werden wir die Wahrheit begreifen?

Nehmen wir einen Augenblick lang an, wir hätten einen Konsens in unserer Gesellschaft – wir könnten uns darauf einigen, dass wir uns die Vorteile der Scheidung erhalten wollen, dass wir andererseits aber unsere Kinder vor Schaden bewahren und den Eltern helfen müssen, die langfristigen Folgen der Scheidung für die künftigen Generationen einzudämmen. Nehmen wir an, wir wären bereit, die Ärmel hochzukrempeln und die enormen Ressourcen unserer Gesellschaft wirklich in die Ergänzung unseres vorhandenen Wissens zu stecken. Nehmen wir an, wir verwendeten das gleiche Maß an Zeit, Energien und Ressourcen, das wir für den Schutz der Umwelt einsetzen, auch auf den Schutz unserer Kinder. Was könnten wir versuchen zu tun?

Ich meine, wir sollten als Erstes versuchen, die Ehe zu stärken. Natürlich lässt sich das Vertrauen in diese Institution nicht dadurch wiederherstellen, dass wir naiv für eine Wiederkehr der Ehe plädieren, wie sie einmal war. Um die Ehe zu verbessern, müssen wir uns mit dem Wesen heutiger Mann-Frau-Beziehungen vertraut machen. Wir müssen uns klarmachen, auf welche Schwierigkeiten moderne Paare bei dem Versuch treffen, ein ausgewogenes Verhältnis zwischen Beruf und Familie, zwischen Fürsichsein und Zusammensein, zwischen Konflikt und Kooperation herzustellen. Es ist kein Zufall, dass achtzig Prozent der Scheidungen in den ersten neun Ehejahren erfolgen. Diesen neuen Familien sollten wir uns gezielt zuwenden.

Welche Bedrohungen der Ehe können wir abwenden? Da ist zunächst das deutliche Ungleichgewicht zwischen den Anforderungen des Arbeitsplatzes und den Belangen des Familienlebens. Die strukturierte und hierarchisierte Berufswelt verwendet kaum einen Gedanken darauf, wie ihre Funktionsprozesse sich auf Eltern und Kinder auswirken. In manchen Firmen ist man sich darüber im Klaren, dass Eltern auch Zeit für ihre Kinder haben müssen; nicht erkannt wird allerdings, dass der Arbeitsplatz einen erheblichen Einfluss auf die Qualität und Stabilität der Ehe hat. Stress im Beruf und die Angst um den Arbeitsplatz höhlen das Eheleben aus. Vor allem Familien mit noch kleinen Kindern verschieben das vertraute Gespräch, die Sexualität, die Freundschaften auf später. Gerade diese Dinge aber sind es, die eine Ehe sozusagen wieder auffüllen. Wenn der Chef ruft, kommen wir in sein Büro. Wenn das Baby schreit, nehmen wir es hoch. Aber wenn eine Ehe hungert, gehen wir davon aus, dass sie sich schon irgendwie weiterschleppen wird. In den meisten westeuropäischen Ländern gibt es den bezahlten Erziehungsurlaub. Und was gibt es bei uns? Warum bieten wir immer noch den unbezahlten Urlaub an und tun so, als wäre das die Antwort auf das Problem der jungen Familie? Eine zusätzliche Lösung könnte in Leistungen der Sozialversicherung und in Steuernachlässen für Mütter (oder Väter) bestehen, die zu Hause bleiben und sich um ihr kleines Kind kümmern wollen. Schon das würde die Bürde erleichtern, die auf vielen Ehen lastet. Andere Möglichkeiten, die Belastungen zu reduzieren, denen junge Familien ausgesetzt sind, wären zum Beispiel flexiblere Arbeitszeiten und mehr Teilzeitangebote, dazu die Gewähr, dass Beschäftigte, die Erziehungsurlaub nehmen, ihren Platz auf der Karriereleiter nicht verlieren, ferner Steuervorteile für Familien und viele weitere Vorschläge, die seit Jahren auf dem Tisch liegen. Sozialpolitik kann keine guten Ehen schaffen. Aber sie kann einen Teil der Belastungen auffangen, denen Menschen zumal in diesen frühen und risikoreichen Jahren ausgesetzt sind, in denen die Paare Zeit haben müssen, um ihre Intimität zu begründen, ein befriedigendes Sexualleben zu beginnen und eine Freundschaft aufzubauen, die sie auch in den unweigerlich auf sie zukommenden Stürmen zusammenhalten wird. Und schließlich müssen wir, wenn wir wirklich daran interessiert sind, die Ehe zu verbessern, sodass die Menschen Zeit füreinander und Zeit für ihre Kinder haben, unsere Prioritäten anders setzen – weg von der Welt der Geschäfte und hin zum Familienleben.

Wir könnten des Weiteren versuchen, jenen Legionen junger Erwachsener zu helfen, die sich bitter darüber beklagen, dass sie auf die Ehe nicht vorbereitet sind. Aufgewachsen in geschiedenen oder sehr problembelasteten Familien, haben sie keine Vorstellung davon, was sie bei der Partnerwahl beachten bzw. was sie tun sollten, um eine Beziehung aufzubauen. Sie betrachten die Ehe ihrer Eltern als einen schrecklichen Fehlschlag und fürchten, dazu verdammt zu sein, den Eltern auf eben diesem Weg zu folgen. Viele Menschen halten in unglücklichen Ehen aus, nur um die Scheidung zu vermeiden. Wir wissen nicht, ob wir ihnen mit pädagogischen Methoden helfen können, denn wir haben es bisher nicht versucht. Unsere Erfahrung ist zu begrenzt, und über Modellexperimente verfügen wir nicht. Aber wenn so viele junge Menschen nie in ihrem Leben eine gute Ehe gesehen haben, dann haben wir die moralische Verpflichtung, es mit präventiven Interventionen zu versuchen. Die meisten Paarberatungsprogramme wenden sich an verlobte Paare, die einer christlichen oder jüdischen Gemeinde angehören. Das ist ein sehr guter Anfang, der ausgebaut werden sollte. Viele solcher Programme bieten aber zu wenig und erreichen ihre Adressaten zu spät, um noch etwas an deren individuellen Wertvorstellungen oder Kenntnissen zu ändern. Auch ist die Aufregung im Vorfeld einer Hochzeit nicht die beste Ausgangslage für die Reflexion darüber, wie die Partnerwahl erfolgen sollte oder was es eigentlich ist, das eine Ehe funktionieren lässt. Lehrveranstaltungen zum Thema Ehe betrachten die Familie in der Regel von der hohen Warte des Familiensoziologen und nicht aus der Perspektive von Scheidungskindern, die nur wissen, dass »niemand es mir vorgelebt hat«.

Wenn wir diesen jungen Leuten helfen wollen, ist es meiner Ansicht nach besser, damit schon frühzeitig zu beginnen, etwa in der mittleren Adoleszenz, wenn sich allmählich eine Einstellung zur eigenen Person und zum anderen Geschlecht herausbildet. Die Adoleszenz ist die Zeit, in der die beunruhigenden Themen von Sexualität, Liebe, Betrug und Moral in den Mittelpunkt des Interesses rücken. Die vorbereitende Unterrichtung über die Beziehungen zum anderen Geschlecht sollte jetzt einsetzen, denn wenn wir das in der richtigen Weise leisten, haben wir die gesammelte Aufmerksamkeit unserer Adressaten. Ort der Unterrichtung können die Gesundheitszentren sein, die in vielen Schulen in unserem Land eingerichtet worden sind. Auch Kirchen, Synagogen und soziale Dienststellen könnten ihre Räumlichkeiten dafür zur Verfügung stellen. Im Idealfall sollten Heranwachsende in einer gut funktionierenden Gesellschaft die Möglichkeit haben, über einen breiten Fächer von Beziehungen, Themen und Konflikten, mit denen sie sich konfrontiert sehen, nachzudenken und zu sprechen. Als Einstieg bietet sich vielleicht die nur scheinbar einfache Frage an: »Wie suchst du dir deine Freunde aus?« Wenn eine Gruppe von Teenagern darüber nachdenkt, kommt sie vielleicht zu der wichtigen Frage, wie man sich einen Liebes- und Lebenspartner wählt – und, was noch wichtiger ist, wie man ihn sich nicht wählen sollte. Daran anschließend könnten spezielle Themen – Unterschiede zwischen Jungen und Mädchen; Subkulturen; Konfliktbeilegung – besprochen werden, je nach den Interessen der jungen Leute und ihrer Bereitschaft, über reale Sachverhalte zu diskutieren. Auch die Colleges könnten ständige weiterführende Kurse zu einem breiten Fächer von Themen und Problemen anbieten, mit denen junge Männer und Frauen sich jetzt noch allein herumschlagen.

Wir sind soeben dabei, in Erfahrung zu bringen, was wir für diese jungen Menschen tun können und was wir nicht für sie tun können. Und dennoch müssen wir uns fragen: Kann ein Stück Erziehung dieser Art die Lernerfahrungen ersetzen, wie sie in der Familie über viele Jahre hinweg auf ganz natürliche Weise erworben werden? Wie schaffen wir uns ein Corps von Lehrern, die ihrerseits qualifiziert sind, einen soliden Lehrgang zum Thema Beziehungen abzuhalten? Ich meine damit Kurse, die »nah am Leben« und ehrlich sind und die ihren Adressaten mit dem notwendigen Respekt begegnen. Mich stört nämlich die Tendenz der Erwachsenen, zu dozieren oder zu predigen. In einer Gesellschaft, in der die Familie zu einem Politikum geworden ist, beunruhigen mich Attacken von links und rechts und beunruhigt mich der Gedanke an die vielen Leute, die solche Interventionen in der gleichen Weise attackieren würden, wie sie die Harry-Potter-Bücher attackiert haben. Meine größte Sorge gilt der Frage, ob sich genügend Erwachsene finden werden, die eine Idee mittragen, die mit so vielen Fallstricken behaftet ist. Andererseits bin ich überzeugt, dass es noch gefährlicher ist, gar nichts zu tun, also die jungen Leute mit all ihrer Unsicherheit und ihren Problemen sich selbst zu überlassen. Wir sollten nicht aufgeben, ohne einen Versuch unternommen zu haben.

... für die Kinder

Außer den Scheidungsopfern selbst machen sich wenige Menschen klar, dass die Scheidung nicht nur das Leben des betroffenen Kindes, sondern auch seine Persönlichkeit in vieler Hinsicht prägt. Wie wir gesehen haben, werden Präsenz und Engagement der geschiedenen Eltern für die Kinder in vielen Fällen mit dem Zusammenbruch der Ehe fast unweigerlich unterhöhlt und stellen sich, wenn überhaupt, erst nach Jahren wieder ganz her. Dieses veränderte Elternverhalten und die veränderte Struktur der Familie legen dem Kind mehr Verantwortung für sich selbst auf. Und dieses Kind wird, indem es sich den neuen elterlichen bzw. stiefelterlichen Bedürfnissen und Wünschen anpasst, seinerseits zu einer anderen Person. Alle Kinder, über die ich in diesem Buch berichtet habe, reagierten mit der Übernahme neuer Rollen unmittelbar auf die Veränderungen, die in den Jahren nach der Scheidung der Eltern in ihrem Leben eintraten. Viele waren sich des Unglücks der Eltern ganz deutlich bewusst und versuchten, ihnen zu Hilfe zu kommen. Andere fanden nicht aus ihrem Zorn auf die Eltern heraus, die es ihnen gegenüber an Aufmerksamkeit fehlen ließen, und fällten ein hartes Urteil über sie. Wieder andere trauerten der Familie nach, die sie verloren hatten, und versuchten, die Eltern umzustimmen. Und schließlich gab es auch die, die sich verantwortlich für den Familienfrieden fühlten und wie auf Eiern durch ihre Kindheit gingen. Diese Kinder gingen viele verschiedene Wege, aber alle machten in der Folge der elterlichen Scheidung eine beträchtliche Veränderung durch. Und da Charakter und Bewusstsein der Kinder ja auch in den Nachscheidungsjahren noch im Prozess der Formung waren, übten die neuen Aufgaben, die sie in der Familie übernahmen, eine tiefreichende Wirkung darauf aus, wer sie schließlich wurden und welche Beziehungen sie als Erwachsene eingingen.

Ich hoffe, dass Sie, wenn Sie selbst ein Scheidungskind waren, nach der Lektüre dieses Buches die Person, die Sie heute sind, und Ihren Weg bis hierher besser verstehen, und ich hoffe, dass Sie erkennen, dass Sie Millionen von Schicksalsgenossen haben, die sich wie Sie Gedanken um ihre Beziehungen machen und um den Ernst ihrer Situation wissen. Ihre Ängste und Gefühle entstanden vor vielen Jahren im Schmelztiegel der elterlichen Scheidung und nahmen in den darauf folgenden Jahren zu. Diese Emotionen, die häufig dem Bewusstsein gar nicht zugänglich sind, haben die Macht, Ihre eigene Ehe, Ihr eigenes elterliches Funktionieren, ja die Qualität Ihres ganzen Lebens zu affizieren.

Ihre ganze Generation hat eine wichtige Aufgabe – sie muss zu besseren Beziehungen gelangen. Aber wie kann das geschehen? Sie fragen sich noch heute, was Ihre Eltern motivierte, sich scheiden zu lassen. Manche Leute finden es hilfreich, sich hinzusetzen und offen mit beiden Eltern zu reden. Es kann sein, dass Sie die Antworten, die Sie bekommen, nicht glauben wollen oder dass die Antworten Ihnen nicht gefallen, aber diese Übung kann neue und hilfreiche Perspektiven eröffnen. Nicht jeder und jede kann das, und nicht jeder und jede sollte es tun, denn es kann sowohl der Elternperson als auch dem »Kind« unnötige Qualen bescheren. Aber in vielen Fällen lohnt sich der Versuch, den Vorhang des Schweigens zu lüften, der sich jahrelang störend auf die Eltern-Kind-Beziehung gelegt hat.

Mein nächster Ratschlag lautet, die Heirat oder feste Bindung hinauszuschieben, bis Sie mehr über sich selbst und darüber wissen, was Sie sich von einem Partner erhoffen. Es lässt sich keine gute Beziehung aufbauen, wenn Sie mit einem Fehlschlag rechnen. Man kann Menschen kennen lernen, indem man sie – und sich selbst im Umgang mit ihnen – beobachtet. Blicken Sie um sich und versuchen Sie, Beziehungen zu erkennen, die gut funktionieren. Sie könnten etwas daraus lernen. Überlegen Sie, ob Sie eine Einzel- oder Gruppentherapie als Brücke zum Verständnis Ihrer selbst in Anspruch nehmen wollen. Sie müssen lernen, Konflikte zu lösen, ohne in Panik zu geraten. Wenn Sie diese Kunst beherrschen, dann können Sie darauf vertrauen, dass Sie Einfluss auf Ihre Beziehungen nehmen können, anstatt nur passiv hinzunehmen, was Ihnen begegnet. Bevor Sie sich in der Enttäuschung niederlassen, versuchen Sie etwas über die Lebensbereiche in Erfahrung zu bringen, die Ihnen nicht zuteil geworden sind. Am Ende findet jeder Mensch seinen eigenen Weg. Ihr eigentliches Ziel besteht darin, die Tür hinter der Scheidung Ihrer Eltern zu schließen, das Heute vom Damals zu trennen. Wünschen Sie sich nicht länger, was Sie nicht hatten – dann können Sie sich befreien.

... für die Eltern

Bei meinen Gesprächen mit jungen Leuten, die in unglücklichen, wenn auch unversehrten Familien aufgewachsen sind, wurde mir klar: Ihre Eltern hätten den einen wie den anderen Weg einschlagen können – zusammenbleiben oder die Scheidung einreichen. Diese ältere Generation von Eltern hatte zweifellos ein ausreichendes Maß an legitimen Klagen über den jeweiligen Partner, um die Scheidung zu erwägen. Aber ihre Ehen waren nicht so explosiv, chaotisch oder gefährlich, dass Mann und Frau das Zusammenleben als unerträglich empfanden.

Was können wir von ihnen lernen? Ist ihr Beispiel nützlich für Leute von heute, die ähnliche Probleme haben? Wenn die Beschreibung auf Sie zutrifft, sollten Sie im Interesse Ihrer Kinder ernsthaft erwägen zusammenzubleiben. Die Paare aus unserer Studie, die, unglücklich miteinander verheiratet, dennoch zusammenblieben, schlugen sich mit allen Problemen herum, wie sie auch die moderne Ehe plagen – Untreue, Depression, sexuelle Langeweile, Einsamkeit, Zurückweisung. Zum Teil legten sich die Schwierigkeiten mit der Zeit, aber das war nicht das, was für diese Erwachsenen am meisten zählte. Da beide Partner die gemeinsamen Kinder liebten und beiden am Wohl der Kinder gelegen war, machten sie ihre elterlichen Aufgaben zu ihrem ersten und wichtigsten Anliegen. Eine dieser Ehefrauen erklärte: »Es gibt in dieser Ehe zwei Beziehungen. Er bewundert mich als fabelhafte Mutter. Als Ehefrau langweile ich ihn in jeder nur denkbaren Weise. Aber unsere Kinder sind prächtig, und das ist es, was zählt.« Wenn ein Paar es schafft, sich weiterhin gemeinsam und liebevoll um die Kinder zu kümmern, ohne dass jemand sich dabei als Märtyrer fühlt, dann ist das eine ernsthaft zu erwägende Alternative. Viele Menschen entscheiden sich in diesem Sinne. Die Vorstellung, dass es immer der offene Konflikt sein muss, durch den unglückliche Ehen sich auszeichnen, trifft ganz einfach nicht zu. Dass Kinder sich des Unglücks ihrer Eltern bewusst sind und eben deshalb auch ihrerseits unglücklich sind, entspricht auch nicht der Wahrheit. Es kommt ganz darauf an, ob die Eltern imstande sind, das ihnen abgeforderte Opfer in guter Haltung und ohne Zorn zu bringen, um ihren Kindern die Vorteile einer bestehenden Ehe zu erhalten.

Für diejenigen Eltern, die beschließen, sich scheiden zu lassen, habe ich einen anderen Ratschlag. Handeln Sie vor allem nicht impulsiv. Ein Gespräch mit einem Anwalt vermittelt Ihnen wertvolle Informationen über Fragen finanzieller Art, über Ihre Rechte und andere Aspekte des Scheidungsrechts sowie über die Praxis der Gerichte oder der Vermittlungsexperten. Das sind zwar höchst wichtige Dinge, es ist aber nur ein kleiner Teil dessen, was Sie brauchen werden. Denken Sie nüchtern darüber nach, wie Ihr Leben nach der Scheidung aussehen wird. Wenn Sie noch einmal ein Studium aufnehmen müssen, denken Sie darüber nach, bevor Sie sich scheiden lassen. Zählen Sie sich das Für und Wider gewissenhaft auf. Denken Sie daran: Sie werden sehr viel mehr Zeit mit Ihren Kindern verbringen müssen, Sie werden den Kindern nach der Scheidung zusätzlichen Halt geben und sie ermutigen müssen, und Ihre Anwesenheit wird sogar noch dringender erforderlich sein, wenn Ihre Kinder in die Adoleszenz kommen. Das heißt, dass Sie vielleicht gar nicht die Zeit haben werden, um nach dem neuen Liebespartner zu suchen, von dem Sie vielleicht träumen, oder um gleich eine neue Ehe einzugehen, vor allem wenn Ihr neuer Partner ebenfalls Kinder hat. Ihre Kinder werden vielleicht anspruchsvoller als zuvor sein, sie werden »Symptome« zeigen, wütender und schwieriger zu handhaben sein als je zuvor. Egal für welche Sorgerechtsregelung Sie sich entscheiden, Sie werden eben doch eine allein erziehende Mutter/ein allein erziehender Vater sein, was die Entscheidungen im Interesse Ihres Kindes, die Verantwortung für das Kind und seine Führung und Anleitung angeht. Machen Sie sich also auf eine einsame und zugleich hektische Zeit gefasst. Ja, man kann es schaffen. Ja, es ist sehr viel schwieriger, als Sie denken. Mindestens einer von Ihnen, Sie oder Ihr Ex-Partner, muss bereit sein, den Kindern Priorität einzuräumen. Die Zeit, die Sie aufbringen, um sich um Ihre Kinder zu kümmern, um an den Abenden für sie da zu sein, ist die denkbar wichtigste Investition in Ihr zukünftiges Verhältnis zu den Kindern. Versuchen Sie alles, um ihre elterlichen Aufgaben nicht an Ihr ältestes Kind oder an das »kompetenteste« Ihrer Kinder zu delegieren. Wenn Sie es doch einmal tun, dann sehen Sie darauf, dass es sich um ein vorübergehendes Delegat handelt. Wie ich in den vorangegangenen Kapiteln schon sagte, müssen Sie die Struktur und die Routine Ihres Haushalts aufrecht erhalten, und dies nicht nur während der Kinderjahre Ihrer Kinder, sondern auch dann noch, wenn diese bereits heranwachsen. Und was wohl ganz deutlich geworden ist in diesem Buch: Ihre Kinder werden weiter auf Ihre Hilfe angewiesen sein, auch wenn sie schließlich erwachsen sind und den zwanzigsten Geburtstag hinter sich haben.

Wenn Ihr noch sehr kleines Kind bisher daran gewöhnt war, dass zumindest eine der Elternpersonen den ganzen Tag oder einen Teil des Tages präsent war, dann sollten Sie sich überlegen, wie Sie dieses Arrangement nach der Trennung zumindest noch ein Jahr lang aufrechterhalten können. Kleine Kinder, die beide Eltern verlieren, weil der Vater ganz aus dem Haus geht und die Mutter ganztags arbeiten muss, leiden entsetzlich. Diese Kinder suchen geradezu leidenschaftlich überall nach ihren verlorenen Eltern. Die Kinder aus unserer Studie, die die neuen Gegebenheiten in ihrem Leben noch so gut wie gar nicht verstehen und sich noch kaum selbst helfen konnten, blieben ihre ganze Kindheit hindurch verwundbar und hatten auch als Erwachsene mehr Schwierigkeiten als andere, die zum Zeitpunkt der Trennung der Eltern schon älter waren. So wie man sich im Rahmen der Scheidungsvereinbarungen darauf verständigen kann, dass das Haus der Familie erst später verkauft wird, so sollten die Eltern, meine ich, auch den Zeitpunkt hinausschieben, zu dem die Mutter wieder ganztags arbeiten geht, und zwar so lange, bis das jüngste Kind sich an die veränderten Gegebenheiten hat anpassen können. Ein solches Zugeständnis an unsere jüngsten Scheidungskinder ist etwas, für das wir uns in späteren Jahren wahrscheinlich beglückwünschen würden, denn sie sind am stärksten gefährdet. Ihr Schmerz, ihre Angst und ihr Verlassenheitsgefühl halten bis in ihr Erwachsenenleben an. Sie brauchen unseren besonderen Schutz.

Ich möchte auch noch etwas zu einer weiteren Erkenntnis dieser Studie sagen, nämlich zum Thema der besseren Schul- und Weiterbildung. Kinder, die unter normalen Umständen die finanziellen Mittel für ihre College-Ausbildung erhalten hätten, sollten nicht mit achtzehn Jahren das Gefühl haben, dass sie die Scheidung ihrer Eltern in der Weise bezahlen, dass sie auf ihre Karriere verzichten müssen. Das wäre eine unerträgliche Ungerechtigkeit. Diesen »Verrat« würden sie ihren Eltern niemals verzeihen, und sie sollten ihn ihnen auch nicht verzeihen. Wenn Eltern die Collegegebühren tatsächlich nicht aufbringen können, dann verstehen die Kinder das sehr wohl. Wenn ein Vater aber die Mittel hat, um diese Ausbildung zu bezahlen, und dennoch sagt, er sei dazu nicht »verpflichtet«, dann hat das betroffene Kind jedes Recht, wütend zu sein – auf den Vater und noch mehr auf eine Gesellschaft, die mit ihrem Scheidungsrecht diesen schweren Verlust noch sanktioniert. Wenn ein knauseriger Vater seiner neuen Familie – der neuen Ehefrau, den neuen Kindern, kurz seinem neuen Leben – den Vorrang einräumt, dann fühlt sich das Scheidungskind doppelt verwundet.

Hochschullehrer mehrerer juristischer Fakultäten haben sich in dem Sinne geäußert, dass Geld für die College-Ausbildung der Kinder und weitere Mittel schon zum Zeitpunkt der Trennung der Eltern beiseite gelegt werden sollten – bevor der gemeinsame Besitz aufgeteilt wird.[2] Im Fall von Familien, die das von ihrer finanziellen Ausstattung her tun können, sollen Treuhandfonds sicherstellen, dass die Kinder in der Tat die Ausbildung absolvieren können, die sie »verdienen«. Einige amerikanische Bundesstaaten haben zwar Gesetze erlassen, die es den Gerichten ermöglichen, unter bestimmten Umständen auch Unterhaltszahlungen für den Collegebesuch eines Kindes anzuordnen, aber die meisten Staaten kennen kein Gesetz, das Unterhaltszahlungen über den achtzehnten Geburtstag des Kindes hinaus ausdehnt. Zweifellos verdienen alle Kinder den gleichen gesetzlichen Schutz und die für ihre Zukunft entscheidende finanzielle und emotionale Unterstützung. Die Kinder, die von einer solchen Gesetzgebung profitieren würden, haben wie üblich keine Stimme, keine Wählerschaft und keinerlei Handhabe, um Einfluss auf ihre Zukunft zu nehmen. Wir anderen aber können und sollten für sie sprechen.

… für die Gesellschaft

Wenn wir das Scheidungswesen in unserem Land zum Positiven verändern wollen, können wir bei der Verbesserung der Hilfeleistungen für Familien ansetzen, die sich im Prozess der Auflösung befinden. Dabei sollte der Akzent nicht auf den Elternrechten liegen, sondern auf der Frage, was von Fall zu Fall getan werden muss, um das individuelle Kind vor Schaden zu bewahren. Entsprechende Dienste könnten von den Gerichten, von Beratungsstellen oder von einer eigens für diese Aufgabe ins Leben gerufenen Institution angeboten werden. Diese neue Einrichtung würde vor allem als ein Treffpunkt fungieren, an dem scheidungswillige Eltern sich langfristig über die Belange ihrer Kinder verständigen – also nicht nur über das, was im laufenden und vielleicht noch im nächsten Jahr wichtig ist, sondern über viele Jahre hinweg in die Zukunft hinein. Auf diesem Weg könnte man ihnen helfen, sich über die Veränderungen klar zu werden, die auf alle Beteiligten zukommen, und sich genau zu überlegen, wie sie ihre Kinder vor Schaden bewahren können. Eine solche neue Einrichtung wäre in der Tat eine signifikante Erweiterung des Angebots, wie es in der Form von Mediation und Elterntraining in mehreren amerikanischen Bundesstaaten bereits existiert. Sie würde geschiedenen und wiederverheirateten Familien mit Aufklärung, Beratung und Vermittlung durch Fachkräfte zur Seite stehen, die sich in der Arbeit mit Kindern und Eltern auskennen und hier ihre Erfahrung als Psychologen und Mediatoren einsetzen. Scheidungswillige Paare würden aufgefordert, an einem breit angelegten Kurs über die mannigfachen Aspekte der koelterlichen Interaktion teilzunehmen. In kleinen Gruppen und durch Vorträge würden ihnen die spezifischen Probleme nahe gebracht, wie sie mit der Ausgestaltung der Besuchsregelung, mit dem Prinzip der gemeinsamen Versorgung oder mit einem Wohnungswechsel einhergehen, und sie würden darüber belehrt, wie belastend es für ein Kind ist, immer wieder große Entfernungen zurücklegen zu müssen, weil die Haushalte seiner geschiedenen Eltern so weit auseinander liegen. Die Mitarbeiter würden den Eltern erklären, wie sie ihren Kindern das schwierige Kommen und Gehen an beiden Enden erleichtern und wie sie sicherstellen können, dass dieser Pendelverkehr, ob er nun durch die getroffene Besuchsregelung oder durch die Entscheidung für die gemeinsame materielle Versorgung bedingt ist, das Spiel des Kindes und seine anderweitigen Aktivitäten nicht zerstückelt. Die Eltern würden sich darüber austauschen, wie die Besuchsregelung jeweils aussehen könnte, je älter das Kind wird. Insgesamt würde ein solches Angebot das Ziel verfolgen, Eltern auf die schwierige Aufgabe vorzubereiten, ihre Kinder in einer Nachscheidungs- oder wiederverheirateten Familie großzuziehen, und dies in der Erkenntnis, dass von nun an alles anders sein wird. Und den Kindern wäre mit einem solchen System ein wirkliches Mitspracherecht eingeräumt.

Eltern und Kinder in gewalttätigen oder hochgradig konfliktbelasteten Familien brauchen ein anderes Arrangement von Hilfsangeboten durch Fachkräfte mit einer entsprechenden Spezialausbildung.[3] Was die Gerichte augenblicklich auf diesem Sektor vorhalten, wird den Bedürfnissen dieser gestörten und häufig aufgewühlten Familien zumeist nicht gerecht. Wie wir gesehen haben, nehmen sie die Zeit und die Aufmerksamkeit der Gerichte in einem unverhältnismäßig großen Umfang in Anspruch. Ohne ein speziell auf solche Familien zugeschnittenes Angebot wird man den Kindern kaum zu Hilfe kommen können. Überdies ist diese Klientel häufig viele Jahre lang auf Hilfe angewiesen. Diese ganze Palette von Hilfeleistungen setzt selbstverständlich einen Personalbestand und Ausbildungsangebote voraus, wie sie gegenwärtig an unseren Universitäten gar nicht verfügbar sind; die wissensmäßigen Grundlagen für den Aufbau entsprechender Graduiertenlehrgänge sind aber ganz fraglos vorhanden.

Die neu einzurichtenden Zentren könnten Spielgruppen für jüngere Kinder unterhalten, gewissermaßen Oasen des erfreulichen Kontaktes unter Gleichaltrigen, die den Kindern das Gefühl des Isoliertseins nehmen. Nach meiner Erfahrung ist es nicht in jedem Fall hilfreich, einem Kind zu sagen, es müsse »seine Gefühle zum Ausdruck bringen« oder es habe die Scheidung der Eltern nicht zu verantworten. Immerhin mindert das aber die Beunruhigung des Kindes angesichts der Veränderungen, die in seinem Leben eingetreten sind, und hilft ihm bei der Überlegung, wie es diesen Veränderungen von sich aus begegnen könnte. Unter diesen Gegebenheiten kann es sehr hilfreich sein, wenn die Spielgruppenleiterin ihre Anweisungen ruhig und langsam gibt. Eine Intervention dieser Art, auch wenn sie über mehrere Wochen hinweg betrieben wird, kann die Kinder nicht vor Schwierigkeiten in der Nachscheidungsfamilie bewahren (und sie wird mit Sicherheit nichts gegen die Ängste ausrichten, die sie als junge Erwachsene hegen), sie kann ihnen aber helfen, die eigene Situation aus einem größeren Blickwinkel zu betrachten, und sie kann ihnen viel von ihrer Traurigkeit und ihrem Gefühl der Einsamkeit nehmen. Im Übrigen kann man die Lehrerinnen, die in dieser Zeit mit den Kindern zu tun haben, dafür sensibilisieren, dass sie Probleme wie etwa aggressive Ausbrüche, Sprachstörungen oder eine Depression notieren und die betreffende Familie weiterverweisen, damit sie die Hilfe eines Experten bekommt, bevor das Problem chronisch wird.

Teenagergruppen lassen sich im Stadium des Zerbrechens der Familie nicht so leicht zusammenstellen, obwohl sie eine sehr nützliche Einrichtung wären. Man muss schon ein beträchtliches Geschick aufbringen, um Heranwachsende in dieser kritischen Zeit zur Arbeit in einer Gruppe zu bewegen. Wenn diese Gruppenarbeit aber erst einmal in Gang kommt, kann sie sich für die jungen Teilnehmer als eine ausgezeichnete Möglichkeit erweisen, sich über Scheidung ganz allgemein klar zu werden, ihre Wut auf die Eltern zum Ausdruck zu bringen, moralische Aspekte zu erörtern und über ihre Befürchtungen zu sprechen, dass auch ihre eigenen zukünftigen Beziehungen fehlschlagen könnten. Die Gruppenarbeit ist auch eine gute Möglichkeit, das Über-die-Stränge-Schlagen und sexuelle Agieren, wie es in dieser Altersgruppe gang und gäbe ist, zu reduzieren oder überhaupt zu unterbinden. Gruppenleiter, denen es gelingt, sich auf die jungen Leute einzustimmen und sich Respekt bei ihnen zu verschaffen, können ihnen auf dieser Grundlage helfen, belastende und beunruhigende Entwicklungen zu verstehen und sich darauf einzustellen – sei es, dass sie die Eltern mit neuen Liebespartnern erleben oder dass sie, die Kinder, sich von Mutter oder Vater allzu sehr ins Vertrauen gezogen sehen.

für die Gerichte

Dank ihrer zentralen Rolle im Scheidungsgeschehen haben die Gerichte von jeher das erste Wort gehabt, was die US-amerikanische Scheidungspolitik und die hier geltenden Prioritäten betrifft. Viele Richter sind sensible Beobachter, die den Kindern mit großer Anteilnahme und Einfühlungsgabe begegnen. Aber bei allem gebührenden Respekt: Unser rigides Gerichtssystem ist vielleicht doch das falsche Forum, wenn es darum geht, über Eltern und Kinder im Augenblick der elterlichen Scheidung zu befinden. Richter besitzen keine Zusatzausbildung, die ihnen den Umgang mit krisenbelasteten Familien erleichtern könnte. Sie haben die Aufgabe, das Kindeswohl sicherzustellen, ohne dass sie etwas über die Bedürfnisse von Kindern in den verschiedenen Entwicklungsstadien wüssten. Wenige haben unmittelbar Einblick in Studien genommen, die sich mit den Auswirkungen der elterlichen Scheidung auf die Kinder befassen und danach fragen, was die Anpassung der Kinder begünstigt bzw. behindert. Dazu kommt, dass unsere Gerichte in Zeitnot und unterbesetzt sind. Die Frustration angesichts des bestehenden Systems teilen auch viele Richter.

Die Ergebnisse unserer über fünfundzwanzig Jahre hinweg durchgeführten Studie widersprechen der zentralen Annahme, die hinter dem Vorgehen unserer Gerichte steht und etwa lautet: Falls die Eltern es schaffen, nicht miteinander zu streiten, dann werden sich die Fragen von Sorgerecht, Kontakt und finanzieller Unterstützung zügig regeln lassen, beide Eltern werden ihre elterlichen Rollen wieder aufnehmen, und das Kind wird wieder ganz normale Fortschritte in seiner Entwicklung machen. Dabei ist es erwiesenermaßen falsch zu erwarten, dass das elterliche Handeln, wie es aus unversehrten Familien bekannt ist, allein dadurch wieder in Gang käme, dass die geschiedenen Eltern ihren Konflikt unter Verschluss halten. Irrig ist ferner die Annahme, dass Arrangements, die zum Zeitpunkt der Trennung verabredet werden, Einfluss auf die weitere Entwicklung des Kindes nehmen werden. Was von Einfluss auf diese Entwicklung ist, das sind die langfristigen Gegebenheiten des Lebens in den Jahren, die auf die elterliche Scheidung folgen. Mit dem Augenblick, in dem die Ex-Partner das Gerichtsgebäude verlassen, stellen sich tiefreichende Veränderungen in den Eltern-Kind-Beziehungen ein. Darauf, dass die Eltern ihren elterlichen Aufgaben nachkommen, ist in der Nachscheidungsfamilie weit weniger Verlass als in der funktionierenden unversehrten Familie. Besuchsregelungen und Sorgerechtsvereinbarungen, die in der Zeit unmittelbar nach der Scheidung, wenn beide Eltern »alleinstehen«, gut funktionieren, brechen oft zusammen, wenn eine neue Ehefrau bzw. ein neuer Ehemann Prioritäten setzt, zu denen eben gerade *nicht* gehört, dass für die Kinder aus der früheren Ehe noch Zeit übrig ist oder irgendwelche Opfer gebracht werden. Alles verändert sich in dem Augenblick, in dem eine zweite Ehe zerbricht, das persönliche Leben eines der Eltern ins Schleudern kommt oder das älter werdende Kind andere Bedürfnisse ausbildet und eigene Vorstellungen entwickelt. Nur sehr wenige Kinder aus unserer Studie wahrten in den Jahren nach der Scheidung weiterhin enge Beziehungen zu beiden Eltern. Die Entwicklung der Eltern-Kind-Beziehungen ist weit weniger voraussagbar als die Eltern oder auch die Gerichte wahrhaben wollen.

Um den in Scheidung befindlichen Eltern und Kindern helfen zu können, müssten unsere Gerichte und die in unser Rechtssystem eingebundenen therapeutischen Fachkräfte sich eine realistischere Sicht der Nachscheidungsfamilie zu Eigen machen. Im Rahmen des Elterntrainings sollten sie die Aufmerksamkeit auf die langfristigen Bedürfnisse der Kinder lenken und den Eltern helfen, sich in Gedanken auf die Schwierigkeiten einzustellen, die in diesem Zusammenhang auf sie zukommen werden. Natürlich ist es wichtig, von momentanen Streitigkeiten abzuraten, immerhin aber soll das Elterntraining die Mütter und Väter ja auf ein langfristiges Unternehmen vorbereiten. Sie werden viele Jahre lang als Eltern zusammenarbeiten und in diesem Rahmen den Herausforderungen begegnen müssen, die mit dem gewählten Sorgerechtsmodell, mit der vereinbarten Besuchsregelung und mit den unendlich vielen Krisen finanzieller und emotionaler Art einhergehen, zu denen es unweigerlich kommen wird, bis das Kind schließlich erwachsen ist.

Die Gerichte könnten das Leben der Scheidungskinder in vieler Hinsicht erleichtern. Nachdem ich Dutzende von Richtlinien zum Besuchsrecht studiert und an vielen Gerichtsterminen teilgenommen habe, erstaunt mich das Schweigen in Bezug auf das betroffene Kind. Die Anwälte vertreten die Interessen der Eltern, aber für das Kind steht niemand auf. Wir haben es an den hier ausgebreiteten Geschichten immer wieder gesehen: Was das Kind selbst wünscht, welche Präferenzen es hat, was es zu den vorgeschlagenen Regelungen meint und wie es seine »elternfreie« Zeit verbringen möchte – das alles sind Überlegungen, die so gut wie niemals angestellt werden. So wie wir die Dinge gegenwärtig handhaben, wird das Kind wie eine Stoffpuppe behandelt, die regungslos dort sitzen bleibt, wo man sie gerade hinsetzt. Die Scheidungskinder, die ich kenne, wären höchst verblüfft zu hören, dass ein Gericht sich jemals ernsthaft Gedanken um ihr Wohlergehen gemacht hätte. Entgegen dem, was wir so gerne versichern – dass die Kinder bei den Verhandlungen natürlich im Mittelpunkt stehen müssen –, bleiben sie ohne Stimme. Nichts wird unternommen, um die Besuchsregelung anders zu fassen, wenn das Kind älter wird und selbst darüber entscheiden möchte, wie es seine Ferien und seine Wochenenden verbringt. Schulpflichtige Kinder in unversehrten Familien verbringen ihre Zeit zumeist mit Freunden und Spielkameraden, in der Schule und auf dem Spielplatz – und nicht in Gesellschaft ihrer Eltern. Und Heranwachsende werden in solchen Familien aufgefordert, sich an der Planung ihrer Aktivitäten zu beteiligen. Aber Kinder aus geschiedenen Familien, deren Zeitplan unter dem Diktat starrer gerichtlicher oder durch Mediation zustandegekommener Regelungen steht, beklagen sich bitter darüber, dass sie sich wie Bürger zweiter Klasse fühlen. Verglichen mit ihren Altersgenossen aus intakten Familien haben sie weniger Rechte und Privilegien und weniger Gelegenheit, soziale Beziehungen und Aktivitäten zu pflegen, die ihr Leben bereichern könnten. Wenn sie es wagen, sich ehrlich zu äußern, dann bringen sie ihren heftigen Ärger auf die Gerichte und unter Umständen auf beide Eltern zum Ausdruck, die auf der Befolgung von Anweisungen bestehen, die den Bedürfnissen der Kinder, so wie diese es sehen, längst nicht mehr entsprechen. Vor allem anderen möchten sie ein Mitspracherecht, was ihr Leben angeht, und fühlen sich ungerecht behandelt, wenn sie von diesbezüglichen Planungen ausgeschlossen werden. Sie wollen sich ihre Freunde und ihre Interessen selbst wählen und mit dieser Entscheidung respektiert werden. Und sie haben mit alldem Recht. Peerbeziehungen sind nicht nur wichtig für den jungen Menschen selbst, sondern sie beeinflussen auch seine Entwicklung zum guten Mitbürger und kooperativen Mitglied einer Gruppe. Die jeweilige Besuchsregelung sollte also flexibel sein und entsprechend der zunehmenden Reife des Kindes in regelmäßigen Abständen revidiert und abgewandelt werden.

Kinder, die Zeugen von Gewalt werden, sind besonders gefährdet, aber sie genießen nicht den Schutz der Gerichte. Besuchsregelungen nehmen, ob sie gerichtlich angeordnet oder durch Mediation zustandegekommen sind, in der Regel keine Rücksicht darauf, ob der eine Elternteil Gewalt gegen den anderen übt. Viele Richter sind der Ansicht, dass die Brutalität eines Mannes, der zwar seine Frau, nicht aber seine Kinder schlägt, kein Thema ist, wenn es um eine die Kinder betreffende Anordnung geht. Aus dem diesbezüglichen Schweigen hören die Kinder heraus, dass Gewalt für die Gesellschaft akzeptabel ist. Die Scheidung kann also die Mutter – als Opfer der Gewalttätigkeit des Vaters – retten, sie rettet aber nicht das Kind, das Zeuge dieses Gewalthandelns geworden ist. Viele Studien belegen, dass Kinder, die Zeugen gewalttätiger Handlungen geworden sind, lange an den Folgen dieses Eindrucks zu tragen haben. Das betrifft ihre Fähigkeit, Beziehungen einzugehen, ein Gewissen auszubilden und die eigenen aggressiven Impulse zu steuern. Wenn das Gericht es versäumt, sich diesem Komplex zuzuwenden, dann hat das schwerwiegende Konsequenzen, denn häusliche Gewalt findet in der Regel hinter verschlossenen Türen statt und kommt erst im Augenblick des Zusammenbruchs der Ehe ans Licht. Das heißt, die Gerichte haben *einmal* die Gelegenheit, zugunsten des Kindes zu intervenieren, indem sie Eltern und Kindern Beratung und Training anbieten – und zwar bevor die Besuchs- oder Sorgerechtsregelung schriftlich niedergelegt wird. Das heißt nicht, dass der gewalttätige Vater daran gehindert wird, seine Kinder zu sehen. Vielmehr heißt es, dass Eltern und Kinder Hilfe erhalten, bevor das Besuchsschema fixiert wird.

Die Gerichte tragen zudem die Schuld an einer weiteren unvorhergesehenen Konsequenz ihres rigiden Vorgehens: Kinder, denen im Wege einer gerichtlichen Anordnung bis zu ihrem vollendeten 18. Lebensjahr eine unflexible Besuchsregelung aufgezwungen wird, lehnen den Elternteil ab, der auf diesem Arrangement bestanden hat. Als junge Erwachsene weigern sie sich, weiterhin Kontakt mit dieser Person zu halten, die sie in dieses rigide Schema hineingezwungen hat. Eltern und Anwälte vergessen, dass heranwachsende Kinder die Trümpfe in der Hand haben. Wenn das Gericht also mit seiner Anordnung den Zweck verfolgt, es dem Kind und seinem Vater (bzw. seiner Mutter) zu ermöglichen, einander besser kennen zu lernen und eine freundliche oder sogar liebevolle Beziehung zueinander zu pflegen, dann erweist sich diese Strategie als schlimmer Bumerang. Der Ärger des heranwachsenden Kindes wächst mit. Die Lektion ist klar. Die Eltern können nicht darauf bauen, dass das Gericht ihnen zu ihrem Recht an dem Kind verhilft, so wie es ihnen zu ihrem Recht an einem Besitztum verhelfen kann. Unglücklicherweise verführt unser gegenwärtiges System die Eltern aber dazu, genau dies zu glauben. Rascher als gedacht ist das Kind erwachsen und bringt dann seinen Ärger über die Tyrannei der Gerichte und des Vaters/der Mutter zum Ausdruck. Der Vater, dem es um die Liebe und Achtung seines Kindes zu tun ist, kann nicht damit rechnen, dass das Gericht kraft seiner Autorität eine Beziehung zwischen ihm und dem Kind herstellt. Gerichtliche Anordnungen können die Voraussetzung für eine Beziehung schaffen, aber die Verantwortung für die Pflege und Wahrung einer liebevollen und engagierten Freundschaft mit dem Kind fängt an diesem Punkt erst an. Vielen Eltern wäre sehr damit gedient, wenn Gerichte und Anwälte ihnen diese Zusammenhänge ganz deutlich machten.

Ich habe das Thema der gemeinsamen elterlichen Sorge weiter oben bereits umkreist und will meine Ausführungen hier nicht wiederholen, vielleicht nur noch einmal festhalten, dass die gemeinsame elterliche Sorge manchen Kindern gut tut, anderen dagegen nicht. Für manche Kinder kann sie in einem bestimmten Alter gut und später eher schädlich sein. Auch wenn die Gerichte am liebsten alles über einen Kamm scheren würden – es gibt nun einmal nicht die eine und einzige »Größe«, die allen oder auch nur den meisten Kindern passt. Vielleicht wäre es eine gute Idee, den Richtern verständlich zu machen, dass sie Vorgehensweisen, die durch die Bank für alle Kinder gelten sollen, mit Vorsicht betrachten sollten.

Schließlich sollten Richter, Anwälte, Schlichtungsexperten und die bei den Gerichten beschäftigten Therapeuten daran denken, die Möglichkeit einer späteren Überprüfung in ihre Entscheidung einzubauen. Wenn zum Beispiel ein noch jüngeres Kind unbegleitete Flugreisen absolvieren muss, um der Besuchsregelung zu genügen, dann sollte man Kind und Eltern nach einem Jahr erneut einbestellen, damit geprüft werden kann, wie sich dieses Reisen auf die Gefühle des Kindes und auf seine allgemeine Anpassung auswirkt. Die Gerichte kennen – anders als die Medizin und die Psychologie – keinen eingebauten Prozess der Überprüfung ihres Vorgehens. Fragwürdige Regelungen – seien sie gerichtlich angeordnet oder durch Mediation zustandegekommen – bleiben als solche unentdeckt, weil ihre Ergebnisse nicht regelmäßig durchleuchtet und überprüft werden. Familienrechtliche Regelungen mit ihren langfristigen Konsequenzen für die Kinder sind von einer derartigen Komplexität, dass ihre Überprüfung sich nicht in der Frage erschöpfen darf, ob dem Gesetz Genüge getan wurde. Es wäre sehr hilfreich und für die Eltern, für die Gerichte selbst und für die Gesellschaft als Ganzes sehr beruhigend, wenn die gerichtlichen Vorgaben und ihre Umsetzung in die Praxis einem eingebauten und regelmäßigen Überprüfungsprozess unterzogen würden. Ein solcher

Prozess könnte seinerseits bedeutsame Veränderungen nach sich ziehen und damit die Lebensqualität der betroffenen Kinder erheblich verbessern.

* * *

Mit diesen Vorschlägen habe ich einiges von dem angedeutet, was wir tun könnten, um das Leiden von Kindern und Erwachsenen in unserer Scheidungskultur zu verringern. Ich bin sicher, dass einfallsreiche Beobachter der Szene uns, je mehr wir über die langfristigen Folgen der Scheidung für die amerikanische Familie in Erfahrung bringen, noch viele weitere Vorschläge präsentieren könnten. Viele neue Ideen werden vermutlich von denjenigen kommen, die aus eigener Erfahrung wissen, wie es ist, in einer geschiedenen Familie aufzuwachsen – also von der Generation der jungen Erwachsenen, die wir in diesem Buch kennen gelernt haben. Sie sind jetzt in einem Alter, in dem sie in verantwortliche Positionen in Politik, Rechtswesen, Entertainment, Wissenschaft, Medizin, Pädagogik und anderen Berufsfeldern nachrücken. Sie sind unsere Zukunft, und sie sind Gott sei Dank zwar skeptisch, aber nicht wirklich zynisch. Ganz im Gegenteil. Sie haben gezeigt, dass sie in einem erstaunlichen Umfang imstande sind, sich veränderten Gegebenheiten anzupassen, ihre Ängste beiseitezuschieben und zu lernen, dass sie den Menschen, die sie lieben, vertrauen können.

Wir kommen jetzt zu einer letzten und entscheidenden Frage. Welche Wertvorstellungen hat diese Generation im Zusammenhang mit Ehe und Ehescheidung? Hat sie in Bezug auf die Ehe bzw. die engagierte feste Partnerschaft resigniert? Sind diese Formen als Institutionen zum Untergang verdammt? Das Votum dieser Generation ist klar. Ungeachtet ihrer unmittelbaren Erfahrung, dass Ehen in die Brüche gehen können, wünschen sie sich dauerhafte und verlässliche Beziehungen, sei es in der Form der Ehe oder in der Form einer anhaltenden Partnerschaft. Keine der erwachsenen Personen in dieser Studie akzeptiert die Vorstellung, dass die Ehe als Institution eingehen wird. Alle wünschen sich Stabilität und ein anderes Leben für ihre Kinder als sie selbst es hatten. Sie akzeptieren die Scheidung durchaus als eine Option, aber sie sind der Ansicht, dass Scheidung für ein Paar mit Kindern nur der letzte Ausweg sein kann. Diejenigen von ihnen, die glücklich verheiratet sind, empfinden das als einen Segen. Sie haben niemals erwartet, eine eigene glückliche Familie zu haben, und sind dankbar, dass sie es so gut getroffen haben. Als Scheidungskinder sind sie alle darauf aus, die Geschichte umzuschreiben, nicht sie zu wiederholen. Sie wollen es besser machen als ihre Eltern.

Viele von den »Kindern« aus meiner Studie sind über die Jahre hinweg in Kontakt mit mir geblieben. Ich bin zu ihren Hochzeiten eingeladen worden und habe einige dieser Einladungen angenommen. Andere haben mir Fotos von romantischen Trauungen mit allem Drum und Dran geschickt. (In einem Fall ließ man eine große Zahl weißer Tauben auffliegen, nachdem das Ehegelübde gesprochen worden war; in einem anderen Fall fand die Trauung irgendwo in den Bergen statt, die Braut trug einen Kranz im Haar, und das Ganze wurde begleitet vom Flötenspiel eines Schäfers.) Manche dieser ehemaligen Scheidungskinder luden ihre Eltern nicht zur Hochzeit ein. Andere luden sowohl ihre geschiedenen Eltern als auch deren frühere und gegenwärtige Partner ein. Für alle jungen Leute symbolisiert die Hochzeit noch immer die lebenslange Bindung; für Scheidungskinder ist sie aber auch der Triumph über ihre Ängste. Für diejenigen, an deren Hochzeit ich teilnahm, mag meine Anwesenheit so etwas wie den Schlussstrich unter ihr vergangenes Leben und die Bestätigung dafür bedeutet haben, dass sie Sieger über die ungünstigen Umstände geworden sind. Ich bin die Stammesälteste, die zugegen war, als sie die großen Kämpfe ihres Lebens zu bestehen hatten, und die ihre Geschichte mitsamt ihren Träumen, Hoffnungen und Befürchtungen bewahrt.

Ich beende dieses Buch mit einem wirklich anrührenden Toast, der anlässlich der Hochzeit von Michael ausgebracht wurde, der gerade zweiunddreißig Jahre alt geworden war. Wie so viele andere Scheidungskinder aus meiner Studie hatte auch er Jahre gebraucht, um seine Angst vor einer engen Bindung zu überwinden. Er sagte: »Immer wenn ich beschlossen hatte, jetzt aber wirklich Ernst damit zu machen, überfiel mich eine schreckliche Traurigkeit, die gleiche Traurigkeit, die ich schon als kleiner Junge immer empfunden habe.« Schließlich schaffte er es, seine Furcht zu besiegen und Elizabeth zu heiraten, die Frau, die er liebte und mit der er schon seit mehr als fünf Jahren zusammenlebte. Den Toast brachte sein Trauzeuge aus, ebenfalls ein Scheidungskind. In seinen Worten klingen das Sehnen, die Unsicherheit, aber auch das jugendliche Selbstvertrauen dieser Generation an:

Vielen, die heute hier sind, mag es seltsam vorkommen, dass einer von uns nun heiratet. Es ist seltsam, weil wir eine Generation von zynischen Kindern sind, was das Heiraten angeht. Wir sind in einer Zeit aufgewachsen, in der die Scheidung zur akzeptablen Alternative geworden ist. Letzten Endes ist das gut so. Aber es macht uns vorsichtig und skeptisch. Wer braucht die Ehe? Die Ehe ist eine altmodische Einrichtung. Warum sich damit belasten? Aber während wir diese zynischen Gedanken aussprachen, bewahrten wir insgeheim doch die Hoffnung, dass wir den tiefen und romantischen Zauber wieder entdecken und an uns selbst erfahren könnten, der, wie es hieß, in einer längst vergangenen Zeit existiert hatte – dass wir die Ehe mit unschuldigen Augen betrachten könnten. Dabei erkannten wir allerdings nicht, dass es ja gar nicht um Unschuld geht. Es geht um ein realistisches Sehen, es geht darum, das zu sehen, was wirklich da ist, und uns nicht in falschen Erwartungen zu ergehen. Es klingt wie Ironie, wenn wir sagen, das Wunderbare an diesem Zeitalter der Scheidung, in dem wir aufgewachsen sind, ist, dass wir so viel gelernt haben. Es war sehr schmerzlich, aber wir haben gelernt. Und wir schauen nach Signalen aus. Wenn ein Freund uns sagt, dass er heiraten will, dann suchen wir nach Signalen, um seine Aussichten einschätzen zu können. Ja, und ich habe heute Morgen ein Signal bekommen. Als die Braut aus dem Haus kam, nahm es mir den Atem. Ich fühlte so etwas wie einen Kloß im Hals und lehnte mich gegen mein Auto. Ich war wie betäubt. Sie war so schön. Aber es war nicht einfach die physische Schönheit. Als Elizabeth hinter Michael herging, drehte er sich um und nahm ihre Hand. Ich war auf jene ruhige Weise elektrisiert, die anzeigt, dass es richtig ist – ein Gefühl, das sich nicht einstellt, wenn es nicht wirklich und wahrhaftig richtig ist. Und ich dachte, dass es doch eine wichtige Erkenntnis ist, die unsere zynische Generation gewonnen hat. Und dabei kamen mir fast die Tränen. Wir sind schon in Ordnung, Michael und Elizabeth. Seid ehrlich miteinander. Und seid glücklich.

1 Die Zahlen sind entnommen aus T. Smith, *The Emerging Twenty-First-Century American Family* (National Opinion Research Center, University of Chicago, 24.11.1999).

2 Zu dieser Politik des »children first« siehe M. A. Glendon, *Abortion and Divorce in Western Law* (Cambridge, Mass.: Harvard University Press, 1987) und M. A. Mason, *The Custody Wars* (New York: Basic Books, 1999).

3 Zum Konzept derartiger Hilfsangebote siehe J. Johnston und V. Roseby, *In the Name of the Child* (New York: The Free Press, 1997).

Anhang:

Das Forschungsvorhaben und die Probanden

Stichwortverzeichnis

Die Gruppe der Scheidungskinder

Die ursprüngliche Gruppe und ihre demographischen Kennzeichen

Wir begannen unsere Untersuchung im Jahre 1971 mit 131 Kindern und Jugendlichen aus sechzig Familien. In allen Fällen hatten die Eltern kurz zuvor ihre Trennung beschlossen und die Scheidung im kalifornischen Verwaltungsbezirk Marin eingereicht. Die Teilnehmer wurden aus einer sehr viel größeren Gruppe von Familien ausgewählt, die von ihren Anwälten an uns verwiesen worden waren. Bestimmend für unsere Auswahl war zum einen, dass die Eltern sich zur Mitarbeit bereit erklärten, und zum anderen, dass die Kinder den ihrem Alter entsprechenden Entwicklungsstand erreicht hatten und zu keiner Zeit als emotional gestört oder in ihrer Entwicklung beeinträchtigt aufgefallen waren. Alle Kinder, 59 Mütter und 47 Väter wurden um die Zeit der Trennung des Paares über sechs Wochen hinweg intensiv befragt, wobei die Trennung als der Zeitpunkt definiert wurde, zu dem die Eltern auch im räumlichen Sinne für immer auseinander gingen. Eltern und Kinder wurden achtzehn Monate später, ein weiteres Mal nach fünf und ein drittes Mal nach zehn Jahren erneut angesprochen und befragt. Mit einer Untergruppe von Eltern und Kindern nahmen wir auch fünfzehn Jahre nach der Trennung noch einmal Kontakt auf; allerdings handelte es sich bei dieser Befragung nicht um eine formale Ergänzungsstudie. Eine intensive Befragung der mittlerweile längst erwachsenen Scheidungskinder erfolgte noch einmal 25 Jahre nach der elterlichen Scheidung.

Zweiundfünfzig Prozent der insgesamt 131 Kinder waren Mädchen, 48 Prozent waren Jungen. Zum Zeitpunkt der ersten Befragung waren 53 Prozent aller Kinder acht Jahre oder jünger, 47 Prozent waren zwischen neun und achtzehn Jahren alt. Die Kinderzahl pro Familie betrug im Durchschnitt 2,2. 88 Prozent der Familien waren Weiße, drei Prozent waren Afro-Amerikaner, neun Prozent waren mit einem asiatischen und einem westlichen Partner rassisch gemischt. Das Durchschnittsalter der Mütter betrug 34,1 Jahre, das der Väter 36,9 Jahre. Für neunzig Prozent der Männer und für 93 Prozent der Frauen handelte es sich um die erste Ehe. Zum Zeitpunkt ihrer Trennung waren sie im Durchschnitt 11,1 Jahre verheiratet gewesen – im Einzelnen zwischen vier und dreiundzwanzig Jahren. Für die frühen 1970er-Jahre handelte es sich um eine Stichprobe mit vergleichsweise gutem Bildungs- und Ausbildungsniveau. Fünfundzwanzig Prozent der Väter hatten einen akademischen Abschluss als Mediziner, Juristen oder Betriebswirte (und fast die Hälfte der Väter besaßen den Grad eines Bachelor). Ein Drittel der Mütter hatte ein abgeschlossenes College-Studium; fünf Mütter hatten ein Graduiertenstudium absolviert. Achtzehn Prozent der Männer und 24 Prozent der Frauen hatten ihren Bildungsweg mit dem High-School-Diplom abgeschlossen. (Zehn Prozent der Männer und ein Drittel der Frauen hatten ein Jahr oder länger an einem College studiert.) Vor der Scheidung hatten die meisten Familien nach dem Hollingshead-Zweifaktorenindex der sozialen Mittelklasse angehört. Dabei rangierten 43 Prozent in den beiden obersten Sozialschichten, 29 Prozent bewegten sich im mittleren Bereich, und 28 Prozent fielen in die beiden unteren Sozialschichten.

Nachuntersuchung der Gruppe nach 18 Monaten

An der Nachuntersuchung nach achtzehn Monaten nahmen 56 der insgesamt sechzig Familien teil. Zwei Paare hatten sich inzwischen wieder versöhnt, ein Paar konnte nicht mehr ausfindig gemacht werden, ein anderes Paar lehnte die weitere Mitarbeit ab. Ausführliche Informationen erhielten wir von 108 Kindern, 41 Vätern und 53 Müttern. 55 Prozent der teilnehmenden Kinder waren Mädchen, 45 Prozent waren Jungen.

Nachuntersuchung und demographische Kennzeichen der Gruppe nach fünf Jahren

Fünf Jahre nach der Trennung konnten wir 58 der ursprünglich sechzig Familien erneut ansprechen und Mitglieder von 56 dieser angesprochenen Familien ausführlich befragen. Dabei handelte es sich um insgesamt 96 Kinder, 54 Mütter und 41 Väter. Sechzig Prozent der Frauen und Kinder hatten in der Zwischenzeit einen steilen Niedergang ihres Einkommens und mithin ihres Lebensstandards erfahren; auf der sozioökonomischen Leiter waren sie gegenüber ihrer Position vor der Scheidung um zwei oder mehr Stufen zurückgefallen.

Nachuntersuchung und demographische Kennzeichen der Gruppe nach zehn Jahren

Von den ursprünglich sechzig Familien konnten wir nach zehn Jahren noch 54 (= neunzig Prozent) ausfindig machen; Mitglieder von 52 (= 87 Prozent) dieser Familien wurden interviewt. Damit gelangten wir an ausführliche Daten von 113 Kindern (56 Prozent weiblich, 44 Prozent männlich), 47 Müttern und 36 Vätern. An diesem Punkt, zehn Jahre nach der ursprünglichen Befragung, lag die Trennung der Paare durchschnittlich 10,9 Jahre zurück. Fünfzig Prozent der Väter rangierten in den beiden obersten sozioökonomischen Kategorien, siebzehn Prozent fanden sich in den beiden niedrigsten Kategorien. Die Mütter hatten, was ihre ökonomische Situation anging, wieder etwas zugelegt; vierzig Prozent von ihnen rangierten jetzt in den beiden obersten Kategorien, noch immer fielen allerdings dreißig Prozent in die beiden untersten Kategorien. Ein Viertel der Frauen sah sich ernsthaften finanziellen Schwierigkeiten gegenüber; das Gleiche galt für 18 Prozent der Männer.

Nachuntersuchung und demographische Kennzeichen der Gruppe nach fünfundzwanzig Jahren

Von den ursprünglich sechzig Familien wurden 48 (achtzig Prozent) nach 25 Jahren erneut angesprochen. In zwei Fällen waren die Väter nicht bereit, Auskunft über den Aufenthaltsort ihrer Kinder zu geben. In einem weiteren Fall bestand kein Kontakt mehr zu dem erwachsenen Sohn, und die Mutter war nicht in der Lage, ihn aufzuspüren. An der Untersuchung nahmen 45 Familien (75 Prozent der ursprünglichen Stichprobe) teil. Auf formale Weise befragt wurden diesmal nur die inzwischen erwachsenen Kinder; bei unseren Bemühungen, ihren Aufenthaltsort ausfindig zu machen, kamen wir aber auch mit vielen der Eltern wieder ins Gespräch. Von den ursprünglich 131 Kindern wurden 93 (71 Prozent) befragt, nämlich 38 (41 Prozent) Männer und 55 (59 Prozent) Frauen. Ihr Durchschnittsalter betrug 33 Jahre; im Einzelnen waren sie zwischen 28 und 43 Jahren alt. Aus den 45 Familien waren zwei Mütter und vier Väter inzwischen gestorben, ein Vater war verschwunden. Fünfundzwanzig Jahre nach ihrer Scheidung befand sich ein Drittel der Väter im oberen sozioökonomischen Bereich, von ihren früheren Ehefrauen rangierten dort nur fünf Prozent. Fast die Hälfte der Väter (48 Prozent) und wenig mehr als die Hälfte der Mütter (53 Prozent) befanden sich in einer ökonomischen Situation, die »oberhalb von adäquat« lag. Ein Drittel der Mütter befand sich in nur »adäquaten« sozioökonomischen Verhältnissen; das Gleiche traf für zwanzig Prozent der Väter zu. Unterhalb des Adäquaten bis hin zur Armutsgrenze rangierten zehn Prozent der Mütter und fünf Prozent der Väter.

Die Vergleichsgruppe

Mit der Hereinnahme einer Gruppe von Erwachsenen aus nichtgeschiedenen Familien in unsere Untersuchung wollten wir vor allem in Erfahrung bringen, wie diese Personen ihr Heranwachsen erlebt hatten und wie sie ihre erwachsenen Beziehungen erlebten, um diese Befunde mit den entsprechenden Erfahrungen der Scheidungskinder vergleichen zu können. Wir fassen unsere Vergleiche zwischen den beiden Gruppen hier zwar numerisch, aber wir verfolgen damit kein statistisches Anliegen, sondern wollen auf die unterschiedlichen Lebensverläufe aufmerksam machen. Unsere Vergleichsgruppe umfasste 44 erwachsene Personen aus 27 Familien. 28 (64 Prozent) von ihnen waren Frauen, 16 (36 Prozent) waren Männer. Sie waren zwischen 28 und 43 Jahren alt, ihr Durchschnittsalter betrug 34,9 Jahre. 42 Teilnehmer waren Kaukasier, zwei waren AfroAmerikaner.

Wir sprechen hier von der »Vergleichsgruppe« und nicht von der besser bekannten »Kontrollgruppe«, weil der erstgenannte Begriff unserer Ansicht nach Struktur und Zweck dieser Gruppe innerhalb unserer Studie zutreffender beschreibt. Eine formale Kontrollgruppe entspricht der Untersuchungsgruppe in Bezug auf alle denkbaren Dimensionen mit Ausnahme derjenigen, um die es geht. Da wir nicht erwarteten, Leute zu finden, die unseren Scheidungskindern in jeder Hinsicht entsprechen, außer dass ihre Eltern sich nicht hatten scheiden lassen, beschränkten wir uns auf diejenigen Variablen, denen unserer Ansicht nach die größte Relevanz zukam: auf das Alter der Teilnehmer, den sozioökonomischen Status der Eltern, das Aufwachsen in der gleichen Nachbarschaft, den Besuch der gleichen Grund- und höheren Schulen. Unser Ziel lautete, Menschen zu befragen, die sozusagen Seite an Seite mit unseren Scheidungskindern aufgewachsen waren – deren Eltern aber in ihrer Ehe ausgehalten hatten. Anzeigen in den lokalen Zeitungen, die Suche im Internet und in den Schulen führten uns nur wenige geeignete Teilnehmer zu. Mehr Erfolg hatten wir mit einer eher personalisierten Suche, durch die wir den Großteil unserer Vergleichspersonen fanden. Einige von unseren Scheidungskindern nannten uns die Namen von Freunden und Bekannten. Die meisten Teilnehmer gewannen wir über die Alumni-Kontakte der High Schools, die unsere

Scheidungskinder besucht hatten: Wir sprachen die Organisatoren der Alumni-Treffen an, die als Alumni-»Queens« und -»Kings« nicht nur Listen ihrer ehemaligen Klassenkameraden führten, sondern mit vielen von ihnen noch immer in persönlichem Kontakt standen und uns mit denjenigen ehemaligen Mitschülern in Verbindung bringen konnten, deren Eltern noch immer miteinander verheiratet waren.

Die Vergleichspersonen informierten uns über den Bildungshintergrund ihrer Eltern, sodass wir einen Vergleich mit den Eltern unserer Scheidungskinder anstellen konnten.

Bildungshintergrund der Eltern

	Vergleichsgruppe		*Scheidungskinder*	
	Mütter	*Väter*	*Mütter*	*Väter*
Abschluss als Master/ Ph. D.	4 %	41 %	5 %	25 %
Abschluss als Bachelor	37 %	33 %	33 %	47 %
Studium ohne Abschluss	19 %	0	30 %	10 %
High-School-Diplom	40 %	22 %	24 %	18 %
Kein High-School-Diplom	0	4 %	8 %	0

Es war nicht möglich, eine akkurate Einschätzung des sozioökonomischen Status der Eltern vorzunehmen, wie er fünfundzwanzig Jahre zuvor bestanden hatte, und ihn mit dem zeitgleichen sozioökonomischen Status der Eltern unserer Scheidungskinder zu vergleichen.

Dagegen konnten wir aus dem, was die nunmehr Erwachsenen uns berichteten, den aktuellen sozioökonomischen Status sowohl der Eltern der Vergleichspersonen als auch der Eltern unserer Scheidungskinder wie folgt erschließen:

Der aktuelle sozioökonomische Status der Eltern

	Eltern der Vergleichspersonen	*Geschiedene Eltern*	
		Väter	Mütter
sehr komfortabel	30 %	33 %	5 %
besser als adäquat	44 %	47 %	53 %
adäquat	15 %	20 %	32 %
schlechter als adäquat	11 %	0	5 %
Armutsgrenze	0	0	5 %

Das methodische Vorgehen

Begonnen wurde diese Untersuchung als Studie zur Hypothesenbildung: Das Ziel lautete, den Wahrnehmungen und Erfahrungen der Familienmitglieder und zumal der Kinder in der Folge der elterlichen Scheidung nachzugehen. Es handelt sich primär um eine qualitative Studie, die mit der Methode des strukturierten Interviews arbeitet. Dabei werden die Teilnehmer in Einzelsitzungen intensiv von trainierten Klinikern befragt, die das Gespräch so lenken, dass eine festgelegte Gesamtheit von offen endenden Fragen abgedeckt wird. In der privaten und geschützten Atmosphäre eines solchen Interviews werden die Befragten ermutigt, sich ausführlich über ihre Gefühle, Wahrnehmungen, Verhaltensweisen, Entscheidungen, Ansichten, Hoffnungen und Ängste im Zusammenhang mit relevanten Aspekten ihres Lebens zu äußern. Mit dieser Methode lassen sich ein umfangreiches Datenmaterial zur Geschichte des Probanden sowie eine Fülle klinischer Eindrücke gewinnen. Unser weiterer Umgang mit diesen Daten – ihre Kodierung in Kategorien, die Festlegung von Variablen, die inhaltsanalytische Auswertung – orientierte sich an dem primären Ziel, die ganze Bandbreite und Komplexität der Erfahrungen jedes einzelnen Probanden in den Jahren nach der elterlichen Scheidung zu bewahren und aufzuzeigen.

Die ursprüngliche Untersuchung

Alle Eltern wurden über eine Zeitspanne von sechs Wochen hinweg wöchentlich einmal mindestens eine Stunde lang, manchmal auch sehr viel länger, interviewt. Die Kinder wurden für drei oder vier Sitzungen einbestellt, die jeweils fünfzig Minuten dauerten. Wenn ein Familienmitglied die Teilnahme verweigerte, wurden die übrigen nicht aus der Studie ausgeschlossen. In der Regel arbeitete die gleiche Interviewerin mit allen Mitgliedern der jeweiligen Familie, wenn diese Praxis auch je nach ihrer Verfügbarkeit und ihrem Arbeitspensum nicht immer durchgehalten werden konnte. Im Schnitt wurden fünfzehn Interviews mit jeder Familie abgehalten. Unabhängige Berichte über das Verhalten des einzelnen Kindes kamen durch Interviews mit schulischen Mitarbeitern zustande, gewöhnlich den Lehrerinnen und gelegentlich auch den Schulleitern. Die Themen, die in den Interviews zur Sprache kamen, werden hier in Form einer Aufstellung präsentiert, aus der hervorgeht, in welcher Periode innerhalb der Laufzeit unserer Studie sie besprochen wurden.

Die Gesprächsleiterinnen erarbeiteten detaillierte Interviewprotokolle, die sie transkribierten und in Form einer Reihe von Beurteilungsskalen und Kategorien kodierten.[1] Die Auswerter-Übereinstimmung wurde im Wege der Konsensmethode erreicht: Diskrepanzen wurden diskutiert und gelöst. Wenn der Konsens hergestellt war, fuhr die gleiche Person mit der Kodierung des Transkripts fort.

Die Ergänzungsstudien nach achtzehn Monaten, fünf Jahren und zehn Jahren

Das Untersuchungsverfahren blieb bei diesen Ergänzungsstudien im Wesentlichen das gleiche. Wir befolgten das gleiche Schema des halbstrukturierten Interviews, wobei einzelne Teile, in denen es um die für den jeweiligen Zeitabschnitt relevanten demographischen, lebensgeschichtlichen und psychologischen Sachverhalte ging, modifiziert bzw. neu aufgenommen wurden. Inhalte, die mit der vorehelichen und der ehelichen Geschichte zu tun hatten, und die Umstände der Scheidung wurden nicht von neuem erfragt. Wo immer möglich wurde das Interview von der gleichen Person durchgeführt, die den Probanden schon bei den früheren Ergänzungsstudien befragt hatte. Nach zehn Jahren waren von den ursprünglich sechs Gesprächsleiterinnen noch vier an der Untersuchung beteiligt.

Wie bei den vorangegangenen Malen wurden die Interviews zusammengefasst, transkribiert und kodiert. Die Kodierung folgte den schon früher verwendeten Kategorien sowie neuen Kategorien für die neu hinzugekommenen Fragen. Da insgesamt sehr viel mehr Informationen hinzukamen als wegfielen, wuchs die Zahl der kodierten Items von Mal zu Mal. Bei der nach zehn Jahren durchgeführten Ergänzungsstudie wurden pro Kind insgesamt 710 Items, für die jeweiligen Eltern zusammen 398 Items kodiert. Über Items, die nach einer klinischen Beurteilung verlangten, verständigten sich die trainierten Auswerter im Wege der ausführlichen Diskussion. Der Definition der Punktwerte wurden operationale Kriterien zugrunde gelegt. Die Auswerter-Übereinstimmung wurde anhand zufällig ausgewählter Transkripte von 10 Prozent der Stichprobe ermittelt, und zwar mithilfe des Kendallschen Tau b für die Ordinal-Codes und mithilfe der K-Maßzahl für die Nominal-Codes. 62 Prozent der Ordinal-Codes und 54 Prozent der Nominalcodes zeigten ein akzeptables Maß an Übereinstimmung ($p < 0{,}05$). Die diskrepanten Items wurden einer erneuten Betrachtung unterzogen und die Definitionskriterien verfeinert. In den Fällen, in denen keine akzeptable Übereinstimmung erreicht werden konnte, nahmen wir die entsprechenden Codes aus unserer inhaltsanalytischen Auswertung heraus.[2]

Die Ergänzungsstudie nach 25 Jahren

Bei der Ergänzungsstudie nach insgesamt 25 Jahren wurde die gleiche Methode des strukturierten Interviews sowohl für die Gruppe der Scheidungskinder als auch für die anlässlich dieser Erhebung neu hinzugekommene Vergleichsgruppe angewandt. Zusätzlich arbeiteten wir mit einem strukturierten Fragebogen, um die üblichen demographischen Details und darüber hinaus die Selbstbeurteilung im Hinblick auf wichtige Funktionsbereiche zu erfassen. 80 Prozent der Teilnehmer aus der Untersuchungsgruppe und 100 Prozent der Teilnehmer aus der Vergleichsgruppe beantworteten den Fragebogen. Der Zuschnitt des strukturierten Interviews wurde ein weiteres Mal insoweit verändert, als die Scheidungskinder nun zusätzlich nach relevanten Lebensumständen und Lebensveränderungen gefragt wurden. Ein paralleles Interview wurde für die Vergleichsgruppe entwickelt. Dabei wurden, wo es sinnvoll war, die gleichen Fragen gestellt. Neue Fragen bezogen sich auf das unveränderte Fortbestehen der Ehe der Eltern dieser Vergleichspersonen und auf deren Erfahrung des Aufwachsens in einer unversehrten Familie. Mit Ausnahme der Hauptautorin war es eine neue Gruppe erfahrener Klinikerinnen, die diese Interviewrunde durchführten.

Transkription, Kodierung und die Kontrolle der Auswerter-Übereinstimmung wurden in der gleichen Weise gehandhabt wie schon bei der zehn-Jahres-Erhebung. Die Selbstbeurteilungen aus dem Fragebogen wurden als weitere Quelle der Information kodiert, desgleichen die Äußerungen der Probanden aus dem direkten Gespräch unter vier Augen und auch der professionelle Eindruck, den die jeweilige Interviewerin gewann. Da bei dieser letzten Runde nur noch die (inzwischen erwachsenen) Kinder befragt wurden, war die Gesamtzahl der kodierten Items kleiner: 308 für jeden Teilnehmer aus der Gruppe der Scheidungskinder, 293 für jeden Teilnehmer aus der Vergleichsgruppe.

Die Themen des strukturierten Interviews[a]

Bezogen auf die Eltern:[b]

Voreheliche Geschichte (0, C)
Eheliche Geschichte (0, C)
Umstände der Scheidung (0)
Ehelicher Status (1, 2, 3, 4)
Beschäftigung (0, 1, 2, 3, 4, C)
Bildungsmäßiger Werdegang (0, 1, 2, 3, C)
Ökonomische Situation (0, 1, 2, 3, 4, C)
Lebenssituation (0, 1, 2, 3, 4, C)
Soziale Beziehungen (0, 1, 2, 3, C)
Stützen/Bedürfnislage (0, 1, 2, 3, C)
Elterliche Aufgaben (0, 1, 2, 3, 4, C)
Gesundheitszustand (0, 1, 2, 3, 4, C)
Psychische Verfassung (0, 1, 2, 3, 4, C)
Patientengeschichte (0, 1, 2, 3)
Einstellung zur Scheidung (0, 1, 2, 3)
Ko-elterliche Beziehung (0, 1, 2, 3, C)
Inter-elterliche Beziehung (0, 1 2, 3, 4, C)
Großelterliche Beziehung (3, 4, C)

Bezogen auf die Kinder (die erwachsenen Kinder):

Lebenssituation (0, 1, 2, 3, 4, C)
Besuchsregelung und Sorgerecht (0, 1, 2, 3)
Erinnerungen an die elterliche Scheidung (3, 4)
Kindheitserinnerungen (4, C)
Schema des Kontakts mit dem Vater (0, 1, 2, 3, 4, C)
Schema des Kontakts mit der Mutter (0, 1, 2, 3, 4, C)
Einstellung zum Kontakt mit Vater/Mutter (0, 1, 2, 3, 4, C)
Bildungsmäßiger Werdegang (0, 1 2, 3, 4, C)
Beschäftigung (3, 4, C)
Ökonomische Situation (3, 4, C)
Leistungsprofil des heranwachsenden Kindes (3, 4, C)
Geschichte der frühen/mittleren Adoleszenz (3, 4, C)
Geschichte der Spätadoleszenz (3, 4, C)
Leistungsprofil der erwachsenen Person (4, C)
Stützen (0, 1, 2, 3, 4, C)
Peerbeziehungen (0, 1, 2, 3, 4, C)
Sexuelle Beziehungen/Liebesbeziehungen (1, 2, 3, 4, C)
Ehelicher Status/eheliche Geschichte (3, 4, C)
Kinder/Geschichte (3, 4, C)
Umstände der Scheidung / Geschichte (3, 4, C)
Psychische Verfassung (0, 1, 2, 3, 4, C)
psychotherapeutische und medizinische Vorgeschichte (0, 1, 2, 3, 4, C)
Beziehung zum Vater (0, 1, 2, 3, 4,C)
Beziehung zur Mutter (0, 1, 2, 3, 4, C)
Beziehung zu Geschwistern (0, 1, 2, 3, 4,C)
Beziehung zum Ehepartner (3, 4, C)
Beziehung zu den eigenen Kindern (3, 4, C)
Beziehung zu den Stiefkindern (4, c)
Beziehung der eigenen Kinder zu den

	Großeltern (4, C)
	Konfliktbewältigung (4, C)
	Wahrnehmung der Ehe der Eltern (C)
	Elterliche Aufgaben (4, C)
	Einstellung zur Wiederverheiratung der Mutter (0, 1, 2, 3, 4)
	Einstellung zur Wiederverheiratung des Vaters (0, 1, 2, 3, 4)
	Einstellung zur elterlichen Scheidung (0, 1, 2, 3, 4)
	Einstellung zu Ehe und Scheidung (0, 1, 2, 3, 4, C)
	Erwartungen an die Zukunft (0, 1, 2, 3, 4, C)

a Bezieht sich auf den Zeitpunkt: 0 = erster Kontakt (original contact); 1 = Ergänzungsstudie nach 18 Monaten; 2 = Ergänzungsstudie nach 5 Jahren; 3 = Ergänzungsstudie nach 10 Jahren; 4 = Ergänzungsstudie nach 25 Jahren; C = Interview mit Vergleichspersonen

b Von den Eltern erfragt, wenn diese an den Interviews teilnahmen. Von den Kindern erfragt, wenn Vater bzw. Mutter nicht teilnahmen.

Datenanalyse

Vor der Zehn-Jahres-Erhebung wurden die Daten »von Hand« analysiert, im Wesentlichen mit korrelationsstatistischen Methoden. Bei der Ergänzungsstudie nach zehn Jahren wurden sämtliche Daten, auch diejenigen aus den früheren Erhebungen, vom Computer verarbeitet. Die Querschnitt- und Längsschnittanalysen der Daten aus der Untersuchungsgruppe nach zehn und nach 25 Jahren folgten im Wesentlichen der gleichen Prozedur. Die Datenmengen aus der Vergleichsgruppe wurden reduziert und in vergleichbarer Weise dargestellt. Bei der Ergänzungsstudie nach 25 Jahren wurden zum Vergleich der beiden Gruppen weitere Analysen vorgenommen.

Die Datenmenge wurde reduziert, indem wir die Häufigkeiten aller kodierten Items feststellten. Items, die unter statistischem Aspekt nicht signifikant voneinander abwichen, wurden eliminiert, soweit sie nicht von klinischem Belang waren. Die verbleibenden Items wurden auf Abhängigkeiten hin untersucht; soweit die Abhängigkeit mehr als achtzig Prozent betrug, wurden die Items entweder kombiniert oder fallen gelassen. Die verbleibenden Items bildeten die Datenbasis.

Bei der Querschnittanalyse der Daten nach zehn und ein weiteres Mal nach 25 Jahren arbeiteten wir im Wesentlichen mit dem Chi-Quadrat-Test, der dem Kategorialschema unserer Daten am ehesten entsprach. Die wichtigsten unabhängigen Variablen waren Geschlecht, Altersgruppe, Wiederverheiratungsgeschichte der Eltern, Beziehung zu beiden Eltern und (für die Vergleichsgruppe) Qualität der elterlichen Ehe.

Die Gruppierung nach dem Alter wandelte sich im Fortgang der Studie in Abhängigkeit von der Relevanz des im jeweiligen Zeitpunkt erreichten Entwicklungsstandes sowie von statistischen Überlegungen. Bei der Ergänzungsstudie nach insgesamt 25 Jahren arbeiteten wir mit drei Altersgruppen, bezogen auf den Zeitpunkt der endgültigen Trennung der Eltern, nämlich mit der Altersgruppe der damals Zwei- bis Sechsjährigen (n = 29), der Altersgruppe der damals Sieben- bis Zehnjährigen (n = 41) und der Altersgruppe der damals Elf- bis Fünfzehnjährigen (n = 23).

Die individuelle Beziehung zu beiden Eltern war ein Code, der die Selbstbeurteilung auf dem Fragebogen, den Bericht des Kindes über Vater bzw. Mutter im Verlauf des Interviews, die Einstellung des Kindes zu dieser Elternperson, den Eindruck der Interviewerin und die zur Kodierung führende klinische Beurteilung einschloss.

Anhand dessen, was die Mitglieder der Vergleichsgruppe über die Ehe ihrer Eltern berichteten, reihten wir diese Elternehen jeweils in eine von drei Gruppen ein: Danach gehörten in »A« solche elterlichen Ehen (n = 12), die in den Augen des Kindes vollkommen oder doch nahezu vollkommen waren, in »B« gehörten diejenigen elterlichen Ehen (n = 23), die nach Ansicht des Kindes zwar mit Schwierigkeiten behaftet waren, in denen das Kind nach seinem eigenen Eindruck aber doch eine »hinreichend gute« Betreuung und Versorgung durch seine Eltern erfahren hatte, und in »C« ordneten wir solche Fälle (n = 9) ein, in denen die Beziehung der Ehepartner zueinander die Erfüllung ihrer elterlichen Aufgaben ernsthaft beeinträchtigt hatte.

Die abhängigen Items wurden zu Dimensionen geordnet, an denen sich die psychische Verfassung, die soziale und ökonomische Situation, die Einstellung zu Partnerbeziehungen und zur Scheidung sowie die Zukunftserwartungen des Probanden ablesen ließen und die zudem die klinische Beurteilung der anhaltenden Nachwirkung des Heranwachsens in einer geschiedenen bzw. einer intakt gebliebenen Familie widerspiegelten.

Das Ergebnis wurde in einer Gesamt- und drei spezifischen Bewertungen festgehalten. Die Gesamtbewertung, als EgoCope bezeichnet, erfasst das psychische Funktionieren des Individuums, das heißt seine psychische Integration, seine Affektstabilität sowie die Qualität seiner Defensivstruktur und seines Funktionierens in der Außenwelt. Separate Bewertungen galten der emotionalen Kapazität, der Qualität der sozialen Beziehungen und der beruflichen Kompetenz und Zufriedenheit.

Bei den Längsschnittanalysen bedienten wir uns zweier Methoden. Die Veränderungen in der Nachscheidungsfamilie wurden in der Form langfristiger »Profile«[3] erfasst, die das Geschehen in relevanten Bereichen spiegelten. Diese Profilvariablen galten den psychischen Veränderungen bei den Eltern, ihrer Lebensqualität, den sozioökonomischen Veränderungen, die sie erlebten, dem Maß an Konflikt und Zorn zwischen ihnen, ihrer Kooperation untereinander in der Frage der Besuchsregelung, ihrer Einstellung gegenüber dem jeweils anderen Expartner in dessen elterlicher Rolle sowie ihrem Verantwortungsgefühl gegenüber den Kindern. Sie sind ein Versuch, Daten aus der individuellen Ebene in die Ebene der Familie zu übernehmen und so ein zutreffenderes Bild davon zu gewinnen, wie das Kind die Nachscheidungssituation erlebt. Die Gesamtbewertung von Ergehen und Funktionsweise des Kindes vor dem Hintergrund dieser Familienprofile gestattete es, ein triadisches oder systemisches Funktionieren über Zeit zu konzeptualisieren.

Der Frage der individuellen Stabilität und Veränderung wurde mit Hilfe von »pathway« (=»Wegstrecken«-)Variablen nachgegangen, die ihrerseits Muster der Veränderung über Zeit spiegeln.[4] Für das Ergebnis besonders wichtige Dimensionen – die Beziehung zu den Eltern, der Kontakt mit den Eltern, die Bewältigung des Scheidungserlebnisses – wurden in solche »pathway«-Variablen umgewandelt und anschließend mit dem Ergebnis zum Zeitpunkt der verschiedenen Folgeuntersuchungen verglichen. Auf diese Weise war es möglich, sowohl Langzeitmuster zu ermitteln als auch das Vorhersagepotenzial von einer Periode zur anderen zu testen.

1 Einzelheiten bei Wallerstein und Kelly, *Surviving the Breakup.*

2 Nähere Einzelheiten zu diesem Vorgehen finden sich bei J. S. Wallerstein, S. B. Corbin, und J. L. Lewis, »Children of Divorce: A Ten-Year Study«, in *Impact of Divorce, Single Parenting, and Stepparenting on Children*, hg. E. M. Hetherington und J. D. Arasteh (Hillsdale, N.J.: Lawrence Erlbaum, 1988).

3 Mehr zur Methode der »Profile« bei Lewis und Wallerstein, »Methodological Issues in Longitudinal Research on Divorced Families«.

4 Diese Art der Längsschnittanalyse wird eingehend erörtert bei S.B. Corbin, »Factors Affecting Long-Term Similarities and Differences Among Siblings Following Parental Divorce« (Diss., Pacific Graduate School of Psychology, Calif., 1988).

Stichwortverzeichnis